Abenteuer Kryptologie

Reinhard Wobst

Abenteuer Kryptologie

Methoden, Risiken und Nutzen der Datenverschlüsselung

3. überarbeitete Auflage

ADDISON-WESLEY

An imprint of Pearson Education

München • Boston • San Francisco • Harlow, England
Don Mills, Ontario • Sydney • Mexico City
Madrid • Amsterdam

Die Deutsche Bibliothek – CIP-Einheitsaufnahme

**Ein Titeldatensatz für diese Publikation ist bei
Der Deutschen Bibliothek erhältlich.**

Umwelthinweis:
Dieses Produkt wurde auf chlorfrei gebleichtem Papier gedruckt.
Die Einschrumpffolie – zum Schutz vor Verschmutzung – ist aus umweltverträglichem und recyclingfähigem PE-Material.

10 9 8 7 6 5 4 3 2 1

04 03 02 01

ISBN 3-8273-1815-7

© 2001 by Addison-Wesley Verlag,
ein Imprint der Pearson Education Deutschland GmbH,
Martin-Kollar-Straße 10–12, D-81829 München/Germany
Alle Rechte vorbehalten

Einbandgestaltung:	atelier für gestaltung, niesner und huber, wuppertal
Lektorat:	Rolf Pakendorf, rpakendorf@pearson.de
Herstellung:	Anna Plenk, aplenk@pearson.de
Korrektorat:	mediaService, Siegen
Satz:	mediaService, Siegen
Druck und Verarbeitung:	Bercker Graphische Betriebe, Kevelaer

Printed in Germany

Inhaltsverzeichnis

Vorwort 11

1   Anstelle einer Einleitung 15
1.1   Sollten Sie dieses Buch lesen? 16
1.2   Warum beschäftigen wir uns mit Kryptologie? 17
      1.2.1   »Ich habe nichts zu verbergen« 17
      1.2.2   Kryptologie: Ein Kettenglied mit Sonderrolle............20
1.3   Was hier nicht behandelt wird – ein Kapitel für sich............24

2   Kryptologie von den alten Römern bis zum zweiten Weltkrieg............. 29
2.1   Die Cäsar-Methode und ihre Verwandten........................30
2.2   Von Goldkäfern und Schüttelreimen: Substitution und Transposition 31
      2.2.1   Einfache Substitution 31
      2.2.2   Eine erste Verbesserung: Homophone Substitutionen 34
      2.2.3   Und wenn man den Text vorher komprimiert? 35
      2.2.4   Transposition 36
      2.2.5   Mehrfachverschlüsselung 39
2.3   Ersetzung im Verbund: Bigramm-Substitutionen 39
2.4   Ständig wechselnde Taktik: Polyalphabetische Substitutionen 42
      2.4.1   Vigenère-Chiffrierung 43
      2.4.2   Bitweises Vigenère-Verfahren: Vernam-Chiffrierschritte 45
2.5   Domäne der Militärs: Chiffrierzylinder und Rotormaschinen. Die Enigma .45
      2.5.1   Aufbau und Bedeutung der Enigma........................48
      2.5.2   Kryptanalyse der Enigma 51
      2.5.3   Die Enigma nach 1945 58
2.6   Das einzige sichere Verfahren: Der Wegwerf-Schlüssel (One-Time-Pad) 60
2.7   Fazit 63

3   Kryptanalyse im Detail 65
3.1   Ziel und Methoden. Einige Grundbegriffe 65
3.2   Vorgehensweise des Kryptanalytikers....................................69
3.3   Ein Beispiel: Crack findet UNIX-Passwörter 72
3.4   Nochmals zu Chiffrierzylindern..77
      3.4.1   Negative Mustersuche 77
      3.4.2   Das Verfahren von Viaris 80
      3.4.3   Das ist auch heute noch interessant! 82
3.5   WordPerfect-Verschlüsselung als modernes Beispiel................83
      3.5.1   Die Verschlüsselungsmethode: Wie man sie findet
              und wie man sie bricht 83
      3.5.2   Das Programm newwpcrack 86

3.6   Das Vigenère-Verfahren unter der Lupe 90
    3.6.1   Die Zeichenkoinzidenz liefert die Periodenlänge.
             Die Kasiski-Methode 90
    3.6.2   Geheimtextangriff 92
    3.6.3   Das Programm vigcrack 94
    3.6.4   Komprimierung = Kompromittierung 99
3.7   fcrypt: Wie differenzielle Kryptanalyse funktioniert............110
3.8   Fazit 114

4   Marksteine in der Entwicklung: DES, RSA............................117
4.1   Grundbegriffe 117
    4.1.1   Bitweise Verarbeitung 117
    4.1.2   Konfusion und Diffusion 118
    4.1.3   Stromchiffrierungen und Blockchiffrierungen...........119
    4.1.4   Produktalgorithmen..121
    4.1.5   Das Bild ist nicht mehr da, wir sehen es trotzdem ...122
4.2   Feistel-Netzwerke 125
4.3   Das DES-Verfahren 126
    4.3.1   Eine schmerzhafte Geburt......................................126
    4.3.2   Der Algorithmus 128
4.4   Wie sicher ist DES? 132
    4.4.1   Der Brute-Force-Angriff; der Computer »Deep Crack«.............132
    4.4.2   Differenzielle Kryptanalyse – die Rolle der S-Boxen.................142
    4.4.3   Angriff mit verwandten Schlüsseln. Schwache Schlüssel.........145
    4.4.4   Lineare Kryptanalyse und weitere Methoden 146
    4.4.5   DFA und die Chipknacker 150
    4.4.6   Fazit 154
4.5   Asymmetrische Verfahren (Public-Key-Verfahren) 154
    4.5.1   Symmetrische und asymmetrische Verfahren.........155
    4.5.2   Schlüsseltausch mit und ohne öffentliche Schlüssel.................156
    4.5.3   Das RSA-Verfahren und acht Risiken......................162
    4.5.4   Das ElGamal-Verfahren 177
    4.5.5   Die Geschichte vom Rucksack.................................179
    4.5.6   Fazit 181

5   Das Leben nach DES: Neue Methoden, neue Angriffe............183
5.1   Implementierung von Algorithmen 183
    5.1.1   Betriebsarten: ECB, CBC, CFB und OFB....................183
    5.1.2   Auffüllen (Padding) bei Blockalgorithmen 192
    5.1.3   Einbauen von Prüfsummen 193
    5.1.4   Schlüsselgenerierung 195
    5.1.5   Fazit 200

5.2 DES-Modifikationen 200
    5.2.1 Triple-DES 200
    5.2.2 DES mit schlüsselabhängigen S-Boxen 203
    5.2.3 DESX und Whitening 204
5.3 IDEA: Algorithmus der Extraklasse 205
    5.3.1 Diesmal an erster Stelle: Patentrechte 206
    5.3.2 Aufbau des Verfahrens 207
    5.3.3 Drei algebraische Operationen, geschickt verknüpft.............207
    5.3.4 Der Algorithmus im Detail 209
    5.3.5 Kryptanalyse von IDEA 211
    5.3.6 Geschwindigkeit, Perspektiven................................212
5.4 RC5: Noch eine Hoffnung auf DES-Ersatz 213
    5.4.1 Beschreibung des Algorithmus.................................213
    5.4.2 Kryptanalyse von RC5 216
    5.4.3 Die Modifikation RC5a..224
    5.4.4 Patente und der Nachfolger RC6 226
5.5 Rijndael wird AES und ersetzt DES 230
5.6 RC4: Stromchiffrierung für (fast) jedermann 237
5.7 Weitere interessante Verfahren 240
    5.7.1 Die pkzip-Chiffrierung und wie man sie knackt 240
    5.7.2 Geheimsache im Äther: Die D-Netze und
        der A5-Algorithmus 246
    5.7.3 Liebling der Kryptanalytiker: FEAL 250
    5.7.4 Weitere Algorithmen: SEAL und Blowfish 251
    5.7.5 Die NSA und Skipjack 253
5.8 Probabilistische und Quantenkryptografie 255
5.9 Quantencomputer. Was geht noch mit Brute Force? 260
5.10 Überraschungsangriff von hinten: Timing und Power Attack 266
5.11 Was ist ein gutes Chiffrierverfahren? 269

6 Kryptografische Protokolle...271
6.1 Schlüsselübermittlung 272
    6.1.1 Diffie-Hellmann, SKIP, KEA und der Breitmaulfrosch...272
    6.1.2 Merkles Rätsel 278
    6.1.3 Schlüsselverwaltung und Authentifizierung in GSM-Netzen 279
    6.1.4 UMTS: Man hat gelernt 283
6.2 Geteilte Geheimnisse 285
    6.2.1 Secret Splitting 285
    6.2.2 Secret Sharing 286
    6.2.3 Geteilte Geheimnisse, gespaltene Kerne................287
6.3 Digitale Signaturen 288
    6.3.1 Einweg-Hashfunktionen 289
    6.3.2 Erzeugung digitaler Signaturen.............................293
    6.3.3 Sicherheit von Signaturen 296

6.4   Key Escrow. Matt Blaze' Angriff auf das EES-Protokoll 301
        6.4.1   Wie Clipper und Capstone arbeiten 302
        6.4.2   Wie man das Protokoll unterläuft...303
6.5   Einmal-Passwörter 308
        6.5.1   Der Trick mit den Einweg-Hashfunktionen 308
        6.5.2   Angriffe auf Ihr Bankkonto 310
        6.5.3   Passwort-Automaten..314
6.6   Sonstige Protokolle...317
        6.6.1   Zeitstempel 317
        6.6.2   Bit commitment 319
        6.6.3   Blinde Signaturen 320
        6.6.4   Zero-Knowledge-Beweise 321
        6.6.5   Fail-Stop-Signaturen 322
        6.6.6   Einweg-Akkumulatoren 323
        6.6.7   Elektronisches Geld...324
        6.6.8   Die PIN auf der ec-Karte 329
        6.6.9   Biometrische Verfahren...334
6.7   Trojanische Kryptografie..338

7 Praktische Anwendungen...345
7.1   PGP – der Star unter den Kryptografieprogrammen..........................345
        7.1.1   Phil Zimmermann, die NSA und die US-Gesetze 345
        7.1.2   Was PGP kann 348
        7.1.3   Wie PGP arbeitet 351
        7.1.4   PGP-Versionen, OpenPGP und GnuPG..............................355
        7.1.5   Ein Tip zur Arbeit mit Keyringen 360
7.2   Der PGP-Rivale PEM/RIPEM 361
        7.2.1   Die Standards PEM und S/MIME kontra PGP........................361
        7.2.2   RIPEM..364
7.3   Komfortabel und trotzdem sicher: SSH und OpenSSH 365
7.4   Verschlüsselte Festplatten mit CFS 373
7.5   Sicheres Einloggen mit OPIE, S/Key und Logdaemon 376
7.6   Eine RC5a-Implementierung...379
7.7   Fazit 383

8 Kryptologie, Politik, Wirtschaft 385
8.1   Das Ende des Krypto-Monopols..385
8.2   Die Rolle der Politik heute 386
        8.2.1   Ein Exkurs in die Welt der Geheimdienste 386
        8.2.2   Die Privatsphäre verschwindet 396
        8.2.3   Schlüsselhinterlegung 399
        8.2.4   Exportbestimmungen und Patente 400
        8.2.5   Digitale Signaturen 404
8.3   Wie geht es weiter?..405

Glossar **409**

A Wer mehr wissen will **423**

   A.1   Zur beigelegten CD..423

        A.1.1   Gliederung der CD 425

   A.2   Literatur 435

Stichwortverzeichnis **451**

Vorwort

Die »Kryptologie«, die Lehre von den Geheimschriften, übt eine eigentümliche Faszination aus. Schon das Vokabular aus ihrem Dunstkreis erinnert eher an Krimis denn an eine Wissenschaft: Funkaufklärung, Geheimtinte, chiffrierte Nachrichtenübermittlung, Geheimtextangriff ... Diese Faszination beginnt wahrscheinlich recht früh in unserem Leben. Vor einigen Jahren beobachtete ich meinen älteren Sohn, wie er mit Feuereifer Geheimschriften aus einem Kinder-Rätselheft entzifferte. Auch ich hatte schon als Kind mit der bekannten Geheimtinte aus Kochsalzlösung bzw. Zitronensaft herumexperimentiert (was nie gelang, denn bei der Erwärmung verkohlte mir das Papier regelmäßig, anstatt die Geheimschrift hervorzuzaubern). Als mir mein Vater später seine Methode zur Verschlüsselung des Funkverkehrs erklärte (Abschnitt 2.3), war ich begeistert und ahnte bereits, dass allerhand Mathematik dahinter stecken müsste. Ich konnte mir beim besten Willen nicht vorstellen, dass solche chiffrierten Nachrichten jemals ohne Kenntnis des Schlüssels gelesen werden könnten. Es gibt ja dabei so unglaublich viele Schlüssel, die kann doch niemand durchprobieren!

Meine nächste Begegnung mit der Kryptologie fand erst zwei Jahrzehnte später statt. Lange nach dem Mathematikstudium hatte ich Zugang zu einem PDP11-Computer und erlebte erstmals, dass Rechner auch für den Menschen da sein können und nicht nur umgekehrt. Ich begann, einen selbst erdachten Verschlüsselungsalgorithmus auf diesem Rechner zu testen und hielt ihn – wie es bei fehlendem Hintergrundwissen immer der Fall ist – für bombensicher. Zehn Jahre später entwickelte ich diesen Algorithmus weiter, untersuchte ihn nach bestem Wissen und veröffentlichte ihn im UNIX-Magazin. Ich war über das lebhafte Echo der Leser überrascht.

Aber dieser Algorithmus war unsicher. In 3.7 lesen Sie, nach welchem Prinzip man ihn knackt.

In den folgenden Jahren beschäftigte ich mich immer wieder und immer öfter mit Kryptologie. Auf einen weiteren Zeitschriftenartikel hin fragte mich Herr Wehren vom Addison-Wesley Verlag, ob ich denn kein Buch über das Thema schreiben wolle. Das erschien mir anfangs vermessen. Nach einem Monat Überlegung sagte ich doch noch zu und habe es nicht bereut. Wenn Sie bei der Lektüre dieses Buches wenigstens einen Teil des Vergnügens empfinden, das ich beim Schreiben hatte, dann ist *ein* Zweck des Werkes schon erreicht. Es verfolgt jedoch auch andere Ziele:

Heute, wo die Kryptologie mit rasantem Tempo in unseren Alltag einzieht, öffnet sich eine Kluft zwischen der modernen und schwer verständlichen kryptologischen Forschung auf der einen Seite und dem allgemeinen Wissensstand auf der anderen. Die Gefahren, die aus leichtgläubiger Verwendung schlechter Verschlüsselungsverfahren (oder schlechter Verwendung von guten Verfahren) entstehen, kann man kaum unterschätzen. Das hat nichts mit Panikmache zu tun: Wir müssen mit dem neuen Zeitalter der Information erst einmal zurechtkommen. Eine populäre, jedoch nicht oberflächliche Behandlung des Themas tut not. Dieses

Buch soll auch für Nicht-Mathematiker verständlich sein und gleichzeitig zeigen, wie spannend, vielfältig und unterhaltsam Kryptologie sein kann. Ob mir das gelungen ist, entscheiden Sie.

Ein Buch schreibt niemand ganz allein. So haben auch bei diesem Buch direkt oder indirekt zahlreiche Helfer mitgewirkt. An erster Stelle möchte ich hier meiner Frau für die gewissenhafte sprachliche Korrektur des Manuskripts danken, was mir die Arbeit ungemein erleichterte (und den Text verständlicher machte). Für wertvolle Tipps, Ermutigungen und interessante Diskussionen möchte ich vor allem den Herren Wolfgang LEY vom DFN-CERT in Hamburg und Dr. Hans DOBBERTIN vom BSI danken. Stellvertretend für viele andere seien Frau Prof. Birgit PFITZMANN und die Herren Frank-Michael SCHLEDE, Jürgen SCHMIDT sowie Dietmar SCHRÖTER genannt. Nicht zuletzt fühle ich mich Herrn WEHREN vom Addison-Wesley Verlag verpflichtet: ohne seine Anregung und seinen Glauben an den Erfolg wäre das Buch wohl nicht entstanden, und ich hätte mich nicht so intensiv mit diesem hochinteressanten Gebiet auseinander gesetzt.

Zur zweiten und dritten Auflage

Das Echo auf das Buch war sehr erfreulich. Stellvertretend für die vielen Leser, die an der Verbesserung des Buches mitwirkten, möchte ich vor allem JENS SCHMIDT aus Hamburg nochmals danken, denn er sandte mir unter allen Lesern mit Abstand die meisten Druckfehler und Bemerkungen. So konnte ich bereits einen Monat nach Erscheinen der ersten Auflage eine Liste von Fehlern und Ergänzungen im Internet einrichten, die inzwischen unter

http://home.wtal.de/rwobst/addenda/3rded.html

zu finden ist.

Angesichts der rasanten Entwicklung auf dem Gebiet der Kryptologie wird diese Liste immer wieder aktualisiert werden. Mindestens die gleiche Menge an Druck- und Stilfehlern fischte danach noch meine Frau Martina heraus, der ich hiermit wiederum danken möchte.

In der zweiten Auflage waren vor allem die Abschnitte 6.7 und 8.2.1 hinzugekommen. Während sich 6.7 mit besonders gemeinen, teils neuartigen Betrugsmöglichkeiten beschäftigt, die noch wenig beachtet werden, zeigt 8.2.1 eindrucksvoll, dass das Ausmaß realer Abhörtätigkeiten unsere Phantasie vermutlich um einiges übersteigt! Meines Wissens war der Abschnitt 8.2.1 die erste umfangreichere Information über das NSA-gesteuerte Echelon-System in der deutschsprachigen Literatur.

Mit der dritten Auflage wurde das Buch nochmals wesentlich überarbeitet, auch wegen zahlreicher aufregender Entwicklungen:

> DES-Schlüssel können mittlerweile per Brute Force gefunden werden – dazu dient der Spezialcomputer »Deep Crack«, dessen Bauanleitung sogar als Buch erschien (Abschnitt 4.4.1).

> Der DES-Nachfolger AES wurde in einem weltoffenen Verfahren entwickelt.

> Der Abschnitt 8.2.1 über Geheimdienste hat sich stark verändert – als Schlagworte seien Topic Analysis, Echelon-Ausschuss der EU und das Verschwinden

der Privatsphäre genannt. Der Streit um die Schlüsselhinterlegung (8.2.3) ist zwar nicht ganz ausgestanden, doch es gibt neue Prioritäten: Der Abschnitt fällt jetzt wesentlich kürzer aus.

▷ Der NSA-Algorithmus Skipjack wurde offengelegt und kryptanalysiert.

▷ Es gibt neue, interessante Methoden der Kryptanalyse wie mod 3-Analyse (5.4.2), Shamirs TWINKLE-Gerät (4.5.3) und DPA für Chipkarten (4.4.5).

▷ Weitere Details zur Sicherheit von GSM und UMTS sind inzwischen bekannt (6.1.3, 6.1.4).

▷ In Kapitel 7 gehe ich auf OpenSSH und OpenPGP/GnuPG ein.

▷ Es gibt neue Abschnitte über Biometrie (6.6.9) und die spektakulären Quantencomputer (5.9) sowie einige wichtige Überlegungen zu Brute Force (5.9).

▷ Das deutsche Signaturgesetz von 1997 wurde aufgehoben, an seine Stelle tritt ein mit der EU abgestimmtes, liberales Gesetz (8.2.5).

Neben JENS SCHMIDT möchte ich ROSS ANDERSON von der Universität Cambridge für wertvolle Hinweise danken, PROF. ANDREAS PFITZMANN für nützliche Diskussionen zur Steganografie sowie BERNHARD SCHNECK für zahlreiche interessante Tipps und Informationen.

Gewiss ist auch dieses Buch nicht frei von Fehlern. Sollten Sie falsche oder allzu unvollständige Informationen bemerken oder auch nur der Meinung sein, dieser oder jener Begriff müsste unbedingt im Glossar erscheinen, so senden Sie doch bitte eine E-Mail an die unten genannte Adresse (oder »physische Post« an den Verlag). Es war mir auch nicht möglich, bei jeder aufgeführten Webadresse zu prüfen, ob sie noch gültig ist. Das war einer der Gründe, Webseiten auf der beiliegenden CD mitzuliefern.

Ich freue mich über jeden kritischen Hinweis. **Bitte schicken Sie mir aber keine Geheimtexte zum Entziffern oder neue, »unknackbare« Algorithmen.** Wenn Sie das Buch gelesen haben (und insbesondere den Text txt/FAQ/memo.txt auf der CD!), werden Sie verstehen, dass das außerordentlich mühsame Aufgaben sind, für die mir die Zeit und oft auch das Können fehlen.

Dresden, im Frühjahr 2001

Reinhard Wobst
r.wobst@gmx.de

PGP-Fingerprints:

PGP 2.6.2:
A8 2A CA DC E6 91 CF 77   51 D6 01 E9 E2 8D 3F 76

GnuPG:
897A 6984 9C8D FED9 305F 082E F762 909D A28C 4B16

1 Anstelle einer Einleitung

Schon heute leben wir in einer Welt, in der Information und Informationsaustausch eine zentrale Rolle spielen, und das ist erst der Anfang des Informationszeitalters. So wird auch der Schutz von Informationen und damit das Wissen über Kryptologie immer wichtiger. **Kryptologie** umfasst zwei Gebiete: Die **Kryptografie** – das ist grob gesagt die Wissenschaft vom Datenschutz durch Verschlüsselung – sowie die **Kryptanalyse**, d. h. die Kunst, ohne Kenntnis des Schlüssels trotzdem an die geheimen Daten zu gelangen. Mit Kryptologie befasst man sich zwar schon seit einigen Jahrtausenden, aber noch immer ist sie geheimnisumwittert. Sie ist auch ein schwieriges Gebiet. Zum einen braucht jeder Kryptologe solide mathematische Kenntnisse. Zum anderen wird er nicht selten dadurch behindert, dass er entweder von Amts wegen zum Schweigen verpflichtet ist oder aber nicht den aktuellen Stand der Forschung erfährt. Ihren Nimbus als Domäne von Geheimdiensten, Diplomaten und Militärs hat die Kryptologie nach wie vor nicht ganz abgelegt, obwohl sie zunehmend im Alltag einzieht – denken Sie nur einmal an die PIN Ihrer ec-Karte oder an digitale Funktelefone. Auf der anderen Seite waren z. B. in den USA bis vor nicht langer Zeit gute (sichere) Chiffrieralgorithmen vom Export ausgeschlossen. Man stufte sie dort sogar als »Munition« *(ammunition)* ein. In Frankreich galt Kryptografie sogar als zweitgefährlichste Waffengattung, ihre Verwendung war nur mit Genehmigung der Premiers zulässig (Kriminelle und Alkoholiker ausdrücklich davon ausgeschlossen). Doch inzwischen haben sich auch dort die Bestimmungen stark gelockert.

Das Wissen um gute kryptologische Verfahren ist noch zu wenig verbreitet. Oft nutzen wir schlechte oder auch geheim gehaltene Algorithmen bzw. solche, über deren Sicherheit wir wenig oder nichts wissen. Dabei heißt »Sicherheit« im Klartext fast immer: Bisher haben wir keinen Schwachpunkt gefunden, aber wer weiß, ob nicht längst jemand einen entdeckt hat und uns das nur nicht mitteilt. Theoretisch beweisbare und gleichzeitig praktisch nutzbare Sicherheit ist immer noch der Wunschtraum aller Kryptologen, auch wenn wir modernen, gründlich untersuchten Algorithmen durchaus vertrauen dürfen.

Der interessierte Außenstehende dagegen findet sich nicht zurecht in den vielen angebotenen Algorithmen, den theoretischen Analyseergebnissen und schwierigen kryptografischen Protokollen. Dabei kann die Bedeutung guter Verfahren nicht hoch genug bewertet werden. Die »Informationsgesellschaft« erfordert ein ganz neues Sicherheitsdenken; die Risiken sind anders und manchmal auch viel größer als gewohnt. Eines steht aber fest: Unkenntnis der Kryptologie kann alles nur verschlimmern. Haarsträubende Beispiele dazu finden Sie genügend in diesem Buch.

Durch all die Geheimniskrämerei, die Unwägbarkeiten und ihre besondere Bedeutung unterscheidet sich die Kryptologie von anderen Wissensgebieten. Kryptologie ist ein Abenteuer.

1.1   Sollten Sie dieses Buch lesen?

Dieses Buch ist kein Lehrbuch, es ist bei weitem nicht vollständig und auch nicht besonders mathematisch gehalten (jedenfalls nicht mehr als unbedingt nötig). Wenn Sie entsprechende Vorkenntnisse besitzen und tiefer in die Kryptologie einsteigen wollen, empfehle ich Ihnen das hervorragende Buch von SCHNEIER [SchnCr]; doch das ist ein Wälzer von über 800 Seiten. Trotzdem verweist dessen Autor oft genug auf die Literatur, wenn es um Details geht (1653 Zitate!). Aber vielleicht suchen Sie leichtere Kost, um überhaupt erst einmal ein Gefühl für Kryptologie zu bekommen: Was wird dort eigentlich geforscht? Was weiß man bereits? Wozu ist das Ganze gut? Was kann ich davon nutzen? Wenn Sie derartige Fragen bewegen, so sollten Sie es vielleicht mit diesem Buch versuchen. Falls Sie es bis zum Ende durchstehen, dann haben Sie hoffentlich einige Antworten auf die genannten Fragen gefunden. Und Sie haben möglicherweise eine ungefähre Vorstellung davon bekommen, wie die Sicherheit von Verfahren und Protokollen beurteilt wird und was von solchen Urteilen zu halten ist. Sie werden wissen, wie erstaunlich viele Gebiete zur Kryptologie gehören (und welche nicht), mit welchem enormen Einfallsreichtum Kryptanalytiker arbeiten und wie wenig wir trotzdem wissen: Viele Aussagen im Buch sind leider nur Vermutungen.

Kryptologische Kenntnisse können in der Praxis sehr nützlich werden. Wenn Sie solche Grundkenntnisse haben und Ihnen jemand ein Produkt aufschwatzen will mit der simplen Behauptung »an die Daten kommt keiner heran, denn sie sind verschlüsselt«, werden Sie es ihm nicht glauben. Chiffriergeräte und -programme der Zukunft sollten frei nutzbare Schnittstellen für kryptografische Bausteine des Kunden haben, oder wenigstens nachvollziehbare Verfahren anbieten. Aber nur ein qualifizierter Kunde kann den Anbieter dazu zwingen. Dieser Kunde sind zum Beispiel Sie. Der Siegeszug des frei verfügbaren Programms PGP zeigt *einen* möglichen Weg zu »kryptologischer Gerechtigkeit«.

Das Lesen des Buches wird Ihnen leichter fallen, wenn Sie einige Kenntnisse der Informatik haben – mit der Programmiersprache C Vertraute haben Heimvorteil – und der Mathematik nicht allzu feindlich gegenüberstehen. Doch Sie brauchen kein Profi-Programmierer zu sein. *Abenteuer Kryptologie* soll ja ein Buch für Praktiker sein, die eine ungefähre Vorstellung von diesem faszinierenden Gebiet bekommen wollen, ohne gleich tief in die Theorie einsteigen zu müssen. Mit Formeln werde ich Sie so weit wie möglich verschonen. Viele Dinge lassen sich verbal ebenso gut erklären. Manchmal sind Formeln allerdings nicht ganz zu vermeiden. Schließlich ist Kryptologie ein Gebiet, auf dem jede Seite versucht, mit mathematischer Raffinesse die Gegenseite auszutricksen. Daher lässt sich ohne Vorkenntnisse nicht immer alles erklären. Aber ein Mathematikbuch wird es dadurch noch lange nicht.

Die beigefügte CD enthält nur wenige fertige Programme, dafür umso mehr C-Quelltexte »zum Spielen« und vor allem Dokumente, die weit über das hier Dargelegte hinausgehen. Die CD, das Literaturverzeichnis und nicht zuletzt Informationsquellen im Internet helfen Ihnen, wenn Sie sich weitergehend mit Kryptologie befassen wollen.

1.2 Warum beschäftigen wir uns mit Kryptologie?

1.2.1 »Ich habe nichts zu verbergen«

Diesen Satz habe ich immer wieder gehört und halte ihn für einen riesigen Irrtum. Mit physischem Eigentum geht fast jeder sorgfältig um: Er verschließt seine Wohnungstür, lässt sein Portemonnaie nicht unbeaufsichtigt liegen und zieht wenigstens den Zündschlüssel ab, bevor er sein Auto verlässt. Dass Information ebenfalls einen Wert darstellt, ist wohl vielen noch nicht bewusst. Na gut, man schreibt nicht alles auf Postkarten und gibt auch die Geheimzahl (PIN) seiner ec-Karte nicht weiter. Aber schon beim Umgang mit dieser PIN beginnen die Probleme: Wer die Geheimzahl auf die Karte selbst schreibt, ist sich einfach nicht bewusst, was Unbefugte mit solch einer Information anstellen können! Information kann sogar einen viel größeren Wert verkörpern als materielle Dinge. Dazu ein Beispiel: In den 90er Jahren übernahm Philip Morris das Unternehmen Kraft für 12,9 Milliarden Dollar. Davon entfielen 1,3 Milliarden auf Sachwerte. Die restlichen 90% waren dem Käufer das Know-how, erfahrenes Personal, Markenname, Kundenstamm usw. wert – zu beachtlichen Teilen Informationen, aus denen auch ein Konkurrent Gewinn schöpfen könnte, wie etwa aus dem Know-how und der Kenntnis des Kundenstamms [Peters, S.27].

Beispiel für den Wert eines Unternehmens:

▷ 1,3 Mrd. Dollar Sachwerte

▷ 11,6 Mrd. Dollar Sonstiges (Know-how, Kundenstamm, Markenname, Personalbestand ...)

Abbildung 1.1: Information kann teurer sein als Sachwerte

Auch die riesigen Datenmengen aus seismografischen Messungen, die auf den Standort einer zukünftigen Ölplattform schließen lassen könnten, würden jedem Konkurrenten einige Millionen oder mehr wert sein. Der durch Wirtschaftsspionage entstandene Schaden wurde laut IHK und VDI für Deutschland im Jahr 1988 auf mindestens 4 Mrd. Euro geschätzt. Dies ist die einzige offizielle Zahl geblieben. Derzeitige Schätzungen bewegen sich zwischen 10 und 35 Mrd. Euro. Die Spannweite der Schätzung zeigt besser als jede wortreiche Versicherung, in welcher Grauzone wir uns hier bewegen.

Noch eine Überlegung soll die Bedeutung der Information verdeutlichen: Nach Ansicht von PETERS [Peters] wird das virtuelle Unternehmen andere Betriebsformen zurückdrängen, denn es ist viel flexibler und effizienter. Dabei schließen sich mehrere Unternehmen zeitweilig und zweckgebunden zu einem neuen zusammen. Für solche virtuellen Unternehmen ist der sichere Informationsaustausch unmittelbare Wertschöpfung.

Die Unterschätzung des Wertes von Informationen kann katastrophale Folgen haben. So weit sollten wir doch aus der Geschichte lernen. In beiden Weltkriegen spielte das Mitlesen chiffrierter Meldungen bei der Gegenseite eine herausragende Rolle, und in beiden Weltkriegen haben Betroffene die Auswirkungen dieses Mithörens schlicht und einfach ignoriert. Als im Jahr 1914 der deutsche Kreuzer *Magdeburg* auf Grund lief und den Russen samt dem *Signalbuch der Kaiserlichen Marine* und anderen Codebüchern in die Hände fiel, erzeugte das auf deutscher Seite keinen Verdacht; kein Geheimcode wurde deswegen geändert. Dabei erzählte später ein russischer Gefangener den Deutschen sogar noch, dass sie die Codebücher besäßen. Offenbar unterschätzte man auf deutscher Seite die Bedeutung der Kryptanalyse und wurde nicht einmal stutzig, als die Handlungsweise englischer Kriegsschiffe eindeutig auf das Belauschen des deutschen Nachrichtenverkehrs schließen ließ.

Weit wichtiger für den Ausgang eines Krieges war das Brechen des deutschen Enigma-Codes durch Polen und Engländer im zweiten Weltkrieg. Diesem Thema ist ein großer Teil des zweiten Kapitels gewidmet. Es dauerte aber auch in England seine Zeit, bis die britische Admiralität den Wert ihrer Kryptanalytiker erkannte. Dabei war es für sie selbst doch knapp genug geworden: Nach KAHN [KahnCode] wäre es denkbar gewesen, dass die deutsche Wehrmacht in Großbritannien landete (es lief alles schon nach Plan!) – hätten die Briten nicht rechtzeitig ihren eigenen Nachrichten-Code geändert – denn die Deutschen lasen mit. Später wendete sich das Blatt, nicht nur militärisch: Während die Briten bei den Deutschen immer schneller mitlesen konnten, wollte die deutsche Führungsspitze nicht wahrhaben, dass die deutsche Chiffriermaschine Enigma *nicht* unfehlbar sein könnte. Zahlreiche Insider vertreten die Meinung: Kryptanalyse war an vielen Stellen kriegsentscheidend. KAHN [KahnCode] meint sogar, dass durch Kryptanalyse wesentlich mehr Informationen gewonnen wurden als durch alle Spionagetätigkeiten zusammen. Wenigstens vier kriegsentscheidende Ereignisse im zweiten Weltkrieg wurden erst durch Kryptanalyse möglich. Das betrifft unter anderem die Schlacht vor den Midway-Inseln, die die Vorherrschaft der Japaner im Pazifik verhinderte, oder den Abschuß des Flugzeuges von Admiral YAMAMOTO durch die US-Luftwaffe. Das bekannteste Beispiel ist und bleibt jedoch der U-Boot-Krieg im Atlantik. Hätte man die Enigma nicht entschlüsselt, so wären wahrscheinlich Atombomben auf Europa gefallen. Dazu mehr in Kapitel 2.

Sie dürfen davon ausgehen, dass Militärs, Geheimdienste und andere Organisationen gründlich aus den Fehlern der Geschichte gelernt haben. Sonst gäbe es beispielsweise nicht die berühmt-berüchtigte NSA *(National Security Agency)*, diese riesige US-amerikanische Behörde, die u. a. auf die »Überwachung« des weltweiten Nachrichtenverkehrs sowie Kryptologie spezialisiert ist. Ihr größter Horchposten außerhalb von USA und Großbritannien steht übrigens in Bad Aibling bei Rosenheim. Wer sich für Details interessiert, sollte den Abschnitt 8.2.1 keinesfalls überspringen.

Auch Sie haben schützenswerte Informationen

»Ich führe aber keine U-Boot-Kriege, kaufe keine anderen Unternehmen auf und bohre auch nicht nach Öl«, werden Sie sagen. »Wovor soll ich mich denn schützen?« Dann überdenken Sie doch einmal folgende Punkte:

▹ Jede unbefugt erlangte Information, die auf Ihre finanzielle Situation schließen lässt, kann für Sie gefährlich werden. Wenn Sie viel Geld haben, ohnehin. Aber wenn Sie keines haben, auch: Das könnte einen potenziellen Arbeitgeber, bei dem Sie sich bewerben wollen, oder Ihren Vermieter durchaus interessieren. Dieser muss sich nicht unbedingt selbst in Ihre Leitung einklinken. Vergessen Sie nicht, dass sich Informationen (im Unterschied zu Tonbandmitschnitten) auch nach dem 15. Überspielen zwischen Rechnern nicht verändern.

▹ Auch Ihre Bekanntschaften und die durch Ihre Arbeit gegebenen Möglichkeiten der Spionage oder Sabotage kann Sie für andere interessant machen – für Geheimdienste, Sekten oder Konkurrenzunternehmen in der Wirtschaft. Auf diesem Gebiet gibt es wohl vorwiegend Dunkelziffern. Wir kennen das wahre Ausmaß des »Krieges hinter den Kulissen« nicht.

▹ Unternehmer sind oft besonders gefährdet. In [IHK] wird ein Fall aus der Textilbranche beschrieben, bei dem der Kundenstamm zielgerichtet vom Konkurrenten beworben wurde. Adresslisten jeglicher Art sind bares Geld! Auch dem Nicht-Unternehmer sollte der zuvor genannte Punkt nicht gleichgültig sein. Information ist Macht, und gerade die Mächtigen kommen leichter an Informationen heran. Das kann zu neuartigen, sehr schmerzhaften Wettbewerbsverzerrungen führen. Der Endkunde spürt es an überzogenen Preisen, fehlendem Service und einseitigem Angebot.

▹ In [IHK] wird darauf hingewiesen, dass gerade Wissenschaftler sich oft mehr als Kollegen denn als Konkurrenten verstehen und solche Umstände von Geheimdiensten rücksichtslos ausgenutzt werden.

▹ Vergessen Sie auch nicht, dass manche für Sie wenig interessante, aber vertrauliche Information Ihre Freunde oder Bekannten akut gefährden kann. Auch der Besitz fremder Informationen ist unter Umständen gefährlich. Als im Februar 1995 im Internet Insider-Informationen über die Scientology-Sekte publik wurden, hatte sich der Absender dieser Nachricht über einen so genannten anonymen Remailer geschützt. Das ist ein Rechner, der bei der Weiterleitung von E-Mail alle Angaben über den Absender abstreift (so etwas ist legitim und manchmal notwendig). Schon zu früheren Zeitpunkten waren solche Nachrichten wegen angeblicher Offenlegung von Betriebsgeheimnissen durch Unbekannte gelöscht worden. Diesmal riefen umgehend die finnische Polizei, die über FBI und Interpol eingeschaltet worden war, und Scientology selbst beim Betreiber des Remailers an und verlangten die Herausgabe der Adresse des Absenders. Als das nichts fruchtete, brachte ihn die schwedische Tageszeitung *Dagens Nyheter* drei Tage später mit Kinderpornos in Verbindung. Bereits am übernächsten Tag stand die finnische Polizei mit einem Durchsuchungs- und Beschlagnahmebefehl vor seiner Tür. So lieferte er die Adresse aus. Die Behauptungen über Kinderpornografie stellten sich wenige Tage später als haltlos heraus. Mehr über diesen Krimi lesen Sie in [Kunz.ct].

▶ Kryptologie beschäftigt sich nicht nur mit Geheimhaltung von Daten, sondern auch mit der Bewahrung ihrer Integrität und Urheberschaft. Das klingt recht abgehoben, kann jedoch für Sie unangenehme praktische Konsequenzen haben: Wenn Ihre ec-Karte gestohlen wird und es dem Dieb (oder seiner Organisation) gelingt, die PIN per Kryptanalyse zu *berechnen* (vgl. Abschnitt 6.6.8), dann wird das verlorene Geld für Sie zur Nebensache. Die Bank wird nämlich behaupten, Sie hätten Ihre PIN in betrügerischer Absicht weitergegeben und Sie verklagen. Das ist mehrfach vorgekommen. Ihre PIN hat vor Gericht eine ähnliche Beweiskraft wie eine Unterschrift.

Schlechte Kryptografie erlaubt, in Ihrem Namen Schaden anzurichten, für den Sie dann aufkommen müssen. Es reicht doch, wenn Sie einem gewissenlosen Mitbürger mit entsprechenden Fähigkeiten und Möglichkeiten im Weg sind!

Dies hier ist kein Buch über Volkswirtschaft und Datenschutz. Doch die aufgeführten Beispiele sollen Ihnen zeigen, wie wichtig der Schutz von Informationen bereits heute ist. Er kann mit der sprunghaft wachsenden Popularität des Internets ungeahnte Bedeutung erlangen. So angenehm und segensreich weltweite Kommunikation auch sein mag: Wir müssen lernen, *welche* Informationen wir vor unberechtigtem Zugriff zu schützen haben und *wie* wir sie schützen können. Dieses Buch beschäftigt sich mit einem Teil der zweiten Frage.

Haben Sie es bemerkt? Von Geheimdiensten war bei den aktuellen Beispielen weniger die Rede, vom gern zitierten Hacker in der Wohnstube gar nicht. Information ist eine Ware geworden, und dementsprechend ist sie für die Wirtschaft von Interesse. Als Lektüre empfehle ich das Buch von HUMMELT [Humm]; er hat selbst bei so genannten Wettbewerbsanalyse-Unternehmen gearbeitet und weiß, worüber er schreibt. Das erklärt die große Zahl lehrreicher Beispiele in seinem Buch.

Dennoch sollten wir die potenzielle Bedrohung durch Geheimdienste keinesfalls unterschätzen. Dank der Computertechnik, die sich rasant weiterentwickelt, wachsen die Möglichkeiten unbemerkter Überwachung durch Geheimdienste ebenso rasant. Im Abschnitt 8.2.1 können Sie lesen, wie weit eine Überwachung unseres Alltags technisch möglich ist und bereits realisiert wird.

1.2.2   Kryptologie: Ein Kettenglied mit Sonderrolle

Sicherheit ist ein sehr komplexes Gebiet

Gute kryptologische Algorithmen allein bieten überhaupt keinen Schutz. Sicherheit ist nur durch eine lückenlose Kette von Maßnahmen zu erreichen:

▶ Alle betroffenen Mitarbeiter müssen vertrauenswürdig sein.

▶ Alle betroffenen Mitarbeiter müssen sich sicherheitsbewusst verhalten: Niemand von ihnen darf Passwörter auf die Unterseite der Tastatur schreiben, sich beim Eintippen der Passwörter auf die Finger schauen lassen oder gar dabei das Passwort vor sich hin murmeln. Das kommt in der Praxis leider nicht so selten vor.

▶ Datenträger mit unverschlüsselten Informationen müssen sicher verwahrt werden.

▷ Vertraulicher Klartext (lesbarer Text) darf nie durch ein Netz laufen, in dem andere mitlesen können, wie zum Beispiel durch das Internet oder auch durch das lokale betriebliche Internet, neuerdings Intranet genannt. Man glaubt, dass jedes die USA im Internet durchquerende Datenpaket mit einer Wahrscheinlichkeit von 10% von irgendjemandem mitgelesen oder wenigstens untersucht wird. Nach Einschätzung eines DFN-CERT-Mitarbeiters könnte für Deutschland ein ähnlicher Wert zutreffen.

▷ Ihre Rechner müssen gegen illegale Zugriffe über das Netz gesichert sein. Das so genannte Internet-Spoofing, d. h. der Einbruch in einen Rechner unter Vortäuschung einer falschen eigenen Adresse, ist eigentlich eine komplizierte Angelegenheit. Aber dank einiger auf dem Schwarzmarkt kursierender Softwarepakete gehört diese Art von Angriffen offenbar schon »zum guten Ton«. Wie viele dieser Angriffe bösartig sind, wissen wir nicht. Nicht jede so genannte Firewall ist wirklich eine undurchdringliche Mauer!

Das alles ist schon schwierig genug zu berücksichtigen. Nun denken Sie noch daran, dass auch Software als aktiver Spion arbeiten kann. Zum Beispiel: Das ursprünglich zur Fahndung gedachte Programm »Promis« wurde universell eingesetzt und könnte auch den Einstieg der amerikanischen »Sicherheitsbehörde« (sprich Geheimdienst) NSA in zahlreiche Weltdatenbanken vermittelt haben, möglicherweise sogar in die der Schweizer Banken. Interessenten seien auf [Spiegdat] verwiesen und auf ihre guten Bekannten bei einschlägigen Geheimdiensten. Die genannte Literaturstelle spielt auch darauf an, dass jeder normale Computer mit normalem Bildschirm wie ein Fernsehsender arbeitet. Das Signal lässt sich wahrscheinlich noch aus einem Kilometer Entfernung herausfiltern und daraus der Bildschirminhalt rekonstruieren. Übrigens sind Geldautomaten auch Computer.

Verzweifeln Sie nicht. Als die industrielle Revolution in England begann, hatte auch nicht jedes Haus ein Türschloss, und heutige Sicherheitstechnik hätte man damals niemandem begreiflich machen können. Der gerade beginnende Wandel zur Informationsgesellschaft ist nicht weniger revolutionär, und wir werden wieder völlig neu lernen müssen. Richtig gefährlich wird es erst dann, wenn wir die Gefahren verkennen.

Bedeutung der Kryptologie für die Datensicherheit

Doch zurück zum Thema. Sie haben gesehen: Kryptologie ist nicht alles. Aber etwas Besonderes. Warum? Zum einen lassen sich Informationen nur noch durch Verschlüsseln schützen, wenn der unbefugte Zugriff auf sie nicht zu verhindern ist (klassisches Beispiel: Adresslisten auf Ihrem Windows-Rechner am Arbeitsplatz). Viel bedeutsamer finde ich jedoch einen anderen Gesichtspunkt.

Das Anbringen von Wanzen, das Abhören mit Lasermikrophonen, Erpressen von Mitarbeitern und auch das nächtliche Eindringen in eine Firma sind Schwerarbeit und riskant. Kein Wunder, dass Mitarbeiter von Geheimdiensten gut bezahlt werden, denn sie leisten etwas dafür. Wenn aber ein populärer Chiffrieralgorithmus heimlich geknackt wird und der Angriff in hinreichend schnelle Software »gegossen« werden kann, ist Datenspionage kein Problem mehr. Die Nutzung dieser Software ist vielleicht ganz einfach. Stellen Sie sich vor: Jemand, der gerade mal eine Maus bewegen kann, kommt plötzlich an all Ihre vertraulichen Informationen heran und verkauft sie für ein gutes Taschengeld an Hintermänner! Dabei hat er wenig Mühe, denn die heute genutzten Netze sind erstaunlich leicht abzuhören (bzw. die Computer anzuzapfen), und er hinterlässt in der Regel keine Spuren. Andere Personen oder Rechner können das Programm ebenfalls nutzen: Das Kopieren der Software kommt allemal billiger als der Kauf einer Wanze.

Noch ein anderer Umstand belegt die Sonderrolle der Kryptologie: Chiffrierte Nachrichten können von einem Lauscher gehortet werden, wenn er sie nicht zu entschlüsseln vermag. Eines Tages ist der Verschlüsselungsalgorithmus geknackt, oder der Lauscher hat Zugriff zu hinreichend schnellen Rechnern – und schon kann er sämtliche Nachrichten, die Sie versendet haben, im Nachhinein mitlesen. Da selbst in unserer hektischen Zeit nicht alle Informationen rasch an Wert verlieren, könnten Sie nach Jahren eine unangenehme Überraschung erleben. Wer weiß denn schon, welcher effektiver Methoden sich die Kryptanalyse in fünf Jahren bedienen wird?

Schnelle und gute Dechiffrierprogramme könnten in Zukunft eine flächendeckende Überwachung erlauben, von der der »Handarbeits-Spion« nur träumen kann. Das ist eines der qualitativ neuen Risiken der Informationsgesellschaft. Es gibt Parallelen zur Kernkraftnutzung: Die Wahrscheinlichkeit eines Unfalls ist wesentlich geringer als bei anderen Verfahren (in der Kryptologie heißt das: Geldfälscherei ist um Größenordnungen leichter, als eine nutzbare Hintertür des DES-Algorithmus zu finden). Aber *wenn* ein Unfall passiert, kann der Schaden alles bisher Bekannte übertreffen.

Nicht einmal die oben angesprochene undichte Software könnte so viele Folgen haben wie die schnelle, unbefugte Dechiffrierung eines verbreiteten Algorithmus – wenn es sie denn gibt.

Alle genannten Sicherheitslücken müssen individuell ausgenutzt werden, Kryptanalyse kann dagegen Massenware sein. Ein kleines Beispiel finden Sie auf der beigelegten CD: In 10ms ermittelt das Programm *newwpcrack* auf einem Pentium-Rechner das Passwort zu einer verschlüsselten WordPerfect-Datei mit hoher Wahrscheinlichkeit.

Überraschende Vereinfachungen

Ich gebe zu, ich will Ihnen ein wenig Angst machen. Wirklich nutzbare Software wie die für WordPerfect gibt es üblicherweise nicht umsonst, meist wird nur das theoretische Verfahren besprochen. So schnell wie WordPerfect wird fast kein Programm arbeiten. Aber verlassen Sie sich nicht darauf. Denn komplizierte mathematische Probleme haben eine Eigentümlichkeit: Ist deren Lösung erst einmal gefunden, so wird sie oft im Nachhinein drastisch vereinfacht. Einige Beispiele sollen das veranschaulichen.

▷ Sicherlich kennen Sie den Rubikwürfel, bei dem man durch schichtweises Drehen erreichen soll, dass auf jeder der sechs Seiten nur eine Farbe zu sehen ist. Bis ich zum ersten Mal zwei Schichten in der richtigen Lage hatte, vergingen 2 Wochen gelegentlichen Probierens. Der nächste Versuch gelang nach 3 Tagen, dann dauerte es nur noch einen – ich hatte den Trick begriffen. Nun war ich gezwungen, systematischer vorzugehen. Nach einer Woche hatte ich eine Folge von »Bausteinen« gefunden und daraus das Puzzle zusammengesetzt. Später schaffte ich den Würfel ohne

Training (aber mit Spickzettel) in 5–10 Minuten und bin überzeugt, dass das jeder kann, der auf gleiche Weise vorgeht.

▷ Ein viel drastischeres Beispiel gibt das so genannte Basisproblem der Funktionalanalysis ab. Das Problem selbst stammt aus der mathematischen Grundlagenforschung; ich werde es Ihnen hier nicht erklären. Jedenfalls handelt es sich um eine in den dreißiger Jahren geäußerte Vermutung, die wie so viele harte Probleme relativ einfach zu formulieren ist. Jahrzehntelang haben sich führende Mathematiker daran die Zähne ausgebissen. Niemand konnte die Behauptung beweisen. Bis Mitte der 70er Jahre ein Niederländer ein Gegenbeispiel fand: Die Behauptung war falsch! Der Beweis, dass dieses Gegenbeispiel überhaupt eines ist, soll in der ersten Phase etwa 600 Seiten lang gewesen sein – eine unvorstellbare geistige Leistung. Als dieser Beweis »nur noch« 80 Seiten lang war, hörte ich darüber einen Vortrag in Warschau. Von mir bewunderte Koryphäen der Funktionalanalysis schüttelten die Köpfe ob der Kompliziertheit eines Hilfssatzes. So betrübte es mich nicht weiter, dass ich kaum etwas verstand. Nach einem halben Jahr erzählte mir ein polnischer Mathematiker, der Beweis sei nunmehr kürzer als 5 Seiten und somit lesbar.

Diese Geschichte scheint sich in der Mathematik öfters zu wiederholen. Große Popularität erlangten die Ende des 19. Jahrhunderts so genannten Hilbertschen Probleme. Ich entsinne mich, dass wenigstens eines von ihnen von einem »Außenseiter« gelöst wurde, einem Studenten aus dem damaligen Leningrad.

Wir halten also fest:

▷ Auch wenn große Köpfe ein Problem nicht lösen, so kann das manchmal einem Unbekannten mit unkonventionellen Ideen gelingen;

▷ auch wenn die Lösung zunächst maßlos kompliziert erscheint, so kann sie doch manchmal drastisch vereinfacht werden.

Schachprogramme unterliegen offenbar ebenfalls solch einem Wandel. Die Spielstärke heutiger PCs ist sicher nicht nur ihrer Rechenleistung geschuldet, sondern auch der Schachtheorie. Die Programme sind so effizient geworden, weil sich ihre Entwicklung lohnt: Sie lassen sich gut verkaufen. Der einzige mir bekannte Anbieter kryptanalytischer Software dagegen ist AccessData[1], dessen Software verschlüsselte Dateien folgender Programme wieder lesbar macht: WordPerfect, Lotus 1-2-3, Excel, Symphony, Quattro Pro, Paradox und Word. Ganz im Sinne des oben Gesagten erklärte ein Entwickler dieser Software, er hätte Warteschleifen in die Software eingebaut, weil sonst den Kunden ob der realen Rechenzeiten wahrscheinlich die Haare zu Berge stehen würden [Hoff]. Sie werden in diesem Buch selbst sehen, wie viel der Chiffrieralgorithmus von WordPerfect wert ist.

Aber normalerweise begnügt sich der Kryptanalytiker mit dem Aufzeigen des Prinzips und gegebenenfalls noch einem Demonstrationsprogramm. Leicht nutzbare und effiziente kryptanalytische Software für anspruchsvollere Algorithmen wird nur jemand entwickeln, für den sich das lohnt – und dann erhält Otto Normalverbraucher das Produkt gewiss nicht. Große Firmen und Geheimdienste bezahlen eben besser und möchten so ein schönes Programm für sich allein haben.

---

1. Adresse: 87 East 600 South, Orem, Utah 84058; Tel. +1-800-658-5199. Den europäischen Vertrieb übernimmt Key Exchange in Großbritannien; Tel. +44 181 744 1551, Fax +44 181 744 0476. Die Software ist nicht billig.

Es gibt allerdings wenigstens eine sensationelle Ausnahme: In [Hoff] wird zwar an gleicher Stelle erwähnt, dass offizielle Stellen der USA ein Programm zum Knacken der in *pkzip* enthaltenen Chiffrierung nutzen, die für kryptanalytische Software bekannte Firma AccessData bietet Derartiges aber nicht an. Auf der CD finden Sie jedoch ein solches Programm. Mehr dazu in 5.7.1.

Damit wir uns nicht missverstehen: Wertschöpfung findet nur beim Austausch von Informationen statt, nicht bei deren Zurückhaltung. Doch leichtsinniger Umgang mit dem Schutz von Informationen kann diese Werte wieder vernichten, in naher Zukunft noch viel schneller als heutzutage. Andererseits kann dank der Kryptologie unsere Welt nicht nur sicherer werden, sondern auch unser Leben angenehmer. Ich denke dabei an elektronischen Zahlungsverkehr, elektronische Wahlen und digitale Signaturen. Vielleicht verhilft uns die Kryptologie auch einmal dazu, dass wir für wenig Geld nur noch ein kurzes Kapitel aus einem Fachbuch (oder auch nur ein Musikstück) über ein Rechnernetz beziehen können, anstelle gleich das ganze Buch (bzw. die CD) kaufen zu müssen.

1.3   Was hier nicht behandelt wird – ein Kapitel für sich

Sicherheit ist ein uferloses Thema. Entsprechend viel Literatur existiert bereits dazu: Wie schütze ich meinen Rechner/das lokale Netz vor unbefugtem Zugriff, was muss ich bei der Datensicherung beachten, welche Risiken können durch fremde Software (insbesondere Betriebssysteme) entstehen und so weiter.

Das ist nicht Thema dieses Buches. Wer sich für das Sicherheits-Umfeld interessiert und Internet-Zugang hat, kann z. B. auf den DFN-CERT-Servern seinen Streifzug starten, denn die dort angebotenen Informationen sind hochaktuell[2]. Wir beschäftigen uns hier überwiegend mit den Chiffrieralgorithmen und deren Analyse, eingedenk der zuvor erläuterten Sonderrolle der Kryptologie.

Steganografie

Es gibt noch eine andere Methode als die »offene« Chiffrierung, um Informationen vor unberechtigtem Mitlesen zu schützen. Das ist die »verdeckte Nachrichtenübermittlung« oder auch Steganografie. Ihr Ziel ist, die Existenz von Informationen zu verbergen und nicht, sie unlesbar zu machen. Dem Erfindungsreichtum sind keine Grenzen gesetzt. Ein Beispiel: Mein Vater durfte im zweiten Weltkrieg nie mitteilen, wo er sich gerade befand. So unterstrich er in seiner Feldpost wie zufällig eine Ziffer im Datum, z. B. die 5. Meine Mutter brauchte dann nur noch die Anfangsbuchstaben jedes 5. Wortes im Brief zu ermitteln und erfuhr so den Ort. Als ich das im Kindesalter hörte, glaubte ich natürlich, dass niemals jemand hinter so einen genialen Trick kommen würde. Wie sehr hatte ich mich da geirrt! Steganografie ist eine Jahrtausende alte Kunst und hat noch ganz andere Höhen erreicht, ebenso die Routine bei ihrer Aufdeckung. Minimale Veränderungen mancher Buchstaben, leicht variierte Wortabstände, vorher vereinbarte Schablonen – alles Denkbare

---

2.   Internet-Adressen: http://www.cert.dfn.de, ftp.cert.dfn.de

wurde mit Gewissheit bereits ausgenutzt und ebenso gewiss von guten Zensoren erkannt. Im klassischen Buch von KAHN [KahnCode, S.523] ist ein so genanntes Semagramm zu bewundern: Die harmlose Federzeichnung eines Flüsschens mit Brücke, Blumen und Häusern. Der Empfänger wusste, dass er auf die Grashalme am Flußufer zu schauen hatte: In deren unterschiedlichen Längen war ein Morsecode versteckt. Auch Geheimtinte gehört hierher, und die Microdots – ganze A4-Seiten per mikrofotografischen Methoden in einem Schreibmaschinenpunkt unterge-bracht. (KAHN erklärt sogar im Detail, wie man Microdots anfertigt. Mit anderen Worten: Damit schützt man sich gewiss nicht mehr vor Überwachung!) Weitere Methoden finden Sie in [BauerDS] bzw. [BauerMM].

Die übliche Steganografie hat einen gravierenden Nachteil: Die Nachricht wird nicht durch einen geheimen und veränderlichen Schlüssel geschützt, sondern durch die feste Methode. Ist die Methode erst einmal bekannt, liegen alle Nachrich-ten offen. Deshalb verschlüsselt man eine Nachricht in der Regel erst, bevor man sie steganografisch versteckt.

Steganografie ist auch heute noch populär. Verschlüsselte E-Mail darf nicht in allen Ländern verschickt werden (z. B. in Russland und Saudi-Arabien), und so ist die Versuchung groß, schon die Existenz geheimer Nachrichten zu verstecken.

Es gibt frei verfügbare Software für wenigstens zwei Methoden, die dem Nutzer von E-Mail bei der gewünschten Geheimhaltung helfen sollen:

Die *erste Methode* erzeugt »Kunstwörter«, die sich statistisch ähnlich wie lesbarer Text verhalten. In der Folge dieser Kunstwörter ist die Nachricht versteckt. Jeder, der in die Mail selbst hineinschaut, wird natürlich sofort sehen, dass es sich um kei-nen üblichen Text handelt (vgl. Abb. 1.2). Aber ein mitlesender Computer soll damit getäuscht werden.

Only an UFO buff like you would want to have fun with Buster Keaton. You know that Sigmund Freud was Eva Peron's granola supplier in a previous life. Glucose Chips! So ripe that it's the eighth wonder of the world! Gonzo Q! So expensive that it's the eighth wonder of the world! Yo! Burt Reynolds would be Best Actor of the Year if he hadn't evenly got hair all over Dwight Eisenho-wer. How can you rob Cortez so disappointedly? Having a part-time lover makes you more cannibal prosimian. Wheaty! So nasty that it's the eighth wonder of the world! Have a Lipash-brand hat for your pteranodon! Bless my virtue! Eat tripe - the moth intestines of the earth! Bless my stomach! You're Scotch, my little father. Bozhe moi, your power ties are really amusingly fre-aky. Frobo brand grape soda is flamboyant and crisp! Roger Bacon is into Scientology. Sugar Pimples, for the people who can't get enough sugar! Pos-sibly L Ron Hubbard and Paul Cezanne get paid a whole lot, but all they ever do is artfully write protest letters to Congress. C'mon, gimme the spiritual renewal.

Abbildung 1.2: In diesem »künstlerischen« Text sind verschlüsselte Informationen versteckt – er ist eine sog. mimic function von WAYNER (Näheres im Text mimic.txt auf beiliegender CD, vgl. A.1)

Trotzdem habe ich Zweifel. Die Analyse von Schriftsprache ist um Größenordnungen leichter als die des gesprochenen Wortes, und selbst bei letzterer ist die Forschung schon recht weit. Allein die statistische Untersuchung bietet genügend Anhaltspunkte. An Buchstabenhäufigkeiten (und vielleicht noch die von Paaren) wird sicher jeder Softwareentwickler denken. Als Angreifer, der sich verschlüsselte Texte aus dem Datenstrom herauspicken will, würde ich allerdings intelligentere Funktionen wählen, wenigstens solche, die die bekannten frei verfügbaren Programme nicht berücksichtigen.

Übrigens hilft auch Komprimierung wenig. Komprimierter Text lässt sich dekomprimieren, und wer ganz schlau sein will und chiffrierten Text als komprimierten ausgibt, vergisst, dass auch komprimierte Daten gewissen Gesetzmäßigkeiten unterliegen. Mehr dazu in den Kapiteln 2 und 3.

Ich bin überzeugt, dass sich genügend Prüfmöglichkeiten finden lassen, nur ist das nicht so allgemein bekannt.

Die *zweite Methode* versteckt Informationen in digitalisierten Bildern. Nein, diesmal nicht in Grashalmlängen: Die Farbe jedes Bildpunktes (Pixels) wird durch mehrere Bits beschrieben, z. B. 4, 8 oder auch 24 (entsprechend 16 Millionen möglichen Farben). Dabei bestimmen hauptsächlich die ersten Bits die Farbe des Pixels, die letzten dienen nur der »Feinkorrektur«. Änderungen in diesen letzten Bits sind bei der Darstellung kaum sichtbar; oft werden sie bei der Ausgabe auf Bildschirmen sogar abgeschnitten. In diesen Bits wird nun die geheime Information versteckt. Auch hier habe ich Zweifel ob der Sicherheit des Verfahrens. Bilder unterliegen gewissen Gesetzmäßigkeiten, die man bereits recht gut kennt – sonst gäbe es keine wirksamen Bildkompressionsverfahren. Diese Gesetzmäßigkeiten gelten auch für die niedrigsten Bits. Enthalten diese aber eine chiffrierte Nachricht, so sind sie rein zufällig und fallen eben dadurch auf, obwohl wir mit bloßem Auge nichts erkennen können. Eine Anpassung an die Statistik des Bildes ist sicher möglich, aber aufwändig und niemals vollkommen. Gerüchteweise wird jedes Foto (wenigstens jedes digitalisierte), das die NASA verlässt, vorher auf versteckte Informationen hin überprüft. Warum sollten solche Programme nicht auch auf großen Mailknoten arbeiten? Prinzipiell gelten alle Einwände gegen die erste Methode auch hier.

»Echte« Steganografie versteckt Informationen so, dass sich deren Existenz nicht beweisen lässt, wenn man einen geheimen Schlüssel nicht kennt. Das ist sehr schwierig. Man müsste

▶ aus einem Datenstrom ein von der eigentlichen Information unabhängiges »Rauschen« herausfiltern,

▶ dieses Rauschen durch einen Geheimtext mit gleichen statistischen Eigenschaften ersetzen (beim sog. »weißen Rauschen« ist das nicht schwer, denn von guten Verfahren erzeugte Geheimtexte sind statistisch gleichverteilt) und dann

▶ dieses Rauschen wieder in das reduzierte Signal einmischen.

Ich muss jedoch warnen, dass statistische Unabhängigkeit noch lange nicht deterministische Unabhängigkeit bedeutet! Im Klartext heißt dies: Es kann trotzdem noch einen ganz einfachen Test geben, der erkennen lässt, ob verschlüsselte Nachrichten versteckt wurden oder nicht. Genau das ist beim Einsatz der Steganografie ja entscheidend.

In dieser Richtung sind Ansätze interessant, Informationen in *Videokonferenzen* oder auch in *digitalisierter Sprache* (Audiofiles) zu verstecken (vgl. [Westf], [Pfitz-stego]). Solche Daten werden physikalisch erzeugt und sind von einem unabhängigen Halbleiterrauschen überlagert. Das weckt die Hoffnung auf beweisbar sichere Steganografie, im Unterschied zur Kryptografie, bei der wir immer noch nach einem praktikablen *und* beweisbar sicheren Algorithmus suchen. Untersuchungen von WESTFELD [Westf] sehen vielversprechend aus und zeigen, dass sich im Hintergrund einer ISDN-Videokonferenz ein GSM-Telefonat übertragen lässt.

Auch ein (ehemaliges) Produkt der Frankfurter Firma Demcom GmbH (*www.stega-nografy.com*) sollte hier erwähnt werden: Dort wurden Informationen über die Wahl von synonymen Formulierungen getarnt. Als Nebeneffekt konnte die Software sogar den Stil verbessern (z. B. Wortwiederholungen vermeiden). Damit hatte man jederzeit einen guten Vorwand für die Anwendung des Programms, und der Nachweis der Steganografie wurde wirklich schwierig.

Auf einen ebenfalls sicheren, aber nicht universell nutzbaren Ansatz werden wir in 6.3.3 bei der Besprechung verdeckter Kanäle in digitalen Signaturen zurückkommen. Ebenso spielt das Thema in Abschnitt 6.7 nochmals eine Rolle.

Die Kryptanalyse steganografischer Methoden scheint in der öffentlichen Forschung noch nicht sehr weit entwickelt zu sein (vgl. den folgenden Abschnitt über digitale Wasserzeichen). Die beiden oben genannten Methoden werden recht unkritisch immer wieder als Allheilmittel gepriesen. Ein Verbot der freien Nutzung von Kryptografie würde die Forschung anregen und vielleicht auch praktisch nutzbare verdeckte Kanäle in anderen Verfahren als digitalen Signaturen entdecken.

Eine Funktion hat Steganografie auf jeden Fall: Sie erschwert die Überwachung des Datenverkehrs. Gründliche statistische Untersuchungen sind zwar möglich, jedoch erfordern sie ausreichend Material und insgesamt erhebliche Rechenleistungen. Zusammen mit den unzähligen gängigen Datenformaten kann das für Lauscher zum Problem werden, obwohl wir die Leistung heutiger Supercomputer keinesfalls unterschätzen sollten. Mehr dazu in Abschnitt 8.2.1.

Digitale Wasserzeichen

Ein weiteres, sehr junges Forschungsgebiet ist mit der Steganografie eng verwandt. Immer mehr Ton- und Bilddokumente sind in digitaler Form erhältlich – ich erinnere an CDs und DVDs (*digital versatile disks*). Damit wächst auch die Gefahr von Raubkopien rasant an. Wenn schon die illegale Vervielfältigung nicht ganz unterbunden werden kann, so will man doch wenigstens bei Bedarf den Betrug nachweisen können. Zu diesem Zweck versuchen Hersteller, in digitalen Dokumenten versteckte, möglichst nicht entfernbare Informationen über den Urheber unterzubringen; man spricht auch von **digitalen Wasserzeichen** (*copyright marking systems*). Eine digitale Signatur erfüllt diesen Zweck übrigens nicht, da man sie ohne weiteres abtrennen kann. Als Beispiel hierzu kann das in [Pfitzfinger] beschriebene Protokoll von BIRGIT PFITZMANN dienen, in dem die Anonymität des ehrlichen Kunden gesichert ist.

Allerdings gibt es auch bei diesem Versteckspiel Möglichkeiten, die verborgenen Informationen wenigstens unbrauchbar zu machen, wenn man sie schon nicht zu den eigenen Gunsten verändern kann. In [PetAndMark] finden Sie den vielleicht ersten solchen Angriff auf steganografische Methoden. Die Autoren sind überzeugt, dass die Steganografie dank derartiger Analysen ähnliche Fortschritte machen wird wie die Kryptografie dank der Kryptanalyse. Aus ihrer Arbeit glaube ich auch herauszulesen, dass die Entwicklung automatischer Tests auf Vorhandensein versteckter Informationen noch in den Kinderschuhen steckt – jedenfalls im zivilen Sektor. Das Buch [Ditt] setzt sich gründlich mit den Möglichkeiten und Risiken auseinander.

2 Kryptologie von den alten Römern bis zum zweiten Weltkrieg

Nachdem wir mehr über das Umfeld der Kryptologie gesprochen haben als über sie selbst, geht es nun richtig zur Sache. Wir beginnen mit ganz einfachen Algorithmen, die leider immer noch eine Rolle spielen. Zuvor müssen wir jedoch mehrere Begriffe definieren. Einige davon kennen Sie wahrscheinlich schon:

Klartext *(plaintext)*: Das ist der Originaltext, der verschlüsselt wird.

Geheimtext *(ciphertext)*: Das ist der verschlüsselte Text.

Kryptografie: Das ist die Wissenschaft vom Design der Verschlüsselungsalgorithmen.

Kryptanalyse: Das ist die Kunst, einen chiffrierten Text ohne Kenntnis des Schlüssels zu lesen. Der Vorgang heißt auch **Codebreaking** oder **Kompromittierung**. Wenn ein Algorithmus der Kryptanalyse nicht standhält (außer vielleicht in einem uninteressanten Spezialfall), sagt man auch, er sei **gebrochen**, **kompromittiert** oder salopper, er sei **geknackt**.

Eine große Rolle spielt in diesem Kapitel der

Klartextangriff *(plaintext attack)*: Das ist die Kryptanalyse eines Geheimtextes, bei der Teile des Klartextes bekannt sind. Diese Art von Angriff ist im Allgemeinen sehr viel wirkungsvoller als die reine Analyse des Geheimtextes.

Damit soll es erst einmal genug der Theorie sein. Sollten Sie bei dem einen oder anderen Begriff Unklarheiten haben, so schauen Sie einfach im Glossar nach. Oft findet er sich dort (wenn nicht, dann scheuen Sie sich bitte nicht, mir das mitzuteilen). In Abweichung vom Lehrbuchstil beschäftigen wir uns nämlich zunächst mit der Praxis und fassen erst in Kapitel 3 einiges zusammen. Dann haben Sie bereits eine Vorstellung davon, was sich hinter den Begriffen verbirgt.

Um es vorwegzunehmen: Alles in diesem Kapitel Enthaltene sollte eigentlich Schnee von gestern sein. Keiner der vorgestellten Algorithmen ist heute noch sicher (mit einer Ausnahme). Alle stammen aus der grauen Vorzeit, als es noch nicht einmal Computer gab. Damals betrachtete man den Klartext als Folge von Zeichen (heute dagegen fast immer als Folge von Bits). Anhand der diskutierten Verfahren können Sie trotzdem schon eine Menge über Kryptografie und Kryptanalyse lernen. Dieses Wissen wird Ihnen in den folgenden Kapiteln nützlich sein, denn es ist mehr oder weniger die Grundlage der modernen Kryptologie. Außerdem gehört es sich ganz einfach für einen Kryptologen, über die Enigma Bescheid zu wissen. Das ist ja auch eine überaus spannende Angelegenheit – Abenteuer Kryptologie pur.

2.1   Die Cäsar-Methode und ihre Verwandten

Auch die alten Römer wollten schon verschlüsselte Nachrichten versenden. Cäsar benutzte dazu eine der einfachsten Verschlüsselungsmethoden, bekannt als Cäsar-Chiffrierung oder Cäsar-Addition. Er ersetzte jeden Buchstaben durch den, der im Alphabet 3 Plätze weiter hinten steht. Dabei denken wir uns das Alphabet auf einen Ring geschrieben, so dass auf Z ein A folgt. Die Verschlüsselungsvorschrift sieht also so aus:

```
A -> D
B -> E
C -> F
...
W -> Z
X -> A
Y -> B
Z -> C
```

Leerzeichen lässt man dabei weg, zwischen Groß- und Kleinschreibung wird nicht unterschieden. Das kann Doppeldeutigkeiten ergeben. Darauf muss der Chiffrierer achten. Zur Not hilft ein vereinbartes Trennungszeichen (das immer eine Sicherheitslücke erzeugt). Übrigens verwendeten die alten Römer noch keine 26 Buchstaben, doch das ändert nichts am Verfahren.

Für das geistige Niveau des römischen Heeres und seiner Gegner mag diese Methode eine unüberwindliche Hürde gewesen sein. Dem nicht so intelligenten Nachfolger von Cäsar, Augustus, war das Verfahren sogar schon zu kompliziert. Er ersetzte jeden Buchstaben einfach durch dessen Nachfolger, also A durch B, B durch C usw. Da ihn ein zyklisch verschobenes Alphabet offensichtlich überforderte, ersetzte er den letzten Buchstaben des römischen Alphabets, »X«, durch »AA«. Angesichts derartiger intellektueller Leistungen erscheinen uns die griechischen Mathematiker und Philosophen als unfassbare Geistesriesen.

Ist das überhaupt eine Chiffrierung? Was ist denn hierbei der Schlüssel? Ja, es ist eine Chiffrierung, und zwar mit dem Schlüssel »3«. Augustus benutzte das gleiche Verfahren mit dem Schlüssel »1«. Der Schlüssel ist also die Anzahl der Schritte, die man bei der Ersetzung im Alphabet vorwärtsschreitet. Es sind somit 25 sinnvolle Schlüssel möglich (der Schlüssel »0« verändert den Text nicht). Einfacher geht es kaum noch, und so werden Sie dieses Verfahren am Anfang fast jedes Kryptologiebuches wiederfinden.

Mathematisch ausgedrückt entspricht diese Verschlüsselungsmethode der zahlentheoretischen Addition einer Konstanten in der Restklasse modulo 26, d. h. Addition der Reste bei Teilung durch 26. Bezeichnen wir mit »p« das Klartextzeichen, mit »c« sein Chiffrat (d. h. das erzeugte Geheimtextzeichen) und mit »s« den Schlüssel (die Konstante), so gilt

```
c = p+s mod 26
```

Dabei fassen wir die Buchstaben als Zahlen auf: »A« entspricht der 0, »B« der 1, »Z« der 25. Das »mod 26« bedeutet in diesem Zusammenhang nur: Wird p+s größer oder gleich 26, so ziehen wir von der Summe 26 ab. Dem Nicht-Mathematiker erscheint so etwas gewiss als theoretisches Aufbauschen einer einfachen Sache, aber wir werden darauf zurückkommen. Der Name »Cäsar-Addition« erklärt sich übrigens aus dieser Betrachtungsweise.

Die Methode ist kinderleicht zu knacken, eine detaillierte Erläuterung würde Sie sicherlich unterfordern. Doch versuchen Sie es einmal *ohne* Computer! Dann werden Sie bereits spüren, dass Kryptanalyse Intuition und Geduld erfordert. Um diese Aussage nicht im Raum stehen zu lassen und ängstlichen Politikern zu beweisen, dass Kryptologie für Privatleute sowieso nur der Kriminalität Vorschub leistet, gebe ich Ihnen hiermit ein kleines Kryptogramm. So nennt man Rätselaufgaben, bei denen zu einem verschlüsselten Text der Klartext zu suchen ist:

```
UIVZBXJKFWWZEUVIIVTYKVEREBVIBRDDVIUVIQLXSILVTBVRSYFCVE
```

Dieser Geheimtext wurde durch eine Cäsar-Chiffrierung mit unbekanntem Schlüssel erzeugt. Die Auflösung wird nicht verraten, nur so viel, dass in diesem Abschnitt weiter unten eine Hilfestellung zur Kryptanalyse enthalten ist. Versuchen Sie es ruhig einmal mit Papier und Bleistift. Sie erhalten dann eine Vorstellung davon, wie den Kryptanalytikern noch im ersten Weltkrieg zumute gewesen sein muss.

Ganz alter Schnee ist das Verfahren zu meiner Bestürzung doch nicht. Nach [BauerMM] hat man es 1915 in der russischen Armee eingeführt, nachdem sich herausstellte, dass für die Stäbe (!) schwierigere Methoden unzumutbar waren. Ein schöneres Geschenk konnte man den Kryptanalytikern in Preußen und Österreich kaum machen. (Inzwischen ist die russische Kryptologie aber längst up to date.)

Auf ein anderes Blatt gehört dagegen das unter UNIX verbreitete Verfahren ROT13, das nichts weiter darstellt als eine Cäsar-Chiffrierung mit dem Schlüssel »13«. ROT13 ist nicht als Verschlüsselung zum Schutz von Daten gedacht, sondern soll vor dem versehentlichen Mitlesen schützen – so wie eine Zeitung die Auflösung eines Rätsels oft kopfstehend darunter druckt. Bei Rechnern musste man sich eben etwas anderes einfallen lassen.

Die spezielle Wahl der 13 hat einen einfachen Grund. Die erneute Chiffrierung des Geheimtextes ergibt nämlich wieder den Klartext:

```
ROT13(ROT13(Text)) = Text.
```

2.2 Von Goldkäfern und Schüttelreimen: Substitution und Transposition

2.2.1 Einfache Substitution

Die Cäsar-Chiffrierung ist ein Spezialfall einer viel allgemeineren Methode: der einfachen Ersetzung (Substitution). Hierbei wird jeder Buchstabe des Alphabets durch einen beliebigen anderen ersetzt. Die einzige Randbedingung ist, dass nicht zwei verschiedene Zeichen durch ein gleiches ersetzt werden dürfen (also beispielsweise nicht A durch C und X ebenfalls durch C), denn sonst ließe sich der Geheimtext im Allgemeinen nicht eindeutig dechiffrieren. Solch eine Abbildung des Alphabets auf sich selbst nennt man **Permutation** (eine Anordnung des Alphabets). Während die Cäsar-Methode nur 25 mögliche Schlüssel erlaubt, ist die Zahl theoretisch möglicher Substitutionen astronomisch groß, nämlich 26! oder

`403.291.461.126.605.635.584.000.000 (403 Quadrillionen).`

Einige Möglichkeiten fallen heraus, weil sie den Klartext in zu großen Teilen unverändert lassen. Also bleiben vielleicht nur noch 400 Quadrillionen Möglichkeiten. Ich erspare es mir vorzurechnen, wie lange die schnellsten Computer der Welt zum Durchprobieren aller derartiger Schlüssel benötigen würden.

Trotzdem ist auch dieses Verfahren nichts wert. Es ist mit statistischen Methoden mühelos zu knacken. Die Anleitung dazu finden Sie bereits in Edgar Allan Poes berühmter Erzählung »Der Goldkäfer«, dem vielleicht ersten populären Werk über eine Kryptanalyse. Poe erläutert sehr anschaulich, wie Kryptanalytiker vorgehen: schrittweise Informationsgewinnung, jegliche Besonderheit ausnutzend.

Ich will die betreffende Passage aus dem Buch hier nicht im Detail wiederholen. Sie können Sie daselbst oder auch in [BauerMM, 15.10] nachlesen. Aber ein kurzer Blick auf die verwendeten Schlüsse lohnt sich schon:

Zu dechiffrieren ist ein 203 Zeichen langer Geheimtext, der aus Ziffern und verschiedenen typografischen Sonderzeichen besteht. (Es spielt eigentlich keine Rolle, ob Buchstaben durch Buchstaben ersetzt werden oder durch beliebige andere Zeichen – Hauptsache, die Ersetzung ist umkehrbar.)

▶ Aus der Kenntnis über den Chiffrierer schließt der Kryptanalytiker, dass dieser sicherlich nur eine einfache Substitution verwendet hat. Merken Sie sich: Sie müssen *immer* davon ausgehen, dass der Gegner das verwendete Verfahren kennt.

▶ Der Analytiker sucht nun erst einmal nach dem häufigsten Zeichen – das ist »8« – und vermutet, dass es dem »e« entspricht (vgl. Tab. 2.1. Auch im Englischen ist »e« der häufigste Buchstabe!).

Die 10 häufigsten Buchstaben und Zeichen	Die 10 häufigsten Paare von Buchstaben und Zeichen
13,78% ' '	3,11% 'e'-'n'
13,17% 'e'	2,65% 'e'-'r'
8,09% 'n'	2,57% 'n'-' '
6,65% 'i'	2,35% 'c'-'h'
5,67% 'r'	2,18% 'e'-' '
5,17% 't'	1,56% 'e'-'i'
4,39% 's'	1,54% 'r'-' '
4,03% 'a'	1,49% 't'-'e'
3,77% 'h'	1,47% 'i'-'e'
2,99% 'l'	1,35% ' '-'d'
zusammen: 66,7%	zusammen: 20,3%
durchschnittliche Häufigkeit eines Buchstabens: 3,85%	durchschnittliche Häufigkeit eines Paares: 0,0015%

Tabelle 2.1: Häufigkeitsanalyse für das erste Kapitel dieses Buches

▶ Dies ist eine Hypothese, doch sie wird dadurch untermauert, dass im Text auffällig oft die Zeichenkette »88« vorkommt, und im Englischen ist »ee« ebenfalls sehr häufig. Der Angreifer betrachtet also bereits Bigramme, d. h. Paare aufeinander folgender Buchstaben. Mit bloßem Auge geht das ziemlich schnell.

▶ Wenn die »8« dem »e« entspricht, dann könnte mehrmals ein Muster aus drei Zeichen und einer »8« am Ende vorkommen - nämlich die Entsprechung für das häufige Wort »the«. Solch ein Muster findet sich siebenmal. Damit sind vermutlich bereits 3 Zeichen gewonnen. Die Hypothese muss nun weiter geprüft werden.

▶ Der Kryptanalytiker setzt die gefundenen Zeichen ein und errät einige Wörter, durch deren Einsetzen sich weitere Buchstaben ergeben. Schrittweise, aber immer schneller nähert er sich so seinem Ziel. Die wesentliche Voraussetzung hierbei ist, dass er weiß, welche Gestalt das Ziel haben muss: die englische Sprache.

Mit moderner Rechentechnik läßt sich so chiffrierter Text vermutlich »online« mitlesen, vorausgesetzt, man besitzt ein geeignetes Programm. Dennoch werden Sie im Internet wahrscheinlich vergeblich nach freier Software suchen, die Substitutionschiffren *ohne* menschliche Interaktion bricht. Ich kann mir das nur so erklären: Die Theorie ist klar, und ein einfaches Demonstrationsprogramm zur Kryptanalyse ist schnell geschrieben, auch wenn am Ende noch etwas Handarbeit bleibt. An einer *automatischen* Kryptanalyse hatte offenbar kein Autor bisher Interesse. Das heißt, vermutlich gab es solche Autoren, aber deren Software liegt angeblich bis heute unter Verschluss. Das mag lächerlich klingen, doch ich habe ernsthafte Hinweise darauf bekommen.

Es ist also höchste Zeit, diesen Missstand abzuschaffen. Allerdings fand auch ich noch nicht die Zeit, ihn selbst zu beheben. Folgende Ideen versuche ich dabei zu verwirklichen: Nicht allein die Häufigkeit einzelner Buchstaben soll bei der Kryptanalyse berücksichtigt werden, sondern auch die von Paaren. Ich verspreche mir jedoch mehr davon, auf »verbotene« Paare zu testen als auf besonders häufige (das entspricht der negativen Mustersuche, wie wir sie in Abschnitt 3.4.1 kennen lernen werden). Die Häufigkeit einzelner Zeichen dient nur der Aufstellung eines ersten Substitutionsschemas. Im Allgemeinen werden sich bei der versuchsweisen Dechiffrierung einige verbotene Paare ergeben.

Mittels moderner Verfahren zur globalen Optimierung (d. h. der Minimumsuche mit lokalen Nebenminima) verringert man dann die Zahl der verbotenen Paare, indem man die Substitution von Schritt zu Schritt etwas variiert. Ich verspreche mir davon die Dechiffrierung deutlich kürzerer Geheimtexte, als die Suche nach größten Häufigkeiten erlaubt. Nur ist das eben nicht so einfach. Die Gewinnung des statistischen Materials ist übrigens kein Problem, selbst wenn man alle 8-Bit-Zeichen zulässt: Das Zählen und Sortieren aller 65536 denkbaren verschiedenen Paare aufeinander folgender Zeichen eines 1 MByte langen Textes dauerte auf einem PC Pentium 133 nur 0,4 Sekunden. Profis können noch Muster aus gespeicherten Wörterbüchern und dergleichen mehr verwenden und die erforderliche Mindestlänge damit weiter drücken. Effektiver erscheint mir die Untersuchung von Paaren übernächster Zeichen.

Sollte ich solch ein Programm doch noch schreiben, finden Sie in den Addenda (vgl. Vorwort) einen Hinweis darauf, wo es zu finden ist.

Durch solche Programmierspiele lernt man Probleme und Möglichkeiten der automatischen Kryptanalyse verstehen, die bisher wohl Domäne der Geheimdienste war. Das ist der Lerneffekt. Und der Aha-Effekt für die Kinder des Buchautors wird hoffentlich dann eintreten, wenn ihre todsicheren Geheimschriften in Sekundenbruchteilen auf dem Bildschirm dechiffriert werden. Das war nämlich – ich gebe es offen zu – Ausgangspunkt für die ganzen Überlegungen.

2.2.2   Eine erste Verbesserung: Homophone Substitutionen

Einfache Substitutionschiffren lassen sich also selbst bei recht kurzen Nachrichten durch Häufigkeitsanalyse brechen. Mit einem Trick können wir das erschweren. Dies sind die so genannten **homophonen Substitutionen**, bei denen ein Klartextzeichen mehreren Geheimtextzeichen zugeordnet werden kann. Das Geheimtext-Alphabet umfasst dann nicht nur Buchstaben, sondern beispielsweise auch Ziffern und Sonderzeichen. Man wird insbesondere den häufigsten Zeichen wie »e«, »n«, »i«, »r« und »t« mehrere Symbole zuordnen (Leerzeichen werden bei der klassischen Kryptologie immer weggelassen). Im Idealfall kommen im Geheimtext alle Zeichen etwa gleich oft vor. Die homophone Substitution ist besser als die einfache, hat jedoch trotzdem gravierende Schwächen:

▷ Zum Ersten ist noch nicht festgelegt, nach welchen Regeln aus mehreren möglichen Geheimtextzeichen eines ausgewählt werden soll. Die Qualität dieser Regeln bestimmt die Qualität des Algorithmus. Ein besonders einfaches Beispiel dazu:

Nehmen wir an, das Zeichen »e« wird durch »b«, »4« oder »!« ersetzt. Ein stupider oder unqualifizierter Chiffrierer nimmt die Wahl zum Beispiel zyklisch vor: Beim ersten Mal ersetzt er »e« durch »b«, beim nächsten Mal durch »4«, dann durch »!« und dann wieder durch »b«. Wenn dieses Vorgehen der Gegenseite bekannt ist – und davon darf man bekanntlich immer ausgehen – sucht ein Angreifer in einem längeren Text nach Gruppen von Zeichen, die immer in der gleichen zyklischen Anordnung auftreten (dazu verwendet er zweckmäßigerweise einen Computer). Schon ist der Chiffrieralgorithmus auf die einfache Substitution zurückgeführt.

Sicherer ist die zufällige, »unzuverlässige« Auswahl per Hand. So wurde das Verfahren in der Praxis auch genutzt. Im Computerzeitalter stellt man andere Ansprüche.

▷ Zum Zweiten ist der Algorithmus extrem anfällig gegen die wichtigste kryptanalytische Methode, den Klartextangriff (s. o.). Wenn auch nur von einer chiffrierten Nachricht das Original (d. h. der Klartext) bekannt ist, lässt sich der Schlüssel wenigstens zu großen Teilen bestimmen – der Rest ergibt sich durch »sprachliche Ergänzung«, wie oben beim Goldkäfer-Beispiel beschrieben. Das gilt natürlich für alle Substitutionsmethoden. Wir werden in diesem Kapitel noch sehen, dass in der Praxis meist ein Stück Klartext bekannt ist. Ein guter Verschlüsselungsalgorithmus *muss* so einem Angriff unter vernünftigen Annahmen widerstehen können.

Die inneren Gesetzmäßigkeiten der Sprache werden durch homophone Substitution nur notdürftig verdeckt. Das würde mit den heutigen Mitteln der Rechentechnik sicher effiziente Angriffe auch ohne Kenntnisse über den Klartext und über die Schlüsselerzeugung erlauben. Aber ich glaube, so etwas interessiert längst niemanden mehr. Die Schwächen der Methode sind zu gravierend. Oder ...?

2.2.3 Und wenn man den Text vorher komprimiert?

... werden Sie fragen. Komprimierung per Soft- oder Hardware ist im Computerzeitalter gang und gäbe, denn sie verkürzt Dateien teilweise drastisch (z. B. um den Faktor 3 oder auch 10), ohne dass ihr Inhalt verloren geht – die Datei kann jederzeit durch Dekomprimierung wiederhergestellt werden.

Komprimierte Dateien sind ziemlich gut gleich verteilt, d. h. alle Zeichen kommen etwa gleich oft vor (wir springen hier schon einmal ins Computerzeitalter und sprechen nicht mehr von 26 Buchstaben, sondern von den 256 Werten, die ein Byte haben kann). Die Häufigkeitsanalyse greift also nicht mehr. Bringt das aber mehr Sicherheit? Mitnichten!

▶ Zum Ersten bleibt die Rekonstruktion des Schlüssels beim Klartextangriff so einfach wie bisher, wenn der Anfang der Nachricht bekannt ist. Man braucht nur den bekannten Nachrichtenanfang erst zu komprimieren und dann das Komprimat dem Geheimtext gegenüberzustellen.

▶ Zum Zweiten erscheinen solche Komprimate zwar gleichverteilt, sie sind aber keineswegs zufällig. Bei unbedachter Verwendung der Kombination von Substitution und Komprimierung empfehle ich, so vorzugehen:

Jedes Komprimierungsverfahren setzt an den Anfang spezielle Informationen, z. B. so genannte *magic numbers*, mit denen das Verfahren gekennzeichnet wird. Das würde bei unbedachter Vorgehensweise bereits die ersten Elemente des Schlüssels offen legen.

Ein schlauer Chiffrierer schneidet den fixen Teil dieses Anfangs natürlich ab, doch das stört nicht sehr. Bei einem der effektivsten Komprimierungsverfahren, dem von Ziv-Lempel-Welch, werden nämlich parallel zum gelesenen Text Tabellen erzeugt, die Zeichenketten enthalten. Anstelle dieser Zeichenketten erscheint im Text nur noch die Nummer des Tabelleneintrages. Diese Nummern können zu Beginn des Tabellenaufbaus nicht beliebig groß sein, ihre mögliche obere Grenze wächst mit jedem Schritt um 1. Das bringt es mit sich, dass sich nicht jede beliebige Bytefolge dekomprimieren lässt (im Unterschied zu Chiffrierverfahren, die auch Unsinn immer brav »dechiffrieren« sollten). So können wir eine Annahme für das erste Zeichen machen und unter dieser Annahme die denkbaren Substitutionen für das zweite Zeichen betrachten. Nicht alle werden einen komprimierten Text ergeben, diese verwerfen wir. Als Nächstes betrachten wir mögliche verbleibende Substitutionen für das dritte Zeichen usw. Vielleicht geraten wir so in eine Sackgasse. Dann müssen wir in einem vorangegangenen Schritt einen Fehler gemacht haben. Wir gehen einen Schritt zurück und starten von dort erneut mit der nächsten Möglichkeit. Es ist wie das systematische Umherirren in einem Labyrinth mit einer ganz speziellen Struktur, der Baumstruktur.

Abbildung 2.1: Erfolgreiche Suche in einer Baumstruktur

Bei unbedachter Programmierung kann solch eine Suche riesige Rechnerleistungen erfordern, doch in der Praxis werden wir umso mehr Möglichkeiten verwerfen, je tiefer wir in dieses Labyrinth eindringen. Irgendwann bleiben dann nur noch wenige Gänge übrig; einer davon führt zum Licht. Der Schlüssel ist nun bekannt. Dabei haben wir kein einziges Zeichen des Klartextes benötigt! Mit entsprechenden Programmiertricks läßt sich erfahrungsgemäß die erforderliche Rechenzeit drastisch verkürzen. Wir werden in Abschnitt 3.6.4 sehen, dass das alles auch in der Praxis funktioniert.

Komprimierung im Verbund mit homophoner Substitution ist schon raffinierter. Das Erstellen eines Programms zum Knacken dieser Kombination ist gewiss nicht einfach, aber ebenso gewiss möglich. Dieser Mühe braucht sich nur einer ein einziges Mal zu unterziehen – dann ist das Verfahren für immer wertlos.

2.2.4 Transposition

Transposition heißt einfach »Vertauschung«. Kein Zeichen wird dabei verändert, es wechselt nur seinen Platz im Text. Das einfachste Verfahren ist der »Würfel«. Man schreibt dazu die Nachricht zeilenweise in ein Rechteck:

```
LÖSEGE
LDÜBER
GABEWI
EVEREI
NBARTM
ORGEN
```

und liest sie spaltenweise wieder aus:

```
LLGENOÖDAVBRSÜBEAGEBERREGEWETNERIIM
```

Dieses Verfahren bietet natürlich keinerlei Sicherheit – als Schlüssel dient nur die Kantenlänges des Quadrats. In der Praxis muss der Chiffrierer schon raffiniertere Vertauschungen nutzen, die vor allem von Schlüsseln mit sehr vielen denkbaren

Werten abhängen. So empfiehlt es sich, die Spalten des Rechtecks nach dem Einschreiben des Klartextes zu vertauschen und danach erst auszulesen.

Das Verfahren ist sehr alt. Schon im 5. Jahrhundert v. u. Z. erzeugten die alten Griechen diese Art von Transposition (ohne Spaltenvertauschung), indem sie einen Pergamentstreifen um einen Stab wickelten, den Belag längs der Stabachse zeilenweise beschrieben (wie eine Walze) und das Pergament dann abwickelten.

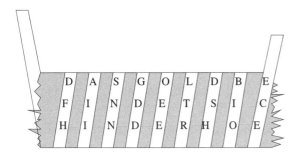

Ein Papierstreifen wird um den Stab
geheimer Dicke gewickelt und
in Längsrichtung des Stabes beschriftet

| H F D I I A N N S D D G E E O R T L H S D O I B E C E |

Nach dem Abwickeln
sieht man diese Buchstabenfolge auf dem Streifen

Abbildung 2.2: Chiffrierung mit einem Stab

Der Stab diente als Schlüssel, genauer gesagt sein Dickenprofil [BauerMM, 6.3].

Die Häufigkeiten der Zeichen ändern sich nicht gegenüber dem Originaltext, doch diese Erkenntnis hat für uns wenig Nutzen. Nur Informationen über die Art und Weise, wie die Vertauschungen vorgenommen wurden, helfen uns weiter. Aber auch dieses Verfahren ist unsicher:

▶ Einen ersten Anhaltspunkt kann ein schlampiger Nutzer liefern, der die letzte Zeile mit Füllzeichen (z. B. »X«) auf die geforderte Länge bringt. Das verrät bereits Teile der Struktur der Transposition.

▶ Bei kurzen Nachrichten können bestimmte Buchstaben wenig oder nicht enthalten sein. Daraus kann ein Angreifer schließen, welche Nachricht mit Sicherheit *nicht* gesendet wurde. Unter Umständen reicht ihm das schon.

▶ SINKOV [Sinkov] erklärt, wie auch bei Transpositionen ein Angriff mit einem wahrscheinlichen Wort möglich ist (dieser Begriff wird in Abschnitt 3.4.1 erklärt). Die Idee ist sehr einfach, aber nur anwendbar, wenn das wahrscheinliche Wort länger als die Blocklänge ist. »Blocklänge« heißt hier: Die Anzahl der Zeichen in der Gruppe, innerhalb derer jeweils eine Transposition erfolgt.

Um konkreter zu werden, kommen wir wieder auf obiges Beispiel mit dem Rechteck zurück. (Die Blocklänge beträgt in diesem Fall 6, ist also die Spaltenzahl in dem Rechteck). Wir vermuten, dass das Wort LÖSEGELD im Text vorkommt und dass als Algorithmus der »Würfel« mit anschließender Spaltenvertauschung gewählt wurde. Bei einer Blocklänge von 3 müsste in dem Rechteck unter dem »Ö« ein »G« stehen, d. h. im Geheimtext müsste die Zeichenfolge »ÖG« enthalten sein. Das ist nicht der Fall, also war die Annahme einer Blocklänge von 3 falsch. Durch Probieren finden wir heraus, dass die Blocklänge 6 betragen muss (denn es kommt »ÖD« im Geheimtext vor). Wir haben die Lage des Wortes gefunden und können sogar eine eventuell vorgenommene Spaltenvertauschung ermitteln, mit Ausnahme der beiden Spaltenpaare, in denen die beiden »E«s bzw. »L«s des wahrscheinlichen Wortes vorkommen.

▷ Aufeinander folgende Buchstaben hängen in bestimmter Weise statistisch voneinander ab, denn die Sprache hat eine Struktur. Hinreichend lange Geheimtexte, die durch Transposition gleich langer Zeichengruppen entstanden, lassen sich so statistisch auf abhängige (aber jetzt auseinander gerissene) Paare untersuchen. Im Einzelnen gehen wir so vor:

– Die Länge N der Gruppen ermitteln wir beispielsweise mit Hilfe der Zeichenkoinzidenz (Abschnitt 3.6.1).

– Wir betrachten alle $N*(N-1)/2$ möglichen Paare von Positionen i und j in den Gruppen (i,j = 1,2,...,N). Für jedes Paar von Positionen untersuchen wir die gemeinsame Verteilung der zugehörigen Zeichen im Geheimtext an diesen Stellen.

– Wenn der Klartext normale Sprache ist, dann haben Paare aufeinander folgender Zeichen eine typische Verteilung (vgl. Tab. 2.1). Nicht benachbarte Zeichen sind statistisch nicht so stark abhängig und haben eine andere Verteilung.

– Das wenden wir auf die im Punkt zuvor genannten Paare von Positionen an. Bei einigen Paaren werden wir die typische Bigramm-Verteilung des Klartextes feststellen, bei anderen nicht. Paare solcher Zahlen von 1 bis N nennen wir *ausgezeichnete Paare*.

– Unter den ausgezeichneten Paaren versuchen wir, Ketten folgender Form zu finden:

$(n_1,n_2), (n_2,n_3), (n_3,n_4), ...$

Eine derartige Kette der Länge N, bei der alle n_i verschieden sind, könnte schon die gesuchte Permutation (d. h. Transposition) sein.

– Finden wir keine solche Kette oder ergeben sich keine sinnvollen Dechiffrierungen, dann versuchen wir Kettenstücke zusammenzufügen; fehlende Glieder müssen wir dabei erraten. Hilfreich können auch Bigramme sein, die praktisch niemals vorkommen.

Es ist sicherlich eine sehr reizvolle Aufgabe, ein entsprechendes Programm zu schreiben und auszubauen (das wäre eine niveauvolle Praktikumsaufgabe für Hochschulen).

Der Hauptnachteil dieser Methode ist die große Menge benötigten Klartextes.

▷ Ganz empfindlich sind Transpositionen gegen differenzielle Kryptanalyse. Wir werden in Kapitel 3.7 darauf zurückkommen.

Transpositionen können auch mit Substitutionen kombiniert werden und dem Codebreaker das Leben schwer machen. Gehen Sie aber ruhig davon aus, dass alle einfachen Kombinationen beider Methoden mit existierenden Programmen schnell geknackt werden können – auch wenn Sie so ein Programm nicht bekommen.

2.2.5 Mehrfachverschlüsselung

»Doppelt hält besser«. So wenig das für Arzneimittel zutrifft, so wenig darf man das allgemein in der Kryptologie behaupten. Zwei oder mehrere Cäsar-Chiffrierungen nacheinander ausgeführt ergeben wieder eine Cäsar-Chiffrierung: Das Alphabet wird immer noch zyklisch verschoben, nur um einen anderen Betrag. Wir haben oben gesehen, warum dieses Verfahren auch Cäsar-Addition heißt. Die Addition zweier Konstanten s1 und s2 zum Klartextzeichen p hat die gleiche Wirkung, als würde man die Konstanten addieren und dann erst zum Text hinzuzählen:

```
(a+s1) + s2 = a + (s1+s2) mod 26
```

(In solchen Restklassen rechnet man ähnlich wie mit gewöhnlichen natürlichen Zahlen.).

Zwei oder mehrere Substitutionen ergeben auch wieder nur eine Substitution. Das gleiche gilt für Transpositionen. Bei Verfahren mit dieser Eigenschaft sagt man, sie bilden eine **Gruppe**.

Kombiniert man dagegen eine Substitution mit einer Transposition, so sieht die Sache scheinbar besser aus. In Wirklichkeit ist damit nicht allzu viel gewonnen, denn ein Angreifer wird zunächst eine Häufigkeitsanalyse durchführen und so eventuell schon Teile der Substitution ermitteln. Zumindest bei Kenntnis von ein wenig Klartext kann er nun beginnen, die Transposition zu rekonstruieren. Und hat man einem Kryptanalytiker erst einmal den kleinen Finger gegeben, so nimmt er nach kurzer Zeit gleich die ganze Hand. (Deswegen wird wohl ein Chiffrierverfahren manchmal bereits aufgegeben, wenn es mit vernünftigem Aufwand auch nur auf 1 Bit des Schlüssels schließen läßt. Das ist immer der Anfang vom Ende.)

Wann eine doppelte Verschlüsselung, meist mit zwei verschiedenen Verfahren, besser ist als eine einfache, lässt sich allgemein nicht sagen. Oft kann man das auch im konkreten Fall schwer entscheiden. Wir werden unter anderem in Abschnitt 5.2.1 darauf zurückkommen.

2.3 Ersetzung im Verbund: Bigramm-Substitutionen

Der Begriff »Bigramm-Substitutionen« klingt vielleicht recht wissenschaftlich, aber es verbirgt sich etwas ganz Einfaches dahinter. In Kapitel 2.1 haben wir *einzelne* Zeichen durch andere nach einer festen Regel ersetzt, bei Bigrammen ersetzen wir *Zeichenpaare* durch andere Zeichen oder auch durch Zeichenpaare. Nach [BauerMM, 4.1.1] datiert die älteste Darstellung einer solchen Methode aus dem Jahre 1563 und stammt von Porta. Er konstruierte 625 Hieroglyphen für alle möglichen

25*25 Paare aufeinander folgender Buchstaben – das »J« wird dabei durch »I« ersetzt, Leerzeichen werden wie üblich weggelassen und Kleinbuchstaben in Großbuchstaben umgewandelt.

Der Angriff auf das Verfahren erfolgt theoretisch genauso wie bei der einfachen Substitution über die Häufigkeitsanalyse. Allerdings haben wir in Tabelle 2.1 gesehen, dass sich die Häufigkeiten einzelner Bigramme nicht so stark unterscheiden wie die der Buchstaben. Hier wird man mehr auf charakteristische Muster der Sprache eingehen müssen und vor allem ausnutzen, dass viele Bigramme praktisch niemals vorkommen. (Auch eine negative Aussage kann in der Kryptanalyse sehr hilfreich sein!)

Außerdem wird die statistische Analyse in der Regel raffinierter durchgeführt als im Beispiel des »Goldkäfers«. Bigramme, deren statistische Verteilung ja gleichmäßiger ist als bei den Buchstaben (vgl. Tab. 2.1), ordnet man nach ihrer Häufigkeit und versucht dann einen Abgleich mit Bigramm-Häufigkeiten typischer Sprache. Abweichungen sind dabei in gewissem Rahmen zugelassen. Außerdem sind Randbedingungen zu beachten, z. B. dass bestimme Bigramme fast nie oder auch besonders häufig aufeinander folgen und dass einzelne Häufigkeiten voneinander abhängen. Die Struktur der Sprache wird durch Bigrammbildung nur verwischt, aber nicht beseitigt. Alles zusammen ergibt ein riesiges Puzzle, das aber für die heutige Rechentechnik keine unüberwindliche Hürde mehr darstellt.

Eine andere Methode erzählte mir mein Vater, der im 2.Weltkrieg als Funker arbeitete. Auch hier werden nur 25 Großbuchstaben verwendet. Der Schlüssel besteht aus zwei nebeneinander angeordneten Quadraten 5*5. In jedes Quadrat ist das Alphabet in geheimer Reihenfolge eingetragen:

```
HQEFK    WHSFK
RYBOD    LPDNQ
NUGIS    EIUXY
APCMZ    VBOAM
LWJVX    RCGTZ
```

Nun teilt der Chiffrierer den Text in gleichlange Zeilen auf (evtl. unter Zuhilfenahme von Füllzeichen am Ende). Übereinander stehende Buchstabenpaare verschlüsselt er so: Den oberen Buchstaben sucht er im linken Quadrat, den unteren im rechten. Beide gefundenen Punkte bilden die Diagonale eines Rechtecks. Die andere Diagonale dieses Rechtecks bestimmt ein neues Buchstabenpaar, und dieses setzt er als Geheimtext ein – den Buchstaben aus dem linken Quadrat in die obere Zeile, den anderen in die untere:

```
HEUTEKEINEBESOND  ->  HQEFK  WHSFK  -> N...
ERENVORKOMMNISSE      RYBOD  LPDNQ     W...
                      NUGIS  EIUXY
                      APCMZ  VBOAM
                      LWJVX  RCGTZ
```

Falls beide Buchstaben in der gleichen Zeile stehen, bilden die beiden rechts von ihnen stehenden Buchstaben den Geheimtext. Aus »HS« wird so »QF«. Ist die letzte Spalte bereits erreicht, geht es mit der ersten Spalte weiter – »KF« wird also zu »HK«.

Die verwendete Zeilenlänge braucht der Chiffrierer eigentlich nicht mitzuteilen – der Empfänger schreibt die dechiffrierten Paare nacheinander auf und merkt schon, wo er beim Lesen die Zeile zu wechseln hat. Mehr noch, man könnte sogar im gleichen Text die Zeilenlänge wechseln, sofern keine Doppeldeutigkeiten entstehen. Ein solches Vorgehen würde den Angriff deutlich erschweren. Ich habe aber starke Zweifel, ob von dieser Möglichkeit in der üblicherweise schlampigen Praxis jemals Gebrauch gemacht wurde. Noel Currer-Briggs, ein englischer Kryptanalytiker, nennt in [Hinstrip] eine feste Zeilenlänge von 13 oder 17 Zeichen.

Übrigens waren 50 Buchstaben ziemlich viel für einen Schlüssel in dieser Zeit. Üblicherweise erzeugt man solche Permutationen (Anordnungen) des Alphabets leicht, indem man ein Schlüsselwort an den Anfang stellt und die nicht verwendeten Buchstaben in alphabetischer Reihenfolge dahinter schreibt:

```
FINGERHUTabcdjklmopqsvwxyz
```

(Wheatstone schrieb das permutierte Alphabet zeilenweise in einen Kasten und las diesen dann spaltenweise aus. Das ist sicherer.) In der Wehrmacht wurde diese Methode jedoch nicht angewandt; das Konstruktionsprinzip der Quadrate habe ich nicht erfahren.

Eine bemerkenswerte Eigenschaft des Verfahrens ist, dass die statistische Beziehung zwischen aufeinander folgenden Buchstabenpaaren bei der Analyse nichts mehr bringt. (Ich glaube nicht, dass im Deutschen z. B. der 1., 14., 27. und 40. Buchstabe eines Satzes noch in sinnvoller Beziehung zueinander stehen.) Dadurch unterscheidet sich die Methode von dem z. B. in [BauerMM, 4.2.1] genannten **Playfair-Verfahren**, das nur ein einziges Quadrat verwendet und Paare *aufeinander folgender* Buchstaben betrachtet. Dort gilt es außerdem, Paare gleicher Buchstaben zu vermeiden, da sie nicht verwandelt werden. Zu diesem Zweck schiebt der Chiffrierer ein »x« dazwischen:

```
Kasxse, Sexexelefant.
```

Das ist natürlich gefährlich. In unserem Fall spielen Paare gleicher Buchstaben keine Rolle, da sie im Allgemeinen nicht in solche Paare übersetzt werden.

Das oben beschriebene Verfahren wurde von den Engländern gebrochen, übrigens zusammen mit dem Enigma-Code im berühmten Bletchley-Park (wir kommen in Abschnitt 2.5.2 darauf zurück). Ein Leser der ersten Auflage machte mich auf einen Artikel von Noel Currer-Briggs in [Hinstrip, Kap. 23] aufmerksam, wo die Kryptanalyse ziemlich detailliert beschrieben wird. Wenigstens einige Ansätze möchte ich hier kurz nennen.

Wie sämtliche bisher genannten Verfahren ist die Methode nicht gegen den Klartextangriff gefeit. Das obige Beispiel (»keine besonderen Vorkommnisse«) ist sehr typisch: Gerade Meldungen dieser Art wurden von der Wehrmacht massenweise abgesetzt. Und wenn ein Kommandeur einen chiffrierten Befehl durchgab, durfte er sich wohl nicht erlauben, das »HEILHITLER« am Ende vor seinem Namen wegzulassen. Den Namen des Kommandeurs (d. h. das letzte Wort der Nachricht) kannte der Feind natürlich auch. Schließlich wurden Zahlen starr in Wörter übersetzt: »1324 = EINSDREIZWEIVIER«. So etwas nennt man **Chiffrierfehler**. Mehr davon in Abschnitt 2.5.2.

Die Deutschen machten es den Engländern jedoch noch leichter. Zum Ersten setzten sie ein »X« an die Stelle eines Leerzeichens (auch das ist ein Chiffrierfehler). Zweitens wurden die Umlaute wie üblich als »AE«, »OE« und »UE« dargestellt. Da »E« ohnehin der häufigste Buchstabe in deutschen Texten ist, war ein besonders stark gehäuftes Vorkommen der Paare »XE« und »EX« zu erwarten. Drittens wurde »J« durch »II« ersetzt (zur Auswirkung gleich mehr). Und viertens gab es genügend Wörter wie UNTERGRUPPENFUEHRER und GEFANGENGENOMMEN, die nicht auf eine Chiffrierzeile passen. So konnten die Kryptanalytiker zielgerichtet nach bestimmten Bigrammen fahnden, wie z. B. »UU« aus dem in einer 13er-Zeile umgebrochenen Untergruppenführer. Kam obendrein zufällig das »PP« aus dem UNTERGRUPPEN-FUEHRER über dem »II« aus DNIIEPROPETROWSK zu stehen (solche Namen traten häufig bei Funksprüchen von der Ostfront auf), chiffrierten beide Paare »PI« zu gleichen Bigrammen. Es gab nicht so viele derartige Möglichkeiten, dass man sie nicht hätte durchprobieren können – ohne Rechnerhilfe, versteht sich, mit viel Intuition, großem Personalaufwand und riesigem Zeitdruck. Waren die »magischen Quadrate« aber erst einmal konstruiert, dann ließen sich damit alle so chiffrierten Nachrichten des gleichen Tages in einem Zug entschlüsseln. Und wenn ein Funker versehentlich den Schlüssel vom Vortage verwendete (den die Engländer bereits kannten) und dann die gleiche, unveränderte Nachricht nochmals mit dem neuen Schlüssel chiffriert versendete, kannte die Freude auf englischer Seite keine Grenzen.

2.4 Ständig wechselnde Taktik: Polyalphabetische Substitutionen

Ein wesentlicher Angriffspunkt einfacher Substitutionen ist ihre Umkehrbarkeit: Jedem Zeichen im Geheimtext entspricht immer das gleiche Klartextzeichen, gleichgültig, an welcher Textstelle das Geheimtextzeichen steht. Dadurch bleiben charakteristische Muster erhalten. Wenn wir z. B. das chiffrierte Wort WLLRJWL sehen, ist es nicht so schwer, mit Hilfe eines elektronischen Wörterbuchs herauszufinden, dass der zugehörige Klartext wahrscheinlich SEEROSE heißt. (Wir wissen ja inzwischen, dass Wortgrenzen dank Weglassens der Leerzeichen nicht mehr sichtbar sind, aber für einen Rechner ist es doch kein Problem, den Text nach bestimmten Mustern abzusuchen.) Auch bei Bigrammen ändert sich an dieser Aussage nichts.

Der Gedanke der **polyalphabetischen Substitution** ist nun, die Substitutionsvorschrift von der Position im Text abhängig zu machen. Die ersten Gedanken in dieser Richtung äußerte bereits Alberti 1466. Manchmal wird das als Geburtstunde der modernen Kryptologie bezeichnet. Polyalphabetische Verfahren werden heutzutage zwar mit Computern gebrochen, aber das ist trotzdem schon eine Größenordnung schwieriger als bei der einfachen Substitution.

2.4.1 Vigenère-Chiffrierung

Um den einfachsten Fall polyalphabetischer Substitution zu beschreiben, greifen wir am besten auf die oben genannte Darstellung der Cäsar-Methode als Addition zurück:

```
c = a+s mod 26
```

Diesmal wählen wir aber nicht einfach eine Verschiebung s als Schlüssel, sondern ein Schlüsselwort, z. B. ABCD. Dieses schreiben wir wiederholt über den Klartext:

```
ABCDABCDABCDABCDABCDABCD...
TRIFFMICHHEUTEABENDANDER...
```

Nun addieren wir übereinander stehende Paare:

```
A+T = T
B+R = S
C+I = K
D+F = I
A+F = F
...
```

(wie oben müssen wir uns dabei die Zahlen als Buchstaben denken: A = 0, B = 1, ..., Z = 25). Das ist schon der Geheimtext. Wir haben also bei diesem Schlüsselwort der Länge 4 vier verschiedene Cäsar-Additionen definiert, die wir reihum (zyklisch) anwenden. Wir sehen schon an den ersten Zeichen, dass aus dem »FF« in »TRIFF« ein »IF« entsteht: Muster werden im Allgemeinen zerstört. Und wer die Länge des Schlüsselworts nicht kennt, kann auch nicht sagen, welchen gleichen Geheimtextzeichen die gleichen Klartextzeichen entsprechen.

Diese Verschlüsselungsmethode wird üblicherweise als **Vigenère-Chiffrierung** bezeichnet. Das ist nicht ganz korrekt, denn Vigenère hatte 1585 eine allgemeinere Methode beschrieben: Er ging von einer beliebigen Substitution des Alphabets aus und verschob diese zyklisch. Auch das ist nur ein Spezialfall der allgemeinen polyalphabetischen Verschlüsselung. Doch zurück zu unserem Beispiel.

Wie bricht man diese Vigenère-Chiffrierung? Es ist im Prinzip einfach. Angenommen, wir kennen die Schlüssellänge, im obigen Fall also 4. Dann greifen wir uns die Geheimtextzeichen an der 1., 5., 9., 13. ... Position heraus, also im Abstand von 4 Zeichen. Diese Teilmenge des Geheimtextes ist Cäsar-chiffriert, denn an diesen Stellen steht ja immer der gleiche Buchstabe über der Klartextzeile. Wir ermitteln die Häufigkeiten aller Zeichen in dieser Teilmenge und nehmen an, das häufigste Zeichen entspräche dem »e«. Schon ergibt sich eine Verschiebung. Analog gehen wir bei der Teilmenge vor, die aus den Geheimtextzeichen an 2., 6., 10., 14. ... Stelle gebildet wird. Vielleicht erhalten wir dann bereits den Klartext. Falls nicht, müssen wir ein wenig herumprobieren – vielleicht sollten wir ein anderes häufiges Zeichen statt des »e« annehmen. In der Praxis ist es sicherer, die Verteilung aller Zeichen des Geheimtextes mit der Verteilung der Sprache zu vergleichen; das ergibt die Verschiebung ziemlich sicher.

Und wie ermitteln wir die Schlüssellänge? Indem wir mit verschiedenen Längen experimentieren und die Häufigkeitsverteilungen in den genannten Teilmengen untersuchen! Man kennt noch wesentlich zuverlässigere Methoden; mehr dazu in Kapitel 3.

Es wird Ihnen einleuchten, dass sich dieses Vorgehen gut programmieren lässt. Ich glaubte schon, ein solches Programm im Internet gefunden zu haben: »solvevig.c« von Mark RIORDAN, 1991 geschrieben. Bei näherer Betrachtung stellte sich leider heraus, dass das Programm nur eine vorgegebene Liste von Schlüsseln durchprobiert und das Dechiffrat durch Untersuchung der Zeichenhäufigkeiten darauf prüft, ob es englischer Text sein kann. Das ist mir unverständlich. Abgesehen davon, dass es noch andere Tests auf erhaltenen Text gibt (Bigramme oder auftretende Wörter mit einbeziehen u. a. m.), wissen wir doch inzwischen, wie man's macht. Das Durchprobieren vieler Schlüssel ist wirklich die allerletzte Möglichkeit in der Kryptanalyse. Diese Enttäuschung werden Sie bei manchem kryptanalytischen Programm erleben, das Sie unentgeltlich erhalten. In Kapitel 3 werden wir verschiedene Möglichkeiten genauer besprechen, Vigenère-Chiffren zu brechen. Dazu wird auch ein Programm vorgestellt, das auf der CD enthalten ist.

Kunstvolleres Vorgehen des Kryptanalytikers ist da schon bei der allgemeinen polyalphabetischen Substitution erforderlich. Sie führt keine Cäsar-Chiffrierungen durch, sondern allgemeine Substitutionen. Das Verfahren bleibt im Prinzip unverändert: Die Substitutionen werden der Reihe nach auf die einzelnen Zeichen des Klartextes angewandt, und wenn man die letzte verwendet hat, beginnt man wieder mit der ersten. Die Anzahl der verwendeten Substitutionen heißt **Periode** des Verfahrens.

Wir können uns mannigfaltige Vorschriften ausdenken, nach denen die einzelnen Substitutionen gebildet werden – an der Kryptanalyse ändert das wenig. Diese unterscheidet sich im Prinzip nicht sehr von der des Vigenère-Verfahrens, nur haben wir auf jeder Teilmenge noch die Substitution zu ermitteln. Die Kenntnis der Regeln, nach denen die Substitutionen aus einem Schlüsselwort gebildet werden, kann die Zahl der Fehlversuche sehr stark reduzieren. In Kapitel 3 werden wir nochmals auf die Kryptanalyse polyalphabetischer Substitutionen eingehen.

Der Designer des Algorithmus wehrt sich gegen diesen Angriff, indem er sehr viele mögliche Substitutionen zur Verfügung stellt, d. h. eine möglichst lange Periode ermöglicht. Dann reicht (hoffentlich) die Menge des zu untersuchenden Geheimtextes nicht mehr für eine statische Analyse. Aus diesen Überlegungen heraus sind die Rotormaschinen und insbesondere die Enigma entstanden. Wir kommen gleich darauf zu sprechen. Halten wir aber vorher noch einmal fest:

Polyalphabetische Methoden sind positionsabhängige einfache Substitutionen. Dabei hängen die Substitutionen wirklich *nur* von der Position im Text ab, Zusammenhänge zwischen ihnen werden *nur* vom Schlüssel und dem Verfahren selbst bestimmt. Wesentlich schwieriger zu knacken wäre so ein Verfahren, wenn die Substitution auch vom Klartext abhinge (natürlich so, dass noch eine Dechiffrierung möglich ist!). Aber davon ist hier nicht die Rede.

Der Vorzug dieser Eigenschaft ist, dass man Verfahren leicht synchronisieren kann. Das heißt: Werden bei einer Übertragung einige Zeichen verstümmelt, so lassen sich nur diese wenigen nicht entschlüsseln. Selbst wenn die Länge der undeutlichen Passage nicht bekannt ist, findet man mit relativ wenig Mühe noch den Anschluss. Wir werden in 4.5 sehen, dass es Methoden gibt, auch klartextabhängig zu chiffrieren und trotzdem noch zu synchronisieren.

2.4.2 Bitweises Vigenère-Verfahren: Vernam-Chiffrierschritte

Ein besonders einfacher Fall polyalphabetischer Chiffrierung ist das bitweise Vigenère-Verfahren, das die rechnerfreundliche Umsetzung des zeichenweisen Verfahrens darstellt. Bisher haben wir nur 26 Buchstaben betrachtet und modulo 26 addiert (d. h., nur die Reste bei Teilung durch 26 betrachtet). Heute arbeiten wir mit Bits und Bytes. Ein Bit ist nichts weiter als ein Buchstabe in einem zweielementigen Alphabet (bestehend aus »0« und »1«, wobei die »1« als »L« geschrieben wird). Die Addition modulo 2 in diesem Alphabet entspricht gerade dem bitweisen XOR (exklusives »Oder«, oft als $\oplus$ geschrieben):

```
0 + 0 = 0
0 + L = L + 0 = L
L + L = 0
```

Der Vigenère-Schlüssel kann weiterhin eine endliche Zeichenfolge bleiben, aber wir addieren nun nicht mehr zeichenweise, sondern bitweise (die Zeichenfolge lässt sich ja auch als Bitfolge auffassen). Die Dechiffrierung geschieht einfach durch erneute Chiffrierung, denn die XOR-Operation ist involutorisch (die zweimalige Anwendung der XOR-Transformation erzeugt wieder die Ausgangsdaten):

$$(a \oplus b) \oplus b = a$$

Weder beim Verfahren noch bei der Kryptanalyse ändert sich durch dieses andere Vorgehen irgendetwas. Dieses modifizierte Verfahren heißt bei SCHNEIER [SchnCr] *einfaches XOR-Verfahren*, bei BAUER [BauerMM] *Vernam-Chiffrierschritt*. Mit letzterer Bezeichnung ist allerdings oft der bitweise individuelle Schlüssel gemeint (s. u.).

Übrigens endet auch dieser Abschnitt mit der traurigen Bemerkung, dass selbst das simple bitweise Vigenère-Verfahren immer noch nicht vom Tisch ist: WordPerfect – eine populäre Textverarbeitung – verwendet eine leichte Modifikation davon (mehr dazu in Kapitel 3). Auch WINCRYPT reiht sich in die Liste hochgradig unsicherer Verfahren ein: Es benutzt einen 512-Byte-Vigenère-Schlüssel. Nach [SchnCr 1.3] soll das Vigenère-Verfahren in kommerzieller Software noch sehr oft eingesetzt werden.

2.5 Domäne der Militärs: Chiffrierzylinder und Rotormaschinen. Die Enigma

Rotormaschinen haben in diesem Jahrhundert eine überragende Rolle gespielt, militärisch und auch für die Kryptanalyse. Wir werden zunächst auf ihre Vorläufer, die Chiffrierzylinder, kurz eingehen und uns dann vor allem der berühmtesten Rotormaschine, der Enigma zuwenden.

Chiffrierzylinder

Computer sind für uns so selbstverständlich geworden, dass wir manche Dinge als einfach betrachten, die eigentlich erst durch die Hilfe von Computern einfach wurden. Die polyalphabetische Substitution zählt dazu. Als noch alles per Hand erledigt wurde, galt sie als zu schwierig und zu fehleranfällig. Eine erste Mechanisierung stellten die Chiffrierzylinder dar. Das sind Scheiben, auf deren Rändern permutierte Alphabete eingraviert sind, d. h. Alphabete in willkürlichen Reihenfolgen. Jede Scheibe enthält eine andere Permutation. Hat man z. B. 30 solche Scheiben zur Verfügung, dreht man diese so gegeneinander, dass in einer Zeile 30 Zeichen des Klartextes eingestellt sind. Den Geheimtext liest man eine Zeile darüber oder darunter ab, oder auch in einer beliebigen Zeile. Der Dechiffrierer stellt 30 Geheimtextzeichen auf dem Zylinder ein und findet den Klartext in einer anderen Zeile. Der Schlüssel besteht in der Anordnung der Scheiben (bei 30 Scheiben immerhin 30! oder rund $2,6*10^{32}$ Möglichkeiten).

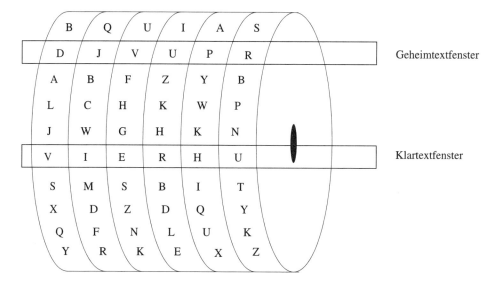

Abbildung 2.3: Chiffrierzylinder

Das Verfahren ist nach heutigen Maßstäben natürlich nicht sicher, insbesondere nachdem ein Angreifer irgendwie in den Besitz eines solchen Gerätes gelangt ist – das ist früher oder später immer der Fall. Dann lässt sich durch Häufigkeitsbetrachtungen (und mit anderen Methoden, vgl. Kapitel 3) viel einfacher ermitteln, welche Scheibe sich an welcher Stelle befindet.

Wie immer wurden solche Geräte länger verwendet, als dem Niveau der Kryptanalyse entsprach. Bekannt wurde die Chiffriermaschine M-94 der US Army, die wenigstens von 1922 bis 1943 im Einsatz war. Sie bestand aus 25 Aluminiumzylindern. Im Allgemeinen allerdings war bei Chiffrierzylindern nicht nur die Anordnung der Scheiben geheim, sondern auch ihre Auswahl aus einer größeren Menge (z. B. 30 von 100, entsprechend ca. $3*10^{25}$ Möglichkeiten). Ein Gerät mit 30 Schiebern (algorithmisch äquivalent zur Chiffrierwalze), das CSP-642, konnte von den

Japanern im 2.Weltkrieg trotz des Besitzes einiger Schieber nicht geknackt werden, jedoch das amerikanische 30-Streifen-Gerät O-2 von dem Deutschen Rohrbach [BauerMM 7.4.3]. Auf der anderen Seite wiederum hielten die Deutschen ihre Enigma für todsicher, worüber Polen und Engländer ganz anders dachten – siehe unten! Das Niveau der Kryptanalyse unterschied sich eben sehr stark von Staat zu Staat, und so ist es noch heute.

Rotormaschinen

Eine wesentlich cleverere Idee als Chiffrierwalzen verkörpern Rotormaschinen. Bei ihnen kommt erstmalig der elektrische Strom ins Spiel, sie sind elektromechanische Verschlüsselungsgeräte. Rotormaschinen sind manchmal recht unverständlich erklärt. Dabei ist ihr Prinzip denkbar einfach. Wir nähern uns ihm schrittweise:

▶ Stellen wir uns eine dicke, elektrisch isolierende Scheibe vor. Auf ihren gegenüberliegenden Kreisflächen sind ringförmig je 26 Kontakte angebracht. Jeder Kontakt auf der linken Seite ist auf geheime Weise mit genau einem auf der rechten verbunden und umgekehrt. Das entspricht einer Substitution.

▶ Die linken Kontaktflächen werden nun von 26 Schleifkontakten abgegriffen, ebenso die rechten. Die Schleifkontakte entsprechen den Buchstaben des Alphabets. Legt man an einen der linken Schleifkontakte per Tastendruck eine Spannung an, kommt diese bei einem anderen rechten Schleifkontakt an und kann eines von 26 Lämpchen zum Leuchten bringen. Das Verfahren ist in dieser Form nichts als eine einfache Substitution. Gegenüber starren Schemata bietet sie zwei kleine Vorteile: Wir können die Scheibe gegen eine andere wechseln, und wir können eine beliebige Anfangsstellung vorgeben. Wir wissen bereits, dass das Verfahren trotzdem eines der unsichersten ist.

▶ Nun drehen wir aber die Scheibe nach jedem Zeichen um einen Schritt weiter. Das ergibt schon eine polyalphabetische Substitution mit der Periode 26 (das 27. Zeichen im Klartext wird dann wieder wie das 1. chiffriert) und entspricht der Vigenère-Chiffrierung im historisch exakten Sprachgebrauch.

▶ Ein anderer Gedanke ist, mehrere solche Scheiben nebeneinander zu verwenden, jede mit einer anderen inneren Verdrahtung (sprich Substitution). Zwischen je zwei Scheiben bringen wir Schleifkontakte an, die immer eine rechte Kontaktfläche der linken Scheibe mit der gegenüberliegenden linken Kontaktfläche der rechten Scheibe verbinden.

Wie wir im Absatz über »Mehrfachverschlüsselung« gesehen haben, bringt das zunächst nichts Neues: Ganz rechts kommt wieder nur eine einfache Substitution an.

▶ Aber nun kombinieren wir die beiden letzten Gedanken: Nach jedem chiffrierten Zeichen drehen wir jede Scheibe ein Stückchen weiter, aber jede um einen anderen Betrag. Die Substitutionen, die in den einzelnen Scheiben fest verdrahtet sind, ergeben nun jedes Mal eine ganz andere Substitution am rechten Ende. Sinn und Zweck dieser Anordnung ist, dass wir so die Periode mit geringem Aufwand sehr groß halten können (was die Kryptanalyse stark erschwert).

▶ Beispielsweise können wir 3 Scheiben wie in einem Zählwerk bewegen. Nach jedem Zeichen dreht sich die rechte Scheibe um einen Schritt weiter, nach jedem 26. auch die mittlere Scheibe um einen Schritt, und wenn diese eine volle Rotation ausgeführt hat, auch die linke Scheibe. Das ergibt im Allgemeinfall eine Periode von $26^3 = 17.576$. Beliebig komplizierte Vorgehensweisen sind denkbar, um die Kryptanalyse möglichst zu erschweren.

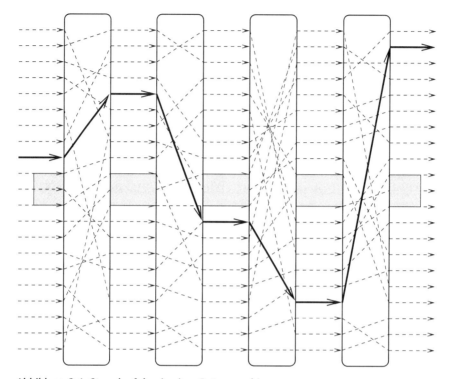

Abbildung 2.4: Stromlaufplan in einer Rotormaschine

In jedem Fall steht der Algorithmus der Scheibenbewegung fest, variabel sind nur die Anfangsstellungen und die Anordnung der Scheiben.

Chiffriervorrichtungen dieser Art heißen **Rotormaschinen**. Sie wurden um 1920 von mehreren Erfindern zum Patent angemeldet; jedes Land nennt den Erfinder zuerst, der dem dortigen Patriotismus am nächsten kommt (im Zusammenhang mit der Enigma meist Arthur SCHERBIUS 1918). Die Scheiben nennt man bei diesen Maschinen **Walzen** oder **Rotoren**.

2.5.1 Aufbau und Bedeutung der Enigma

Der berühmteste Vertreter der Rotormaschinen ist die später in der deutschen Wehrmacht eingesetzte Enigma. Es ist hier nicht jedes kleine Detail wichtig (z. B. wie die Mechanik arbeitet, wie das Steckbrett aufgebaut ist usw.). Wir wollen nur ihr Prinzip verstehen und vor allem, wie die unbefugte Dechiffrierung ablief.

Verschlimmbesserung einer Rotormaschine: Die Enigma

Die ersten Modelle der Enigma waren gewöhnliche Rotormaschinen mit 4 Rotoren, wie oben beschrieben.

Doch gut ist uns nicht gut genug. Das sagte sich schon 1926 Willi KORN und verbesserte die Rotormaschine – seiner Meinung nach. Seine verhängnisvolle Idee war die so genannte **Umkehrwalze**, auch **Reflektor** genannt: An die Stelle der Schleifkontakte ganz rechts tritt bei ihm eine weitere Scheibe, die aber nur auf einer Seite Kontaktflächen besitzt. Diese Kontaktflächen sind auch untereinander verbunden, und zwar so, dass jede Fläche mit genau einer anderen verbunden ist. Das entspricht einer speziellen Substitution, und zwar einer, bei der kein Buchstabe in sich selbst übergeht.

Die Spannung, die nun an einem »Buchstaben« ganz links angelegt wird, pflanzt sich durch die Rotoren nach rechts fort, wird in der Umkehrwalze »umgelenkt« und durchwandert die Rotoren wieder von rechts nach links auf einem ganz anderen Pfad (daher auch der Name Reflektor für die Umkehrwalze). Doppelt hält besser, hat sich der Kryptologe Korn wohl dabei gedacht. Wie wir weiter unten sehen werden, war das ein folgenschwerer Denkfehler. Diese Anordnung garantiert nämlich, dass bei der Chiffrierung niemals ein Buchstabe in sich selbst übergehen kann: Sonst gäbe es einen Kurzschluß. Ich erwähnte bereits, dass in der Kryptanalyse auch solche negativen Aussagen manchmal sehr hilfreich sind. Wir werden dies in Abschnitt 2.5.2 sehen.

Weil die Enigma durch die Umkehrwalze nun »noch sicherer« wurde, glaubte Korn offenbar, 3 Rotoren und die besagte Umkehrwalze reichten aus. Ein zusätzliches Steckerbrett führt außerdem Vertauschungen von Buchstabenpaaren vor und nach der Verschlüsselung durch.

Die Rotoren bewegen sich ungefähr wie in einem Zählwerk fort: Hat ein Rotor eine bestimmte Stellung erreicht, so wird auch der nächste Rotor durch eine Nase um einen Schritt weitergedreht. Diese bestimme Stellung war für jeden Rotor anders. So glaubte man offenbar beim Gegner Verwirrung zu stiften. Aber man erreichte das Gegenteil: Gerade dieser Unterschied erleichterte später den Engländern herauszufinden, in welcher Anordnung welche Rotoren eingesetzt worden waren. Erst bei den Rotoren VI bis VIII erkannten die Deutschen ihren Fehler und platzierten die Nasen immer an die gleiche Stelle. (Eine genauere Beschreibung finden Sie in der Datei *enigma-wiring.txt* auf der CD.)

Auf den Rotoren sind Ringe mit fortlaufendem Alphabet oder auch Ziffern befestigt (auf den Fotos kommen beide Arten der Beschriftung vor). Diese Ringe werden erst vor dem Einsetzen der Rotoren aufgesteckt. Ihre Lage relativ zum Rotor selbst ist Teil des so genannten Grundschlüssels, auf den wir unten noch zu sprechen kommen.

Das Heer nutzte diese Enigma I genannte Maschine in der beschriebenen Konfiguration. Die Marine besaß ab 1942 eine Enigma mit 4 Rotoren, denn die Positionen der U-Boote mussten besonders gut geheim gehalten werden. Die ersten drei Rotoren konnten aus insgesamt 5 ausgewählt werden (der Rotorwechsel soll aber nicht einfach gewesen sein). Ab 1943 gab es für die Marine noch einen sechsten Rotor, der an die vierte Stelle treten konnte. Zum Schluss waren es insgesamt 8 Rotoren, mit teilweise abweichenden Fortbewegungsweisen.

Der Schlüssel der Enigma besteht aus der Auswahl und der Anordnung der drei bzw. vier Rotoren, ihren Ausgangsstellungen sowie der Beschreibung des Steckbrettes.

Abbildung 2.5: Enigma-Chiffriermaschine (mit frdl. Genehmigung von M. Swimmer, IBM)

Es ergeben sich bei der Heeres-Enigma 26^3 Möglichkeiten für die drei Rotorstellungen, multipliziert mit 10 Möglichkeiten, 3 Rotoren aus 5 auszuwählen, multipliziert mit jeweils 3! = 6 Möglichkeiten der Rotorreihenfolge. Das macht zusammen 1.054.560 mögliche Schlüssel. Nicht berücksichtigt haben wir bisher die Permutationen auf dem Steckbrett. 26 Buchstaben kann man auf $26!/(13!*2^{13})$ Weisen zu Paaren zusammenfassen, also auf etwa 8 Billionen Arten. Das ergibt insgesamt ungefähr 8 Trillionen ($8*10^{18}$) mögliche Schlüssel für die Enigma (und nicht 265.749.120, wie in besagter Datei *enigma-wiring.txt* angegeben wird; der Autor vergaß einige Multiplikationen). Das ist auch für heutige Rechentechnik noch eine extrem große Zahl von Möglichkeiten. Übrigens existierten auch mehrere Umkehrwalzen, aber sie wurden für eine feste Maschine niemals gewechselt.

Derartige Zahlenspielereien haben die Kryptologen beeindruckt, und die Nazigrößen gewiß auch. In der deutschen Wehrmacht galt die Enigma jedenfalls als vollkommen sicher. Die Enigma bekam fast eine Monopolstellung; Schätzungen belaufen sich auf 40.000 bis 200.000 gebaute Maschinen. Es war vielleicht das erste Mal, dass so viel von einem einzigen Algorithmus abhing. Die Enigma war die Grundlage für sicheren Funkverkehr in der gesamten Wehrmacht.

Und über Jahrzehnte vertrauten wir bei den »wirklich wichtigen Dingen« (z. B. im Bankwesen) wieder nur einem einzigen Algorithmus: DES ... Aber dazu mehr im vierten und sechsten Kapitel.

2.5.2 Kryptanalyse der Enigma

Wie die Enigma gebrochen wurde, ist eine Geschichte, die ihresgleichen sucht (jedenfalls unter den kryptanalytischen Geschichten, die uns bis heute bekannt sind). Angesichts der Stückzahl und der Bedeutung dieser Maschinen war bei der Kryptanalyse jeder Aufwand gerechtfertigt. So finden wir in der Enigma-Story alles, was zu einem guten Geheimdienst-Krimi gehört: Spionage, intensivste Forschung, Chiffrierfehler, massenhaften Einsatz von Menschen und Material, bejubelte Erfolge, strengste Geheimhaltung, dramatische Hintergründe und ungeheuren psychischen Druck. Um von der menschlichen Seite eine Vorstellung zu bekommen, empfehle ich die spannende Lektüre des Buches von Harris [Harris]. Die folgende Darstellung basiert wesentlich auf [BauerMM]. Weitere Einzelheiten finden Sie in Kahn [KahnEnig], der die militärischen und politischen Vorgänge und Hintergründe genau dokumentiert hat, und in den Enigma-Texten auf der CD (dort sind weitere Literaturangaben enthalten).

▷ Den Anfang machten die Polen etwa 1927, als ihr Zoll eine Enigma abfing, die versehentlich an eine deutsche Firma in Polen geschickt wurde (schon damals beging man unverständliche Fehler!). Ja, später kaufte Polen sogar offiziell eine Enigma von einem deutschen Hersteller. Das waren natürlich »zivile« Maschinen, doch nun war ihre prinzipielle Funktionsweise bekannt. Wie hieß der Lehrsatz Nr.1 der Kryptografie doch gleich? *Der Gegner kennt immer den Algorithmus.* Im vorliegenden Fall hieß das insbesondere, dass von den Polen eine Besonderheit der Enigma berücksichtigt werden konnte: Nie wird ein Buchstabe bei der Verschlüsselung in sich selbst überführt. Warum ist das so wichtig? Weil es die so genannte **negative Mustersuche** ermöglicht. Das ist einfach erklärt: Stellen wir uns vor, wir wissen, dass der Klartext das Wort

`oberkommandowehrmacht`

enthält, aber nicht, an welcher Stelle. Bekannt ist nur, dass kein Klartextzeichen mit einem Geheimtextzeichen übereinstimmen darf. Das Wort besteht aus 21 Buchstaben. Wir schreiben es unter den Geheimtext. Nach bekannter Theorie gibt es mit einer Wahrscheinlichkeit von

$$1 - \left(1 - \frac{1}{26}\right)^{21} = 0,5\overset{\cdot}{6}11\ldots \quad \text{(d. h. 56\%)}$$

eine Übereinstimmung von Geheimtext und Klartext an irgendeiner Position. Wenn wir das Wort unter dem Geheimtext entlangschieben, werden somit in etwa der Hälfte aller Fälle Übereinstimmungen auftreten, d. h. diese Fälle brauchen wir nicht zu betrachten. Das ist jedoch nur Statistik; in der Praxis können weitaus weniger mögliche Fälle übrig bleiben. Bei noch längeren Wörtern sieht das noch günstiger aus. So liefern 100 Zeichen lange Klartextpassagen schon mit 98%iger Wahrscheinlichkeit verbotene Stellungen. In Abschnitt 3.4.1 werden wir nochmals darauf zurückkommen.

▷ Auch in Ostpreußen wurde schon vor dem Krieg eifrig mit der Enigma geübt und gefunkt. Dort hörten die Polen natürlich mit, und so gab es *reichlich Material* zum Untersuchen. Ein Spion lieferte obendrein Anleitungen und Schlüssel für September und Oktober 1932 an die Franzosen, die damit (ebenso wie die Briten) zu dieser Zeit wenig anfangen konnten und das Material an Polen weitergaben.

▷ Soweit zu den »materiellen« Voraussetzungen, ohne die Kryptanalyse meist nicht möglich ist (bei Software ist das ganz anders!). Nun kam eine weitere logistische Schwierigkeit hinzu, die allen symmetrischen Verfahren (vgl. Glossar) anhängt: Wie übermittelt man den geheimen Schlüssel?

Zu diesem Zweck gab es für jeden Tag eine »Grundstellung«. Sie wurde monateweise im so genannten *Codebuch* herausgegeben und bestimmte Auswahl und Anordnung der Rotoren sowie die Lage der Ringe relativ zu den Rotoren. Aufbauend auf dieser Grundstellung legte der Funker eigenverantwortlich für jeden Funkspruch einen »Spruchschlüssel« fest, der aus drei Buchstaben bestand. Dieser Schlüssel wurde nun mit der Grundstellung chiffriert, alles folgende dann mit dem selbst gewählten Spruchschlüssel. Das ist im Ansatz ein guter Gedanke. Auch in der heutigen Praxis wird für jeden neuen Austausch geheimer Informationen per Rechner ein neuer Schlüssel gewählt. So gewinnt der Gegner nicht genügend viele mit dem gleichen Schlüssel chiffrierte Nachrichten, was statistische Untersuchungen verhindert. Außerdem ließ sich das Wissen über den Schlüssel dadurch auf zwei Personen aufteilen: Ein Offizier brachte die Maschine in die Grundstellung, der Funker legte den Spruchschlüssel fest. Keiner von beiden kannte den Schlüssel des anderen (der Funker hätte dazu die Maschine auseinander bauen müssen, denn das Wechseln der Rotoren war nicht so einfach). Das ist unter Kriegsbedingungen sicherlich sehr vorausschauend gedacht.

Wenn aber Menschen diesen Spruchschlüssel festlegen, machen sie Fehler. Sie wählen als Tastenfolge oftmals aaa, bbb usw. Zwar wurde das später verboten, aber inzwischen hatten die Polen bereits ihren ersten kryptanalytischen Angriff gestartet. Die Reaktion der Funker auf die Vorschrift war, dass sie häufig in einer Reihe nebeneinander liegende Tasten wählten und dergleichen mehr. Auch die Stellung der Rotoren nach der letzten Chiffrierung diente oft als Schlüssel. Diese Stellung war dank des ständigen Mitlesens auch den Polen bekannt. BAUER [BauerMM] gibt eine Tabelle von 40 verwendeten Spruchschlüsseln an, unter denen nur 3 nicht stereotyp sind.

Sinn und Zweck des Spruchschlüssels war bekanntlich, nicht zu viel mit dem gleichen Schlüssel chiffriertes Material in die Hände des Gegners fallen zu lassen und so die Sicherheit zu erhöhen. Herausgekommen ist das Gegenteil. Man hatte den Unsicherheitsfaktor Mensch nicht bedacht.

Damit sind wir beim nächsten Angriffspunkt angelangt: Wenn die Schlüssel aus einem kleinen Wertevorrat geschöpft werden, ist das beste Verfahren nichts wert. Wir sprechen von einem **reduzierten Schlüsselraum**. Schnee von gestern? Mitnichten, die Übertragung von Kreditkartennummern mittels Netscape – ein hochaktuelles Thema – krankte gerade daran. Früher mussten Menschen sterben, weil Codes geknackt wurden, heute werden eher ihre Konten leer geräumt. Menschen sterben trotzdem noch.

▷ Nächster Chiffrierfehler: Der Spruchschlüssel ist eine extrem wichtige Information. Wie bereits erwähnt, haben polyalphabetische Verfahren (und die Enigma realisiert ja eines) den Vorteil, dass kurze Übertragungsstörungen wenig Schaden anrichten. Außer beim Spruchschlüssel, denn wenn dieser verloren geht, ist die gesamte Nachricht nicht entzifferbar. Die Anforderung des Empfängers »bitte nochmal« würde aus Dummheit natürlich ebenfalls chiffriert – und schon hätte man einen Klartextangriff. Oft wäre solch eine Rückfrage auch aus militärischen Gründen nicht in Frage gekommen: U-Boote bekamen beispielsweise Funkstille verordnet, damit ihre Position nicht angepeilt werden konnte. Ein von der Zentrale gesandte Befehl *musste* ganz einfach dechiffrierbar sein!

Solchen Pannen durch Übertragungsstörungen beugte man vor, in dem man den *Spruchschlüssel zweimal hintereinander* an den Anfang setzte. Das machte sich statistisch bemerkbar, und der geniale Pole Marian Rejewski hatte wohl schnell erraten, dass hier eine Zeichenfolge doppelt am Anfang stand und sie vermutlich ein Schlüssel war. Weil dies nur 6 chiffrierte Zeichen betraf, wurde in 20 von 26 Fällen nur der erste Rotor dabei bewegt. So ermittelte man die innere Verdrahtung des ersten Rotors. Bis 1936 wechselte die Walzenstellung vierteljährlich, so dass jeder Rotor einmal in den Genuss kam, ganz vorn arbeiten zu dürfen – und die Polen in den Genuss seiner Analyse. Polen baute die Enigma mit 5 möglichen Walzen nach und gab sie sowohl an Frankreich als auch an Großbritannien weiter.

Unter Ausnutzung des Umstandes, dass die Enigma kein Zeichen in sich selbst überführt, und bei Berücksichtigung der schlecht gewählten Schlüssel sowie der bekannten Rotor-Verdrahtung konnte man den Spruchschlüssel bereits ermitteln.

Die Warschauer Fabrik AVA erbaute nun ein Gerät, mit dem Gesetzmäßigkeiten der Enigma tabelliert wurden. Wieder war Rejewski wesentlich daran beteiligt. Mit Hilfe der Tabellen ließen sich die Tagesschlüssel innerhalb von 10 bis 20 Minuten herausfinden. Das war 1937.

Der Chiffrierfehler war also, zweimal die gleiche Zeichenfolge an den Anfang zu setzen.

- Die Ringstellung, d. h. die Lage der Ringe auf den Rotoren, ließ sich über einen Klartextangriff ermitteln. Hier kam ein weiterer Chiffrierfehler der Funker zum Tragen: Die meisten Texte begannen mit ANX, wobei »X« für ein Leerzeichen stand.

- Als Nächstes wurde 1938 das Spruchschlüssel-Verfahren geändert. Die bisherigen Methoden griffen nun nicht mehr, aber nach wie vor blieb der verdoppelte Spruchschlüssel vorangestellt. Die polnischen Kryptanalytiker konnten nur noch mit Hilfe selbst entwickelter Maschinen nach Klartextmustern der Form 123123 suchen. Diese Maschinen erinnerten in ihrer Form an eine Eistorte, polnisch »bomba«. Daher trugen ihre späteren Weiterentwicklungen in Großbritannien den irreführenden Namen »bomb«. Eine solche »bomba« ermittelte z. B. innerhalb von 2 Stunden den Schlüssel.

- Etwas später, noch 1938, ließ die Wehrmacht zwei weitere Rotoren zu, die in die Enigma eingesetzt werden konnten. Hier kam den Aufklärern ein Zufall zu Hilfe: Der Sicherheitsdienst verschlüsselte seine Funksprüche zunächst mit einer Bigramm-Methode und gab sie dann erst den Funkern zum Chiffrieren auf der Enigma. In Polen glaubte man zunächst an eine andere Methode als die Enigma. Versehentlich geriet aber einmal die Ziffer »1« in den Bigramm-Geheimtext. Der Funker tippte sie brav als EINS in die Maschine. Dies bemerkte man in Polen sofort und begriff, dass es sich hier um eine Mehrfachverschlüsselung handeln musste. Die Bigramm-Methode wurde schnell gebrochen.

Bei der Einführung der beiden neuen Walzen änderte der Sicherheitsdienst seine Bigramm-Methode nicht, wodurch die Walzen wie bisher untersucht werden konnten. Ihre Struktur war schnell bekannt. Damit kannte der Angreifer den Algorithmus des Gegners wieder vollständig.

- 1939, noch vor Kriegsbeginn, wanderten die polnischen Ergebnisse nach Großbritannien. Dort beschäftigte sich der berühmte Mathematiker Turing mit den polnischen »bombas« und verbesserte sie (Turing ist Informatikern z. B. durch die Turing-Maschine bekannt, ein Grundmodell für einen Computer).

- 1940 korrigierten die Deutschen ihren Chiffrierfehler, den Spruchschlüssel doppelt voranzustellen. Nun war es schon zu spät. Die Briten kannten die Maschine in vielen Details. Und sie konnten häufig genug Klartextangriffe durchführen – ich erinnere an das HEILHITLER am Befehlsende und das ANX zu Textbeginn oder das beliebte KEINEBESONDERENVORKOMMNISSE.

- Einen weiteren Anlass, bei dem Klartext offenbart wurde, lieferten beispielsweise Treibminen. Das Schiff, das die Minen entdeckte, musste sehr schnell eine chiffrierte Warnung an die anderen Schiffe sowie die U-Boote ausgeben. Während die Meldung an die U-Boote Enigma-verschlüsselt durch den Äther ging, benutzte man für andere Partner einfachere Methoden, die bereits gebrochen wurden. Meist blieb keine Zeit, die Meldung für das andere Chiffrierverfahren umzuformulieren, und so kannte die Gegenseite den Klartext auch für die Meldung an die U-Boote. Ein derartiger Angriff heißt nach BAUER [BauerMM] auch **Geheimtext-Geheimtext-Kompromittierung**. Die Engländer nannten so etwas »Kiss« – sie hätten die Funker küssen können für derartig grobe Chiffrierfehler.

Machten die Deutschen keine bekannten Fehler, waren die Engländer sehr erfinderisch. So wurde z. B. eine Leuchtboje nur deshalb bombardiert, damit ein deutscher Beobachter den chiffrierten Funkspruch »ERLOSCHENISTLEUCHT-TONNE« absetzt. Was er auch prompt tat [BauerMM]. »**Gartenpflege**« nannte man das Verminen von Hafeneinfahrten oder bereits geräumten Gebieten, das ähnliche stereotype Meldungen auslöste oder aber einen *Kiss* lieferte. So kann es in der Praxis aussehen, wenn man dem Gegner einen Klartext unterschiebt (der sog. Angriff mit ausgewähltem Klartext, vgl. Kap. 3).

▷ Im Jahr 1941 fiel den Engländern bei einem Angriff auf einen Industriestandort auf den Lofoten (eine Inselgruppe im nördlichen Teil Norwegens) der schlecht bewaffnete Trawler *Krebs* in die Hände, dessen Besatzung vor dem Entern nicht mehr alle geheimen Unterlagen vernichtet hatte. Die Engländer fanden zwei Rotoren, die sie allerdings schon kannten, doch vor allem die Grundschlüssel vom Februar. Damit konnten sie endlich im Nachhinein erstmalig viele bisher unbekannte Nachrichten dechiffrieren. Unter anderem erfuhren sie dadurch, dass die deutschen Wetterbeobachtungsschiffe ihre Angaben ebenfalls mit Enigmas verschlüsselten und für die Wetterinformationen seit Oktober 1940 spezielle Codebücher benutzten, die die so genannten *Wetterkurzschlüssel* enthielten. Solche Wettermeldungen waren strategische Daten, ihre Chiffrierung also gerechtfertigt.

▷ Das brachte die Engländer auf eine Idee: Wetterschiffe bleiben oft monatelang auf See, müssen also Codebücher mit Grundeinstellungen für die gesamte Zeit mitführen. Militärisch gesehen sind sie schwache Gegner. Problematisch bei ihrer Eroberung könnte es höchstens werden, wenn die Deutschen Verdacht schöpfen. Doch die Deutschen hatten zu dieser Zeit andere Sorgen, nämlich im Osten. Der Coup gelang. Das erste Opfer war im Mai 1941 die *München* nordöstlich von Island. Die englischen Kriegsschiffe feuerten gezielt am Schiff vorbei. In Panik verließ die Besatzung das Schiff, wurde von den Engländern gefangengenommen und sofort unter Deck gebracht, damit sie nicht sehen konnten, dass ihr Schiff (noch) nicht sank. Eine spätere britische Radiomeldung bestätigte die Deutschen im Glauben, alle geheimen Papiere seien mit der München untergegangen. Und die Engländer hatten die Grundschlüssel für den Juni 1941 in der Hand.

▷ Kurze Zeit später fiel britischen Kriegsschiffen durch Zufall das deutsche U-Boot *U-110* mit umfangreichem Material in die Hände, wiederum ohne dass die Deutschen Verdacht schöpften. Das Material war so umfangreich, dass es nach vorheriger fotografischer Dokumentation in speziellen Behältern nach Großbritannien gebracht werden musste. Es umfasste nicht nur die Grundschlüssel für längere Zeit, sondern auch zahlreiche andere Codetabellen und das »Kleine Signalbuch« für U-Boote, das für Klartextangriffe besonders interessant war.

▷ Beim Beschuss des Wetterschiffes *Lauenburg* nördlich des Polarkreises setzten die Engländer unter anderem Zeitzündergeschosse mit Schwarzpulverladungen ein, die über dem Schiff explodierten, ohne es zu zerstören. Das System wirkte prompt; auf dem in Panik verlassenen Schiff fanden die Eroberer wiederum hochinteressante Unterlagen vor.

▷ Das waren schon echte Erfolge: Natürlich hatten alle deutsche Besatzungen strikte Anweisung, geheime Unterlagen vor einer Übernahme durch den Feind zu vernichten. Codebücher waren auf saugfähigem Papier mit wasserlöslicher Tinte gedruckt. Insbesondere beim U-Boot U-110 war es schwierig, die Materialien sicher auf ein englisches Kriegsschiff zu bringen.

▷ Wir wissen bereits, dass die Deutschen den Wetterbericht von U-Booten aus chiffriert funkten, wobei sie die meteorologischen Angaben mittels eines geheimen Wörterbuchs komprimierten. Solche Wörterbücher hatten nun die Engländer. Aber nur die U-Boote und eine einzige Station an Land besaßen die Enigma mit 4 Rotoren. Also hielt man beim Senden des Wetterberichts den vierten Rotor fest. Das erlaubte einen Klartextangriff gegen die 3-Rotor-Maschine und knackte schließlich auch die 4-Rotor-Enigma. Wenn die in [Harris] geschilderte Geschichte authentisch ist, kostete der Wechsel des Wetterbericht-Wörterbuchs Tausende das Leben.

Die Dechiffrierung wurde inzwischen mit massivem Einsatz betrieben. Etwa 7000 Menschen arbeiteten damals im berühmt-berüchtigten Bletchley Park in Großbritannien gegen die Uhr (andere Quellen, z. B. [KahnCode], sprechen von 30000 Beschäftigten). Das Buch von HARRIS [Harris] soll das Milieu authentisch schildern.

Das war nicht immer so. Anfangs hatten es die etwa 200 Kryptanalytiker und Angestellten im Bletchley Park schwer, bei der konservativen englischen Admiralität Gehör zu finden. Erst militärische Desaster und das persönliche Engagement von Churchill änderten diese Situation. Es ist durchaus denkbar, dass die Kryptanalyse damals erst richtig »salonfähig« wurde.

Ab 1940 hörte Großbritannien regelmäßig die Meldungen der Luftwaffe mit, ab 1941 auch die der Marine. Meines Wissens nicht ganz geklärte Spekulationen gibt es in diesem Zusammenhang mit dem verhängnisvollen Luftangriff auf Conventry. Angeblich soll ein entsprechender Funkspruch vorher abgefangen worden sein. Um nicht zu verraten, dass die Enigma bereits gebrochen worden war, soll Churchill nicht reagiert haben. Wenn das so war, dann musste es für die aus Coventry stammenden Angestellten im Bletchley-Park grauenhaft gewesen sein: Sie wussten schon vorher, was kommt, und konnten nicht einmal ihre Angehörigen warnen. Nichts durfte die Deutschen vermuten lassen, dass die Enigma gebrochen worden war. Falls einige Details an der Geschichte nicht stimmen, dann finden sich auf jeden Fall genügend ähnliche Begebenheiten. Schließlich bemüht sich jeder Geheimdienst nach Kräften, den Stand seiner Kryptanalyse nicht offen zu legen. Merken wir uns diesen Satz, er wird noch eine wichtige Rolle spielen.

▷ Der junge Mathematiker Gordon Welchman verbesserte das Prinzip der *bombs* entscheidend mit dem so genannten *diagonal board*. Dadurch arbeiteten die *bombs* drastisch schneller; sie benötigten nur noch 11 Minuten für einen Durchlauf. Die ersten solchen Geräte gingen 1940 in Betrieb, bei Kriegsende waren es bereits 200. Welchman wird auch als der eigentliche Held der Enigma-Geschichte bezeichnet. Wahrscheinlich ist er mit dem Helden Tom Jericho aus dem bereits erwähnten Buch von HARRIS [Harris] gemeint.

Das ist also in groben Zügen die Geschichte der Enigma. Wenn Sie sich für weitere Details interessieren, empfehle ich ihnen das ziemlich spannende und historisch genaue Buch von KAHN [KahnEnig]. Außerdem sind auf der beigelegten CD einige Texte enthalten.

Beim Namen »Bletchley Park« wird jeder Insider an die bis dahin größte kryptanalytische Aktion in der Geschichte denken. Das Projekt hieß in Großbritannien »Ultra«, was sich sowohl auf den Aufwand als auch auf die Geheimhaltung bezieht. Vielleicht haben maßgebende Kryptologen in Deutschland mißtrauisch geahnt, dass ihre Wundermaschine gebrochen wurde. Aber wer hätte das zu dieser Zeit zugegeben? So beschränkte man sich lieber auf die schrittweisen Verbesserungen, die immer zu spät kamen.

Es ist zu vermuten, dass wir den heutigen Stand der Rechentechnik zu einigen Prozentpunkten auch der Analyse der Enigma zu verdanken haben. Auf jeden Fall haben die Codebreaker den Kriegsverlauf mit beeinflusst und viele der gefürchteten U-Boot-Angriffe verhindern können. Die genauere Wertung überlassen wir den Historikern.

Spätere Entwicklungen der »bombs« arbeiteten noch schneller und waren mehr automatisiert. Aber wozu eigentlich? Wir erfahren es im nächsten Abschnitt.

▷ Kein Zeichen wird in sich selbst überführt.

▷ Jeder Rotor wurde vom linken Nachbarn in rotorspezifischer Stellung weitergedreht und konnte dadurch identifiziert werden.

▷ Spruchschlüssel wurden zweimal hintereinander an den Anfang geschrieben.

▷ Spruchschlüssel wurden stereotyp gewählt.

▷ Viele Nachrichten hatten den gleichen Anfang »ANX« und enthielten andere stereotype Teile (HEILHITLER).

▷ Klartext wurde manchmal untergeschoben: »Gartenpflege« (Verminen bestimmter Planquadrate durch engl.Luftwaffe – Meldung durch deutschen Beobachter).

▷ Grundschlüssel wurden manchmal durch militärische Eroberungen bereitgestellt.

▷ Wetterberichte wurden nur mit 3-Rotor-Enigma übermittelt.

▷ Die gleiche Nachricht wurde mit 2 verschiedenen Verfahren chiffriert – vor allem bei der »Gartenpflege«.

▷ Die Enigma galt bis zum Kriegsende als vollkommen sicher – fast der gesamte geheime Funkverkehr basierte auf ihr: Es gab genügend Material zur Analyse!

Abbildung 2.6: Angriffspunkte bei der Kryptanalyse der Enigma

2.5.3   Die Enigma nach 1945

Was geschah denn nun mit der Enigma nach dem Ende des 2.Weltkrieges? Das Projekt »Ultra« blieb weiterhin streng geheim. Niemand wusste offiziell, dass die Enigma bereits gebrochen worden war. Hinweise darauf blieben unbeachtet.

Wahrscheinlich wurde die Kompromittierung dieser Maschine öffentlich erst 1974 bekannt. WINTERBOTHAM ließ durch das Erscheinen seines Buches »The Ultra Secret« die »Katze aus dem Sack«. In der zweiten Auflage von »The Codebreakers« von DAVID KAHN [KahnCode] gibt dieser sogar an, dass Winterbotham eine gesonderte Genehmigung der Regierung erhielt, sein Buch zu schreiben. (Aber auch die erste Auflage der »Codebreakers« 1967 war bereits ein Paukenschlag. Bis zu diesem Zeitpunkt stellte die Kryptologie offenbar noch das dar, was sie schon immer war: Eine Art Geheimwissenschaft. Das speziell der Enigma gewidmete Buch von KAHN erschien übrigens erst 1991 [KahnEnig].)

Am 19.Oktober 1993 hielt Sir Harry HINSLEY ein Seminar an der Cambridge University. Hinsley deutete die im Bletchley Park dechiffrierten Nachrichten der deutschen Flotte und gilt als der offizielle Historiker des Projektes Ultra. Dieses Seminar wurde aufgezeichnet. Sie finden die hochinteressante Mitschrift auf der beigefügten CD.

Am 20.Mai 1994 postete Keith Lockstone in der Internet-Newsgroup sci.crypt einen Artikel (er ist auch auf der CD enthalten), der die wichtigen Inhalte zusammenfasst:

▶ Nach den dort gemachten Angaben produzierten Deutschland und die Schweiz nach Kriegsende noch Enigmas und verkauften sie nach Afrika, den Nahen Osten sowie Südamerika für die militärische und diplomatische Kommunikation. Deutschland glaubte vielleicht immer noch an sein Wunderwerk, doch die Schweizer Geheimdienste wussten bereits 1943 von den Aktivitäten auf der Gegenseite und warnten Deutschland bereits damals (!). Diese Warnung wurde in den Wind geschlagen. Kein Kommentar.

▶ Ähnlich »edle« Motive bewegten nach ZIMMERMANN [ZimmPGP] offensichtlich auch die USA, Enigmas an Dritte-Welt-Länder zu verkaufen, um damit deren Kommunikation abhören zu können. Wir werden später sehen, dass diese Taktik bis heute verfolgt wird. Entsetzen darüber (wie in einer TV-Sendung, die ich dazu vor Jahren sah) wäre geheuchelt. Schließlich geht es um Geheimdienste.

▶ Auch seitens der Sowjetunion wurde niemand vor der Benutzung der Enigma gewarnt, obwohl die Kryptanalyse der Enigma dort angeblich den gleichen Stand wie in den USA und in Großbritannien hatte. Allerdings nicht dank Spionage, sondern dank einer Parallelentwicklung. Wer um die Stärke sowjetischer Mathematiker weiß, wird sich nicht sehr wundern.

Jedoch wissen wir nichts Genaues, denn die Kryptologie in der Sowjetunion war nach außen immer weitgehend unzugänglich.

Überhaupt wissen wir wenig Genaues – was mit den erbeuteten Enigmas passierte, wie viele Maschinen gebaut bzw. verkauft wurden, wer sie produzierte und bis wann sie noch genutzt wurden.

Hinsley spekulierte auch darüber, wie der Krieg verlaufen wäre *ohne* Dechiffrierung der Enigma-Texte: Die Invasion der Alliierten hätte trotzdem stattgefunden, aber vielleicht erst 1946 oder 1947. Falls die Sowjetunion bis zum diesem Zeitpunkt den Krieg nicht schon beendet hätte (diese Spekulation stammt nicht von Hinsley, ist aber doch zu berücksichtigen), dann hätten die USA wahrscheinlich auch in Europa Atombomben eingesetzt. Nun ist Geschichte weder rückgängig zu machen, noch darf sie zu stark vereinfacht werden. Trotzdem: Als Willi Korn die Umkehrwalze erfand, konnte er nicht einmal im Ansatz ahnen, welche Folgen das für die Weltgeschichte haben würde.

Übrigens ist immer noch nicht Schluss mit der Geheimniskrämerei. Die amerikanische Sicherheitsbehörde NSA hat am 4. April 1996 tausende Dokumente über den 2. Weltkrieg freigegeben (50 Jahre danach!). Hinweise und Zitate finden Sie auf einer Web-Seite im Internet, die auch auf der CD enthalten ist. Viele wichtige Details der Enigma-Dechiffrierung hat die Britische Regierung bis zum heutigen Tag noch nicht freigegeben.

Trotzdem glaube ich, dass beim jetzigen Stand der Rechentechnik diese Maschine auch ohne Klartextangriff zu knacken ist. Da sie nur mit den 26 Buchstaben arbeitet, dürfen wir davon ausgehen, dass normaler Klartext eingesetzt wird. Dessen Buchstabenverteilung ist bekannt, und an diesem Punkt würde ich den Angriff starten. Ohne Berücksichtigung des Steckerbretts bleiben »lächerliche« 1.054.560 mögliche Schlüssel übrig – je nach Programmqualität und Hardware unterschiedlich schnell durchzuprobieren. Bei jedem Entschlüsselungsversuch ergibt sich eine Buchstabenverteilung, die mit der erwarteten zu vergleichen ist. Schlüssel mit vernünftigen Ergebnissen wählen wir aus und testen nach weiteren Kriterien, ob das Ergebnis eine Sprache sein kann. Vermutlich wird dieses Durchprobieren schnell gehen – heutzutage muss man sich ja bereits schämen, wenn man keinen Pentium-PC besitzt. Was wird aber mit dem Steckerbrett? Die zweite Vertauschung – vor Erhalt des Klartextes – ändert nichts an Verteilungen, die erste wohl. Ohne meine Aussage begründen zu können oder zu wollen, glaube ich, dass man damit fertig wird.

Ein anderer Ansatz könnte auf Computeralgebra basieren. Rechner verarbeiten heute längst auch Formeln. Zwar gehen sie damit nicht so kunstvoll wie wir Menschen um, aber dafür beherrschen sie Millionen Glieder lange »Bandwürmer« fehlerfrei. Selbst mit algebraischen Strukturen können Rechner arbeiten, denn Operationen in solchen Strukturen genügen genau definierten Gesetzen. Weil die Walzen der Enigma und ihre Fortbewegung fixiert sind, ist die Struktur der Substitutionen genau bekannt. Es ist vielleicht möglich, die Abhängigkeit der Substitutionen in aufeinander folgenden Schritten mit entsprechenden Ausdrücken zu beschreiben und darauf eine ganz andere Kryptanalyse aufzubauen. Die Frage ist nur, ob dieser Aufwand noch lohnt.

Beschnitten und trotzdem geheim: UNIX-crypt

Unter UNIX gibt es seit jeher ein Kommando *crypt*, mit dem man Dateien verschlüsseln kann. Dieser Befehl setzt eine Art Enigma mit nur einem Rotor und einem Reflektor (Umkehrwalze) in Gang. Der Rotor hat allerdings 256 »Kontakte«, denn es gilt Bytes zu verschlüsseln und nicht nur Buchstaben. Das Verfahren ist unsicher, was Sie mittlerweile wahrscheinlich wenig wundern wird. Als UNIX 1970 entstand, sah das noch anders aus.

Um die Behauptung der Unsicherheit zu beweisen, schuf Robert BALDWIN vom MIT Mitte der 80er-Jahre das Programmpaket »Crypt Breakers Workbench« (CBW). Es stellt ein bequemes Interface zum unbefugten Dechiffrieren von mittels *crypt* verschlüsselten Dateien zur Verfügung. Das Programm ist frei verfügbar; jeder kann hineinschauen und seine Funktionsweise analysieren. Selbstredend ist es auch auf der beigelegten CD enthalten. Auch ein funktionell äquivalentes Programm zu *crypt* ist in der Workbench enthalten (mit dem irreführenden Namen *enigma.c*). Trotzdem steht *crypt* unter UNIX aus Kompatibilitätsgründen noch zur Verfügung. Daran ist nichts Ungewöhnliches.

Doch nun halten Sie sich fest: Die Ausfuhr eines UNIX-Systems aus den USA war bis vor kurzem strengstens verboten, solange es *crypt* enthielt. *crypt* war Munition – Sie erinnern sich vielleicht an die Einleitung. Bei jedem legal exportierten UNIX wurde *crypt* vorher entfernt. Auf den UNIX-Systemen SunOS 4.1.3 sowie meinem ESIX V.4.2 (ausgeliefert Ende 1994) fand ich *crypt* dokumentiert, doch *crypt* selbst fehlte – es wurde herausgenommen. OSF/1 bietet *crypt* nicht mehr an; auf einem anderen System wurde ich zwar fündig, doch ich werde nicht verraten, auf welchem, um den Hersteller nicht an den Galgen zu liefern. Hoffentlich klingelt deswegen kein Schlapphut an meiner Wohnungstür.

Dieses unrealistische Verhalten ist typisch für die Sicherheitspolitik, die die amerikanische Behörde NSA betreibt. Wir kommen noch öfter darauf zu sprechen.

2.6 Das einzige sichere Verfahren: Der Wegwerf-Schlüssel (One-Time-Pad)

Bisher haben wir nicht einen einzigen Verschlüsselungsalgorithmus betrachtet, ohne wenigstens im Ansatz zeigen zu können, wie man ihn bricht. In Veröffentlichungen werden Sie zwar hier und da den Begriff »beweisbar sicheres Verfahren« finden, doch lassen Sie sich nicht davon irritieren: Die Autoren beweisen nicht, dass das Verfahren sicher ist, sondern führen es nur auf ein anderes zurück, das noch nicht gebrochen wurde (oft auf die Probleme der Faktorisierung großer Zahlen oder die Berechnung des diskreten Logarithmus; mehr dazu in Kap. 4.5).

Gibt es denn überhaupt eine sichere Chiffriermethode? werden Sie fragen. Ja, die gibt es, und sie heißt **One-Time-Pad** oder **individueller Schlüssel**, manchmal auch als *Einmalblock* bezeichnet. Die Methode ist sehr einfach zu beschreiben. Sie ist eine polyalphabetische Chiffrierung mit unendlicher Periode. Verständlicher ausgedrückt: Wir wählen einen Schlüssel, der mindestens so lang ist wie der Klartext:

```
EINAUSSERORDENTLICHLANGERUNDVOELLIGZUFAELLIGERSCHLUESSEL
DERKLARTEXTISTETWASKUERZER
```

Übereinander stehen Zeichen werden (wie schon bei der Cäsar-Chiffrierung erläutert) addiert: A entspricht der 0, B der 1, Z der 25, und wenn die Summe größer als 25 wird, ziehen wir 25 ab und erhalten wieder eine Zahl, die sich in einen Buchstaben rückübersetzen lässt:

```
  EINAUSSERORDENTLICHLANGERU
+ DERKLARTEXTISTETWASKUERZER
= HMEKFSJXVLKLWGXEECZVURXDVL
```

Der Empfänger kennt als (hoffentlich!) einziger ebenfalls den Schlüssel und subtrahiert ihn analog vom Geheimtext:

```
  HMEKFSJXVLKLWGXEECZVURXDVL
- EINAUSSERORDENTLICHLANGERU
= DERKLARTEXTISTETWASKUERZER
```

Heutzutage verschlüsseln wir natürlich bitweise statt byteweise. Wir addieren nicht mehr Zeichen modulo 25, sondern Bits modulo 2, was dem bitweisen exklusiven »Oder« entspricht (XOR bzw. der Operator ^ in der Programmiersprache C). Das ist eine Grundoperation für jeden Mikroprozessor, und außerdem lassen sich so beliebige Datenströme chiffrieren.

Der entscheidende Punkt bei dieser Methode ist, dass der betroffene Abschnitt des Schlüssels nur ein einziges Mal verwendet werden darf. Da über den Schlüssel absolut nichts bekannt ist, könnte jeder Klartext einen gegebenen Geheimtext erzeugt haben, und alle denkbaren Klartexte sind auch gleich wahrscheinlich. Alle anderen symmetrischen Verfahren (das sind Chiffrieralgorithmen, wie sie bisher in diesem Buch besprochen wurden) haben kürzere Schlüssel und enthalten somit zwangsläufig irgendwelche Gesetzmäßigkeiten (wir sind nur nicht schlau genug, diese Gesetzmäßigkeiten zu erkennen und auszunutzen). Beim One-Time-Pad gibt es eine solche Gesetzmäßigkeit nicht, auch in der Theorie nicht.

Dieses Verfahren birgt zwei Probleme.

Zum ersten: Wie erzeugt man einen »echt zufälligen« Schlüssel? Mittels eines Rechners lässt sich das nur unbefriedigend bewerkstelligen, denn jede Rechnerausgabe genügt Gesetzmäßigkeiten, sie kann höchstens »pseudo-zufällig« sein. Man braucht chaotische Eingaben aus der realen Welt, die sich nicht zurückverfolgen lassen: Zeichnen Sie auf, was ein unzuverlässiger Geigerzähler während einer Fahrt über holprige Straßen von einer radioaktiven Probe im Fahrzeug misst, und überlagern Sie anschließend diesen Datenstrom mit dem digitalisierten Rauschen eines Wasserfalles sowie dem Blöken eines Schafes: Da gibt jeder Geheimdienst auf.

Weil man früher noch nicht digitalisieren konnte, wählte man z. B. Abschnitte aus Büchern als Schlüssel. Das ist selbstredend nicht sicher. In [BauerDS] finden Sie die so genannte **Zickzack-Methode** erklärt, mit deren Hilfe man das Verfahren dann doch noch knacken kann: Man kennt ein Stückchen Klartext, woraus sich ein Fragment des Schlüssels leicht berechnen lässt. Dieses Fragment endet im Allgemeinen nicht an Wortgrenzen, so dass sich fehlende Wortstücke mit etwas Glück ergänzen lassen. Daraus ergibt sich wiederum ein Stückchen Klartext – und so weiter. Diese Kryptanalyse arbeitet zwar nicht immer, kann jedoch gerade entscheidende Teile des Klartextes offenbaren.

Gute, also nicht reproduzierbare Schlüssel führte jeder gute Spion in gedruckter Form mit sich herum. Die Gegenseite zog ihm diese regelmäßig aus dem hohlen Knauf seines Spazierstockes.

Diesen individuellen Schlüssel muss man mit sich herumtragen, ebenso der Empfänger der Nachricht.

Damit sind wir beim *zweiten Problem:* Die Handhabung des Schlüssels. Wie kommt der Schlüssel zum Empfänger? Wie wird er verwahrt? Das ist in den meisten Fällen unpraktisch. Wenn Sie eine Festplatte komplett mit einem One-Time-Pad chiffrieren wollen, brauchen Sie eine zweite Platte nur für die Speicherung des Schlüssels. Da können Sie die kritische Platte ja gleich wegschließen. Schnelle Datenströme über längere Zeiträume lassen sich so jedenfalls nicht chiffrieren.

Die folgende historische Episode ist in diesem Zusammenhang sehr lehrreich: One-Time-Pads wurden während des zweiten Weltkrieges von sowjetischen Spionen in den USA verwendet. Jedoch wurden gleiche Pads wiederverwendet; vermutlich hatte sie der KGB mehrfach geliefert. Das war ein verhängnisvoller Fehler. Die Gegenseite hatte die Nachrichten natürlich mitgeschnitten, ohne sie zunächst verwerten zu können. Mit einfachen statistischen Tests ließen sich im Nachhinein verwertbare Paare von Geheimtexten herausfischen. Verwendet man für zwei Klartexte P_1 und P_2 verschiedene Pads S_1 und S_2, so sind die Ergebnisse $C_1 = P_1 + S_1$ und $C_2 = P_2 + S_2$ unabhängig, und Summe wie Differenz von C_1 und C_2 ergeben gleichverteilte Zufallszahlen. Im Falle von $S_1 = S_2$ gilt jedoch

$$C_2 - C_1 = P_2 - P_1$$

und die Differenz zweier gleichsprachiger Texte ist keineswegs zufällig, sondern hat markante statistische Merkmale. Ein einziges Stückchen Klartext einer Nachricht erlaubt nun ein Zickzack-Verfahren unter Verwendung aller mit dem gleichen Pad S_1 chiffrierten Nachrichten!

Auf diese Weise konnten die USA nach Ende des Zweiten Weltkrieges erstmals das gesamte Ausmaß sowjetischer Spionage in den USA erahnen (man sprach von etwa 200 Spionen). Die Kryptanalyse war außerordentlich schwierig, da die Nachrichten zuvor mittels Codebüchern chiffriert wurden und auch nicht alle Decknamen enttarnt werden konnten. Nur ein Teil der Geheimtexte wurde dechiffriert. Erst 1980 gab die NSA ihre Arbeit daran auf (!). Dennoch war dieses **VENONA-Projekt** genannte Unternehmen ein Erfolg. Ihm fielen u. a. bekannte Persönlichkeiten wie Julius und Ethel ROSENBERG sowie der Atomspion Klaus FUCHS zum Opfer.

Das Beispiel lässt uns verstehen, wieso Geheimdienste chiffrierte Texte auch dann mitschneiden, wenn sie damit zunächst nichts anfangen können. Und es zeigt äußerst eindrucksvoll, dass selbst das einzig sichere Chiffrierverfahren keinen Pfifferling wert ist, wenn im Umfeld schlampig gearbeitet wird – hier stimmte die Schlüsselverwaltung nicht.

Falls Sie sich für weitere Details interessieren, muss ich Sie in die Höhle des Löwen verweisen: Schauen Sie unter dem Stichwort »VENONA« auf der Homepage der NSA nach – Adresse *http://www.nsa.gov:8080/docs/venona.* (Die hier geschilderten Fakten stammen aus der Monografie Nr. 2.)

Somit bleibt das One-Time-Pad sehr speziellen Zwecke vorbehalten. Gerüchte besagen, die Hotline zwischen Moskau und Washington wäre mit einem One-Time-Pad geschützt worden. SCHNEIER [SchnCr, 1.5] bemerkt amüsiert, dass selbst die Aliens von der Andromeda niemals eine Chance haben werden, den Verkehr nachträglich zu entschlüsseln; es sei denn, sie unternehmen eine Zeitreise in die Vergangenheit. Ich denke da an etwas anderes: Kryptologie ist nicht alles; jeder Politiker schreibt einmal seine Memoiren.

2.7 Fazit

Nach dem Lesen dieses Kapitels werden Sie vielleicht missmutig sein. Nur ein einziges Verfahren ist sicher, und das fällt für die meisten praktischen Belange unter den Tisch. Außerdem wird überall Geheimniskrämerei betrieben und ehrlich geht es in diesem Gewerbe ohnehin nicht zu.

Ganz so schlimm ist es allerdings nicht. Die Kryptologie hat in den letzten 20 Jahren gewaltige Fortschritte gemacht und ist für jedermann wichtig geworden. Es gibt auch eine öffentliche kryptologische Forschung, obwohl niemand von uns weiß, wie weit wir dem Kenntnisstand der amerikanischen Sicherheitsbehörde NSA tatsächlich hinterherhinken.

Eine wesentliche Schwäche aller Algorithmen in diesem Kapitel ist, dass immer ganze Zeichen verschlüsselt werden. Auch wenn der Algorithmus noch so gut ist – meist bleiben kleine statistische Abhängigkeiten erhalten. Ich hatte deswegen vor langer Zeit einen zeichenweise arbeitenden Algorithmus **fcrypt** veröffentlicht [Wobfcrypt], bei dem man beweisen kann, dass statistische Abhängigkeiten durch die Chiffrierung praktisch verloren gehen. Das waren meine ersten ernsthafteren Versuche in der Kryptologie, und so sah ich damals noch nicht, wie anfällig die Methode gegenüber differenzieller Kryptanalyse ist (Einzelheiten dazu in Abschnitt 3.7). Der Artikel fand ein lebhaftes Echo; vermutlich wird der Algorithmus noch eingesetzt. Lassen Sie besser die Finger davon.

3 Kryptanalyse im Detail

Bisher hielten sich Kryptografie (also die Wissenschaft von den Chiffrieralgorithmen) und Kryptanalyse in diesem Buch die Waage. Im folgenden Kapitel wollen wir das bisherige Wissen über Kryptanalyse systematisieren und auch etwas vertiefen. Das ist notwendig, weil das blinde Vertrauen in Chiffrieralgorithmen ohne Kenntnis kryptanalytischer Methoden leichtfertig ist. Wir beziehen uns zwar noch nicht auf moderne *Algorithmen*, doch das heißt ja nicht, dass moderne *Software* keine Rolle spielt! Außerdem lässt sich Kryptanalyse anhand einfacherer Verfahren auch einfacher begreifen.

Dieses Kapitel setzt voraus, dass Sie den Inhalt von Kapitel 2 kennen. Nach wie vor kann ich Sie mit Mathematik weitestgehend verschonen. Allerdings werde ich drei kleinere C-Programme vorstellen. Wenn Sie noch nie programmiert haben, so sollten Sie doch versuchen, die Erläuterungen zu den Programmen zu verstehen. Sie lernen dabei interessante Details der Kryptanalyse kennen.

Die beigelegte CD gibt Ihnen die Möglichkeit, selbst einiges aus diesem Kapitel auszuprobieren. Glauben Sie mir: Auch wenn in der Theorie alles sehr einfach erscheint, so bleibt es ein faszinierendes Erlebnis zu sehen, wie ein Programm aus dem scheinbaren Chaos im Handumdrehen Ihr wirklich kompliziertes und langes Passwort ermittelt! Das gibt ein reales Gefühl für reale Gefahren und macht trotzdem Spaß.

Zwar wurden die meisten der hier besprochenen Programme unter UNIX entwickelt und getestet, doch viele von ihnen sind so allgemein geschrieben, dass sie wahrscheinlich unter jedem System laufen, sofern ein C-Compiler vorhanden ist. Nähere Einzelheiten lesen Sie bitte in A.1 nach.

3.1 Ziel und Methoden. Einige Grundbegriffe

Was Klartext, Geheimtext, Kryptografie und Kryptanalyse sind, wissen Sie ja bereits. Sie haben auch schon von einer kryptanalytischen Methode gehört, dem Klartextangriff. Doch bisher haben wir nicht einmal klar gesagt, was wir mit der Kryptanalyse erreichen wollen:

Ziel der Kryptanalyse ist es, ohne Kenntnis des geheimen Schlüssels möglichst viele Informationen über den Klartext zu gewinnen.

Im schlimmsten Fall liegt nur ein Geheimtext ohne jede Information vor. Dann muss sogar das verwendete Chiffrierverfahren bestimmt werden. Manchmal gelingt das. Wenn der Geheimtext zum Beispiel nur aus Großbuchstaben besteht und die Zeichenverteilung mit der üblichen in der deutschen Sprache zusammenfällt, aber eine Verschiebung ihres Maximums aufweist, so deutet das auf die Verwendung einer Cäsar-Chiffrierung hin. Ergibt sich bei der Kryptanalyse ein lesbarer Klartext, so haben wir recht gehabt und alles gewonnen: Methode, Schlüssel und Klartext.

Derartige Erfolge gibt es vermutlich nur bei klassischen Verfahren. Im Folgenden werden wir davon ausgehen, dass *das Verschlüsselungsverfahren bekannt ist*. Diese Voraussetzung ist nicht unrealistisch: In der Informationsgesellschaft haben wir es mit Massenware zu tun – mit Chiffrierprogrammen, Chipkarten, Mobiltelefonen, Chiffriergeräten. Früher oder später wird jeder Algorithmus offen gelegt. Und der kritische Anwender will ohnehin genau wissen, welches Verfahren er verwendet und wie es implementiert ist.

Unter der Voraussetzung des bekannten Verfahrens ist es sicher der denkbar größte Erfolg des Kryptanalytikers, wenn er den Schlüssel gewinnt. Das hat den Vorteil, dass er ohne weitere Arbeit alle chiffrierten Nachrichten genauso schnell mitlesen kann wie der Empfänger selbst – solange sich der Schlüssel nicht ändert.

Der »nächstkleinere« Erfolg ist die Ermittlung des Klartextes. Geht das auf Grund eines schwachen Verfahrens schnell genug, so reicht das schon aus, und ansonsten ist es auch nicht schlecht.

Ein noch kleineres Erfolgserlebnis ist eine Aussage über den Klartext, ohne diesen ganz zu kennen. Bei der negativen Mustersuche kann z. B. die Erkenntnis, dass ein bestimmtes Wort *nicht* im Geheimtext enthalten ist, durchaus interessant sein. Auch aus der Länge einer Nachricht und ihrem Adressaten lassen sich manchmal Informationen gewinnen. Doch das wird uns im Rahmen dieses Buches nicht beschäftigen. Wir interessieren uns nur für Methoden, die Schlüssel oder Klartext ermitteln.

Vier Grundmethoden der Kryptanalyse

Es gibt vier bekannte Methoden der Kryptanalyse:

Geheimtextangriff *(ciphertext-only attack)*: Der Schlüssel bzw. der Klartext werden ausschließlich mit Hilfe des Geheimtextes gewonnen. Diese Methode ist die schwierigste. Sind die Gesetzmäßigkeiten des Geheimtextes zu wenig bekannt, um sie ausnutzen zu können, so bleibt nur eines: Das Durchprobieren aller möglichen Schlüssel. Das nennt man **Brute-Force-Angriff** (Angriff mit Brachialgewalt, Ausschöpfen des Schlüsselraumes, Exhaustionsmethode). Oft reicht es jedoch, weniger Schlüssel durchzuprobieren; dazu später mehr.

Klartextangriff (Angriff mit bekanntem Klartext, *known-plaintext attack*): Ein Teil des Klartextes ist zusätzlich zum Geheimtext bekannt. Daraus wird der restliche Klartext gewonnen, in der Regel über den Schlüssel. Das ist vielleicht die wichtigste Methode der Kryptanalyse, denn sie ist viel leistungsfähiger als der Geheimtextangriff und meist auch möglich: Es werden bestimmte Worte im Text vermutet; der Textanfang ist fest; bekannte, unkritische Klartexte werden mit dem gleichen Schlüssel codiert wie vertrauliche Klartexte usw.

Angriff mit ausgewähltem Klartext *(chosen-plaintext attack)*: Das ist ebenfalls ein Klartextangriff, jedoch gibt der Angreifer dabei den Klartext so vor, dass der Angriff überhaupt möglich wird oder besonders leicht fällt. Hier wird der Kryptanalytiker selbst aktiv: Er braucht einen James Bond, der den gewünschten Klartext unterschiebt.

Angriff mit adaptiv ausgewähltem Klartext *(adaptive-chosen-plaintext attack)*: Das ist ein wiederholter Angriff mit ausgewähltem Klartext, wobei der untergeschobene Klartext in Abhängigkeit von der bisherigen Kryptanalyse gewählt wird. Algorithmen, die in Chiffriergeräten mit fest eingebranntem Schlüssel zum Einsatz kommen, müssen auch gegen diese schärfste Methode resistent sein.

Das sind also die gängigen Methoden, aber noch nicht alle denkbaren. So wird in den Büchern meist folgende Methode nicht erwähnt:

Geheimtext-Geheimtext-Angriff *(ciphertext-ciphertext attack)*: Das ist die schon in Abschnitt 2.5.2 beschriebene Methode, bei der der gleiche Klartext mit zwei verschiedenen Methoden chiffriert wird. Der Angreifer wird auf unterschiedliche Weise daraus Nutzen ziehen; in der Regel ist eine Methode bereits gebrochen, so dass alles auf einen Klartextangriff hinausläuft. Ein solcher Angriff beruht immer auf einem Chiffrierfehler. Gute Kryptografen verwenden für jede Methode einen anderen Klartext.

▷ Verwenden stereotyper Formulierungen (möglicher Klartextangriff)

▷ Wiederholtes Senden wenig geänderter Klartexte

▷ ungeschickte, vorhersehbare Schlüsselwahl

▷ Verwendung von Füllzeichen (z. B. »X« für Leerzeichen oder Auffüllen des Textes mit »X« am Ende)

Abbildung 3.1: Einige Chiffrierfehler

In diesem Buch werden wir noch den **Angriff mit ausgewähltem Geheimtext** *(chosen chiphertext attack)* kennen lernen, der bei digitalen Unterschriften eine Rolle spielt: Der Angreifer schiebt einen bestimmten Geheimtext unter und hat Zugriff zum daraus erzeugten »Klartext«. Aus diesen Informationen kann er andere Klartexte berechnen, ohne dass der Chiffrierer diesen Angriff nachweisen könnte (vgl. 4.5.3).

Weiterhin gibt es den **Angriff mit verwandten Schlüsseln** *(chosen key attack)*, auf den wir in Abschnitt 4.4.3 zurückkommen: Hier werden bekannte Beziehungen zwischen unbekannten Schlüsseln ausgenutzt. Zum Beispiel weiß man, in welchen Bits sich die Schlüssel unterscheiden. Mit jedem dieser Schlüssel verschlüsselt ein Angreifer den gleichen Klartext und untersucht das Ergebnis. Daraus rekonstruiert er den Originalschlüssel.

Natürlich gibt es noch sehr viele andere »Verfahren«, an einen Schlüssel heranzukommen: Durch Lücken im Sicherheitssystem, Erpressung, Raten des Schlüsselwortes und anderes mehr. In diesem Buch spielen die ersten beiden Methoden die Hauptrolle (also Geheim- und Klartextangriff), weil bei ihrer Anwendung die Kryptanalyse für den Angreifer das kleinste Risiko birgt, aber für den Chiffrierer die Gefahr der totalen Kompromittierung besteht.

Jeder Kryptograf muss ein guter Kryptanalytiker sein

Ziel jedes Kryptografen ist es natürlich, einen Algorithmus zu entwerfen, bei dem die Kryptanalyse keine praktisch verwertbaren Ergebnisse liefern kann. Das heißt also nicht, dass Kryptanalyse unmöglich wird, sondern dass sie zu lange dauern würde (inzwischen wäre die chiffrierte Information wertlos geworden) oder dass sie wesentlich teurer würde, als es dem Wert der Information entspräche.

So verwendete man im 1. Weltkrieg an der Front Verschlüsselungsmethoden, für die der Gegner nach Einschätzung der Kryptologen wenigstens einen Tag benötigen würde, um an den Klartext heranzukommen. Nach einem Tag waren die chiffrierten Befehle wertlos – da hatten die Granaten längst eingeschlagen. (Der Haken bei der Sache war nur, dass der Gegner wider Erwarten doch schneller dechiffrierte [BauerMM].)

Zeit und Kosten für die Kryptanalyse müssen in vernünftiger Beziehung zum Ergebnis stehen. So wird wegen eines Liebesbriefes kaum jemand einen Supercomputer bemühen.

Leider gibt es kein Rezept, wie man gute Chiffrieralgorithmen entwirft. Der individuelle Schlüssel (Kap. 2.6) ist das einzige Verfahren, das auch theoretisch sicher ist (aber eben meist nicht anwendbar). Meines Wissens fehlen bis heute sichere Abschätzungen eines Mindestaufwandes, den der Kryptanalytiker investieren muss, um einen bestimmten Algorithmus zu brechen. (Das ist Gegenstand der so genannten **Komplexitätstheorie**). Also muss der Kryptograf einen neuen Algorithmus gegen alle gängigen kryptanalytischen Methoden testen und möglichst auch unkonventionelle Gedanken eines Angreifers erahnen. Da die Sicherheit des Algorithmus im Vordergrund steht, ist dessen Kryptanalyse das Maß aller Dinge. Erst dann kommen Kriterien wie Schnelligkeit, einfache Implementierung in Hardware usw. *Die Kryptografie erwächst also aus der umfangreichen Kenntnis der Kryptanalyse.* Sie haben in Kapitel 2 genügend Beispiele gesehen, die das bestätigen. So wie der Lehrsatz Nr. 1 der Kryptanalyse heißt »*Der Gegner kennt immer Dein Verfahren*«, so gibt es in der Kryptografie zwei wichtige Sätze:

1. Es ist praktisch sinnlos, einen guten Verschlüsselungsalgorithmus entwickeln zu wollen, wenn man nichts von Kryptanalyse versteht.

2. Allein schafft man es niemals, einen Verschlüsselungsalgorithmus ausreichend zu untersuchen. Ein Algorithmus sollte offen gelegt und dann weltweit diskutiert werden.

Ein Kryptograf muss also immer Kryptologe sein, d. h. auch die Kryptanalyse beherrschen.

Genau genommen gilt der zweite Punkt aber nur für den für uns zugänglichen Teil der Welt, d. h. die öffentliche kryptologische Forschung. Eine Ausnahme stellt z. B. die amerikanische Sicherheitsbehörde **NSA** dar. Sie ist der weltweit größte Arbeitgeber von Mathematikern (unbestätigte Zahlenangaben schwanken zwischen 30000 und 40000 Angestellten) und nach außen völlig abgeschottet. Dort arbeiten ohne Frage die besten Kryptologen der Welt und kritisieren gegenseitig ihre Entwicklungen. Die fertigen Algorithmen bleiben jedoch in der Regel geheim. Die wohl einzige Ausnahme stellt der Skipjack-Algorithmus des Clipper-Chips dar (vgl. Abschnitt 5.7.5). Wir haben keine Ahnung, auf welcher Ebene sich das dort angehäufte Wissen bewegt. Wahrscheinlich auf einer unerwartet hohen.

3.2 Vorgehensweise des Kryptanalytikers

Angenommen, wir haben einen Geheimtext erhalten und kennen vereinbarungsgemäß auch das Chiffrierverfahren. Wie können wir vorgehen?

▶ Zuerst benötigen wir Informationen über den Klartext, d. h. das zu erreichende Ziel: Ist der Klartext ein einfacher Text (deutsch, englisch, chinesisch?), ist er eine per Textverarbeitung erzeugte Datei (welche Textverarbeitung?), ist er eine komprimierte Datei (welches Kompressionsprogramm?), ist er eine Sprach- oder Bildaufzeichnung? Jeder dieser Klartexte hat bestimmte Eigenschaften, auf die wir testen können (haben wir das Ziel erreicht?) und die wir bei der Kryptanalyse möglichst gut ausnutzen.

Ohne diese Informationen wird ein Angriff deutlich schwieriger. Es bleibt in der Regel nur, die einzelnen Textformate durchzuprobieren und zu sehen, unter welcher Annahme sich ein Angriff führen lässt. Das setzt umfangreiche Erfahrungen voraus sowie den Besitz von Software, die vermutlich nicht im Internet erhältlich ist.

▶ Wenn wir die Struktur des Klartextes kennen und das Verfahren nicht besonders einfach ist (also nicht gerade Cäsar, Substitution oder Vigenère), so betrachten wir die möglichen Schlüssel. Vielleicht gibt es gar nicht so viele Möglichkeiten. Wenn die Passwörter beispielsweise nur sechs Großbuchstaben enthalten, ergibt das ca. 300 Millionen mögliche Schlüssel. Diese Anzahl bereitet einem schnellen PC mittlerweile keine Probleme mehr. Allerdings müssen wir uns ein paar sehr schnelle Tests auf Klartext einfallen lassen. Zweckmäßigerweise werden wir stufenweise testen:

– Vielleicht erst einmal darauf, ob unter den ersten 100 Zeichen des erzeugten »Klartextes« keine verbotenen Zeichen auftreten,

– dann, bei erfolgreicher bestandener Vorprüfung, grob auf Buchstabenhäufigkeiten,

– danach folgt der Test auf verbotene Bigramme,

– dann vielleicht noch ein Vergleich mit einem Wörterbuch und schließlich

– müssen wir die letzten 20 Varianten persönlich darauf prüfen, ob sie sinnvoll sind.

Eine typische Anwendung dieser Brute-Force-Methode ist bei der Cäsar-Chiffrierung möglich. Als Test reicht das bloße Ansehen des Textes. Eleganter ist natürlich eine statistische Methode, die auch die Verschiebung sofort liefert und automatisierbar ist.

Allerdings versteht auch der schlechteste Kryptologe heute so viel von seinem Handwerk, dass er die Zahl möglicher Schlüssel astronomisch groß wählt. Werden weniger Schlüssel zugelassen, so handelt es sich meist um ältere Verfahren, oder es steckt eine Absicht dahinter (z. B. weil es die NSA so forderte oder der Anbieter von Crack-Software auch leben will).

Es ist eigentlich das höchste Ziel des Kryptologen, seinen Algorithmus so gut zu entwerfen, dass der Kryptanalytiker zur Brute-Force-Methode greifen muss, denn dann hat der Angreifer in der Regel keine Chance mehr.

▷ Doch vielleicht brauchen wir gar nicht so weit zu gehen. Oft reicht ein Wörterbuchangriff aus. Die Aufforderung »Passwort eingeben« wird gern wörtlich genommen und ein echtes Pass-*Wort* eingetippt. Dann reichen einige zehn- oder hunderttausend Versuche aus, um den Schlüssel zu finden. Entsprechende Wörterbücher gibt zur Genüge. Man nennt dieses Vorgehen daher auch **Wörterbuchangriff**. Einen qualifizierten Angriff dieser Art werden wir im nächsten Abschnitt 3.3 kennen lernen.

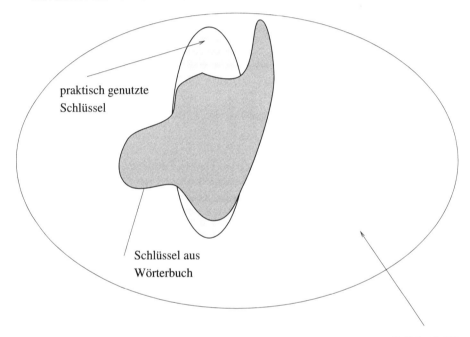

Abbildung 3.2: Wörterbuchangriff

Solche **reduzierten Schlüsselräume**, bei denen die Zahl der praktisch verwendeten Schlüssel drastisch kleiner ist als die der theoretisch möglichen, stellen schwere Chiffrierfehler dar. Sie sind ein wichtiger Angriffspunkt bei den bisher vorgestellten symmetrischen Verfahren.

Dieses Manko kann durch die Verwendung zufälliger Sitzungsschlüssel zuverlässig beseitigt werden (dazu mehr im nächsten Kapitel), oder durch das »Crunchen« einer Passphrase wie z. B. bei PGP (vgl. Abschnitt 7.1.3).

▷ Bei zeichenweise arbeitenden Verfahren, wie wir sie bisher vorwiegend kennen lernten, werden wir oft statistische Methoden benutzen. Beispiele dazu fanden sich reichlich im vorigen Kapitel, und auch in 3.5 und 3.6 werden wir darauf zurückgreifen.

Voraussetzung für solche Methoden ist ausreichend vorhandenes statistisches Material. Angesichts der »Monsterdateien«, die gegenwärtige Textverarbeitungen erzeugen, dürfte es heute an Material weniger mangeln als im 2. Weltkrieg, wo Zeichen noch per Hand eingegeben wurden. Bei einer 1 MByte großen Datei hilft auch die Empfehlung, den Schlüssel regelmäßig zu wechseln, nicht mehr – 1 MByte ist genug für die Statistik.

▷ Vielleicht ist auch ein Klartextangriff möglich. Es gibt viele Möglichkeiten dazu. Ein realistisches Denkmodell wäre beispielsweise folgendes: In einem Büro werden Dokumente nach vorgegebenen Richtlinien verfasst, die Verwendung bestimmter Style- oder Makrofiles ist zwingend vorgeschrieben. Der Umfang dieser Einträge in der erzeugten Datei ist beträchtlich und kann mehrere -zig kByte betragen (mein Briefkopf in WordPerfect ist zusammen mit allen anderen Style-Angaben 22 kByte lang). Es geht nur noch darum, das restliche kByte vertraulichen Text zurückzugewinnen ...

Sie sehen, dass die Bombardierung von Leuchttonnen (Kap. 2) langsam aus der Mode kommt, es gibt bessere Methoden.

▷ Auch der Test auf **wahrscheinliche Worte** ist ein spezieller Klartextangriff. Hier wissen (oder ahnen) wir nur, dass ein bestimmtes Wort im Text vorkommt, und vielleicht wissen wir auch ungefähr, wo. Dann können wir für jede denkbare Position einen Klartextangriff starten und so wenigstens einen Teil des Schlüssels schon gewinnen. Die Zahl der denkbaren Positionen versuchen wir mit anderen Methoden einzuschränken, z. B. der in Abschnitt 3.4.1 besprochenen negativen Mustersuche.

▷ Wir können beliebige andere Informationen über den Klartext in die Analyse einbeziehen. Beispiele dazu finden Sie in Abschnitt 3.6.4.

▷ Nicht zuletzt liefert jedes Programm, das einen guten Algorithmus schlecht implementiert, willkommene Angriffspunkte für den Kryptanalytiker. Stellen Sie sich vor: Ein »todsicheres« Softwarepaket zur verschlüsselten Datenkommunikation legt Ihren Schlüssel auf der Festplatte eines DOS- oder Windows-Rechners ab, vielleicht noch ohne Ihr Wissen! (Oder die Verschlüsselung wird nur vorgetäuscht. Ein kurioses Beispiel beobachtete ich unter Winword 6.0, das beim »Schützen der Datei« mit einem primitiven Passwort offensichtlich die Textteile selbst unverändert ließ.) Solche Pannen passieren fast zwangsläufig, wenn ein Programmierer nichts von Kryptologie versteht.

▷ Schließlich machen Chiffrierfehler jeglicher Art einem Angreifer das Leben leichter, vgl. Abb. 3.1. Da Chiffrierfehler in der Praxis immer begangen werden, bleibt nur der Ausweg, sie schon vom Programm her zu vermeiden. Ein guter Algorithmus muss deshalb immer resistent gegen Klartextangriffe sein. Schlüssel sollten von einem Programm erzeugt werden.

Das sind alles recht verschwommene Angaben. Konkret wird es erst ab dem nächsten Punkt. Es gibt jedoch kein allgemein gültiges Rezept, wie ein Kryptanalytiker vorzugehen hat. Selbst bei einem so primitiven Algorithmus wie dem Vigenère-Verfahren hängt die Kryptanalyse derart stark vom zu erwartenden Klartext ab, dass ein einzelnes Dechiffrierungsprogramm niemals alle praktisch denkbaren Fälle abdecken wird. Trotzdem sagt man schlechthin: »Vigenère ist geknackt.«

Das liegt daran, dass der Kryptanalytiker jegliche Theorie verwenden darf, Hauptsache, sie führt oft genug zum Erfolg. Wenn sein Crack-Programm einmal kein Passwort findet, so kann er das sicherlich erklären und verschmerzen – der angegriffene Algorithmus bleibt trotzdem unsicher. Der Kryptograf dagegen, der den Algorithmus entwarf, ist schon durch einen einzigen erfolgreichen und sinnvollen Angriff blamiert. Genau genommen müsste er sich beim Design seines Algorithmus gegen *alles* absichern – was er natürlich nicht kann.

Solange uns die Komplexitätstheorie keine beweisbaren Mindestabschätzungen für den Aufwand liefern kann, den die Kryptanalyse eines Algorithmus erfordert, bleibt es beim Wettlauf »Kryptografie gegen Kryptanalyse«.

> ▶ Angaben zum Klartext: Von welchem Programm erzeugt? Welche markanten Eigenschaften?
>
> ▶ Brute Force: Durchprobieren des Schlüsselraumes, wenn möglich (wichtig: schneller Test auf richtigen Klartext)
>
> ▶ Durchsuchen eines reduzierten Schlüsselraumes (häufig in der Praxis; Wörterbuchangriff)
>
> ▶ Klartextangriff: feste Bytefolgen bei Textverarbeitungen, bekannte Formatangaben von Datenbankfiles usw.
>
> ▶ Auf wahrscheinliche Wörter testen (spezieller Klartextangriff, bes. bei kurzen Dateien): Durchprobieren, negative Mustersuche
>
> ▶ Weitere Informationen über den Klartext ausnutzen: komprimierte Datei, ASCII-Text ...
>
> ▶ Jegliche Theorie kann genutzt werden, in der Praxis meist ein Gemisch aus Algebra, Zahlentheorie und Wahrscheinlichkeitstheorie; der verbleibende Rest wird mit Durchprobieren bewältigt.
>
> ▶ Schwachpunkte der Implementierung ausnutzen: ungeschickte »Verbesserungen« oder »Vereinfachungen« des Algorithmus, aber auch Abspeichern des Schlüssels an unsicherem Platz, Übertragen des Schlüssels im Klartext über unsicheres Netz usw.

Abbildung 3.3: Einige Angriffspunkte des Kryptanalytikers

3.3   Ein Beispiel: Crack findet UNIX-Passwörter

Ein populäres und wichtiges Beispiel für einen Wörterbuchangriff ist das frei erhältliche Programm *Crack* von Alec D. E. Muffett (Großbritannien). Es versucht, in UNIX-Systemen schwache Passwörter zu finden. Zum Verständis seiner Arbeitsweise ist ein kleiner Exkurs notwendig.

Wie das UNIX-Login funktioniert

Um sich auf einem UNIX-Rechner anzumelden, müssen Sie einen Namen und das zugehörige Passwort eingeben. Haben Sie das Passwort vergessen, so können Sie nicht mit dem Rechner arbeiten. Wie funktioniert das?

Die Speicherung von Passwörtern im Klartext ist sehr gefährlich. Ich habe das einst unter dem Betriebssystem RSX-11 auf PDP11-Rechnern gesehen, dem Vorläufer von VMS auf VAX-Rechnern. Zwar gab es schon unter RSX-11 sauber verwaltete Zugriffsrechte, die gewährleisten, dass nicht jeder auf alle Dateien zugreifen darf[1], trotzdem wäre ich mit Leichtigkeit an die Passwörter herangekommen, hätte ich böse Absichten gehabt, denn ich war nachts oft allein am Rechner, und wie es Hardware so mit sich bringt, versagte sie ab und zu unvermittelt ihren Dienst. Dann half nur noch der Neustart des Rechners. Ich hätte die Startphase nur per (elektrischem) Schalter zu unterbrechen brauchen und wäre ein so genannter privilegierter Nutzer gewesen, der die Zugriffsberechtigung auf alle Dateien hat.

Solche Gefahren hatten die Entwickler von UNIX erkannt und speicherten die Passwörter verschlüsselt ab. Das ist etwas salopp gesagt, denn der Klartext ist bekannt (er besteht übrigens nur aus Bytes mit den numerischen Werten 0 und 1), und der Schlüssel ist das Passwort selbst. Aus dem Ergebnis, dem kurzen Geheimtext, ist der Schlüssel nicht mehr zu ermitteln. Die Kryptanalyse müsste hier einen Klartextangriff starten und versuchen, den Schlüssel zu ermitteln. UNIX verwendet aber zur Chiffrierung 24 Runden eines modifizierten DES-Algorithmus (vgl. Kap. 4.3), und nach dem heute öffentlich bekannten Stand der Forschung bleibt als einzige sinnvolle Angriffsmöglichkeit die Brute-Force-Methode zur Ermittelung des Schlüssels (theoretisch gibt es auch andere Ansätze, aber ich bezweifele, ob diese praktisch genutzt werden können).

Damit erfährt nicht einmal der UNIX-Superuser (d. h. der Administrator des Systems), der alles lesen und verändern darf, die Passwörter der Nutzer. Hat eines seiner Schäfchen das Passwort vergessen, kann er nur auf eine Weise helfen: Er löscht das verschlüsselte Passwort, und der Anwender muss sich ein neues ausdenken. Nichts spricht zunächst dagegen, die Passwort-Datei für alle Anwender lesbar zu machen, denn sie enthält noch andere, allgemein interessierende Informationen. Und jeder neue Anwender wählt sich sein Passwort selbst; bei einiger Sorgfalt wird es nie jemand erfahren.

Das alles ist recht clever ausgedacht (nicht nur für das Niveau der 70er Jahre), doch es bleiben zwei Schwachpunkte:

1. Wenn zwei Anwender – ein guter und ein böser – zufällig das gleiche Passwort benutzen, kann sich jeder von beiden unter dem anderen Namen einloggen und hat somit zu allen Dateien des anderen unbeschränkten Zugang. Sicher wird dieser Missstand bald bemerkt und beseitigt werden, doch dann ist es schon zu spät: Der böse Nutzer hat ein trojanisches Pferd beim lieben Nutzer installiert, d. h. ein Programm, über das er sich unbefugten Zugang zu den Dateien des lieben Nutzers verschafft, auch wenn er dessen inzwischen geändertes Passwort nicht mehr kennt.

---

1. MS-DOS und Windows-Systeme bis hin zu Windows 95 kennen derartige Rechte nicht. Dort können Sie Ihre Dateien nur durch Verschlüsselung vor unbefugtem Zugriff schützen!

2. Es gibt Schaltkreise, die den DES-Algorithmus mit sehr hoher Geschwindigkeit
    realisieren. Daher könnte ein Angreifer mittels *brute force* und entsprechendem
    Hardwareeinsatz das Passwort erraten.

Aus diesen Gründen wird etwas Salz eingestreut: Das Login-Programm von UNIX
(und auch das Programm *passwd* zum Ändern des Passwortes) modifiziert zufällig
den DES-Algorithmus auf eine von 4096 Weisen. Diese Zusatzinformation heißt
salt und wird vor das verschlüsselte Passwort gesetzt. Sollten zwei Nutzer tatsächlich den gleichen Eintrag in der Passwortdatei erhalten, kann das Programm *passwd*
ein anderes *salt* wählen. Vor allem aber nützt die DES-Chiffrierhardware nichts
mehr, denn sie kann die genannten DES-Varianten nicht nachbilden.

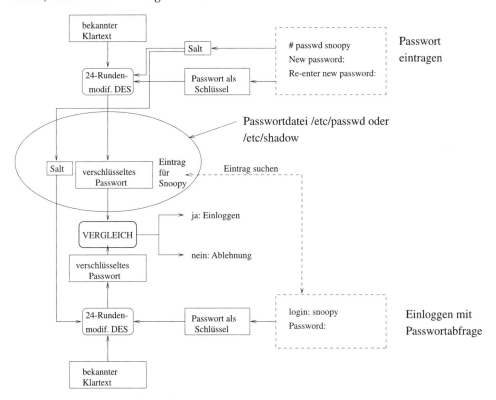

Abbildung 3.4: Passwortüberprüfung beim UNIX-Login

Wie Crack arbeitet

Die UNIX-Passwortverschlüsselung ist nach wie vor kryptologisch sehr sicher. Der
einzige Schwachpunkt in dem ganzen Prozess ist der Mensch: Er wählt den Namen
seiner Freundin als Passwort, oder, falls er humorlos ist, die amtliche Bezeichnung
seines Themengebietes. Es wird erzählt, dass das Passwort »fred« ziemlich oft verwendet wurde/wird. Schauen Sie auf Abb. 3.5, und Sie wissen, warum.

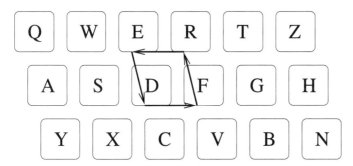

Abbildung 3.5: Teil einer Rechnertastatur – warum das Passwort »fred« so oft auftaucht

Das macht sich *Crack* zunutze. Es führt im Prinzip einen Brute-Force-Angriff aus, aber nicht wahllos, sondern es probiert viele Möglichkeiten anhand eines Wörterbuches durch. Für das Wörterbuch ist sinnvollerweise der Anwender von *Crack* selbst verantwortlich (denn die Bezeichnungen von Themengebieten sowie Namen von Freundinnen werden sich darin zunächst nicht finden). Die Einträge im Wörterbuch werden jedoch mittels vom Anwender definierter Regeln ausgewählt und modifiziert. Einige dieser Regeln sehen Sie in Abb. 3.6.

Einige Modifikationsregeln:
▶ Zeichen davor oder dahinter setzen: xfred, freddy
▶ Konvertierung in Groß- oder Kleinbuchstaben: FRED, fred
▶ Nur den 1. Buchstaben des Wortes groß schreiben: Fred
▶ Wort von hinten schreiben: derF
  (Kombination der letzten beiden Möglichkeiten: Derf)
▶ Wort verdoppeln: FredFred
▶ Reflektion: FredderF
▶ bestimmte Position mit einem Zeichen überschreiben: Frxd
▶ Zeichen an bestimmter Position einfügen: Fried
▶ Zeichen ersetzen: Frad
▶ Wortteile verwenden: red
▶ beliebige Kombinationen der genannten Möglichkeiten sowie ihrer Negierung (Verneinung)

Einige Auswahlregeln:
▶ Mindest- und/oder Maximallänge angeben
▶ Wörter, die bestimmte Zeichen enthalten, wählen oder ausschließen
▶ bestimmte Muster oder Anzahlen von Vokalen-Konsonantenwechseln wählen oder ausschließen

Crack benutzt dazu eine spezielle, leistungsstarke Sprache. Die Auswahlmöglichkeiten sind wesentlich kompakter zu formulieren als ihre äquivalenten *regulären Ausdrücke* in UNIX-Tools (wie z. B. in *egrep*).

Abbildung 3.6: Modifikations- und Auswahlregeln von Crack

Je nach der geplanten Rechenleistung und den bekannten Eigenheiten der Nutzer (die sich ja ihre Passwörter selbst wählen!) kann sich der *Crack*-Anwender seine Suchstrategie selbst zusammenbauen. Hat *Crack* ein Passwort erraten, so teilt es das dem Bediener des Programms mit. Auf Wunsch sendet es aber auch eine E-Mail an den Betroffenen!

Wozu Crack dient

Der letzte Satz zeigt vielleicht am deutlichsten den eigentlichen Zweck von *Crack*: Das Programm soll keine Einbrüche in das System ermöglichen, sondern dessen Sicherheit erhöhen. Wenn ein Nutzer erfährt, dass sein Passwort erraten wurde, dann wird er hoffentlich ein besseres wählen. Ein sicherheitsbewusster Systemadministrator wird darauf achten, ebenso ein gutes *passwd*-Programm von UNIX, mit dem man sein Passwort festlegt oder ändert (ich weiß von einem *goodpasswd* unter SCO UNIX, das schlechte Passwörter ablehnt. Leider findet sich so ein wichtiges Feature viel zu selten).

Das ist alles keine Spielerei. Stellen Sie sich vor, einem Mitarbeiter wird gekündigt. In böser Absicht kopiert er sich heimlich die Passwortdatei */etc/passwd*. Zu Hause lässt er *Crack* einige Wochen lang auf seinem PC laufen, bis er ein Passwort gefunden hat. Dann loggt er sich über Netz in seine ehemalige Firma ein. Nun braucht er nur noch eine Sicherheitslücke innerhalb des Rechners zu finden (das ist für Insider oft möglich), wird Superuser und fügt dem Betrieb unermesslichen Schaden zu. So etwas kommt vor, denn 80% aller bekannten erfolgreichen Angriffe auf Rechner stammen von den dort beschäftigten oder ehemaligen Mitarbeitern.

Doch Sorglosigkeit dominiert. Als ich zum ersten Mal einen Internetzugang erhielt, schaute ich spaßeshalber in das Passwortfile der Sun-Workstation hinein. Mit Hilfe des UNIX-Werkzeuges *grep* fand ich schnell heraus, dass allein unter den Nutzern, die *überhaupt* kein Passwort besaßen, 20 Professoren waren. Einen davon kannte ich gut. Ich brachte in seiner Startup-Datei (.profile) ein kleines Skript unter, das folgende Ausschrift erzeugte:

```
Lieber Herr XYZ,
Sie haben ja gar kein Passwort.
Denken Sie doch einmal an die vielen bösen Menschen ringsum!
```

Am nächsten Tag traf ich ihn zufällig. Ganz aufgeregt erzählte er mir: »Stellen Sie sich einmal vor – gestern logge ich mich in die Sun ein, und da kommt folgende Ausschrift:« – »Lieber Herr XYZ, Sie haben ja gar kein ...«, ergänzte ich. Übrigens besitzt er seit dieser Zeit ein Passwort.

Später ließ der Administrator *Crack* auf dieser Sun laufen und beseitigte alle Missstände. Ich war übrigens stolz, dass *Crack* mein Passwort nicht erriet.

Die Erfolge von *Crack* sind überraschend. In der Regel werden etwa 20% aller Passwörter erraten. Das zeigt deutlich, wie viel ein kryptologisch sehr gutes Verfahren (nämlich die UNIX-Passwortverschlüsselung) wert ist, wenn das Umfeld nicht stimmt – im besprochenen Fall die Schlüsselwahl. Dass dabei ein schneller Rechner unter Umständen eine Woche arbeitet, ändert nichts am Gesagten: Für einen kriminellen Angreifer lohnt sich solch ein Aufwand allemal.

Crack ist populär und sehr leistungsfähig. Von der Thematik her gehört dieser Abschnitt eigentlich in das Kapitel 7, aber er demonstriert doch sehr eindrucksvoll, wie intelligent man einen sinnvollen Brute-Force-Angriff durchführen kann[2].

Moderne UNIX-Systeme schützen sich vor *Crack*-Angriffen, indem sie die verschlüsselten Passwörter nicht mehr wie üblich in */etc/passwd* aufbewahren, sondern in einer gesonderten Datei */etc/shadow*, die der normale Nutzer nicht lesen kann. Das Login-Programm auf meinem UNIX ESIX V.4.2 geht obendrein nach jeder falschen Passworteingabe in eine Warteschleife von etwa 5 Sekunden. Dies verhindert, dass jemand über Netz die gängigsten Passwörter ausprobiert. Andere Systeme nutzen keine DES-Verschlüsselung, sondern eine Einweg-Hashfunktion, z. B. MD5 (dazu mehr in Kapitel 6). Alle diese Maßnahmen sind richtig, aber kryptologisch unzureichend. Korrekt ist nur das Herausfiltern schlechter Passwörter durch das *passwd*-Kommando selbst. Jedoch dürfen zugelassene Passwörter nicht so kompliziert sein, dass sich die Anwender die Wörter aufschreiben.

3.4 Nochmals zu Chiffrierzylindern

Nach diesem Ausflug in die moderne Kryptologie wenden wir uns wieder überholten Methoden zu. Wie sich zeigen wird, ist ihre Kryptanalyse aber immer noch von Interesse. Wir beginnen mit den in Kap. 2.5 vorgestellten Chiffrierzylindern. Zur Erinnerung: Es ist ein homophones polyalphabetisches Verfahren kleiner Periode (z. B. 30). Die einzelnen Substitutionen sind bekannt, geheim sind nur ihre Auswahl und ihre Reihenfolge. Bei ihrer Kryptanalyse ist die negative Mustersuche sehr nützlich. Sie erlaubt selbst dann eine Dechiffrierung, wenn der Geheimtext zu kurz für statistische Untersuchungen ist.

3.4.1 Negative Mustersuche

Bei Chiffrierzylindern werden bekanntlich die Scheiben so gedreht, dass der Klartext in einer Zeile erscheint. Der Geheimtext wird in einer anderen Zeile abgelesen. Diese Methode hat die gleiche markante Eigenschaft wie die Enigma, nämlich dass bei der Chiffrierung niemals ein Zeichen in sich selbst überführt wird. Scheinbar erhöht dies die Sicherheit des Verfahrens, doch in Wirklichkeit ist es eine ziemlich starke Einschränkung. Wir haben bereits zu Beginn von Abschnitt 2.5.2 gesehen, dass die Position eines Stückes Klartext dadurch unter Umständen schon bestimmt wird. Wie man das ausnutzt, sehen wir an folgendem ganz einfachen (und praxisfernen) Beispiel.

Ein Beispiel (Cäsar-Chiffrierung)

Wir erhalten die Aufgabe, folgende Cäsar-chiffrierte Nachricht ohne Hilfe eines Computers zu entschlüsseln:

```
GLHVHUWHAWHQWKDHOWHLQZDHUVFKHLQOLFKHVZRUW
```

---

2. Eine weitere Möglichkeit werden wir in 4.4.1 unter dem Namen »Time-Memory Tradeoff« kennen lernen.

Wir wissen außerdem, dass die Textpassage

WAHRSCHEINLICHESWORT

im Klartext enthalten ist. Über solche wahrscheinlichen Worte haben wir schon in Kapitel 2 gehört. In der modernen Datenverarbeitung spielen sie eine noch größere Rolle – ich erinnere an Header von Textverarbeitungs-Dateien.

Zurück zum wahrscheinlichen Wort. Wir schreiben es auf einen Streifen Papier und schieben ihn so wie in Abb. 3.7 unter dem Geheimtext entlang. Auch bei der Cäsar-Chiffrierung geht kein Zeichen in sich über. Wenn also an irgendeiner Stelle zwei gleiche Zeichen übereinander stehen, kommt diese Lage des Papierstreifens nicht infrage.

```
GLHVHUWHAWHQWKDHOWHLQZDKUVFKHLQOLFKHVZRUW
WAHRSCHEINLICHESWORT
 WAHRSCHEINLICHESWORT
  WAHRSCHEINLICHESWORT
 *WAHRSCHEINLICHESWORT
    WAHRSCHEINLICHESWORT
     WAHRSCHEINLICHESWORT
      WAHRSCHEINLICHESWORT
       WAHRSCHEINLICHESWORT
        WAHRSCHEINLICHESWORT
         WAHRSCHEINLICHESWORT
          *WAHRSCHEINLICHESWORT
           *WAHRSCHEINLICHESWORT
            WAHRSCHEINLICHESWORT
             WAHRSCHEINLICHESWORT
              WAHRSCHEINLICHESWORT
               WAHRSCHEINLICHESWORT
                WAHRSCHEINLICHESWORT
                 WAHRSCHEINLICHESWORT
                  *WAHRSCHEINLICHESWORT
                   WAHRSCHEINLICHESWORT
                    WAHRSCHEINLICHESWORT
                     *WAHRSCHEINLICHESWORT
```

Abbildung 3.7: Negative Mustersuche. Die markierten Buchstaben zeigen eine Koinzidenz an (d. h. eine Übereinstimmung zwischen Klartext und Geheimtext in dieser Position). Es bleiben nur noch die fünf mit '' markierten Möglichkeiten übrig.*

Nach der Theorie dürfte nur in 46% aller Fälle keine solche Übereinstimmung auftreten, doch Sprache ist nicht zufällig. In unserem Fall ergeben sich lediglich 5 mögliche Stellungen des Papierstreifens.

Als Nächstes greifen wir uns einen Buchstaben heraus, der im wahrscheinlichen Wort wenigstens zweimal vorkommt; wir wählen das »R«. Dem »R« muss im Geheimtext immer das gleiche Zeichen entsprechen, denn der Text wurde ja Cäsar-chiffriert. Bei der ersten Möglichkeit steht aber über dem linken »R« ein »W«, über dem rechten ein »Z«. Das kann also nicht die richtige Position sein. Analog finden wir bei der zweiten, dritten und vierten gefundenen Stellung die Buchstaben »K« und »H«, »D« und »L« sowie »Z« und »V« über dem »R«. Sie kommen also auch nicht in Frage. Es bleibt die letzte Position, wo das »R« immer in ein »U« verwandelt wird. Wir ermitteln daraus versuchsweise eine Verschiebung (hier: 3) und unternehmen einen Dechiffrierversuch. Es ergibt sich

```
DIESERTEXTENTHAELTEINWAHRSCHEINLICHESWORT
```

Also war dieser Text »original« Cäsar-verschlüsselt (d. h. mit Verschiebung 3).

Natürlich gibt es für dieses Beispiel noch andere anwendbare Methoden der Kryptanalyse. So hat der Buchstabe »H« im Geheimtext eine Häufigkeit von 19%. Wenn wir vermuten, dass »H« dem häufigsten Buchstaben »E« entspricht, haben wir ebenfalls schon die Lösung. Das ist auch der gegebene Weg eines Geheimtextangriffs. Doch bei der negativen Mustersuche mit einem wahrscheinlichen Wort brauchten wir nichts auszuzählen. Sie führte fast mühelos zum Erfolg.

Anwendung auf Chiffrierzylinder

Das Vorgehen bei Chiffrierzylindern ist analog: Die negative Mustersuche liefert uns zunächst wenige mögliche Stellungen des Klartextes. Erschwerend kommt allerdings hinzu, dass das wahrscheinliche Wort zerissen sein kann und ein umsichtiger Chiffrierer bei jeder Periode eine andere Zylinderzeile als Geheimtext wählt. Aber das soll uns vorerst nicht interessieren.

Für jede denkbare Stellung des wahrscheinlichen Wortes starten wir nun einen Klartextangriff wie folgt:

▷ Wir wissen von allen Buchstaben des Klartextes, in welche Geheimtextzeichen sie überführt werden. Das schränkt die Auswahl der Scheiben stark ein, auch die Homophonie kann das nicht verhindern (d. h. dass wir nicht wissen, in welcher Zeile der Geheimtext abgelesen wurde) – der Aufwand wird dadurch höchstens 26 mal größer.

▷ Für jede angenommene Scheibenwahl sehen wir in einer anderen Periode des Geheimtextes nach, ob sich mit dieser Wahl in einer Zeile ein Stück sinnvoller Klartext ergibt. Es werden im Allgemeinen nur wenige Möglichkeiten übrig bleiben.

▷ Durch Hinzuziehen von immer mehr Abschnitten (Perioden) des Geheimtextes wird für so viele Scheiben die richtige Wahl ermittelt, wie das wahrscheinliche Wort Buchstaben hat.

▷ Nun dechiffrieren wir in jeder Periode den Teil des Geheimtextes, der durch die schon bekannten Scheiben bestimmt wird. Dabei werden wir auf Wortfetzen wie NORDNUN, ANNABI, EBERWEISU oder auch UFGEFLOG treffen, die sich leicht ergänzen lassen. Schon haben wir ein Stückchen mehr Klartext gewonnen und können mit besserer Ausgangsposition wieder von vorn starten.

▷ Nach und nach werden dadurch alle Scheiben bekannt.

Interessant an dieser Methode ist, dass auch die Homophonie – die Mehrdeutigkeit der Chiffrierung – kein unüberwindliches Hindernis darstellt. Natürlich bezieht sich meine Darstellung auf die Arbeitsweise *vor* der Computerära. Das Verbinden von Wortfetzen zu Sätzen beherrscht der Mensch immer noch besser als der Computer. Mit Computerhilfe geht man aber sowieso anders heran.

3.4.2   Das Verfahren von Viaris

Eine Verfeinerung der gerade genannten Kryptanalyse stellt das Verfahren von VIA-RIS dar. Auch hier greifen wir auf ein wahrscheinliches Wort zurück, verbessern aber die negative Mustersuche.

Zu diesem Zweck halten wir für einen Moment die Zeile auf dem Zylinder fest, in der der Geheimtext abgelesen wurde (die so genannte *Generatrix*). Unter dieser Voraussetzung untersuchen wir für alle Scheiben, welche Buchstaben aus den Buchstaben des wahrscheinlichen Wortes überhaupt entstehen können. Zweckmäßig bauen wir uns dazu eine Tabelle (Matrix). Jede Zeile entspricht einer Scheibe, jede Spalte einem Buchstaben des wahrscheinlichen Wortes (vgl. Abb. 3.8).

Angriffsmethode von VIARIS

Das wahrscheinliche Wort sei CHIFFRE, der Geheimtext VIWSHQTLUFTWDTZ.

Der Chiffrierzylinder soll aus 10 Scheiben mit folgender Belegung bestehen (von oben nach unten zu lesen, die erste Zeile mit der letzten zu einem Ring zusammengeschlossen):

```
1 2 3 4 5 6 7 8 9 10   (Scheiben-Nr.)

N X F V M S X U T P
B J C X X A I B V M
A E L I T G L J G G
C Q G G Y J F W F Z
R N B D K V C R A X
V P T E D R V V X I
U T R C B D W M E S
H B A T L Q D L L V
D Z D R E O J F U L
Q H V F F L P O K J
W V M Q R H S P J W
M I H S H C R K W C
K G S N Q I E Y Q A
Z A O Z A U G Q S T
P S Z K W E T G Z U
L R U W J Z O A O N
F Y I H U Y A H I D
T K X U I M Y S B O
S F W Y O B N I R B
O O J M G X M C H Y
J C Y J N W B Z C R
G W P A C N U X N K
Y M E P Z K H T M F
X D Q O V F Z N Y E
I U N L S T Q E D Q
E L K B P P K D P H
```

Wir betrachten die 1. Generatrix, d. h. der Geheimtext werde eine Zeile unterhalb der Klartextzeile abgelesen. Dann entsteht in der 1. Scheibe aus »C« ein »R«, aus »H« ein »D«, aus »I« ein »E« usw. Das schreiben wir in die 1. Zeile einer Matrix. Die 2. Zeile füllen wir analog für die 2. Scheibe. Wir erhalten folgende 10×7-Matrix:

```
 1  R D E T T V N
 2  W V G O O Y Q
 3  L S X C C A Q
 4  T U G Q Q F C
 5  Z Q O R R H F
 6  I C U T T D Z
 7  V Z L C C E G
 8  Z S C O O V D
 9  N C B A A H L
10  A P S E E K Q
```

Die Stellung

```
VIWSHQTLUFTWDTZ
CHIFFRE
```

des wahrscheinlichen Wortes liefert keine Koinzidenz (keine zwei übereinander stehenden Zeichen sind gleich), kommt also theoretisch infrage. Das zugehörige Geheimtextfragment VIWSHQT setzen wir über obige 10×7-Matrix. Nur das »V« aus ersten Position ist in der darunter liegenden Spalte zu finden (Scheibe 7), die anderen Zeichen stehen in keiner anderen Scheibe in der 1. Generatrix. Diese Wortstellung bei dieser Generatrix ist damit ausgeschlossen.

Das Wort CHIFFRE wird nun weiter verschoben und bei Ausschluss aller Stellungen die nächste Generatrix betrachtet, bis ein Geheimtextfragment gefunden ist, bei dem jedes Geheimtextzeichen wenigstens einmal in einer darunter liegenden Spalte steht. Eine weitere Ausschlußbedingung ist, dass die Geheimtextzeichen in *verschiedenen* Zeilen der Matrix vorkommen müssen (bei mehreren Vorkommen in der gleichen Spalte muss man die Auswahl so treffen können, dass diese Bedingung erfüllt wird).

Für alle gefundenen Stellungen führt die Methode nun einen Klartextangriff durch.

Abbildung 3.8: Angriffsmethode von Viaris *auf Chiffrierzylinder*

Nun fahren wir wie bisher mit dem wahrscheinlichen Wort unter dem Geheimtext entlang. Wenn wir die richtige Position getroffen haben, dann muss jedes Zeichen des Geheimtextes über dem Wort wenigstens einmal in der entsprechenden Spalte der Matrix auftauchen. Positionen mit Koinzidenzen (Zeichen-Übereinstimmungen wie im vorigen Punkt) fallen dabei automatisch heraus, aber im Allgemeinen auch noch weitere Fälle. Ergibt sich überhaupt keine mögliche Position, so müssen wir es mit einer anderen Generatix versuchen. Die Zahl der zu untersuchenden Möglichkeiten ist bei dieser Methode wesentlich geringer. Givierge verfeinerte die Methode nochmals, indem er auf wahrscheinliche Worte verzichtete und nur Bigramm- und Trigrammhäufigkeiten betrachtete. Einzelheiten und weitere Literatur finden Sie in [BauerMM 14.3].

Das Verfahren versagt, wenn die permutierten Alphabete auf den Scheiben ein lateinisches Quadrat bilden, d. h. wenn eine Drehstellung der Scheiben existiert, bei der in jeder Zeile jeder Buchstabe wenigstens einmal vorkommt.

Sehr wahrscheinlich setzt heute niemand mehr Chiffrierzylinder ein und implementiert sie auch nicht in Software. Warum ist dem Verfahren von VIARIS, das speziell auf diese Geräte zugeschnitten ist, ein eigener Punkt gewidmet? Zum ersten wegen der Bemerkung über lateinische Quadrate im letzten Absatz: Warum diese Eigenschaft der Scheiben so entscheidend für die Kryptanalyse ist, versteht man erst, wenn man die Kryptanalyse selbst durchführt. Deswegen können wir immer noch keine sicheren Algorithmen entwerfen: Wir wissen eben nicht von allen Kryptanalytikern, welcher Methoden sie sich bedienen oder noch bedienen werden.

Zum zweiten sollten wir noch eine Gefahr erkennen: Beim Entwurf eines Algorithmus ist ein Entwickler vielleicht besonders vorsichtig und lässt nie ein Zeichen in sich selbst übergehen. In Wirklichkeit kompromittiert er damit schon sein Verfahren. BAUER [BauerMM] nennt das eine *illusorische Komplikation*. Im Bestreben, alles besonders gut zu machen, wird das Gegenteil erreicht. Sie werden nun vielleicht auch *nicht* mehr verstehen, wieso deutsche Kryptologen die Gefahr nicht erkannten, die die Umkehrwalze der Enigma hervorbrachte: Sie ermöglichte eine negative Mustersuche.

3.4.3   Das ist auch heute noch interessant!

Der Chiffrierzylinder ist Geschichte, zeichenweise Verschlüsselung auch – wozu das alles noch, werden Sie vielleicht fragen. Heutzutage verschlüsseln wir bitweise! Doch gemach. Auch bei bitweise arbeitenden Algorithmen ist die negative Mustersuche noch eine potenzielle Gefahr. Sicher werden wir nicht mehr übereinander stehende Bits vergleichen. Aber vielleicht lässt sich eine Aussage wie etwa die folgende beweisen:

Wenn im Klartextblock das Byte 1 eine gerade und das Byte 3 eine ungerade Parität hat, dann ist im Geheimtextblock das Bit 26 mit 76%iger Wahrscheinlichkeit gleich 1.

Am besten wäre natürlich ein 100%ige Wahrscheinlichkeit, denn dann würden wir wie bisher eine negative Mustersuche durchführen. Aber jeder Wert, der sich von 50% unterscheidet, kann bereits weiterhelfen.

Derartige Aussagen sind gefährlich für alle Algorithmen, die einem Klartextangriff nicht widerstehen. Dazu ein nicht ganz unrealistisches Beispiel: Eine WordPerfect-Datei sei mit einem Vigenère-Verfahren bitweise verschlüsselt (mehr dazu in 3.5 und 3.6). Wir wissen mit Sicherheit, dass die Zeichenkette

```
Lexmark 4039 plus PS2
```

darin vorkommt (21 Zeichen), denn dieser Drucker wird in der Sicherheitsabteilung verwendet. Außerdem krankt der Chiffrierer an chronischer Faulheit, d. h. er wird sich niemals zu einem Passwort von 10 Zeichen Länge aufschwingen. Gesucht ist die Lage des wahrscheinlichen Wortes, wobei wir ungefähr wissen, wo es im Geheimtext zu suchen ist. Falls das Passwort eine Länge von 4 Zeichen hat, müssen »L« und »a« auf gleiche Weise verschlüsselt sein. In der Kryptologie schreibt man das so:

$$p_1 \oplus s = c_1$$
$$p_5 \oplus s = c_5$$

Dabei steht p_1 für das Klartext(*p*laintext)-Zeichen »L«, p_5 analog für »a«, c_1 und c_5 bezeichnen die zugehörigen Geheimtext(*c*iphertext)-Zeichen, s bezeichnet das Schlüssel-Zeichen für diese Position und $\oplus$ bezeichnet das bitweise XOR, entsprechend der Operation ^ in der Sprache C. Wir verknüpfen jeweils die linken und die rechten Seiten beider Gleichungen miteinander per XOR und erhalten

$$p_1 \oplus p_5 = c_1 \oplus c_5.$$

Das ist ein gutes Kriterium, um die Lage des Textes zu prüfen, denn $p_1 \oplus p_5$ = »L« $\oplus$ »a« kennen wir bereits. Selbstredend führen wir diesen Test auch für die anderen Zeichenpaare durch. Ergibt sich überhaupt keine mögliche Lage, so müssen wir es eben mit einer anderen Periodenlänge versuchen.

Haben wir schließlich die richtige Lage des Wortes gefunden, so ermitteln wir daraus den richtigen Schlüssel, denn das Vigenère-Verfahren ist nicht beständig gegen Klartextangriffe: Die Klartextlänge ist größer als die Periodenlänge, so dass wir den Schlüssel direkt ausrechnen können (Klartext XOR Geheimtext). Bemerkenswert ist wieder, dass dieses Vorgehen völlig ohne statistische Untersuchungen auskommt.

3.5 WordPerfect-Verschlüsselung als modernes Beispiel

Wie viele Anwendungsprogramme erlaubt auch die Textverarbeitung WordPerfect, ihre Dateien zu verschlüsseln. Das Verfahren wurde nicht offen gelegt, tauchte aber trotzdem im Internet auf. Anfangs dachte ich, jemand hätte Teile des Programms disassembliert, doch dieser Aufwand ist gar nicht nötig. Es ist so einfach, hinter dieses Verfahren zu steigen, dass ich es hier kurz demonstrieren will, ohne Sie gleich zum Hacker zu qualifizieren (ich bin ja auch keiner). Man braucht nur die richtige Spürnase. Ich verwende die Version WordPerfect 5.1 unter UNIX (sie ist aber äquivalent zur gleichen Version auf anderen Betriebssystemen).

3.5.1 Die Verschlüsselungsmethode: Wie man sie findet und wie man sie bricht

Zuerst erzeugen wir einen möglichst einfachen Text in WordPerfect 5.1. Wir wählen zum Beispiel längere Zeilen, die nur aus »A« bestehen:

```
AAAAAAAAAAAAAAAAAAAAAAAAAAAAAAAAAAAAAAAAAAAAAAAAAAA
AAAAAAAAAAAAAAAAAAAAAAAAAAAAAAAAAAAAAAAAAAAAAAAAAAA
AAAAAAAAAAAAAAAAAAAAAAAAAAAAAAAAAAAAAAAAAAAAAAAAAAA
...
```

In der erzeugten Datei schauen wir nach, wo wir diese Textfolge finden. Dazu benutzen wir ein Hexdump-Programm (die ersten vier Zeichen geben die hexadezimale Adresse ab Dateianfang an, dann folgen 16 Zeichen sowohl in hexadezimaler als auch in ASCII-Darstellung):

```
0650   00 e7 27 58 02 50 23 00   01 d1 9f 53 ad 08 23 7c   ..'X.P#....S..#|
0660   00 67 00 00 00 00 00 41   41 41 41 41 41 41 41 41   .g.....AAAAAAAAA
0670   41 41 41 41 41 41 41 41   41 41 41 41 41 41 41 41   AAAAAAAAAAAAAAAA
*
0690   41 41 41 41 41 41 41 41   41 41 41 0a 41 41 41 41   AAAAAAAAAAA.AAAA
06a0   41 41 41 41 41 41 41 41   41 41 41 41 41 41 41 41   AAAAAAAAAAAAAAAA
*
```

Nun verschlüsseln wir die Datei. Der Trick, auf den man hier kommen muss, ist als Passwort wieder »A« zu wählen. Die erzeugte Datei sieht an der betrachteten Stelle nun so aus:

```
0650   03 e5 22 5c 05 56 2a 08   0a db 92 5f a2 06 32 6c   .."\.V*...._..21
0660   13 75 15 14 17 16 19 59   5a 5b 5c 5d 5e 5f 60 61   .u.....YZ[\]^_`a
0670   62 63 64 65 66 67 68 69   6a 6b 6c 6d 6e 6f 70 71   bcdefghijklmnopq
0680   72 73 74 75 76 77 78 79   7a 7b 7c 7d 7e 7f 80 81   rstuvwxyz{|}~...
0690   82 83 84 85 86 87 88 89   8a 8b 8c c6 8e 8f 90 91   ................
06a0   92 93 94 95 96 97 98 99   9a 9b 9c 9d 9e 9f a0 a1   ................
```

Die aufsteigenden Zahlen fallen sofort ins Auge. Wenn wir als Passwort »B« wählen, ist das nicht zu beobachten:

```
0650   00 e6 21 5f 06 55 29 0b   09 d8 91 5c a1 05 31 6f   ..!_.U)....\..1o
0660   10 76 16 17 14 15 1a 5a   59 58 5f 5e 5d 5c 63 62   .v.....ZYX_^]\cb
0670   61 60 67 66 65 64 6b 6a   69 68 6f 6e 6d 6c 73 72   a`gfedkjihonmlsr
0680   71 70 77 76 75 74 7b 7a   79 78 7f 7e 7d 7c 83 82   qpwvut{zyx.~}|..
0690   81 80 87 86 85 84 8b 8a   89 88 8f c5 8d 8c 93 92   ................
06a0   91 90 97 96 95 94 9b 9a   99 98 9f 9e 9d 9c a3 a2   ................
```

Offenbar haben sich die beiden Zeichen »A« irgendwie »weggehoben«, aber nicht durch Substraktion, denn dann sähe die letzte Datei anders aus: Die Differenz von »A« und »B« ist ja 1, und die hätte vermutlich nicht solchen Einfluss gehabt. Wahrscheinlich wird der Klartext mit dem Schlüsselwort per XOR verknüpft und zusätzlich eine aufsteigende Zahlenfolge überlagert. Wir schauen uns noch an, was bei dem Passwort »AB« herauskommt:

```
0650   02 e1 23 5c 04 5a 2b 08   0b df 93 5f a3 1a 33 6c   ..#\.Z+...._..31
0660   12 71 14 14 16 1a 18 59   5b 5f 5d 5d 5f 63 61 61   .q.....Y[_]]_caa
0670   63 67 65 65 67 6b 69 69   6b 6f 6d 6d 6f 73 71 71   cgeegkiikommosqq
0680   73 77 75 75 77 7b 79 79   7b 7f 7d 7d 7f 83 81 81   swuuw{yy{.}}....
0690   83 87 85 85 87 8b 89 89   8b 8f 8d c6 8f 93 91 91   ................
06a0   93 97 95 95 97 9b 99 99   9b 9f 9d 9d 9f a3 a1 a1   ................
```

Es zeigt sich, dass beginnend mit der Adresse 66a jedes zweite Zeichen eine entsprechend aufsteigende Reihe bildet, diesmal mit der Differenz 2:

```
5b 5d 5f 61 63 65 ...
```

Vielleicht wird hier nur eine simple Vigenère-Chiffrierung mit XOR durchgeführt, so wie in 2.4.2, und dann noch mit einer aufsteigenden Zahlenfolge überlagert? Man bekommt recht schnell heraus, dass das wirklich so ist. Konkret sieht das Verfahren bei WordPerfect 5.1 so aus:

▷ Man schreibe in eine Zeile Bytes mit folgenden numerischen Werten: Der erste Wert ist um 1 größer als die Passwortlänge; jeder folgende Wert ist um 1 größer als sein Vorgänger; auf 255 folgt die 0.

▷ Darunter schreibe man wiederholt das Passwort und

▷ darunter wiederum schreibe man die Bytes der WordPerfect-Datei, beginnend mit dem Byte Nr. 16.

Jeweils drei übereinander stehende Zeichen verknüpfe man bitweise per XOR. Das Ergebnis ist schon der »Geheim«text (Abb. 3.9).

> Das Passwort sei UNIX, habe also die Länge 4. Die WordPerfect-Datei ab Byte 16
> soll zum Beispiel so aussehen (das kommt in der Praxis nicht vor):
>
> ```
> Canon BJ-200 (LQ Mode)
> ```
>
> Der verschlüsselte Text entsteht durch bitweise XOR-Verknüpfung der folgenden drei Zeilen:
>
> ```
> 5  6  7  8  9 10 11 12 13 14 15 16 17 18 19 20 21 22 23 24 25 26
> U  N  I  X  U  N  I  X  U  N  I  X  U  N  I  X  U  N  I  X  U  N
> C  a  n  o  n     B  J  -  2  0  0     (  L  Q     M  o  d  e  )
> ```

Abbildung 3.9: Das Verschlüsselungsverfahren von WordPerfect 5.1

Sie sehen, dass bei geschicktem Vorgehen das Verfahren nach spätestens 1-2 Stunden offen gelegt ist. Das ist kein Einzelfall. Bei MS-DOS- und Mac-Software sollen Vigenère-Verfahren oder -Modifikationen noch sehr verbreitet sein. Die Hersteller behaupten, ihr Verfahren sei »fast so sicher wie DES, jedoch deutlich schneller.« Die zweite Aussage stimmt wohl; über die erste decken wir das Mäntelchen der Barmherzigkeit.

Wie knackt man die WordPerfect-Verschlüsselung? Die nächstliegende Methode ist, einfach alle Passwortlängen durchzuprobieren. Das sind nicht viele, denn die maximal zulässige Länge wird vom Programm her auf 23 begrenzt. Für jede Länge versuchen wir mit der statistischen Methode (wie in Abschnitt 2.4.1 beschrieben), den Schlüssel zu finden. Das ist kein Problem, denn zu untersuchendes Material gibt es reichlich – WordPerfect-Dateien sind fast immer viele kByte lang – und die Verteilung der einzelnen Zeichen in diesen Dateien hat genügend Besonderheiten.

Es geht aber *noch* einfacher. Bei WordPerfect 4.0 soll nur der Text selbst verschlüsselt worden sein. Bei der Version 5.1 hingegen wird auch der Header »geschützt«. Dahinter mag der Gedanke gestanden haben, in so genannten Styles enthaltene Geschäftsadressen ebenfalls zu chiffrieren (diese Styles sind im Header enthalten). Doch der Header enthält reichlich bekannte Bytes, und diese ermöglichen einen Klartextangriff. Wie das konkret umzusetzen ist, werden wir im nächsten Punkt sehen.

3.5.2 Das Programm newwpcrack

Die WordPerfect-Verschlüsselung ist nicht nur im Internet bekannt, es gibt auch mehrere frei erhältliche Programme, die sie brechen. Eines davon – 1991 von Ron Dippold geschrieben – ist auf der beigefügten CD enthalten. Wie üblich übernimmt niemand eine Garantie für die Zuverlässigkeit der Software, aber darum geht es auch nicht. Selbst eine Erfolgsrate von nur 50% würde schon zeigen, dass das Verfahren funktioniert.

Ohne von diesem Programm zu wissen, hatte ich selbst eines entwickelt und auch veröffentlicht [Wobsymm]. In diesem Abschnitt stelle ich Ihnen eine Verbesserung vor. Das Programm ist nach wie vor kurz (nur 70 Zeilen, vgl. Listing 3.10), aber es zeigt, wie sich mehrere Methoden kombinieren lassen. Weil die Kryptanalyse ganz konkret ist, sollten Sie sich die Details ruhig einmal anschauen, auch wenn Sie niemals WordPerfect benutzen wollen.

```
1 /* Crack encoded WordPerfect 5.1 files: newwpcrack <encoded_file
2    (C) R.Wobst (Dresden), @(#) 30.Oct 00:34
3 */

4 #include <stdio.h>

5 #define INVERS  "\033[07m"    /* switch on invers printing */
6 #define NORMAL  "\033[0m"     /* return to normal printing */

7 #define HEADER  16            /* # of header bytes, variabel */
8 #define MAXKEY  23            /* max. keylength (WP specific) */
9 #define MAXPLAIN 40           /* # of bytes in known plaintext */
10 #define PROBE   1024          /* portion of read plaintext */

11 main()
12  {
13    static unsigned int wp[MAXPLAIN] =
14      {
15        0xfb, 0xff, 0x05, 0x00, 0x32, 0x00, 0x100, 0x04,
16        0x00, 0x00, 0x100, 0x00, 0x100, 0x00, 0x00, 0x00,
17        0x42, 0x00, 0x00, 0x00, 0x100, 0x100, 0x100, 0x100,
18        0x00, 0x00, 0x100, 0x00, 0x00, 0x00, 0x100, 0x100,
19        0x100, 0x100, 0x00, 0x00, 0x100, 0x100, 0x00, 0x00
20      };

21    unsigned char b[PROBE];
22    unsigned int key[MAXPLAIN];
23    int len, m, k, bad, N;

24    fread(b, 1, HEADER, stdin);        /* Header: Name etc. */
25    N = fread(b, 1, PROBE, stdin);

26    if(N < MAXPLAIN) exit(1);
```

```
27    for(len=1; len <= MAXKEY; ++len)      /* test on keyword lengths */
28      {
29      /* construct periodic key from known bytes */

30      for(m=0; m < MAXPLAIN; ++m) key[m] = ((len+1+m)^wp[m]^b[m]) & 0xff;

31      /* test on period */

32      for(m = MAXPLAIN-len; m--; )
33         if(wp[m] != 0x100 && wp[m+len] != 0x100 && key[m] != key[m+len])
34            break;

35      if(m >= 0) continue;

36      /* possible keyword found */

37      printf("len = %2d: \"", len);

38      /* reconstruct keyword */

39      for(m=0; m < len; ++m)
40        {
41        bad = 0;
42        k = key[m];

43        if(wp[m] == 0x100)      /* not unique, test on another known byte */
44          {
45          for(k=m; k < MAXPLAIN; k += len)
46             if(wp[k] != 0x100)
47               {
48               k = key[k];
49               break;
50               }

51          if(bad = (k >= MAXPLAIN))   /* trial failed, use statistics */
52            {
53            int cnt[256];
54            int l, max, indx;

55            for(l=256; l--;) cnt[l] = 0;
56            for(l=m; l < N; l += len) ++cnt[((len+1+l) & 0xff)^b[l]];

57            for(indx=max=0, l=256; l--;)
58               if(cnt[l] > max)
59                 {
60                 max = cnt[l];
61                 indx = l;           /* '\0' is preferred byte! */
```

```
62                     }

63              k = indx;
64            }
65          }

66       if(bad) printf(INVERS);

67       if(k < 32) printf("^%c", k+'@');
68       else putchar(k);

69       if(bad) printf(NORMAL);
70       }

71    putchar('"'); putchar('\n');
72    }

73  return 0;
74  }
```

Abbildung 3.10: Das Programm newwpcrack.c

Wie arbeitet dieses Programm *newwpcrack*?

▷ Zunächst muss ermittelt werden, welche Bytes in WordPerfect-Dateien konstant sind. Dazu benutzte ich das Programm *wph.c* von der CD. Es vergleicht die Bytes 17 bis 56 mehrerer WordPerfect-Dateien, deren Namen als Argumente übergeben werden. Wenn sich zwei Bytes in zwei Dateien unterscheiden, erscheint an dieser Stelle in der Ausgabe der Wert 0x100, der keinem Zeichen entspricht. Das Ergebnis dieser Tests sehen Sie in dem Feld *wp* (Zeilen 13-20 im Listing 3.10). Ob diese Annahmen immer gültig sind, können nur Insider überprüfen. In der Praxis fand sich bisher kein Widerspruch. Die Zahl 40 für die Feldlänge ist übrigens relativ willkürlich gewählt.

▷ Der verschlüsselte Text wird nun von der Standardeingabe *stdin* eingelesen (Zeilen 24 und 25); die ersten 16 Bytes werden verworfen.

▷ In Zeile 27 beginnt die große Schleife, in der alle möglichen Passwortlängen durchprobiert werden. Die wichtigste Berechnung geschieht dabei in Zeile 30: Hier wird aus Geheimtext, bekanntem Klartext und der »Nummernfolge« (oberste Zeile in Abb. 3.9) versuchsweise der Schlüssel ermittelt. Der mathematische Hintergrund dazu ist denkbar simpel: Aus

geheim = klar ⊕ key ⊕ nummer

(wobei ⊕ für XOR steht) folgt

key = geheim ⊕ nummer ⊕ klar   (1)

▷ Nun müssen wir testen, ob wir Erfolg hatten. Das geschieht in den Zeilen 32 bis 35: Wenn der erzeugte Schlüssel nicht periodisch ist, so hatten wir sicher *keinen* Erfolg. Der Test kann nur auf solchen Positionen geschehen, in denen der Klartext bekannt ist. Gibt es keine Ablehnung, gilt der Versuch als gelungen.

▷ Jetzt wollen wir den Schlüssel möglichst vollständig rekonstruieren. Die erste Periode allein liefert dazu vielleicht nicht genügend Informationen, denn der Klartext ist nur lückenhaft bekannt. Es könnte aber in einer anderen Periode ein bekanntes Klartextbyte existieren, das das gesuchte Zeichen bestimmt. Dies geschieht in den Zeilen 41 bis 50.

▷ Manche Zeichen des Schlüssels sind nun immer noch nicht festgelegt. Jetzt bedienen wir uns statistischer Methoden. Das ist hochtrabend formuliert: Ich beobachtete nämlich, dass in den Headern von WordPerfect-Dateien massenhaft Nullbytes auftreten. Die Verteilung der ersten 1000 Zeichen dieses Kapitels (als Wordperfect-Datei) sehen Sie in Abb. 3.11.

37,50%	'^@'	(Nullbyte)
20,60%	'd'	
13,10%	'x'	
5,50%	'<255>'	
3,10%	'P'	
2,10%	'<254>'	
2,00%	'<140>'	

Abbildung 3.11: Verteilung der ersten 1000 Zeichen in einer speziellen WordPerfect-Datei

Angesichts solcher »exotischer« Statistik (das Nullbyte war in allen untersuchten Fällen das mit Abstand häufigste) kümmern wir uns nicht weiter um die Interna von WordPerfect und suchen das häufigste Zeichen im transformierten Geheimtext, der um die störende aufsteigende Nummernfolge »bereinigt« wurde. Das geschieht in den Zeilen 51 bis 62. Ohne die Nummernfolge bleibt von der Gleichung (1) nur noch Folgendes übrig:

```
key = geheim_nonum ⊕ klar
```

Da aber das Byte *klar* gleich 0 ist, ergibt sich

```
key = geheim_nonum !
```

Dieses Zeichen markieren wir als »unsicher, aber wahrscheinlich« und geben es zusammen mit den anderen in den Zeilen 66-69 aus. Die gesamte »Sitzung« kann z. B. so aussehen (unter UNIX):

```
$ newwprack <c.wp
$ len = 20: "DAS IST NICHT SICHER"
$
```

(Die markierten Zeichen erscheinen in der Ausgabe invers, was bedeutet, dass sie statistisch ermittelt wurden.)

Das Programm ist nicht flexibel – es liefert für jede Schlüsselwortlänge nur einen Vorschlag. Obwohl deutliche Verbesserungen denkbar sind (bei mehreren annähernd gleich wahrscheinlichen Zeichen sollten alle diese angezeigt werden), fand ich bisher noch kein Schlüsselwort, das *newwpcrack* nicht erraten hätte. Es ist frappierend, wie treffsicher diese *Quick-and-dirty*-Methode arbeitet.

Sie haben hoffentlich begriffen, dass man ziemlich heuristisch vorgehen darf – Hauptsache, der Weg führt oft genug zum Ziel. Beeindruckend ist die Rechengeschwindigkeit des Programms: Auf einem PC Pentium 133MHz unter PC-UNIX (ESIX V.4.2) dauert die Berechnung des Passwortes *9ms* (0,009 Sekunden). Wie schon in Kapitel 1 erwähnt, hat AccessData in seine Software Warteschleifen eingebaut, um die Kunden nicht mit der brutalen Wahrheit konfrontieren zu müssen. Aber dass sie einen PC 386-16 ganze 60 Sekunden mit der gleichen Aufgabe wie *newwpcrack* beschäftigen, hätte ich nicht geglaubt ... Sicherlich arbeitet deren Programm wesentlich zuverlässiger als meines (das ist ernst gemeint).

Wären die Kryptologen bei WordPerfect etwas vorsichtiger gewesen, dann hätten sie nur den Text selbst chiffriert, um wenigstens den Klartextangriff zu unterbinden. Allerdings wäre es dann immer noch ein Leichtes, den Code zu knacken: Das Wissen nebst dem Programm dazu erhalten Sie in Abschnitt 3.6.

3.6   Das Vigenère-Verfahren unter der Lupe

Das Vigenère-Verfahren ist sehr einfach und wird (leider) trotzdem noch oft eingesetzt[3]. Daher ist es ein guter und interessanter Kandidat, anhand dessen wir einige Probleme der Kryptanalyse diskutieren können. Wie im vorigen Abschnitt lernen Sie ein konkretes C-Programm kennen, das aber deutlich leistungsfähiger und universeller ist. Auch hier werden wir uns auf das »bitweise Vigenère-Verfahren« beschränken, auch einfaches XOR genannt.

3.6.1   Die Zeichenkoinzidenz liefert die Periodenlänge. Die Kasiski-Methode

Sowohl bei der Diskussion des Vigenère-Verfahrens in 2.4.1 als auch bei der Dechiffrierung verschlüsselter WordPerfect-Dateien im vorigen Abschnitt haben wir die Periodenlänge des Verfahren experimentell bestimmt. Es geht aber deutlich schneller und einfacher, wenn wir die **Zeichenkoinzidenz** *(index of coincidence)* betrachten, auch **Kappa** genannt. Das klingt wieder sehr wissenschaftlich und ist trotzdem wieder ganz einfach:

Wenn wir zwei gleichlange Texte T_1 und T_2 in zwei Zeilen übereinander schreiben, dann ist das Kappa beider Texte wie folgt definiert:

$$K = \frac{\text{Anzahl der übereinstimmenden Zeichen}}{\text{Anzahl aller Zeichen im Text}}$$

---

3.   Das Programm wincrypt verwendet z. B. einen 512 Byte langen Vigenère-Schlüssel.

Im konkreten Fall sie das so aus:

```
Das ist der erste Text
Und das ist der zweite
    *    *    *
```

Beide Texte stimmen nur in drei (Leer-)Zeichen überein und haben jedweils 22 Zeichen. Das Kappa beider Texte ist also 3/22 oder 13,6%. Das Besondere an dieser Größe Kappa ist nun, dass sie für hinreichend lange, voneinander verschiedene Texte aus der *gleichen Sprache* immer etwa den gleichen Wert besitzt. Das ist verblüffend, doch die Ursache dafür ist gar nicht so tief liegend: Die Zeichen langer Texte haben in erster Näherung eine bestimmte wahrscheinlichkeitstheoretische Verteilung, die von der jeweiligen Sprache abhängt. Außerdem sind die Paare übereinander geschriebener Buchstaben für lange Texte statistisch einigermaßen unabhängig; daher ergibt sich als zu erwartendes Kappa die Quadratsumme aller Wahrscheinlichkeiten für die einzelnen Zeichen. Es ist nicht so wichtig, dass Sie das im Detail nachvollziehen können – Sie sollten sich nur merken: *Das Kappa ergibt sich aus der gemeinsamen Verteilung der einzelnen Zeichen in den beiden Texten.*

Wir verschieben nun den obigen Text um 4 Zeichen nach rechts und bilden das Kappa des verschobenen Textes mit sich selbst (überstehende Enden schneiden wir einfach ab):

```
ist der erste Text
Das ist der erste
    *    *
```

Es zeigt sich, dass auch hier in etwa das gleiche Kappa für lange Texte auftritt. Zwar sind nun übereinander stehende Zeichen nicht mehr ganz unabhängig (vor allem nicht bei Verschiebung um nur eine Position), aber der Effekt ist noch da. Für englischen Text mit daraus entfernten Leerzeichen und Zeilenwechseln erhielt ich z. B. ein Kappa von etwa 5,5%.

Wir verwenden diese Funktion für einen Spezialfall: Ein Klartext, dargestellt durch die Zeichenfolge $(p_i)_{i=1,2,3...}$, wird mit einem Schlüssel $(s_1, s_2, ... , s_N)$ der Länge N Vigenère-chiffriert und liefert den Geheimtext $(c_i)_{i=1,2,3,...}$:

$$p_1 \; p_2 \; p_3 \; \cdots \; p_N \; p_{N+1} \; p_{N+2} \; \cdots$$
$$s_1 \; s_2 \; s_3 \; \cdots \; s_N \; s_1 \quad s_2 \quad \cdots$$
$$c_1 \; c_2 \; c_3 \; \cdots \; c_N \; c_{N+1} \; c_{N+2} \; \cdots$$
$$\text{mit} \quad c_1 = p_1 \oplus s_1, \; c_2 = p_2 \oplus s_2, \; \ldots$$

Wir sehen sofort: Es gilt $c_i = c_{N+i}$ genau dann, wenn $p_i = p_{N+i}$ ist, denn beide Geheimtextzeichen wurden mit dem gleichen Schlüsselzeichen chiffriert (und verschiedene Schlüsselzeichen liefern verschiedene Geheimtextzeichen). Also:

Das Kappa des um N Positionen gegen sich selbst verschobenen Geheimtextes ist gleich dem analog berechneten Kappa des Klartextes.

Wird der Geheimtext um einen kleineren Betrag als N gegen sich selbst verschoben, so ergibt sich ein anderes Kappa, das in der Größenordnung des Kappa für echt zufälligen Text liegt: 1/256 oder 0,39% (vergleichen Sie dies mit dem Wert für englische Sprache von 5,5%!). Ein so kleines Kappa ist auch bei Verschiebungen um Beträge größer als N zu erwarten – es sei denn, die Verschiebung ist ein Vielfaches von N.

Wir werden hier nicht weiter auf die Theorie eingehen. Wichtig ist die Methode, die wir hiermit zur Bestimmung der Periode einer polyalphabetischen Chiffrierung gefunden haben:

Für alle Verschiebungen des Textes bis zu einer willkürlichen Obergrenze berechnen wir die Kappas des verschobenen Textes gegen sich selbst. Bei Verschiebungen um ein Vielfaches der Chiffrierungsperiode sollten die Kappas deutlich über den Kappas für andere Werte der Verschiebung liegen.

Übrigens: Diese Größe Kappa spielte auch bei der Enigma eine Rolle. Es fiel nämlich auf, dass das Kappa zweier chiffrierter Enigma-Texte mit den gleichen ersten 6 Zeichen nahe beim theoretischen Wert für die deutsche Sprache lag. Daraus schlußfolgerten die Polen ganz richtig, dass diese 6 Zeichen die Rotorstellung bestimmten.

Die Kasiski-Methode

Wenigstens kurz sei hier noch eine andere Methode zur Bestimmung der Periodenlänge beschrieben, die 1863 von dem preußischen Offizier KASISKI eingeführt wurde. Sie ist weitaus einleuchtender als die Koinzidenzmethode, jedoch nicht so universell.

Wenn der Geheimtext einigermaßen »zufällig« ist, dann wird nämlich die Wiederholung einer wenigstens drei Zeichen langen Buchstabenfolge im Geheimtext sehr unwahrscheinlich (einen nicht »zu großen« Abstand der beiden Folgen vorausgesetzt). In der normalen Sprache sind solche Wiederholungen jedoch ziemlich häufig – ich erinnere an *-tion, -nung, ein-* usw.

Wenn nun zwei gleiche Buchstabenfolgen im Klartext einen Abstand haben, der ein Vielfaches der Periodenlänge ist, dann ergibt sich an den betreffenden Stellen der gleiche Geheimtext. Bei der Kasiski-Methode suchen wir also nach Wiederholungen von wenigstens drei Zeichen langen Buchstabenfolgen im Geheimtext und betrachten ihre Abstände. Beobachten wir beispielsweise die Abstände

`24, 54, 18, 29 und 66,`

dann ist die Periode offenbar 6 (oder 2 bzw. 3) – die 29 ist ein »Ausreißer«.

Das Verfahren ist recht leicht zu programmieren, setzt aber eine bestimme Klartextstruktur voraus.

3.6.2 Geheimtextangriff

Wie brechen wir nun eine Vigenère-Chiffrierung mit statistischen Methoden? Wie schon in Abschnitt 2.4.1 erklärt, geschieht das in zwei Schritten: Bestimmung der Periodenlänge und Brechen der einzelnen monoalphabetischen Substitutionen.

Wie man die Periodenlänge effektiv und sicher bestimmt, haben wir in Abschnitt 3.6.1 gesehen. Das Bestimmen der Substitutionen beschränkt sich nun auf die Bestimmung des Schlüsselzeichens, mit dem die XOR-Verknüpfung vorgenommen wird.

Bei hinreichend langem Geheimtext – und davon gehen wir vorerst aus – greifen wir uns die Gruppe aller Zeichen heraus, die mit dem gleichen Schlüsselzeichen chiffriert wurden. Ist die Periodenlänge N, so gibt es N solcher Gruppen. In jeder Gruppe berechnen wir nun die Häufigkeiten aller Zeichen (d. h. wir ermitteln die Zeichenverteilung) und versuchen, diese der erwarteten Verteilung anzupassen. Stellen wir uns zu diesem Zweck kurzzeitig vor, wir würden nicht per XOR chiffrieren, sondern durch Addition modulo 256 (also eine Cäsar-Addition für das »Byte-Alphabet«). Dann sollte die Verteilungskurve einer Gruppe des Geheimtextes ähnlich wie die eines verwandten Klartextes aussehen, nur verschoben (Abb. 3.12).

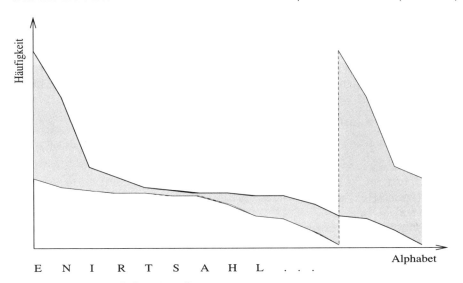

Abbildung 3.12: Verschobene Verteilungen

Ein Maß für die Übereinstimmung beider Kurven ist der Inhalt der dunklen Fläche. Es bleibt immer etwas subjektiv, welche Verschiebung wir als »statistisch beste« definieren; so versuchen wir einmal, diesen Flächeninhalt durch geeignete Wahl der Verschiebung zu minimieren.

Mathematischer ausgedrückt: Wir versuchen, einen Ausdruck der Form

$$(g_0-p_0)^2 + (g_1-p_1)^2 + \ldots + (g_{255}-p_{255})^2 \tag{2}$$

in Abhängigkeit von einer Verschiebung möglichst klein zu machen, wobei die g_i relative Häufigkeiten eines verschobenen Geheimtextes bezeichnen und die p_i die eines verwandten Klartextes[4].

---

4. Für Mathematiker: Im Prinzip führen wir hier eine Art Chiquadrat-Anpassungstest mit einer Aufteilung auf 256 Gruppen durch. Nur prüfen wir hier keine Hypothese mit vorgegebener Irrtumswahrscheinlichkeit, sondern wählen unter mehreren Stichproben die günstigste, die den schärfsten Test bestehen würde. Der dunklen Fläche in Abb. 3.12 entspricht allerdings die Summe der absoluten Beträge der Differenzen in (2) und nicht ihrer Quadrate.

Kehren wir wieder zurück zur XOR-Operation. Sie entspricht keiner Verschiebung, sondern einer Permutation des »Byte-Alphabets«, aber das ändert im Prinzip nichts an unseren Überlegungen. Nur die Abb. 3.12 lässt sich für diese Operation drucktechnisch nicht mehr darstellen. Die Minimierung des Ausdrucks in (2) bleibt die so genannte Zielfunktion.

Wir probieren also in jeder Gruppe alle möglichen 256 Schlüsselzeichen durch und wählen das mit dem kleinsten Wert der Zielfunktion. So ermitteln wir den Schlüssel.

Es gibt feinere, raffiniertere Methoden der Kryptanalyse. Solange aber von der praktischen Anwendung bei Textverarbeitungen, Tabellenkalkulationen usw. die Rede ist, haben wir ausreichend Material für eine gute Statistik. Das ist reine Pragmatik. Die überraschend erfolgreiche Kryptanalyse mit dem im nächsten Abschnitt vorgestellten Programm *vigcrack* bestätigt uns in dieser Pragmatik.

3.6.3 Das Programm vigcrack

Auch dieses C-Programm ist nicht sonderlich lang (122 Zeilen ohne den Kommentar im Kopfteil, vgl. Listing in Abb. 3.13), benutzt aber mehr Theorie und ist schon deutlich universeller als *newwpcrack* aus 3.5.2.

```
 1 /* crack vigenere chiffres by statistical methods
 2    (C) Reinhard Wobst, Dresden (Germany) @(#) 30.Oct 22:57

 3    Usage: vigcrack distr_file <crypted_file

 4    The 'distr_file' must be generated by the program 'distr' from
 5    a typical plaintext:

 6    distr <plaintext >distr_file

 7    The file plaintext must have typical character frequencies.
 8    Not applicable for equally distributed plaintexts (gzip etc).

 9    Output: One proposed keyword, trust value (the higher, the better).
10    A trust value near 1 indicates unsecure password detection.
11 */

12 #include <stdio.h>
13 #include <ctype.h>
14 #include <memory.h>

15 #define MAXPERIOD       64       /* max. key length */
16 #define MAXLEN          40960    /* max. portion of read source */
17 #define THRESH          0.1      /* "threshold factor for max. probability" */
18 #define PERC            0.01     /* 1% - kappa (coeff. of coincidence) */
```

```
19 main(argc, argv)
20   char *argv[];
21   {
22    unsigned char buf[MAXLEN], key[MAXPERIOD+1],
23                  *p;
24    register n, m;

25    int n0, c, off, indx, period, kappacnt, N, Np,
26        cnt[256];

27    double thresh, trust1, trust, min, delta, expkappa, Nd,
28           kappa[2*MAXPERIOD], patt[256], frequ[256];

29    FILE *fp;

30    if(argc != 2 || (fp = fopen(argv[1], "r")) == NULL)
31      {perror(argv[1]); exit(1);}

32    /* read distribution pattern */

33    expkappa = thresh = 0.;

34    for(n=0; n < 256; ++n)
35      {
36       if(fscanf(fp, "%d %le\n", &c, patt+n) != 2 || c != n || patt[n] < 0.)
37          {
38           fprintf(stderr, "error in pattern file, line %d: %d %g\n",
39                   n, c, patt[n]);
40           exit(1);
41          }

42       expkappa += patt[n]*patt[n];

43       if(patt[n] > thresh)
44          {
45           indx = n; thresh = patt[n];
46          }
47      }

48    thresh *= THRESH;
49    printf("expected index of coincidence: %.2f%%\n", expkappa*100.);

50    /* read file probe */

51    N = fread(buf, 1, MAXLEN, stdin);

52    if(N < 2*MAXPERIOD)
53      {
```

```
54        fprintf(stderr, "file too short: %d bytes\n", N);
55        exit(1);
56        }


57    Nd = n;


58    /* compute coincidence index */


59    for(period=1; period <= 2*MAXPERIOD; ++period)
60      {
61      kappacnt = 0;
62      for(n = Np = (N/period-1)*period; n--;)
63         kappacnt += buf[n] == buf[n+period];


64      kappa[period-1] = (double)kappacnt/Np;
65      }


66    /* look at frequency peaks */


67    period = -1;


68    for(min = expkappa-PERC; min > PERC; min-=PERC)
69      {
70      n0 = -1;
71      for(n=0; n < 2*MAXPERIOD; ++n)
72        {
73         if(kappa[n] < min) continue;
74         if(n0 < 0) {n0 = n+1; continue;}
75         else if((n+1)%n0) break;
76        }


77      if(n < 2*MAXPERIOD) continue;
78      period = n0; break;
79      }


80    if(period < 0)
81      {
82      fprintf(stderr, "no period found!\n");
83      exit(1);
84      }


85    /* compute characters of key */


86    key[period] = '\0';
87    Np = (N/period-1)*period;
88    trust = 1.e+9;


89    for(off=period; off--;)
```

```
90     {
91      memset(cnt, 0, 256*sizeof(int));

92      /* compute distribution */

93      for(n = Np + off; n >= 0; n -= period) ++cnt[buf[n]];
94      for(n=256; n--;) frequ[n] = cnt[n]/Nd;

95      /* align distribution: get 1 char of key */

96      min = 257.;

97      for(m = 256; m--;)
98        {
99          if(frequ[indx^m] < thresh) continue;

100         delta = 0.;

101         for(n = 256; n--;)
102            delta += (frequ[n^m] - patt[n])*(frequ[n^m] - patt[n]);

103         if(min > delta)
104           {
105             trust1 = min/delta;
106             min = delta;
107             key[off] = m;
108           }
109       }
110     if(trust > trust1) trust = trust1;
111     }

112   /* print result */

113   printf("trust value: %.2f\n", trust);
114   printf("key dump (%d characters):\n", period);

115   for(n=0; n < period;)
116     {
117      c = key[n];

118      if(c == ' ')        printf("    ");
119      else if(c == '\n')  printf("\\n ");
120      else if(c == '\r')  printf("\\r ");
121      else if(c == '\t')  printf("\\t ");
122      else if(isprint(c)) printf("%c ", c);
123      else if(iscntrl(c)) printf("^%c ", c);
124      else                printf("%02x ", c);
125      if(!(++n%15)) putchar('\n');
```

```
126    }

127    printf("\n\nPROPOSED KEY: ");
128    for(p=key; *p != '\0'; ++p)
129      if(*p < ' ') printf("^%c", *p+'@');
130      else putchar(*p);
131    printf("\n");

132    return 0;
133    }
```

Abbildung 3.13: Das Programm vigcrack *zum Brechen der Vigenère-Chiffre*

Den theoretischen Hintergrund haben wir ja soeben in Abschnitt 3.6.2 kennen gelernt und beschränken uns daher auf wichtige Details der Implementierung. *vigcrack* knackt Vigenère-Chiffrate von Dateien mit nicht gleichmäßig verteilten Zeichen (also: lesbare Texte, Quelltexte, Dateien von Textverarbeitungen usw.). Dabei dürfen die Passwörter bis zu 64 Zeichen lang sein (diese Grenze ist völlig willkürlich).

Eine universelle Kryptanalyse gibt es nicht einmal beim Vigenère-Verfahren. Zuerst müssen wir etwas über die statistischen Eigenschaften des zu erwartenden Klartextes wissen: Ist es eine normale Sprache (Deutsch, Englisch?), eine Programmiersprache (C, C++, Fortran?), eine Datenbank, eine Textverarbeitung? Zu diesem Zweck benötigen wir Musterdateien, in denen die Zeichen ungefähr so verteilt sind, wie wir es für den Klartext erwarten. Diese Dateien untersuchen wir mit dem simplen Programm *distr* von der CD, das uns die relativen Häufigkeiten der Zeichen in einer Datei liefert. Das Häufigkeitsprofil wird in einer Datei hinterlegt.

▷ *vigcrack* liest zunächst diese Datei ein, ermittelt das zu erwartende Kappa κ_P des Klartextes (es erscheint auf dem Bildschirm) sowie die größte relative Häufigkeit eines Zeichens (Zeilen 30-47).

▷ In Zeile 51 liest das Programm möglichst viel Geheimtext ein, maximal 40 kByte.

▷ Nun berechnet es für jede der 64 möglichen Passwortlängen n das Kappa κ_n des gegen sich selbst verschobenen Geheimtextes. Relativ pragmatisch bestimmt es daraus die Periodendauer:

  – Es verkleinert zunächst das zu erwartende Kappa κ_P des Klartextes um einen Prozentpunkt und untersucht, ob diejenigen n, für die κ_n diese Schwelle überschreitet, alle Vielfache des kleinsten dieser n sind:

    n, 2*n, 3*n, ...

  – Wenn ja, dann nimmt *vigcrack* dieses n als Periode an.

  – Wenn nein, verkleinert es κ_P wieder um einen Prozentpunkt und wiederholt den Test.

Findet es keine Periode, so bricht es die Kryptanalyse ab. Die Erfahrung zeigt aber, dass bei den üblichen langen Dateien dieser sehr scharfe Test erfüllt wird. (Zeilen 59-84).

▶ Jetzt ist die Periode bekannt, und *vigcrack* kann die relativen Häufigkeiten der einzelnen Geheimtextgruppen berechnen (Zeilen 93/94).

▶ Für alle denkbaren 256 Schlüsselzeichen berechnet das Programm im Folgenden die quadratische Abweichung der sich ergebenden Verteilung von der theoretischen. Da die Berechnung der Abweichung in einer dreifach geschachtelten Schleife erfolgt (die äußerste Schleife durchläuft die Periodenlänge) und daher viel Rechenzeit kostet, ist ein Vortest eingebaut: Ergibt das häufigste Zeichen des Klartextes bei der Verschlüsselung ein »seltenes« Zeichen, wird das Schlüsselzeichen gleich verworfen und nicht erst die Abweichung berechnet (Zeile 99). »Selten« heißt: Zehnmal seltener als erwartet (entsprechend der Konstante THRESH in Zeile 17). Das Verhältnis der zweitkleinsten quadratischen Abweichung zur kleinsten heißt im Programm »trust level« (ein Phantasiewort); je mehr diese Zahl von 1 abweicht, desto sicherer ist das Ergebnis.

▶ Schließlich wird das Ergebnis in den Zeilen 113 bis 131 in lesbarer Form aufbereitet. Es ist nicht zu erwarten, dass alle Schlüsselzeichen ASCII-Zeichen sind, daher erscheint der Schlüssel auch als »Dump«: ASCII-Zeichen erscheinen als solche, Zeilenwechsel- und Tabulatorzeichen wie in C mit Backslash »\«, und alle anderen Zeichen als Hexadezimalzahl (auch Umlaute).

Das Programm arbeitet erstaunlich treffsicher. Die Rechenzeiten schwanken auf der oben genannten Konfiguration (Pentium 133 MHz, PC-UNIX ESIX V.4.2) zwischen 150ms und 600ms (letzteres bei sehr langen Passwörtern von etwa 60 Zeichen). Es funktioniert für deutsche und englische Sprache, mit *vigenere.c* – gegen sich selbst codierten WordPerfect-Dateien, mit C-Programmen – Hauptsache, die Zeichen sind nicht gleichverteilt. Probieren Sie es aus.

Übrigens, und das gehört eigentlich nicht an die letzte Stelle: *vigcrack* können Sie ebenso gegen eine »raffinierte« Kombination einer Transposition mit anschließender Vigenère-Chiffrierung einsetzen. Die Substitution ändert nichts an der Verteilung des Textes, so dass *vigcrack* mit gewohnter Sicherheit das Passwort rekonstruiert. Anschließend brechen Sie die Transposition z. B. durch Häufigkeits-betrachtungen von Bigrammen.

Sie sehen, dass die Kombination verschiedener Verfahren manchmal keinen Gewinn bringt (und manchmal sogar noch mehr Unsicherheit!).

3.6.4   Komprimierung = Kompromittierung

Die bisher vorgestellten kryptanalytischen Programme (mit Ausnahme von *Crack*) waren ziemlich einfach und arbeiteten verblüffend schnell und sicher. Die Theorie hinter diesen Angriffen ist bei näherer Betrachtung nicht sonderlich tief schürfend. Natürlich darf man das nicht verallgemeinern. In diesem Abschnitt lernen Sie ein Problem kennen, das in jeder Hinsicht anders ist: Die Kryptanalyse kommt ganz ohne statistische Untersuchungen aus, das zugehörige Programm ist ausgesprochen knifflig, und es erfordert unter Umständen lange Rechenzeiten. Um so interessanter ist aber das Ergebnis!

Genauer gesagt, es geht um die in Kap. 2.2 aufgestellte Behauptung, dass Komprimierung (im Gegensatz zur landläufigen Meinung) *nicht* immer eine höhere Sicherheit bringt, auch wenn die Kryptanalyse dadurch in der Regel komplizierter wird. Die Illusion von mehr Sicherheit entsteht dadurch, dass in komprimierten Dateien die Verteilungskurve der Zeichen sehr flach ist; es gibt kaum verwertbare Maxima oder Minima (vgl. Abb. 3.14).

0,87%	'^D'	0,17%	'~'
0,86%	' '	0,17%	'<253>'
0,84%	'^P'	0,17%	'<251>'
0,83%	'^C'	0,17%	'<234>'
0,80%	'^F'	0,17%	'<189>'
0,78%	'^B'	0,17%	'<183>'
0,78%	'4'	0,15%	'<249>'
0,72%	'^@'	0,14%	'<239>'
...		0,14%	'<236>'
0,18%	'<250>'	0,14%	'<219>'
0,18%	'<223>'	0,11%	'<174>'
0,18%	'<221>'	0,10%	'<255>'

Abbildung 3.14: Zeichenhäufigkeiten bei einer komprimierten Datei

Doch komprimierter Text genügt im Unterschied zur Sprache festen Regeln, und das nutzen wir aus. Wir versuchen einen Geheimtextangriff auf Vigenère-chiffrierte komprimierte Dateien und beziehen uns dabei auf das unter UNIX verbreitete Programm *compress*.

Vorher müssen wir uns aber kurz mit dem Klartext beschäftigen, genauer: mit dem Format der von *compress* erzeugten Dateien.

Wie komprimiert man Dateien?

Dass Sprache nicht die kürzeste Form ist, sich auszudrücken, wird Ihnen einleuchten. Komprimierung bedeutet, einen Text so »zusammenzufassen«, dass keine Information dabei verloren geht. Konkreter, es wird ein Text per Programm in einen zwar unlesbaren, aber deutlich kürzeren überführt. Jederzeit lässt sich daraus der Originaltext mit Hilfe eines anderen Programms wiedergewinnen. Es gibt eine ganze Reihe von Methoden zur Komprimierung, wobei der Wirkungsgrad (um wie viel die Datei dabei schrumpft) vom Dateiinhalt und von der Methode abhängt. Eine bekannte und sehr effektive Methode realisiert der so genannte *Ziv-Lempel-Algorithmus*, den das besagte Programm *compress* implementiert. *compress* finden Sie wohl unter jedem UNIX-System, auch unter Linux und FreeBSD. Die Benutzung ist sehr einfach. Hier ein Beispiel aus einer UNIX-Sitzung (die Zahl vor dem Monatsnamen zeigt die Dateilänge in Bytes an):

```
$ ls -l vigc_crk.*
-rw-r--r--  1 wobst    other        5211 Nov  6 13:51 vigc_crk.c
$ compress -v vigc_crk.*
vigc_crk.c: Compression: 45.63% -- replaced with vigc_crk.c.Z
$ ls -l vigc_crk.*
-rw-r--r--  1 wobst    other        2833 Nov  6 13:51 vigc_crk.c.Z
$
```

Wie arbeitet nun dieser Algorithmus? Vor allem ersetzt er ganze Zeichenketten durch Zahlen, wodurch das entstehende Komprimat kurz wird. Diese Ersetzung geschieht mit Hilfe einer Tabelle, in der Zeichenketten abgelegt werden. Zu Programmbeginn hat die Tabelle 257 Einträge, nämlich alle 256 einelementigen Zeichenketten, gebildet aus allen möglichen Bytes, zuzüglich eines Abbruchcodes und manchmal auch eines Resetcodes (je nach Implementierung). Während des Lesens des unkomprimierten Textes wird die Tabelle bei jedem Schritt erweitert. Kommt eine schon abgespeicherte Zeichenkette im Text vor, so setzt der Algorithmus in der Ausgabe an ihrer Stelle die Nummer des Tabelleneintrages ein. So ungefähr arbeitet der Ziv-Lempel-Algorithmus. Wenn Sie an Details interessiert sind, finden Sie in [Welch] die genaue Beschreibung.

Ein kleiner Trick hilft, noch etwas Platz zu sparen: Anfangs umfaßt die Tabelle weniger als 512 Einträge, d. h. die Nummer eines Eintrags lässt sich mit einer 9 Bit langen Zahl beschreiben. Nach 256 ausgegebenen 9-Bit-Wörtern werden dann 10-Bit-Zahlen geschrieben, nach weiteren 512 Schritten 11-Bit-Zahlen usw., bis schließlich 16-Bit-Zahlen ausgegeben werden. Was passiert, wenn auch 16 Bit nicht mehr ausreichen, verraten die Programmautoren in der Regel nicht (wir werden hier nicht in diesen Bereich kommen). Diese Ausgabe mit variabler Wortlänge heißt *adaptiver Ziv-Lempel-Algorithmus*. Das Programm *compress* setzt vor diese Wortfolge als Header noch die 3 unveränderlichen Bytes

1f 9d 90

Die von *compress* ausgegebenen Zahlen werden wir im Folgenden ***compress*-Wörter** nennen.

Der Geheimtextangriff mit dem Programm *vigc_crk*

Das Programm *vigc_crk* (Listing 3.15) nutzt im Wesentlichen nur den Umstand,

dass ein von compress im n-ten Arbeitsschritt geschriebenes Wort nicht größer als 256+n sein kann.(*)

Das ist eigentlich sehr wenig, doch überraschenderweise reicht es in der Praxis schon aus. Ja, wir verzichten aus »sportlichen Gründen« sogar auf die Auswertung der drei festen Bytes zu Beginn des Textes. Das ist keine Spielerei, denn ein vorsichtiger Kryptograf wird diese Bytes ohnehin abschneiden. Im Einzelnen gehen wir dabei so vor:

▷ Eine Bestimmung der Periodenlänge ist über Zeichenkoinzidenz (vgl. 3.6.1) wegen der sehr flachen Verteilung sicher nicht mehr möglich. Wir müssen die zu erwartenden Periodenlängen der Reihe nach durchprobieren (an dieser Stelle hat das Programm vielleicht noch erhebliche Reserven).

▶ Für jede vorgegebene Periodenlänge ermitteln wir nun den Schlüssel Zeichen für Zeichen. Angenommen, wir kennen bereits n Zeichen. Wir probieren für das (n+1)-te Zeichen alle 256 möglichen Werte durch. Den jeweils aktuellen Wert tragen wir für jede Periode zusammen mit allen bisherigen Zeichen ein. Für die Periode 5, n = 3 bereits bekannte Zeichen »a«, »u« und »f« sowie »c« als (n+1)-tes Zeichen kann das z. B. so aussehen:

a	u	f	c	?	a	u	f	c	?	a	u	f	c	?	a
G	e	h	e	i	m	t	e	x	t	.	.	.	.	.	.

In den bekannten Positionen dechiffrieren wir versuchsweise den Geheimtext, d. h. wir verknüpfen übereinander stehende Zeichen per XOR. Im sich ergebenden Teil des Klartextes testen wir jetzt, ob die oben mit (*) bezeichnete Relation in den überprüfbaren Fällen erfüllt ist.

▶ Ist diese Relation für das Zeichen in allen Perioden erfüllt, so könnten diese ersten n+1 Zeichen der Anfang eines gültigen Passwortes sein, und wir wiederholen den letzten Schritt mit allen 256 möglichen (n+2)-ten Zeichen. (Für ein hinreichend großes n – siehe unten – haben wir sogar schon ein Passwort gefunden).

Ist die Relation für das Zeichen in wenigstens einer Periode nicht erfüllt, so versuchen wir es mit dem nächsten (n+1)-ten Zeichen.

War die Relation für kein (n+1)-tes Zeichen in allen Perioden erfüllt, so muss das n-te Zeichen falsch gewesen sein. Wir gehen einen Schritt zurück und erhöhen das Schlüsselzeichen auf der n-ten Position um 1.

▶ Auf diese Weise, immer im Schlüssel vorwärts und rückwärts schreitend, probieren wir alle Möglichkeiten durch, bis wir sämtliche Zweige des Baumes abgesucht haben (vgl. Abb. 2.2 und den zugehörigen Text).

▶ Bei Misserfolg erhöhen wir die Periodenlänge um 1 und starten das Verfahren erneut.

Bei einer Periodenlänge p müssten wir bei einem Brute-Force-Angriff 256^p Schlüssel durchprobieren. Die Relation (*) verringert diese Zahl auf einen winzigen Bruchteil, der umso kleiner wird, je länger der Geheimtext ist (denn desto mehr Ungleichungen müssen dann erfüllt werden, d. h. desto mehr Sackgassen gibt es in dem Baum).

So weit zur »großen Strategie«. Im Detail müssen wir uns jedoch mit teilweise recht kniffligen Problemen herumschlagen. Anhand des Listings sollen einige davon erläutert werden:

```
1 /* crack vigenere chiffres of compressed files
2   (C) Reinhard Wobst, Dresden (Germany) @(#) 7.Nov 00:44

3   Usage: vigc_crk [max_keylength] <crypted_file
4 */
```

```
 5 #include <stdio.h>
 6 #include <ctype.h>
 7 #include <memory.h>


 8 #define HEADER          3       /* # of bytes in compress-header */
 9 #define MAXPERIOD       64      /* max. key length */
10 #define MAXKEYS         64      /* max. # of stored keys */
11 #define MAXLEN          40960   /* max. portion of read source */


12 static void tree_search(), print_result();


13 static unsigned char buf[MAXLEN],       /* ciphertext */
14                      key[MAXPERIOD];    /* key field */
15 static N, maxperiod;
16 static tcnt=0;


17 static long bitoff[6], blenmsk[17] =
18   {
19     01, 01, 01, 01, 01, 01, 01, 01, 01,                 /* dummy */
20     0x1ff, 0x3ff, 0x7ff, 0xfff, 0x1fff, 0x3fff, 0x7fff, 0xffff
21                                                         /* indices 9...16 */
22   };


23 main(argc, argv)
24   char *argv[];
25   {
26     int period, n, blen;
27     long p2, sum;

28     if(argc != 2 || sscanf(argv[1], "%d", &maxperiod) != 1 ||
29         maxperiod < 1 || maxperiod > MAXPERIOD)
30         maxperiod = MAXPERIOD;

31     printf("maximal keylength: %d bytes\n", maxperiod);

32     N = fread(buf, 1, MAXLEN, stdin);                   /* read file probe */

33     /* preliminary computation: bit offsets */

34     p2 = 256; blen = 9; sum = 0;

35     for(n = 0; n < 6; ++n)
36       {
37         bitoff[n] = (sum += blen*p2);
38         ++blen; p2 <<= 1;
39       }

40     /* compute possible keys */
```

```
41    for(period=1; period <= maxperiod; ++period)
42      {
43      if(N < 30*period)
44        {
45        fprintf(stderr,
46          "file too short(%d bytes) for period (%d) - search stopped.\n",
47            N, period);
48        exit(1);
49        }

50      fprintf(stderr, " %2d\r", period); fflush(stderr);
51      tree_search(period, 0);
52      }

53    printf("%d recursive calls\n", tcnt);
54    return 0;
55    }

56 /* ----------------------------------------------------------- */
57 /* recursive tree search
58    input: key - key field
59          len - key length
60          knb - # of known bytes (starting with key[0])
61    print result if path through is found
62 */

63 static void tree_search(len, knb)
64   {
65   int val, k, off, blen, knb0, knb1, knb2;
66   long n, bits, bits0, cnt, cwd;
67   ++tcnt;

68   if(knb == len+1) {print_result(len); return;}        /* through */

69   knb0 = knb; while(knb0 >= len) knb0 -= len;
70   knb1 = knb-1; while(knb1 < 0) knb1 += len; while(knb1 >= len) knb1 -= len;
71   knb2 = knb-2; while(knb2 < 0) knb2 += len;

72   for(val = 0; val < 256; ++ val)       /* test all values for key byte */
73     {
74     if(knb < len) key[knb] = (val+'A') & 0xff; else val = 256;
75     if(!knb) {tree_search(len, 1); continue;}

76     for(n=knb; n < N; n += len)              /* test val for all periods */
77       {
78       if(n < 4) continue;                /* skip header + 2 bytes */
79       bits = (n-HEADER) << 3;            /* compute bit offset */
```

```
80          bits0 = 0; blen = 9; cnt = 256;

81          for(k = 0; k < 6; ++k)
82            {
83             if(bitoff[k] < bits)
84               {
85                cnt += (1 << (blen++ - 1));
86                bits0 = bitoff[k];
87                continue;
88               }
89             else
90               {
91                cnt += (off = (bits-bits0)/blen);
92                off = bits0 + (off+1)*blen;
93                if(bits+8 < off) break;
94                  /* (compress-word not determined yet - test next period) */
95                off = bits+8 - off;

96                /* compose compress-word (from 2 or 3 bytes) */

97                if(off+blen <= 16)
98                  {
99                   cwd = ((buf[n] ^ key[knb0]) << 8) |
100                          ((buf[n-1] ^ key[knb1])));
101                  cwd = (cwd >> (16-blen-off)) & blenmsk[blen];
102                  }
103                else
104                  {
105                   if(n == 4 || (len >= 2 && knb < 2)) break;
106                                                   /* next period */
107                  cwd = ((buf[n] ^ key[knb0]) << 16) |
108                         ((buf[n-1] ^ key[knb1]) << 8) |
109                         ((buf[n-2] ^ key[knb2]));
110                  cwd = (cwd >> (24-blen-off)) & blenmsk[blen];
111                  }

112                if(cwd > cnt) goto next_val;          /* test rejected! */
113                break;                                /* next period */
114               }
115           }
116        }

117     /* all tests went through for this val, try next key byte */
118     tree_search(len, knb+1);

119 next_val: ;
120       }
121   }
```

```
122 /* ------------------------------------------------------------ */
123 /* print result */

124 static void print_result(period)
125  {
126    static unsigned char found_keys[MAXKEYS][MAXPERIOD];
127    static char *kd="key dump: ";
128    static found = 0, periods[MAXKEYS];
129    int n, m, c;

130    /* test if key is of form old_keyold_keyold_key... */

131    for(n=found; n--;)
132      if(!(period%periods[n]) &&
133        !memcmp(found_keys[n], key, periods[n]))
134        {
135        for(m = period/periods[n]; m--;)
136          if(memcmp(found_keys[n], key + m*periods[n], periods[n]))
137            break;

138        if(m < 0) return;
139        }

140    /* store key */

141    if(found < MAXKEYS)
142      {
143      memcpy(found_keys[found], key, period);
144      periods[found++] = period;
145      }

146    /* print */

147    printf("period: %d, PROPOSED KEY: \"", period);

148    for(n=0; n < period; ++n)
149      {
150      c = key[n];
151      if(iscntrl(c)) printf("^%c", c+'@');
152      else putchar(c);
153      }

154    printf("\"\n%s", kd);

155    for(n=0; n < period;)
156      {
157      c = key[n];
```

```
158    if(c == ' ')          printf("  ");
159    else if(c == '\n')  printf("\\n ");
160    else if(c == '\r')  printf("\\r ");
161    else if(c == '\t')  printf("\\t ");
162    else if(isprint(c)) printf("%c  ", c);
163    else if(iscntrl(c)) printf("^%c ", c+'@');
164    else                printf("%02x ", c);
165    if(!(++n&0xf))
166      {
167        putchar('\n');
168        for(m=strlen(kd); m--;) putchar(' ');
169      }
170    }

171    printf("\n\n");
172  }
```

Abbildung 3.15: Das Programm vigc_crck.c

▶ Zeilen 34-39: Wir fassen den Geheimtext einmal nicht als Folge von Bytes auf, sondern als Bitstrom. Die Nummern der Bits, bei denen sich die Länge der ausgegebenen *compress*-Worte vergrößert, werden hier berechnet und im Feld *bitoff* gespeichert. (Man kann diese Zahlen zwar gleich in einer Tabelle eintragen, doch die erforderliche Rechenzeit ist vernachlässigbar, und Fehler sind so leichter aufzuspüren.)

▶ Zeile 63: Die eigentliche Arbeit erledigt die Funktion *tree_search()*, die für jede Periodenlänge einmal von *main()* aus gerufen wird und sich danach selbst ruft (d. h. rekursiv).

Ihre Aufgabe ist es, bei schon bekannten *knb* Schlüsselzeichen das *(knb+1)*-te zu ermitteln. Dazu schaut sie in allen Perioden nach, ob sich durch Hinzufügen des *(knb+1)*-ten Zeichens ein *compress*-Wort ergibt, auf das bisher noch nicht getestet wurde:

– wenn ja, dann berechnet sie das Wort und testet die Relation (*) (Zeilen 98-113, eine echte »Bitschieberei«);

– wenn nein, dann überspringt sie diese Periode und testet in der nächsten.

▶ Ist (*) auch nach Hinzufügung des Zeichens Nr. *knb+1* in allen überprüfbaren Fällen erfüllt, dann ruft sich *tree_search()* selbst mit einem um 1 vergrößerten Wert von *knb* (Zeile 119). Das entspricht einem Schritt vorwärts im Suchbaum. Ist (*) für eine Periode nicht erfüllt, dann springt das Programm aus der Perioden-Testschleife heraus (zur Marke *next_val*, Zeilen 113 und 120) und testet den nächsten Wert. Nach Abarbeitung aller 256 Werte kehrt die Funktion zurück – das entspricht einem Schritt rückwärts im Suchbaum.

▶ Kann *tree_search()* aus den Werten für die Periodenlänge und für die Zahl bereits bekannter Bytes ersehen, dass alle Testfälle schon geprüft wurden, dann ist das ermittelte Passwort nach ihrer Ansicht gültig und wird ausgegeben (Zeile 68).

▶ Es gibt dabei einige Besonderheiten zu beachten:

– Für knb = 0 kann (*) nicht überprüft werden, weil jedes *compress*-Wort wenigstens 9 Bit lang ist und für eine Periodenlänge größer als 1 kein solches Wort im teilweise dechiffrierten Text bestimmt ist (Zeile 75). Die Periodenlänge 1 wird trotzdem behandelt!

– Selbst wenn alle Schlüsselzeichen schon fixiert sind, existieren *compress*-Wörter, die bisher noch nicht auf (*) geprüft wurden: Das sind die, die über die Periodengrenze hinausreichen. Daher lassen wir *knb* nicht nur von *0* bis *len-1* laufen, sondern bis *len+1*, und ersetzen entsprechend die Indizes *len* und *len+1* durch *0* und *1*. Die Zeilen 69 bis 71 und 74 zeigen, dass man dabei sehr umsichtig programmieren muss.

– Die Zeile 74 offenbart noch einen kleinen Trick: Wir beginnen mit der Suche nach dem nächsten Schlüsselzeichen nicht bei 0, sondern bei »A« in der Hoffnung, dass als Passwort vorwiegend Buchstaben verwendet wurden. Dieser kleine Trick verkürzt zwar nicht die Gesamt-Rechenzeit, hilft aber, schneller zu einem richtigen Passwort vorzudringen – je nach Struktur des Baumes auch drastisch schneller.

▶ Zu guter Letzt schauen wir uns noch die Funktion *print_result()* an, denn sie beschränkt sich nicht auf die Ausgabe des Passwortes. Wenn nämlich ein Klartext mit »abc« Vigenère-chiffriert wurde, dann ist er trivialerweise auch mit »abcabc«, »abcabcabc« usw. chiffriert. Zu diesem Zweck speichert *print_result()* bis zu 64 Passwörter und prüft auf eventuelle »Vielfache« dieser Wörter.

Das Programm kann sicherlich noch stark verbessert werden, obwohl es im allgemeinen schon schnell und zuverlässig arbeitet. Bei langen Dateien treten offenbar keine Probleme auf. Aus einer 260 kByte langen komprimierten Datei, die mit einem 60 Zeichen langen Passwort verschlüsselt worden war, ermittelte *vigc_crk* auf einem UNIX-PC (Pentium 133 MHz, ESIX V.4.2) innerhalb von 16 Sekunden die richtige Lösung:

```
$ vigc_crk <u1
maximal keylength: 64 bytes
period: 60, PROPOSED KEY:
"0123456789a123456789b123456789c123456789d123456789e123456789"
key dump: 0 1 2 3 4 5 6 7 8 9 a 1 2 3 4 5
          6 7 8 9 b 1 2 3 4 5 6 7 8 9 c 1
          2 3 4 5 6 7 8 9 d 1 2 3 4 5 6 7
          8 9 e 1 2 3 4 5 6 7 8 9
16980 recursive calls
$
```

Weitaus problematischer können kurze Dateien sein. Beim Test mit einer 512 Byte langen Datei beobachtete ich folgende Rechenzeiten in Abhängigkeit von der Passwortlänge (auf dem genannten Pentium-Rechner):

Bis 5 Zeichen Länge: unter 1 Sekunde, eindeutige Lösung
6 Zeichen: 1,8 Sekunden, 2926 Funktionsrufe, eindeutige Lösung
7 Zeichen: 9,4 Sekunden, 4643 Funktionsrufe, eindeutige Lösung
8 Zeichen: 1,5 Sekunden, 2795 Funktionsrufe, eindeutige Lösung
9 Zeichen: 8,6 Sekunden, 5646 Funktionsrufe, eindeutige Lösung
10 Zeichen: 8,3 Sekunden, 14553 Funktionsrufe, 16 Passwörter

Welches Passwort im letzten Beispiel das richtige ist, muss durch weitere Tests entschieden werden: Ob sich der entstandene Klartext dekomprimieren lässt (das ist manchmal auch für »falsche Passwörter« möglich), ob die dekomprimierte Ausgabe sinnvoll erscheint usw. Es gibt auch Fälle, in denen *vigc_crk* in der vorgestellten Form nicht ausreicht: Nach Chiffrierung der Datei mit einem 15 Byte langen Passwort erschienen nach 25 Minuten Rechenzeit (bei knapp 4 Millionen Funktionsrufen) etwa 31000 mögliche Passwörter auf dem Bildschirm (die offenbar alle das richtige Passwort erraten ließen: abcdefghijklmno).

Besonders gern »verhakt« sich das Programm bei Vielfachen der Periodenlänge. Aus Kontrollgründen zeigt es während der Suche die gerade angenommene Periodenlänge. Bei der richtigen Periodenlänge (und ihren Vielfachen) ist deutlich zu sehen, wie die Suchzeit anwächst: von 0,1 ... 0,2 Sekunden auf einige Sekunden oder mehr. Bei falschen Annahmen über die Periodenlänge sind die Sackgassen im Suchbaum offenbar sehr kurz. Es fehlen zusätzliche Tests für größere Suchtiefen. Hier kann das Verfahren wahrscheinlich noch stark beschleunigt werden.

Schlussfolgerungen

Es ist bemerkenswert, dass das eigentliche Chiffrierverfahren nur in zwei Ausdrücken eine Rolle spielt – vgl. das Zeichen »^« (XOR) in den Zeilen 99, 100 und 107 bis 109. Ebenso könnte dort eine Addition stehen, die dem Vigenère-Verfahren im klassischen Sinne entspricht. Bei echten polyalphabetischen Verfahren ließe sich wenigstens bei langen Dateien die Menge der infrage kommenden Substitutionen einschränken. Allerdings müsste das Programm dann effektiver arbeiten und würde auch deutlich komplizierter ausfallen.

compress ist nicht das einzige Komprimierungsprogramm. Das unter DOS bekannte *pkzip* implementiert unter anderem ebenfalls den Ziv-Lempel-Algorithmus; natürlich unterscheidet sich das Dateiformat von dem von *compress*. Der Angriff bleibt im Kern der gleiche. Das altbekannte Huffmann-Verfahren, unter UNIX in *pack* realisiert, hinterlegt in einem Header Zeichenhäufigkeiten und hängt danach einen Bitstrom an. Das frei verfügbare und sehr effektive Programm *gzip* (unter UNIX wie unter DOS erhältlich) gibt bei sich wiederholenden Zeichenketten Offsets an. Jede dieser Methoden erfordert ein völlig anderes Vorgehen.

Sie haben also gesehen: Wir benötigten in diesem Abschnitt keinerlei Informationen über den Klartext, außer der, dass er mit *compress* verdichtet wurde. Nur im Falle mehrerer möglicher Passwörter, aus denen sich das richtige nicht erraten lässt, *und* durchführbarer Dekomprimierung des entstandenen Klartextes für mehrere Passwörter müssen wir selbst in den Text hineinschauen. Natürlich kann der Chiffrierer ein anderes Kompressionsverfahren wählen und dieses Verfahren zusätzlich mit kryptologischen Elementen versehen, z. B. »störende« Bits einbauen. Das setzt voraus, dass er genau weiß, wie ein Kryptanalytiker gegen sein Verfahren vorgehen wird. Im Prinzip kommt er damit vom Regen in die Traufe.

Die scheinbare Verkomplizierung eines Verfahren durch vorherige Komprimierung kann sich also manchmal ins Gegenteil verkehren. Übrigens erleichtert Komprimierung auch die Brute-Force-Suche erheblich. Wir kommen in Abschnitt 4.4.1 darauf zurück.

»Komplizierter« heißt eben nicht immer »sicherer«.

3.7 fcrypt: Wie differenzielle Kryptanalyse funktioniert

Wir kommen nun auf mein am Ende des 2.Kapitels erwähntes Verschlüsselungsverfahren *fcrypt* zurück, das in [Wobfcrypt] genauer beschrieben wird (nicht zu verwechseln mit der schnellen DES-Implementierung *fcrypt*). Zu seiner Kryptanalyse verwenden wir eine ganz andere Methode als die bisher besprochenen, nämlich die so genannte **differenzielle Kryptanalyse**. Sie wurde von den beiden israelischen Mathematikern BIHAM und SHAMIR erstmals 1990 vorgestellt [Bih.diff] und für einen Angriff auf DES genutzt; wir werden in Abschnitt 4.4.2 näher darauf eingehen.

Mein Verfahren *fcrypt* sollte zwar nicht mehr zur Verschlüsselung angewendet werden, aber für die Kryptanalyse ist es an dieser Stelle recht interessant. Wie im vorigen Abschnitt, als es um komprimierte Dateien ging, kümmern wir uns beim Angriff nicht um die Wahrscheinlichkeitstheorie, denn gegen statistische Methoden ist *fcrypt* immun. Wir kommen aber mit einer besonders einfachen Art der differenziellen Kryptanalyse zum Ziel.

Das Verfahren *fcrypt*

Wie arbeitet nun *fcrypt*? Der Grundgedanke ist recht einfach: Wir teilen den Klartext in Blöcke zu 256 Byte ein (der letzte Block wird geeignet aufgefüllt). Jeden solchen Block teilen wir nun auf *geheime* Weise in 16 Gruppen zu je 16 Byte auf. Das ist auf $256!/(16!)^2$ oder rund 10^{192} Weisen möglich (Brute Force brauchen wir also gar nicht erst in Erwägung zu ziehen). Jede Gruppe verschlüsseln wir getrennt nach folgender Regel:

Jedes Byte wird durch die Summe der anderen 15 Byte der Gruppe ersetzt.

Wenn wir die Klartextbytes einer Gruppe mit $p_1, \ldots, p_{16}$ bezeichnen, dann lautet die Formel zu Erzeugung der Geheimtextbytes $c_1, \ldots, c_{16}$ wie folgt:

$$
\begin{aligned}
c_1 &= \quad\;\; p_2 + p_3 + \ldots + p_{16} \;(\mathrm{mod}\ 256) \\
c_2 &= p_1 + \quad\;\; p_3 + \ldots + p_{16} \;(\mathrm{mod}\ 256) \\
&\ldots \\
c_{16} &= p_1 + p_2 + \ldots + p_{15} \quad\;\; (\mathrm{mod}\ 256)
\end{aligned}
$$

(Die Entschlüsselung ist ähnlich einfach und soll uns hier nicht interessieren.) Diese Methode hat eine bemerkenswerte Eigenschaft: Falls die Klartextbytes hinreichend zufällig sind, dann ergeben sich sehr gut gleich verteilte Geheimtextbytes. Irgendwelche statistische Abhängigkeiten zwischen den Geheimtextbytes waren auch bei sehr scharfen Tests nicht mehr festzustellen. Dass das Verfahren aber eine konzeptionelle Schwäche besitzt, sah ich schon beim ersten Entwurf:

Wenn sich nämlich zwei Klartexte in nur einem Byte unterscheiden, dann unterscheiden sich die (mit dem gleichen Schlüssel) erzeugten Geheimtexte in 15 Byte. Diese 15 Byte gehören alle zur gleichen Gruppe.

Aus diesem Grund schreibt *fcrypt* die 256 Byte langen Klartextblöcke derart in eine 16×16-Matrix, dass jede Zeile die Elemente einer Gruppe enthält. (Die Reihenfolge, in der die Klartextbytes in die Matrix geschrieben werden, ist aber geheim!) Nach der »zeilenweisen« Verschlüsselung wird analog »spaltenweise« verschlüsselt. Das verbessert die statistischen Eigenschaften des Verfahrens nochmals wesentlich und macht es etwas sicherer.

Angriff auf *fcrypt*

Was passiert bei dem verbesserten *fcrypt*, wenn sich zwei Klartexte in nur einem Byte unterscheiden? Man kann sich leicht überlegen, dass sich die (wiederum mit dem gleichen Schlüssel) erzeugten Geheimtexte in allen Bytes unterscheiden, mit Ausnahme der Bytes, deren Position in der Matrix in Spalte oder Zeile mit der Position des geänderten Bytes übereinstimmt. Dazu ein Beispiel: Die zwei Klartexte unterscheiden sich in demjenigen Byte, das in Zeile 7, Spalte 4 geschrieben wird. Markieren wir die geänderten Bytes im Geheimtext mit ».« und die unveränderten mit »0«, so sieht der erzeugte Geheimtextblock (als Matrix geschrieben) im Prinzip folgendermaßen aus:

```
...0............
...0............
...0............
...0............
...0............
...0............
0000000000000000
...0............
...0............
...0............
...0............
...0............
...0............
...0............
...0............
...0............
```

Vergessen Sie nicht: Der Geheimtext steht nicht etwa zeilenweise in dieser Matrix, denn es ist geheim, wie die Zeichen in die Matrix geschrieben (und wieder ausgelesen) werden. Wir können nur beobachten, dass sich 31 Positionen – irgendwo im

Text verstreut – nicht geändert haben, und wir wissen, dass sie in der gleichen Zeile oder aber der gleichen Spalte wie das geänderte Byte stehen müssen.

Mit diesen 31 Zahlen kann ein Angreifer zunächst nicht viel anfangen. Was ich damals (unverständlicherweise!) nicht bedachte, war Folgendes:

Wenn wir einen beliebigen Klartext p_0 vorliegen haben und anschließend 17 Klartexte p_i konstruieren, die sich alle in nur einem Byte von p_0 unterscheiden, dann gibt es darunter wenigstens zwei p_i, bei denen die differierenden Bytes in der gleichen Zeile liegen. Zwei solche Texte p_m und p_n wählen wir nun aus und verschlüsseln sie. Jedes Chiffrat wird sich in genau 31 Positionen vom chiffrieren Text p_0 *nicht* unterscheiden. Markieren wir mit »0« die Bytes, in denen sich fcrypt(p_m) von fcrypt(p_0) nicht unterscheidet, und analog die für p_n mit »1«, so ergibt sich beispielsweise folgendes Bild:

```
...0......1.....
...0......1.....
...0......1.....
...0......1.....
...0......1.....
...0......1.....
XXXXXXXXXXXXXXXX
...0......1.....
...0......1.....
...0......1.....
...0......1.....
...0......1.....
...0......1.....
...0......1.....
...0......1.....
...0......1.....
```

In den mit »X« gekennzeichneten Positionen haben sich beide Geheimtexte nicht geändert. Als Angreifer mit Zugriff zum Chiffriergerät gehen wir also so vor:

▷ Zum Klartext p_0 konstruieren wir, wie schon beschrieben, 17 leicht veränderte Klartexte p_i.

▷ Alle 18 Texte lassen wir mit dem gleichen Schlüssel chiffrieren und fangen die Geheimtexte ab.

▷ Für jedes Chiffrat *fcrypt*(p_i) untersuchen wir, in welchen Bytes es sich *nicht* von *fcrypt*(p_0) unterscheidet. Das sind immer 31 Positionen. Wir nennen die Menge aller Positionen dieser Bytes *Fixpunktmenge*.

▷ Im Allgemeinen werden zwei verschiedene Fixpunktmengen zwei gemeinsame Elemente haben. Wenigstens zwei Mengen haben aber genau 16 gemeinsame Elemente. Damit haben wir bereits eine Zeile oder eine Spalte der geheimen Matrix gewonnen.

▷ Durch hinreichend viele Klartexte und etwas Puzzelei können wir relativ einfach die geheime Matrix rekonstruieren.

Bemerkenswert an diesem Vorgehen ist, dass wir uns bei der Kryptanalyse *überhaupt nicht* für den Klartext interessiert haben, sondern nur dafür, in welchen Positionen sich zwei Klartexte *unterscheiden*. Auch interessieren nicht die erzeugten Geheimtexte an sich, sondern wieder nur die Positionen der geänderten Bytes. Bei der differenziellen Kryptanalyse, die wir später ausführlicher behandeln (vgl. Abschnitt 4.4.2), betrachtet man die Differenzen von Klartexten bzw. Geheimtexten und nutzt auch die Wahrscheinlichkeitstheorie. *fcrypt* ist eben ein besonders einfaches Beispiel.

Doch das ist noch nicht alles. In der bisher beschriebenen Form ist die durch den Schlüssel vermittelte Abbildung *rfcrypt* vom Klartext auf den Geheimtext linear, d. h. wenn wir die Klartextbytes mit 3 multiplizieren, dann werden auch die Geheimtextbytes mit 3 multipliziert; für die Addition gilt Entsprechendes (alles modulo 256, versteht sich):

```
rfcrypt(n*P)   = n*rfcrypt(P)
rfcrypt(P₁±P₂) = rfcrypt(P₁) ± rfcrypt(P₂)
```

(P, P_1, P_2: Klartexte, n: natürliche Zahl; Multiplikation und Addition geschehen byteweise modulo 256).

Unter Ausnutzung dieser Linearität können wir aus Klartexten, die sich in sehr vielen Bytes unterscheiden, oft solche konstruieren, die sich in nur einem Byte unterscheiden: Wir haben den Übergang vom Angriff mit ausgewähltem Klartext zum Klartextangriff geschafft. Allerdings benötigen wir viele Blöcke, die mit dem gleichen Schlüssel chiffriert wurden. Doch das ist eine Sicherheitsfrage außerhalb des Algorithmus, und Sicherheitsfragen werden bekanntlich immer verletzt.

Einige Probleme bleiben

Ganz so einfach ist es allerdings doch nicht. Der mittels *fcrypt* erzeugte Geheimtext hat nur dann statistisch exzellente Eigenschaften, wenn der Klartext »ein bisschen Zufall« enthält, also nicht gerade aus einer Folge von Leerzeichen besteht. Da das in der Praxis aber nicht auszuschließen ist, traf ich einige Gegenmaßnahmen:

1. Vor der ersten Chiffrierung wird ein geheimer Schlüssel zum Klartext byteweise addiert, nach der zweiten Chiffrierung dagegen per XOR mit dem Ergebnis verknüpft. Addition und XOR sind »unverträglich«; es ist nicht so leicht, diese Komplikation abzustreifen.

2. Nach jedem Block wird der Schlüssel in relativ komplizierter Weise modifiziert (in Abhängigkeit vom Geheimtext des letzten Blocks und eines Schlüssels, der sonst nicht verwendet wird).

Punkt 2 macht es zunächst schwer, mehr als den ersten Geheimtextblock zu verwerten. Sonst wäre ein hinreichend langer Klartext (eventuell nur 18 Blöcke lang, d. h. 4,5 kByte) schon der Schlüssel zum Erfolg. Punkt 1 jedoch macht *fcrypt* zu einer nichtlinearen Abbildung, und damit sind wir erst einmal wieder auf ausgewählte Klartexte angewiesen. (Die Addition bzw. XOR-Verknüpfung mit einem Byte ändert nichts an unseren Betrachtungen, welche Bytes sich verändern oder nicht.) Allerdings könnten wir wieder Klartextblöcke an den Nachrichtenanfängen heraussuchen, die sich wenig unterscheiden, und die Matrix doch noch ermitteln.

Das ist von der Methode her sicher eine faszinierende und anspruchsvolle Aufgabe, doch ihr aktueller Nutzen ist zu bezweifeln.

Dank der Komplikationen 1. und 2. bekommt *fcrypt* übrigens exzellente statistische Eigenschaften. Ich chiffrierte eine Folge aus 10 Millionen Zeilenwechselzeichen (»\n«); der Geheimtext zeigte keinerlei Zyklus und verhielt sich in jeder Beziehung wie ein Folge sehr guter Zufallszahlen. Auch ein Klartextangriff ist dank der beiden genannten Punkte nicht so offensichtlich möglich. Sie sehen, dass wahrscheinlichkeitstheoretische Aussagen mit Vorsicht zu bewerten sind – wenn Kryptanalyse über die Statistik nicht möglich ist, so gibt es doch noch genügend andere Methoden. *vigc_crack* aus Abschnitt 3.6.4 ist ein beeindruckendes Beispiel dafür.

Transpositionen und differenzielle Kryptanalyse

Viel einfacher noch als bei *fcrypt* sind Transpositionen (vgl. Kap. 2.2) mit differenzieller Kryptanalyse zu brechen. Reine Transpositionen sind linear, ob nun bit- oder byteweise durchgeführt (bei bitweisen Operationen rechnen wir wie üblich modulo 2, ansonsten modulo 256). Es reichen also einige Klartextblöcke, aus denen wir Linearkombinationen (vgl. Glossar) bilden, die sich in nur einem Bit bzw. Byte unterscheiden. Da wir die zugehörigen Geheimtexte in gleicher Weise als Linearkombinationen berechnen können[5], sehen wir unmittelbar, welche Bits bzw. Bytes sich dort unterscheiden, und können die Transposition ebenso unmittelbar gewinnen. Wir brauchen wiederum keinerlei Aussagen über die Statistik des Textes, sondern nur die Voraussetzung, dass genügend Klartextblöcke linear unabhängig sind (d. h. dass keine ihrer Linearkombinationen Null ist). Diese Voraussetzung ist sehr realistisch.

Solche linearen Verfahren wie *fcrypt* (ohne die Modifikation per Addition und XOR) und Transpositionen sind dankbare Kandidaten für differenzielle Kryptanalyse, weil sie hier als Klartextangriff geführt werden kann. Im allgemeinen – wir werden das in den Kap. 4.4 und 5 sehen – setzt sie aber einen Angriff mit ausgewähltem Klartext voraus, oft sogar mit äußerst umfangreichen Klartexten.

3.8   Fazit

Wenn Sie dieses Kapitel durchgestanden haben, wissen Sie schon einiges über Kryptanalyse. Sie haben gesehen, dass der Phantasie dabei keinerlei Grenzen gesetzt sind (und Sie werden später noch mehr und ungewöhnliche Methoden kennen lernen). Im Gegensatz zur unterschwellig suggerierten Meinung, Kryptanalyse hänge nur vom Verfahren ab, wissen Sie seit der Lektüre des Abschnitts 3.6.4, dass der zu erwartende Klartext ebenso eine Rolle spielen kann.

Es gibt keine allgemeine »Theorie der Kryptanalyse«. Prinzip des Kryptanalytikers ist, sich verfügbare Schwachstellen zunutze zu machen. Das ist von vornherein etwas chaotisch. Den einzigen Anflug von Universalität in diesem Kapitel hat das Programm *vigcrack* aus 3.6.3, das das Spektrum des erwarteten Klartextes mit einbezieht.

---

5.   Das ist einfachste lineare Algebra, nur über einem endlichen Zahlkörper.

Sie ahnen sicherlich auch, wie man dem Angreifer das Leben schwer machen könnte: Man müsste in ungewöhnlicher Weise Verfahren kombinieren oder abwandeln, exotischen Klartext verwenden, der z. B. mit einem eigenen Kompressionsverfahren erzeugt wurde, und dergleichen mehr. Ich schreibe das bewusst in der Möglichkeitsform, denn

▶ erstens geht dieser Schuss oft genug nach hinten los – die »Verbesserung« eines guten Verfahrens bedeutet fast immer seine Verschlimmbesserung;

▶ zweitens wird ein Algorithmus heute als wichtiges Softwarepaket oder Chiffriergerät massenweise eingesetzt. Da gibt es keine »individuelle Abwandlung« mehr, ein Angriff auf ihn lohnt in jedem Fall. Neu wäre wohl eine nutzerseitig bestimmte Variation und Kombination von Verfahren, die aber in jedem Fall so sicher wie der Originalalgorithmus sein muss. Und gerade hier ist der theoretische Hintergrund problematisch.

Doch alle Komplikationen für den Kryptanalytiker sind graue Theorie, denn die Praxis hilft ihm noch oft genug. So wird der Funkverkehr mancher amerikanischer Mobiltelefone auf Drängen der NSA mit einem 160-Bit-Vigenère-Schlüssel chiffriert. Haben Sie vielleicht eine Ahnung, wie man den knackt? Mehr zu dieser Art »Praxis« erfahren Sie im Abschnitt 6.7.

4 Marksteine in der Entwicklung: DES, RSA

Bisher konnten Sie vielleicht den Eindruck gewinnen, dass die Kryptanalytiker eine zwar sehr schwierige Aufgabe haben, aber letztendlich die Oberhand über die Kryptografen haben. Solange sich kommerzielle Programme mit einfachem XOR (d. h. dem bitweisen Vigenère-Verfahren) oder abgerüsteten Enigma-Maschinen begnügen, trifft diese Behauptung auch zu. Doch es gibt weitaus bessere Chiffrierverfahren, deren bekanntester Vertreter der in diesem Kapitel besprochene DES-Algorithmus ist. Die modernen Algorithmen und Implementierungen sollten gegen Chiffrierfehler wie in Abb. 3.1 immun sein. Wenigstens ein Klartextangriff sollte keine Chance haben.

Bei den ab jetzt besprochenen Verfahren wird Kryptanalyse mit einem frei verfügbarem Programm zur absoluten Ausnahme.

Diskussionen über die Sicherheit bleiben immer etwas spekulativ; manche Verfahren können wir nur »aus dem Bauch heraus« beurteilen. Das liegt in der Natur der Sache, und außerdem wissen wir nur von den Ergebnissen der *öffentlichen* kryptologischen Forschung.

In der Geschichte springen wir dabei vom Ende des zweiten Weltkriegs bis zur Mitte der 70er Jahre. Die aufkommende Rechentechnik erforderte damals gute Verschlüsselungsalgorithmen, und die Kryptologie musste aus ihrem dunklen Winkel heraustreten. Es war der Beginn der öffentlichen Forschung auf diesem Gebiet. Die Bedeutung dieses Umschwungs werden Sie nach der Lektüre des Abschnitts 4.3.1 ahnen können.

Zunächst benötigen wir aber einige Grundbegriffe.

4.1 Grundbegriffe

4.1.1 Bitweise Verarbeitung

Die bisher besprochenen Verfahren waren zeichenorientiert, mit Ausnahme der einfachen XOR-Chiffrierung, die wir wegen ihrer Analogie zum klassischen Vigenère-Verfahren zusammen mit diesem betrachteten. Wenn nun ein Computer als Chiffriermaschine zur Verfügung steht, ist die Beschränkung auf byteweise Verschlüsselung nicht mehr sinnvoll. Computer arbeiten mit Bits, Bytes und Worten (d. h. Gruppen von Bytes). Es ist schon aus statistischen Gründen viel besser, mit Bits zu arbeiten: Bekanntlich ist das Zeichen »e« in der deutschen und englischen Sprache das häufigste. Ob es aber auch eine verwertbare Aussage über die Verteilung des Bits 3 aller Bytes eines Textes gibt?

Ganz gehen die Besonderheiten eines Textes bei seiner Auflösung in einzelne Bits allerdings nicht verloren. Denken Sie nur an die Header von WordPerfect-Dateien, in denen viele Nullbytes hintereinander vorkommen. Das könnte einem schwachen Verfahren schon zum Verhängnis werden.

4.1.2   Konfusion und Diffusion

SHANNON, der »Vater der Informationstheorie«, begründete schon 1949 zwei Grundprinzipien der Chiffrierung: Konfusion und Diffusion. Dabei bedeutet **Konfusion** die Verschleierung des Zusammenhanges zwischen Klartext- und Geheimtextzeichen, **Diffusion** verteilt die im Klartext enthaltene Information über den Geheimtext. Anhand der bisher besprochenen Verfahren lassen sich diese beiden Begriffe recht einfach erklären:

Die Cäsar-Chiffrierung und auch die einfache Substitution nutzen Konfusion. Der Zusammenhang zwischen einem einzelnen Geheimtextzeichen und dem zugehörigen Klartextzeichen wird verwischt, er soll nur mit Hilfe des Schlüssels rekonstruierbar sein. Auch polyalphabetische Verfahren wie die Vigenère-Chiffrierung oder die Enigma arbeiten nur mit einer Konfusion; die Art der »Verwischung« hängt dort zusätzlich von der Position im Text ab.

Ein gutes Beispiel für Diffusion gibt das Programm *fcrypt* aus 3.7 ab. Hier hängt jedes Geheimtextzeichen von 256-31 = 225 anderen Klartextzeichen ab, und es ist nicht ersichtlich, welche Zeichen das sind. Diese »Verschmierung« der Information ist der Grundgedanke von *fcrypt*. Zusätzlich wird noch eine Konfusion genutzt, nämlich bei der Addition bzw. XOR-Verknüpfung von bzw. mit einem geheimen Schlüssel. Es ist kein Zufall, dass wir gerade bei *fcrypt* ein neues Verfahren der Kryptanalyse zu Hilfe heranziehen mussten, und dass die Verknüpfung von Diffusion mit Konfusion den Klartextangriff erst einmal verhinderte (und einen Angriff mit ausgewähltem Klartext erforderte). Diffusion ist das Wirkprinzip der Transposition, und auch diese ist erst mit differenzieller Kryptanalyse leicht angreifbar.

Ein noch strengerer Begriff für Verwischung, als die Diffusion beschreibt, ist der **Lawineneffekt** bei Blockchiffrierungen (vgl. dazu den folgenden Abschnitt): Jedes Bit des Geheimtextblocks soll von jedem Bit des Klartextblocks *und* jedem Bit des Schlüssels abhängen. *fcrypt* hat einen unzureichenden Lawineneffekt: Bei festem Schlüssel hängen nur manche Geheimtextzeichen (also auch -bits) von einem geänderten Klartextbit ab. Das nutzten wir als Aufhänger für die differenzielle Kryptanalyse.

Für einen guten Blockalgorithmus wird sogar noch mehr verlangt: Ändert man irgendein Klartext- bzw. Schlüsselbit, so sollte sich jedes Geheimtextbit mit einer Wahrscheinlichkeit von exakt 50% ändern. Jede Abweichung von diesem Wert nutzt die differenzielle Kryptanalyse aus.

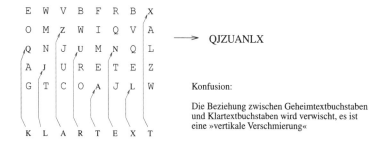

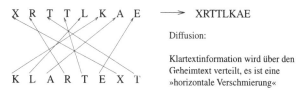

Abbildung 4.1: Konfusion und Diffusion

4.1.3 Stromchiffrierungen und Blockchiffrierungen

Heutige Verfahren arbeiten meist nach einem der folgenden beiden Prinzipien:

▷ Abhängig von einem Schlüssel wird eine »wilde« Bitfolge erzeugt und meist als individueller Schlüssel (One-Time-Pad) eingesetzt, d. h. per XOR mit dem Klartext verknüpft. Die gesamte Sicherheit des Verfahrens liegt in der Erzeugung der Bitfolge. Zum einen muss sie sich statistisch einwandfrei verhalten, zum anderen darf aus Teilen von ihr keinesfalls die gesamte Folge oder gar der Schlüssel rekonstruierbar sein, denn sonst wäre ein Klartextangriff möglich. Solche Verfahren heißen **Stromchiffrierungen**. Wie schon der Name besagt, sind sie zur Online-Chiffrierung von Nachrichtenkanälen gut geeignet. Der individuelle Schlüssel kann bei Bedarf sogar im Voraus berechnet werden, um bei stoßweise abgesetzten Nachrichten eine schnelle Chiffrierung zu ermöglichen.

Auch für die Verschlüsselung ganzer Festplatten ist eine Stromchiffrierung günstig; mehr dazu in Abschnitt 7.4. Dank des XOR-Verfahrens kann zur Dechiffrierung das gleiche Programm bzw. Gerät wie zur Chiffrierung verwendet werden. Auch das gibt XOR den Vorzug vor anderen Methoden wie z. B. byteweiser Addition. – Beispiele für Stromchiffrierungen sind RC4, A5 und SEAL; vergleiche dazu Kap. 5.

▷ Bei der anderen Methode werden Gruppen von Bits zu einer Gruppe zusammengefaßt und gemeinsam verschlüsselt. Diese Verfahren nennt man **Blockchiffrierungen**. Dazu zählen beispielsweise die einfachen Zeichensubsti-tutionen: Sie arbeiten mit 8-Bit-Blöcken. Polyalphabetische Verfahren verwenden größere Blöcke (entsprechend der Periodenlänge). Mein Programm *fcrypt* (Abschnitt 3.7) arbeitet mit 256 Byte großen Blöcken. In der Regel werden die Bits eines Blockes auf komplizierte Weise verknüpft, so wie wir es beim DES-Algorithmus sehen werden.

Die bekanntesten und sichersten Algorithmen sind sämtlich Blockchiffrierungen. Sie haben einige Vorzüge gegenüber Stromchiffrierungen:

– Konfusion und Diffusion lassen sich kombinieren, während Stromchiffren meist nur die Konfusion nutzen. Blockchiffren können also sicherer sein.

– Bei Stromchiffren darf eine Schlüsselbitfolge niemals wiederverwendet werden (s. 5.1.1, OFB-Mode).

– Nicht zuletzt können Blockchiffrierungen auch schneller sein als Stromchiffrierungen.

Mehr zur Implementierung von Blockverfahren finden Sie im Abschnitt 4.5. Beispiele sind DES, IDEA, RC5 und AES.

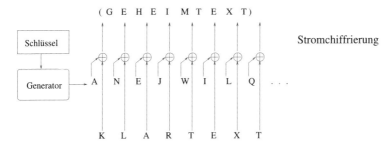

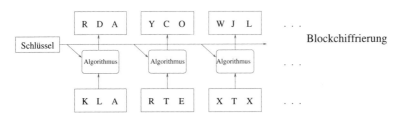

Abbildung 4.2: Block- und Stromchiffrierungen

Die Unterscheidung zwischen Strom- und Blockchiffrierungen erfolgt auch nach dem Verwendungszweck, sie ist nicht streng definiert. Man kann eine Blockchiffrierung auch wie eine Stromchiffrierung verwenden (z. B. im OFB-Modus, vgl. 5.1.1).

Im Folgenden werden wir bis auf weiteres nur Blockalgorithmen betrachten.

4.1.4 Produktalgorithmen

Die meisten modernen Blockchiffrierungen sind **Produktalgorithmen**: Einfache, kryptologisch relativ unsichere Schritte werden hintereinander ausgeführt. Einen solchen Schritt nennt man auch **Runde**. Ein Produktverfahren mit 7 Runden kennen Sie bereits. Um Sie ordentlich zu verwirren, beschreibe ich es einmal so:

▷ Die erste Runde ist eine polyalphabetische Substitution mit der Periode 26. Dabei wird ein festes Substitutionsschema zyklisch rotiert, in jeder Stelle der Periode um 1, woraus sich die 26 Substitutionen ergeben.

▷ Die zweite Runde ist analog aufgebaut, nur folgen hier jeweils 26 identische Substitutionen aufeinander (erst dann wird rotiert), was eine Periodenlänge von $26^2 = 676$ ergibt.

▷ Die dritte Runde hat analog eine Periode von $26^3 = 17576$; hier folgen jeweils 676 identische Substitutionen aufeinander.

▷ Die vierte Runde ist eine feste Substitution.

▷ Die fünfte Runde ist die Umkehrung der dritten Runde, die sechste die Umkehrung der zweiten und die siebente die der ersten.

▷ Außerdem werden vor der ersten und nach der siebenten Runde Paare von Zeichen untereinander vertauscht, was einer besonders einfachen Transposition entspricht. (Genaugenommen sind es also 9 Runden.)

Erkennen Sie das Verfahren wieder? Es ist die Enigma. Sie wissen bereits, um wie viel sicherer die Enigma als jede Substitution ist. Die dritte Runde für sich genommen ist statistisch leicht zu brechen: Wir betrachten nur 676 identische Substitutionen und leiten daraus die anderen Rotorlagen ab. Gerade durch die Kombination dieser dritten Runde mit den anderen erhält das Verfahren aber die große Periodenlänge von 17576, die für seine Sicherheit wesentlich ist.

Durch geschickte Kombination einfacher Verfahren hat sich also die Sicherheit drastisch erhöht. Es verhält sich damit ähnlich wie beim Lösen von Gleichungen:

▷ Lineare Gleichungen der Gestalt ax + b = c sind ganz einfach zu lösen.

▷ Für quadratische Gleichungen haben wir die Formel in der Schule gelernt.

▷ Für kubische Gleichungen benötigt man bereits mehrere Formeln mit einer Fallunterscheidung.

▷ Die Lösungsformeln für Gleichungen 4. Grades sind schon recht komplex, aber sie lassen sich noch hinschreiben.

▷ Dagegen ist bewiesen worden, dass es keine *allgemein gültige* Lösungsformel (unter ausschließlicher Verwendung von Grundrechenoperationen und Wurzeln) für Gleichungen ab dem 5. Grad gibt. Das ist ein Qualitätssprung. Natürlich gibt es für spezielle Gleichungen 5. Grades noch Lösungsformeln, und sicherlich lässt sich die allgemeine Lösung auch in geschlossener Form aufschreiben, wenn man spezielle, neuartige Funktionen mitverwendet.

Diese Bemerkungen lassen sich recht gut auf die Kryptanalyse von Produktalgorithmen übertragen: Nicht immer wird die Sicherheit durch Produktbildung erhöht, doch es scheint auf der anderen Seite auch »Schallmauern« zu geben – die effektivsten Kryptanalysen des DES-Algorithmus bleiben beispielsweise nach 8 Runden stecken, danach wird es deutlich schwerer.

Man kann nicht beweisen, wann und warum das so ist. Es gibt nur Hinweise darauf. Manchmal erreicht man mit der Produktbildung auch das Gegenteil. Ein interessantes und sehr anschauliches Beispiel hierzu wollen wir uns im nächsten Abschnitt näher ansehen.

4.1.5   Das Bild ist nicht mehr da, wir sehen es trotzdem

Das folgende Beispiel einer wiederholten Bildtransformation entstammt [Crutch]. Ich habe es nachprogrammiert und lege es auf der CD bei, damit wenigstens die UNIX-Nutzer unter Ihnen die gleiche Überraschung am Bildschirm erleben können wie ich (Programm *book/trans/trans.c*, vgl. A.1). Das Programm zeigt ganz anschaulich, wie ein Produktalgorithmus wirkt, und wie sehr man sich dabei in falscher Sicherheit wiegen kann.

Der Einfachheit halber nehmen wir irgendein quadratisches Bild (rechteckige Formate gehen auch, sind aber umständlicher zu behandeln). Wir führen damit eine einfache Transformation durch: Das Bild wird um 90° nach rechts gedreht und so wie in Abb. 4.3 gezeigt verzerrt. Die beiden überstehenden Enden schneiden wir ab und kleben sie wie folgt an:

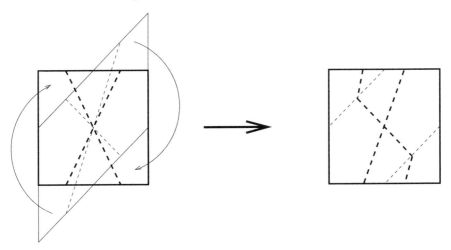

Abbildung 4.3: Eine einfache Bildtransformation

Diese Transformation wenden wir wiederholt an, so lange, bis das Bild grau erscheint. Ich habe dazu den »Escherknoten«, der zum X Window System als Bitmap mitgeliefert wird, auf ein 216×216-Format gebracht. Die ersten Transformationen sehen Sie in Abbildung 4.4 (die Zahlen unter den Bildern geben jeweils die Nummer der Iteration an):

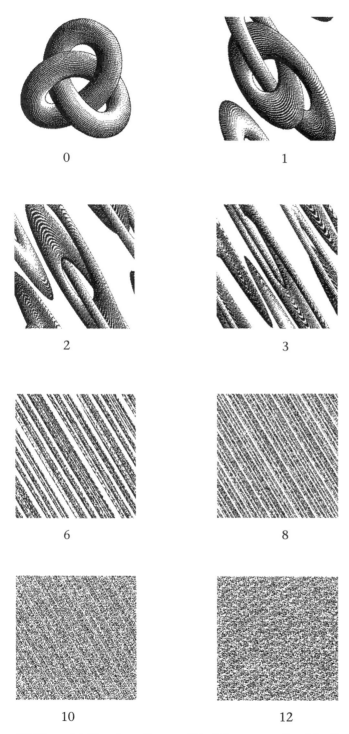

0

1

2

3

6

8

10

12

Abbildung 4.4: Transformation aus Abb. 4.3, angewandt auf den Escherknoten

Ganz gleichmäßig grau wird das Bild allerdings nie, doch es sieht gut durchmischt aus. Wir verfolgen jetzt die Bilderreihe weiter. Nach 24 Schritten erscheinen verschwommene Ringe, die wieder verschwinden. Solche diffusen Erscheinungen wechseln sich mit »Chaos« zyklisch ab. Nach 64 Schritten zeigt sich aber eindeutig eine Struktur, die von Schritt zu Schritt deutlicher wird und zu unserer Überraschung nach 72 Iterationen im ursprünglichen Bild gipfelt (Abbildung 4.5).

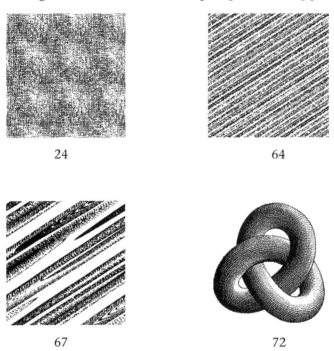

Abbildung 4.5: Die Transformation liefert nach 72 Schritten scheinbar das Ausgangsbild

Wie ist das möglich? Wenn man das Verfahren im Detail untersucht, stellt man fest, dass sich nach 72 Schritten eigentlich Chaos ergeben müsste – ein völlig durchmischtes Bild. Beinahe völlig durchmischt ... lediglich mit Ausnahme eines Rasters von 216×216 Punkten, auf dem das ursprüngliche Bild wieder entsteht! Mathematisch gesehen ist das Bild gleichmäßig grau – fast überall, bis auf die Rasterpunkte, und gerade diese werden auf dem Bildschirm dargestellt. Das Bild ist gar nicht mehr da, wir sehen es trotzdem!

Nur dank der besonderen Eigenschaft unseres Gehirns, aus dicht beieinander liegenden Punkten ein Bild rekonstruieren zu können, erkennen wir die Gefahr, die aus der Verwendung eines ähnlich gearteten Chiffriermechanismus entstehen würde. Hätten wir die Bits eines Textes transformiert, wären wir einer Täuschung aufgesessen. Wenn nahe beieinander liegende Bits stark korreliert sind (also nur wenig zufällig voneinander abhängen), lässt sich der Ausgangstext vielleicht rekonstruieren ...

Natürlich ist das ein bösartiges, konstruiertes Beispiel. Wir sollten es trotzdem nicht vergessen. Produktalgorithmen können exzellente Eigenschaften haben, aber sie müssen genauso kritisch wie alle anderen untersucht werden. Durchmischung oder einfach »Chaos« sind *niemals* eine Garantie für Sicherheit.

4.2 Feistel-Netzwerke

Viele der heute verwendeten Produktalgorithmen sind so genannte **Feistel-Netzwerke**, deren Beschreibung erstmals Anfang der 70er Jahre von Horst FEISTEL (IBM) veröffentlicht wurde [Feistel]. Das Prinzip ist ziemlich einfach, nur sieht man auf den ersten Blick nicht, warum es so nützlich sein soll.

Jeden Block teilen wir in zwei gleich große Hälften auf und bezeichnen in der i-ten Runde die linke Hälfte des Blockes mit L_i, die rechte mit R_i. Außerdem können wir in Abhängigkeit von einem geheimen Schlüssel S eine Funktion $f_{S,i}$ berechnen, die halbe Blöcke in halbe Blöcke überführt. Die eigentliche Veschlüsselung besteht darin, dass wir die beiden Halb-Blöcke vertauschen und L_i mit $f_{S,i}(R_i)$ per XOR verknüpfen:

$$L_{i+1} = R_i$$
$$R_{i+1} = L_i \oplus f_{S,i}(R_i) \tag{1}$$

Grafisch wird dies wie in Abb. 4.6 dargestellt.

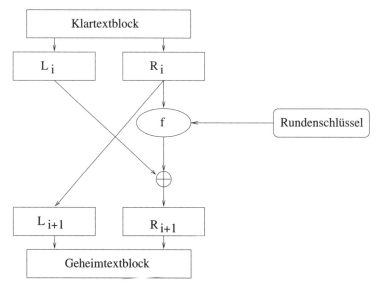

Abbildung 4.6: Eine Runde in einem Feistel-Netzwerk

Warum ist dieses Prinzip nun so nützlich? Wer die Funktion $f_{S,i}$ für alle i kennt, kann auch dechiffrieren! Aus (1) folgt nämlich

$$L_i = L_i \oplus f_{S,i}(R_i) \oplus f_{S,i}(R_i) = R_{i+1} \oplus f_{S,i}(R_i)$$

und daraus lässt sich bereits die Dechiffrierung eines n-Runden-Verfahrens ableiten:

$$R_{n-1} = L_n$$
$$L_{n-1} = R_n \oplus f_{S,n-1}(R_{n-1})$$
$$\ldots$$
$$R_0 = L_1$$
$$L_0 = R_1 \oplus f_{S,0}(R_0)$$

Die Funktionen $f_{S,i}$ brauchen also gar nicht umkehrbar zu sein. Bisher mussten wir beim Entwurf von Chiffrieralgorithmen darauf achten, dass die Umkehrung der schlüsselabhängigen Abbildung f_S in

$$geheimtext = f_S(klartext)$$

nur mit Hilfe des Schlüssels S möglich ist – jetzt fordern wir fürs Erste nur, dass ohne Kenntnis von S keine der Funktionen $f_{S,i}$ berechnet werden kann. Das ist eine viel einfachere Aufgabe; wir können »wilde« Funktionen konstruieren.

Natürlich hat sich die Kryptanalyse darauf eingestellt. Aber dazu später. Beispiele für Feistel-Netzwerke sind DES, FEAL und Blowfish.

4.3 Das DES-Verfahren

DES, der *Data Encryption Standard*, ist ohne Frage das am besten untersuchte kryptografische Verfahren. Moderne Entwurfsprinzipien und moderne Kryptanalyse haben wir wesentlich diesem Algorithmus zu verdanken.

Obwohl der Verdacht, die NSA könnte in DES eine Hintertür eingebaut haben, nie ganz ausgeräumt werden konnte, ist meines Wissens bis heute kein praktisch verwertbarer Angriffspunkt gefunden worden. Die Unsicherheit von DES rührt daher, dass der Brute-Force-Angriff heutzutage technisch möglich geworden ist.

DES spielte in der Geschichte und auch heute noch eine überragende Rolle. Daher wollen wir uns diesen Algorithmus näher ansehen.

4.3.1 Eine schmerzhafte Geburt

Das *National Bureau of Standards* (NBS, heute NIST) startete 1973 eine öffentliche Ausschreibung zum Entwurf eines einheitlichen, sicheren Verschlüsselungsalgorithmus. Durch die Entwicklung und Verbreitung von Rechentechnik und Kommunikation war ein allgemein zugängliches und sicheres Verfahren notwendig geworden. Das Echo auf diese Ausschreibung zeigte ein sehr starkes Interesse an einem solchen Standard. Mehr als das kam leider nicht dabei heraus: Nicht eine der

Einsendungen genügte auch nur annähernd den gestellten Anforderungen! [SchnCr 12.1] Das zeigt doch eindrucksvoll, wie sehr die Kryptologie damals noch eine Geheimwissenschaft war.

Erst auf eine zweite Ausschreibung 1974 hin reichte ein IBM-Team, in dem u. a. der in 4.2 erwähnte Horst FEISTEL sowie der bekannte Kryptanalytiker Don COPPERSMITH arbeiteten, einen brauchbaren Vorschlag ein. Er basierte auf dem bei IBM betriebenen Projekt Lucifer, nach dem auch mindestens ein Algorithmus benannt ist.

Nun reichte offensichtlich die Sachkenntnis des NBS nicht mehr aus. Es bat die NSA um Mithilfe bei der Beurteilung der Sicherheit des Algorithmus. Diese Mithilfe beschränkte sich vielleicht – so befürchtet man – nicht nur auf die Beurteilung. Es wird immer wieder behauptet, die NSA hätte die von IBM vorgesehene Schlüssellänge von 128 Bit auf 56 Bit reduziert. Dem steht die Behauptung der IBM-Entwickler TUCHMAN und MEYER entgegen, die NSA hätte kein einziges Bit an DES verändert. Doch COPPERSMITH schrieb, dass die so genannten S-Boxen (vgl. 4.3.2) nach Einsendung an die NSA völlig verändert wiederkamen. Das lässt sich auf zweierlei Weisen interpretieren: Entweder die NSA hat in DES eine Hintertür eingebaut, oder sie wollte verhindern, dass IBM selbst eine Hintertür einbaut.

Auf jeden Fall blieben die Entwurfskriterien für die S-Boxen, den sicherheitsrelevanten Teil von DES, erst einmal im Verborgenen. Das erweckte natürlich größtes Misstrauen. TUCHMAN (der behauptet, die NSA hätte nichts verändert) schrieb, dass die Geheimhaltung dieser Kriterien auf Anforderung der NSA erfolgt, denn die IBM-Mitarbeiter »... hätten unwissentlich einige der am besten gehüteten Geheimnisse neu entdeckt, auf denen ihre eigenen Algorithmen [der NSA, R.W.] basieren« ([SchnCr 12.3]).

Im Jahr 1978 untersuchte ein Komitee mit Zugriff auf öffentlich nicht zugängliche Unterlagen die allgemeinen Befürchtungen und erklärte, DES sei unbedenklich und frei von Schwächen. Die konkrete Begründung dieses Urteils blieb jedoch geheim.

DES wurde Ende 1976 zum offiziellen Verschlüsselungsstandard erklärt. Das Verfahren ist für »normale« Geheimhaltung gedacht, nicht zum Schutz von Informationen höchster Sicherheitskategorie. Dies nährt natürlich wiederum Zweifel, kann aber auch eine ganz formale Angelegenheit sein – vielleicht ist DES nicht selbst an dieser Einschränkung schuld, sondern nur seine Offenlegung.

Es ist auch denkbar, dass DES wirklich sehr sicher ist und nur durch ein Missverständnis zwischen NBS und NSA veröffentlicht wurde, weil die NSA annahm, DES würde nur in Hardware implementiert. Zwei Gründe sprechen dafür:

▶ DES war der erste öffentlich bekannt gewordene Algorithmus, den die NSA untersucht hatte. Der nächste Standardalgorithmus aus der NSA – Skipjack (vgl. 5.7.5) – blieb typischerweise jahrelang geheim.

▷ Erst nach der Entdeckung der differenziellen Kryptanalyse durch Biham und
Shamir 1990 wurden die Entwurfskriterien der S-Boxen veröffentlicht. Sie können sie in Schneier [SchnCr 12.5] nachlesen. Die S-Boxen garantieren offenbar
eine maximale Immunität gegenüber der differenziellen Kryptanalyse. Das ist
kein Zufall, d. h. IBM und die NSA kannten diesen Angriff schon während der
Entwurfsphase von DES. Coppersmith schrieb 1992: Durch eine Offenlegung
der besagten Kriterien wäre bereits 1977 die differenzielle Kryptanalyse bekannt
geworden, und das wollten weder IBM noch die NSA. Nach Bekanntgabe der
Entwurfskriterien forderte Shamir den IBM-Kryptologen Coppersmith auf, er
solle zugeben, dass ihm keine wirkungsvolleren Angriffe auf DES bekannt seien;
Coppersmith schwieg dazu. SCHNEIER [SchnCr 12.4] gibt hierzu als Quelle
an: »personal communication«.

Sie sehen, es bleibt vieles im Reich der Spekulationen. Aber eine offensichtliche
Tatsache wollen wir doch festhalten: Da die differenzielle Kryptanalyse der NSA
nach eigenen Aussagen schon lange vor dem Entwurf von DES bekannt war, heißt
das doch, dass der *Wissensvorsprung der NSA* (und vielleicht auch von IBM) gegenüber der öffentlichen kryptologischen Forschung auf diesem Gebiet *wenigstens 20
Jahre betrug*.

4.3.2   Der Algorithmus

Wir werden das DES-Verfahren hier nur so weit besprechen, wie es für dessen Verständnis notwendig ist. Wenn Sie sich für die konkrete Gestalt der S-Boxen interessieren, können Sie in [SchnCr 12.2] alle Details finden, oder Sie schauen auf der
beigelegten CD nach – dort finden sich zwei DES-Implementierungen.

DES ist ein Produktalgorithmus, speziell ein Feistel-Netzwerk. Er

▷ verwendet einen 56 Bit langen Schlüssel, um

▷ blockweise 64 Bit Klartext in 64 Bit Geheimtext zu überführen bzw. umgekehrt.
Das geschieht

▷ in 16 schlüsselabhängigen Runden. Vor der ersten und nach der letzten Runde
werden

▷ jeweils eine feste, bitweise Transposition (d. h. Permutation) durchgeführt. Dabei ist die abschließende Permutation die Umkehrung der ersteren.

Sie wissen schon aus 4.2, dass in einem Feistel-Netzwerk die Blöcke in gleich große
linke und rechte Hälften geteilt werden und jede Runde die folgende Form hat:

$L_{i+1} = R_i$
$R_{i+1} = L_i \oplus f_{S,i}(R_i)$

Im Groben sieht DES also wie in Abb. 4.7 aus.

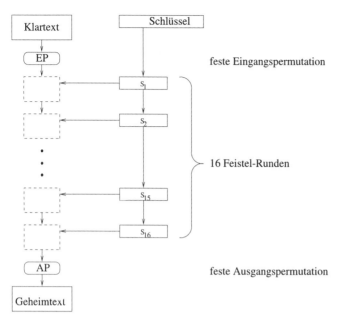

Abbildung 4.7: Grobschema von DES

Wie ist nun die runden- und schlüsselabhängige Funktion f bei DES aufgebaut?

▷ Zunächst wird der 56-Bit-Schlüssel in Abhängigkeit von der Runde verändert, 48 Bit davon werden ausgewählt.

▷ Dann wird die rechte Blockhälfte R_i von 32 auf 48 Bit erweitert.

▷ Beide 48-Bit-Folgen werden nun per XOR verknüpft.

▷ Das Ergebnis wird mittels acht so genannter S-Boxen in eine 32-Bit-Folge transformiert. (Eine **S-Box** ist eine Tabelle mit 4 Zeilen und 16 Spalten.)

▷ Die 32-Bit-Folge wird permutiert, d. h. ihre Reihenfolge geändert. Diese Transformation wird durch die **P-Box** beschrieben (die P-Box ist einfach eine bestimmte Anordnung der Zahlen von 1 bis 32).

Der entstehende 32-Bit-Block braucht nun nur noch per XOR mit der linken Blockhälfte L_i verknüpft zu werden, und es ergibt sich die rechte Blockhälfte der neuen Runde. Die Dechiffrierung läuft so wie bei jedem Feistel-Netzwerk ab – ganz ähnlich der Chiffrierung, nur mit umgekehrter Reihenfolge der Rundenschlüssel.

Wir sehen uns noch einige Details dazu an.

Eingangs- und Ausgangspermutation

Die Permutationen vor der ersten und nach der letzten Runden dienen keiner Sicherheit. Vermutlich liegt ihre Verwendung in der Hardware begründet, denn Mitte der 70er Jahre war es noch nicht so einfach, 64-Bit-Daten in ein Register zu laden: Es gab noch nicht einmal 16-Bit-Mikroprozessoren.

Schlüsseltransformation

Vor jeder Runde zerlegen wir den 56-Bit-Schlüssel in zwei 28 Bit lange Hälften und rotieren jede Hälfte in Abhängigkeit von der Rundennummer um 1 oder 2 Bit. »Rotieren« um 2 Bits heißt hier: Alle Bits wandern 2 Stellen nach links; die beiden Bits, die dabei links herausfallen, wandern auf den beiden rechten Plätzen wieder herein. Danach setzen wir beide Hälften wieder zu einem 56-Bit-Schlüssel zusammen.

Nun wählen wir nach einem festen Schema 48 der 56 Bits aus und permutieren sie gleichzeitig, d. h. wir verändern ihre Anordnung. Weil sich die Zahl der Bits bei diesem Vorgang reduziert, nennt man ihn **Kompressionspermutation**.

Dank dieser (starren) Schlüsseltransformation kommen in jeder Runde andere Schlüsselbits zum Einsatz, jedes Bit in etwa 14 Runden, allerdings nicht ganz gleichmäßig verteilt (das könnte bei einem speziellen Angriff, der Kryptanalyse mit verwandten Schlüsseln (vgl. 4.4.3), ausgenutzt werden).

Die Halbblock-Erweiterung

Die 32 Bit des halben Blockes R_i werden durch eine feste Transformation auf einen 48-Bit-Block »gespreizt«. Manche Bits der Eingabe treten in der Ausgabe doppelt auf (jedes 4.Bit und das folgende). Diese ebenfalls starre Transformation heißt analog zu der des letzten Abschnittes **Expansionspermutation**.

Der kryptologische Hintergrund der Expansionspermutation ist der o. g. Lawineneffekt: Jedes geänderte Schlüssel- oder Klartextbit soll schon nach möglichst wenigen Runden alle Geheimtextbits beeinflussen. Daher ist es günstiger, den Schlüssel auf 48 Bits zu reduzieren und den halben Block zu spreizen, als den halben Block gleich mit einem auf 32 Bit reduzierten Schlüssel per XOR zu verknüpfen.

Die Expansionspermutation ist in Abb. 4.8 dargestellt; sie wird uns in 4.4.2 nochmals interessieren.

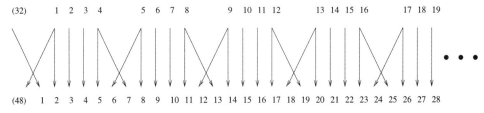

Abbildung 4.8: Expansionspermutation in den DES-Runden

Die S-Boxen

Bis jetzt haben wir einen 48-Bit-Block als Ergebnis der letzten XOR-Operation vorliegen. Diese 48 Bits teilen wir nun in 8 Gruppen zu je 6 Bits auf und transformieren jede Gruppe mit einer anderen so genannten S-Box (der Name bedeutet *substitution box*). Diese acht S-Boxen stellen den kritischsten Teil von DES dar. Jede S-Box ist eine Tabelle mit 4 Zeilen und 16 Spalten und wandelt 6 Eingabebits in 4 Ausgabebits um. Ein Beispiel für eine solche S-Box sehen Sie in Abb. 4.9.

2	12	4	1	7	10	11	6	8	5	3	15	13	0	14	9
14	11	2	12	4	7	13	1	5	0	15	10	3	9	8	6
4	2	1	11	10	13	7	8	15	9	12	5	6	3	0	14
11	8	12	7	1	14	2	13	6	15	0	9	10	4	5	3

Abbildung 4.9: Die S-Box Nr.5 von DES

Diese Tabelle wenden wir wie folgt an: Wenn die Eingabe aus den sechs Bits $b_1,...,b_6$ besteht, dann legt die aus b_1 und b_6 bestimmte Zahl (2 Bits = 4 Werte) die Zeile der Tabelle fest, die aus den vier restlichen Bits ($b_2b_3b_4b_5$) bestimmte Zahl dagegen die Spalte. Die Zahl in der entsprechenden Zeile und Spalte ist der Ausgabewert. Sie sehen, dass 4 Bit für die Ausgabe reichen: Der größte vorkommende Tabelleneintrag ist 15.

Abb. 4.10 stellt eine DES-Runde schematisch dar.

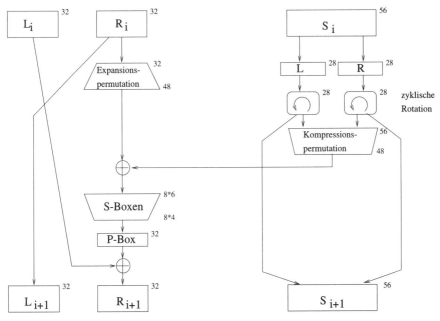

Abbildung 4.10: Eine DES-Runde; die Zahlen rechts von den Kästen geben die jeweilige Breite in Bit an

Zum Design des Algorithmus

Der DES-Algorithmus wird Ihnen zu Recht ziemlich kompliziert erscheinen. Er ist aber extrem hardwarefreundlich: In keinem Schritt wird addiert oder gar multipliziert, alles beschränkt sich auf bitweise Verschiebungen, feste Permutationen (die sehr leicht in Hardware umzusetzen sind) und die XOR-Operation. Hinter der Komplexität steckt System:

▷ Die Erweiterungspermutation und die P-Box sorgen für Diffusion (genauer, für den Lawineneffekt).

▷ Die P-Boxen sind obendrein dafür verantwortlich, dass ein Klartextbit auf seinem »Weg durch den Algorithmus« bei jeder Runde möglichst eine andere S-Box durchläuft.

▷ Die S-Boxen bringen Nichtlinearität und Immunität gegen differenzielle Kryptanalyse hinein (vgl. dazu 4.4.2 und 4.4.4).

▷ Die Rotation und die Kompressionspermutation beim Erzeugen der Rundenschlüssel sorgen dafür, dass jede Änderung eines Schlüsselbits schon nach wenigen Runden alle Geheimtextbits beeinflusst.

▷ Nur die Eingangs- und die Ausgangspermutation haben, wie schon gesagt, ihren Grund wahrscheinlich im Hardwaredesign; kryptologisch sind sie bedeutungslos.

Sie dürfen davon ausgehen, dass jedes Detail von DES seinen Sinn hat. Fähige Kryptologen haben über Jahre daran gesessen. Vor allem ist es sehr schwierig, S-Boxen derart zu entwerfen, dass der entstehende Algorithmus kryptologisch sicher ist. Angeblich sollen die Entwickler beim Entwurf von DES ihre Rechner über Monate mit der Berechnung guter S-Boxen beschäftigt haben.

Für den Außenstehenden, der die hinter den S-Boxen stehende Theorie nicht kennt, sind sie dagegen nur eine »willkürliche« Zahlensammlung. Es wundert nicht, dass sehr viele Anwender sehr misstrauisch gegenüber DES waren und eine Hintertür vermuteten. Vielleicht gibt es sie, vielleicht auch nicht. In 50 Jahren sind wir schlauer, denn dann werden vermutlich die entsprechenden Geheimunterlagen zugänglich.

4.4   Wie sicher ist DES?

Sie wissen, dass es keine erschöpfende, offiziell bekannte Antwort darauf gibt. Es sind nur drei Angriffsmöglichkeiten gegen DES bekannt:

▷ Brute Force,

▷ differenzielle und

▷ lineare Kryptanalyse.

Wir werden im Folgenden auf alle drei Punkte eingehen und bei dieser Gelegenheit wieder eine neue kryptanalytische Methode kennen lernen.

4.4.1   Der Brute-Force-Angriff; der Computer »Deep Crack«

Der einzige praktikable Angriff gegen DES ist immer noch Brute Force, d. h. das Durchprobieren aller 2^{56} möglichen Schlüssel. Das ist eine gewaltige Zahl: Für etwa

72.000.000.000.000.000 oder 72 Billiarden

Schlüssel muss der Geheimtext dechiffriert *und* auf sinnvollen Klartext getestet werden.

In der Literatur finden sich zahlreiche Abschätzungen, wie lange welcher Rechner damit beschäftigt wäre und vor allem, wie teuer ein Spezialrechner wäre, der diese Aufgabe in sinnvoller Zeit bewältigen könnte. So schätzte man den Preis einer Maschine für einen 3,5-stündigen Brute-Force-Angriff 1993 auf 1 Million Dollar [SchnCr 1.27; GarPGP Kap. 3, »DES Cracking«]. Diese Abschätzung ist natürlich längst überholt: Auf der EUROCRYPT '98 war zu hören, dass sich diese hypothetische Zeit bereits auf eine halbe Stunde reduziert hätte (für den gleichen Preis). Ein 40-Bit-DES-Schlüssel wäre also bereits nach 50ms gefunden.

Die RSA-Challenge

Weil niemand eine solche Maschine baute, griff man auf verfügbare Ressourcen zurück, nämlich Leerlaufzeiten von Rechnern im Internet. Dazu setzte die RSA Data Security Inc. einen Preis aus und startete eine **RSA Challenge** genannte Initiative, bei der ein Brute-Force-Angriff auf unzählige Rechner verteilt wurde. Nachdem ein DES-Schlüssel auf diese Weise gefunden worden war (die Suche dauerte von Januar bis Juni 1997), startete RSA eine zweite Initiative, und diese war bereits im Februar 1998 nach nur 39 Tagen erfolgreich. Dabei hatten etwa 22000 Anwender in aller Welt mehr als 50000 Prozessoren (CPUs) für diese Aufgabe arbeiten lassen und immerhin schon 85% aller möglichen Schlüssel durchprobiert, bevor der richtige erschien. Weitere Einzelheiten erfahren Sie im Internet auf der Webseite von RSA: *www.rsa.com*.

Wozu das alles, werden Sie vielleicht fragen, Brute Force ist doch wahrhaftig nichts Neues, und obendrein wird eine unvorstellbare Rechenkapazität vergeudet! Das stimmt so nicht, denn

▷ erstens arbeiteten die Rechner nur während anderweitig ungenutzter Zeiten an dieser Aufgabe, so dass keine wertvolle Rechenzeit verschwendet wurde (in der Tat sind die meisten Rechner den größten Teil ihrer Lebenszeit arbeitslos),

▷ zweitens sammelte man wertvolle Erfahrungen bei der verteilten Verarbeitung großer Projekte, und

▷ drittens – das war der eigentliche Hauptzweck – wurde auch Außenstehenden demonstriert: DES ist nicht mehr so sicher, wie seine Befürworter behaupten. Dies wiederum hatte unmittelbare Auswirkungen auf die amerikanische Exportpolitik von Kryptoprodukten und kam somit auch uns allen zugute.

Die erste Auswirkung der Initiative sah jedoch mehr wie ein Schuss nach hinten aus: Im Februar 1998 erklärte ein Experte vor dem US-Kongress, die RSA-Challenge sei doch ein eindrucksvoller Beweis dafür, wie sicher DES ist – für eine praktische, unbemerkte Kryptanalyse tauge dieses Vorgehen gewiss nicht. Dabei war der Zweck der Initiative doch zu zeigen, dass eine DES-Crack-Maschine überhaupt gebaut werden kann, wenn man genügend finanzielle Mittel bereitstellt.

Deep Crack entsteht

Alle Spekulationen und Zweifel über eventuell mögliche DES-Crack-Maschinen beendete die US-amerikanische Organisation **EFF** *(Electronic Frontier Foundation, www.eff.org)*, indem sie eine solche Maschine baute. Und nicht nur das: Sie beschreibt in ihrem Buch [EFF] detailliert, wie man so etwas macht, legt Chipdesign und Firmware bis ins

Detail offen, druckt die Listings in scan-freundlichem Layout und schreibt auch noch auf den Umschlag »Scan this book!« (die Papierform hatte ihren Grund in einer Lücke der US-Gesetzgebung, die den Export über Internet und Datenträger untersagte, gedruckte Medien aber nicht berücksichtigte). Ganz klar, mit diesem Buch sollte etwas bewegt werden, und das ist auch geschehen.

Angesichts der Hardwarefreundlichkeit von DES war es für Experten wenig überraschend, dass so eine Maschine gebaut werden kann, aber die **Deep Crack** genannte Realisierung des Gedankens ist natürlich trotzdem interessant.

Die eigentliche Überraschung war vielmehr, wie unaufwendig der Bau solch einer Maschine ist: Ein Team von etwa 10 Mitstreitern arbeitete über 18 Monate daran, und das nicht einmal als Vollzeitjob. Die benötigte Steuersoftware entstand in 2 bis 3 Wochen freiwilliger Arbeit. Insgesamt kosteten Design und Test etwa 80.000 US-Dollar, und 130.000 Dollar flossen in das Material. Der »Gesamtpreis« des Projektes wird meist mit 250.000 Dollar angegeben. Es besteht kein Zweifel daran, dass die Serienproduktion der Maschine weitaus billiger käme. Advanced Wireless Technologies (AWT), der Entwickler der Spezialchips, bietet die Maschine bereits zum Kauf an. Deutlich schnellere Spezialrechner sind ebenfalls keine Utopie. In einem Beitrag der Zeitschrift »Information Week« [InfWeekDES] geht man von etwas höheren Kosten aus und setzt eine dreijährige Abschreibungsfrist für den Rechner an. Das ergäbe bei der oben genannten 1-Million-Dollar-Maschine (die einen Schlüssel binnen einer halben Stunde finden könnte) Kosten von etwa 20 US-Dollar pro DES-Schlüssel. Im Klartext heißt dies zum Beispiel: Die DES-Verschlüsselung einer E-Mail (etwa mit PEM in der heutigen Form, dem Counterpart zu PGP) lohnt nur dann, wenn die Nachricht höchstens 20 Dollar wert ist. Solche Werte werden aber ohnehin meist unterschätzt. Es ist ein Treppenwitz: Gerade die »Information Week« bot über längere Zeit ein kostenloses Jahresabonnement (Wert: €120) für diejenigen an, die einen »harmlosen« Fragebogen ausfüllen. Das lässt ahnen, wie viel für Information wirklich gezahlt wird.

Interna von Deep Crack

Wie sehen nun die Parameter der Maschine aus? Herzstück ist ein mit 40 MHz betriebener Spezialchip mit jeweils 24 unabhängigen Sucheinheiten, von denen jede eine DES-Entschlüsselung in 16 Takten schafft. 64 solcher Chips sind auf einer Platine untergebracht; 12 solcher Platinen stecken in ausgedienten Gehäusen von Sun 4/470-Computern, und zwei solcher Computer arbeiten parallel. Das ergibt eine Suchgeschwindigkeit von etwa 90 Milliarden Schlüsseln pro Sekunde, also etwa 2,5mal schneller als die gesamte freie Kapazität im Internet, die für die RSA Challenge genutzt wurde! Jeder Chip testet gleichzeitig nach bestimmten Kriterien, ob der erzeugte Klartext sinnvoll ist, und hält bei Erfolg an. Ein Steuerrechner mit Linux oder Windows95 übernimmt dann die weitere Auswertung und lässt die Suche ggf. fortsetzen. Die durchschnittliche Suchzeit beträgt 4,5 Tage.

Interessant ist der Test auf Klartext, d. h. ob ein getesteter Schlüssel der richtige ist. Die Hardware findet nicht selbstständig den richtigen Schlüssel heraus, sondern testet beispielsweise, ob der erzeugte Klartext nur aus Zeichen einer bestimmten Teilmenge besteht, etwa aus ASCII-Zeichen. In diesem Fall wird sofort ein zweiter Geheimtextblock (bestehend aus 8 Bytes) dechiffriert und der Test wiederholt. Verläuft auch dieser positiv, hält die Sucheinheit an und signalisiert dies dem steuernden PC, der dann weitere Untersuchungen vornimmt. Aufgabe der Hardware ist es also nicht, den richtigen Schlüssel zu finden, sondern so viele »schlechte« Schlüssel wie möglich auszusondern! Übrigens arbeitet die Maschine auch mit im CBC-Mode chiffrierten Texten (vgl. 5.1.1). Merken Sie sich dieses »stufenweise Filtern« eines Datenstromes. Die Geheimdienste arbeiten ebenfalls nach diesem Prinzip. Wir werden in Kapitel 8 darauf zurückkommen.

Weitere Überlegungen

Es ist zu erwarten, dass die DES-Kryptanalyse unter der Hand als Dienstleistung angeboten wird. Sie müssen also den noch öfters zu lesenden Satz streichen: *DES ist nicht sicher gegen Geheimdienste und große Konzerne.* Ich neige dazu, diesen Satz so zu formulieren:

Verschlüsseln Sie nicht mit DES, wenn ein Interessent für den Klartext eine drei- oder vierstellige Summe berappen würde.

(Die geschätzten Geldbeträge enthalten wirklich alle »Unkosten«, denn sonst müssten wir von zweistelligen Summen sprechen.)

Niemand bezweifelt, dass die Schlüssellänge von 56 Bit statt 128 Bit auf Betreiben der NSA zustande kam. Wir vermuten, warum. Allerdings entsprach das dem Stand vor 20 Jahren! Es gibt zahlreiche Spekulationen, ob und wie DES in der NSA geknackt wird. Gerüchteweise verfügt die NSA über Geräte in der Größe kleiner Koffer, die solche Aufgaben im Sekundenbereich erledigen.

Alternative Methoden

Eigentlich könnte man damit das Kapitel »Kryptanalyse von DES« ad acta legen. Eine echte Schwachstelle wurde bis heute nicht gefunden, es bleibt nur Brute Force, und das ist inzwischen realisierbar. Alle anderen Versuche, DES zu knacken, brachten nur die Theorie voran und waren praktisch nicht nutzbar. Doch die Theorie ist entscheidend bei der Beurteilung neuer Algorithmen mit etwas größeren Schlüssellängen, bei denen Brute Force nicht in Frage kommt. Daher bleiben wir noch eine Weile beim Thema.

Denkbar wäre z. B. die Zuhilfenahme sehr großer optischer Speicher mit im Voraus berechneten Werten. Im »einfachsten« Fall müsste ein Angreifer alle 72 Billiarden Geheimtextblöcke ermitteln und speichern, die durch Verschlüsselung eines häufigen Klartextblockes entstehen können. Solch ein Klartextblock könnte z. B. acht Nullbytes enthalten (diese kommen sicher oft genug vor, z. B. bei WordPerfect, vgl. Abschnitt 3.5). Der Klartextblock übernimmt hier die Rolle des uns schon bekannten wahrscheinlichen Wortes. Nur technisch ist das nicht so einfach: Weil die Geheimtextblöcke 8 Byte lang sind, benötigten wir ca. 850 Millionen CDs für ihre Speicherung. Bei Verwendung von 100-GB-Magnetbändern, derzeit die höchste im Massenmarkt erreichte Speicherkapazität, wären es »nur noch« reichlich 5 Millionen Bänder. Mit neuen (z. B. holografischen) Methoden werden es noch weniger Medien. Doch es geht auch weitaus sparsamer.

Time-Memory Tradeoff

Das ist eine von HELLMANN 1980 [Hell.troff; Denn83 2.6.3] entwickelte Brute-Force-Methode, deren Name sich schwer übersetzen lässt: Er bedeutet sinngemäß »Rechenzeit kontra Speicherbedarf« (wörtlich: Tauschhandel zwischen Zeit und Speicher). Diese Methode ist nicht auf DES beschränkt, sondern auf beliebige Verschlüsselungsverfahren anwendbar. Sie ist also ein allgemeines kryptanalytisches Verfahren.

Das *time-memory tradeoff* ist eine Verfeinerung des zuvor genannten Klartextangriffs. Der Trick besteht hierbei darin, nicht alle möglichen Geheimtexte eines häufigen Klartextes abzuspeichern, sondern nur einen kleinen Teil davon; der Rest wird während der Analyse berechnet. Im Detail sieht das so aus:

Gegeben seien ein häufiger Klartextblock P, der zugehörige Geheimtext C sowie irgendeine (sehr einfach zu berechnende) Funktion R, die 64-Bit-Blöcke auf 56-Bit-Blöcke abbildet. R kann z. B. in der Vorschrift bestehen, von den 8 Bytes, die den 64-Bit-Block bilden, die höchstwertigen Bits abzuschneiden. Dann ist für jeden 56-Bit-Schlüssel S folgende Funktion definiert:

$$f(S) = R(E_S(P))$$

Dabei bedeutet $E_S(P)$ die Verschlüsselung von P mit dem Schlüssel S (E = encryption). Wir suchen alle Schlüssel S derart, dass

$$f(S) = R(C)$$

gilt. Solch ein S kann schon der gesuchte Schlüssel sein, muss es aber nicht, denn acht Bit werden dabei nicht getestet. Zur Suche nach diesem S wählen wir nun zufällig m Schlüssel $S_1,...,S_m$ und berechnen für eine vorgegebene Breite t folgende Tabelle mit t Spalten und m Zeilen:

$$S_1 \quad f(S_1) \quad f^2(S_1) = f(f(S_1)) \quad ... \quad f^t(S_1)$$
$$...$$
$$S_m \quad f(S_m) \quad f^2(S_m) = f(f(S_m)) \quad ... \quad f^t(S_m)$$

Jedes Element entsteht also durch Streichen von acht Bit aus einer Verschlüsselung des festen Klartextes P und dient als Schlüssel für das Element rechts von ihm. Wir werfen jedoch alle Zwischenresultate weg und speichern lediglich die erste und letzte Spalte.

Nun suchen wir unseren auf 56 Bit reduzierten Geheimtext R(C) in der rechten Spalte. Findet er sich dort in der Zeile k, dann ist R(C) durch Verschlüsselung von P (und anschließende Reduktion R) mit dem Schlüssel entstanden, der in Zeile k, Spalte t-1 der Tabelle steht – so haben wir ja die Tabelle aufgebaut. Diesen Schlüssel können wir berechnen, denn S_k hatten wir auch gespeichert – wir brauchen es »nur noch« (t-1)-mal mittels der Funktion f zu transformieren.

Finden wir R(C) nicht in der letzten Spalte, dann vielleicht in der vorletzten. Falls R(C) dort steht, dann müsste f(R(C)) in der letzten Spalte der Tabelle vorkommen. Wir suchen also als Nächstes f(R(C)) in der letzten Spalte. Damit verstehen wir, warum diese Tabelle gerade so aufgebaut wurde. Unser Vorgehen ist somit in der Theorie relativ einfach:

▷ Tabelle berechnen, nur erste und letzte Spalte speichern;

▷ R(C) in der letzten Spalte suchen;

▷ wenn nicht gefunden, f(R(C)) in letzter Spalte suchen;

▷ wenn wieder nicht gefunden, f(f(R(C))) in letzter Spalte suchen

▷ ...

▷ wenn gefunden, Tabellenelement in gleicher Zeile, aber eine Spalte vorher, berechnen.

Das Verfahren führt nicht zwangsweise zum Ziel, sondern nur mit hoher Wahrscheinlichkeit – es liegt in der Mitte zwischen dem üblichen Brute-Force-Angriff (bei dem sämtliche möglichen Schlüssel getestet werden) und dem Wörterbuchangriff (bei dem nur wahrscheinliche Schlüssel getestet werden). In der Praxis legt man viele Tabellen parallel an (die linken Spalten sind ja zufällig) und wählt die Werte m und t so, dass die Wahrscheinlichkeit eines Erfolges hinreichend groß wird, trotz möglicher »falscher Alarme«: Schließlich werden nur 56 der 64 Bit auf Übereinstimmung mit dem Geheimtextblock getestet. Das Verfahren kann noch beschleunigt werden, vgl. [Denn83 2.6.3].

Wir sehen, dass wir je nach Wahl von m, t und der Tabellenanzahl selbst entscheiden können, worauf der Schwerpunkt liegen soll: Wenn wir viel Speicherplatz zur Verfügung haben, können wir m und die Tabellenanzahl groß wählen; ist der Rechner sehr schnell, können wir mit einem großen t arbeiten. Daher der Name des Verfahrens.

HELLMANN schlug eine Million parallel berechneter Tabellen mit jeweils 100.000 Zeilen und 1 Million Schritte pro Zeile vor (das könnte maximal 10^{17} oder 100 Billiarden mögliche Werte abdecken – der Schlüsselraum ist »nur« 72 Billiarden Einträge groß). Für alle Tabellen zusammen wäre ein Speicherplatz von ungefähr 1 TByte (Terabyte, eine Billion Bytes oder 1 Million MByte) erforderlich – kein Problem bei der Größe heutiger Jukeboxen. Für den Hauptspeicher müsste man 1 GBit vorsehen, also 125 MByte. In Kürze werden das alle PCs haben. Des Weiteren wären 10.000 DES-Chips einzusetzen. Das ist schon problematischer. 1980 nahm HELLMANN für einen DES-Chip eine Zeit von 4μs pro Verschlüsselung an. Das hätte dann reichlich 1 Jahr Rechenzeit ergeben.

Heutige Chips sind natürlich viel schneller. Der 1993 von VLSI Technology produzierte Chip VM007 schafft 25 Millionen Verschlüsselungen pro Sekunde (das ist eine Verbesserung um den Faktor 100 gegenüber 1980 – übrigens bei nur 32 MHz Taktfrequenz – und um den Faktor 10 gegenüber den Chips von *Deep Crack*). Mit dem zehnfachen Einsatz an solchen DES-Chips (also 100.000 Stück) wäre das *time-memory tradeoff* nach einem halben Arbeitstag beendet. Die Zeit für die einmalige Tabellenberechnung ist doppelt so lang.

Durch die Chiffriermodi, die wir erst in Abschnitt 5.1.1 behandeln werden, lässt sich der Aufwand dieses Angriffs hochtreiben:

▶ Beim ECB-Modus und einem bekannten Klartext bleibt es bei der genannten Zeit. Die Tabelle kann ein für allemal berechnet werden, d. h. diese Zeit fällt nicht ins Gewicht.

▶ Im CBC-Modus ist der Klartext zwar bekannt, aber als zufällig zu betrachten. Es ist für jeden Angriff eine neue Tabelle zu erstellen, der Zeitaufwand verdreifacht sich dadurch.

▶ Ähnlich verhält es sich beim CFB- und OFB-Modus. Allerdings benötigen wir die Kenntnis *zweier* aufeinander folgender Paare von Geheimtext- und Klartextblöcken.

Der Sinn des Time-Memory-Tradeoff ist jedoch, die Tabelle einmalig (und mit großen Aufwand) für einen bestimmen Klartextblock auszurechen und dann den Schlüssel im Routinebetrieb relativ schnell zu finden. Dabei stört die Chiffrierung im CBC-Modus schon.

Vermutlich sind meine Überlegungen zur Rechenzeit sogar untertrieben. Was glauben Sie, wer alles Ihren DES-Code mitlesen kann?

Visuelle Kryptanalyse

Die Überschrift ist der Titel einer Arbeit des bekannten Kryptanalytikers Adi SHA-MIR, die er auf der EUROCRYPT '98 vorstellte [Shamvis]. Die vereinfachte Grundaussage mutet zunächst sehr seltsam an: Werfen Sie alle Rechentechnik weg und kaufen Sie hochauflösenden Schwarz-Weiß-Negativfilm für Luftaufnahmen, fotografischen Entwickler und eine Spraydose mit schwarzer Farbe. Doch wie soll man damit eine Kryptanalyse durchführen?

Fotografische Filme eignen sich zur Parallelverarbeitung. Zwar dauert die Entwicklung eines Filmes im Vergleich zur elektronischen Verarbeitung eines Bits ungeheuer lange, doch dafür enthält der Film eine sehr große Menge an Bits. Wir teilen nun die Bildfläche des Filmes in möglichst kleine Bereiche auf, die wir der Einfachheit halber »Punkte« nennen. Ein schwarzer Punkt bedeute den Wert 1, ein ungeschwärzter den Wert 0. Belichten wir mit dieser Maske einen zweiten Film, so entsteht nach dessen Entwicklung das inverse Bitmuster – wo vorher eine 1 war, steht jetzt eine 0 und umgekehrt. Logisch gesehen haben wir die Operation NOT ausgeführt, aber dabei alle »Filmbits« parallel verarbeitet!

Legen wir dagegen zwei oder mehr Filme deckungsgenau übereinander und belichten damit einen weiteren Film, so wird ein Punkt auf diesem (untersten) Film nur dann schwarz werden, wenn darüber nur ungeschwärzte Punkte liegen. Das entspricht der NOR-Operation, in C also dem Ausdruck ~(a|b). Belichten wir nacheinander statt gleichzeitig, führen wir die NAND-Operation aus: ~(a&b).

Ja, wir können sogar eine XOR-Operation realisieren, indem wir den Effekt der Solarisation ausnutzen. Dieser besagt, dass bei zu langer Belichtung das Negativ nicht mehr geschwärzt wird, sondern nach der Entwicklung weiß bleibt. Für die XOR-Operation fertigen wir uns nun zwei Filme mit dunkelgrauen statt schwarzen Punkten an und belichten so lange, dass an den durchsichtigen Stellen bereits Solarisation eintritt, bei nur einem darüber liegenden grauen Punkt dagegen noch Schwärzung, bei zwei grauen Punkten übereinander jedoch fast keine Schwärzung.

Eventuell müssen wir hier noch mit fotografischem Abschwächer arbeiten; Foto-amateuere, die ihre Filme selbst entwickeln, kennen solche Tricks. (Diese Methode ist in der Originalarbeit noch nicht beschrieben.)

Kurzum, wir können auf diese Weise hoch komplizierte logische Ausdrücke »berechnen«. Das geschieht zwar langsam, doch verarbeiten wir in jedem Schritt außerordentlich viele Bits. Die Hardwarefreundlichkeit von DES wird diesem Algorithmus nun zum Verhängnis. Wenn wir auf 64 hinreichend großen Filmen alle möglichen Schlüssel unterbringen, für jede Bitposition einen Film, dann können wir in vielen, aber eben endlich vielen Schritten aus einem bekannten Klartext sämtliche mögliche Geheimtexte erzeugen, und zwar wiederum auf 64 Filme ver-teilt – für jede Bitposition einen Film. Diese Bitebenen verknüpfen wir fotografisch so, dass nur dort ein Bit 0 entstehen kann, wo der abgehörte Geheimtext erzeugt wurde. Die Position dieses (theoretisch) einzigen »Lichtpunktes« bestimmt den DES-Schlüssel.

Und wozu benötigen wir die Spraydose? Mit ihr können wir zufällige Bits erzeugen: Wir sprühen die Farbe einfach so auf ein Filmsubstrat, dass etwa 50% der Punkte schwarz erscheinen. Damit lassen sich die 64 Bitebenen aller möglicher Schlüssel generieren.

Ich habe das Verfahren hier nur sehr grob skizziert; Interessenten können Einzel-heiten auf der CD oder in den Proceedings der EUROCRYPT '98 nachlesen. Insider werden allerdings sofort eine Fülle technischer Probleme erkennen:

▶ SHAMIR geht von der technisch möglichen Speicherdichte von etwa einer Milli-arde Bit pro Quadratinch aus. Damit hätte ein Bit etwa 1μm Ausdehnung, d. h. wir benötigten Reinraumbedingungen bei der Filmverarbeitung.

▶ Wer sich einmal mit der Chipherstellung befasst hat, weiß, welche Probleme die exakte Justierung der Filme und vor allem ihre Verformung bereitet (durch Feuchtigkeit, Temperatur und Inhomogenitäten). Wir werden also mit vielen kleineren Ausschnitten und vielen Justierungsmarken und vielen Einzelschrit-ten pro Belichtung arbeiten müssen.

▶ Auch das übereinander Legen von Filmen als Belichtungsmaske ist nicht so ein-fach, wie es klingt: Die Lichtquelle muss parallele Strahlen liefern, und die Streuung des Lichtes in den Schichten muss sehr klein bleiben. Es sind Interfe-renzeffekte zu erwarten.

▶ Fotografische Schichten sind nicht homogen, sondern können »Löcher« haben (kleine Bereiche ohne lichtempfindliche Partikel).

▶ Das Spray-Verfahren funktioniert nur dann (wenn überhaupt), wenn die Tröpf-chen nicht elektrisch geladen sind. Sonst entsteht ein Mindestabstand der Tröpfchen.

Realistischer erscheinen mir kleine Quadrate mit 5-10 μm Kantenlänge. Es ist also längst nicht klar, ob der finanzielle Aufwand für eine visuelle Kryptanalyse im Rahmen bleibt, bei vernünftiger Ausführungszeit. SHAMIR selbst meint, dass visuelle Kryptanalyse am effektivsten im Verbund mit geeigneter Rechentechnik sein könnte. Aber der Grundgedanke erschien mir doch so originell, dass ich Ihnen nicht vorenthalten wollte, wie vielseitig Kryptanalyse sein kann. Wir werden in diesem Buch noch weitere überraschende Methoden kennen lernen.

Übrigens findet sich in der angegebenen Literaturstelle noch ein bemerkenswerter Hinweis auf eine Presseerklärung von CRAY vom 7.3.1995, in dem die Sonderanfertigung eines massiv-parallelen Bitslice-Computers CRAY-3/SSS als gemeinsame Entwicklung von CRAY und NSA angepriesen wird. Diese Maschine kann eine Million Bits parallel berechnen und erreicht dadurch eine Verarbeitungsgeschwindigkeit von bis zu 32 Billionen Bit pro Sekunde – bei einem Preis-/Leistungsverhältnis, das von keinem anderen Rechner geboten wird. Wörtlich heißt es darin: »The CRAY-3 system with the SSS option will be offered as an application specific product.« Denken Sie daran, wer bei der Entwicklung mithalf, und Sie wissen, wie Sie diesen Satz zu lesen haben.

Komprimierung = Kompromittierung

Besinnen Sie sich noch an den Abschnitt 3.6.4? Dort hatten wir den überraschenden Umstand kennen gelernt, dass die vorherige Komprimierung von Daten die Sicherheit keineswegs erhöht, obwohl doch der Klartext statistisch ziemlich gut gleich verteilt ist.

Dieses Argument gilt auch für DES. Nur ist der Angriff nicht mehr so simpel wie beim Vigenère-Verfahren – eine DES-Crack-Maschine sollten Sie schon in Ihrer guten Stube stehen haben, bevor Sie die folgenden Gedanken in die Tat umsetzen.

Das Vorgehen bei DES sieht so aus: Gegeben ist eine Folge C_1, C_2, C_3, ... von Geheimtextblöcken. Diese sind DES-Chiffrate eines mittels *compress* erzeugten Klartextes (wobei die drei festen Bytes am Anfang abgeschnitten sein sollen, um es dem Angreifer etwas schwerer zu machen). Zunächst beschränken wir uns auf Verschlüsselung im einfachen ECB-Modus.

Wir probieren nun mit unserer Maschine nacheinander alle möglichen DES-Schlüssel durch. Normalerweise dechiffrieren wir nur C_1 versuchsweise. Da der sich ergebende Klartextblock P_1 immerhin 64 Bit lang ist, können wir bereits testen, ob P_1 durch *compress* erzeugt worden sein kann – die Gleichung (*) aus 3.6.4 reicht zur ersten Überprüfung sicherlich schon aus.

In den meisten Fällen wird (*) für ein Paar zweier 9-Bit-Blöcke aus P_1 *nicht* erfüllt sein. In etwa 0.8% aller Fälle gibt es keinen Widerspruch. Diese Zahl ist nicht schwer nachzurechnen: Ein Klartextblock enthält 7 derartige 9-Bit-Blöcke. Jeder 9-Bit-Block ist mit einer Wahrscheinlichkeit von ungefähr 0.5 zulässig. Bei zufällig erzeugtem Klartext (was bei Verwendung eines falschen Schlüssels eine plausible Annahme ist) werden alle Blöcke gleichzeitig die Relation (*) nur mit einer Wahrscheinlichkeit von etwa 2^{-7}, also 0,0078, erfüllen.

In diesen wenigen Fällen dechiffrieren wir C_2 versuchsweise, prüfen wieder auf (*) usw. Schrittweise erhalten wir mögliche Kandidaten für den Klartext, die wir notfalls mit anderen Mitteln überprüfen können. Praktisch wird aber (*) zur eindeutigen Bestimmung des Schlüssels bereits ausreichen, denn 8 Geheimtextblöcke geben bei zufälligem Schlüssel mit einer Wahrscheinlichkeit von

$$2^{-(64*8)/9} = 2^{-56.8\ldots}$$

einen Klartext, der von *compress* erzeugt sein könnte. In Wirklichkeit ist diese Wahrscheinlichkeit sogar noch kleiner: Für den ersten 9-Bit-Block beträgt sie (1 − 257/512), für den zweiten (1 − 258/512) und allgemein für N Blöcke (N < 255)

$$\prod_{n=1}^{N} \left(1 - \frac{256 + n}{512} \right)$$

Mit Hilfe eines kleinen Programms prüft man schnell nach, dass dieses Produkt bereits für N = 49 kleiner als 2^{-56} wird, d. h. wegen

$$9*49 = 441 \langle 488 = 7*64$$

reichen im Mittel bereits sieben Geheimtextblöcke zur Schlüsselbestimmung aus. Obwohl durchaus keine tief liegende Mathematik dahinter steckt, klingt das Ergebnis zunächst sensationell [Wobrump]:

Wer seinen Klartext vor der DES-Chiffrierung komprimiert, erlaubt einen Geheimtextangriff, wobei nur sieben Geheimtexte benötigt werden!

Das erscheint deswegen erstaunlich, weil die Kryptanalytiker von einem allgemein durchführbaren Geheimtextangriff auf DES nicht einmal zu träumen wagen. Wie aus der Prozedur hervorgeht, spielt selbst der Chiffriermodus nur eine untergeordnete Rolle. Doch ganz korrekt ist die Formulierung nicht. Es ist nämlich kein reiner Geheimtextangriff. Wir kennen zwar nicht den Klartext, aber wir haben eine wesentliche Aussage über diesen. Dadurch wird der Test auf korrekte Dechiffrierung so erleichtert, als würde der Klartext bereits vorliegen. Wie man diese Art von Angriff nun genau bezeichnet, ist eigentlich egal. Wichtiger erscheint es mir, die zusätzliche Gefährdung durch Komprimierung zu kennen!

Leider steht in *meiner* guten Stube *keine* Deep Crack, so dass ich Ihnen konkrete Angaben zur Rechenzeit vorenthalten muss. Ich bin jedoch davon überzeugt, dass das Verfahren fast so effektiv ist wie Brute Force mit gegebenem Klartext selbst, denn wenn 99,2% aller Klartextblöcke durch das Sieb fallen, so erhöht sich der Suchaufwand gegenüber dem Klartextangriff nur um weniger als 1%. Bemerkenswert erscheinen mir dabei folgende Tatsachen:

Wie bereits gesagt, handelt es sich um einen *Geheimtextangriff* auf DES-chiffrierten Code, den einzigen, der mir bekannt ist.

▷ Es spielt keine Rolle, in welchem Chiffriermodus gearbeitet wird.

▷ Die Überlegungen sind keinesfalls auf *compress* beschränkt, sondern auf jede Kompressionmethode anwendbar, für die ein leicht überprüfbarer Test auf Klartext ähnlich (*) aus 3.6.4 gefunden werden kann.

▶ Ebenso lässt sich das Verfahren auf jeden Blockalgorithmus mit zu kurzer Schlüssellänge verallgemeinern. Das erscheint mir angesichts der durch US-amerikanische Exportbestimmungen verordneten 40-Bit-Schlüssel sehr bedenklich (für diesen würden 6 Geheimtextblöcke benötigt).

Damit will ich nicht allgemein vor einer Komprimierung warnen. Wenn das Chiffrierverfahren gut ist und die Schlüssellänge ausreicht, besteht keine Gefahr. So komprimiert zwar das in 7.1 besprochene Programm PGP auch vor der Chiffrierung den Klartext, aber es verwendet den offenbar sehr sicheren Algorithmus IDEA, und dessen Schlüssellänge von 128 Bit verweist jegliche Gedanken an einen Brute-Force-Angriff vorerst ins Reich der Utopie.

4.4.2 Differenzielle Kryptanalyse – die Rolle der S-Boxen

Bis 1990 war keine Methode bekannt, die DES schneller als der Brute-Force-Angriff knacken könnte. Im genannten Jahr entwickelten die israelischen Mathematiker Elie Biham und Adi Shamir die differenzielle Kryptanalyse und wandten sie nacheinander auf DES, FEAL, LOKI und andere bekannte Algorithmen an. Das war ein Durchbruch in der Kryptanalyse. Wir haben diese Methode bereits in 3.7 relativ einfach auf das Verfahren *fcrypt* angewendet und wollen sie nun etwas näher betrachten.

DES ohne S-Boxen

Stellen wir uns vor, DES wäre ohne die S-Boxen entworfen worden. An ihrer Stelle soll irgendeine feste Kompressionspermutation von 48 auf 32 Bit stehen. Wir ändern nun irgendein einzelnes Bit im Klartextblock und verfolgen anhand der Abbildungen 4.7, 4.8 und 4.10, welche Auswirkung diese Änderung auf den Geheimtext hat.

Permutationen bewirken nur, dass sich die Position des geänderten Bits innerhalb des Blockes ändert. Auch bei der XOR-Operation mit dem Schlüssel passiert nichts Sensationelles: Die Änderung eines Bits kann zwar die Richtung wechseln, z. B. von 1 auf 0 statt von 0 auf 1, aber die Position bleibt dabei dieselbe. Mathematisch ausgedrückt: Wenn P und S gleich lange Bitfolgen sind (S steht dabei für »Schlüssel«) und in P das i-te Bit geändert wird (und nur dieses), dann ändert sich auch in P⊕S das i-te Bit (und nur dieses).

Interessanter sind schon die Verknüpfungen von linker und rechter Blockhälfte im Feistel-Netzwerk (Abb. 4.7). Ein geändertes Bit in L_i beeinflusst zwar nur ein Bit in R_{i+1}, doch wenn sich das Bit in R_i befindet, ändert es *zwei* Bits im Ergebnis der Runde: je eines in L_{i+1} und in R_{i+1}. Diese beiden Bits haben die gleichen Positionen in L_{i+1} und R_{i+1}, d. h. es findet keine weitere Ausbreitung der Änderung mehr statt.

Bei der Expansionspermutation kann sich solch eine Änderung »aufspalten«. Abb. 4.8 zeigt, dass dies bei jedem 4. Bit und dem jeweils folgenden geschieht. Es hängt von unserer fiktiven Kompressionspermutation ab (die an die Stelle der S-Boxen tritt), ob sich diese Änderung nach hinreichend vielen Runden auf alle Bits auswirkt oder nicht.

(Behalten Sie dieses Verfahren im Gedächtnis. Wir werden in 4.4.4 darauf zurückkommen und sehen, dass es trotz seiner Kompliziertheit überhaupt keine Sicherheit gegen einen Klartextangriff bietet.)

Fassen wir zusammen: Wenn wir ein Klartextbit ändern, dann hängt es *nicht* vom Schlüssel ab, *welche* Geheimtextbits sich dadurch ändern. Die Ursache hierfür ist, dass der Schlüssel nur per XOR-Verknüpfung in die Runde eingebunden wird.

DES mit S-Boxen

Jetzt bringen wir die S-Boxen wieder ins Spiel. Durch sie allein wird die Wechselwirkung des Schlüssels mit dem Algorithmus komplex; sie sind das nichtlineare Element in DES (vgl. 4.4.4) und verstärken den Lawineneffekt.

Dank der S-Boxen hängt es nun wesentlich vom Schlüssel ab, welche Geheimtextbits von einem einzigen Klartextbit beeinflusst werden. Mehr noch: *Für bestimmte, festgehaltene Mengen geänderter Bits im Block R_i beobachtet man eine statistische Abhängigkeit der S-Box-Ausgabe vom Schlüssel.* Diese Aussage ist ungenau; wir formulieren sie gleich mathematisch exakter.

Bisher war immer von »geänderten Bits« die Rede. In der differenziellen Kryptanalyse spricht man jedoch von »Differenzen«. Das ist von der Sache her fast dasselbe, nur ist der erste Begriff anschaulicher, mit dem zweiten dagegen kann man rechnen. Wenn wir zwei gleich lange Blöcken A und A' per XOR verknüpfen:

$$\Delta A = A \oplus A'$$

dann sind in ΔA genau die Bits gesetzt, in denen sich A und A' unterscheiden. Weil die Operation XOR sich wie die übliche Addition von Zahlen verhält (allerdings in einem Zahlkörper, der nur aus gleich langen Folgen von Nullen und Einsen besteht), nennt man ΔA auch die **Differenz** der beiden Blöcke.

Wir bezeichnen die durch die S-Boxen definierte Transformation mit SB und den 48-Bit-Schlüssel einer beliebig herausgegriffenen DES-Runde mit S. Für zwei 48-Bit-Blöcke A und A', die aus der Expansionspermutation hervorgingen, werden in DES die 32-Bit-Blöcke

$$C = SB(A\acute{Y}S) \text{ und } C' = SB(A'\oplus S)$$

berechnet. Wieder definieren wir die Differenz ΔC als $\Delta C = C \oplus C'$. Die obige Aussage können wir nun genauer wie folgt formulieren:

Für bestimmte Werte von ΔA sind die Werte von ΔC vom Schlüssel S abhängig.

Wie lässt sich das ausnutzen? Es gibt Werte ΔP für Klartextpaare (P, P'), für die bestimmte Differenzen ΔC der zugehörigen Geheimtextpaare (C, C') eine höhere Wahrscheinlichkeit haben als erwartet. Solche Paare von Differenzen heißen **Charakteristiken**, Klartextpaare mit den ausgezeichneten Werten für ΔP heißen **gute Paare** (*right pairs*). Die erwähnte höhere Wahrscheinlichkeit wird allerdings mit wachsender Rundenzahl abnehmen.

Wir können Charakteristiken für ein 15-Runden DES ermitteln. Durch Verschlüsselung hinreichend vieler guter Paare erhalten wir letztendlich wahrscheinliche

Werte für den letzten Rundenschlüssel. Damit haben wir bereits 48 Bit von 56 Schlüsselbits gewonnen; die letzten 8 Bit ermitteln wir durch »Brute Force« (wobei die »rohe Gewalt« hier nicht ganz so wörtlich zu nehmen ist).

Das klingt recht praktikabel – mal abgesehen von dem Problem, die ausgewählten Klartextpaare dem Chiffrierer unterzuschieben. Aber wir haben die konkreten Daten dabei vergessen. Der Haken ist nämlich: »… erhalten wir daher wahrscheinliche Werte für den letzten Rundenschlüssel.« Wie ermitteln wir denn solche wahrscheinliche Werte? Indem wir die Häufigkeiten vergleichen, das ist klar. Aber dazu müssten wir 2^{48} Häufigkeiten erfassen. Das sind etwa 280 Billionen Zahlen, für die ein etwa 1000 TByte großer Hauptspeicher erforderlich wäre. Im Moment sind das noch 6 Größenordnungen zu viel.

Verfeinerungen und Ergebnisse

BIHAM und SHAMIR betrachteten keine Charakteristiken für ein 15-Runden-DES, sondern nur für 13 Runden. Dann heben sich höhere Wahrscheinlichkeiten mehr ab und führen schneller zum Erfolg. Außerdem fanden sie ein Verfahren, sofort auf richtige Schlüssel zu testen. Damit entfielen die 2^{48} Zähler für Häufigkeiten.

Was uns natürlich am meisten interessiert, sind praktisch verwertbare Ergebnisse. Abb. 4.11 gibt einen Überblick, der noch einiger Kommentare bedarf.

Rundenzahl	Gewählte Klartexte	Bekannte Klartexte	Analysierte Klartexte	Komplexität der Analyse
8	2^{14}	2^{38}	4	2^{9}
9	2^{24}	2^{44}	2	2^{32}
10	2^{24}	2^{43}	2^{14}	2^{15}
11	2^{31}	2^{47}	2	2^{32}
12	2^{31}	2^{47}	2^{21}	2^{21}
13	2^{39}	2^{52}	2	2^{32}
14	2^{39}	2^{51}	2^{29}	2^{29}
15	2^{47}	2^{56}	2^{7}	2^{37}
16	2^{47}	2^{55}	2^{36}	2^{37}

Abbildung 4.11: Aufwand bei der differenziellen Kryptanalyse von DES

Die dritte Spalte zeigt die Zahl der *nicht* speziell ausgewählten Klartextblöcke, die für einen Klartextangriff benötigt wird. Erst unter so vielen Klartexten finden sich ausreichend viele gute Paare (d. h. mit den gewünschten Differenzen). Überraschend die vierte Spalte: In vielen Fällen werden extrem wenig gute Paare auch ausgewertet – man weiß im voraus nur nicht, welche. Für diese Fälle ist dann der erforderliche Rechenaufwand (hier Komplexität genannt) nach Auffinden entsprechender Klartexte höher, was nicht verwundert.

Interessant sind vor allem die erste und die letzte Zeile der Tabelle. In Abschnitt 4.1.4 hatten wir schon erwähnt, dass es bei Produktalgorithmen manchmal eine »Schallmauer« für die Kryptanalyse zu geben scheint. Aus der Tabelle geht deutlich hervor, dass ein 8-Runden-DES noch angreifbar ist – 2^{14}, d. h. 16384 Klartextpaare unterzuschieben, kann man sich noch vorstellen. 2^{47} Klartexte entsprechen dagegen einer Datenmenge von mehr als 1 Billiarde Bytes (mehr als 1 Million GByte). So etwas liegt nicht nur technisch jenseits von Gut und Böse. Niemand würde solch eine riesige Datenmenge jemals mit nur einem Schlüssel chiffrieren. Sicherlich könnte auch kein Angreifer solch eine Datenmenge jemals einem Chiffrierer unterschieben.

Wenn Sie also in Kryptologiebüchern oder -artikeln lesen »DES kann mit differenzieller Kryptanalyse angegriffen werden«, so ist das zwar im Prinzip richtig, doch praktisch nicht umsetzbar. Solche Bemerkungen erzeugen falsche Zweifel an diesem Algorithmus, wenn sie unkommentiert bleiben. DES ist dank des sorgfältigen Designs seiner S-Boxen (und der gewiss nicht willkürlichen Zahl von 16 Runden) gegen diese Attacke immun: Auch bei bekanntem (aber nicht gewähltem) Klartext ist der Angriff mit differenzieller Kryptanalyse nicht effektiver als Brute Force.

Die differenzielle Kryptanalyse weckte deshalb so starkes Interesse, weil sie das erste Verfahren war, das überhaupt schneller als Brute Force wirkte. Außerdem könnten die erforderlichen Ressourcen ja eines Tages auf praktisch interessante Bereiche reduziert werden.

4.4.3 Angriff mit verwandten Schlüsseln. Schwache Schlüssel

Gedankenexperimente sind immer möglich und auch interessant, wenn sie neue Erkenntnisse bringen. Der Angriff mit verwandten Schlüsseln war ursprünglich solch ein Gedankenexperiment.

Die Idee dabei ist, nicht die Wirkung geänderter Klartextbits zu betrachten, sondern die geänderter Schlüsselbits. Wir interessieren uns vorerst nicht für die praktische Durchführung dieses Angriffs. In der Theorie sieht das so aus: Ein bekannter oder auch gewählter Klartext wird mit verschiedenen Schlüsseln chiffriert, die sich natürlich in bestimmten Bits unterscheiden. Aus den erzeugten Geheimtexten wird der Schlüssel rekonstruiert.

SCHNEIER [SchnCr 12.4] schreibt, dass die unregelmäßige Rotation der DES-Schlüssel in den einzelnen Runden diesen Angriff vereitelt. Vielleicht haben die Entwickler von DES auch daran gedacht! Bei konstanter Schlüsselrotation reichen dagegen schon 2^{17} (über 100.000) gewählte Klartexte für einen derartigen Angriff aus. Das zeigte 1994 eine Untersuchung von (wen wundert's) BIHAM.

Dieser Angriff soll unabhängig von der Rundenzahl sein und wäre, wenn durchführbar, auch gegen das in 5.2.1 erklärte Triple-DES-Verfahren wirksam.

Ein damit verwandtes Prinzip wurde bei einem neuartigen Angriff ausgenutzt, der viel Aufsehen erregte. Dazu mehr in 4.4.5.

Schwache Schlüssel

Die Überschrift mag beunruhigend klingen, die Auswirkungen auf die Sicherheit von DES sind aber zu vernachlässigen. Für spezielle Schlüssel ist der Algorithmus nämlich unsicher. Wenn im Schlüssel beispielsweise alle Bits gleich 0 oder aber alle gleich 1 sind, dann ändert die Rotation der Halbschlüssel in jeder Runde nichts: Alle Runden verwenden den gleichen Schlüssel. Das gilt auch, wenn der linke Halbschlüssel nur Nullbits enthält und der rechte nur Einsen enthält. Solche Schlüssel heißen **schwache Schlüssel** (*weak keys*).

```
0000 000 0000 000 0000 000 0000 000    0000 000 0000 000 0000 000 0000 000

1111 111 1111 111 1111 111 1111 111    1111 111 1111 111 1111 111 1111 111

1111 111 1111 111 1111 111 1111 111    0000 000 0000 000 0000 000 0000 000

0000 000 0000 000 0000 000 0000 000    1111 111 1111 111 1111 111 1111 111
```

Abbildung 4.12: Die vier schwachen Schlüssel von DES (bitweise Darstellung)

Sechs Paare von DES-Schlüsseln bestehen aus **halb schwachen Schlüsseln** (*semiweak keys*). Schlüssel in einem solchen Paar sind zueinander invers: Was mit einem der beiden Schlüssel chiffriert wurde, wird durch Verschlüsselung mit dem anderen wieder dechiffriert. Schließlich gibt es noch 48 **möglicherweise schwache Schlüssel** (*possibly weak keys*): Sie erzeugen jeweils nur vier verschiedene Rundenschlüssel, die jeweils viermal in den 16 Runden zum Einsatz kommen.

Gäbe es sehr viele schwache Schlüssel, oder wären diese vier Schlüssel infolge schlechter automatischer Schlüsselwahl häufiger, könnte ein Angreifer gleich auf sie testen. Dieser Test besteht in einem auf DES mit beispielsweise gleichen Rundenschlüsseln zugeschnittenen Angriff – ist er erfolgreich, so hat der Angreifer sein Ziel erreicht, ansonsten muss er weitere Methoden versuchen.

Gegenüber den 72 Billionen möglichen Schlüsseln sind diese 64 potenziellen Gefahren eine lächerlich kleine Zahl. Obendrein ist es sehr leicht, solche schwachen Schlüssel abzulehnen oder auch schwache Schlüssel automatisch in »starke« abzuändern.

Generell ist ein Schlüssel schwach, wenn sich das Chiffrierverfahren durch seine Verwendung auf ein einfacher zu brechendes reduziert. Das ist eine recht verschwommene Definition. Beim Entwurf eines Algorithmus ist aber auch diese Sorte von Angriffen zu bedenken. Wenn ein Algorithmus einen nennenswerten Prozentsatz von in irgendeinem Sinne schwachen Schlüsseln hat, so ist das ein Minuspunkt für ihn.

4.4.4 Lineare Kryptanalyse und weitere Methoden

Die lineare Kryptanalyse wurde 1993 von MATSUI entwickelt und ist eines der modernsten kryptanalytischen Verfahren. Es scheint noch lange nicht ausgereizt zu sein.

Wenn von linearer Kryptanalyse die Rede ist, lesen Sie meist »... arbeitet mit linearen Approximationen und versucht so eine Schlüsselbestimmung« oder auch: »Man verknüpft einige Bits des Klartextes und des Geheimtextes per XOR und erhält mit gewisser Wahrscheinlichkeit einen Wert, der durch XOR-Verknüpfung einiger Schlüsselbits entsteht«. Das erklärt aber nicht die Hintergründe. Wenigstens einige theoretische Bemerkungen sollen hier der Erläuterung der Methode vorangehen.

Lineare Verfahren

Was heißt linear? In der Algebra hat ein linearer Ausdruck in Variablen $x_1, ..., x_n$ die Form

$$a_1 x_1 + a_2 x_2 + ... + a_n x_n$$

wobei die a_i Konstanten sind. Wir betrachten nun keine ganzen oder reellen Zahlen, sondern den »Wertebereich« eines Bits: Das sind die Zahlen 0 und 1. Wie wir schon wissen, ist auf diesem zweielementigen Zahlkörper eine Addition definiert, nämlich die Operation XOR:

```
0 ⊕ 0 = 0
0 ⊕ 1 = 1 ⊕ 0 = 1
1 ⊕ 1 = 0
```

Wie bei der normalen Addition gelten Kommutativ- und Assoziativgesetz:

```
a ⊕ b = b ⊕ a
a ⊕ (b ⊕ c) = (a ⊕ b) ⊕ c
```

Es gibt auch eine Multiplikation in dieser Menge {0,1} (sonst dürften wir sie nicht Zahlkörper nennen). Das ist die »und«-Verknüpfung (AND; in C »&«):

```
0*0 = 0*1 = 1*0 = 0
1*1 = 1
```

Es gelten die üblichen Rechenregeln wie bei reellen Zahlen, auch wenn das ungewohnt erscheint. Analoge Operationen kann man bitweise z. B. auf 64-Bit-Blöcken definieren.

Der Begriff »Linearer Ausdruck in den Bits $b_1, ..., b_n$« bedeutet also tatsächlich nichts weiter als: Wähle einige Bits aus (das entspricht der Multiplikation mit den Konstanten, die ja nur 0 oder 1 sein können) und verknüpfe sie anschließend mit XOR.

Warum sind solche linearen Ausdrücke interessant? Weil Blockverfahren, die nur lineare Ausdrücke in den Klartext- und Schlüsselbits darstellen, durch Lösung eines Gleichungssystems geknackt werden können. Nehmen wir an, der Schlüssel besteht aus n Bits s_i und die Geheimtextbits c_i berechnen sich aus den Klartextbits p_i wie folgt:

$$c_1 = p_{i_{11}} * s_{j_{11}} \oplus p_{i_{21}} * s_{j_{21}} \oplus ...$$

$$...$$

$$c_1 = p_{i_{11}} * s_{j_{11}} \oplus p_{i_{21}} * s_{j_{21}} \oplus ...$$

Wir kennen die Indizes i_{kl} und j_{kl}, und wenn wir auch noch die p_i kennen, dann ist das ein lineares Gleichungssystem in den Schlüsselbits s_i, wenn auch unter Verwendung unüblicher Rechenoperationen. »Kenntnis der p_i« bedeutet natürlich, dass wir einen Klartextangriff führen. Dieser ist sehr effektiv: Wenn die Blocklänge N beträgt und k so groß ist, dass $kN \geq n$ gilt (n bezeichnet die Schlüssellänge), so kann die Kenntnis von k verschiedenen Klartextblöcken bereits ausreichen, den Schlüssel zu bestimmen.

Lineare Verfahren sind also sehr empfindlich gegen Klartextanalyse. Vigenère-Chiffrierung ist ein triviales Beispiel für lineare Verfahren, doch bei ihrer Kryptanalyse benötigten wir nicht so viel Theorie und konnten sogar erfolgreiche Geheimtextangriffe starten.

Interessanter ist der in 4.4.2 betrachtete DES-Algorithmus ohne S-Boxen (dafür mit einer festen Kompressionspermutation). Aus den Abbildungen 4.7 und 4.9 lässt sich mit einiger Überlegung ableiten, dass jedes Bit der Ausgabe als XOR-Verknüpfung von Klartextbits und Schlüsselbits dargestellt werden kann. Die Indizes aller dieser Bits, d. h. ihre Positionen im Klartextblock bzw. im Schlüssel, sind dabei bekannt – das ist entscheidend. Ein einziger bekannter Klartextblock kann schon ausreichen, um den Schlüssel zu berechnen!

Jetzt wird die Bemerkung verständlich, dass die S-Boxen das »nichtlineare Element« in DES hineinbringen. Sie sind wirklich ganz wesentlich für die Sicherheit des Verfahrens.

Lineare Kryptanalyse von DES

SCHNEIER [SchnCr 12.4] schreibt über die lineare Kryptanalyse: »Dieser Angriff benutzt lineare Approximationen, um die Funktion einer Blockchiffrierung zu beschreiben«. Was eine lineare Abbildung auf dem Zahlkörper mit den Elementen 0 und 1 ist, wissen wir nun, aber wie soll dort eine lineare Approximation definiert werden, wo nur die beiden Abstände 0 und 1 möglich sind? Gemeint ist das wahrscheinlichkeitstheoretisch. Wenn wir z. B. wissen, dass zwischen den Schlüsselbits s_i, den Bits p_i des Klartextblockes und den Bits c_i des Geheimtextblockes mit 90%iger Wahrscheinlichkeit folgende Gleichungen gelten:

$$s_2 \oplus p_{15} \oplus s_6 \oplus p_7 = c_2 \oplus p_5 \oplus c_7$$
$$s_2 \oplus p_8 \oplus s_6 \quad\quad = c_5 \oplus c_6$$

dann können wir daraus bei bekannten p_i und c_i die beiden Schlüsselbits s_2 und s_6 mit gleicher Wahrscheinlichkeit bestimmen, für aus statistischer Sicht hinreichend viele Klartexte auch fast sicher.

Allgemein nutzt man bei der linearen Kryptanalyse aus, dass eine lineare Beziehung (die der Angreifer finden muss) mit einer Wahrscheinlichkeit *verschieden* von 50% gilt. Das ist eine Abweichung vom »reinen Zufall« und lässt bereits auf Schlüsselbits schließen. In unserem Beispiel werden wir nach der Untersuchung hinreichend vieler Klartext-Geheimtext-Paare feststellen können, welche Werte für die Schlüsselbits bevorzugt auftreten (nur bei Wahrscheinlichkeiten von exakt 50% lässt sich eine solche Aussage nicht treffen).

Wie sieht das nun konkret bei DES aus? Wir betrachten vorerst nur eine Runde von DES und lassen der Einfachheit halber die Eingangs- und die Ausgangspermutation weg (da sie nur mehr Schreibarbeit erfordern, aber nichts an der Untersuchung selbst verändern).

Die S-Box Nr. 5 bietet den besten Angriffspunkt. Deswegen erschien gerade diese Box in Abb. 4.9. Unter den 64 möglichen Eingaben (entsprechend 6 Bit) ist nämlich das zweite Eingabebit in nur 12 Fällen gleich der Summe (also der XOR-Verknüpfung) der vier Ausgabebits – 32 Fälle wären zu erwarten. Das hat SHAMIR schon 1985 erkannt, jedoch nicht ausnutzen können.

Das zweite Eingabebit der S-Box Nr. 5 entstand durch XOR-Verknüpfung des Bits s_{26} des Rundenschlüssels mit dem Bit 26 des expandierten rechten Halbblocks, und das ist wiederum aus dem Bit r_{17} des nicht expandierten Halbblocks entstanden. Die vier Ausgabebits der S-Box landen wegen der anschließenden P-Box-Permutation auf den Plätzen 3, 8, 14 und 25. Das sind vier Bits im Funktionswert $f_{S,1}(R_1)$ in der Gleichung (1) aus 4.2. Diesen Funktionswert können wir aus dem Geheimtext berechnen:

$$f_{S,1}(R_1) = R_2 \oplus L_1$$

Bezeichnen wir die vier Bits im Funktionswert mit c_3, c_8, ..., dann gilt demnach die Gleichung

$$r_{17} \oplus c_3 \oplus c_8 \oplus c_{14} \oplus c_{25} = s_{26}$$

mit einer Wahrscheinlichkeit von 3/16. Für ein 1-Runden-DES (das nicht zum Einsatz kommt) können wir also das Bit s_{26} des Rundenschlüssels bestimmen (was noch nicht viel nützt). Dazu betrachten wir so viele Klartext-Geheimtextpaare, bis wir erkennen können, ob in etwa 3 von 16 Fällen die rechte Seite gleich 0 oder aber gleich 1 ist.

Beim 16-Runden-DES gehen wir ähnlich vor. Allerdings finden sich dort keine Wahrscheinlichkeiten mehr, die so signifikant von 50% abweichen wie im obigen Beispiel. Das ist einer der Gründe, warum ein Produktalgorithmus mit vielen Runden in der Regel sicherer ist als mit wenigen oder gar nur einer Runde. Wir müssen bei DES also mit minimalen Abweichungen der Wahrscheinlichkeiten von 50% arbeiten.

So wird es Sie nicht allzu sehr wundern, dass bei linearer Kryptanalyse in der beschriebenen Form 2^{47} bekannte Klartexte erforderlich sind, um den Schlüssel zu ermitteln. Dies sind die wohl bekannten 1000 Terabyte an Eingabedaten. Zwar handelt es sich hier – im Unterschied zur differenziellen Kryptanalyse – um *bekannte* und nicht um *gewählte* Klartexte (vergleichen Sie dazu die zweite und dritte Spalte in Abb. 4.11!), dafür ergibt sich aber auch nur ein Bit des letzten Rundenschlüssels. Mit einem Trick können wir noch ein weiteres Bit bestimmen: Wir betrachten die Dechiffrierung, die der Chiffrierung bis auf die Reihenfolge der Schlüssel gleicht. Der letzte Rundenschlüssel bei der Dechiffrierung ist der erste bei der Chiffrierung, und die 26. Bits in beiden Rundenschlüsseln entsprechen verschiedenen Bits im Originalschlüssel.

Aber 2 Schlüsselbits nach der Analyse von 1000 TByte Text sind kein berauschendes Ergebnis.

Für die 14 Runden von 2 bis 15 existiert jedoch ein besserer linearer Ansatz. Die 12 Eingabebits der S-Box Nr. 5 in der ersten und letzten Runde müssen wir dann erraten, d. h. wir müssen 2^{12} oder 4096 lineare Kryptanalysen parallel duchführen und daraus die wahrscheinlichste auswählen. Zusammen mit s_{26} erhalten wir so 13 Bit, und mit dem zuvor genannten Trick – wir betrachten zusätzlich die Dechiffrierung statt der Chiffrierung – verdoppelt sich diese Zahl auf 26 Bit. Für die restlichen 30 Bit müssen wir wieder auf Brute Force zurückgreifen (das entspricht etwa einer Milliarde Möglichkeiten).

Ergebnisse und andere Methoden

Zum Brechen eines vollständigen 16-Runden-DES mit linearer Kryptanalyse sind 2^{43} *bekannte* Klartexte notwendig. Das ist 16mal weniger, als die differenzielle Kryptanalyse an *gewählten* Klartexten erfordert, und gar 4096mal weniger ($2^{55}/2^{43}$), als diese an bekannten Klartexten erfordert. Dies ist der zu Zeit effektiveste Angriff gegen DES. Und wie sieht das in der Praxis aus?

Nur noch 70 TByte Daten sind zu analysieren. Das heißt: Wenn jemand DES-chiffrierte Daten – immer bei Verwendung des gleichen Schlüssels natürlich – über eine 34 MBit/s schnelle Standleitung sendet (was im Massenmarkt derzeit noch sehr schnell ist), dann braucht ein Angreifer nur reichlich ein halbes Jahr mitzuhören. Anschließend lässt er (so wie es MATSUI 1994 durchführte) zwölf Workstations HP 9735 (sie entsprechen für diesen Zweck in etwa sehr schnellen Pentium-Pro-Rechnern) nur noch 50 Tage lang laufen, und schon besitzt er den Schlüssel.

Sie sehen, dass sogar das *Time-Memory Tradeoff* aus 4.4.1 mehr Chancen hat, von hardwarebasiertem Brute Force (mittels *Deep Crack*) ganz zu schweigen.

Gegenüber dem *Time-Memory Tradeoff* und »direktem« *Brute Force* sind die hier genannten Verfahren allerdings ausbaufähig und somit interessanter. 1994 stellten HELLMANN und LANGFORD einen Angriff auf 8-Runden-DES vor, der die so genannte **differenziell-lineare Kryptanalyse** nutzt. Bei nur 512 gewählten Klartexten ermittelt dieser Angriff 10 Schlüsselbits mit 80%iger Wahrscheinlichkeit, bei 768 gewählten Klartexten sogar mit 95%iger Wahrscheinlichkeit. Erstaunlich ist die dazu benötigte Rechenleistung: Nur 10 Sekunden lang arbeitete eine Workstation Sun-4, die für heutige Begriffe schon ein ziemlich langsamer Rechner ist. Eine Beschreibung der Methode finden Sie auf beiliegender CD.

4.4.5   DFA und die Chipknacker

Quintessenz der letzten Abschnitte kann eigentlich nur sein: Ein praktikabler Angriff gegen den *Algorithmus* DES ist in der öffentlichen kryptologischen Forschung nicht bekannt geworden. Kryptanalytiker versuchen aber auch, die *Anwendung* von DES anzugreifen. Das Ausspionieren von Schlüsseln über Sicherheitslücken im Betriebssystem oder in der Applikation gehört nicht in dieses Buch. Eine anderes Herangehen, das in Chipkarten versteckte DES-Schlüssel ermitteln soll, hat weitaus mehr mit Kryptanalyse zu tun und macht derzeit Schlagzeilen.

Bihams DFA-Methode

Ende Oktober 1996 erschien in der »Computerzeitung« [CZ96] die Schlagzeile: »Heiße Chipkarten geben Code preis«. Der Artikel bezog sich auf Chipkarten, die eine DES-Verschlüsselung durchführen. Der Schlüssel ist dabei angeblich nicht auslesbar in der Hardware eingebaut. Solche Chips heißen **tamper-proof**. Durch Hitze, Mikrowellen, ionisierende Strahlung u. ä. kann man aber einige Bits interner Register »umklappen«. Im Unterschied zum Angriff mit verwandten Schlüsseln ist es ein Angriff mit »verwandten Rundenschlüsseln«. Unter plausiblen wahrscheinlichkeitstheoretischen Annahmen lässt sich damit der gespeicherte DES-Schlüssel ermitteln. Dazu wird immer wieder der gleichen Klartext mit immer wieder anders gestörten Rundenschlüsseln chiffriert.

Diese Methode wurde zuerst von BONEH, DeMILLO und LIPTON (Bellcore) gegen RSA (4.5.3) angewandt, jedoch nicht veröffentlicht – nur ein Artikel von Markoff in der *New York Times* vom 26.9.96 zeugt davon. Wieder tauchen nun die altbekannten Kryptanalytiker BIHAM und SHAMIR auf, die behaupten, dass sich die Methode auf komplizierte Blockalgorithmen übertragen lässt. Sie führten einen Angriff auf DES durch, bei dem bereits 200 erzeugte Geheimtexte für den Angriff ausreichen. Interessanterweise ist die Kenntnis des Klartextes dabei nicht nötig. Mehr noch, sogar die Struktur *unbekannter* Feistel-Algorithmen soll auf diese Weise ermittelt werden können!

BIHAM nennt diese Kryptanalyse **differenzielle Fehleranalyse** (*differential fault analysis*, **DFA**). Sie ist noch sehr neu; ich lege eine grobe Beschreibung der Methode als Datei auf der CD bei. Den Verweis fand ich auf seiner Homepage im Internet. Inzwischen läuft darüber eine sehr rege Diskussion; schauen Sie z. B. im Web unter *http://www.jya.com/crypto.htm* nach.

Natürlich behaupten die Chipkartenhersteller, eine zielgerichtete Beeinflussung der Schlüsselbits sei nicht möglich – würden Sie sich an deren Stelle anders äußern?

Zumindest zeigt dieser Angriff erst einmal, auf welch ausgefallene Ideen Kryptanalytiker kommen und woran man alles bei der Entwicklung eines Algorithmus denken muss. Doch es kommt noch schlimmer.

Eine sensationelle Verbesserung von ANDERSON und KUHN

Ganz unrecht haben die Chipkartenhersteller nicht, meinen ANDERSON und KUHN in einem Artikel, der ebenfalls auf der CD enthalten ist. In Wirklichkeit sind Schlüssel und Chiffrierprogramm oft im gleichen EEPROM gespeichert. Beim wahllosen Umklappen eines Bits wird in der Regel das Programm beeinflusst, und statt eines leicht veränderten Geheimtextes kommt nach der Bestrahlung schlicht und einfach Müll heraus – sofern überhaupt etwas herauskommt.

Vielmehr sollte man, so meinen die Autoren, den *Programmcode* angreifen. Pay-TV-Piraten nutzen neuerdings ähnliche Techniken. Diese unterbrechen die Stromversorgung des Chips für Bruchteile einer Mikrosekunde oder senden an Stelle einer 5 MHz-Taktfrequenz z. B. vier 20 MHz-Impulse. Dabei springt zwar der Programmzähler im Mikroprozessor weiter, der entsprechende Befehl wird jedoch nicht oder fehlerhaft ausgeführt. Durch die Auswahl des geeigneten Zeitpunktes und der geeigneten Störung ist der Angreifer in der Lage, sich einen Befehl gezielt auszusuchen, der übersprungen werden soll. Für Kryptanalyse wurde das bisher nicht genutzt. Das ist ANDERSONs Idee.

Insbesondere kann der Angreifer das XOR eines Rundenschlüssel-Bytes in der letzten oder vorletzten Runde von DES unterdrücken. Er chiffriert einen beliebigen Klartext mit der ordnungsgemäß arbeitenden Karte und dann nochmals mit dem unterdrückten Befehl. Durch Vergleich der beiden erzeugten Geheimtexte schließt er wie bei der differenziellen Kryptanalyse auf Schlüsselbits. (Allerdings ist diese Analyse deutlich weniger aufwendig als die von BIHAM und SHAMIR.) Im Schnitt ergeben sich pro Geheimtext fünf Schlüsselbits, nach acht fehlerhaften Chiffrierungen bereits 40. Die letzten 16 Bits findet man mit Brute Force. Im Klartext heißt das:

Zehn Chiffrieroperationen reichen schon aus, um den DES-Schlüssel in einer Chipkarte zu finden, und die Karte wird dabei nicht zerstört.

Dieser Angriff ist überhaupt nicht theoretisch, denn ANDERSON und KUHN haben ihn praktisch an einem serienmäßig produzierten Chip durchgeführt. Es ist durchaus vorstellbar, dass ein modifiziertes Terminal reihenweise Schlüssel eingesteckter Karten ermittelt, ohne dass die Kunden je davon etwas mitbekommen. In der Auswirkung ist das schon fast so gefährlich wie das Brechen des Algorithmus selbst. Auch das in 5.2.1 vorgestellte Triple-DES sowie zahlreiche andere Verfahren bieten keine Sicherheit gegen derartig hinterhältige Angriffe. Der Schutz muss von der Hardware kommen.

Mit Rücksicht auf den Hersteller der Karten werden Details vorerst nicht veröffentlicht, damit sich der Hersteller und die Kunden der Bankindustrie darauf einstellen können. Den Herstellern sind solche Gedanken nicht ganz neu, und sie treffen Gegenmaßnahmen. Vgl. hierzu [Koch.DFA].

Andersons »Paritäts-Angriff« auf Chipkarten und Speicher

Damit nicht genug – ANDERSON [AndDES] fand einen noch viel einfacheren Weg, DES-Schlüssel von Chipkarten zu ermitteln. Die NSA drängte bekanntlich nach heutiger Auffassung darauf, die DES-Schlüssellänge von 128 auf 56 Bit zu reduzieren. Das entspricht 8 Byte zu je 7 Bit; die achten Bits können zur Paritätsprüfung genutzt werden. (Heute redet niemand mehr von Byte-Parität. Denken Sie jedoch daran, wann DES entwickelt wurde.)

Als Treppenwitz nutzt ANDERSON gerade die oft noch geforderte Parität aus. Meist ist bekannt, wo in einem EEPROM der interne Schlüssel gespeichert wird – üblicherweise auf der niedrigsten Adresse. Es ist mit erstaunlich wenig Aufwand möglich, solch einen Chip zu öffnen (auch das beschreibt der Autor in [AndKuhn.tamp], denn es ist Insidern längst bekannt) und die entsprechenden Bits zu lokalisieren. Nur das Auslesen der Bits ist keine einfache Angelegenheit.

Aber das stört auch nicht. Mit einfachen Mitteln lässt sich ein EEPROM-Bit von außen nämlich *setzen*. Man braucht dazu keinen teuren UV-Laser. Zwei Mikronadeln und ein 18 V-Impuls von 10 ms Dauer tun es auch und sind viel billiger. ANDERSON schlägt nun folgende Methode vor: Zuerst setze das niedrigste Schlüsselbit gleich 1. Zeigt der Chip daraufhin einen Paritätsfehler an, so war es 0, ansonsten gleich 1. Nun setze das zweite Bit gleich 1. Je nach dem vorigen Ergebnis und der aktuellen Paritätsanzeige ergibt sich auch dieses Bit – und so weiter. Nach Auslesen des Schlüssels brennt der Angreifer vielleicht selbst eine andere Chipkarte mit diesem Schlüssel und richtet beliebigen Schaden an.

Das ist Kryptanalyse auf unterster Ebene und unabhängig vom Chiffrierverfahren! Es soll noch genügend Codekarten geben, bei denen diese Prozedur funktioniert.

Mehr noch, auch bei Bankcomputern ist dieses Vorgehen von Interesse. ANDERSON erwähnt in seinem Artikel [AndDES] ein Ende der 80er Jahre produziertes Sicherheitsmodul, das zwölf DES-Schlüssel im Speicher enthielt. Alle paar Jahre muss die interne Batterie ausgewechselt werden. Beim Öffnen des Gerätes durch den Techniker schaltet sich sofort der Strom ab, die Speicherzellen werden gelöscht. Nach Batteriewechsel spielen Bankmitarbeiter die Schlüssel auf sichere Weise wieder ein.

Allerdings haben Speicher (SRAMs wie auch DRAMs) die Eigenschaft, Bits nach Jahren »einzubrennen«. Das ist ähnlich wie bei einer Bildröhre: Wenn über Monate hinweg die gleiche Schrift an gleicher Stelle angezeigt wird, dann verändert sich die innere Beschichtung der Bildröhre an dieser Stelle, und die Schrift ist bei gleichmäßig grauem Bildschirm undeutlich lesbar (vor allem deshalb gibt es Bildschirmschoner). Ähnlich hat eine Speicherzelle nach dem Anlegen einer Spannung einen undefinierten (»grauen«) Zustand, es sei denn, ihr Inhalt war über Jahre hinweg derselbe – dann wird dieser Inhalt bevorzugt. Zusammen mit der Paritätsprüfung ermöglicht das sogar einen Angriff auf Triple-DES (5.2.1) mit einem 112-Bit-Schlüssel. ANDERSON spekuliert hier nicht, er hat tatsächlich einen Bankcomputer untersucht und empfiehlt den Banken daher,

1. jeden Techniker während seiner Arbeit zu beobachten und
2. die Speichermodule nach Stillegung des Computers gewissenhaft zu zerstören.

Die Chipknacker

Wir sind von der mathematischen Kryptanalyse zwar mittlerweile ziemlich entfernt und bei der »physikalischen« gelandet, doch die Verschmelzung beider Methoden schien mir der Erwähnung wert. Noch einige Male wird in diesem Buch die Rede von *tamper-proof* Chips sein, z. B. bei GSM-Telefonen (D- und E-Netzen in Deutschland), digitalen Unterschriften und beim Clipper-Chip (6.4). Wenn Sie dieses Gebiet auch nur ein wenig interessiert, sollten Sie unbedingt den faszinierenden Artikel von ANDERSON und KUHN [AndKuhn.tamp] auf der beigelegten CD überfliegen. Dieser Text gibt eine ungefähre Vorstellung davon, mit welcher Raffinesse Chips ausgelesen werden. Der Trick der Pay-TV-Piraten ist noch harmlos; entsprechende Laboratorien können das Design eines Mikroprozessors 80386 innerhalb von zwei Wochen rekonstruieren – das entspricht mehreren 100.000 Transistorfunktionen! Unter anderem erläutern die Autoren auch, wie Atomwaffen abgesichert werden; darauf kommen wir in Abschnitt 6.2 zu sprechen.

4.4.6　Fazit

Wir haben DES ausführlicher als alle anderen Algorithmen in diesem Buch behandelt. Das entspricht auch seiner historischen Bedeutung. Wenn Sie das Kapitel 3 mit dem vergleichen, was Sie bisher in diesem Kapitel lasen, sehen Sie deutlich den Unterschied zwischen moderner und klassischer Kryptologie. Die Spezifizierung von DES, d. h. die erstmalige öffentliche Bekanntgabe eines guten Algorithmus, den nun alle Welt untersuchen konnte, hatte die Theorie sprunghaft vorangetrieben, vor allem die Kryptanalyse. Vielleicht erklärt in 5000 Jahren ein »Experte« diesen Sprung wieder einmal mit der Landung Außerirdischer. Wir wissen es besser.

Für die nächsten Jahre deuten sich neue, interessante Richtungen an: die differenziell-lineare Kryptanalyse, differenzielle Kryptanalyse höherer Ordnung, Fortschritte beim Angriff mit verwandten Schlüsseln – es kann noch sehr aufregend werden.

Von der bisher bekannten Theorie her ist DES bemerkenswert gut. Warum sollte die NSA denn einmal *keine* Hintertür eingebaut haben? Eine Antwort auf diese Frage ist momentan wohl nicht möglich. Vielleicht ist es wirklich so, dass die Bekanntgabe von DES nur auf einem Missverständnis zwischen NIST und NSA beruhte.

Es haben sich in den letzten knapp 20 Jahren derart viele fähige Kryptanalytiker an DES versucht, dass ich selbst nicht an eine einfache Hintertür glaube. Die Schwäche von DES ist seine Schlüssellänge. Bei 64-Bit-Schlüsseln wird Brute Force schon wesentlich aufwendiger, doch das Ende der 56-Bit-Ära ist bereits gekommen. Viele Geheimdienste besitzen vermutlich bereits DES-Crack-Maschinen. Trotzdem wurde DES immer wieder alle 5 Jahre vom NIST als sicherer Standard bestätigt. SCHNEIER [SchnCr] schreibt 1996: »Raten Sie mal, was 1998 passieren wird.«

Doch hier irrte Schneier. Das NIST hatte bereits Anfang 1997 mit der Suche nach dem DES-Nachfolgers **AES** (*advanced encryption standard*) begonnen. Inzwischen ist dieser Prozess sehr erfolgreich abgeschlossen worden. In Kapitel 5.5 lesen Sie mehr darüber.

Millionenschwere Informationen solte man also keinesfalls mehr DES-verschlüsselt durch das Internet schicken. Das ist auch nicht notwendig. Es gibt DES-Varianten wie Triple-DES oder DES mit schlüsselabhängigen S-Boxen, die sicherer erscheinen. Noch besser ist es jedoch, gleich sicherere Algorithmen zu verwenden. Wir kommen in Kapitel 5 darauf zu sprechen.

4.5　Asymmetrische Verfahren (Public-Key-Verfahren)

DES wurde Ende 1976 als Standard bestätigt und leitete, wie Sie wissen, eine Wende in der Kryptologie ein. Im gleichen Jahr fand aber ein weiteres bahnbrechendes Ereignis auf diesem Gebiet statt: DIFFIE und HELLMANN stellten erstmals ein asymmetrisches Verschlüsselungsverfahren auf einer Konferenz vor, MERKLE reichte zeitgleich eine Arbeit zum gleichen Thema ein. Diese Verfahren sind etwas qualitativ Neues: Sie lösen das Problem der Schlüsselübermittlung weitgehend. Doch bevor wir dieses Problem untersuchen können, benötigen wir ein wenig Theorie; erst nach den Grundbegriffen und der praktischen Anwendung kommen wir zu drei konkreten Beispielen.

4.5.1 Symmetrische und asymmetrische Verfahren

Bisher haben wir nur **symmetrische Verfahren** kennen gelernt: Der Empfänger dechiffriert jede Nachricht mit dem gleichen Schlüssel, mit dem sie der Absender chiffriert hat. Die Symmetrie bezieht sich wohlgemerkt auf die Schlüssel, nicht auf die Verfahren: Bis auf wenige Ausnahmen (z. B. One-Time-Pad, ROT13, Stromchiffrierungen) unterscheiden sich Chiffrier- und Dechiffrieralgorithmus. Selbst beim Cäsar- und beim Vigenère-Verfahren unterscheiden sich Ver- und Entschlüsselung: Beim Verschlüsseln wird zu jedem Zeichen ein Betrag (modulo 26) addiert, beim Entschlüsseln subtrahiert. Genau genommen arbeiten wir bei symmetrischen Verfahren zwar mit einem Schlüssel, aber fast immer mit zwei Verfahren.

Bei **asymmetrischen Verfahren** (auch *Public-Key-Verfahren* genannt) gibt es nun ebenfalls zwei Verfahren (die ebenfalls identisch sein können), aber immer auch zwei Schlüssel. Der eine Schlüssel heißt **privater Schlüssel** (*private key*) und der zugehörige Algorithmus (bei dem er zum Einsatz kommt) *Dechiffrieralgorithmus*, der andere Schlüssel heißt **öffentlicher Schlüssel** (*public key*) und der zugehörige Algorithmus *Chiffrieralgorithmus*. Das sieht noch ziemlich symmetrisch aus. Der entscheidende Punkt ist aber:

Man kann den privaten Schlüssel nicht[1] aus dem öffentlichen ableiten.

Die Umkehrung kann dagegen ohne weiteres gelten. Das ist die eigentliche Asymmetrie. Dadurch wird folgende Prozedur möglich, bei der auch die Namen ihren Sinn bekommen:

Wir erzeugen einen privaten und einen öffentlichen Schlüssel. Den öffentlichen Schlüssel geben wir jedermann, ohne um die Sicherheit des privaten Schlüssels fürchten zu müssen. Den privaten Schlüssel zeigen wir niemandem. Nun kann jedermann eine Nachricht mit *unserem* öffentlichen Schlüssel chiffrieren und uns schicken; nur wir als Besitzer des privaten Schlüssels können sie lesen. Wir geben öffentliche Schlüssel also bekannt, um Nachrichten zu *empfangen*, nicht um sie zu *senden*!

Asymmetrische Verfahren müssen somit kryptologische Sicherheit in zweifacher Hinsicht gewährleisten: Zum einen darf der Klartext nicht aus dem (per öffentlichem Schlüssel chiffrierten) Geheimtext ableitbar sein, zum anderen darf auch niemand den privaten Schlüssel aus dem öffentlichen ableiten können. Das »nicht« ist dabei wieder im Sinne der Kryptologie zu verstehen: Nicht mit verfügbaren Algorithmen und vertretbarem Aufwand an Geld und Zeit.

Dafür gibt es dann auch doppelten Lohn: Zur gewonnenen Sicherheit kommt noch ein Schlüssel hinzu, der nicht kompromittiert werden *kann* – weil er gar nicht geheim ist. Das wirkliche Geheimnis, der private Schlüssel, braucht niemals den eigenen Rechner zu verlassen. Das ist schon eine feine Sache. Ein praktikabler und sicherer asymmetrischer Algorithmus würde die symmetrischen wohl schnell in die Ecke verweisen. Bei manchen Zeitschriftenartikeln entsteht tatsächlich der Eindruck, die goldenen Zeiten wären bereits angebrochen.

---

1. »nicht« ist hier im kryptologischen Sinn zu verstehen: nicht mit den bekannten Mitteln innerhalb einer praktisch realisierbaren Zeit.

Doch leider, leider gibt es dicke Pferdefüße. Nur ganz wenige Prinzipien für sichere und praxistaugliche Algorithmen sind bisher bekannt. Diese sind extrem langsam und obendrein anfällig gegen Angriffe mit ausgewähltem Geheimtext, was bei ihrer Nutzung für digitale Signaturen wichtig ist (vgl. 4.6.3 und 6.3.3). Daher benutzt man *gegenwärtig asymmetrische Verfahren nur, um Sitzungsschlüssel auszutauschen und nicht, um Nachrichten zu chiffrieren. Sitzungsschlüssel sind geheime Schlüssel für symmetrische Verfahren.*

Diese Anwendung wollen wir uns im folgenden Abschnitt näher betrachten.

4.5.2   Schlüsseltausch mit und ohne öffentliche Schlüssel

Schlüsseltausch ohne asymmetrische Verfahren

Wenn Sie mit einem festen Partner chiffrierte Nachrichten austauschen, können Sie oft auf asymmetrische Verfahren verzichten: Diese können einen zusätzlichen Aufwand bedeuten. Die Installation zusätzlicher Software wie z. B. PGP nebst notwendiger Schulung kann im Geschäftsleben schnell ein paar hundert Mark kosten. Außerdem lässt sich ein zusätzliches Risiko nicht ganz ausräumen, vgl. dazu Abschnitt 4.6.6.

Wenn Sie also mit Ihrem Partner verschlüsselte E-Mails austauschen und sich nur vor *einem* gewieften Konkurrenten schützen müssen, dann teilen Sie das Paßwort doch einfach telefonisch mit. Der Konkurrent müsste sowohl Ihre E-Mails abfangen (das ist noch machbar) als auch Ihren Telefonverkehr abhören – trauen Sie ihm das zu? Wenn ja, dann schicken Sie den Schlüssel per Post. Gut, er könnte den Briefträger bestochen haben, weil er Ihre Taktik kennt: Dann senden Sie den halben Schlüssel per Post (eventuell in mehreren Portionen) und teilen die andere Hälfte telefonisch mit. Wer kann schon gleichzeitig Post *und* Telefonverkehr überwachen (na, wer schon)?

Wenn Sie drei bis vier verschiedene Übertragungskanäle für die »Einzelteile« Ihres Schlüssels benutzen, hat ein normaler Gegner keine Chance mehr (die anderen Gegner definieren wir als anormal). Natürlich dürfen Sie dabei keinen 64-Bit-Schlüssel in vier Portionen à 16 Bit übermitteln (das zerbrochene Zauberamulett taugt nur für Märchenfilme), denn wenn doch jemand drei Teilschlüssel davon abfängt, wird Brute Force für ihn zum Kinderspiel (im Unterschied zum Zauberamulett!). Stellen Sie vielmehr Ihren 64-Bit-Schlüssel als Summe von vier 64-Bit-Zahlen dar, von denen drei zufällig sind. So hat ein Lauscher erst dann eine Chance, wenn er wirklich alle Teilschlüssel besitzt. Das ist wohl die zuverlässigste praktische Methode sicherer Nachrichtenübermittlung.

Trauen Sie trotzdem überhaupt niemandem mehr außer Ihrem Partner, dann fahren Sie wieder einmal zu ihm hin, übergeben ihm den Schlüssel persönlich, und hängen Sie einen schönen Kurzurlaub an.

Diese Prozedur brauchen Sie nur selten zu durchlaufen. Vereinbaren Sie mit Ihrem Partner einen »Generalschlüssel«, der keinesfalls kompromittiert werden darf. Für jede Nachricht erzeugen Sie einen gesonderten **Sitzungsschlüssel** (unbedingt mit einem kryptologisch guten Computerprogramm – vgl. 5.1.4) und nutzen diesen zur Chiffrierung der Nachricht. Den Sitzungsschlüssel chiffrieren Sie mit dem Generalschlüssel und senden das Ergebnis mit. Dank solch umsichtiger Vorgehensweise werden mit keinem Schlüssel große Datenmengen chiffriert, was ohne Frage die Sicherheit bedeutend verbessert. So arbeitet man heute in kritischen Bereichen wohl immer. Und deswegen wird ein theoretisch möglicher Klartextangriff erst dann praktisch interessant, wenn nur noch wenige MByte Klartext erforderlich sind.

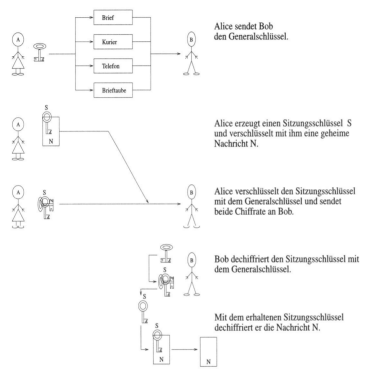

Alice sendet Bob den Generalschlüssel.

Alice erzeugt einen Sitzungsschlüssel S und verschlüsselt mit ihm eine geheime Nachricht N.

Alice verschlüsselt den Sitzungsschlüssel mit dem Generalschlüssel und sendet beide Chiffrate an Bob.

Bob dechiffriert den Sitzungsschlüssel mit dem Generalschlüssel.

Mit dem erhaltenen Sitzungsschlüssel dechiffriert er die Nachricht N.

Abbildung 4.13: Sicherer Transfer eines geheimen Schlüssels

Das ist alles nicht neu. Dem entsprach schon die Arbeitsvorschrift für die Enigma! Wenn Sie sich an den Abschnitt 2.5.2 erinnern: Ein Generalschlüssel – die so genannte Grundstellung – wurde auf kryptologisch sicheren Kanälen übermittelt (im Codebuch), den Spruchschlüssel stellte der Funker selbst ein und chiffrierte ihn mit dem Tagesschlüssel. Die deutschen Kryptologen wussten sehr wohl, dass sonst ein Geheimtextangriff möglich geworden wäre. In der Praxis jedoch arbeiteten gestresste Funker dem Gegner in die Hand, indem sie schlechte Spruchschlüssel wählten (natürlich halfen andere Schwächen der Enigma ebenso mit).

Der Vollständigkeit halber sei erwähnt, dass es noch eine Möglichkeit gibt, Schlüssel sicher zu verteilen: Über so genannte zentrale Schlüsselserver (*key server*). Mittels eines nur den legitimen Endnutzern bekannten Generalschlüssels wird ein Sitzungsschlüssel auf Anforderung an einzelne Endnutzer verteilt. Ein Beispiel hierzu ist das so genannte Breitmaulfrosch-Protokoll, das in Abschnitt 6.1.1 erklärt wird.

Schlüsseltausch mit asymmetrischen Verfahren

Die beschriebene Methode des getrennten Versendens von Schlüsselteilen wird lästig und langsam, wenn Sie mit mehreren oder wechselnden Partnern chiffrierte Nachrichten austauschen müssen. Obendrein kann es teuer werden, z. B. wenn Ihr Partner gerade in Neuseeland arbeitet, oder auch nervend, wenn beispielsweise Ihr japanischer Kollege um Größenordnungen besser Englisch schreibt, als er es ausspricht.

Viel einfacher sieht doch alles bei Nutzung asymmetrischer Verfahren aus: Jeder, der überhaupt chiffrierte Nachrichten empfangen will, erzeugt sich ein entsprechendes Schlüsselpaar und gibt den öffentlichen Schlüssel bekannt. Um einem »Schlüsselbesitzer« eine chiffrierte Nachricht zu senden (sogar ohne Vorankündigung), können wir ähnlich wie gerade beschrieben vorgehen:

1. Wir besorgen uns den öffentlichen Schlüssel des Empfängers.

2. Wir erzeugen einen zufälligen Sitzungsschlüssel.

3. Mit dem Sitzungsschlüssel chiffrieren wir *per symmetrischem Verfahren* die Nachricht, mit dem öffentlichen Schlüssel des Empfängers *per asymmetrischem Verfahren* den Sitzungsschlüssel.

4. Beide Chiffrate senden wir dem Empfänger.

5. Dieser kann als einziger den Sitzungsschlüssel ermitteln, weil er als einziger den privaten Schlüssel kennt.

6. Nun kann er die Nachricht mit dem Sitzungsschlüssel und dem symmetrischen Verfahren entziffern (Abb. 4.14).

(Die Beschreibung einer solchen Vorgehensweise heißt übrigens *kryptografisches Protokoll*. Das gesamte Kapitel 6 ist nur derartigen Themen gewidmet.) Weil hierbei sowohl symmetrische als auch asymmetrische Algorithmen zum Einsatz kommen, spricht man von **hybriden Verfahren**.

Nichts kann mehr schief gehen! Ein Klartextangriff auf das asymmetrische Verfahren ist in diesem Rahmen in der Tat nicht durchführbar, denn es werden zufällige Sitzungsschlüssel chiffriert (die man sich ansonsten auch schwer merken könnte). Die geringe Geschwindigkeit des asymmetrischen Verfahrens fällt bei den relativ kurzen Sitzungsschlüsseln (8-16 Byte) nicht ins Gewicht. Oder gibt es doch einen Pferdefuß?

Es gibt ihn, und wir erkennen ihn bei näherer Betrachtung des Punktes 1. Woher wissen wir denn eigentlich so sicher, dass der besorgte öffentliche Schlüssel wirklich zur betreffenden Person gehört? Es ist ein Betrugsmanöver möglich, auf das wir im Folgenden eingehen müssen.

Der Mann in der Mitte

Wie üblich in der Kryptologie bezeichnen wir im Folgenden die »lieben« Kommunikationspartner mit Alice und Bob und den »bösen Angreifer« mit Mallory (der Name hat offensichtlich mit *malicious*, boshaft, zu tun).[2]

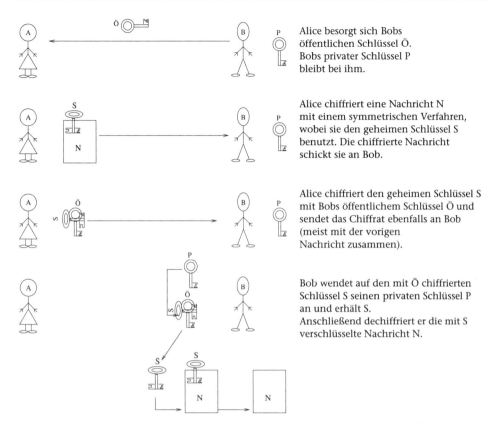

Abbildung 4.14: Hybrides Verfahren zur chiffrierten Nachrichtenübermittlung

Alice möchte Bob chiffrierte Nachrichten übermitteln und sendet ihm eine E-Mail: »Bitte maile mir Deinen öffentlichen Schlüssel.« Bob erhält die Mail und sendet Alice den Schlüssel. Alice erhält ihn, sendet die chiffrierte Nachricht, und Bob kann sie auch lesen – ohne Frage ist es eine Nachricht von Alice. In Wirklichkeit hat aber Mallory, der Angreifer, alles mitgelesen. Er ist der von der Konkurrenz bestochene Verwalter des Firewall-Rechners, über den alle E-Mail in Alices Firma läuft. Wie hat er das gemacht?

Zunächst las Mallory die Aufforderung an Bob mit, den öffentlichen Schlüssel zu schicken. Dann fing Mallory Bobs Antwort ab, also Bobs öffentlichen Schlüssel. Er schickte aber an dessen Stelle einen *eigenen* öffentlichen Schlüssel an Alice. Nun konnte er jede Mail von Alice an Bob dechiffrieren, lesen, dann den Sitzungsschlüssel mit Bobs öffentlichem Schlüssel neu chiffrieren und an Bob schicken. Es ist überhaupt nicht schwer, diesen Vorgang von einem Programm erledigen zu lassen.

Dieser Angriff heißt **man-in-the-middle attack**. Mallory sitzt, bildlich gesehen, in der Mitte der Leitung und gibt jeder Seite vor, der jeweils andere zu sein.

---

2. Mallory übernimmt der Einfachheit halber in diesem Buch manchmal auch die Rolle von Eve, der Lauscherin (von *eavesdropper*).

Das Interlock-Protokoll

Es gibt mehrere Möglichkeiten, diesen Angriff zu verhindern. Eine leicht realisierbare, die ohne vertrauenswürdigen Dritten auskommt, wurde von Rivest und Shamir 1984 erfunden und heißt **Interlock-Protokoll**. Dabei müssen Alice und Bob sich gegenseitig solche Nachrichten senden, anhand derer jeder von ihnen erkennen kann, dass eine Nachricht eindeutig vom anderen stammt. Der Ablauf des Protokolls ist so:

1. Alice und Bob senden sich ihre öffentlichen Schlüssel zu. Mallory könnte wie bisher eigene Schlüssel dafür einsetzen.

2. Alice chiffriert eine individuelle, aber nicht zu vertrauliche Nachricht mit dem erhaltenen öffentlichen Schlüssel (der von Bob oder Mallory stammt, je nachdem). Von dieser Nachricht schickt sie aber nur einen nicht dechiffrierbaren Teil an Bob. Wenn das asymmetrische Verfahren ein Blockalgorithmus ist, kann sie z. B. von jedem Block nur die linke Hälfte senden. Oder sie sendet nur die Bits bzw. Bytes an ungeradzahligen Positionen in der Nachricht. Oder sie nutzt den CBC-Modus und lässt den Initialisierungsvektor weg (dieses Verfahren wird in 5.1.1 erklärt).

3. Bob verfährt *nach* Erhalt der »ersten Teilzahlung« ebenso: Er sendet einen nicht dechiffrierbaren Teil einer chiffrierten Nachricht an Alice.

4. Nun sendet Alice den zweiten Teil ihrer Nachricht.

5. Bob setzt beide Teile von Alices Nachricht zusammen und dechiffriert sie mit seinem privaten Schlüssel.

6. Ist alles korrekt, sendet auch Bob den zweiten Teil an Alice. Diese setzt ebenfalls beide Nachrichtenteile zusammen und dechiffriert sie (Abb. 4.15).

Weil Alices erster Nachrichtenteil nicht dechiffrierbar ist, kann Mallory ihn auch nicht mit dem eigenen sowie Bobs Schlüssel »re-chiffrieren«. Er müsste erfundene Nachrichten weiterleiten, von denen Bob annimmt, dass sie von Alice stammen. Dies soll nach dieser Voraussetzung nicht möglich sein; wie Alice das erreicht, ist nicht Bestandteil des Protokolls.

Warum wird aber der Schritt 3 auch dann eingeschoben, wenn nur Alice eine Nachricht an Bob senden will? Würde es nicht ausreichen, wenn Alice ihre Nachricht in zwei Teile zerlegt? Nein, denn dann könnte Mallory die beiden Hälften »sammeln« und wie bisher verfahren. Erst der Trick, dass sich beide Seiten *abwechselnd* nicht dechiffrierbare Teile senden und dann *abwechselnd* diese Teile ergänzen, macht das Protokoll sicher. Außerdem entdecken so beide Seiten einen Betrug und brauchen sich nicht darüber per E-Mail zu verständigen. Diese E-Mail könnte sonst nämlich auch von Mallory verfälscht werden. Das alles ist schon clever ausgedacht.

Der einzige störende Punkt ist die Voraussetzung, dass Alice und Bob die erhaltenen Nachrichten als »unzweifelhaft vom Partner stammend« erkennen müssen. So etwas ist bei individuellem Kontakt gegeben, jedoch schlecht automatisierbar. Wenn Rechner untereinander und automatisch über das Interlock-Protokoll sicher kommunizieren wollen, wird dieser Punkt zum Problem.

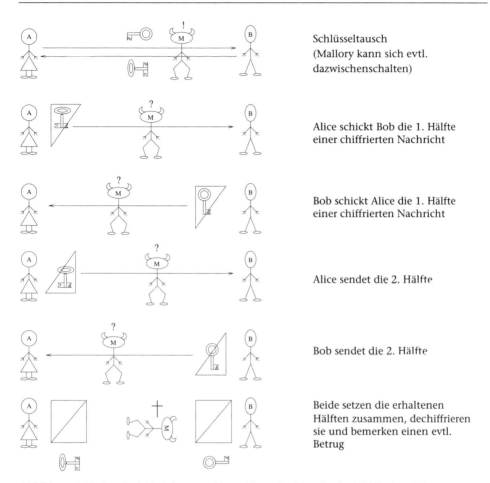

Schlüsseltausch
(Mallory kann sich evtl.
dazwischenschalten)

Alice schickt Bob die 1. Hälfte
einer chiffrierten Nachricht

Bob schickt Alice die 1. Hälfte
einer chiffrierten Nachricht

Alice sendet die 2. Hälfte

Bob sendet die 2. Hälfte

Beide setzen die erhaltenen
Hälften zusammen, dechiffrieren
sie und bemerken einen evtl.
Betrug

Abbildung 4.15: Interlock-Verfahren zur Vermeidung des Man-in-the-Middle-Angriffs

Verteilung öffentlicher Schlüssel

Sie sehen, dass der wunde Punkt bei der Nutzung asymmetrischer Verfahren – deren Sicherheit vorausgesetzt – in der Verteilung öffentlicher Schlüssel liegt. Das genannte Interlock-Protokoll ist eine schlaue Methode, z. B. um individuell und ausschließlich über Internet öffentliche Schlüssel auszutauschen. Auch lässt sich ein öffentlicher Schlüssel über Telefon recht zuverlässig überprüfen – Stimme *und* Ausdrucksweise sind wahrlich nicht so leicht zu fälschen. Doch das bedeutet bei jeder Kontaktaufnahme einen zusätzlichen Aufwand. Angenehm wäre es doch, seinen öffentlichen Schlüssel öffentlich in einer sicheren Weise bekannt zu geben. Ein Abdruck in der Tageszeitung wäre ideal, doch im Hinblick auf Kosten und Zeitungsumfang nicht sehr erstrebenswert. So viel wie nur möglich soll sich in einem einzigen Kommunikationsmedium abspielen, z. B. im Internet.

Das Thema ist uferlos, die Lösungen sollen hier deshalb nur angedeutet werden. Es gibt zwei populäre Konzepte, die mit zwei Softwarepaketen zusammenhängen: PEM und PGP (Näheres dazu finden Sie in Kap. 7.)

PEM – *Privacy-Enhanced Mail* – ist ein Standard zum Versenden verschlüsselter E-Mail im Internet, der öffentliche Schlüssel auf zertifizierten Rechnern verwaltet, die hierarchisch in einer Baumstruktur angeordnet sind (vgl. auch Abb. 2.1). Ein vertrauenswürdiger »Wurzelrechner« bestätigt durch geeignete kryptografische Protokolle, dass gewisse andere Rechner vertrauenswürdig sind. Diese zertifizieren wiederum andere Rechner usw. Von den Details einmal abgesehen – die gesamte Sicherheit hängt hier an dem Wurzelrechner. Das macht misstrauisch. Doch mittels des Interlock-Protokolls lässt sich auch ein Wurzelrechner periodisch überprüfen.

PGP ist das populäre Gegenstück zu PEM – es nutzt keine zentralistische Vertrauenshierarchie, sondern arbeitet »föderalistisch«: Jeder PGP-Anwender unterschreibt (elektronisch) anderen, denen er persönlich vertraut, den öffentlichen Schlüssel (auf elektronische Unterschriften gehen wir erst in 6.3 ein). Nach dem Motto »der Freund meines Freundes ist auch mein Freund« entsteht so ein Netz mit möglichen sicheren Verbindungswegen, das so genannte »web of trust«. Dieses Netz ist schwierig zu stören, weil es irregulär ist – ähnlich wie das Internet, dessen Vorläufer ja ursprünglich vor allem eine sichere Nachrichtenübertragung im Kriegsfalle garantieren sollte. Mehr zu PGP im Kapitel 7.

Genau genommen gehörte dieser Abschnitt in das Kapitel 6, denn er beschäftigte sich ausschließlich mit kryptografischen Protokollen. Doch ohne Kenntnis solcher Probleme wird die Behandlung asymmetrischer Verfahren etwas trocken.

4.5.3 Das RSA-Verfahren und acht Risiken

Wahrscheinlich kennen Sie bereits das RSA-Verfahren als populärstes asymmetrisches Verfahren. Im Unterschied zu den bis damals bekannten Verfahren (Rucksackalgorithmus und Schlüsselaustausch nach Diffie-Hellmann) eignete sich RSA erstmals sowohl für die asymmetrische Verschlüsselung als auch für digitale Signaturen. Der Name RSA stammt von seinen geistigen Vätern RIVEST, SHAMIR und ADLEMAN, die den Algorithmus 1978 veröffentlichten [RSA]. (GARDNER zitierte ihn bereits 1977 [GardRSA]).

Das RSA-Verfahren beruht auf einem mathematisch »harten« Problem, nämlich der Faktorisierung sehr großer Zahlen (gegenwärtig 300 Dezimalstellen und mehr). Der Algorithmus ist schnell erklärt, doch wie so oft in der Mathematik wüssten Sie dann nicht, wie man darauf gekommen ist. Ich will im Folgenden wenigstens versuchen, einen solchen Gedankengang aufzubauen. Wir benötigen dazu etwas Zahlentheorie, aber wirklich nur wenig.

Kongruenzen und der Kleine Fermat

Schon einige Male wurden Sie in diesem Buch mit der Kongruenzrechnung konfrontiert. Sie wissen bereits, dass zwei natürliche Zahlen a und b **kongruent modulo n** heißen (n ist eine natürliche positive Zahl), geschrieben

$$a = b \bmod n \qquad \text{oder auch} \qquad a \equiv b \bmod n$$

wenn a und b den gleichen Rest bei Teilung durch n lassen. Äquivalent dazu ist, dass (a-b) durch n ohne Rest teilbar ist. Das schreibt man auch so:

n | a-b

Mit solchen **Kongruenzen** dürfen wir ähnlich wie mit Gleichungen rechnen – z. B. können wir sie addieren und multiplizieren: Aus

a = b mod n

und

c = d mod n

folgen

a+c = b+d mod n
ac = bc mod n   und
ac = bd mod n

Aus der letzten Gleichung ergibt sich insbesondere

a^k = b^k mod n

für jede natürliche Zahl k.

Schließlich folgt aus

a = b mod n   (also n | a-b),

dass

nc | ac-bc   bzw.
ac = bc mod nc   gilt.

Dies bedeutet: Wir dürfen beide Seiten einer Kongruenz *und* den Modul (hier die Zahl n) mit der gleichen Zahl multiplizieren. Wir werden das weiter unten ausnutzen.

Dieses Teilgebiet der Mathematik heißt **Kongruenzrechnung** oder auch **modulare Arithmetik**. Man arbeitet dabei ausschließlich mit ganzen Zahlen, und das sei auch im Folgenden stillschweigend vorausgesetzt.

Nicht alle Gleichungen sind in dieser Arithmetik lösbar. So hat beispielsweise

3x = 1 mod 12

keine ganzzahlige Lösung x. Und nicht alle einfachen Gleichungen sind einfach lösbar. Während sich für geeignete Zahlen e und n noch mit erträglichem Aufwand ein d mit

de = 1 mod n

ermitteln lässt (s. u.), sind Gleichungen der Form

a^x = g mod n

für große Zahlen n äußerst schwierig nach x aufzulösen. Ohne das »mod n« am Ende könnten wir ja einfach »$\log_a(g)$« hinschreiben, aber hier geht es um ganze Zahlen und Reste – das ist etwas völlig anderes. Nur der Name der Lösung x ist ähnlich dem bei gewöhnlichen Zahlen: x heißt **diskreter Logarithmus** von g zur Basis a. Wir kommen in 4.6.4 darauf zurück.

Vorerst interessieren wir uns aber für einen Satz aus der Zahlentheorie, der hier nicht bewiesen wird. Sie wissen sicherlich noch aus der Schulzeit, dass eine Zahl (größer als 1) **Primzahl** heißt, wenn sie nur durch 1 und sich selbst ohne Rest teilbar ist. Für Primzahlen gilt folgender **Kleiner Satz von Fermat**:

Wenn p eine Primzahl und a nicht durch p teilbar ist, dann gilt

$$a^{p-1} = 1 \mod p$$

EULER bewies eine wichtige Verallgemeinerung dieses Satzes, der auch für Nicht-Prime-Module n gilt:

Eine Zahl m heißt **teilerfremd** zu n, wenn es keine ganze Zahl größer als 1 gibt, durch die sowohl m als auch n teilbar sind. 12 und 7 sind also teilerfremd, 12 und 8 nicht. Die Anzahl aller Zahlen aus der Menge 1,...,n, die zu n teilerfremd sind, heißt **Eulersche Funktion** von n und wird mit $\phi(n)$ bezeichnet. Der »Kleine Fermat« kann nun wie folgt verallgemeinert werden:

Für jede natürliche Zahl n und jedes zu ihr teilerfremde a gilt

$$a^{\phi(n)} = 1 \mod n$$

Wenn n Primzahl ist, dann gilt $\phi(n)$ = n-1. Es handelt sich also tatsächlich um eine Verallgemeinerung des Kleinen Fermat.

Mit Hilfe der eulerschen Verallgemeinerung können wir auch den modularen Kehrwert einer Zahl berechnen, d. h. für gegebene a und n ein x ermitteln, das

$$ax = 1 \mod n$$

erfüllt: Die Lösung lautet $x = a^{\phi(n)-1}$.

Damit soll es der Vorbereitung genug sein.

Durch Spiel zum Ziel

In der Mathematik ergibt sich ein Lösungsweg oft nicht geradlinig, sondern erst nach scheinbar ziellosem Hin- und Herprobieren. Wir beherzigen das und wollen einfach einmal sehen, was sich mit der genannten eulerschen Erweiterung des Kleinen Fermat anstellen lässt, wenn wir sie auf Produkte zweier Primzahlen anwenden. Der Hintergedanke ist folgender: Es ist bekanntermaßen außerordentlich schwierig, aus einem Produkt n = pq zweier großer Primzahlen p und q diese Primzahlen zu ermitteln. Das Problem heißt **Faktorisierung** von n. Die Schwierigkeit steigt mit wachsender Stellenzahl rasant an. Vielleicht können wir daraus einen asymmetrischen Algorithmus bauen: n ist bekannt, und irgendwie können wir mit Hilfe dieser Zahl auch etwas verschlüsseln, aber ohne Kenntnis von p und q nicht wieder entschlüsseln.

Zunächst überlegen wir uns, dass für alle Primzahlen die Eulersche Funktion so aussieht:

$$\phi(pq) = (p-1)(q-1).$$

Der Beweis ist einfach: Es gibt insgesamt pq Zahlen 1,...,pq. Von diesen sind *nicht* teilerfremd zu pq: Die p durch q teilbaren Zahlen sowie die q durch p teilbaren Zahlen, also zusammen p+q. Wir müssen dabei beachten, dass wir pq zweimal berücksichtigt haben, denn es ist ja durch p *und* q teilbar. Alle anderen Zahlen, die weder durch p noch durch q teilbar sind, müssen zu pq teilerfremd sein (denn p und q sind Primzahlen). Somit folgt

$$\phi(pq) = pq - (p+q-1) = (p-1)(q-1).$$

Also gilt

$$m^{(p-1)(q-1)} = 1 \bmod pq \tag{2}$$

oder auch

$$m^{(p-1)(q-1)+1} = m \bmod pq$$

für alle m, die weder durch p noch durch q teilbar sind. Das könnte das gesuchte Verfahren sein: Wir bestimmen zwei natürliche Zahlen d und e mit

$$de = (p-1)(q-1)+1 \quad \text{und} \quad d, e > 1$$

e und n geben wir bekannt. Jeder kann für jede zu pq teilerfremde Zahl m < pq den Rest berechnen, den m^e bei Teilung durch pq lässt. Diesen Rest fassen wir als Geheimtext auf. m sehen wir als *Klartext* an, n = pq *und* e als *öffentlichen Schlüssel* (also *zwei* Zahlen!). Nur wir kennen d, den *privaten* Schlüssel (genau genommen gehört auch n dazu, es ist aber nicht geheim). Wenn uns jemand den Geheimtext m^e sendet (genauer: den Rest bei Teilung durch n), so berechnen wir den Klartext m gemäß

$$(m^e)^d = m^{ed} = m^{(p-1)(q-1)+1} = m \bmod pq$$

Die Berechnung von d aus e und n läuft über die Faktorisierung von n = pq. Wer n nicht faktorisiert (also nicht p und q aus n berechnet), kann auch d nicht ermitteln. Stimmt das? Benötigt denn ein Angreifer nicht bloß (p-1)(q-1) zur Ermittlung von d? Nun, wenn er (p-1)(q-1) auf irgendeine andere Weise bestimmt hat, dann kennt er doch auch

$$pq - (p-1)(q-1) - 1 = p+q$$

und aus pq sowie p+q kann er p und q leicht berechnen, d. h. er kann n faktorisieren. Das Problem der Ermittlung von (p-1)(q-1) ist also nicht leichter als das der Faktorisierung von n. Und die direkte Berechnung von m aus m^e heißt mit anderen Worten, den diskreten Logarithmus von m^e zur Basis m zu berechnen. Diese Aufgabe ist bewiesenermaßen nicht leichter als die Faktorisierung von n. Vielleicht gibt es noch einen anderen Weg, an d oder m heranzukommen, doch diesen hat noch niemand gefunden. Die aktuellste mir bekannte Arbeit [BonVen] zu dieser Problematik wurde auf der EUROCRYPT '98 vorgetragen und liefert lediglich Hinweise darauf, dass es einen solchen Weg geben könnte, ohne jedoch eine Richtung zu zeigen.

Das sieht alles sehr gut aus, nicht wahr? Allerdings haben wir zwei Probleme offen gelassen.

Erstens: Haben Sie die ungeprüfte Voraussetzung bemerkt? Im Allgemeinen gibt es nämlich nicht zwei Zahlen d und e mit d,e > 1 und

de = (p-1)(q-1) + 1

Beispielsweise wird für p = 5 und q = 11

(p-1)(q-1)+1 = 41

also zur Primzahl. Das Problem lässt sich lösen. Wenn e zu (p-1)(q-1) teilerfremd ist (eine solche Zahl größer als 1 findet sich immer), dann existiert nach dem Kleinen Fermat der modulare Kehrwert d von e, d. h. ein d mit

de = 1 mod (p-1)(q-1)

(dieses d wird mittels des so genannten erweiterten euklidischen Algorithmus bestimmt). Das heißt im Klartext

de = k(p-1)(q-1) + 1

für irgendeine natürliche Zahl k > 1. Weil aus (2) folgt

$m^{k(p-1)(q-1)} = 1^k = 1 \bmod pq$

haben wir dann trotzdem noch

$m^{de} = m \bmod pq$ (3)

Zweites Problem: Was wird mit den m < n, die nicht teilerfremd zu n = pq sind? Eine kleine Rechnung zeigt, dass die uns interessierende Gleichung (3) dann trotzdem noch erfüllt ist. Der Nachweis fällt nicht schwer, daher will ich ihn hier vorführen:

Für jedes t < p gilt doch nach dem Kleinen Fermat

$t^{p-1} = 1 \bmod p$ sowie $q^{p-1} = 1 \bmod p$

also auch für jedes k > 0

$t^{k(p-1)(q-1)} = 1 \bmod p$ und $q^{k(p-1)(q-1)} = 1 \bmod p$

Wir multiplizieren beide Gleichungen miteinander und danach noch beide Seiten mit t:

$t(tq)^{k(p-1)(q-1)} = t \bmod p$

Nun erinnern wir uns der obigen Regel, dass beide Seiten einer Kongruenz und der Modul selbst mit der gleichen Zahl multipliziert werden dürfen, in diesem Falle q:

$(tq)^{k(p-1)(q-1)+1} = tq \bmod pq$

Somit gilt (3) auch für alle Vielfachen von q. Analog zeigen wir die Gleichung für die Vielfachen von p.

Damit haben wir das RSA-Verfahren hergeleitet und gleichzeitig bewiesen, dass es funktioniert.

Anwendung von RSA

Bisher haben Sie nur Variablen gesehen, hinter denen sich natürliche Zahlen verbergen. Wie entsteht daraus ein Chiffrierverfahren? Zunächst müssen wir ein Schlüsselpaar erzeugen:

1. Wir legen eine Schlüssellänge fest. Aktuell gelten 1024 Bit als sicher. Wir erzeugen zwei verschiedene Primzahlen p und q mit mindestens 1024/2 = 512 Bit Länge (dazu unten mehr).

2. Wir legen einen Exponenten e fest. Üblich sind die Werte 3, 17 und 65537 = $2^{16}+1$ (für diese speziellen Werte lässt sich m^e besonders schnell berechnen). e muss zu p-1 und q-1 teilerfremd sein. Wenn nicht, dann müssten wir e bzw. p und q anders wählen. Aber bei den angegebenen drei Werten für e gibt es keine Probleme, da sie Primzahlen und gewiss nicht gleich p oder q sind (p und q sollen ja extrem groß sein).

3. Nun ermitteln wir mit dem so genannten erweiterten euklidischen Algorithmus (er wird hier nicht besprochen; ein C-Programm ist in [SchnCr 11.3] enthalten) ein d mit

   de = 1 mod (p-1)(q-1).

   d ist der private Schlüssel, den wir niemals jemandem zeigen werden. Im Prinzip dürfen wir p und q nun vergessen. Ihr Produkt n = pq geben wir zusammen mit dem Exponenten e als öffentlichen Schlüssel bekannt.

Damit sind die Schlüssel erzeugt. Die Chiffrierung sieht so aus:

1. Wenn der Schlüssel n = pq genau N Bit lang ist, teilen wir den Text in Blöcke zu N-1 Bit auf (zur Not müssen wir auffüllen, vgl. dazu 5.1.2).

2. Von jedem Block mit dem numerischen Wert m berechnen wir den Rest m^e bei Teilung durch n. Das ist schon der Geheimtextblock, der allerdings die Länge N hat (durch entsprechendes Auffüllen lassen sich Geheim- und Klartextblöcke auf gleiche Länge bringen, falls nötig).

Bei der Dechiffrierung gehen wir umgekehrt vor:

1. Wir teilen den Geheimtext in N-Bit-Blöcke auf.

2. Zu jedem Geheimtextblock mit dem numerischen Wert c berechnen wir den Rest von c^d bei Teilung durch n. Das ist ein N-1 Bit langer Klartextblock (das erste Bit – es muss 0 sein, sonst liegt ein Fehler vor – streichen wir).

Das RSA-Verfahren

Schlüsselerzeugung:

▸ Wähle zwei große Primzahlen p und q (z. B. etwa 512 Bit lang).

▸ Bilde n = pq. n sei N Bit lang.

▸ Wähle ein e > 1, das zu (p-1)(q-1) teilerfremd ist.

▸ Berechne ein d mit de = 1 mod (p-1)(q-1).

▸ n und e bilden den öffentlichen, d den privaten Schlüssel.

Chiffrierung:

▶ Zerlege den Klartext in Blöcke zu je N-1 Bit (evtl. muss der letzte Block aufgefüllt werden).

▶ Berechne zu jedem Block mit Wert m < n den Rest c von m^e bei Teilung durch n. c ist der Geheimtextblock und N Bit lang.

Dechiffrierung:

▶ Zerlege den Geheimtext in N-Bit-Blöcke.

▶ Zu jedem Block mit Wert c < n ist der Rest von c^d bei Teilung durch n der zugehörige Klartext.

Abbildung 4.16: Das RSA-Verfahren

Es leuchtet ein, dass RSA langsam ist: Multiplikationen und Restberechnungen mit 1000 Bit langen Zahlen brauchen Zeit.

Das Erzeugen des Schlüssels

Eine bisher offene Frage ist sehr wichtig für Sicherheit und Schnelligkeit des Verfahrens: Wie findet man solche riesigen Primzahlen? Vermutlich kennen Sie das Sieb des Erathostenes, das einfachste Verfahren zur Berechnung von Primzahlen:

Wir schreiben alle Zahlen z. B. bis 1000 auf, mit der 2 beginnend:

2 3 4 5 6 7 8 9 10 11 12 13 14 15 ...

Alle Vielfachen der ersten Zahl (der 2) außer ihr selbst werden gestrichen:

2 3   5   7   9   11   13   15

Die kleinste Zahl größer als 2 ist die 3, die nächste Primzahl. Wir streichen alle Vielfachen von 3 außer 3 selbst:

2 3   5   7   11   13

Nun suchen wir die kleinste Zahl größer als 3, die noch übrig geblieben ist – und so weiter. Die Methode arbeitet wie ein Sieb: Nur die Primzahlen bleiben hängen. Wenn Sie *alle* Primzahlen beispielsweise bis 10 Millionen berechnen wollen, ist das sogar sehr effektiv. Sie brauchen dazu zwar 10 Millionen Speicherplätze (es reichen sogar schon 3 MBit), aber das ist heutzutage keine Hürde mehr.

Bei 512 Bit langen Zahlen allerdings wären damit alle Ressourcen überfordert. Die Suche wird wieder einfacher, wenn wir uns von der Vorstellung 100%iger Sicherheit lösen und uns mit 99,9999...%iger zufrieden geben.

Generell ist es bei derart großen Zahlen am effektivsten, eine Zahl in der gewünschten Größenordnung zufällig zu wählen und zu testen, ob sie Primzahl ist. Wenn nicht, dann wählen wir die nächste Zahl – zufällig oder deterministisch, das ist nicht so wichtig.

Der Test auf Primzahl erfolgt ebenfalls mit der Hilfe des Zufalls. Wir erhalten immer nur Aussagen der Form: »In diesem Test ist die Zahl mit 50% Wahrscheinlichkeit eine Primzahl.« Nach 50 unabhängigen Tests sinkt dadurch die Irrtumswahrscheinlichkeit auf 2^{-50}, das ist etwa ein Fehler auf eine Billiarde Versuche (1 Million Milliarden). Als Beispiel soll hier der Test von Rabin-Miller folgen, bei dem die Treffsicherheit nicht nur 50% beträgt, sondern 99.9% und mehr. Schon nach 6 Tests soll bei langen Zahlen die Irrtumswahrscheinlichkeit kleiner als 2^{-50} sein.

In der Praxis sieht die Primzahlerzeugung so aus:

1. Wir erzeugen eine zufällige N Bit lange Zahl p (N ist die vorgegebene Schlüssellänge). Das erste und das N-te Bit setzen wir auf 1, damit die Zahl ungerade sowie größer als 2^{N-1} wird.

2. Wir prüfen direkt nach, ob p durch eine kleine Primzahl teilbar ist, z. B. durch eine Primzahl kleiner als 256 oder auch 2000. Wenn ja, dann fällt p heraus, und wir müssen zum Schritt 1 zurückgehen.

   Das geht schneller als eine evtl. Ablehnung durch den folgenden Test.

3. Wir stellen p in der Form $p = 2^b m + 1$ mit möglichst großem b dar. Das ist ganz einfach zu erreichen: Wir setzen das letzte Bit von p gleich 0; die Anzahl der Nullbits am Ende ist gleich b und der Rest davor ergibt m.

4. Den folgenden Test von RABIN-MILLER [Knuth2 4.5.4] führen wir z. B. sechsmal durch:

   (a) Wir wählen zufällig eine Zahl a < p.

   (b) Wir berechnen $z = a^m$ mod p. Ist z gleich 1 oder p-1, so hat p den Test für dieses a bestanden. Ansonsten setzen wir einen Zähler j = 0 und treten in eine Schleife ein:

   (c) Falls j > 0 und z = 1, so ist p eine zusammengesetzte Zahl, d. h. sie besteht den Test nicht. Wir starten neu mit Schritt 1.

   (d) Wir erhöhen j um 1 und entscheiden:
   – Ist z = p-1, so hat p den Test für dieses a bestanden.
   – Ist j < b und z ≠ p-1, dann berechnen wir
   ```
   z = z² mod p
   ```
   und gehen zurück zu (c).

   (e) Es bleibt der Fall j = b und z ≠ p-1: Dann hat p den Test nicht bestanden, wir starten wieder mit 1.

Warum der Test funktioniert, ist für Nichtmathematiker vermutlich etwas schwieriger zu verstehen: Nur für Primzahlen p bilden die Restklassen modulo p einen Körper. Jedes Quadrat hat darin genau zwei Wurzeln; speziell hat die 1 die Wurzeln 1 und p-1. Im Test wird die Zahl z nun fortlaufend quadriert. Nimmt sie erstmals den Wert 1 an, ohne direkt vorher den Wert p-1 angenommen zu haben, dann muss 1 noch eine dritte Wurzel haben, d. h. die Restklassen modulo p können keinen Körper bilden, und p kann in diesem Fall auch keine Primzahl sein.

Der obige Test wird mit einer Wahrscheinlichkeit von mindestens 75% abgelehnt, wenn p keine Primzahl ist [Knuth2 4.5.4]. Die Praxis sieht weit optimistischer aus (siehe oben).

Die aufwendigste Operation bei diesem Test ist das Berechnen von a^m mod p im Test-Schritt (b). Das Ermitteln einer 512 Bit langen Primzahl dauert nach [SchnCr 11.5] auf einer Sparc II etwa 24 Sekunden, bei 1024 Bit sind es schon reichlich 5 Minuten. Zu einer Angelegenheit von Sekundenbruchteilen wird die Schlüsselgenerierung für das RSA-Verfahren also auch auf modernen, noch schnelleren Rechnern nicht (obendrein sind ja zwei Primzahlen zu erzeugen). Das stört aber kaum, weil Schlüssel nur selten zu generieren sind.

Übrigens brauchen wir p nicht jedes Mal zufällig zu wählen. Nach dem ersten Schritt könnten wir p auch geschickt bei jedem Schritt so vergrößern, dass Teilbarkeiten durch kleine Primzahlen wie 2, 3 und 5 von vornherein vermieden werden.

Weitere Tests nebst Literaturangaben finden Sie in [SchnCr 11.5].

Im Folgenden wollen wir die Sicherheit des RSA-Verfahrens diskutieren. Diese steht und fällt natürlich mit der Möglichkeit, sehr große Zahlen zu faktorisieren, hier: aus dem Produkt zweier Primzahlen diese Primzahlen mit tolerierbarem Aufwand zu berechnen. An diesem Problem wird seit Jahrzehnten gearbeitet. Bevor wir dazu kommen, wollen wir noch einige andere Sicherheitsaspekte untersuchen.

Risiko 1: Gleiche Primzahlen in verschiedenen Moduln

Falls jemand feststellt, dass sein Modul n nicht teilerfremd zu einem fremden Modul ist (die Moduln sind ja Bestandteil der öffentlichen Schlüssel, also allgemein bekannt), dann kennt er einen Faktor des fremden Moduls, d. h. er kann ihn ohne Probleme faktorisieren. Wenn eines Tages Millionen öffentlicher Schlüssel publiziert sind, dann gibt es Billionen von Paaren – da könnte doch wenigstens ein Paar einen gemeinsamen Teiler haben, oder?

Theoretisch ja, praktisch nicht. Ein aus der Zahlentheorie bekannter Primzahlsatz besagt nämlich, dass die Anzahl $\pi(N)$ aller Primzahlen kleiner als eine Zahl N für große N näherungsweise durch N/lnN beschrieben wird. Genauer gesagt, die Größe

$\pi(N)\ln N/N$

strebt gegen 1, wenn N gegen Unendlich strebt. Daraus folgt: Zwischen 2^{512} und 2^{513} gibt es etwa so viele Primzahlen wie zwischen 1 und 2^{512}, und das sind etwa $7{,}5*10^{151}$ – eine Zahl, zu deren Einordnung noch keine geeigneten sprachlichen Superlative zur Verfügung stehen. Aus der Anzahl der möglichen Primzahlen erwächst also keinerlei Risiko.

Viel wahrscheinlicher (und sicherlich nicht »nur« 10^{100} mal) ist doch, dass mehrere Anwender durch schlechte Wahl von Zufallszahlen auf die gleiche Primzahl treffen. Dieses Risiko muss durch sorgfältigste Implementierung der Zufallszahlenerzeugung ausgeschlossen werden!

Risiko 2: Angriff mit ausgewähltem Geheimtext

Das Folgende bezieht sich auf ein kryptografisches Protokoll, das wir erst in Kapitel 6 behandeln werden, nämlich die digitalen Signaturen. Trotzdem müssen wir dem hier etwas vorgreifen, denn die Problematik gehört in die Diskussion von RSA mit hinein.

Bei digitalen Unterschriften wird eine Zeichenfolge mit dem privaten Schlüssel »dechiffriert« (es kommt natürlich nichts Lesbares heraus). Das Ergebnis kann jederzeit mit dem öffentlichen Schlüssel zurückverschlüsselt und so überprüft werden, hat also die Funktion einer Unterschrift (denn nur der Besitzer des privaten Schlüssels war in der Lage, diese Unterschrift zu erzeugen).

Wer fremde Zeichenfolgen mit RSA dechiffriert und das Ergebnis bekannt gibt, kann kompromittiert werden. Das geschieht so: Die Angreiferin Eve (von *eavesdropper*, Lauscher) hat einen chiffrierten Sitzungsschlüssel von Alice abgefangen. Mathematisch gesehen kennt sie also $c = m^e \bmod n$, wobei m der Sitzungsschlüssel ist und (e,n) Alices öffentlicher Schlüssel ist. Um an m heranzukommen (und damit die gesamte Nachricht zu lesen, die mit dem Sitzungsschlüssel chiffriert wurde), verschlüsselt Eve irgendeine zu n teilerfremde[3] Zahl r mit dem öffentlichen Schlüssel und multipliziert den erhaltenen Geheimtext mit dem abgehörten Geheimtext c:

$$y = cr^e \bmod n$$

Dieses y schiebt sie Alice unter mit der Bitte um eine Unterschrift, d. h. um Dechiffrierung. Alice berechnet also

$$y^d = c^d \, r^{ed} \bmod n$$

und gibt dieses Ergebnis an Eve zurück. Wegen

$$m = c^d \bmod n \quad \text{und} \quad r^{ed} = r \bmod n$$

kennt Eve nun den Rest, den mr bei Teilung durch n lässt, und daraus kann sie mit Hilfe des so genannten erweiterten euklidischen Algorithmus m berechnen (mittels dieses Algorithmus löst sie zunächst die Gleichung $rx = 1 \bmod n$ und multipliziert dann $mr = u \bmod n$ mit x: $m = ux \bmod n$).

Natürlich hätte Eve Alice gleich $c = m^e \bmod n$ zur Unterschrift vorlegen können. Das wäre näher liegend. Obwohl es sehr aufwendig ist, kann Alice aber doch noch Eve beim Betrugsversuch ertappen, falls sie alle chiffrierten Sitzungsschlüssel aufbewahrt hat und c mit diesen vergleicht. Beim beschriebenen Angriff hat Alice dagegen keine Chance, Eves Absichten zu durchschauen.

Eve nutzt die Besonderheit von RSA aus, dass aus der Dechiffrierung eines Geheimtextes die Dechiffrierung eines anderen abgeleitet werden kann, aber die beiden Geheimtexte scheinbar keinen Zusammenhang haben. Genau genommen ist das keine Schwäche von RSA, sondern des kryptografischen Protokolls. Bei praktisch genutzten Protokollen besteht keine Chance, diese Schwäche auszunutzen. Wir sollten jedoch davon wissen, um keine unsicheren Verfahrensweisen zu entwickeln.

---

3. Wäre r nicht teilerfremd zu n, dann hätte Eve einen Primfaktor von n gewonnen und wäre ohnehin am Ziel ihrer Wünsche.

Risiko 3: Angriff gegen kleine Werte von e

Ein kleiner Wert des frei wählbaren Exponenten e im öffentlichen Schlüssel spart Rechenzeit bei der Verschlüsselung, birgt aber auch Gefahren. Wenn in einer Gruppe von Anwendern jeder einen eigenen Modul benutzt, aber alle den gemeinsamen Exponenten e, dann reicht es aus, wenn e Nutzer die gleiche Nachricht m verschlüsseln, um m zu ermitteln. Das gleiche gilt, wenn e(e+1)/2 linear abhängige Nachrichten verschlüsselt werden [Hastad].

Falls die praktische Ausnutzung dieser Schwäche zu befürchten ist, kann man die Nachrichten mit zufälligen Bits stören. Dies verhindert lineare Abhängigkeiten mit hoher Wahrscheinlichkeit.

Übrigens darf auch der Exponent d – der private Schlüssel – nicht zu klein werden, aber das spielt in der Praxis keine bedeutende Rolle.

Risiko 4: Angriffe bei gemeinsamen Moduln

Wenn Sie eingedenk des letzten Abschnitts meinen, dass doch alle Anwender den gleichen Modul benutzen könnten (die Schlüssel müssten dann zentral erzeugt werden), muss ich Sie enttäuschen – auch hier gibt es erfolgreiche Angriffe, bei denen sogar der Modul faktorisiert werden kann.

Risiko 5: Angriff auf das Protokoll

Auf der CRYPTO '98 stellte Daniel BLEICHENBACHER einen Angriff gegen das Protokoll PKCS#1 vor [BleichRSA], das bei der RSA-Verschlüsselung üblicherweise eingesetzt wird. Dieser Angriff ist praktisch realisierbar und erregte daher einiges Aufsehen, obwohl sich die Bedrohung noch in Grenzen hält. Der Grundgedanke ist schnell erklärt.

Beim PKCS#1-Protokoll hat ein RSA-Klartext die folgende Form:

00 | 02 | Auffüllbytes ... | 00 | Klartext

Bei Bleichenbachers Angriff wird an einen Server ein »Geheimtext« geschickt, den dieser dechiffriert. Der Server prüft, ob der so erzeugte »Klartext« das beschriebene Format hat – wenn nicht, sendet er eine Fehlermeldung zurück. Und das ist bereits die Information, die der Angreifer haben möchte. Er erzeugt den nächsten »Geheimtext« in Abhängigkeit von den vorigen Antworten und schickt ihn wieder zum Dechiffrieren – also ein typischer Angriff mit adaptiv ausgewähltem Klartext (vgl. 3.1). Eine exakte Abschätzung der notwendigen Versuche kann der Autor zwar nicht liefern, doch Überschlagsrechnungen und praktische Experimente zeigten, dass zwischen 300.000 und 2 Millionen Geheimtexte ausreichen.

Wer den Angriff im Detail verstehen will, kann mit einigen mathematischen Kenntnissen den gut geschriebenen Originalartikel *txt/cryptana/pkcs.ps* auf der CD nachlesen.

Bemerkenswerterweise nutzt Bleichenbacher nur den Umstand aus, dass die ersten beiden Bytes die Werte 00 und 02 haben, wenn der Server keinen Fehler meldet! Bei symmetrischen Algorithmen wäre solch eine Erkenntnis noch kein Durchbruch, doch RSA ist mit diesen Verfahren nicht zu vergleichen. Man hat sogar bewiesen, dass ein Angriff, der nur ein Bit eines RSA-Schlüssels ermittelt, zur Berechnung des gesamten Schlüssels genutzt werden kann. Das wusste man schon seit längerem, doch Bleichenbachers Angriff ist der erste praktikable mit ausgewähltem Geheimtext. Solche Methoden wurden bei RSA bisher als eher theoretisch interessant angesehen.

In der Praxis funktioniert der Angriff auf einige hinreichend schnelle SSL-Server. Theoretisch kann man damit sogar relativ langsame Server knacken: Hat man Glück und benötigt nur 300.000 Anfragen, ist man bei acht Anfragen pro Sekunde nach ca. 10 Stunden am Ziel.

Auch wenn der Server nicht angibt, ob der erzeugte Klartext korrekt ist oder nicht, kann der Angriff noch funktionieren. Manchmal wird nämlich erst das Format und dann noch eine digitale Signatur geprüft. Ist der Klartext nicht korrekt, entfällt üblicherweise die Prüfung der Signatur. Das erlaubt wegen der relativ langen Rechenzeiten einen speziellen Typ von *Timing Attack*s, die wir in 5.10 kennen lernen werden.

Natürlich lässt sich der Angriff verhindern. Wenn im Klartext eine Prüfsumme enthalten ist und beim Test mit einbezogen wird, hat der Angreifer schon schlechtere Karten. Viel einfacher – und ohne jede Proktolländerung – ist die Forderung, dass der Server zusätzlich die Länge des Datenblocks sowie die SSL-Version überprüfen soll. Dadurch gibt er mit viel geringerer Wahrscheinlichkeit keine Fehlermeldung zurück, und die Zahl benötigter Versuche steigt für den Angreifer von einer Million auf eine Billion. Noch cleverer wäre es, wenn der Angreifer seine Kenntnis über die Existenz des Klartextes in irgendeiner Form beweisen müsste (etwa über die Kenntnis eines Hashwertes). In der Version 2 des PKCS#1-Protokolls wird die Attacke jedenfalls bereits vereitelt. Auch die genannte Timing Attack ist leicht zu verhindern, z. B. indem die digitale Signatur immer mit überprüft wird (oder eine entsprechende Zeitverzögerung eingebaut wird).

Dennoch sorgte Bleichenbacher für einige Unruhe, vor allem bei den Entwicklern der *Secure Shell* SSH, die wir in 7.3 kennen lernen werden.

Risiko 6: Heimliches oder zufälliges Verändern des privaten Schlüssels

Um Rechenzeit zu sparen, werden RSA-Signaturen (6.3) meist mittels des so genannten chinesischen Restwertsatzes ermittelt. Man braucht nicht mehr Werte modulo pq zu berechnen, sondern nur noch einzeln modulo p und modulo q.

Wenn nun durch einen Hard- oder Softwarefehler ein Bit von entweder p oder q geändert wird, lassen sich aus der so berechneten falschen Signatur p und q bereits berechnen [BonRSA]. Das ist ein gefährlicher Angriff. Ein unbemerkter, einmaliger Bitfehler in einem Register kann so zum Desaster werden.

Vermeiden lässt dies z. B. durch nachträgliches Prüfen der Signatur auf Korrektheit, was allerdings einige Rechenzeit erfordert. Heimliche Veränderungen des privaten Schlüssels (auf Smartcards oder falls er – wie am Ende von 7.1 diskutiert – per XOR verschlüsselt ist) entdeckt man durch entsprechende Prüfsummen zuverlässig.

Die bisherigen sechs Risiken lassen sich durch geeignete Implementierung ausschließen, das Folgende jedoch nicht.

Risiko 7: Den privaten Schlüssel stehlen

Das ist klar, werden Sie meinen – den privaten Schlüssel muss man natürlich schützen, so gut es nur geht. Alles ist eigentlich »nur« eine Frage der Implementierung, doch es ist so wichtig, dass es hier als gesondertes Risiko erscheint. Das Problem ist folgendes: Private Schlüssel werden üblicherweise selbst verschlüsselt (z. B. durch die Passphrase bei PGP, vgl. 7.1) und sind so vor unbefugtem Zugriff geschützt. Doch irgendwann will man mit ihnen arbeiten, und dann stehen sie als zusammenhängender Bereich im Speicher. Bei Webservern, die über das SSL-Protokoll gesicherte Verbindungen aufbauen, stehen private Schlüssel sogar ständig im Speicher.

Bisher nahm man an, dass private Schlüssel in den vielen Megabytes an Daten im Speicher gut genug versteckt seien. Doch in Wirklichkeit haben Schlüssel ein hervorstechendes Merkmal: Sie erscheinen echt zufällig, während Programmcode und »normale« Daten fast immer eine Struktur aufweisen. In [SomSham] zeigten nun Nicko van SOMEREN und Adi SHAMIR, dass sich solche Schlüssel erstaunlich schnell finden lassen. Someren demonstrierte auf der Tagung IHW '99 in Dresden, wie schnell das geht – die Suche eines privaten RSA-Schlüssels auf einer Festplatte kann sogar fast genauso schnell wie das physikalische Lesen der Platte ablaufen! Eine Art von Angriffen liegt damit nahe: Mit Hackermethoden dringt man in den Webserver ein, bringt ihn zum Absturz und analysiert dann das erzeugte Speicherabbild auf der Platte. Das geht ggf. auch automatisiert.

Ein 128-Bit-Sitzungsschlüssel lässt sich so vermutlich nicht finden. Aber 1024 oder 2048 Bit »echtes Chaos« fallen im Speicher eben auf.

Geraten Sie deswegen nicht in Panik. Der private PGP-Schlüssel auf dem privaten PC ist nach wie vor sicher, wenigstens wenn man ihn als echter Paranoiker während der Chiffrierung vom Netz trennt (das ist natürlich nicht ernst gemeint). Bei Webservern hingegen sollte der Betreiber wissen, dass ein Hackerangriff die Chiffriersicherheit ebenso gefährden kann, und zwar auch dann noch, wenn die Spuren des Angriffs beseitigt wurden. Das Generieren neuer Schlüssel gehört auch zur Schadensbeseitigung. Als Ausweg empfiehlt Someren, private Schlüssel nur in Hardware zu halten und nur dort zu verarbeiten.

Genau genommen gehört dieser Angriff nicht in ein Kryptologiebuch, denn er hängt eng mit Computersicherheit zusammen, einem anderen (und uferlosen) Thema. Doch das Verfahren zum Auffinden privater Schlüssel scheint mir näher an der Kryptanalyse als an der Computersicherheit zu liegen. Außerdem sollte man zumindest wissen, dass sich 1024 Bit Zufall nicht »irgendwie« in 2 GB Daten zusammenhängend verstecken lassen.

Risiko 8: Neue Methoden bei der Faktorisierung großer Zahlen; Quantencomputer; Twinkle

Die bisherigen Angriffe richteten sich mehr gegen die Verfahrensweise, also das Protokoll, als gegen RSA selbst. Eine Kryptanalyse im bisherigen Sinne wäre erfolgreich, wenn wir den Modul n faktorisieren könnten. Man vermutet, dass die Ermittlung des Klartextes aus dem öffentlichen Schlüssel äquivalent zum Problem der Faktorisierung von n ist, kann es aber (noch?) nicht beweisen [BonVen]. Wir haben oben gesehen, dass die Ermittlung des privaten Schlüssels die Faktorisierung erlaubt. Aber vielleicht geht es auch ohne privaten Schlüssel?

Die Forschung auf diesem Gebiet läuft auf Hochtouren. Vielleicht haben Sie von der spektakulären Entschlüsselung einer 428-Bit-Zahl (129 Dezimalstellen) im April 1994 gehört [GarPGP Kap. 4, »RSA-129 Solved!«; SchnCr 11.4]. Die Mathematiker unter Leitung von LENSTRA nutzten eine Abart des so genannten **Quadratischen Siebs** zur Faktorisierung großer Zahlen und koordinierten im Internet gewaltige Rechenkapazitäten: 600 Anwender ließen 1600 Rechner über acht Monate verteilt arbeiten. Das entsprach 4000 bis 6000 MIPS-Jahren. »MIPS« ist eine sehr verschwommene Einheit, sie bedeutet etwa »1 Million Rechenoperationen pro Sekunde«. Insgesamt wurden also größenordnungsmäßig 150 Billiarden Operationen ausgeführt (was das auch immer bedeuten mag). Übrigens ... fällt Ihnen an dieser Zahl etwas auf? Ähnlich viele Entschlüsselungen sind für einen Brute-Force-Angriff gegen DES notwendig.

Diese 129-stellige Zahl war seit langem bekannt. RIVEST selbst hatte sie 1977 als Rätselaufgabe veröffentlicht und abgeschätzt, dass 40 Quadrillionen Jahre zur Dechiffrierung dieses Textes notwendig seien. Nach nicht ganz so langer Zeit, nämlich nach nur 17 Jahren, las er zu seinem größten Erstaunen den Klartext wieder, von dem er niemals glaubte, ihn jemals gedruckt zu sehen:

THE MAGIC WORDS ARE SQUEAMISH OSSIFRAGE .

Das spricht aber nicht gegen RIVEST, sondern für die entwickelte Theorie. Eine Gefahr für die genutzten öffentlichen Schlüssel entstand durch diesen Erfolg zunächst kaum. Die Faktorisierung einer 512-Bit-Zahl hätte noch hundertmal länger gedauert (für nur 84 Bit längere Schlüssel!).

Allerdings war die Theorie hinter diesem Angriff bereits fünf Jahre alt. Inzwischen war das so genannte **Zahlkörpersieb** (*number field sieve*, *NFS*) weiterentwickelt worden [Lenstra]. Mit ihm wäre der Angriff zehnmal schneller gewesen. Für große Stellenzahlen beträgt der Aufwand zur Faktorisierung einer Zahl n mittels NFS etwa

$$e^{(1,923 + o(1)) \, f(n)}$$

wobei f für

$$f(n) = (\ln n)^{1/3} \, (\ln \ln n)^{2/3}$$

steht. (Wie üblich in der höheren Mathematik bezeichnet o(1) eine Größe, die mit wachsendem n betragsmäßig immer kleiner wird.) Könnte man die Konstante 1,923 schon jetzt auf 1,5 drücken, dann wäre die Faktorisierung der sicheren 1024-Bit-Zahlen schon heute real. Aber man hat sie noch nicht gedrückt.

Bis das Buch erschienen ist, werden wieder neue Ergebnisse veröffentlicht worden sein. Vielleicht findet jemand sogar einen »großen Durchbruch«, vielleicht ist er aber auch gar nicht möglich.

Große Hoffnungen setzt man auch in die **Quantencomputer**, auf die wir in 5.9 näher eingehen. Mit ihrer Hilfe soll die Faktorisierung sehr großer Zahlen »ein Kinderspiel« werden, wie zu lesen ist. Nur haben Quantencomputer einen gravierenden Nachteil: Es gibt sie noch nicht, und es steht in den Sternen, ob und wann wir jemals einen haben werden.

Wesentlich realistischer erscheint da schon das optoelektronische Gerät **Twinkle** von SHAMIR, das dieser auf der EUROCRYPT '98 vorstellte (»The Weitzman INstitute Key Locating Engine«). Nach Shamirs Abschätzungen vergrößert sich dadurch die Länge von knackbaren RSA-Schlüsseln um 100 bis 200 Bit. Allerdings beschleunigt Twinkle nur den ersten Schritt (das »Sieben«) der Faktorisierung. Der zweite, speicheraufwendige ändert sich dadurch nicht.

Eine verbesserte Version des Gerätes wurde auf der EUROCRYPT 2000 diskutiert [Twinkle]; mit seiner Hilfe sollen 768-Bit-Schlüssel innerhalb von 9 Monaten faktorisiert werden können. Leider braucht man dazu etwa 5000 weiterentwickelte Twinkle-Geräte sowie 80000 standardmäßig ausgerüstete PentiumII-PCs ...

Am Beispiel des RSA-Verfahrens sehen Sie jedenfalls deutlich, welchen unmittelbaren Einfluß die aktuelle Forschung auf die kryptologische Praxis ausübt, wie viel Wissen in einer guten Implementierung steckt und wie offen die Zukunft dieses Algorithmus ist.

Multiprime

Mit diesem Schlagwort warb eine Firma während der RSA-Konferenz 2000 in München für ihr Produkt – gleiche Sicherheit bei drastisch erhöhter Performance! Was steckt dahinter? Man kann das RSA-Verfahren modifizieren, indem man nicht nur mit dem Produkt N = pq zweier Primzahlen arbeitet, sondern mehrere sehr große Primzahlen verwendet: $N = p_1 p_2 ... p_n$. Alles läuft analog ab, und wenn die verwendeten Primzahlen groß genug sind, leidet auch die Sicherheit nicht darunter. Doch weil die Rechenzeit bei der Multiplikation (bzw. Potenzierung) quadratisch mit der Bitlänge wächst, wird man z. B. etwa doppelt so schnell, wenn man vier statt zwei Faktoren verwendet. Das ist alles. Die Kryptologen wussten das längst, doch sie hatten die Softwareentwickler offensichtlich nicht darauf hingewiesen. Wenn eine Kryptocard also 25 Sekunden zum Chiffrieren mit einem »klassischen« Schlüssel benötigt, so wären es bei sechs Faktoren vielleicht nur noch 8 Sekunden. Langsam bleibt es trotzdem.

Patente

RSA war in den USA von 1983 bis zum 20.9.2000 patentiert, jedoch in keinem anderen Land. RSA ist der De-facto-Standard für asymmetrische Verfahren in der ganzen Welt, außer in den USA. Public Key Partners (PKP) verwaltet alle Patente auf solche Verfahren. Diese Firma gehört RSA Data Security Inc. und Caro-Kahn. Angeblich wurden Lizenzen frei vergeben, doch es blieb alles geheim, und kein Prozess gegen PKP endete mit einem rechtskräftigen Urteil. So wich man besonders bei frei verfügbarer Software wie PGP und SSH (vgl. Kap. 7) auf die inzwischen nicht mehr patentierten Diffie-Hellmann- bzw. ElGamal-Verfahren aus (s. folgenden Punkt), die seit 1997 von keinem Patent mehr gedeckt werden.

Inzwischen ist dies zum Glück alles Geschichte; das Einzige, das Sie bei Verwendung von Public-Key-Algorithmen im Verkehr mit den USA beachten müssen, sind immer lockerer werdende Exportbestimmungen.

4.5.4 Das ElGamal-Verfahren

Während der RSA-Algorithmus vermutlich nur durch Faktorisierung großer Zahlen geknackt werden kann, beruht das ELGAMAL-Verfahren auf der Schwierigkeit, diskrete Logarithmen zu berechnen, d. h. bei bekannter Basis a und Modul n aus

$$y = a^x \bmod n$$

den Wert x zu bestimmen. Dieses Verfahren hat gegenüber RSA zwei Vorteile:

1. Wer diskrete Logarithmen berechnen kann, hat auch einen Algorithmus für die Faktorisierung großer Zahlen gewonnen. Theoretisch ist es also nicht unsicherer als RSA.

2. ElGamal ist im Unterschied zu RSA nicht patentiert, doch nach Ansicht des Patentverwalters PKP ist es in den USA vom Diffie-Hellmann-Patent abgedeckt. Dieses Patent lief am 29.4.1997 aus. Wenn Sie diese Zeilen lesen, ist ElGamal wahrscheinlich der erste patentfreie asymmetrische Algorithmus.

Nach den zahlentheoretischen Vorbereitungen in 4.6.3 fällt es nun nicht mehr schwer, den Algorithmus zu erklären:

Wir wählen eine Primzahl p als Modul und eine Basis g. Diese sind Teil des öffentlichen Schlüssels. (p-1)/2 sollte ebenfalls eine Primzahl sein. Der private Schlüssel ist ein geheimer Exponent x < p. Den Rest y mit

$$y = g^x \bmod p$$

geben wir ebenfalls bekannt. Der *öffentliche Schlüssel* besteht also aus drei Zahlen: der Primzahl p, der Basis g und dem Rest y. Der *geheime Schlüssel* x ist der diskrete Logarithmus von y zur Basis p bezüglich des Moduls p. Es gibt zwar einen effektiven Algorithmus zur Berechnung solcher Logarithmen, aber der arbeitet nur, wenn (p-1)/2 nicht selbst Primzahl ist.

Die Verschlüsselung einer Nachricht m < p sieht etwas ungewohnt aus: Der Absender wählt eine Zufallszahl k, die teilerfremd zu p-1 sein muss, und berechnet

$$a = g^k \bmod p \quad \text{sowie}$$
$$b = y^k m \bmod p \ .$$

Der Geheimtext besteht aus den *beiden* Zahlen a und b. Den Wert von k teilt der Absender niemandem mit und braucht ihn auch später nicht mehr zu wissen. Bei bekanntem k könnte ansonsten jeder die zahlentheoretische Gleichung

$$y^k m = b \bmod p \tag{4}$$

lösen und so m bestimmen. Wir aber kennen x und können die Gleichung

$$a^x m' = b \bmod p$$

nach m' auflösen. Nun ist

$$a^x m' = g^{kx} m' = g^{xk} m' = y^k m' = b \bmod p$$

und durch Vergleich mit (4) (und wegen der eindeutigen Lösbarkeit dieser Gleichung modulo p) sehen wir, dass m = m' sein muss.

Das ElGamal-Verfahren

Schlüsselerzeugung:

▷ Wähle eine große Primzahl p (z. B. 512 oder 1024 Bit lang), für die (p-1)/2 auch Primzahl ist. p sei N Bit lang.

▷ Wähle eine Basis g < p.

▷ Wähle einen geheimen Exponenten x < p.

▷ Berechne $y = g^x \bmod p$.

▷ p, g und y bilden den öffentlichen, x bildet den privaten Schlüssel.

Chiffrierung:

▷ Zerlege den Klartext in Blöcke zu je N-1 Bit (evtl. muss der letzte Block aufgefüllt werden).

▷ Wähle ein k < p, das zu p-1 teilerfremd ist. k muss geheim bleiben. Es reicht, wenn es von einem Programm erzeugt und nach Verwendung wieder verworfen wird.

▷ Berechne für jeden Block m die beiden Zahlen a und b gemäß

$a = g^k \bmod p$ und $b = y^k m \bmod p$

Die beiden Zahlen a und b bilden zwei Geheimtextblöcke der Länge N.

Dechiffrierung:

▷ Zerlege den Geheimtext in N-Bit-Blöcke.

▷ Für jeweils zwei aufeinander folgende Blöcke a und b löse die Gleichung

$a^x m = b \bmod p$

nach m auf (mit dem verallgemeinerten euklidischen Algorithmus). m ist der gesuchte Klartext.

Abbildung 4.17: Asymmetrische Verschlüsselung nach ElGamal

Dass der Geheimtext doppelt so lang wie der Klartext ist, spielt keine Rolle, da wir ja nur Sitzungsschlüssel chiffrieren wollen.

Verschlüsselung nach ElGamal ist eng mit dem **Schlüsseltausch nach Diffie-Hellmann** verwandt, dem historisch ersten Verfahren mit öffentlichen Schlüsseln (vgl. Abschnitt 6.1.1). ElGamal-Verfahren werden vorwiegend bei digitalen Signaturen eingesetzt. Wir gehen hier nicht weiter darauf ein und verweisen auf [SchnCr].

4.5.5 Die Geschichte vom Rucksack

Vielleicht sind Sie erstaunt darüber, dass die genutzten asymmetrischen Verfahren nur auf den Problemen der Faktorisierung bzw. der Berechnung diskreter Logarithmen beruhen. Bei *dem* Erfindungsreichtum der Kryptologen hat man doch bestimmt noch andere Methoden gefunden! Ja, man hat, und eine solche Geschichte ist erzählenswert.

Zwei Jahre nach der Veröffentlichung des ersten asymmetrischen Algorithmus von Diffie und Hellmann schlugen MERKLE und HELLMANN ein anderes Verfahren vor, den so genannten **Rucksack-** oder **Knapsack-Algorithmus**. Zu seinem Verständnis sind zunächst viel geringere Vorkenntnisse erforderlich als bei RSA.

Das Rucksackproblem lautet mathematisch formuliert: Stelle eine Zahl als Summe dar, wobei die Summanden einer vorgegebenen Menge von Summanden zu entnehmen sind. Touristischer lässt sich das so ausdrücken: Auf dem Tisch liegen verschieden dicke Scheiben gleichen Durchmessers. Packe einen Teil davon so in einen bestimmten zylindrischen Rucksack (mit der Weite des Scheibendurchmessers), dass dieser randvoll wird. Welche Scheiben müssen eingepackt werden?

Das Problem ist nicht immer lösbar, und wenn, dann nicht immer eindeutig. Uns interessiert hier vor allem, dass seine Lösung im Allgemeinfall für große Rucksäcke *schwer* ist. Allerdings nur im Allgemeinfall, denn für bestimmte Zahlenfolgen sind die Summanden sehr einfach zu finden. Solch eine Zahlenfolge ist zum Beispiel

1, 2, 4, 8, 16, 32, ...

Die Darstellung etwa von 13 als Summe von solchen Zahlen lässt sich in diesem Fall sogar aus ihrer Darstellung als Binärzahl (Dualzahl) von rechts nach links direkt ablesen: Es gilt

$13 = 1101_2$,

also wählen wir das erste, dritte und vierte Glied obiger Folge:

$13 = 1 + 4 + 8$.

Allgemein wird die Lösung des Rucksackproblems einfach, wenn in der aufsteigend geordneten Folge der vorgegebenen Summanden jeder Summand größer als die Summe aller vorangehenden Summanden ist. Solche Rucksäcke heißen **superincreasing** (besonders schnell wachsend). Bei ihnen braucht man zur Lösung immer nur das jeweils größtmögliche Element von der Summe abzuziehen und erhält so sukzessive die gesuchte Menge von Summanden.

Wie sollen wir damit chiffrieren, ja sogar einen asymmetrischen Chiffrieralgorithmus konstruieren? Der Trick besteht darin, den Superincreasing-Rucksack in einen normalen zu überführen. Dazu wählen wir eine *geheime* Superincreasing-Zahlenfolge $(s_i)_{i=1,...,N}$ aus N Zahlen. Dann legen wir einen *geheimen* Modul n und einen *geheimen* Faktor k fest. Der Modul soll größer als die Summe aller Zahlen s_i sein, und k teilerfremd zu n. Nun multiplizieren wir die vorgegebenen Summanden s_i mit k modulo n. Es ergeben sich andere Summanden t_i, $t_i = s_i k \bmod n$. Die t_i bilden den *öffentlichen* Schlüssel.

Wer verschlüsseln will, stellt seine Nachricht als Bitfolge dar. Diese Bitfolge zerlegt er in N-Bit-Blöcke. Für jeden Block bildet er nun die Summe aller t_i, für die das i-te Bit im Block gleich 1 ist. Das ist der Geheimtext.

Wir aber kennen n sowie k und können daher ein k' bestimmen mit

```
kk' = 1 mod n
```

Durch Multiplikation des Geheimtextes mit k' modulo n erhalten wir diejenigen Werte, die sich bei der Verschlüsselung mit der superincreasing-Folge ergeben hätten. Dieses Problem ist leicht zu lösen. Wir erhalten so die Bits des Klartextes (Abb. 4.18).

Das Rucksack-Verfahren

Schlüsselerzeugung:

- ▶ Wähle eine N Glieder lange, geheime Superincreasing-Zahlenfolge $(s_i)_{i=1,...,N}$, d. h. eine Zahlenfolge, bei der jedes Element größer als die Summe aller vorhergehenden ist. N sollte mindestens gleich 200 sein, die s_i sollten in der Größenordnung von 10^{100} liegen.

- ▶ Wähle einen geheimen Modul n, größer als die Summe aller Elemente der Zahlenfolge.

- ▶ Wähle eine geheime Zahl k, teilerfremd zu n.

- ▶ Berechne ein k' mit kk' = 1 mod n.

- ▶ Multipliziere alle Elemente von (s_i) mit k modulo n:

  $$t_i = s_i k \bmod n \quad (i=1,...,N).$$

- ▶ Die Folge $(t_i)_{i=1,...,N}$ bildet den öffentlichen Schlüssel, k', n und die Folge $(s_i)_{i=1,...,N}$ bildet den privaten Schlüssel.

Chiffrierung:

- ▶ Zerlege den Klartext in Blöcke zu je N Bit (der letzte Block braucht nicht aufgefüllt zu werden).

- ▶ Für jeden Block bilde die Summe aus den t_i, für die das Bit i im Block gleich 1 ist. Die Summe ist der Geheimtext.

Dechiffrierung:

- ▶ Zerlege den Geheimtext in N-Bit-Blöcke.

- ▶ Multipliziere jeden Geheimtextblock mit k' modulo n.

- ▶ Löse für jede so erhaltene Zahl das Rucksackproblem bezüglich (s_i), indem sukzessive das jeweils größtmögliche s_i von der Folge abgezogen wird. Kommt der Summand s_i in der Summe vor, so setze das Bit i im Klartextblock gleich 1, ansonsten gleich 0.

Abbildung 4.18: Asymmetrische Verschlüsselung mit dem Rucksackverfahren

Bis auf die Ermittlung von k' und die Multiplikation modulo n brauchen wir überhaupt keine Zahlentheorie. Der Rest ist fast Schulmathematik, die Implementierung ausgesprochen einfach gegenüber RSA. Schön, nicht wahr?

Wahrscheinlich ahnen Sie wegen dieser Frage bereits, dass der Algorithmus *zu* schön ist. Einzelne Schwachstellen wurden zwar gefunden, aber zunächst konnte niemand den ganzen Algorithmus knacken. Zur Konferenz Crypto '82 in Kalifornien behaupteten jedoch mehrere Kryptanalytiker, sie hätten es geschafft. Der Angriff bestand naheliegenderweise darin, den »öffentlichen Rucksack« in den Superincreasing-Rucksack zu überführen (das ist genau genommen Jargon, wir reden von den Scheiben = Summanden, die in den Rucksack gepackt werden, und nicht vom Rucksack = Summe selbst).

Angesichts dieser Ankündigungen wurde schon in der ersten Nacht ein Geheimtext veröffentlicht, den es zu dechiffrieren galt. Alle Vortragenden legten theoretische Probleme dar, doch das Rätsel blieb ungelöst. Den Vogel schoss letztendlich Len Adleman vom MIT ab (den wir schon vom RSA-Verfahren her kennen). Er brachte einen Apple II-Computer mit und löste die gestellte Aufgabe vor den Augen der Zuschauer [GarPGP Kap. 3, »The Rise and Fall of Knapsacks«]. Das kam einer Sensation gleich – der PC war noch nicht auf dem Markt, und »richtige Rechner« hatten damals noch Stromversorgung, Klimaanlage und Zeilendrucker. Da kommt doch so ein Kryptanalytiker her und löst eine große Aufgabe auf einem Rechner, den ein Mann allein *tragen* kann. Obendrein mit einem sauberen Geheimtextangriff!

Um den Rest der Geschichte kurz zu machen: Es wurden immer wieder Verbesserungen »nachgereicht« und immer wieder geknackt. Natürlich gibt es auch noch nicht gebrochene Varianten. Es fragt sich nur, wie lange sie das bleiben.

Es ist eigentlich schade um den schönen Algorithmus.

4.5.6 Fazit

Das RSA-Verfahren ist weltweit der »Marktführer« bei den asymmetrischen Algorithmen. Es wird nun schon fast so lange wie DES untersucht, und bis auf das Grundproblem der Faktorisierung großer Zahlen lassen sich alle bekannten Schwächen durch geeignete Implementierung vermeiden. Um Betrugsmanöver wie den Man-in-the-Middle-Angriff zu verhindern, gibt es ausgereifte Strategien. Es ist sicher leichter, einen 100-Mark-Schein zu fälschen, als an jemandes Sitzungsschlüssel heranzukommen, wenn dieser Jemand etwas von Sicherheit und Kryptologie versteht.

Aber. Dieses Aber sehe ich sehr kritisch: Der private Schlüssel ist ein echter »Generalschlüssel«. Vergleichen Sie selbst (obwohl alle Vergleiche bekanntlich hinken):

Die Wehrmacht gab im Kriegsfall ihre Codebücher mit Rundenschlüsseln monatlich heraus. In dem Fall, wo ein Codebuch unbemerkt in gegnerische Hände gelangte, konnte sie nach ihrer Ansicht höchstens einen Monat lang »Nachrichten zum Mitlesen« versenden.

Öffentliche Schlüssel werden in der Regel viel seltener gewechselt. Zu jedem Schlüsselpaar kann eine unglaubliche Menge von Nachrichten gehören. Wenn sich unter diesen Nachrichten solche finden, die auch nach Jahren geheim bleiben müssen, dann seien Sie vorsichtig. Falls jemand Ihren Verkehr mitgeschnitten hat und nach zwei oder drei Jahren ein genialer Student *das* Verfahren zur Faktorisierung entdeckt, sind Sie geliefert. Es sind dann mit einem Schlag *alle* ihre Nachrichten im Nachhinein lesbar, weil auch alle Sitzungsschlüssel offen liegen (vgl. Abb. 4.14)!

Diese Gefahr ist vielleicht extrem gering, doch wir wissen es nicht. Sofern Sie mit nur einem Partner verkehren und das Aufteilen eines symmetrischen Generalschlüssels wie in Abb. 4.13 nutzen, sind Sie auf der sicheren Seite. Wenn Mallory das Mitschneiden auch nur eines Kanals verpasst hat, dann ist der Zug für ihn abgefahren – Sie müssen nur auf Ihren Rechner mit dem Generalschlüssel höllisch aufpassen. Alle modernen symmetrischen Verfahren erlauben bestenfalls einen Klartextangriff. Das unbefugte Dechiffrieren eines DES-Geheimtextes (möglichst im CBC-Mode chiffriert, vgl. 5.1.1) ist zwar bereits über Brute Force möglich, aber bei Verfahren mit wenigstens 64 Bit wird es schon ungleich schwieriger, und bei 128 Bit langen Schlüsseln ist es ein unrealistisches Unterfangen. Ganz abgesehen davon besteht die letztgenannte Gefahr genauso bei der Nutzung öffentlicher Schlüssel in hybriden Verfahren.

Kurz gesagt: Die gegenwärtigen asymmetrischen Verfahren bieten großen Komfort bei sehr hoher Sicherheit mit extrem großem Schaden bei eventueller Kompromitierung.

5 Das Leben nach DES: Neue Methoden, neue Angriffe

Wir kennen nun zwei wichtige und moderne Verschlüsselungsverfahren und wissen schon einiges über Kryptanalyse. In diesem Kapitel werden wir einen Streifzug durch die bunte Welt der modernen Algorithmen unternehmen. Mehr als ein Streifzug kann es nicht sein und soll es auch nicht sein. Wir beschränken uns außerdem auf symmetrische Verfahren – die beiden gängigen asymmetrischen haben Sie bereits in 4.6 kennen gelernt. Wenn Sie sich für noch mehr Algorithmen und deren Analyse interessieren, bleibt wie immer der Verweis auf das umfassende und übersichtliche Werk von SCHNEIER [SchnCr].

Doch bevor wir uns mit neueren Verfahren beschäftigen, wenden wir uns erst sehr praktischen Dingen zu. Um kryptografische Algorithmen in Programmen einsetzen zu können oder – was noch häufiger ist – um die Sicherheit kryptografischer Programme zu beurteilen, müssen Sie einiges über die Implementierung solcher Algorithmen wissen.

5.1 Implementierung von Algorithmen

Der beste Algorithmus nützt nichts, wenn er kryptologisch schlecht implementiert ist. Wir besprechen in diesem Abschnitt drei Dinge, die jeder wissen muss, bevor er einen kryptografischen Algorithmus in ein anderes Programm einbaut: die Modi, das Auffüllen und nicht zuletzt die Schlüsselgenerierung. Außerdem werden Sie einen interessanten kryptanalytischen Angriff (den Einfüge-Angriff bei Stromchiffrierungen) und einen nützlichen Trick kennen lernen.

5.1.1 Betriebsarten: ECB, CBC, CFB und OFB

Zusammen mit der Standardisierung von DES wurden vier Betriebsarten des Algorithmus definiert. Sie betreffen nicht speziell DES, sondern sind für alle Blockalgorithmen anwendbar. Während der Blockalgorithmus an sich nur *einen* Klartextblock in *einen* Geheimtextblock (oder umgekehrt) verwandeln kann, legen die Betriebsarten fest, wie eine *Folge* von Klartextblöcken zu chiffrieren ist. Die ersten beiden Modi – ECB und CBC – arbeiten als Blockchiffrierung, die anderen beiden – CFB und OCB – nutzen den Blockalgorithmus nur, um eine Stromchiffrierung zu definieren.

ECB: Electronic Codebook Mode

Den ECB-Modus kennen Sie schon, nur nicht unter diesem Namen: Die Klartextblöcke werden nacheinander in die zugehörigen Geheimtextblöcke überführt – das ist alles. Der Name ist darauf zurückzuführen, dass die Chiffrierung wie in einem Codebuch klassischer Spione erfolgt, in dem wichtige Wörter durch andere nach einem starren Schema ersetzt werden. Nur entsprechen diesen »Wörtern« bei uns Klartextblöcke, und das Codebuch wäre beispielsweise bei DES mit 2^{64} (18 Trillionen) Einträgen ziemlich umfangreich und obendrein für jeden Schlüssel ein anderes.

ECB ist die einfachste Art, einen Blockalgorithmus in ein Programm einzubauen, aber auch die unsicherste. Warum?

Nehmen wir an, Sie wollen eine geheime Zeichnung versenden. Sie wissen nicht, dass Ihre Applikation in diesem Punkt sehr schwach arbeitet: Sie tastet die Zeichnung zeilenweise ab und erzeugt nur die Bit-Werte 0 und 1 für »weiß« und »schwarz«, also ungefähr wie ein Faxgerät, aber ohne Komprimierung. Die grobe Handskizze enthält vielleicht relativ wenige Striche. Der erzeugte Bitstrom wird lange Folgen von Nullbits enthalten, unterbrochen von wenigen Bits mit dem Wert 1. Diesen Bitstrom verschlüsseln Sie beispielweise mit DES und versenden ihn über einen Kanal, den ein Angreifer mitliest. Dieser Angreifer sieht, dass ein Geheimtextblock viel häufiger vorkommt als alle anderen. Das wird wohl die Verschlüsselung von 64 Nullbits sein, denkt er sich sofort; die anderen Blöcke enthalten wenigstens ein Bit 1. Bei einer Auflösung von 180 dpi (entsprechend einer Punktgröße von 0,14 mm) kann er bis auf eine horizontale Abweichung von ca. 9 mm und eine vertikale Abweichung von 0,14 mm die Schwärzungen in der Zeichnung bereits lokalisieren. Das ist doch schon sehr nützlich für ihn!

Sie können den besten Algorithmus verwenden, den es überhaupt gibt – für den Angreifer war nur wichtig, dass Sie im ECB-Modus chiffrieren. ECB verwischt die Muster im Klartext nur ungenügend. Es gibt noch weitere Schwachpunkte, z. B. die unbemerkte Ersetzung von Geheimtextblöcken durch andere, aber der genannte Punkt reicht wohl schon. Trotzdem sollen kommerzielle Programme oft nur diesen Modus verwenden. Wenn ein Anbieter von kryptologischer Software mit der Frage nichts anfangen kann, ob er im ECB-oder CBC-Modus verschlüsselt, dann weiß er wahrscheinlich nicht viel von Kryptologie.

CBC: Cipher Block Chaining Mode

Der diesem Modus zugrunde liegende Gedanke ist ebenso einfach wie wirksam: Vor der Chiffrierung eines Klartextblockes wird dieser mit dem im letzten Schritt erzeugten Geheimtextblock per XOR verknüpft:

$$C_{n+1} = DES(P_{n+1} \oplus C_n)$$

(Wie bisher bezeichnet P_n den n-ten Klartextblock, C_n analog den n-ten Geheimtextblock; »DES« steht hier nur als Beispiel für einem Blockalgorithmus; vergleiche Abbildung 5.1). Die Dechiffrierung geschieht analog, wir müssen nur den Geheimtextblock einen Chiffrierschritt lang aufheben und ihn mit dem erzeugten »Klartext« per XOR verknüpfen:

$$P_{n+1} = DES^{-1}(C_{n+1}) \oplus C_n$$

Initialisierungs-
block

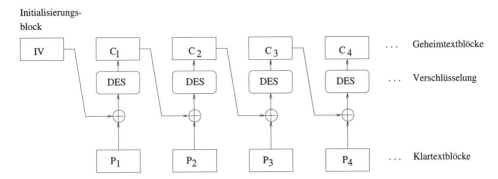

Abbildung 5.1: Chiffrierung im CBC-Modus

Was geschieht aber im ersten Schritt? Was ist C_0? Wir wählen C_0 zufällig und senden ihn als ersten »Geheim«textblock! Dadurch entsteht überhaupt kein Sicherheitsrisiko – ein Angreifer weiß mit C_0 nichts anzufangen. Dieser »nullte« Klartextblock C_0 heißt **Initialisierungsvektor (IV)**, eine etwas unglückliche Bezeichnung; besser wäre Initialisierungsblock gewesen.

Der CBC-Modus bringt einige gewichtige Vorteile:

1. Klartextmuster werden zerstört. Jeder Geheimtextblock hängt von allen vorangehenden Klartextblöcken ab.

2. Zwei identische Klartexte werden in verschiedene Geheimtexte überführt, wenn sie verschiedene Initialisierungsvektoren C_0 haben. Das ist bei guter (also hinreichend zufälliger) Wahl von C_0 mit extrem großer Wahrscheinlichkeit der Fall. Damit werden endlich beliebte Chiffrierfehler unwirksam: Das erneute Versenden eines chiffrierten Textes bei kaum geänderter Vorlage und das Chiffrieren des gleichen Textes mit verschiedenen Schlüsseln.

3. Ein Brute-Force Angriff mit Time-Memory Tradeoff (4.4.1) dauert dreimal länger als üblich, weil ein fester Klartextblock nur noch mit verschwindend kleiner Wahrscheinlichkeit auftritt.

4. Ein Angriff mit ausgewähltem Klartext wird in der Regel durch CBC ebenfalls vereitelt. Nur ein gegen den gewöhnlichen Klartextangriff empfindlicher Algorithmus wird durch CBC nicht besser geschützt:

   Jeder Lauscher kennt schließlich die Geheimtextblöcke und kann bei Kenntnis des Klartextes auch die Eingabeblöcke für den Algorithmus (also die Summen $C_n \oplus P_{n+1}$) rekonstruieren. Moderne (symmetrische) Verfahren sollten aber ohnehin gegen Klartextangriffe immun sein.

Obwohl jeder Geheimtextblock von der gesamten »Vorgeschichte« abhängt, verursacht ein verstümmelt übertragener Block dennoch keine Katastrophe: Nur zwei Klartexte werden dadurch unlesbar. Dieses Argument ist nicht überall wichtig. Bei unsicheren Kanälen sorgen heute häufig Prüfsummen und Redundanz für die Korrektheit der Daten: Beim Internetprotokoll werden zerstörte Datenpakete erneut angefordert; auf einer CD-ROM werden 8 Bit Information durch 14 aufgezeichnete Bits codiert, damit bei (in der Praxis sehr häufigen) Datenfehlern die fehlenden Bits aus den anderen errechnet werden können.

Einige theoretische Sicherheitslücken existieren auch bei CBC. Zum Ersten gibt es den so genannten **Bit-twiddling-Angriff**. Der Angreifer kennt die Struktur des Klartextes, will ihn aber verändern. Zum Beispiel möchte er sein Honorar von €398 auf €16782 verbessern (und nach dessen Auszahlung schnell verschwinden). Kann er die entsprechende chiffrierte Nachricht abfangen und verändern, bevor der Empfänger sie erhält, dann ändert er im Geheimtextblock *vor* der Zahlenangabe nur das richtige Bit, und schon vergrößert sich die Zahl um $2^{14} = 16384$. Der Block davor wird allerdings fehlerhaft entschlüsselt. Aber welcher Anwender reagiert schon auf Fehler?

Ebenso kann ein Angreifer unbemerkt Geheimtextblöcke anhängen. Sie werden zwar unsinnige Klartexte ergeben, doch potenziell ist das eine Gefahr.

Alle beschriebenen Angriffe sind unwirksam, wenn Klartexte nur mit chiffrierten Prüfsummen (MACs) gesendet werden. Auch das ist bei der Implementierung zu beachten!

Es gibt allerdings noch einen Schwachpunkt von CBC, den so genannten **Geburts- tagsangriff** (*birthday attack*). In Abschnitt 6.3.3 erfahren Sie mehr über diesen selt- samen Namen; er wird meist im Zusammenhang mit digitalen Signaturen gebraucht. Uns interessiert hier nur folgende Überlegung:

Angenommen, in Abbildung 5.1 gelte $C_2 = C_4$. Mit anderen Worten, es gilt

$$
\begin{aligned}
DES(C_1{\oplus}P_2) &= DES(C_3{\oplus}P_4) \\
C_1{\oplus}P_2 &= C_3{\oplus}P_4 \\
C_1 &= C_3 \oplus (P_4{\oplus}P_2) \\
C_1{\oplus}C_3 &= P_2{\oplus}P_4
\end{aligned}
$$

Da ein Lauscher C_1 und C_3 kennt, kann er so $P_2{\oplus}P_4$ berechnen. Das ist zwar nicht viel, doch da McMurphy seine Hände immer im Spiel hat, kann der Angreifer aus- gerechnet bei der wichtigsten aller je versendeten Nachrichten den entscheiden- den Schluss dank der Kenntnis von $P_2{\oplus}P_4$ ziehen. Sie werden jetzt einwenden, dass die Wahrscheinlichkeit für die Übereinstimmung zweier Blöcke verschwindend gering ist. Selbst bei nur 32 Bit langen Blöcken betrage sie doch lediglich 2^{-32}, also größenordnungsmäßig 10^{-10}. Der Schein trügt. Bei 32-Bit-Blöcken reichen etwa 2^{16} Geheimtextblöcke aus, damit die Gleichheit zweier von ihnen wahrscheinlich wird. (Wir kommen in Abschnitt 6.3.3 nochmals darauf zurück.) Und das sind bei der angenommenen Blockgröße nur 256 KByte Text, für heutige Verhältnisse also nicht gerade viel.

Die Hauptursache für diese wenigstens theoretische Schwäche ist weniger die CBC- Mode, denn vergleichbare Angriffspunkte gibt es auch bei anderen Modi. Vielmehr ist die zu kleine Blockgröße dafür verantwortlich. Selbst 64 Bit lange Blöcke werden bereits misstrauisch betrachtet, obwohl dort im Mittel erst innerhalb von 32 GByte Geheimtext zwei Blöcke übereinstimmen. Aber die Technik entwickelt sich ja meist etwas schneller, als wir uns das vorstellen. So fordert man für zukünftige Algorith- men vorsichtshalber 128 Bit lange Blöcke. Die »kritische Masse« liegt dann bei über 100 Millionen Terabyte, was für die nächsten Jahre erst einmal ausreichen dürfte.

Der Name CBC ist darauf zurückzuführen, dass die Geheimtextblöcke mit dem Klartext per XOR verkettet werden (engl. *chain* = Kette).

CFB: Cipher Feedback Mode

Um den Datenverkehr zwischen einem Zentralrechner und seinen Terminals mittels eines Blockalgorithmus zu verschlüsseln, lassen sich weder der einfache ECB- noch der bessere CBC-Modus verwenden. Stellen Sie sich vor, Sie drücken an solch einem sicheren Terminal die ENTER-Taste und warten nun auf die Ausführung eines Befehls. Wie alle Zeichen durchläuft auch dieses ENTER einen Verschlüsselungsalgorithmus. Dieser arbeitet aber mit 64-Bit-Blöcken, und ihr ENTER-Zeichen ist erst das zweite Zeichen im gerade angefangenen Block. Dann können Sie beruhigt erst einmal Kaffee trinken gehen – es passiert nichts. Der einzige Ausweg wäre, an jedes Zeichen sieben beliebige Byte anzuhängen und diesen Block sofort zu übermitteln. Das hätte eine Verachtfachung des Datenverkehrs zur Folge und ist gewiss auch nicht im Sinne des Erfinders.

Hier hilft der CFB-Modus weiter, der eine Blockchiffrierung als Stromchiffrierung nutzt. Auch er funktioniert recht simpel: Der im vorigen Schritt entstandene Geheimtextblock wird nochmals verschlüsselt und per XOR mit dem Klartextblock verknüpft. Das ist dann der neue Geheimtextblock. Mathematischer formuliert sieht das so aus:

$$C_{n+1} = P_{n+1} \oplus DES(C_n)$$

(die Bezeichnungen bleiben die gleichen wie beim CBC-Modus; zur Erinnerung: »DES« steht stellvertretend für einen beliebigen Blockalgorithmus. Vgl. Abb. 5.2). Auch hier beginnen wir mit einem zufälligen Initialisierungsvektor C_0. Doch nun können wir jedes Byte (und sogar Bit) von P_{n+1} sofort verschlüsseln, denn $DES(C_n)$ ist ja bekannt. Wenn die 8 Klartextbyte aus P_{n+1} eingelesen und verschlüsselt wurden, berechnen wir $DES(C_{n+1})$, und das Spiel kann von vorn beginnen. In der Praxis realisiert man so etwas mit einem Schieberegister und verschlüsselt dieses z. B. nach jedem gelesenen Klartextbyte neu (das entstehende Geheimtextbyte wird von rechts in das Schieberegister eingeschoben). Statt »Byte« können wir im letzten Satz auch »eine feste Anzahl von Bits« einsetzen.

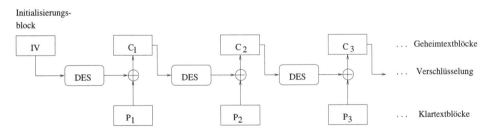

Abbildung 5.2: Chiffrierung im CFB-Modus

Wir gehen hier nicht weiter auf die Feinheiten der Nutzung von CFB als Stromchiffrierung ein, sondern richten unser Augenmerk auf zwei Tatsachen:

1. Bei der Chiffrierung wie bei der Dechiffrierung im CFB-Modus wird der Blockalgorithmus nur zum Verschlüsseln eingesetzt, seine Umkehrung (bei CBC als DES^{-1} bezeichnet) ist nicht erforderlich. Das ist für den hardwaremäßigen Einsatz anderer Algorithmen als DES interessant, doch auch in folgender Hinsicht:

Alle UNIX-Systeme müssen eine DES-Verschlüsselungsfunktion bereitstellen, denn sonst wäre ein Einloggen nicht möglich (vergleiche Kapitel 3.3 und Abb. 3.4). Die DES-*Ent*schlüsselung war dagegen außerhalb der USA wegen der Exportbeschränkungen für kryptologische Software nicht verfügbar. Wer DES-Chiffrierung im CFB-Modus anwendet, interessiert sich nicht dafür! Es ist eine ähnliche Widersinnigkeit wie beim Exportverbot von *UNIX-crypt* angesichts der Existenz von CBW (Crypt Breaker's Workbench, vergleiche 2.5.3).

2. Wie beim CBC-Modus sollte der Initialisierungsvektor C_0 für jeden Datenstrom ein anderer sein.

Der Name CFB ist darauf zurückzuführen, dass der erzeugte Geheimtext mit der »Verschlüsselungseinheit« rückgekoppelt, d. h. nochmals verschlüsselt wird.

OFB: Output Feedback Mode

Im CFB-Modus wird die Ausgabe des Blockalgorithmus mit dem Klartext per XOR verknüpft und dann wieder in den Blockalgorithmus eingespeist. Erfolgt diese Einspeisung nicht nach, sondern vor dem XOR, so erhalten wir den OFB-Modus:

$$S_{n+1} = \mathrm{DES}(S_n)$$
$$C_n = S_n \oplus P_n$$

Hier heißt der Initialisierungsblock S_0. Die Folge (S_n) wird somit wie ein individueller Schlüssel (One-Time-Pad) genutzt (vergleiche Abb. 5.3). Bei OFB wird also nicht der Geheimtext mit der »Verschlüsselungseinheit« rückgekoppelt, sondern die Ausgabe (Output) dieser Einheit selbst – daher der Name *Output Feedback*.

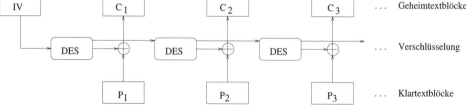

Abbildung 5.3: Chiffrierung im OFB-Modus

Gegenüber CFB bietet dieses Verfahren in manchen Situationen einen wichtigen Vorteil: Die Folge (S_n) kann unabhängig vom Klartext berechnet werden. Bei der Online-Verschlüsselung schneller Nachrichtenkanäle ist das natürlich interessant, aber auch bei wahlfreiem Zugriff: Wenn alle interessierenden Blöcke S_n im Hauptspeicher vorrätig gehalten werden oder schnell zu berechnen sind, dann können wir beliebig herausgepickte Geheimtextblöcke C_n sofort dechiffrieren. Das wird beim *crypted filesystem* CFS unter UNIX ausgenutzt (vergleiche Kapitel 7.4) und ermöglicht ebenso verschlüsselte Datenbanken.

Allerdings ist der OFB-Modus gefährlich: Wenn zwei verschiedene Texte mit gleichem Schlüssel und gleichem Initialisierungsvektor S_0 chiffriert werden und ein Angreifer Teile des einen Klartextes kennt, dann kann er aus diesen Teilen und den zugehörigen Geheimtext-Passagen ganz einfach die entsprechenden Schlüssel-blöcke per XOR berechnen. Damit kennt er schon die zugehörigen Teile des anderen Klartextes. Jeder Datenstrom muss also unbedingt ein anderes S_0 erhalten. Das ist auch wegen eines möglichen aktiven Angriffes erforderlich; dazu gleich mehr im folgenden Abschnitt.

Schutz gegen aktive Angreifer

Ein Kryptanalytiker versucht bekanntlich, unbefugt an den Klartext und/oder den Schlüssel zu gelangen. Ein aktiver Angreifer dagegen betreibt vielleicht gar keine Kryptanalyse (obwohl er davon einiges verstehen muss), er greift selbst in den Datenverkehr ein und versucht dadurch für sich Vorteile zu gewinnen.

Beispielsweise ist ein firmeninternes Internet (genannt Intranet) oft über einen einzigen Rechner mit der Außenwelt verbunden. Dieser Rechner (oft auch nur die spezielle zugehörige Software) heißt *Firewall*, denn er soll wie eine Brandmauer das interne Netz gegen Hackerangriffe von außen schützen. Der Administrator dieses Firewall-Rechners kann unbemerkt Datenpakete per Programm abfangen und modifizieren lassen. Ganz anders verhält es sich beispielsweise bei D- und E-Netz-Handys. Dort werden die Telefongespräche verschlüsselt zur nächsten Basisstation gefunkt, und das unbemerkte Austauschen von Datenpaketen wäre eine technische Meisterleistung.

Die einzelnen vorgestellten Modi sind unterschiedlich anfällig gegen aktive Angreifer. ECB wie auch OFB machen das Ersetzen von Datenblöcken relativ einfach. Bei CBC und CFB ist das Ersetzen im Prinzip nur beim ersten und letzten Block möglich. Eine an den Klartext angehängte Prüfsumme sollte dort nicht im letzten Block stehen.

Im OFB-Modus gibt es wie bei allen Stromchiffrierungen, bei denen der Schlüsselstrom (den wir bei OFB mit (S_n) bezeichneten) nicht vom Klartext abhängt, einen sehr gefährlichen aktiven Angriff, den so genannten **Angriff durch Einfügen** *(insertion attack)*:

Der Angreifer fängt den Geheimtext ab, kennt aber zunächst von Schlüsselfolge und Klartext kein einziges Bit. Wenn es ihm gelingt, ein paar Bits oder Bytes in den Klartext einschieben zu lassen und den mit der *gleichen* Schlüsselfolge chiffrierten Geheimtext wiederum abzufangen, dann kann er daraus ab der Einschubstelle Schlüsselfolge und Klartext berechnen! Das ist sogar ziemlich einfach:

Bei der ersten Verschlüsselung entstehen die Geheimtextblöcke C_i aus den Klartextblöcken P_i durch XOR-Verknüpfung mit den Schlüsseln S_i:

$$
\begin{array}{ccccccc}
P_1 & P_2 & \ldots & P_i & P_{i+1} & P_{i+2} & \ldots \\
\oplus & \oplus & & \oplus & \oplus & \oplus & \\
S_1 & S_2 & \ldots & S_i & S_{i+1} & S_{i+2} & \ldots \\
= & = & & = & = & = & \\
C_1 & C_2 & \ldots & C_i & C_{i+1} & C_{i+2} & \ldots
\end{array}
$$

Nun lässt der Angreifer nach P_i einen *bekannten* Block P_* einschieben. Die Chiffrierung sieht jetzt so aus:

$$P_1 \quad P_2 \quad \ldots \quad P_i \quad P_* \qquad P_{i+1} \quad P_{i+2} \quad \ldots$$
$$\oplus \quad \oplus \qquad \oplus \quad \oplus \qquad \oplus \qquad \oplus$$
$$S_1 \quad S_2 \quad \ldots \quad S_i \quad S_{i+1} \quad S_{i+2} \quad S_{i+3} \quad \ldots$$
$$= \quad = \qquad = \quad = \qquad = \qquad =$$
$$C_1 \quad C_2 \quad \ldots \quad C_i \quad C'_{i+1} \quad C'_{i+2} \quad C'_{i+3} \quad \ldots$$

Daraus berechnet er nacheinander:

$S_{i+1} = P_* \ \oplus \ C'_{i+1}$ aus dem zweiten Schema,

$P_{i+1} = C_{i+1} \oplus S_{i+1}$ aus dem ersten Schema,

$S_{i+2} = P_{i+1} \oplus C'_{i+2}$ aus dem zweiten Schema,

$P_{i+2} = S_{i+2} \oplus C_{i+2}$ aus dem ersten Schema

und so weiter. Da solch eine Stromchiffrierung eigentlich bitweise arbeitet, ist die Einteilung nach »Blöcken« in diesem Kontext willkürlich. Ein Block kann ein Bit lang sein oder 8 oder auch 31. Außerdem spielen selbst Änderungen von P_j mit $j <= i$ nur eine Nebenrolle; wichtig ist nur, dass Bits eingeschoben werden.

Das ermöglicht folgendes praktikables Vorgehen: Der Angreifer – nennen wir ihn Bond – hat sich bei einer verdächtigen Firma einstellen lassen und weiß, dass eine abgefangene chiffrierte Nachricht sehr wahrscheinlich heiße Ware bei Gun Services & Partner ordert, deren Ansprechpartner Müller schon seit längerem im Visier der Geheimdienste steht. Bei einem Rendevous mit der attraktiven Sekretärin seiner Firma erwähnt Bond nun nebenbei, dass er vor kurzem bei Herrn Müller ins Fettnäpfchen getreten sei, weil er dessen Namen falsch geschrieben hatte: In Wirklichkeit muss es »Mueller« heißen, der penible Herr lege größten Wert auf korrekte Orthografie. Prompt fängt Herr Bond am nächsten Tag eine chiffrierte Nachricht an Gun Services & Partner ab, die bis zu einer bestimmten Stelle mit der vorigen übereinstimmt. Ganz richtig vermutet er, dass das erste differierende Byte durch die Änderung eines »ü« in ein »u« entstanden ist und danach ein »e« eingeschoben wurde. Weil der Name »Müller« im Klartext nur einmal und obendrein am Anfang enthalten ist, kann Bond fast die gesamte Bestellung einer illegalen Waffenlieferung entschlüsseln – bis auf einen Nachsatz in der zweiten Nachricht, vermutlich die Entschuldigung für den vermeintlichen Schreibfehler im Namen.

Wer so lax mit Kryptologie umgeht, dem nützen auch die besten Verfahren nichts. Außerdem sollte er mehr auf den Umgang seiner attraktiven Sekretärin achten.

Dieser Angriff war nur möglich, weil in beiden Fällen die gleiche Schlüsselfolge (S_n) verwendet wurde. Das zeigt, wie wichtig es ist, für jede Nachricht einen anderen Initialisierungsvektor zu wählen.

Weitere Probleme

Soweit zu den aktiven Angriffen. Ein anderer Gesichtspunkt ist die mögliche *Fehlerausbreitung*. Alle Modi sind so ausgelegt, dass ein Übertragungsfehler (verstümmelt übermittelte Blöcke) bei der Dechiffrierung höchstens zwei Klartextblöcke unleserlich macht. Schwieriger sind Synchronisierungsfehler zu beseitigen, d. h. fehlende Bits oder Blöcke. Das ist nur für den CFB-Mode möglich. Es ist wahrscheinlich besser, wenn das Übertragungsprotokoll solche Fehler von vornherein ausschließt und nicht der Chiffriermodus mit den Folgen fertig werden muss.

Ein weiteres Problem stellt die *Parallelisierbarkeit* dar. Sie hat große praktische Bedeutung: Die Netzwerkverbindungen werden rasant schneller, die Chiffrierung entartet zum Flaschenhals bei der Datenübertragung. Von den vorgestellten Modi erlaubt nur ECB, mehrere Blöcke parallel zu verschlüsseln, d. h. mehrere Chiffriereinheiten parallel zu betreiben.

Es gibt z. B. aber auch einen so genannten *verschränkten CBC-Modus (interleaved CBC mode)*, bei dem mehrere Verschlüsselungen parallel ablaufen können. Dazu zerlegen wir den Datenstrom etwa in fünf einzelne Ströme, z. B. wie folgt nach Blocknummern geordnet:

```
1.Datenstrom:    1,6,11,16,...
2.Datenstrom:    2,7,12,17,...
...
5.Datenstrom:    5,10,15,20,...
```

Jeden Datenstrom verschlüsseln wir nun mit einem eigenen Chip im CBC-Modus.

Es gibt noch zahlreiche andere Chiffriermoden als die genannten. So wurde in der Sicherheits-Software Kerberos 4 ein **PCBC** genanntes Verfahren eingesetzt (*propagating cipher block chaining mode*), bei dem der Klartextblock P_{n+1} nicht nur mit C_n, sondern auch mit P_n per XOR verknüpft wird. Dieser Modus garantiert die Integrität des Textes, denn ein Fehler pflanzt sich durch alle folgenden Blöcke fort. Allerdings passiert das nicht bei der Vertauschung zweier aufeinander folgender Blöcke. Wegen dieser theoretischen Schwäche wird PCBC bei Kerberos 5 nicht mehr eingesetzt. – Einzelheiten zu den anderen Modi finden sich in [SchnCr].

Offen bleibt auch die schlüssige *Kryptanalyse* dieser Verfahren. Es wird Ihnen wahrscheinlich einleuchten, dass man allgemein nicht entscheiden kann, ob z. B. die Anwendung von CBC ein Verschlüsselungsverfahren sicherer oder unsicherer macht. Letzteres ist bei modernen Algorithmen aber kaum vorstellbar. Der Sinn der Chiffriermoden liegt nicht darin, einen Algorithmus an sich zu verbessern, sondern seine Anwendung robuster oder überhaupt möglich zu machen: Chiffrierfehler wie das wiederholte Senden des gleichen Klartextes werden wirkungslos dank sorgfältiger CBC-Implementierung; einzelne Bytes lassen sich im CFB-Modus chiffriert übertragen, obwohl man einen Blockalgorithmus nutzt.

5.1.2   Auffüllen (Padding) bei Blockalgorithmen

Bei der praktischen Umsetzung (sprich: Implementierung) von Blockalgorithmen stoßen wir in der Regel relativ spät an ein scheinbares Randproblem: Was machen wir mit dem letzten Block? Wenn wir den Blockalgorithmus als Stromchiffrierung nutzen (CFB- und OFB-Modus), arbeiten wir byteweise und haben keine Probleme. Anders sieht es bei tatsächlich blockweiser Verschlüsselung aus, z. B. im ECB- oder CBC-Modus. Im Allgemeinen ist die Länge des Klartextes kein Vielfaches der Blocklänge, so dass wir bei diesen Modi den letzten Block auffüllen *müssen*. Dabei wollen wir uns natürlich keine kryptologischen Unsicherheiten einhandeln. Diese Aufgabe ist nicht so einfach, wie es scheinen mag.

Wenn der Klartext eine solche Struktur hat, dass sein Ende eindeutig markiert ist – z. B. durch ^Z bei Textdateien unter MS-DOS –, dann können wir den letzten Block mit zufälligen Zeichen füllen und gehen damit kein Risiko ein. Leider ist das Klartextende nicht immer markiert. Oft genug ist eine binäre Datei zu verschlüsseln, deren Ende z. B. unter UNIX nur durch die Dateilänge bestimmt ist. Wir müssen auch davon ausgehen, dass beliebige Zeichen und Muster im Klartext vorkommen können, d. h. wir können keine Endmarkierung »erfinden« und anhängen.

Es gibt eine sehr einfache Methode, die zu empfehlen ist, wenn ein paar Bytes mehr im Geheimtext nicht stören: Wir füllen den letzten Klartextblock mit zufälligen Bytes auf, bringen aber im letzten Byte die Anzahl der Füllbytes unter:

```
Jeder_Bl | ock_enth | ält_8_Ze | ichenXX3
```

Hier haben wir mit »X« aufgefüllt; zusammen mit dem »Zählbyte« sind es drei zusätzliche Bytes. Es ist nicht so wichtig, ob dieses letzte Byte das *Zeichen* »3« enthält oder den *numerischen Wert* 3 (entsprechend ^C) – Hauptsache, die Angabe ist eindeutig, und das Empfängerprogramm kann damit etwas anfangen: Es dechiffriert zunächst alle Blöcke, dann schaut es in das letzte Klartextbyte und schneidet die entsprechende Bytezahl vom Ende wieder ab.

Unelegant wird diese Methode, wenn der Klartext den letzten Block gerade füllt. In diesem Fall müssen wir einen »Dummyblock« anhängen, dessen letztes Byte bei 64-Bit-Blöcken den Wert 8 hat.

Und noch einen Nachteil hat diese Methode: Der Geheimtext ist länger als der Klartext. Das ist nicht erwünscht, wenn z. B. ein Teilstück mitten in einer Datei (oder auch einer Datenbank) verschlüsselt werden soll.

Zu diesem Zweck entwickelte DAEMAN [Daeman] 1995 das so genannte **Ciphertext Stealing**, den »Geheimtextdiebstahl«. Das Verfahren wird hier nur für den simplen ECB-Modus erklärt (Abb. 5.4): Der letzte Klartextblock P_n ist verkürzt; z. B. sei er 11 Bit lang. Wir schneiden vom *vorletzten* Geheimtextblock die linken 11 Bit ab (in der Abbildung mit C_n bezeichnet) und setzen sie als *letzten* Geheimtextblock ein. Die restlichen Bits (C' in Abb. 5.4) hängen wir an P_n rechts an und erhalten so einen vollen Klartextblock, dessen Chiffrierung wir als *vorletzten* Geheimtextblock einsetzen. Der letzte, kurze Klartextblock »stiehlt« sich also etwas Geheimtext vom vorangehenden Schritt, daher der Name dieses cleveren Verfahrens.

Geheimtext

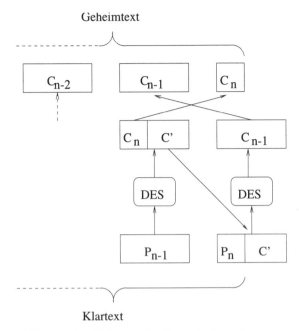

Abbildung 5.4: Ciphertext Stealing beim ECB-Modus

Beim CBC-Modus sieht das Ciphertext Stealing fast genauso aus, nur wird dort C' nicht an P_n angehängt. Es reicht, P_n mit Nullbits auf volle Blocklänge aufzufüllen – dank des XORs mit dem vorangehenden Geheimtextblock (in Abb. 5.4 also »$C_n|C'$«) erscheint C' trotzdem vor der Verschlüsselung an P_n angehängt.

Programmiertechnisch ist Ciphertext Stealing ein wenig umständlicher als das einfache, eingangs genannte Auffüllen: Wir müssen stets den vorletzten Geheimtextblock gespeichert haben, denn wir wissen nicht im Voraus, welcher Klartextblock der letzte ist. Außerdem wird die natürliche Reihenfolge der Geheimtextblöcke im letzten Schritt durchbrochen.

Ciphertext Stealing erlaubt uns also eine Ersetzung »am Ort« (*in place*). Beim CBC-Modus allerdings müssen wir dann den Initialisierungsvektor IV an anderer Stelle unterbringen oder jederzeit aus dem Kontext errechnen können (bei Datenbanken beispielsweise aus Nutzer- und Rekordnummer).

5.1.3 Einbauen von Prüfsummen

Wenn die Verschlüsselung nicht »am Ort« erfolgen muss, d. h. der Geheimtext nicht genauso lang wie der Klartext sein muss, dann ist das Anhängen einer Prüfsumme an den Klartext empfehlenswert: Jederzeit lässt sich die Integrität des Textes überprüfen. Das ist für Sie sicherlich nicht neu.

Es gibt aber noch eine andere praktische Situation, bei der chiffrierte Prüfsummen sehr nützlich sein können: Angenommen, Sie haben eine viele MByte lange verschlüsselte Datei vorliegen und wollen den zugehörigen Klartext bearbeiten. Wenn

Sie das Passwort falsch eingeben, dann wird der Dechiffrieralgorithmus trotzdem einen »Klartext« erzeugen, der natürlich alles andere als »klar« ist. Ganz am Ende der Entschlüsselung wird Ihr Programm vielleicht feststellen, dass die Prüfsumme nicht stimmt, und ein neues Passwort anfordern. Inzwischen hat es eine »Datenleiche« mehr erzeugt und allerhand Rechenzeit verbraucht. Vielleicht arbeitet das Programm auch ohne Prüfsummen, und Sie spüren erst beim Versuch, mit dem Klartext zu arbeiten, schmerzhaft Ihren Fehler.

Das ist ärgerlich und benutzerunfreundlich. Wäre es nicht einfacher, Ihr Programm würde falsche Passwörter gleich ablehnen, ohne deswegen die Sicherheit zu gefährden? Das ist möglich, und der Trick ist sogar sehr einfach – man muss nur erst einmal die Notwendigkeit erkennen.

Wir wählen dazu einen zufälligen Block I_0 und verschlüsseln ihn; wir erhalten einen Block I_1. Beide Blöcke – I_0 und I_1 – stellen wir dem Klartext voran und verschlüsseln diesen erweiterten Klartext. Aus I_0 wird dabei C_1, aus I_1 wird C_2, aus P_1 schließlich C_3 usw. (vergleiche Abb. 5.5).

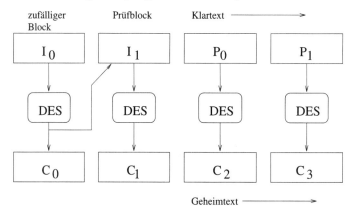

Abbildung 5.5: Schnelle Passwortüberprüfung beim Dechiffrieren

Beim Dechiffrieren stoppen wir nach der Berechnung des Klartextblockes I_1 erst einmal und prüfen, ob C_0 mit I_1 übereinstimmt. Wenn nein, dann muss das Passwort falsch sein; wenn ja, dann stimmt es mit sehr hoher Wahrscheinlichkeit. Ein theoretischer Nachteil der Methode ist allerdings, dass der Klartextblock $I_1 = C_0$ bekannt ist. Doch Immunität gegen Klartextangriffe wird bei modernen Verfahren ohnehin vorausgesetzt.

Zahlreiche Varianten sind hier möglich: Beim CBC-Modus können wir I_0 gleich als Initialisierungsvektor verwenden. Die ersten beiden Blöcke I_0 und I_1 verschlüsseln wir so wie in Abb. 5.5 im ECB-Modus, ab dem dritten Block (d. h. ab Klartextblock P_0) gehen wir zu CBC über. Noch eleganter erscheint mir der Trick, zwei identische, zufällige Blöcke vor den Klartext zu setzen und im CBC-Mode zu verschlüsseln. Allerdings kann die Aussage »die ersten beiden Klartextblöcke sind gleich« für Angreifer einen ähnlichen Wert haben wie »der erste Klartextblock besteht aus Nullen«. Vielleicht ist dies auch ein Grund, weshalb das in 7.1 besprochene Programm PGP nur 16 Bit des ersten 64-Bit-Blocks wiederholt.

In meiner RC5a-Implementierung verwende ich mehrere Eingangsblöcke, hänge eine Prüfsumme an und lasse danach einen Block folgen, der nur die Releasenummer des Algorithmus enthält. Erst dann beginnt der eigentliche Klartext. Diese Anordnung erleichtert ein späteres Umsteigen auf andere Algorithmen bzw. Varianten von RC5 sehr. Mehr dazu in Kapitel 7.6.

Bei Verschlüsselung »am Ort« lassen sich solche Tricks allerdings nicht so einfach implementieren – die Prüfsumme muss wie der Initialisierungsvektor an anderer Stelle untergebracht werden. Wo, das hängt von der Anwendung ab.

5.1.4 Schlüsselgenerierung

Ein besonders wichtiger Gesichtspunkt bei der Implementierung von Verschlüsselungsverfahren ist, auf gute Schlüsselwahl zu achten. Die Gefahren durch reduzierte Schlüsselräume haben wir bereits in Kapitel 3.2 und 3.3 kennen gelernt. Wir sehen uns noch ein Beispiel dazu an und untersuchen danach, wie man solche Pannen vermeidet.

Die Netscape-Story

Ein bekanntes und geradezu drastisches Beispiel eines reduzierten Schlüsselraumes wurde Mitte 1995 bekannt, als Ian GOLDBERG und David WAGNER von der Berkeley-Universität in Kalifornien eine Schwäche im bekannten Internet-Browser Netscape Navigator entdeckten. Mittels Netscape kann man z. B. Kreditkartennummern chiffriert senden. Dazu erzeugt das Programm 128 Bit lange Sitzungsschlüssel und nutzt das symmetrische Verfahren RC4, das wahrscheinlich noch »wasserdicht« ist (5.6). Innerhalb der USA dürfen 128-Bit-Schlüssel für RC4 verwendet werden, bei Exportversionen sind wegen der Ausfuhrbestimmungen effektiv nur 40 Bit variabel (im von Netscape genutzten SSL-Standard werden 88 Schlüsselbit im Klartext mitgeliefert). Selbst 2^{40} ist noch eine ordentlich große Zahl, etwa 10^{12} oder 1 Billion. Brute Force bei so vielen Schlüsseln lohnt wohl erst, wenn der Klartext wirklich interessant ist. Selbst bei einer Million Versuchen pro Sekunde (das erscheint mir gegenwärtig auf PCs angesichts der notwendigen Tests auf Klartext nicht sehr realistisch) ist ein Rechner volle 11,5 Tage damit beschäftigt. Es kann aber auch ein halbes Jahr daraus werden ...

Doch der Zufallszahlengenerator für den Sitzungsschlüssel von Netscape war wenigstens unter den UNIX-Systemen Solaris und HP-UX nicht zufällig genug. Er wurde mit einer Größe initialisiert, die von der Systemzeit abhing (auf Mikrosekunden genau gemessen) sowie von den Identifikationsnummern des aktuellen und des Elternprozesses (den so genannten PID und PPID). Pro forma ergibt das eine Variationsbreite von vielen Trillionen (10^{18}) Möglichkeiten. Wenn jedoch jemand Zugang zu dem gleichen Rechner hat, dann kann er PID und PPID des Anwenders sehr leicht bestimmen, und die Systemzeit wird er mindestens mit Minutengenauigkeit ermitteln können – es bleiben wenige zig Millionen Möglichkeiten übrig (10^7). Um den Faktor 10^{11} – also 100 Milliarden – hat sich hier die Variationsbreite verkleinert! Dass Netscape eigentlich gute Chiffrieralgorithmen verwendet, spielt gar keine Rolle mehr. Selbst wenn Netscape mit den Anfangszahlen hochkomplizierte Rechnungen angestellt hätte – 10^7 Eingangswerte liefern nun einmal »nur«

10^7 mögliche Schlüssel zum Durchprobieren. Auch bei nur 1000 Versuchen pro Sekunde wäre ein Rechner nach drei Stunden fertig! Doch die Praxis ist noch »schöner«: Oft genug kann man in einem Rechner die Zeit gar nicht auf die Mikrosekunde genau messen, sondern z. B. nur in 10ms-Intervallen. Dann hat man noch einmal vier Größenordnungen gewonnen, der Rechner arbeitet nur noch 10 Sekunden. Der volle Brute-Force-Angriff hätte bei dieser Geschwindigkeit über 30 Jahre lang gedauert. Ich glaube, eindrucksvoller lässt sich der Effekt eines reduzierten Schlüsselraumes kaum noch darstellen.

Da es hier um Kreditkartennummern ging, lohnte sich ein derartiger Angriff durchaus. Netscape verhielt sich so, wie wir es von einem Hersteller erwarten: Es verklagte nicht etwa Goldberg und Wagner wegen unerlaubter Reassemblierung des Codes, sondern bekannte sich zu diesem Fehler und behob ihn umgehend. Damit war der Allgemeinheit am besten gedient. Mit Ausnahme sehr großer *und* erfahrener Firmen ist es wohl immer am besten, wenn Sicherheit offentlich begutachtet wird.

Allgemein heißt es an zwei Stellen bei der Schlüsselerzeugung aufpassen: Beim automatischen Generieren von Sitzungsschlüsseln und bei der manuellen Eingabe von Schlüsseln. Wir bleiben zunächst beim ersten Thema.

Erzeugen von Sitzungsschlüsseln – ANSI X9.17

Wenn Sie auf Ihrem Rechner eine geheime Ecke haben, in die wirklich niemand hineinschauen kann, dann empfehle ich Ihnen die Schlüsselerzeugung nach dem ANSI-Standard X9.17 (1985 veröffentlicht). Zwar ist in diesem nur DES als Blockchiffrierung angegeben, doch ebenso lässt sich ein beliebiger anderer Blockalgorithmus verwenden. Die Verschlüsselung mit dem Schlüssel K bezeichnen wir im Folgenden wie üblich mit E_K (E = *encryption*).

Bei diesem ANSI-Standard legen wir einen sehr geheimen Schlüssel K und einen geheimen Anfangswert V fest. Beide bringen wir in der besagten geheimen Ecke des Rechners unter.

Die Prozedur erzeugt nun fortlaufend Schlüssel. In jedem Schritt müssen wir einen Zeitstempel T ermitteln (dazu unten mehr) sowie einen Schlüssel S berechnen nach

$$S = E_K(E_K(T) \oplus V)$$

Anschließend ermitteln wir ein neues V gemäß

$$V = E_K(E_K(T) \oplus S)$$

und legen es wieder in die geheime Ecke (Abb. 5.6).

Wenn die Bitzahl von S nicht mit der geforderten Bitzahl des Schlüssels übereinstimmt, streichen wir Bits von S bzw. erzeugen mehrere Schlüssel S und hängen sie aneinander. Das Ergebnis jeder der beiden Gleichungen hängt jeweils von drei Größen ab: K, T sowie V bzw. S. Selbst wenn ein Angreifer K und V ermitteln sollte, wir aber dafür T »sehr zufällig« gewählt haben, hat er keine Chance.

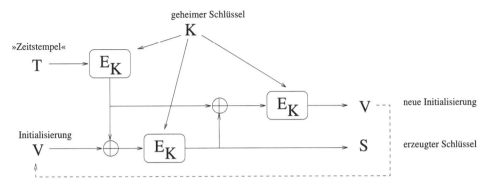

Abbildung 5.6: Erzeugung von Sitzungsschlüsseln nach dem Standard ANSI X9.17

Das Verfahren ist ohne Frage sorgfältig entworfen und untersucht worden. Doch ebenso ohne Frage lässt sich auch hier übermäßige Sicherheit durch schlechte Implementierung wirkungsvoll annihilieren. Wenn beispielsweise ein Programmierer den Begriff »Zeitstempel« zu wörtlich nimmt *und* die Menge der möglichen geheimen Schlüssel K zu klein lässt, dann produziert er trotzdem einen stark reduzierten Schlüsselraum. Es reicht aber theoretisch aus, wenn Zeitstempel *oder* geheimer Schlüssel einer hinreichend großen Wertemenge entnommen werden.

Das Problem, eine »geheime Ecke« im Rechner zu finden, ist kein kryptologisches, sondern gehört in das Gebiet der Systemsicherheit. Üblicherweise erzeugt man K beim Start des Programms mit »hinreichend viel Zufall«. Dazu mehr im nächsten Abschnitt.

»Rechner-Zufall«

Oft genug ist Zufall im Computer gar nicht willkommen, z. B. wenn ein Windows-Rechner rein zufällig abstürzt. Wollen Sie jedoch den Zufall *zielgerichtet* erzeugen, dann ist das nicht so einfach. Dabei geht es nicht um statistische Eigenschaften des Zufalls. Hier interessiert nur, dass ein Angreifer die erzeugten Werte nicht vorhersagen oder erraten kann.

Es gibt viele Möglichkeiten, solche so genannten pseudo-zufälligen Ereignisse zu nutzen. Im Konkreten hängt das allerdings sehr vom verwendeten Betriebssystem und vom Rechnertyp ab. Wir können solche Programmiertechniken nicht allgemein gültig diskutieren. In Abb. 5.7 finden Sie einige Anregungen.

▷ Systemzeit

▷ Interruptvektoren oder auch Statusinformationen des Systems: Unter UNIX V.4 z. B. die Ausgabe von »ps-elf«. Noch raffinierter ist die Methode von Wietse Venema, die er in seinem berühmten Programm SATAN (zur Überprüfung der Sicherheit von UNIX-Systemen) nutzt:

```
(ps axl & ps -el & netstat -na & netstat -s & ls -lLRt /dev & w) | md5
```

Alle sechs Kommandos laufen gleichzeitig im Hintergrund, die Reihenfolge ihrer Ausgaben ist nicht vorhersagbar. Jedes Kommando beschreibt einen aktuellen Zustand des Systems. Fehlerausschriften (wegen nicht definierter Schalter) spielen keine Rolle.

▶ Werte nicht initialisierter Variabler (das ist ein unsicherer und recht schwacher Zufall, der aber mit genutzt werden kann: Unter UNIX sind die Werte manchmal ziemlich schwer vorherzusagen)

▶ Tastatureingaben durch den Anwender. Gemessen werden die Zeitabstände zwischen den Tastendrücken, so genau, wie es der Rechner erlaubt. Die gedrückten Tasten können ebenfalls mit ausgewertet werden. Bei einigen Dutzend gedrückten Tasten genügt der erzeugte Wert schon hohen Ansprüchen.

Das Verfahren eignet sich gut für einmalige Initialisierungen. Es wird z. B. im Softwarepaket PGP zur Erzeugung eines Anfangswertes für die Primzahlsuche verwendet. Es wäre dagegen ermüdend, bei jedem Programmstart chaotisch auf der Tastatur herumzuklappern zu müssen. PGP speichert erzeugte Werte in verschlüsselter Form.

▶ Luftturbulenzen in Festplattengehäusen sollen auch schon zur Zufallsgenerierung ausgenutzt werden.

▶ Externe Zufallsquellen, wie Spracheingabe, Geigerzähler, Seismometer u. v. a. – hier besteht der Nachteil zusätzlicher Hardware.

▶ Auch willkürliche Mausbewegungen sind sehr gut geeignet; allerdings arbeitet nicht jeder Nutzer an einem Terminal bzw. Rechner mit Maus.

Abbildung 5.7: Einige pseudo-zufällige Ereignisse, die ein Rechner abfragen kann

Passwortwahl – der Trick mit den Wartezeiten

Wenn Sie selbst eine Passworteingabe programmieren, dann verhindern Sie unbedingt per Programm die Eingabe von »faulen Passwörtern«! Denken Sie an die Erfahrung mit der Enigma: Erst nach der Durchsetzung entsprechender Dienstvorschriften suchten sich die Funker bessere Schlüssel als »aaa«, »asd« »sdf« usw. Nur ein erschreckend kleiner Teil der Anwender, die ich beim Einloggen in ein UNIX-System beobachte, tippt lange Passwörter ein. Ältere Systeme erlauben sehr kurze Passwörter, und prompt richten sich die Anwender zweibuchstabige ein. Ein einzelner Buchstabe scheint ihnen offenbar doch zu riskant.

Es gibt übrigens einen Trick, mit einbuchstabigen Passwörtern zu leben, allerdings nur in einem Spezialfall. Ich schrieb mir ein Programm, das den Bildschirm per Passwort zeitweilig sperrt [Woblock]. Das Passwort lege ich jedesmal selbst fest. Wer unbefugt am meinem Terminal arbeiten will, wartet beim ersten Fehlversuch drei Sekunden, beim nächsten sechs, danach zwölf Sekunden, dann 24 usw. Selbst wenn er z. B. weiß, dass ich nur einen Kleinbuchstaben eingebe, wird der durchschnittliche »Brute-Force«-Angriff auf die 26 Möglichkeiten durchschnittlich $3*2^{14}$ Sekunden oder 13,5 Stunden dauern – keine verlockenden Aussichten, denn bis dahin habe ich ihn ertappt. Der Hauptnachteil des Programms besteht in der Möglichkeit, dass schelmisch-boshafte Arbeitskollegen während meiner Abwesenheit ab und zu eine falsche Taste drücken könnten (obwohl ich schon dafür sorgte, dass Tastendrücke nicht gespeichert werden). Bei meiner Rückkehr sind dann gerade noch 2^{13} Sekunden Wartezeit fällig ...

Doch zurück zu den »richtigen« Passwörtern. Sie sollten darauf testen, daß

▶ das Passwort nicht zu kurz ist (z. B. wenigstens 6 Zeichen lang ist),

▶ es nicht nur Buchstaben enthält, sondern auch Sonderzeichen,

▶ keine einfache Struktur hat (Beispiele: X.X.X. oder aaa,,,) und vielleicht noch

▶ kein Wort ist (Testen Sie gegen ein großes Wörterbuch, oder verlangen Sie, dass unmögliche oder seltene Bigramme vorkommen).

Schauen Sie noch einmal auf Abb. 3.6: Alle diese Abwandlungen lassen sich schon automatisch durchtesten, und noch viel mehr!

Wenn Sie es allerdings zu weit treiben mit Ihrem Test, verkehrt sich die Wirkung ins Gegenteil: Der Anwender schreibt mit Sicherheit sein Passwort auf. Das ist eine Misere. Es gibt unter anderem zwei einfache Auswege daraus:

1. Wenn Ihr System nur kurze Passwörter verarbeitet (UNIX beispielsweise oft nur acht Zeichen), dann prägen Sie sich irgendeinen verrückten Satz ein und verwenden dessen Anfangsbuchstaben inklusive Interpunktionszeichen. Ich verwende z. B. auf allen von mir administrierten UNIX-Rechnern das Superuser-Passwort »ImRbnje!« als Abkürzung von »In meinen Rechner bricht nie jemand ein!«. (Glauben Sie es nicht.)

2. Mir gefallen am besten die so genannten **Passphrasen** (*pass phrases*), wie sie in PGP bezeichnet werden (*Vorlagephrasen* in der deutschen Ausgabe von SCHNEIER [SchnCr], bei GnuPG sinnigerweise *Mantras* genannt). Das sind einfach Sätze, wie z. B. der zuvor genannte, oder auch Bruchstücke davon (Phrasen im engeren Sinne). Vom Programm aus gesehen handelt es sich schlicht um lange Passwörter. Bei Verwendung von Passphrasen erscheint ein Wörterbuchangriff aussichtslos, es sei denn, Sie verwenden ein Zitat aus einem Buch, das bereits in elektronischer Form gespeichert wurde (es gibt auch Bibel-CDs sowie Filmdialoge im Internet!). Je verrückter, desto besser, Rechtschreibfehler sind in diesem Kontext ausnahmsweise erlaubt und sogar erwünscht.

Wenn Sie das Chiffrierprogramm selbst schreiben, dann lassen Sie Passphrasen zu. Passwörter sind als Spezialfall allemal möglich, für konservative Nutzer. Will Ihr Algorithmus einen 128-Bit-Schlüssel, dann bilden Sie eine geeignete Prüfsumme über die Passphrase. Solch ein Verfahren heißt **key crunching**.

Das einzige Problem bei Passphrasen ist die Eingabe. Normalerweise tippt man ein Passwort blind ein. Das blinde Schreiben ganzer Sätze ist für Zweifingerkünstler aber unter Umständen zu schwierig. PGP erlaubt, in Ausnahmefällen die Eingabe doch sichtbar zu machen. Dabei möchte einem niemand über die Schulter schauen (es gibt auch Fernrohre!). Vielleicht hilft es, die Passphrase immer nur in einem kleinen Fenster zu zeigen (z. B. 5 Zeichen), das seitlich rollt. Dann kann ein Beobachter sie wenigstens nicht im Vorbeigehen schnell erfassen, und dem »Sehend«schreiber ist auch geholfen.

5.1.5   Fazit

Dieser Punkt 5.1 hat Ihnen sicherlich gezeigt, welch hohe Kunst die Implementierung von Sicherheitssoftware ist. Nicht nur rein kryptologische Kriterien sind zu beachten (wie etwa die Modi oder das Auffüllen), sondern vielmehr noch das gesamte Sicherheitsumfeld: Passworteingabe, Verwaltung geheimer Daten, Schlüsselraumgröße und so weiter.

Im Regelfall wollen Sie wahrscheinlich keine Verschlüsselungsprogramme selbst implementieren, sondern eher deren Sicherheitsprobleme verstehen und beurteilen. Nun kennen Sie einige Problempunkte, auf die Sie beim Erwerb solcher Software achten müssen. Ein Softwareanbieter sollte mit Ihren Fragen etwas anzufangen wissen. Kann er das nicht, und hält er vielleicht sogar den verwendeten Algorithmus verborgen, dann seien Sie so misstrauisch, wie es Ihnen die Marktlage irgend erlaubt.

5.2   DES-Modifikationen

Wir kehren nun zurück zur Besprechung von Algorithmen und bleiben noch im Umfeld von DES. Nach unserem derzeitigen Wissensstand ist Brute Force immer noch der einzige praktikable Angriff auf dieses Verfahren, d. h. seine zu geringe Schlüssellänge ist die einzige nutzbare Schwachstelle. Natürlich bleibt immer das leichte Misstrauen, ob die NSA nicht doch eine Hintertür in DES eingebaut hat. Es fehlte und fehlt nicht an Versuchen, diese Nachteile zu beseitigen und gleichzeitig das sorgfältige Design von DES zu nutzen. Zwei Ergebnisse dieser Versuche finden Sie in diesem Abschnitt, zahlreiche weitere in SCHNEIER [SchnCr, Kap. 13].

5.2.1   Triple-DES

Das naheliegendste Mittel gegen zu kurze Schlüssel ist die Mehrfachchiffrierung mit verschiedenen Schlüsseln. Beispielsweise würden wir bei der doppelten DES-Verschlüsselung einen 112-Bit-Schlüssel wählen, diesen in zwei Teilschlüssel K und K' aufspalten und jeden Klartextblock P erst mit K und danach noch einmal mit K' verschlüsseln:

$C = DES_{K'}(DES_K(P))$

Gegen einen 112-Bit-Schlüssel lässt sich kein Brute-Force-Angriff mehr durchführen. In Software ist das Verfahren einfach zu implementieren und nur um den Faktor 2 langsamer als DES (bei 72-Billiarden-mal größerer Sicherheit). Zum Bau eines Chiffriergerätes brauchen wir eigentlich nur zwei DES-Chips hintereinander zu schalten, die getrennt mit den Teilschlüsseln versorgt werden – alles kein Problem.

Diese Überlegungen sind recht naheliegend, und wie fast immer in der Kryptologie sind naheliegende Ansichten falsch – auch hier. In dieser Allgemeinheit dürfen wir nicht behaupten, dass doppelte Verschlüsselung sicherer ist als einfache. Zunächst einmal könnte es ja sein, dass ein (56-Bit-)Schlüssel K'' existiert, so dass für beliebige Klartextblöcke P gilt:

$DES_{K''} = DES_K(DES_{K'}(P))$

Dann wäre die Mehrfachverschlüsselung gegen Brute Force nicht sicherer als die einfache Verschlüsselung, nur Wörterbuchangriffe wären erschwert. Von Algorithmen, für die solche Schlüssel K" *immer* existieren, sagt man, sie haben die **Gruppeneigenschaft** oder auch, sie bilden eine **Gruppe**. (Der Begriff ist nicht sonderlich günstig gewählt, denn in der Mathematik gehört zu einer Gruppe immer ein so genanntes Einzelement. In unserem Fall wäre das die Identität. Ein Schlüssel, bei dem der Klartext in sich selbst übergeht, braucht bei beliebigen Algorithmen mit Gruppeneigenschaft nicht zu existieren.)

DES bildet keine Gruppe. Auf der Menge der durch Mehrfachverschlüsselung definierten Abbildungen ist durch die Hintereinanderausführung von Verschlüsselungen zwar eine algebraische Operation definiert, doch diese Menge bildet zusammen mit dieser Operation eben keine mathematische Gruppe. Es ist jedoch denkbar, dass diese algebraische Struktur Ansatzpunkte für die Kryptanalyse bietet. Meines Wissens kennt man keine solchen Ansatzpunkte; wahrscheinlich weiß man nicht einmal, ob die Hintereinanderausführung von Verschlüsselungen eine Identität ergeben kann (d. h. wieder den ursprünglichen Klartext) – mit Ausnahme der sechs Paare halb schwacher Schlüssel aus 4.4.3.

Wir tappen nicht länger in dieser Grauzone herum. Handfestere Theorie wird im folgenden Punkt geboten.

Man trifft sich in der Mitte

Es gibt eine Methode, doppelte Verschlüsselung zu kryptanalysieren. Dabei handelt es sich um eine Kombination von Brute Force und einem Angriff mit bekanntem Klartext. Der Kryptanalytiker stellt sich sozusagen in die Mitte zwischen beide Verschlüsselungen. Auf der einen Seite chiffriert er den bekannten Klartext mit allen Schlüsseln, auf der anderen dechiffriert er den Geheimtext, und in der Mitte sollen beide Ergebnisse übereinstimmen. Daher heißt diese Methode auch *meet-in-the-middle attack*, nicht zu verwechseln mit der *man-in-the-middle-attack* beim Austausch öffentlicher Schlüssel (4.5.2).

Im Prinzip reichen schon zwei Klartext-Geheimtext-Blockpaare für diesen Angriff aus. Der Gedanke ist sehr einfach:

Bekannt seien ein Klartextblock P und der zugehörige Geheimtext C, enstanden aus einer doppelten Verschlüsselung:

$$C = DES_K(DES_{K'}(P))$$

Wir chiffrieren nun P mit allen möglichen Schlüsseln K' und speichern die Ergebnisse. Anschließend dechiffrieren wir C mit allen möglichen Schlüsseln K und schauen nach, ob das Dechiffrat unter den erzeugten Chiffraten vorkommt. Wenn ja, dann testen wir die beiden Schlüssel K und K' an einem zweiten Paar (C,P). Bestehen K und K' diesen Test, dann sind es mit ziemlich hoher Wahrscheinlichkeit die richtigen Schlüssel. Wir können nun weitere, aufwendigere Tests durchführen.

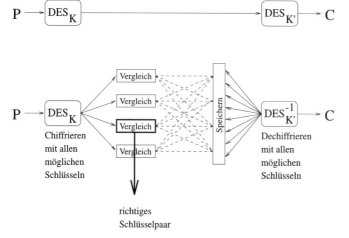

Abbildung 5.8: Der Angriff meet-in-the-middle gegen doppelte Verschlüsselung

Anstatt wie die Schildbürger für jedes K' alle K durchzuprobieren, also maximal $2^{56}*2^{56}$ Möglichkeiten abzuarbeiten, speichern wir die Ergebnisse für alle möglichen 2^{56} Schlüssel K' und testen dann bis zu 2^{56} mal die möglichen K durch, d. h. der zeitliche Aufwand beträgt nur noch $2^{56}+2^{56}$.

Unsere Rechnung ist zwar schlauer als die der Schildbürger, doch sie bleibt auf dem Milchmädchenniveau stehen. Sie wissen schon: 2^{56} Klartextblöcke entsprechen einer Größenordnung von 576 Millionen GByte. Wie schon in 4.4.1 erwähnt, könnten diese zum Beispiel auf 850 Millionen CDs gespeichert werden. (Allerdings bräuchten wir für jeden Klartextblock P einen anderen Satz von CDs ...) Dieser Datensatz ist 2^{56}-mal, also etwa 72-Billiarden-mal, zu durchsuchen. Es gibt zwar sehr effektive Suchstrategien – bei der Anordnung in einem so genannten Binärbaum würden wir jeden Eintrag in höchstens 56 Schritten finden – doch diese Verfahren arbeiten im Schneckentempo, falls sich die Daten nicht auf schnellen Festplatten oder sogar im Speicher befinden. Selbst wenn es bereits den superschnellen superdichten optischen Speicher gäbe, der für jedes Bit nur ein Quadrat mit einer Kantenlänge von 1 μm benötigt und bei dem jedes Bit direkt angesteuert werden kann, dann würden die benötigten Bits dieses Speichers immer noch ein Quadrat füllen, dessen Seitenlänge größer als 2 km ist.

Kurzum – der Angriff ist in der Praxis völlig unrealistisch. Trotzdem ist doppelte DES-Verschlüsselung ein ungeliebtes Kind. Natürlich ärgert es Theoretiker, wenn der doppelte Aufwand theoretisch nur einen winzigen Bruchteil des beabsichtigten Effektes bringt. Vielleicht gibt es auch andere Bedenken. Jedenfalls nutzt man heute oft die Dreifachverschlüsselung.

Triple-DES

Der DES-Entwickler TUCHMAN schlug 1979 folgendes Verfahren *Triple-DES*, auch *3DES* genannt, vor (der Begriff wird üblicherweise nicht eingedeutscht): Gegeben seien wieder zwei DES-Schlüssel K und K'. Mit dem ersten Schlüssel K chiffrieren wir den Klartext, mit dem zweiten, K', *de*chiffrieren wir das Ergebnis, um es anschließend mit K wieder zu chiffrieren:

$$C = DES_K(DES^{-1}_{K'}(DES_K(P)))$$

Der Empfänger dechiffriert dann mit K, chiffriert mit K' und dechiffriert erneut mit K.

Die Dechiffrierung im Mittelteil mag etwas verwundern, aber offenbar liegt der Grund dafür nur in der Kompatibilität zum einfachen Verfahren: Für K = K' wird Triple-DES wieder zur üblichen DES-Chiffrierung. So kann sich ein »Dreifach-Chiffriergerät« noch mit einem »Einfach-Chiffriergerät« unterhalten, ohne dass daran etwas geändert werden müsste (bis auf die Schlüsselwahl).

Auch hier gibt es *Meet-in-the-middle*-Angriffe, die schneller sind als Brute Force für 112-Bit-Schlüssel. SCHNEIER schlägt vor, statt der zwei Schlüssel K und K' in jedem der drei Schritte einen eigenen Schlüssel zu verwenden – damit sind derartige Probleme vom Tisch.

Wenn jedoch ein effektiver Angriff gegen DES existieren sollte – die berüchtigte »Hintertür« – dann könnte es sein, dass auch die Mehrfachverschlüsselung nichts nützt. Denken Sie an die in 2.2.5 diskutierte Kombination von Vigenère-Chiffre und Transposition, die sich fast so leicht wie jedes der einzelnen Verfahren brechen lässt.

Doch wir wandeln schon wieder in einer Grauzone herum. Es gibt bis heute keine rationalen Argumente gegen die Sicherheit von Triple-DES – nur irrationale. Wohl aber ist Triple-DES insbesondere in Software ziemlich langsam und fällt daher gegenüber moderneren Algorithmen (insbesondere den Endkandidaten der AES-Initiative, vgl. 5.5) ziemlich ab.

5.2.2 DES mit schlüsselabhängigen S-Boxen

1994 stellten BIHAM und BIRYUKOV auf der ASIACRYPT-Konferenz ein modifiziertes DES vor, das sich auf bestimmten DES-Chips wie auch in Software leicht implementieren lässt [Bih.biry]. Der Trick ist, schlüsselabhängige S-Boxen zu konstruieren. Manche DES-Chips erlauben variable S-Boxen, so dass diese Boxen außerhalb der Chips erzeugt und dann eingespeist werden können.

Nun sind die originalen S-Boxen bekanntlich gegen differenzielle Kryptanalyse optimiert. DES mit zufälligen Boxen ist wesentlich leichter zu brechen. Eigentlich setzt das voraus, dass ein Angreifer die Boxen kennt, doch wir sollten uns vor übereilten Schlüssen hüten.

Das Verfahren ist schnell beschrieben:

1. Der Schlüssel ist 104 Bit lang, enthält also zusätzlich zu den 56 DES-Schlüsselbits weitere 48 Bit.

2. Die acht S-Boxen ordnen wir in der Reihenfolge 24673158 an.

3. Die ersten 16 von den 48 Extra-Bit des Schlüssels nutzen wir zum Zeilen- und Spaltentausch der S-Boxen:

   – Jeweils zwei Bit modifizieren eine S-Box: Ist das Bit 1 gleich 1, so vertauschen wir die ersten beiden Zeilen mit den letzten beiden, und ist das Bit 2 gleich 1, so vertauschen wir die ersten acht Spalten mit den letzten acht.

- Von den genannten 16 Bits modifizieren die ersten beiden die erste S-Box, die nächsten beiden die zweite usw.

4. Es bleiben 32 = 4*8 Extra-Bit übrig. Mit jeweils vier Bits modifizieren wir eine S-Box, indem wir diese vier Bits mit jedem Element der Box per XOR verknüpfen. Das kommt einer Permutation der Elemente gleich.

5. Ansonsten bleibt das DES-Verschlüsselungsverfahren unverändert.

Ohne Frage ist dieses Verfahren sehr hardwarefreundlich und nicht langsamer als DES. Die Zahl notwendiger Klartexte (gewählt bzw. bekannt) bei differenzieller bzw. linearer Kryptanalyse beträgt nach aktuellen Untersuchungen 2^{51} bzw. 2^{53}. Brute Force dagegen erfordert 2^{102} Verschlüsselungen. Alles liegt außerhalb des technisch Möglichen. Außerdem ist nicht zu erwarten, dass eine DES-Hintertür – falls sie existieren sollte – beim Biham-Biryukov-Verfahren noch geöffnet ist.

Vielleicht sollten wir diese Methode dem Triple-DES vorziehen. Schneier [SchnCr, Ende von Kap. 12] schreibt als Ratschlag, wie man der NSA das Leben schwer machen kann: »Ich empfehle daher den Einsatz von Bihams Konstruktion der schlüsselabhängigen S-Boxen. ... Sie stärkt die Widerstandskraft von DES gegen Brute-Force-Angriffe, erschwert differenzielle und lineare Kryptanalyse und sorgt dafür, dass sich die NSA über ein Verfahren Gedanken machen muss, das mindestens so stark wie DES, aber doch anders ist.«

5.2.3 DESX und Whitening

Es gibt eine weitere, außerordentlich einfache Methode, Algorithmen nach heutigem Erkenntnisstand sicherer zu machen. Sie heißt **Whitening** und ist gerade bei DES interessant, weil sie dessen zu kurze Schlüssellänge vergrößert. Aber sie lässt sich auch auf fast jeden anderen Blockalgorithmus anwenden.

Der Gedanke ist simpel: Zusätzlich zum 56-Bit-DES-Schlüssel Kd verwendet man zwei weitere 64-Bit-Schlüssel Kp und Kc. Der Geheimtext C berechnet sich aus dem Klartext P wie folgt:

```
C = Kc ⊕ DES_Kd(P ⊕ Kp)
```

Zusätzlich zur DES-Chiffrierung werden also der Klartext vor der Chiffrierung und der Geheimtext nach der Chiffrierung mit weiteren Schlüsseln per XOR verknüpft. Damit hat ein Angreifer keine Klartext-Geheimtext-Paare für DES mehr, und Brute Force greift ebenfalls nicht. Die Struktur von DES legt nahe, dass der Algorithmus dadurch gewinnt (sollte dennoch eine Hintertür von DES existieren, so ist diese Annahme vielleicht irrig).

Die Methode ist bestechend einfach. Nur minimale Hardwareerweiterungen sind erforderlich, der Gewinn an Sicherheit dagegen ist wahrscheinlich sehr hoch. Obwohl aus den USA nur Chiffriergeräte mit beschränkter Schlüssellänge ausgeführt werden dürfen (derzeit 40 Bit), stört das wenig – Whitening macht die Einschränkung wieder wett.

Die Idee stammt von Ron RIVEST, das Verfahren wird in [DESX] eingehend untersucht. Ein **DESX** genannter Algorithmus berechnet Kc als Einweg-Hashwert (vgl. 6.3.1) von Kd und Kp. Er wird in den Produkten *MailSafe* (seit 1986) und *BSAFE* (seit 1987) eingesetzt. Die effektive Schlüssellänge von DESX beträgt also 120 Bit, viel zu viel für Brute Force.

Eigentlich könnte man vermuten, dass Whitening eine wirksame Schlüssellänge von 64+56+64 = 184 Bit hätte. Dem ist aber nicht so: Sie beträgt »nur« 120 Bit. Das ist nicht allzu schwer nachzurechnen, ich deute es im Folgenden nur an:

Wir greifen uns zwei Klartext-Geheimtextpaare (P1,C1) und (P2,C2) heraus und setzen dP = P1$\oplus$P2 sowie dC = C1$\oplus$C2. Auch die modifizierten Klartexte P1$\oplus$Kp und P2$\oplus$Kp haben noch die XOR-Differenz dP. Ebenso ergeben die mit Kc per XOR verknüpften Geheimtexte die XOR-Differenz dC.

Nun suchen wir per Brute Force alle Paare (P,S) von Klartexten und Schlüsseln derart, dass

$$\mathrm{DES}_S(P) \oplus \mathrm{DES}_S(P \oplus dP) = dC$$

gilt. Diese Suche erfordert höchstens einen Aufwand von jeweils

$2^{64+56} = 2^{120}$ DES-Chiffrierungen. Es sind größenordnungsmäßig nur 2^{64} Paare (P,S) Lösungen zu erwarten. Für jedes Paar können wir versuchsweise Kp und Kc berechnen und an einem dritten und vierten Klartext-Geheimtext-Paar testen. Dieser Aufwand ist gegenüber 2^{120} Chiffrierungen »vernachlässigbar klein« (nämlich etwa 72-Billiarden-mal geringer), gegenüber dem üblichen DES-Cracken allerdings 256-mal größer.

Gelingt es jedoch eines Tages, die Suche nach Paaren (P,S) mit einem raffinierten Trick zu reduzieren, so würde das Whitening vielleicht nicht viel bringen.

In [DESX] wird gezeigt, dass auch für verschiedene Kp und Pc der zu erwartende Aufwand die Größenordnung $2^{64+56-1-\lg(m)}$ hat, wobei m die Anzahl der belauschten Klartext-Geheimtext-Paare bezeichnet.

Unter diesem Gesichtspunkt ist es also vernünftig, Kc gleich als Funktion von Kp und Kd zu wählen, so wie es in DESX geschieht.

5.3 IDEA: Algorithmus der Extraklasse

Trotz Triple-DES und des modifizierten DES mit schlüsselabhängigen S-Boxen von BIHAM und BIRYUKOV war der Wunsch verständlich, von diesem Algorithmus einmal wegzukommen. Immerhin hat er schon fast ein viertel Jahrhundert hinter sich, und es ist nicht ganz auszuschließen, dass *doch* jemand einen erfolgreicheren Angriff gegen diese Art von Verschlüsselung kennt als wir – schließlich nimmt man an, dass nur der kleinere Teil kryptologischer Forschung öffentlich ist.

In einem Gemeinschaftsprojekt der ETH Zürich (unter Leitung der bekannten Kryptologen X.LAI und J.MASSEY) und der Ascom Systec AG versuchte man, theoretisch solide Fundamente für einen neuen Algorithmus zu finden. In der ursprünglichen Form wurde dieser 1990 unter dem Namen **PES** *(Proposed Encryption Standard)* veröffentlicht. Dieses Verfahren konnten BIHAM und SHAMIR erfolgreich mit differenzieller Kryptanalyse angreifen. Daraufhin sicherten LAI und MASSEY ihren Algorithmus dagegen ab und setzten ein »I« vor den Namen (wie *improved*, verbessert). Seit 1992 kennen wir den Algorithmus unter dem Namen **IDEA** – *International Data Encryption Algorithm* (vgl. Verzeichnis *algor/idea* auf der CD sowie [SchnCr 13.9]).

5.3.1 Diesmal an erster Stelle: Patentrechte

IDEA wird in dem sehr populären Softwarepaket PGP zur symmetrischen Verschlüsselung genutzt und ist vor allem daher bekannt. Weniger beachtet wird leider, dass IDEA unter Patentschutz steht – in Europa bis zum 16. Mai 2011, die USA kommen ein Jahr früher in den Genuss der unentgeltlichen Nutzung. Diese Tatsache wird so oft unterschlagen, dass ich die Rechtsfragen ausnahmsweise vor die Beschreibung des Algorithmus setze. Tab. 5.1 zeigt die Details.

Land	Patent-Nr.	Angemeldet am	erteilt am	Verfallsdatum
Europa: Deutschland, Frankreich, Großbritannien, Italien, Niederlande, Österreich, Schweden, Schweiz, Spanien	0482154	16.5.1991	30.6.1993	16.5.2011
USA	5'214'703	16.5.1991	25.5.1993	25.5.2010
Japan	508119/1991	16.5.1991	steht noch aus	

Tabelle 5.1: Patentschutz von IDEA; Quelle: Firmenprospekt; Stand: 5.3.1996

Die aktuellen Lizenzbedingung erfahren Sie bei der Ascom Systec AG selbst:

▶ über das Internet per WWW unter *http://ascom.ch/systec* bzw. per E-Mail an *IDEA@ascom.ch,*

▶ über die Postadresse

  Ascom Systec AG

  Gewerbepark

  CH-5506 Mägenwil

▶ oder telefonisch unter +41 62 889 5950, Fax ...5990.

Die Lizenzgebühren bewegten sich Anfang 1996 zwischen 2 und 15 US-Dollar pro Nutzer, wobei in Firmen je nach Art ihrer Einstufung nicht alle Angestellten als Nutzer zählen.

Es spielt übrigens keine Rolle, dass Algorithmen in Deutschland nicht patentierbar sind: IDEA ist in der Schweiz patentiert, und dieses Patent greift auch in Deutschland.

Für nichtkommerzielle Zwecke ist der Algorithmus zur unentgeltlichen Nutzung freigegeben, allerdings muss ein bestimmer Copyright-Vermerk in der entsprechenden Software enthalten sein, und vor der Veröffentlichung soll sich der Entwickler mit Ascom in Verbindung setzen.

5.3.2 Aufbau des Verfahrens

Nach dieser leidigen juristischen Vorrede kehren wir zurück zur Kryptologie:

▶ IDEA arbeitet mit 64-Bit-Blöcken und benutzt einen 128-Bit-Schlüssel. Aus dem Schlüssel werden 52 Teilschlüssel à 16 Bit in folgender Weise erzeugt:

Der Schlüssel wird zunächst in acht Teilschlüssel à 16 Bit zerlegt. Das sind die ersten acht Teilschlüssel.

Danach wird der 128-Bit-Schlüssel um 25 Bit nach links rotiert (die 25 höchstwertigen Bits wandern also von rechts wieder herein) und abermals in acht gleich lange Teilschlüssel zerlegt. Das liefert die nächsten acht Teilschlüssel.

In der siebenten Runde werden nur noch die vier Teilschlüssel mit den höchstwertigen Bits ausgewählt.

▶ Der Algorithmus verschlüsselt in 8 Runden, ist also ein Produktalgorithmus, jedoch kein Feistel-Netzwerk. In jeder Runde verwendet er sechs Teilschlüssel.

▶ In jeder Runde werden die Blöcke in vier Teilblöcke zu je 16 Bit aufgespalten und mit drei verschiedenen, »inkompatiblen« Operationen verknüpft; alle Operationen verarbeiten nur 16-Bit-Zahlen.

Dadurch lässt sich IDEA leichter in Hardware implementieren, ja, es arbeitet sogar noch auf 16-Bit-Mikroprozessoren effektiv.

▶ Abschließend werden die vier Teilblöcke mit den restlichen vier Teilschlüsseln in einer Ausgabetransformation verknüpft und zu einem 64-Bit-Geheimtextblock zusammengesetzt.

Bevor wir uns die IDEA-Runde ansehen, sollten wir uns etwas mit den verwendeten Operationen beschäftigen, um wenigstens ungefähr den Sinn des Designs zu erfassen.

5.3.3 Drei algebraische Operationen, geschickt verknüpft

Auf der Menge der 16-Bit-Zahlen betrachten wir folgende drei Operationen:

▶ die bekannte bitweise XOR-Verknüpfung »$\oplus$«,

▶ die übliche Addition »+«, die wegen der Beschränkung auf 16-Bit-Zahlen eine Addition modulo 2^{16} ist und

▶ die Multiplikation modulo $2^{16}+1$, hier bezeichnet mit »⊙«. Dabei repräsentiert die Null den Rest 2^{16}, d. h. wenn einer der Operanden a oder b in der Gleichung

$$a \odot b = c \bmod (2^{16}+1)$$

gleich Null ist, schreiben wir an seiner Stelle 2^{16} hin, um c zu berechnen, und umgekehrt: Wenn das Ergebnis c gleich 2^{16} wird, dann schreiben wir an dessen Stelle den Wert Null hin. Es ist eine reine Definitionsfrage, allerdings etwas gewöhnungsbedürftig.

Die zuletzt genannte Definition wird meist unkritisch zitiert (und auch nicht erklärt), ist aber scheinbar widersprüchlich. Uns stehen nämlich nur 2^{16} Zahlen zur Verfügung, mit denen wir $2^{16}+1$ Reste darstellen sollen – der Rest Null fehlt hier doch! Aber die Null kann niemals als Rest auftreten: Weil $2^{16}+1 = 65537$ »zufällig« eine Primzahl ist, kann das Produkt zweier Zahlen nur dann durch $2^{16}+1$ teilbar sein, wenn das wenigstens für einen der Faktoren gilt. In dieser Arithmetik multiplizieren wir jedoch nur Zahlen zwischen 1 und 2^{16} miteinander, und die sind allesamt nicht durch die Primzahl 65537 teilbar.

Mathematischer ausgedrückt: In die Menge der Zahlen 0, 1, ..., $2^{16}-1$ haben wir mit »⊙« eine algebraische Operation definiert, die innerhalb dieser Menge immer ausführbar ist.

Noch bevor wir IDEA weiter beschreiben, sehen wir bereits jetzt, warum hier mit 16-Bit-Zahlen und nicht etwa mit 32-Bit-Zahlen gerechnet wird: $2^{32}+1$ ist nämlich keine Primzahl, es gilt vielmehr

$$2^{32}+1 = 641 * 6700417$$

Für 32 Bit lange Operanden könnten wir das Analogon zur Operation »⊙« nicht definieren.

Diese drei algebraischen Operationen sind »unverträglich«. Ich will einige Erläuterungen zu dieser unscharfen Behauptung geben.

Wir kennen aus der Schulzeit das Distributivgesetz:

$$a(b+c) = ab + ac$$

Für keine zwei der oben genannten drei Operationen gilt ein solchen Distributivgesetz stets, d. h. für alle 16-Bit-Zahlen a, b und c. Zum Beispiel gibt es für die Operationen »+« und »⊕« das Gegenbeispiel

$$a = b = c = 1$$

$$a + (b \oplus c) = 1 + 0 \neq 0 + 0 = (a \oplus b) + (a \oplus c)$$

Weiter gilt auch für keine zwei der drei Operationen ein »verallgemeinertes Assoziativitätsgesetz«. Das gewöhnliche Assoziativitätsgesetz der Addition für drei übliche Zahlen besagt bekanntlich

$$a + (b + c) = (a + b) + c$$

Das »verallgemeinerte Assoziativitätsgesetz« für die Operationen »+« und »⊕« würde so lauten:

$$a + (b \oplus c) = (a + b) \oplus c$$

Wieder liefert a = b = c = 1 ein Gegenbeispiel: Die linke Seite ist gleich 1, die rechte gleich 3.

Man kann auch Folgendes beweisen: Die durch die drei Operationen definierten algebraischen Strukturen (mathematisch formuliert: Halbgruppen) lassen sich in zwei Fällen nicht durch irgendwelche geschickten Transformationen ineinander überführen (mathematisch formuliert: Sie sind nicht isotop). Das gilt für die beiden Paare von Halbgruppen, die zu den Operationen »⊕« und »⊙« bzw. »⊕« und »+« gehören. Zwischen den zu »⊙« und »+« gehörenden Halbgruppen gibt es zwar eine Isotopie, doch sie ist so komplex wie der diskrete Logarithmus, und wir wissen seit 4.6.4, dass der diskrete Logarithmus eine »harte« Funktion ist.

Mit diesen wenigen Bemerkungen will ich nicht zur mathematischen Weiterbildung anregen, sondern nur andeuten, warum LAI und MASSEY gerade diese Operationen wählten: Sie »passen« wirklich schlecht zusammen. Und Sie wissen nun, woher die Zerlegung in 16-Bit-Blöcke rührt: Weil $2^{16}+1$ eine Primzahl ist (und nicht etwa, weil man Mitleid mit den Besitzern »altertümlicher« 16-Bit-PCs hatte ...).

5.3.4 Der Algorithmus im Detail

IDEA verknüpft nun diese drei Operationen in einem Netzwerk, das auf den ersten Blick furchtbar kompliziert erscheint. Sie sehen die Beschreibung einer Runde in Abb. 5.9.

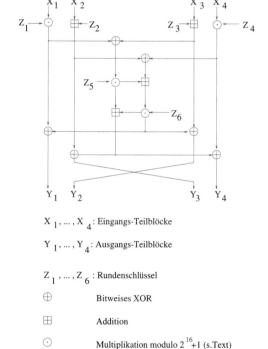

$X_1, ..., X_4$: Eingangs-Teilblöcke

$Y_1, ..., Y_4$: Ausgangs-Teilblöcke

$Z_1, ..., Z_6$: Rundenschlüssel

⊕   Bitweises XOR

⊞   Addition

⊙   Multiplikation modulo $2^{16}+1$ (s.Text)

Abbildung 5.9: Beschreibung des IDEA-Algorithmus

Wie üblich verarbeitet jede Operation die Operanden, die den eingehenden Pfeilen entsprechen. Das Ergebnis »wandert« längs des abgehenden Pfeiles in die nächste Operation bzw. bildet einen Teilblock. In sechs Fällen allerdings wird ein Ergebnis in zwei weiteren Operationen verwendet.

Die Ausgabetransformation ist in Abb. 5.10 dargestellt.

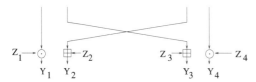

Abbildung 5.10: Die Ausgabetransformation von IDEA.
Die Bezeichnungen sind die gleichen wie in Abb. 5.9

Auf den zweiten Blick ist der Aufbau dieses Netzwerkes überraschend logisch. Zum Ersten bemerken wir schnell: *Zusammen* mit der Ausgabetransformation ist das Netzwerk symmetrisch, denn wenn wir die Klartext- mit den Geheimtextblöcken vertauschen und das Netzwerk von unten nach oben durchlaufen, werden die gleichen Berechnungen ausgeführt! Das erklärt den Sinn der Ausgabetransformation ganz einfach.

Damit wissen wir bereits, wie wir entschlüsseln können: Wir ersetzen jeden Schlüssel durch den, der die Operation bei der Verschlüsselung gerade umkehrt. Das sind bei Z_2 und Z_3 die negativen Werte, bei den restlichen die Kehrwerte modulo $2^{16}+1$. Die XOR-Operationen sind ja selbstinvers, d. h. ihre nochmalige Anwendung auf die gleichen Zwischenergebnisse ergibt wieder das ursprüngliche Ergebnis. Deswegen stehen Teilschlüssel gerade vor den Operationen »+« und »$\odot$«, aber nicht vor »$\oplus$«!

Das ist clever entworfen, doch mehr eine technische Frage. Um den Preis hoher Sicherheit würde man bestimmt auch einen getrennten Dechiffrieralgorithmus in Kauf nehmen.

Interessanter ist dagegen ein anderes Feature von IDEA: *An keiner Stelle wird das Resultat einer Operation zum Operanden einer Operation des gleichen Typs.* Wie wir auch längs der Pfeile entlangfahren – niemals folgen zwei gleiche Operationen hintereinander auf einem Pfad. Das ist die wesentliche Eigenschaft von IDEA, die für *Konfusion* sorgt. Diese Konfusion ist wenigstens subjektiv gesehen »undurchschaubarer« als bei DES.

Damit nicht genug der bemerkenswerten Eigenschaften von IDEA. Im Kern steht die **MA-Transformation** (Multiplikation-Addition), die in Abb. 5.11 nochmals gezeigt wird.

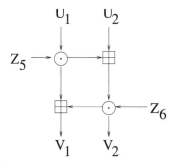

Abbildung 5.11: Die MA-Transformation, die den »Kern« von IDEA bildet

Sie ist für die *Diffusion* verantwortlich. Durch Computerexperimente zeigte sich, dass bei dieser Transformation *jedes Bit von V_1 und V_2 von jedem Bit der Schlüssel und jedem Bit der Blöcke U_1 und U_2 abhängt*. Und das schon nach einer Runde! LAI und MASSEY zeigten auch, dass mindestens vier Operationen notwendig sind, um das zu erreichen – die MA-Transformation ist also in diesem Sinne sogar minimal.

5.3.5   Kryptanalyse von IDEA

Nach diesen beeindruckenden und theoretisch fundierten Eigenschaften des Algorithmus wird es Sie nicht verwundern zu hören, dass die erfolgreichsten Angriffe gegen IDEA bisher nach 3,5 Runden stecken blieben (wobei die Ausgabetransformation als halbe Runde gezählt wird). Das Verfahren ist gegen differenzielle Kryptanalyse optimiert; LAI vermutet, dass es schon nach vier Runden immun gegen diesen Angriff ist. Auch ein versuchter Angriff mit verwandten Schlüsseln von BIHAM scheiterte.

Es gibt **schwache Schlüssel** in dem Sinne, dass sich ihre Verwendung durch Unterschieben ausgewählter Klartexte nachweisen lässt, was für Chipkarten mit »eingebranntem Schlüssel« interessant sein könnte. Aber diese Schlüssel lassen sich erstens sehr leicht vermeiden – man braucht dazu nur alle Teilschlüssel mit der Hexadezimalzahl 0x0dae per XOR zu verknüpfen –, und zweitens erwischt man mit einer Wahrscheinlichkeit von 2^{-96} einen solchen Schlüssel, das ist etwa einmal auf 10^{29} zufällig gewählte Schlüssel (diese Zahl hat sogar einen Namen: 100 Quadrilliarden).

Eine effektivere Kryptanalyse trug Philip HAWKES auf der EUROCRYPT '98 vor [Haw-IDEA]. Er entdeckte 2^{65} schwache Schlüssel, bei deren Verwendung jeweils etwa 20 gewählte Klartexte ausreichen, um 72 Bit des Schlüssels zu bestimmen. Die restlichen 56 Bit ermittelt man dann per Brute Force – ein mit DES vergleichbarer Aufwand. Für einen Angreifer heißt das: Er kann durchschnittlich etwa alle 9 Trillionen (9.000.000.000.000.000.000) mitgehörter Sitzungen seine IDEA-Crack-Maschine anwerfen (die etwas größer und langsamer als seine DES-Crack-Maschine ist), um den Schlüssel zu berechnen. Das klingt noch nicht sonderlich gefährlich. Trotzdem empfiehlt HAWKES, die Schlüsselgenerierung von IDEA zu verändern. Das ist keine Paranoia – die nächste Verbesserung der Kryptanalyse könnte effektiver sein.

Einen weiteren Angriff führten Borst, Knudsen und Rijmen auf der EUROCRYPT '97 vor, allerdings nur gegen ein 3,5-Runden-IDEA (d. h. 3 Runden mit Abschlusstransformation). In etwa 5/6 aller Fälle kann damit der Schlüssel mittels 2^{56} gewählter Klartexte gefunden werden (entsprechend mehr als 500 000 Terabyte Klartext). Die Autoren vermuten zwar, dass dieser Angriff noch effektiver geführt werden könnte, doch sie bezweifeln, ob sich dadurch an der Sicherheit des vollen 8,5-Runden-IDEA irgendetwas ändert. In seiner oben genannten Arbeit [HawIDEA] untersucht Hawkes ein 4-Runden-IDEA. Mit knapp 40 gewählten Klartexten kann er 15 Bit des Schlüssels bestimmen, was vorerst nur theoretisch interessant ist.

Völlig hoffnungslos wäre, IDEA jemals mit Brute Force angreifen zu wollen. Bei 128 Bit Schlüssellänge gehört das ins Reich billigster Science-Fiction-Filme (vgl. auch Glossar, Stichwort »Brute Force«, sowie Kap. 5.9).

Einen echten Nachteil hat der Algorithmus IDEA allerdings doch: Er ist nicht skalierbar, d. h. er kann die wachsende Verarbeitungsbreite moderner Rechner (32 Bit, 64 Bit, ...) nicht nutzen und ist insbesondere auf 64 Bit lange Blöcke fixiert. Wir haben bereits im Abschnitt 5.1.1 bei der Besprechung des CBC-Modes gesehen, dass zu kleine Blockgrößen theoretisch einen Geburtstagsangriff erlauben. Als Bewerber für den AES-Algorithmus, der Nachfolger von DES wurde (vgl. 5.5), kam IDEA schon wegen seiner kleinen Blockgröße und festen Schlüssellänge nicht in Frage.

Natürlich ist IDEA noch nicht so lange untersucht worden, dass auch die letzten Zweifler von seiner Sicherheit überzeugt wären. Selbst das theoretisch fundierte Design, über dem man ins Schwärmen geraten könnte, schließt mögliche Schwachstellen nicht aus. Kryptanalytiker suchen wunde Punkte und lassen sich vom ästhetischen Innenleben eines Algorithmus nicht sonderlich beeindrucken. Aber öffentlich sind keine erfolgreichen Angriffe bekannt geworden, obwohl sich Kryptologen zunehmend mit IDEA beschäftigen.

5.3.6   Geschwindigkeit, Perspektiven

In Software ist IDEA etwa doppelt so schnell wie DES. Schneier [SchnCr Kap. 13.9] gibt 300 KByte/s auf einem PC-486 mit 66 MHz an (vergleichen Sie dies mit RC5 in 5.4). In Hardware ist IDEA weitaus schwieriger zu implementieren als DES, vor allem durch die Operation »⊙«. Ein an der ETH Zürich entwickelter IDEA-Chip erreichte etwa 22 MByte/s, wird aber nicht serienmäßig hergestellt. Haupthindernis dafür sind offenbar die Vorbehalte der Industrie wegen der Lizenzgebühren für den Algorithmus. Sicherheit hat noch nicht den Stellenwert, dass eine Verwaltung mit 100 Angestellen €1000 für die Verschlüsselung in ihrem internen Netzwerk zahlen würde. Ein Softwarehersteller müsste beispielsweise 2% seines Umsatzes an die Ascom Systec AG nur für die Nutzung von IDEA in seinen Produkten abführen – das ist offenbar zu viel, so sehr »zieht« der Name IDEA eben nicht. Neben der Verwendung in freier Software (etwa PGP und SSH, vgl. Kap. 7) ist mir der kommerzielle Einsatz im Softwarepaket *Brokat* bekannt, das bei wenigstens vier deutschen Banken seit Frühjahr 1997 eingesetzt wird. Auch die Deutsche Telekom soll IDEA-Lizenzen in größerer Zahl für ihre eigenen Produkte erworben haben.

5.4 RC5: Noch eine Hoffnung auf DES-Ersatz

Im folgenden Abschnitt lernen Sie den vielleicht einfachsten und flexibelsten der modernen Algorithmen kennen. RC5 ist ein symmetrischer Blockalgorithmus und wurde 1994 von RON RIVEST vorgestellt [RivRC5] (Sie kennen Rivest bereits vom RSA-Verfahren her). Rivest setzte sich beim Design folgende Ziele:

▷ RC5 soll *für Hard- und Software* gleichermaßen geeignet sein.

▷ RC5 soll *schnell* sein. Deswegen benutzt der Algorithmus nur Operationen auf Wörtern im Sinne der Hardware, d. h. z. B. Operationen auf 32-Bit-Blöcken, wenn mit 32-Bit-Prozessoren gearbeitet wird.

▷ RC5 soll *variabel* sein. Wortlänge, Blocklänge, Schlüssellänge und Rundenzahl sind nicht festgelegt. Der Anwender soll selbst zwischen höherer Geschwindigkeit und höherer Sicherheit entscheiden können.

▷ RC5 soll *einfach* sein. Das macht nicht nur die Implementierung einfacher: Vor allem ist eine einfache Struktur leichter kryptanalytisch zu untersuchen.

▷ RC5 soll *wenig Speicher* benötigen. Das macht ihn für Chipkarten interessant.

▷ Natürlich soll RC5 auch *sicher* sein.

5.4.1 Beschreibung des Algorithmus

Der Einfachheit halber werden wir uns im Folgenden auf 32-Bit-Worte beschränken, d. h. auf den für 32-Bit-Prozessoren schnellsten Algorithmus. Für 64-Bit-Worte sieht RC5 genauso aus, und er lässt sich auch auf 32-Bit-Prozessoren implementieren, wird dann aber langsamer.

Die originale Beschreibung von RC5 sehen Sie in Abb. 5.12.

Der RC5-Algorithmus

Der Algorithmus hängt von drei Parametern ab:

- der Wortbreite w in Bit (im Folgenden immer w = 32),

- der Rundenzahl r (r≤1) und

- der Schlüssellänge von b Byte (b = 0,1,...,255).

Klartext- und Geheimtextblöcke sind je 2w Bit lang, für

w = 32 also 64 Bit. RIVEST empfiehlt für w = 32 eine Schlüssellänge von 16 Byte bei 12 Runden und bezeichnet das Verfahren mit RC5-32/12/16.

Verschlüsselung

▷ Aus einem Schlüssel K der Länge b erzeuge ein Feld S_0, S_1, ... , S_{2r+1} von $2(r+1)$ Teilschlüsseln à 32 Bit (s. u.).

▷ Zerlege jeden Klartextblock in zwei 32-Bit-Blöcke A und B.

Abbildung 5.12: Der RC5-Alorithmus

▷ Setze

A = A + S$_0$
B = B + S$_1$

▷ In der i-ten Runde (i = 1,...,r) setze

A = ((A⊕B) <<< B) + S$_{2i}$
B = ((B⊕A) <<< A) + S$_{2i+1}$.

Dabei bezeichnet A<<<B die Linksrotation von A um B Bits. Weil für w = 32 die Linksrotation um 32 Bit die Identität ist, muss man zur Berechnung von A<<<B nur die fünf niedrigwertigsten Bits von B betrachten.

Entschlüsselung

Die Entschlüsselung läuft entsprechend in umgekehrter Richtung ab:

▷ Zerlege den Geheimtextblock in zwei Halbblöcke A und B zu je 32 Bit.

▷ Für i=r,...,1 berechne

B = ((B-S$_{2i+1}$) >>> A) ⊕ A
A = ((A-S$_{2i}$) >>> B) ⊕ B

Dabei bezeichnet >>> analog zur Verschlüsselung die Rechtsrotation.

▷ Setze

B = B - S$_1$
A = A - S$_0$

und füge A und B zum Klartextblock zusammen.

Schlüsselberechnung

Initialisierung des Schlüsselfeldes (S$_i$):

▷ Wenn w die Wortlänge in Bits ist – hier also 32 –, dann definiere zwei Konstanten P$_w$ und Q$_w$ durch

P$_w$ = Odd(2^w(e-2))
Q$_w$ = Odd(2^w(φ-1))

wobei e die Basis der natürlichen Logarithmen ist (2,7182818...), φ das Verhältnis des goldenen Schnitts

φ = (√5 + 1)/2 = 1,681033...

und Odd() die nächstgelegene ungerade Zahl ist.

▷ Nun setze

S$_0$ = P$_w$ und
S$_i$ = S$_{i-1}$ + Q$_w$ für i=1,...,2r+1.

Abbildung 5.12: Der RC5-Alorithmus (Fortsetzung)

Mischen mit dem Schlüssel:

▷ Kopiere den b Byte langen Schlüssel $K_{i\,=\,0,...,b-1}$ in ein Feld $L_{i\,=\,0,...,c-1}$ von Wörtern. Der Wert von c soll dabei so klein wie möglich sein. Auf Intel-Prozessoren kommt das dem Kopieren der Zeichenkette K in das Feld L gleich, im Allgemeinen muss K bytewise in L eingeschoben werden. In C sieht das so aus:

```
for(i = c-1; i > = 0; --i) L[i] = 0;
for(i = b-1; i > = 0; --i) L[i/u] = (L[i/u] << 8) + K[i];
```

▷ Setze für ganze Zahlen i,j,t,m und für Wörter A,B (wieder als C-Programm geschrieben):

```
i = j = 0;
t = 2*r+2;
m = 3*max(t,c);
A = B = 0;
```

und berechne

```
for(k=0; k < m; ++k)
  {
    A = S[i] = (S[i] + A + B) _ 3;
    B = L[j] = (L[j] + A + B) _ (A+B);
    ++i; i % = t;  /* d.h. i = (i+1) mod t */
    ++j; j % = c;  /* d.h. j = (j+1) mod c */
  }
```

Abbildung 5.12: Der RC5-Alorithmus (Fortsetzung)

Wir können den Algorithmus auch in anderer Form darstellen. Wenn wir A mit L_i und B mit R_i bezeichnen, dann hat jede der beiden Gleichungen in einer RC5-Runde folgende Gestalt:

```
L_i+1 = R_i
R_i   = ((L_i⊕R_i) <<< R_i) + S_i
```

Das erinnert stark an ein Feistel-Netzwerk (vgl. Abb. 4.6), es ist aber keines: Zum einen hängt die Rundenfunktion nicht nur von R_i ab, sondern auch von L_i, und zum anderen wird L_i nicht mit dem Ergebnis der Rundenfunktion per XOR verknüpft. Die grafische Darstellung der RC5-Runde sehen Sie in Abb. 5.13.

RC5 ist tatsächlich sehr schnell: Meine eigene Implementierung auf einem Pentium-PC mit 133 MHz unter dem PC-UNIX ESIX V.4.2 erreichte 1,5 MByte pro Sekunde – also 12 MBit pro Sekunde – beim Verschlüsseln langer Dateien auf der Festplatte (es ist also keine getrimmte Angabe, oft als Benchmark ausgegeben). Selbst auf einem PC 486-33 erreicht die gleiche RC5-Implementierung noch 240 KByte/s entsprechend 1,9 MBit/s.

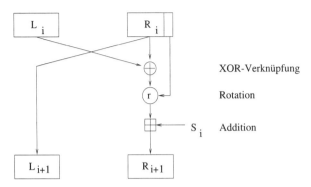

Abbildung 5.13: Alternative Darstellung einer RC5-Runde

5.4.2 Kryptanalyse von RC5

Wie bei IDEA werden auch hier drei verschiedene Operationen miteinander verknüpft, allerdings wesentlich einfacher. Die *Diffusion* ist wie erwartet schwächer als bei IDEA, dafür hat RC5 mehr Runden. Ein ganz einfaches Beispiel kann die schwächere Diffusion veranschaulichen:

Wählen Sie zwei Klartext-Halbblöcke A und B sowie sämtliche Teilschlüssel S_i so, dass die fünf niedrigsten Bits jeweils gleich 0 sind. Dann sind auch die letzten fünf Bits der Geheimtext-Halbblöcke gleich 0, hängen also gewiss nicht von anderen Schlüssel- oder Klartextbits ab. Wenn aber die Rotation auch bei nur einer Runde stattfindet, dann wächst die Diffusion rasant an. Wohl auch aus diesem Grund hat Rivest für die Initialisierungswerte P_W und Q_W sehr »krumme« Werte gewählt und den Schlüssel K sehr »gründlich« in das Teilschlüssel-Feld S »eingemischt«. Beim 12-Runden-RC5 und zufälligen Teilschlüsseln werden die letzten fünf Bits sämtlicher Teilschlüssel nur einmal auf 2^{130} Fälle gleich 0 sein. In der Mathematik ist 2^{-130} in der Tat eine positive Zahl; für uns Menschen bedeutet solch eine Wahrscheinlichkeit schlicht »nie«.

Die *Konfusion* wird wesentlich von der datenabhängigen Rotation bestimmt. Überhaupt beruht die Sicherheit von RC5 wesentlich auf der datenabhängigen Rotation. Allerdings ist sie kryptologisch noch nicht gründlich untersucht worden.

RC5 wurde in den RSA Laboratories schon eingehend analysiert. Statistisch hat der Algorithmus – wie zu erwarten war – sehr gute Eigenschaften. Schon nach vier Runden hängen die einzelnen Geheimtextbits »gleichmäßig« von den einzelnen Klartextbits ab (mathematischer formuliert: Die Korrelation hängt fast nicht mehr von Bitpositionen ab). Bei eigenen Versuchen fand ich keinerlei Hinweise auf statistisch nutzbare Abhängigkeiten. Allerdings besagt das nicht viel. Heutzutage gilt ein Algorithmus mit offensichtlichen statistischen Abhängigkeiten ohnehin als schwach.

Nach Angaben in [RivRC5] zeigte sich bei einem Versuch mit 100 Millionen zufälligen Klartexten und zufälligen Schlüsseln: Schon nach acht Runden beeinflusst jedes Klartextbit wenigstens einmal eine Rotation (d. h. es beeinflusst die letzten fünf Bits eines Halbblocks) [RivRC5].

Die letzte Aussage kann ich nicht bestätigen. In eigenen Versuchen erzeugte ich 100 Millionen zufällige Paare von 16-Byte-Schlüsseln und 64-Bit-Klartextblöcken. Für jedes dieser Paare speicherte ich zunächst die Beträge, um die in jeder der zwölf Runden rotiert wird. Danach änderte ich nacheinander an allen 64 Bitpositionen im Klartext jeweils ein Bit und verglich die Rotationen mit dem »Grundzustand«. Es zeigte sich, dass es selbst nach zehn Runden noch Fälle gibt, in denen ein geändertes Klartextbit *keine* Rotation beeinflusst. Die konkreten Ergebnisse sehen Sie in Abb. 5.14.

Unter 100 Millionen getesten zufälligen Paaren von 16 Byte langen Schlüsseln und 64 Bit langen Klartextblöcken fanden sich Klartextbits, deren Änderung keine der Rotationen von RC5 beeinflusste (beeinflussen heißt: Die Zahl der Stellen, die rotiert wird, ändert sich). An derartigen Fällen gab es

34732 beim 7-Runden-RC5,

1915 beim 8-Runden-RC5,

104 beim 9-Runden-RC5 und

15 beim 10-Runden-RC5.

Bis zur 11. Runde hatte jedes Klartextbit Einfluss auf eine Rotation (vermutlich gibt es auch dort Ausnahmen, doch reichen 100 Millionen Versuche offenbar nicht aus, um sie zu finden).

Abbildung 5.14: Beeinflussung der Rotationen in RC5 durch geänderte Klartextbits

Differenzielle Kryptanalyse

Ein erster Angriff auf RC5 mittels *differenzieller Kryptanalyse* wurde von KALISKI und YIN auf der Konferenz Crypto '95 vorgestellt [KalisRC5]. Die Ergebnisse sprachen für RC5: Schon für ein 6-Runden-RC5 sind 2^{31} gewählte Klartexte notwendig (also etwa 1 Milliarde, oder 8 GByte), für 8 Runden 2^{39}, für 10 Runden 2^{50} und schließlich für 12 Runden 2^{62}. Die erforderliche Rechenzeit wächst wie erwartet: Eine Workstation Sun-4 (für heutige Begriffe schon ein langsamerer Rechner) arbeitete 10 Minuten lang an einem Angriff auf ein 5-Runden-RC5, aber schon 12 Stunden lang beim 6-Runden-RC5 (entsprechend 2^{25} und 2^{31} Klartexten).

Für die Praxis sind das alles uninteressante Werte. In der Theorie bedeuten sie jedoch einen Fortschritt: 2^{62} gewählte Klartexte sind immer noch schneller als Brute Force.

Der Hintergrund dieses Angriffs ist interessant. Die Entwickler von IDEA führten so genannte **Markov-Chiffrierungen** ein [LMM.IDEA]. Das sind Produktalgorithmen, bei denen in jeder Runde die Wahrscheinlichkeit für jede beliebige Differenz zweier Geheimtexte nur von der Differenz der zugehörigen Klartexte abhängt und nicht von deren Wert. Solche Verfahren sind immun gegen differenzielle Kryptanalyse, weil nach hinreichend vielen Runden bei fester Klartextdifferenz jede Geheimtextdifferenz in etwa die gleiche Wahrscheinlichkeit hat.

RC5 ist keine Markov-Chiffrierung. Aber jede feste Klartextdifferenz erzeugt über mehrere Runden sehr viele mögliche, etwa gleich wahrscheinliche Geheimtextdifferenzen, vor allem dank der Rotation.

Dieser Angriff wurde von KNUDSEN und MEIER auf der CRYPTO '96 um einen Faktor bis zu 512, also 2^9, verbessert [KnudRC5]. Seine Idee war, nach solchen Klartexten zu suchen, bei denen in einigen Runden am Anfang keine Rotation auftritt, d. h. nur eine schwache Diffusion stattfindet. Diese Klartexte findet er durch einen speziellen *key detection*-Algorithmus. Bei einem 12-Runden-RC5 braucht er so »nur« noch 2^{53} gewählte Klartexte, um spezielle Klartexte zu finden, bei denen in den ersten Runden keine Rotation stattfindet, und danach weitere 2^{54} gewählte Klartexte, um den Schlüssel zu bestimmen. 2^{54} Klartexte entsprechen übrigens einer Datenmenge von 128.000 Terabyte ...

Eine weitere Verbesserung stellten BIRYUKOV und KUSHILEVITZ auf der EUROCRYPT '98 [BirKush] vor. Sie definierten als *gutes Paar* für die differenzielle Kryptanalyse (vgl. 4.4.2) ein Paar von Klartexten, bei denen die Beträge der Rotation in allen Runden übereinstimmen (die in Abb. 5.15 gefundenen Ausnahmen sind in dieser Bezeichnungsweise also gute Paare, die sich in nur einem Bit unterscheiden). Statt die Differenzen von 32-Bit-Wörtern zu betrachten, untersuchen sie also nur noch die fünf niedrigstwertigen Bits. Daher nennen sie ihr Verfahren auch *partielle differenzielle Kryptanalyse*. Ihr Ergebnis ist etwa um den Faktor 1000 gefährlicher: 2^{44} gewählte Klartexte reichen zur Bestimmung der Teilschlüssel aus. Der Angreifer braucht dem Chiffrierer (oder der Chipkarte) also »nur noch« 128 GByte gewählten Klartext unterzuschieben. So viel wird auf einer 34-MBit-Datenleitung innerhalb reichlich einer Stunde übertragen. – Meine in Abschnitt 5.4.3 vorgestellte Modifikation RC5a ist übrigens immun gegen diesen Angriff, wie auch gegen den von KNUDSEN und MEIER.

Schwache Schlüssel

KNUDSEN und MEIER fanden außerdem noch schwache Schlüssel in folgendem Sinne: Wenn ein solcher Schlüssel verwendet wird, fällt die differenzielle Kryptanalyse leichter. Diese Schlüssel -gemeint sind die Wörter S_i aus Abb. 5.13 und nicht der originale Schlüssel K – haben drei Teilschlüssel S_i, S_{i+1} und S_{i+2} mit speziellen Werten in ihren letzten fünf Bits. Dadurch vergrößert sich die Wahrscheinlichkeit für spezielle Differenzen über drei Halbrunden um den Faktor 4,7. Allerdings ist wieder ein spezieller Test mit ausgewählten Klartexten notwendig, um die Verwendung eines solchen Schlüssels festzustellen.

Diese schwachen Schlüssel haben verschiedene »Risikoklassen«. Je höher die Risikoklasse, desto leichter der Angriff, aber desto weniger schwache Schlüssel dieser Klasse gibt es auch. Konkret sieht das so aus, dass bei RC5-32/12/16 für eine Schlüsselgruppe der Häufigkeit $2^{-32,2}$ (etwa 1 Schlüssel auf 5 Milliarden zufällige Schlüssel) nur noch 2^{45} gewählte Klartexte erforderlich sind (270 TByte Text), um den Schlüssel als schwach zu erkennen. Die differenzielle Kryptanalyse kommt dann für diese Schlüssel mit »nur« 2^{40} gewählten Klartexten aus (8,2 TByte). Bei anderen Schlüsseln mit der Häufigkeit $2^{-10,7}$ (1 Schlüssel auf 1663 zufällige) braucht man 2^{53} Klartexte für den Schlüssel und 2^{49} für den Angriff.

Das bedeutet für die Praxis noch kein sonderliches Risiko. Aber vielleicht gibt es schnellere Methoden, schwache Schlüssel festzustellen, und vielleicht existieren noch andere Sorten schwacher Schlüssel.

Wie Sie sehen, ist das Ergebnis nicht ganz so beunruhigend, wie es der Abstract von KNUDSENs Artikels glauben machen mag: »Wir zeigen auch, dass RC5 viele schwache Schlüssel bezüglich der differenziellen Kryptanalyse hat. Diese Schwäche liegt in der Struktur des Algorithmus und nicht in seiner Schlüsselgenerierung begründet.« Aber wir sollten die Entwicklung aufmerksam verfolgen. Es ist sicher kein Fehler, RC5-32/16/16 zu nutzen, also mit 16 Runden statt 12. Dieser Algorithmus ist immer noch sehr schnell. Und für RC5a (vergleiche Abschnitt 5.4.3) funktioniert diese Kryptanalyse übrigens nicht.

Lineare Kryptanalyse und linear schwache Schlüssel

Die erste bekannte Untersuchung von RC5 mittels linearer Kryptanalyse stammt ebenfalls von KALISKI und YIN [KalisRC5]. Sie benötigen für ein 5-Runden-Verfahren 2^{47} Klartexte (also wie bei differenzieller Kryptanalyse von DES!), bei 6 Runden bereits 2^{57}. Das 12-Runden-Verfahren ist also in dieser Hinsicht sicher. Jedoch zeigte HEYS [HeysRC5] ähnlich wie KNUDSEN und MEIER, dass auch hier schwache Schlüssel existieren, für die die lineare Kryptanalyse leichter fällt: Beim 12-Runden-Verfahren mit einem 128 Bit langen Schlüssel gibt es 2^{28} (etwa eine viertel Milliarde) solcher schwacher (Teil-)Schlüssel, und es sind nur noch ca. 2^{17} Klartextblöcke (entsprechend 1 MByte Klartext) notwendig, um die Teilschlüssel zu bestimmen. Das klingt beunruhigender als das Ergebnis der differenziellen Kryptanalyse. Zwar ist die Wahrscheinlichkeit, einen solchen Schlüssel zu erwischen, nur 2^{-100} (ungefähr 10^{-30}), doch was wäre, wenn Rivests Algorithmus zur Generierung bevorzugt schwache Teilschlüssel erzeugen würde? Der Gegenbeweis dürfte nicht einfach sein.

Rational sind derartige Bedenken nicht, doch Vorsicht hat noch nie geschadet. Meine in Abschnitt 5.4.3 vorgestellte Modifikation RC5a sollte keine differenziell oder linear schwachen Schlüssel besitzen (das meint auch HEYS). Die Wahrscheinlichkeit, dass in aufeinander folgenden Runden nicht rotiert wird, ist bei RC5a nämlich viel kleiner (sie kann sogar beliebig verkleinert werden, wenn entsprechend viel Speicherplatz zur Verfügung steht). Alle bisher besprochenen Angriffe auf RC5 basieren jedoch auf der Annahme, dass in einigen Runden keine Rotation erfolgt.

Die mod-3-Kryptanalyse von RC5P

In [Schnmod3] stellen KELSEY, SCHNEIER und WAGNER einen neuartigen Angriff gegen eine Modifikation von RC5 vor, den ich sehr erwähnenswert finde, denn er greift datenabhängige Rotationen erstmalig direkt an. Alle mir bisher bekannten Kryptanalysen versuchen doch ausgewählte Klartexte zu finden, bei denen nicht oder möglichst wenig rotiert wird, und den Algorithmus dann z. B. mit differenzieller Kryptanalyse anzugreifen. Der Grundgedanke in [Schnmod3] ist anders und so einfach, dass man sich wieder einmal fragen muss, warum nicht schon eher jemand darauf gekommen ist:

Wir betrachten die Reste von 32-Bit-Zahlen X bei Teilung durch 3. Wenn X kleiner als 2^{31} ist, dann stellt die zyklische Linksrotation um 1 nichts anderes als eine Multiplikation mit 2 dar:

X <<< 1 = 2X   (X < 2^{31})

Im anderen Fall gilt dagegen

X <<< 1 = 2X + 1 - 2^{32}(X $\geq 2^{32}$)

Weil aber 2^{32} bei Teilung durch 3 den Rest 1 lässt, gilt allgemein

X <<< 1 = 2X mod 3

Diese Gleichung gilt somit auch für alle Rotationen X <<< n mit ungeradem n; bei geradem n ändert sich der Rest von X modulo 3 bei der Rotation nicht. Speziell geht auch die Teilbarkeit durch 3 bei keiner Rotation verloren. Wenn X und n zufällig sind, dann gilt also mit 2/3 Wahrscheinlichkeit

X <<< n = X mod 3

Anders ausgedrückt: Die datenabhängige Rotation »verwischt« eine Information über X (nämlich den Rest bei Teilung durch 3) ungenügend, die Konfusion ist in dieser Hinsicht »schwach«. Die Ergebnisse von Zwischenrunden unterscheiden sich in definierbarer Weise vom Zufall. Hier setzen die Autoren ihren Angriff an.

Ich gehe im Folgenden nur noch auf zwei Details ein (den vollständigen Artikel finden Sie auf der CD unter *txt/cryptana/mod3.ps*):

1. Damit die »schöne Zahlentheorie« anwendbar bleibt, wird RC5P statt RC5 analysiert. Die Modifikation RC5P entsteht aus dem Original RC5, wenn man die XOR-Operationen in jeder Runde durch Additionen ersetzt. KALISKI und YIN untersuchten RC5P bereits 1998 (der Algorithmus wurde also nicht extra wegen der mod-3-Kryptanalyse »erfunden«) und nahmen an, das Verfahren sei ebenso sicher wie RC5 selbst. Doch hier irrten sie.

   Es leuchtet ohne weitere Ausführungen ein, dass sich Additionen gegenüber Restklassen »freundlicher« verhalten als XOR-Operationen.

2. Den Autoren gelang es zunächst nicht, ihre Kryptanalyse theoretisch sauber zu begründen, d. h. statistische Verschiebungen mathematisch abzuschätzen. Sie ersetzten die Theorie durch Computerexperimente und konstruierten auf dieser Grundlage ihren Angriff.

So etwas ist unter Theoretikern eigentlich verpönt, doch vom Standpunkt der Kryptanalyse aus gerechtfertigt: Der Zweck heiligt die Mittel. Wenn der Angriff in der Praxis funktioniert, ist es nebensächlich, ob er theoretisch begründet wurde oder nicht.

Dennoch bemühen sich die Autoren, diese Lücke zu schließen. Für Kryptografen, also vom Standpunkt der Algorithmenentwicklung aus, ist der jetzige Zustand nämlich etwas unbefriedigend: Erst wenn die Hintergründe voll verstanden sind, kann man Algorithmen konstruieren, die sich mit solchen Methoden nicht kryptanalysieren lassen.

Immerhin gelang es Kelsey, Schneier und Wagner, eine 14-Runden-Version von RC5P in der Praxis anzugreifen; ein Pentium-133 benötigte hierfür etwa 3 Stunden. Sie wendeten ihre Methode anschließend auf den Algorithmus **M6** an, der beim FireWire-Standard eingesetzt werden soll und auf japanischen Forschungen basiert. Hier führen eine mod-5- und danach eine mod-257-Attacke zum Ziel (beachten Sie, dass 3, 5 und 257 alle 2^{32}-1 teilen, d. h. 2^{32} lässt bei Teilung durch diese Primzahlen den Rest 1. Das ist entscheidend bei dieser Art der Kryptanalyse). Die Ergebnisse sind niederschmetternd: Bereits mit einem einzigen bekannten Klartext lässt sich der 40-Bit-Schlüssel 16-mal schneller als mit Brute Force finden und mit wenigen Dutzend bekannten Klartexten schon 512-mal schneller. Eine kleine Modifikation des M6-Algorithmus könnte dem praktisch wirksam vorbeugen.

Die Verwendung der Operation XOR *und* Addition in RC5 und RC6 (vgl. 5.5) ist also wesentlich für deren Sicherheit. Die Mischung von Operationen verschiedener algebraischer Strukturen scheint nach wie vor ein Schlüssel für hohe Sicherheit zu sein. Nicht ohne Grund setzt IDEA dieses Prinzip konsequent in die Praxis um.

Natürlich ist wie immer nicht auszuschließen, dass jemand ein völlig neues Verfahren entdeckt, RC5 anzugreifen. Es kann sein, dass RC5 in der jetzigen Form einmal als unsicher betrachtet wird. Dann hätte der Algorithmus wenigstens die Theorie vorwärts gebracht. Ich glaube aber, dass eine Verschlüsselung mit hinreichend vielen Runden (z. B. 16) gegenüber der bekannten Theorie sicher ist, oder wenigstens die Modifikation RC5a aus 5.4.3.

Kryptanalyse des Ein-Runden-RC5

Sie entsinnen sich gewiss der Definition des Produktalgorithmus in 4.1.4: »Einfache, kryptologisch relativ unsichere Schritte werden hintereinander ausgeführt.« Wie sieht das bei RC5 aus – ist RC5-32/1/* (eine Runde, Schlüssellänge beliebig) kryptologisch unsicher?

Auch wenn niemand ein Ein-Runden-RC5 in der Praxis verwenden wird, ist uns das Thema ein willkommener Anlass zu einem Ausflug in die Kryptanalyse. Endlich kann ich Ihnen einen Angriff mit richtiger »Bitpfriemelei« im Rahmen dieses Buches nachvollziehbar darstellen. Die Vertrautheit mit diesen Überlegungen hilft Ihnen vielleicht beim Verständnis des für die Praxis relevanteren Abschnittes 5.7.1.

Die oben besprochene differenzielle Kryptanalyse nach KALISKI und YIN erfordert 128 *ausgewählte* Klartexte für RC5-32/1/*. Das ist natürlich weit vom Optimum entfernt, denn dieser Angriff richtet sich gegen RC5 mit vielen Runden. Ich fand einen Klartextangriff auf das Ein-Runden-Verfahren, der typischerweise mit drei (fast) *beliebigen* Klartexten (24 Bytes) auskommt. Das ist von der Sache her schon interessant: Im CBC-Mode liefert auch RC5-32/1/* einen statistisch gesehen »gut zufälligen« Text und verwendet bereits 128 Schlüsselbits.

Das Ein-Runden-RC5 kann vereinfacht so beschrieben werden:

Die Klartext-Halbblöcke (je 32 Bit lang) seien A und B, der Schlüssel bestehe aus den 32-Bit-Wörtern S_0, S_1, S_2 und S_3. Zur Ermittlung der Geheimtext-Halbblöcke A_1 und B_1 berechnet man

$$A_0 = A + S_0$$
$$B_0 = B + S_1$$
$$A_1 = ((A_0 \oplus B_0) \lll k_0) + S_2 \tag{1}$$
$$B_1 = ((B_0 \oplus A_1) \lll k_1) + S_3 \tag{2}$$

Dabei ist k_0 bzw. k_1 der Wert aus den niedrigsten fünf Bits von B_0 bzw. A_1.

Wir nehmen nun an, dass sowohl A und B (der Klartext) als auch A_1 und B_1 (der Geheimtext) bekannt sind, und versuchen, aus möglichst wenigen Klar- und Geheimtexten die Schlüssel $(S_i)_{i=0,...,3}$ zu bestimmen. (Die Methode von RC5 zur Generierung der Schlüssel S_i aus einem Bytefeld interessiert hier nicht. Kennen wir die S_i, können wir dechiffrieren.)

Wir setzen bei Gleichung (2) an. Nach Voraussetzung kennen wir A_1, also kennen wir auch k_1, und damit können wir den Teilschlüssel S_1 als für uns berechenbare Funktion von S_3 darstellen:

$$S_1 = (((B_1 - S_3) \ggg k_1) \oplus A_1) - B \tag{3}$$

Unter den verfügbaren Geheimtexten suchen wir uns nun zwei, für die sich die Werte k_1 möglichst wenig unterscheiden, aber nicht gleich sind. Diese Voraussetzung ist in der Praxis fast immer erfüllt: Bei zehn bekannten, »zufälligen« Geheimtexten ist die Wahrscheinlichkeit z. B. dafür, dass alle k_1 gleich sind, gerade einmal 2^{-45} (etwa $3*10^{-14}$). Außerdem gibt es bei vier verschiedenen Geheimtexten zwei Werte k_1, die sich um höchstens $32/4 = 8$ unterscheiden. Je mehr verschiedene Geheimtexte, desto kleiner die kleinste positive Differenz zweier k_1.

Wir haben uns nun zwei solche Klartext-Geheimtext-Paare ausgesucht und schreiben die Gleichung (3) für beide Paare hin, die Gleichung mit dem größeren Wert k_1 zuerst. Wir subtrahieren die zweite Gleichung von der ersten. Dabei entsteht auf der linken Seite eine Null. Die rechte Seite ist die Summe der Differenz der dreifach geklammerten Ausdrücke und der Differenz der B. Um uns nicht in mehrstufigen Indizes zu verlieren, führen wir folgende Bezeichnungen ein:

$X = B_1 - S_3$ für das B_1 der ersten Gleichung

$D = B_{1(2.\ \text{Gleichung})} - B_{1(1.\ \text{Gleichung})}$

$P = A_{1(1.\ \text{Gleichung})}$

$Q = A_{1(2.\ \text{Gleichung})}$

$K = k_{1(1.\ \text{Gleichung})}$

$L = k_{1(2.\ \text{Gleichung})}$ und

$R = B_{(1.\ \text{Gleichung})} - B_{(2.\ \text{Gleichung})}$

Dann bekommt die Differenz der beiden Gleichungen folgende Gestalt:

$$(X \ggg K) \oplus P - ((X+D) \ggg L) \oplus Q = R \tag{4}$$

(dabei wird XOR = »$\oplus$« vor der Subtraktion ausgeführt). Alle Größen außer X sind darin bekannt. Nach Voraussetzung gilt außerdem $K > L$. Wir setzen $n = K - L$.

Aus der Gleichung (4) können wir durch »Brute Force« auf n Bits den Wert von X ermitteln (daher nämlich soll n möglichst klein sein). Das ist der schwierige Teil der Kryptanalyse.

Wir betrachten dazu beliebige Werte der n Bits x_L ... x_{K-1} von X. Mittels (4) können wir daraus die n Bits y_K ... y_{K+n-1} der 32-Bit-Zahl (X+D) bestimmen, wobei y_{32} gleich y_0 sein soll, y_{33} gleich y_1 usw. Daraus wiederum erhalten wir die n Bits x_K ... x_{K+n-1} von X, allerdings zweideutig – je nachdem, ob bei der Addition von X und D in Bit L ein Übertrag entstanden ist oder nicht. Analog bestimmen wir die nächsten n Bits von X. Diese Berechnung ist eindeutig, denn der eventuelle Übertrag lässt sich ermitteln. Nach 32/n+1 Schritten berechnen wir bereits bekannte Bits und können überprüfen, ob die Rechnung aufgeht. Wenn nicht, dann versuchen wir die nächste n-Bit-Kombination x_L ... x_{K-1}.

Eine Lösung für X muss es geben. Möglicherweise bleiben nur wenige andere Lösungen übrig (je kleiner die Differenz n von K und L, desto weniger Lösungen sind denkbar). Für jedes gefundene $X = B_1 - S_3$ berechnen wir S_3 (B_1 ist ja als Geheimtext-Halbblock bekannt), aus (2) anschließend B_0 und daraus wiederum S_1. Folglich können wir mittels (1) für jedes Klartext-Geheimtext-Paar die Größen B_0 und k_0 bestimmen. Wir sehen also, dass die Bestimmung von S_2 aus (1) das gleiche Problem darstellt wie die Bestimmung von S_3 aus (2). So ermitteln wir analog S_2 und S_0. Eine Überprüfung anhand anderer Klartext-Geheimtext-Paare eliminiert falsche Lösungen für X. Bleiben trotzdem noch mehrere Lösungen übrig, müssen wir je nach Problemstellung mit anderen Methoden testen.

Ich habe ein Demonstrationsprogramm in C dazu geschrieben und unter UNIX getestet (vgl. A.1, Verzeichnis algor/RC5a). Es ist zusammen mit allem Overhead nicht einmal 400 Zeilen lang. Die kritische Funktion *solve_X*, die (wie eben beschrieben) die Gleichung (4) löst, ist nur 50 Zeilen lang. Ich gebe zu, dass ich an dieser kurzen Funktion eine ganze Weile programmiert habe. Schauen Sie in den Quelltext, und Sie verstehen, warum.

Als Nutzer des Programms brauchen Sie *solve_X* nicht zu verstehen. Sie können ihm blind etwas Klartext und den gesamten Geheimtext anbieten – schon kommt der gesamte Klartext heraus. Das Ergebnis ist beeindruckend: In allen getesteten Fällen reichten drei Klartext-Geheimtext-Paare aus, um eine eindeutige Lösung zu finden, und die Rechenzeit betrug auf einem PC Pentium 133 MHz unter UNIX V.4.2 ganze 2 ms (0,002 Sekunden)!

RC5 wird durch diesen Angriff nicht schwächer. Er lässt sich nicht einmal auf das Zwei-Runden-RC5 übertragen, ebenso wenig auf die Ein-Runden-Variante des Algorithmus RC5a, den wir in 5.4.3 behandeln. Und doch ist das Ganze keine Trockenübung, wie Sie im nächsten Abschnitt gleich sehen werden.

Angriffe auf Chipkarten

In der *rump session* der EUROCRYPT '98 (in dieser Sitzung werden Ideen und Bemerkungen ungezwungen vorgetragen) stellte Helena HANDSCHUH erstmals einen Angriff auf RC5 mittels so genannter *Timing Attack* vor: Ein Angreifer misst die Ausführungszeiten von Verschlüsselungen und versucht daraus Informationen zu gewinnen. Ich will hier nicht auf Details eingehen, denn wir werden die Methode in 5.10 ausführlicher besprechen.

Das Ergebnis klingt zunächst beunruhigend: Hat man auf eine Chipkarte mit internem, geheimem RC5-Schlüssel Zugriff, braucht man nur etwa 8 MByte ausgewählten Klartext (also etwa 2^{20} Klartextblöcke) zu chiffrieren und die entsprechenden Chiffrierzeiten zu messen, um an alle Teilschlüssel heranzukommen. Allerdings ist diese Methode nur bei bestimmten 8-Bit-Mikroprozessoren anwendbar und auch dort mit wenig Aufwand zu vereiteln.

Mir erscheint eine andere Angriffsmöglichkeit viel gefährlicher: Wenn man schon auf eine solche Karte Zugriff hat, warum sollte man dann nicht besser die »Hacker-methoden« von ANDERSON und KUHN anwenden, so wie in 4.4.5 beschrieben? Zur Erinnerung: Man bringt dazu den Prozessor zu einer genau berechneten Taktzeit mittels Störung der Uhrfrequenz durcheinander. Es ist vielleicht nicht so verwegen anzunehmen, dass sich so die Ausführung der letzten RC5-Runde unterdrücken lässt. Das liefert bei gleichem Klartext das Chiffrierergebnis nach r-1 und nach r Runden, also Klar- und Geheimtext für das Ein-Runden-RC5! Nun können wir endlich unser Wissen aus dem vorigen Abschnitt anwenden und mit drei Versuchen die Teilschlüssel der letzten Runde berechnen. Als Nächstes unterdrücken wir die Runde r-1. Da wir die Teilschlüssel der letzten Runde bereits kennen, können wir diese eine Runde dechiffrieren und analog die Teilschlüssel der vorletzten Runde berechnen. Für das 12-Runden-Verfahren wären also vermutlich 36 Chiffrierversuche notwendig, in jedem Fall eine Angelegenheit von Sekundenbruchteilen. Und das alles, ohne dass der Betroffene davon irgendetwas mitbekommt.

Betrachten sie diesen Angriff nicht als Schwäche von RC5. Mit solchen gemeinen Methoden lässt sich wohl fasst jeder Algorithmus knacken – sicherlich auch das im Folgenden vorgestellte Verfahren RC5a, obwohl ich derzeit noch nicht weiß, wie (vermutlich muss man dazu Halbrunden unterdrücken).

5.4.3   Die Modifikation RC5a

KNUDSENs und MEIERs Angriffe gegen RC5 nutzen aus, dass in manchen Schritten nicht rotiert wird. Selbst die verbesserte Methode von BIRYUKOV und KUSHILEVITZ untersucht nur Paare, bei denen in allen Schritten die gleiche Rotation auftritt. Die Rotation bringt eine Art von Konfusion und Diffusion in den Algorithmus, die anscheinend noch schwer zu knacken ist. Insofern sind die Ergebnisse aus Abb. 5.15 nicht ganz zufrieden stellend. Ich schlage eine Modifikation vor, die ich RC5a nenne. Sie weicht vom Original nur wenig ab und ist außer bei der Schlüsselerzeugung genauso schnell, doch sie verstärkt das »Mischen« beträchtlich.

Der Gedanke ist folgender. In der i-ten Runde werden die Schlüssel S_{2i} und S_{2i+1} zu den rotierten Wörtern addiert. Wir bezeichnen die Schlüssel aus technischen Gründen einmal so wie in der Programmiersprache C mit S[2*i] und S[2*i+1]:

```
A = ((A ⊕ B) <<< B) + S[2*i]
B = ((B ⊕ A) <<< A) + S[2*i+1]
```

Jetzt modifizieren wir diese Schritte so, dass in Abhängigkeit von B bzw. A die Schlüssel S[2*i] bzw. S[2*i+1] aus einer größeren Menge von jeweils 2^K Schlüsseln ausgewählt werden können. Jedes S[j] wird durch eine *eigene* Menge von Schlüsseln »ersetzt«; diese Menge heißt hier **Keybox**. Dadurch wird die Dechiffrierung möglich.

Welchen Effekt hat diese Änderung? Wenn die letzten fünf Bit von B in der ersten Gleichung gleich 0 sind, läuft die Chiffrierung in den letzten fünf Bit von A auf eine Addition von S[2*i] hinaus. Eine Änderung von B in den restlichen 27 Bit hat keinen Einfluss auf die letzten fünf Bit von A. Bei der Modifikation haben nun K weitere Bits Einfluss darauf. Das verstärkt die Diffusion umso mehr, je größer K ist. Der Wert von K ist im Prinzip nur durch den zur Verfügung stehenden Speicherplatz beschränkt.

Konkret sieht der Algorithmus RC5a-32/r/* (32-Bit-Wörter, r Runden, beliebige Schlüssellänge) mit vorgegebenem K zwischen 1 und 27 nun so aus:

1. Setze KB = 2^K und KBSH = 32-K.
2. Erzeuge (2r+2)*KB Teilschlüssel S[i], so wie in Abb. 5.13.
3. Die Halbblöcke A und B aus Abb. 5.13 werden folgendermaßen verschlüsselt:

```
A = A + S[B >> KBSH];
B = B + S[KB + (A >> KBSH)];
for i=1 to r do
    A = ((A ⊕ B) <<< B) + S[2*i*KB + (B >> KBSH)];
    B = ((B ⊕ A) <<< A) + S[(2*i+1)*KB + (A >> KBSH)];
```

Dabei bedeutet »A>>n« die Rechtsverschiebung von A um n Bits. Mit anderen Worten: Die niedrigsten fünf Bits von A bzw. B bestimmen die Rotation von A bzw. B, die höchstwertigen KB Bits die Auswahl des Schlüssels. Für K = 0 wird RC5a wieder zu RC5. Ich empfehle K = 4. Bei 12 Runden entspricht das einem Speicherbedarf von reichlich 1,5 KByte für die Teilschlüssel S[j].

Kryptanalyse von RC5a

Wie erwartet gibt es bei RC5a weniger zufällige Schlüssel-/Klartextpaare, bei denen geänderte Bits keine Rotation beeinflussen. Abb. 5.15 zeigt dies deutlich.

Analog zu Abb. 5.15 ergeben sich beim Algorithmus RC5a mit K = 4 ($2^4 = 16$ Schlüssel in einer Keybox) folgende Anzahlen von Fällen, in denen keine Rotation beeinflusst wird:

5179 beim 7-Runden-RC5a

220 beim 8-Runden-RC5a

11 beim 9-Runden-RC5a

0 beim 10-Runden-RC5a.

Abbildung 5.15: Beeinflussung der Rotationen im modifizierten Algorithmus RC5a durch geänderte Klartextbits

Diese Modifikation ist vielleicht nicht der Stein der Weisen. Doch die verbesserte differenzielle Kryptanalyse von KNUDSEN funktioniert bei diesem Algorithmus nicht mehr, da hier die Wahrscheinlichkeit für »keine Rotation« stark sinkt. Auch KALISKI und YIN verfolgten Pfade durch die RC5-Runden, bei denen sich durch Bitänderungen möglichst kein Betrag einer Rotation ändert. Der springende Punkt ist aber wahrscheinlich der, dass die Wahrscheinlichkeiten von Charakteristiken (vgl.4.2.2) für K = 4 um den Faktor 16 kleiner sind – das macht differenzielle Kryptanalyse schon bei weniger als 12 Runden uneffektiver als Brute Force. Auch die oben diskutierten schwachen Schlüssel – falls es für RC5a überhaupt welche gibt – sind dann keine Gefahr mehr. Gleiches gilt für die linear schwachen Schlüssel von HEYS und die partiell-differenzielle Kryptanalyse von BIRYUKOV und KUSHILEVITZ.

Natürlich wird bei RC5a die »spärliche« Information des Schlüssels K aus Abb. 5.13 auf noch mehr Bytes als bei RC5 »verteilt«. Informationstheoretisch gesehen sind die Teilschlüssel alles andere als unabhängig. Aber diese Art von Diskussion kennen Sie ja schon von anderen kryptografischen Algorithmen her: Wenn viel Information (ein langer Klartext) mittels wenig Information (nämlich des Schlüssels) chiffriert wird, heißt das noch lange nicht, dass die Information des Klartextes dadurch auch nur teilweise preisgegeben würde – in der Praxis jedenfalls.

Aufeinander folgende Schlüssel S[j] dürfen wir wahrscheinlich mit ruhigem Gewissen wie unabhängige Zufallsgrößen behandeln. Ein Angriff über irgendwelche Gesetzmäßigkeiten, in welcher Weise die Bits von S[2*i*KB + j] in Abhängigkeit von j = 0,1,...,2^K-1 variieren, erscheint mir kaum vorstellbar.

Kann man mit mod-n-Kryptanalyse auch RC5a angreifen? Ich weiß es nicht, glaube jedoch nicht daran. Ursprünglich modifizierte ich RC5 in dieser Weise, um das Auffinden von Teilmengen ohne Rotation unwahrscheinlich zu machen. Dieses Argument interessiert bei mod-n-Kryptanalyse nicht mehr. Doch RC5a bietet noch eine andere Sicherheitsreserve: Man muss für jede Runde z. B. 16-mal mehr Teilschlüssel rekonstruieren als bei RC5, bei einem ansonsten identischen Verfahren. Dies erhöht die Zahl nötiger bekannter Klartexte vermutlich so stark, dass man nur bei stark reduzierter Rundenzahl günstiger als Brute Force wegkommen würde.

Ich hoffe jedenfalls, dass sich RC5 (und mit ihm natürlich auch RC5a) weiterhin als sicher herausstellt. Der Algorithmus kann mühelos mit der Hardware »wachsen«. Seine Sicherheit lässt sich über die Rundenzahl auf Kosten der Performance erhöhen, ebenso wie die Blockgröße und auch die Schlüssellänge, deren Beschränkung eigentlich willkürlich ist (ein 12-Runden-Verfahren nutzt insgesamt 104 Byte als Teilschlüssel, also 832 Bit!). RC5 ist sehr einfach zu programmieren und auch in Hardware umzusetzen. Gleiches gilt ebenso für RC5a, nur dass man dort nicht nur »Rechenzeit kontra Sicherheit« wählen kann, sondern zusätzlich »Speicherbedarf kontra Sicherheit«.

5.4.4 Patente und der Nachfolger RC6

Auch für RC5 wurde ein US-Patent angemeldet. RIVEST versichert, dass die Lizenzgebühren sehr niedrig sein werden und nur die weitere Forschung in den RSA Laboratories finanzieren sollen. Nichtkommerzielle Nutzung wird vielleicht sogar unentgeltlich möglich sein, ähnlich wie bei IDEA. Genaueres ist mir leider nicht bekannt und angesichts des frei verfügbaren Nachfolgers RC6 auch nicht mehr so interessant.

Nach RIVESTs Vermutung fällt RC5a ebenfalls unter das RC5-Patent. Außerhalb der USA dürfen Sie diesen Algorithmus aber auf jeden Fall unentgeltlich nutzen. Er lag schon seit Februar 1996 auf einem Ftp-Server im Internet (*ftp.cert.dfn.de/pub/tools/ crypt/RC5-IFW/**, inzwischen auch an mehreren anderen Stellen). Seine Verwendung habe ich keinerlei Beschränkungen unterworfen, nur das Copyright muss erhalten bleiben. Dank der Offenlegung könnte RC5a in Deutschland keinen Patentschutz mehr erhalten – falls das Verfahren als eigenständiger Algorithmus anerkannt wird. Diese Implementierung, die im Unterschied zu anderen die interne Zahldarstellung automatisch erkennt und berücksichtigt (*big endian/little endian*), finden Sie diesem Buch beigelegt. Sie wird in Kapitel 7.6 besprochen.

Meine RC5a-Implementierung wurde von der chilenischen Firma S&I Chile nach Windows NT portiert und kommt im Vermögensverwaltungsprogramm »Treasury« der Firma EffCom GmbH (Ludwigshafen) zum Einsatz. Bei dieser Portierung wurde gleich der Code gewissenhaft durchgesehen und ein kleiner Fehler, der zum Glück ohne Auswirkungen war, entdeckt. Die Firma S&I stellt uns dankenswerterweise die zugehörige Portierung nebst kleiner Kryptobibliothek unentgeltlich zur Verfügung – Sie finden das alles auf der beiliegenden CD.

Die Weiterentwicklung RC6

In den RSA Laboratories blieb die Zeit natürlich nicht stehen. Den Anforderungen des in 5.5 beschriebenen AES-Standards genügte RC5 nicht, denn dort werden 128 Bit Blockbreite gefordert. Doch mit 64-Bit-Wörtern ist RC5 auf 32-Bit-Prozessoren nicht sonderlich schnell. Man suchte also nach einer Weiterentwicklung des Algorithmus, die schneller arbeitet, möglichst ebenso flexibel wie einfach und gleichzeitig noch schwerer anzugreifen ist als RC5.

Diese Weiterentwicklung heißt **RC6** und ist RC5 sehr ähnlich. Eine Beschreibung finden Sie in Abb. 5.16 sowie auf der CD, die auch Quellcode in C enthält.

Der RC6-Algorithmus

Der Algorithmus hängt von drei Parametern ab:

- der Wortbreite w in Bit (im Folgenden immer w = 32),

- der Rundenzahl r (r≤1) und

- der Schlüssellänge von b Byte (b = 0,1,...,255).

Klartext- und Geheimtextblöcke sind je 4w Bit lang, für w = 32 also 128 Bit. RIVEST empfiehlt für w = 32 eine Schlüssellänge von mindestens 16 Byte (128 Bit) bei 20 Runden und bezeichnet dieses Verfahren mit RC6-32/20/16.

Abbildung 5.16: Der RC6-Algorithmus

Verschlüsselung

▷ Aus einem Schlüssel K der Länge b Byte erzeuge ein Feld $S_0, S_1, \ldots, S_{2r+3}$ von $2(r+2)$ Teilschlüsseln à 32 Bit (s. u.).

▷ Zerlege jeden 128-Bit-Klartextblock in vier 32-Bit-Blöcke A, B, C und D.

▷ Setze

```
B = B + S₀
D = D + S₁
```

▷ In der i-ten Runde (i = 1,...,r) setze

```
t = (B(2B+1)) <<< 5
u = (D(2D+1)) <<< 5
A = ((A⊕t) <<< u) + S₂ᵢ
C = ((C⊕u) <<< t) + S₂ᵢ₊₁
(A,B,C,D) = (B,C,D,A)
```

(zyklische Vertauschung der vier Wörter)

Dabei bezeichnet A<<<B die Linksrotation von A um B Bits. Multiplikationen und Additionen werden mod 2^{32} ausgeführt. Zur Berechnung von A<<<t braucht man nur die fünf niedrigstwertigen Bits von t zu betrachten. Für Wortlängen von $2^6 = 64$ Bit oder mehr, allgemein 2^w Bit, ist die Zahl 5 durch den Wert von 6 (allgemein: w) zu ersetzen.

▷ Nach der letzten Runde setze

```
A = A + S₂ᵣ₊₂
C = C + S₂ᵣ₊₃
```

▷ Die Schlüsselgenerierung geschieht völlig analog zu RC5.

Abbildung 5.16: Der RC6-Algorithmus (Fortsetzung)

Die Dechiffrierung ergibt sich aus der Chiffriervorschrift in recht einfacher Weise.

Wodurch unterscheiden sich RC5 und RC6, was haben sie gemeinsam?

▷ Die wichtigste Operation ist bei beiden Verfahren die datenabhängige Rotation. Sie garantiert außerordentlich starke Diffusion und Konfusion und kann bisher nur wenig wirksam angegriffen werden.

▷ RC6 erinnert zunächst an zwei parallel laufende RC5-Verfahren, nur dass die zyklische Vertauschung der vier Wörter A, B, C, D nach jeder Runde beide Verfahren »mixt«. Dies wird noch auffälliger, wenn man eine RC5-Runde aus zwei »Halbrunden« der Form

```
A = (A⊕B) <<< B) + Sᵢ
(A,B) = (B,A)
```

zusammensetzt (also Vertauschung der beiden Halbwörter nach jeder [Halb-]Runde, ähnlich wie bei einem Feistel-Algorithmus).

▶ Die entscheidende Verbesserung gegenüber RC5 ist die Berechnung der Hilfsgrößen t und u in jeder Runde. Die Transformation t(B) = B(2B+1) hat die Eigenschaft, dass die fünf höchstwertigen Bits von t von sämtlichen Bits von B abhängen (vor allem deswegen die Linksrotation bei der Berechnung von t und u; man kann es einfacher so formulieren: Die fünf höchstwertigsten Bits von B(2B+1) bestimmen die Rotation von A⊕t).

Vergleichen Sie das einmal mit RC5: Dort bestimmten nur die fünf niedrigstwertigen Bits von B, wie A⊕B rotiert wird. Gerade auf die letzten Stellen »schießen« sich Kryptanalytiker gern ein, weil diese Werte nicht durch Überträge bei Additionen »gestört« werden. Bei RC6 sind es nun die fünf höchstwertigen Bit von t, die obendrein noch sehr kompliziert von B abhängen.

Die Transformation t(B) ist übrigens eineindeutig, d. h. alle möglichen 2^{32} Werte von t werden auch angenommen, wenn B alle möglichen Werte durchläuft (der Beweis ist eine mittelschwierige Übungsaufgabe für Mathematiker und solche, die es werden wollen). Das ist wichtig, denn dadurch wird z. B. bei der Operation A⊕t das Wort A nicht nur mit »Teilinformationen« von B verknüpft, was für die Diffusion entscheidend ist.

▶ Mehr noch als die zyklische Vertauschung der vier Wörter nach jeder Runde vermischen sich die Paare (A,C) und (B,D) dadurch, dass die Rotationsbeträge und gleichzeitig »XOR-Partner« t und u aus B und D berechnet und auf A und C angewendet werden.

Je näher man RC6 betrachtet, desto einfacher und cleverer erscheint einem dieser Algorithmus. Er dürfte von allen AES-Kandidaten der mit der kürzesten Beschreibung sein; nur deswegen kann ich ihn hier vollständig beschreiben.

Allerdings gibt es zwei kleine Wermutstropfen. Zum einen legt die Integermultiplikation nahe, wo der Algorithmus am effektivsten läuft: Auf 32-Bit-Prozessoren. Bei 8-Bit-Smartcards sieht es schon nicht mehr so gut aus; auch ist dort die Datenrotation aufwendig. Und zweitens: Während die üblichen kryptanalytischen Angriffe bei RC6 bisher sämtlich scheiterten, stimme ich Schneiers Überlegungen zur mod-3-Kryptanalyse (vgl. 5.4.2) zu: Die Verknüpfung von XOR und Addition ist es auch hier, die einen wirksamen Angriff verhindert. Obendrein entstehen bei der Transformation t(B) = B(2B+1) nur die Reste 0 und 1 bei Teilung durch 3. Eine derartige »Verzerrung« könnte u. U. die clever konstruierte Rundenfunktion »überleben«, wäre da nicht das besagte XOR.

Bei RC5a scheint die mod-3-Kryptanalyse hingegen nicht so gut zu greifen, allerdings auf Kosten eines erhöhten Speicherbedarfs. Von eventuellen Patentrechten abgesehen ist RC5a also durchaus noch attraktiv. Natürlich lässt sich auch RC6 analog zu einem Algorithmus RC6a modifizieren, aber vorerst sehe ich dazu noch keine Veranlassung.

Trotzdem: Seit DES sind symmetrische Algorithmen selten so gründlich und mit so gutem Ergebnis kryptanalysiert worden wie die fünf AES-Endkandidaten, zu denen auch RC6 zählt. Obendrein darf dieser Algorithmus unentgeltlich genutzt werden – das war Bedingung bei der AES-Ausschreibung. Wenn das kein Grund zur Freude ist!

5.5   Rijndael wird AES und ersetzt DES

Auch vor dem Bau des DES-Crack-Computers Deep Crack (vgl. 4.4.1) war es Wissenschaftlern, Industriellen und Behörden klar, dass die Tage von DES gezählt sind. Der Druck seitens der Wirtschaft, sichere Algorithmen zu schaffen und einzusetzen, ist heute sehr stark; wir werden das besonders in Kapitel 8 sehen. Wie sehr sich die Situation in den letzten 20 Jahren geändert hat, zeigt die AES-Initiative des NIST geradezu beispielhaft.

Erinnern Sie sich noch an die »Geburt« von DES (4.3.1)? Damals hatte das NBS größte Schwierigkeiten, überhaupt einen brauchbaren Vorschlag zu bekommen und musste dann mangels eigener Kompetenz noch die NSA zu Rate ziehen. Und heute? Der Nachfolger NIST schrieb Anfang 1997 den neuen Standard aus, der den Namen **AES** *(advanced encryption standard)* tragen soll. Aber diesmal beteiligten sich wohl alle führenden Köpfe der öffentlichen kryptologischen Forschung an der Suche, lieferten zahlreiche Vorschläge ab, diskutierten und kryptanalysierten die eingereichten Algorithmen, bis sie zum Schluss sogar die Qual der Wahl hatten. Obwohl es in erster Linie um einen neuen US-Standard ging, trafen Vorschläge und Analysen aus aller Welt ein. Zum Schluss wurde ein belgischer Algorithmus als neuer Sicherheitsstandard der USA gewählt. Allein dies zeigt schon fast symbolhaft den Wandel in der Kryptologie der letzten 20 Jahre.

Alles lief eigentlich so gut ab, dass kaum Anlass zur Kritik besteht. Schon die Anforderungen an den neuen Standard formulierte das NIST nicht im Alleingang, sondern führte zu diesem Zweck im April 1997 einen offenen Workshop durch. Denn das Festlegen der Anforderungen war keine so leichte Aufgabe – schließlich soll AES möglichst lange sicher sein und daher von vornherein strengsten Kriterien genügen. Das Ergebnis können Sie in Abb. 5.17 nachlesen.

Die vom NIST formulierten Anforderungen an AES entstanden in öffentlicher Diskussion, u. a. in einem Workshop am 15. April 1997. Hier sind nur einige Kriterien genannt.

▷ Es muss ein symmetrischer Blockalgorithmus sein.

▷ Der Algorithmus muss mindestens 128 Bit Blocklänge verwenden und Schlüssel von 128, 192 und 256 Bit Länge einsetzen können.

▷ Er soll für verschiedenste Einsatzzwecke geeignet sein – z. B. gleichermaßen leicht in Hard- und Software implementierbar sein.

▷ AES soll allen bekannten Methoden der Kryptanalyse widerstehen.

▷ Speziell muss es Power- und Timing-Attacken widerstehen.

▷ Er soll in Hard- wie Software eine sehr gute Performance haben.

▷ Besonders für den Einsatz in Smartcards sind geringe Ressourcen gefragt (geringe Codelänge, geringer Speicherbedarf).

▷ Der Algorithmus muss frei von patentrechtlichen Ansprüchen sein und muss von jedermann unentgeltlich genutzt werden können.

Abbildung 5.17: Anforderungen des NIST an AES

Die geforderte Blocklänge von 128 Bit hängt mit dem Geburtstagsangriff zusammen, den wir schon in 5.1.1 beim CBC-Mode besprachen: Bei zwei gleichen Geheimtextblöcken kann man auf das XOR-Produkt der zugehörigen Klartextblöcke schließen und hat dadurch eine (minimale) Aussage über den Klartext. Die Wahrscheinlichkeit für ein solches Ereignis soll so klein wie möglich sein. Bei 128-Bit-Blöcken gibt es solch ein Paar in der Regel bei mehr als 100 Millionen Terabyte Geheimtext, was wohl für die nächsten 20 Jahre ausreichen dürfte.

Damit schied z. B. auch IDEA mit seinen 64 Bit Blocklänge aus. Auch RC5 kam nicht recht in Frage, weil es auf 32-Bit-Prozessoren am effektivsten mit 64-Bit-Blöcken arbeitet. So entstand RC6, wie in 5.4.4 beschrieben. Und die Forderung nach Schlüssellängen bis zu 256 Bit ist keineswegs paranoid, falls es binnen der nächsten 20 Jahre doch Quantencomputer geben sollte (5.9).

Nun begann die weltweite Suche nach Kandidaten. 15 Vorschläge trafen beim NIST ein und konnten auf der ersten Konferenz im August 1998 vorgestellt werden. Auf der zweiten AES-Konferenz im März 1999 wurden diese Algorithmen ausführlich begutachtet und kryptanalysiert. Selbst bei kleinsten Zweifeln an der Sicherheit kamen Kandidaten nicht in die engere Wahl. Auch die Deutsche Telekom fiel mit ihrem offenbar mäßigen Verfahren Magenta durch.

2.1.97:

Aufruf zur Initiative, Einreichen von Kandidaten bis 12.9.97

15.4.97:

Auf einem öffentlichen AES-Workshop werden die genauen Anforderungen formuliert. Kryptografen beginnen weltweit mit der Entwicklung entsprechender Algorithmen.

20.8.98:

Erste AES-Konferenz. Das NIST gibt den Eingang von 15 Kandidaten bekannt. Die öffentliche Begutachtung beginnt.

März 99:

Zweite AES-Konferenz. Diskussion der bisherigen Resultate. 28 Veröffentlichungen aus aller Welt wurden eingereicht und mehrere Wochen vor der Konferenz auf der Homepage zugänglich gemacht, um die Konferenz auf einem möglichst hohen Niveau abzuhalten.

15.4.99:

Ende der öffentlichen Begutachtung aller Kandidaten.

Fünf Kandidaten (MARS, RC6, Rijndael, Serpent, Twofish) kommen in die engere Auswahl. Weitere Arbeiten konzentrieren sich ab jetzt auf diese fünf Algorithmen.

Abbildung 5.18: Ablauf der AES-Initiative

13./14.4.00:

Dritte AES-Konferenz. Die Analysen der 5 Endkandidaten werden vorgestellt und diskutiert.

15.5.00:

Ende der öffentlichen Diskussion.

2.10.00:

Bekanntgabe des »Siegers« Rijndael.

November 2000:

FIPS-Standard als Manuskript veröffentlicht; öffentliche Kommentare sind möglich.

Februar 2001:

Ende der öffentlichen Diskussion zum Standard.

April-Juni 2001:

Bestätigung als FIPS-Standard.

Abbildung 5.18: Ablauf der AES-Initiative (Fortsetzung)

Nach eingehenden, zahlreichen Analysen blieben 5 Kandidaten übrig, mit denen sich nun die fähigsten Kryptanalytiker der Welt beschäftigten. Es entstand eine Pattsituation: Alle Algorithmen sind ausgezeichnet und schwer vergleichbar. Jeder von ihnen hätte der neue Standard werden können, bei keinem wurden Schwachpunkte entdeckt. Jeder hat andere Vorzüge, doch welche Eigenschaften sollen die entscheidenden sein?

Don B. Johnson von Certicom fragt in zwei seiner Beiträge zur dritten AES-Konferenz: Muss es überhaupt ein bestes Verfahren geben? Schließlich implementiert moderne Software ohnehin eine genormte Krypto-Schnittstelle und bietet meist mehrere Verfahren zur Auswahl an. Die fünf AES-Kandidaten sind nicht so große Programme, dass sie zusammen den Umfang von Kryptosoftware sprengen würden (in Hardware sieht dies anders aus).

Oder noch besser: Für jeden Algorithmus sollte ein bevorzugtes Einsatzgebiet angegeben werden (Smartcards, Online-Verschlüsselung, ...). Solche Flexibilität hätte deutlich mehr Vorteile als Nachteile. Produkte, die auf ein Verfahren fixiert sind, würden schlagartig unsicher, wenn wider Erwarten doch eine Schwäche des Verfahrens entdeckt werden sollte. Als warnendes Beispiel sei der Einsatz von DES im Bankwesen genannt, wo man 20 Jahre lang ausschließlich darauf setzte. Die Umstellung zu 3DES erforderte Jahre und verschlang Unsummen.

Der Beschluss des NIST fiel anders aus als erwartet – nur der Algorithmus **Rijndael** der belgischen Autoren Joan DAEMEN und Vincent RIJMEN machte das Rennen. Die Gründe, weswegen nur ein Kandidat ausgewählt wurde, überzeugen nicht alle:

▷ Sollte Rijndael wider Erwarten praktisch relevante Schwächen zeigen, bieten die geforderten größeren Schlüssellängen genügend Reserve.

▷ Im schlimmsten Fall steht noch 3DES als Alternative zur Verfügung, der auf absehbare Zeit ebenfalls volle Sicherheit bieten dürfte.

▷ Es ist billiger, nur einen Algorithmus zu implementieren (dieses Argument trifft allerdings nur für Hardware zu).

▷ Im Fall von patentrechtlichen Ansprüchen, die Erfinder ähnlicher Algorithmen geltend machen könnten, entstehen geringere Kosten (das könnte nach meiner Vermutung ein wesentlicher Grund sein).

Doch niemand sollte enttäuscht sein: Der gesamte Prozess verlief in aller Offenheit und sehr fair. In einem Land wie den USA, in dem noch vor wenigen Jahren kryptografische Algorithmen als Waffen eingestuft wurden, wird nun ein von Belgiern entwickelter und international begutachteter Algorithmus ein Fundament für die nationale Sicherheit bilden! Das Einsatzgebiet für die Behörden wird zwar mit »sensitive, not classified« beschrieben, die NSA gab eine recht schwammige Erklärung ab, aber vermutlich wird Rijndael dennoch die Grundlage für die Chiffrierung in den nächsten 20 Jahren oder länger bilden (nach den Erwartungen des NIST). Es besteht derzeit auch kein Grund, daran zu zweifeln.

Runde 1:

▷ CAST-256: Entrust Technologies, Inc. (vertreten durch Carlisle Adams)

▷ CRYPTON: Future Systems, Inc. (vertreten durch Chae Hoon Lim)

▷ DEAL: Richard Outerbridge, Lars Knudsen

▷ DFC: CNRS – Centre National pour la Recherche Scientifique - Ecole Normale Superieure (vertreten durch Serge Vaudenay)

▷ E2: NTT – Nippon Telegraph and Telephone Corporation (vertreten durch Masayuki Kanda)

▷ FROG: TecApro Internacional S.A. (vertreten durch Dianelos Georgoudis)

▷ HPC: Richard Schroeppel

▷ LOKI97: Lawrie Brown, Josef Pieprzyk, Jennifer Seberry

▷ MAGENTA: Deutsche Telekom AG (vertreten durch Dr. Klaus Huber)

▷ MARS: IBM (vertreten durch Nevenko Zunic)

▷ RC6^{TM}: RSA Laboratories (vertreten durch Burt Kaliski)

▷ RIJNDAEL: Joan Daemen, Vincent Rijmen

▷ SAFER+: Cylink Corporation (vertreten durch Charles Williams)

▷ SERPENT: Ross Anderson, Eli Biham, Lars Knudsen

▷ TWOFISH: Bruce Schneier, John Kelsey, Doug Whiting, David Wagner, Chris Hall, Niels Ferguson

---

Abbildung 5.19: Die für AES eingerichteten Algorithmen

Runde 2:

▷ MARS, RC6, Rijndael, Serpent, Twofish

▷ Ausgewählt nach Runde 3:

▷ Rijndael

Abbildung 5.19: Die für AES eingerichteten Algorithmen (Fortsetzung)

Der Algorithmus im Detail

So weit zu den Hintergründen der AES-Initiative. Angesichts der überragenden Bedeutung soll Rijndael hier wenigstens ungefähr beschrieben werden. Das ist nicht sonderlich schwer, denn er verwendet nur byteweise Substitution, Vertauschungen von Bytes und die XOR-Operation. Im Folgenden seien die einzelnen Schritte für den Fall von 128-Bit-Blöcken und 128-Bit-Schlüsseln beschrieben. Details sowie Quelltexte in C und Java finden Sie auf der beigelegten CD.

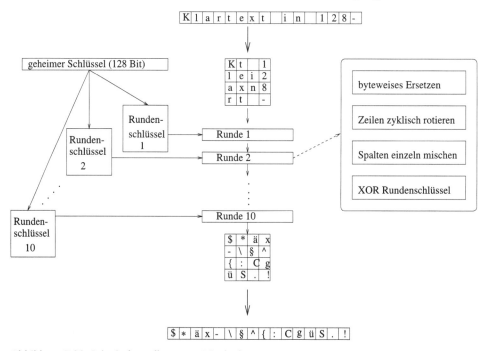

Abbildung 5.20: Prinzipdarstellung von Rijndael

Im Groben werde ich Rijndael zunächst für 128-Bit-Schlüssel beschreiben.

1. Ein Klartextblock besteht aus 128 Bit bzw. 16 Bytes; diese werden spaltenweise in eine 4x4-Matrix geschrieben. Daemen und Rijmen nennen diese Matrizen »State« (Zustand). Vor der ersten Runde stehen die Klartextbytes in der Matrix. Jede Runde verändert den Inhalt der Matrix; nach der 10. Runde stehen die Geheimtextbytes darin und werden spaltenweise ausgelesen.

Außerdem werden vor Beginn der Verschlüsselung aus dem 128-Bit-Schlüssel 10 Rundenschlüssel zu je 128 Bit erzeugt und analog in 10 Matrizen mit 4 Spalten und 4 Zeilen geschrieben (die Schlüsselgenerierung überspringe ich aus Platzgründen; Sie finden sie auf der CD unter *algor/aes/rijndael.ps*).

2. In jeder Runde arbeitet der Rijndael-Algorithmus nun folgende Schritte ab:

   - *ByteSub:* Die einzelnen Bytes der State-Matrix werden nach einem festen Schema substituiert. Diese Transformation ist deterministisch und bekannt, stellt also noch keine Verschlüsselung dar.

   - *ShiftRow:* Die Zeilen des State werden byteweise zyklisch nach links rotiert, und zwar um 0, 1, 2 und 3 Bytes. Wenn z. B. in Zeile 2 die Zeichen

     a b c d

     stehen, liest sie sich nach der ShiftRow-Transformation so:

     b c d a

     Auch diese Transformation ist natürlich deterministisch und verschlüsselt nichts.

   - *MixColumn:* Die Spalten des State werden nach einem deterministischen Prinzip ersetzt. Diese Vorschrift ist etwas komplizierter und nutzt Transformationen über Galoisfeldern aus.

   - *AddRoundKey:* Der Rundenschlüssel wird per XOR bitweise mit dem State verknüpft. Erst dieser Vorgang mischt ein Geheimnis in die Transformation, man kann also von Verschlüsselung sprechen.

3. Vor der ersten Runde wird eine AddRoundKey-Transformation durchgeführt, und in der letzten Runde fehlt die MixColumn-Transformation.

   Rijndael kann auch mit 192- und 256-Bit-Blöcken arbeiten – dann verwendet er 4x6- bzw. 4x8-Matrizen als States, und die ShiftRow-Transformation ändert sich etwas. Der Algorithmus mit 128 Bit Block- und Schlüssellänge verwendet 10 Runden; bei längeren Block- oder Schlüssellängen kommen 12 bzw. 14 Runden zum Einsatz.

Sicherheit von Rijndael

Rijndael mit nur einer Runde würde eine extrem geringe Sicherheit bieten. Weil ByteSub, ShiftRow und MixColumn auch nacheinander ausgeführt nur eine feste, umkehrbare Transformation bilden, entspräche die Sicherheit einer 128-Bit-Vernam-Verschlüsselung. Wir haben in 3.6 gesehen, welch Leckerbissen das für Kryptanalytiker ist.

Doch Rijndael ist ja ein Produktalgorithmus, und bekanntlich wächst die Sicherheit solcher Algorithmen mit zunehmender Rundenzahl im Allgemeinen sprunghaft. Das zeigt auch die bisher bekannte Kryptanalyse von Rijndael (s. u.) recht eindrucksvoll.

Die Transformationen ByteSub, ShiftRow und MixColumn sind nun so gewählt, dass sie einerseits möglichst einfach (und damit gut zu analysieren) sind und andererseits alle bisher bekannten Methoden der Kryptanalyse versagen. Die Motivation für die Wahl gerade dieser Transformationen wird von den Autoren in ihrer Veröffentlichung (vgl. CD, *algor/aes/rijndael.ps*) ausführlich erläutert. Hier sei nur erwähnt, dass dabei Operationen auf Galoisfeldern eine wichtige Rolle spielen.

Wesentlich bei der Wahl der Transformationen sind starke Diffusion und Konfusion in jeder Runde:

▶ Diffusion heißt hier, dass die Änderung auch nur eines State-Bits (oder eines Rundenschlüssel-Bits) nach möglichst wenigen Runden möglichst alle Bits des State beeinflusst. Dafür sind bei Rijndael vor allem ShiftRow und MixColumn verantwortlich.

▶ Konfusion bedeutet bekanntlich, dass »Zusammenhänge verloren gehen«, man also aus dem Ergebnis einer Runde nicht auf die Eingabematrix schließen kann. Diese Aufgabe erledigen vor allem ByteSub und AddRoundKey.

Erst die fortgesetzte Hintereinanderausführung dieser Runden (die doch nichts weiter als eine deterministische Ersetzung von 128 Bit State mit anschließender XOR-Addition eines geheimen Schlüssels darstellen) stellt die Kryptanalytiker vor eine (hoffentlich) fast unlösbare Aufgabe. Weder differenzielle noch lineare Kryptanalyse (die sogar bei DES theoretisch gesehen wirkt), noch so genannte Interpolationsangriffe wirken in diesem Fall; es gibt keine schwachen Schlüssel, und auch Angriffe mit verwandten Schlüsseln (interessant für Smartcards) versagen – im Unterschied zu DES.

Wie bei allen fünf Endkandidaten des AES-Wettbewerbs sind auch für Rijndael keine wirksamen Angriffe bekannt. Bei reduzierter Rundenzahl erhielt man folgende Ergebnisse (die überhaupt erst bei 192 und 256 Bit langen Schlüsseln interessant werden):

6 Runden: Unter Verwendung von $6*2^{32}$ ausgewählten Klartextblöcken kann mittels 2^{44} komplexer Operationen (d. h. ca 17 Billionen) der Schlüssel berechnet werden.

Praktisch heißt das: Etwa 400 GB vom Angreifer vorgegebener Klartext muss verschlüsselt und analysiert werden; wenn eine komplexe Operation eine Mikrosekunde dauert, braucht man dazu ca. 200 Tage (bei einer Nanosekunde nur noch 5 Stunden).

7 Runden: Hierzu sind fast 2^{128} ausgewählte Klartexte (entsprechend ca. $5*10^{39}$ Byte) und ein Rechenaufwand von 2^{120} notwendig; bei 1 Nanosekunde pro Operation ergäbe das $4*10^{19}$ Jahre (40 Trillionen).

Man beachte, wie sprunghaft die Sicherheit allein durch Hinzufügen einer 7. Runde wächst! Rijndael führt jedoch (abhängig von der Schlüssellänge) mindestens 10 Runden aus.

Zwar wurden theoretische Schwächen bei der Erzeugung der Rundenschlüssel entdeckt, doch diese dürften nur von akademischem Interesse sein. Praktische Auswirkungen sind derzeit nicht absehbar.

Trotzdem äußerten einige Experten Zweifel an der Sicherheit von Rijndael – das Design sei zu simpel, um sicher zu sein. Doch es gibt keinen rationalen Grund, deshalb nicht auf diesen Algorithmus zu setzen. Komplizierte, »unübersichtliche« Verfahren (wie z. B. auch DES) mögen mathematisch zunächst schwieriger angreifbar sein, doch ist dieser Vorteil nur ein scheinbarer im Zeitalter schneller Computer und leistungsfähiger Software, die z. B. auch mit wesentlich größeren Formeln umgehen kann, als es der Mensch jemals vermag. In ihrer oben genannten Arbeit erläutern die Autoren bis ins Detail die Hintergründe für ihren Entwurf, was in der Kryptografie leider selten ist. Daher darf man wohl annehmen, dass das Verfahren keine eingebaute Hintertür hat. Und es ist erstaunlich sicher für sein einfaches Design!

Implementierungsfragen

Es leuchtet auch dem Außenseiter ein, dass Rijndael gut in Hardware zu implementieren ist (vgl. Kasten 4), doch selbst als C-Programm bleibt er in der optimierten Version unter 500 Zeilen Quellcode. Wichtig ist ebenso, dass Rijndael derart in Hardware »gegossen« werden kann, dass Timing- und Powerattacken, die wir in 5.10 kennen lernen werden, weitgehend unwirksam sind.

Leider läuft die Dechiffrierung auf 8-Bit-Prozessoren (für Smartcards) etwas langsamer ab als die Chiffrierung – bis zu 30%. In der Softwareversion entstehen geringe Zeitunterschiede durch andere Berechnungen der Rundenschlüssel für die Dechiffrierung.

Bei anderen Algorithmen sind Ver- und Entschlüsselung oft fast identisch. In der Hardwareversion von Rijndael hingegen kann bei der Dechiffrierung nur teilweise die Chiffrier-Hardware genutzt werden, und bei der Software werden anderer Code und andere Tabellen benötigt. Allerdings ist Dechiffrierung nicht immer notwendig, z. B. wenn die CFB- und OFB-Modi eingesetzt werden (5.1.1).

Wie zu erwarten, hat die Wirtschaft auf die AES-Wahl am 2.10.2000 rasch reagiert: Bereits am 10.10. kündigte die Firma Demcom GmbH das Beta-Paket von Steganos Security Suite 3 an, das Rijndael einsetzt. Am 16.10. folgte die Utimaco Safeware AG mit ihrem »SafeGuard Private Crypt«. Selbstverständlich stand die freie Software dem nicht nach – GnuPG, das wir in 7.1.4 kennen lernen werden, sei hier stellvertrendend genannt.

5.6 RC4: Stromchiffrierung für (fast) jedermann

Der Chiffrieralgorithmus RC4 hat mit dem gerade vorgestellten RC5 nur so viel gemeinsam, dass er ebenfalls von Ron Rivest stammt und sehr einfach und schnell ist. Ansonsten ist alles anders: RC4 wurde schon 1987 entwickelt und war sieben Jahre lang geheim. Er wird in sehr vielen kommerziellen Produkten verwendet, unter anderem in Lotus Notes, Oracle Secure SQL und nicht zuletzt im populären Internet-Browser Netscape Navigator. Im Unterschied zum Blockalgorithmus RC5 ist RC4 eine typische Stromchiffrierung: In Abhängigkeit von einem Schlüssel variabler Länge wird eine Bytefolge erzeugt, die man als individuellen Schlüssel (One-

Time-Pad) nutzt. Der Geheimtext ergibt sich also durch einfache byteweise XOR-Verknüpfung der Schlüsselbytefolge mit dem Klartext, die Umkehrung arbeitet ebenso.

Bis zum 10. September 1994 war das im Wesentlichen alles, was man über den Algorithmus wußte. In der Internet-Newsgroup *sci.crypt* tauchte anonym (über die Mailing-Liste der sog. Cypherpunks) ein C-Programm auf, das die gleichen Resultate erzeugte wie kommerzielle Softwarepakte, die RC4 nutzten. Damit war RC4 offen gelegt. Die Reaktion darauf war teilweise recht unfreundlich. Ich zitiere hier als Beispiel das Posting von David Sterndark (NETCOM On-line Communication Services) in der gleichen Newsgroup vom 14. September 1994, ausnahmsweise einmal im Original:

»I am shocked, shocked, I tell you, shocked, to discover that the cypherpunks have illegaly and criminally revealed a crucial RSA trade secret and harmed the security of America by reverse engineering the RC4 algorithm and publishing it to the world.«

Ich werde bei diesem hässlichen Spiel, die Sicherheit Amerikas zu unterwandern, mitmachen und Ihnen im Folgenden den Algorithmus vorstellen. Sie finden ihn in Abb. 5.21.

Beschreibung von RC4

RC4 ist eine Stromchiffrierung, d. h. es wird mit einem geheimen Schlüssel eine geheime Bytefolge (K_i) erzeugt, und Ver- sowie Entschlüsselung geschehen mit einfachem XOR:

Geheimtextbyte$_i$ = Klartextbyte$_i$ $\oplus$ K_i

Klartextbyte$_i$ = Geheimtextbyte$_i$ $\oplus$ K_i.

Der interne Schlüssel

Als interner Schlüssel dienen zwei Bytes i und j sowie eine Permutation $(P_i)_{i=0,...,255}$ der Zahlen 0,...,255, d. h. jede dieser Zahlen kommt in der Folge (P_i) genau einmal vor. Die Größe des Schlüsselraumes beträgt etwa 2^{1700} (= $256^2*256!$).

Chiffrierung

Ein Schritt zur Erzeugung eines Schlüsselbytes K sieht so aus:

```
i = i+1  mod 256
j = j+P_i mod 256
vertausche P_i und P_j
t = P_i+P_j mod 256
K = P_t  .
```

(Eine Addition modulo 256 ist einfach eine byteweise Addition – in C die zweier Daten vom Typ *unsigned char*).

Abbildung 5.21: Beschreibung der Stromchiffrierung

Erzeugung des internen Schlüssels

Der eingegebene Schlüssel bestehe aus l Bytes $S_0, \ldots, S_{l-1}$. Wir setzen

```
i = 0
j = 0
P_k = k (k=0,...,255)
```

und berechnen 256-mal:

```
j = j+P_i+S_i mod 256
vertausche P_i und P_j
i = i+1 mod l.
```

Damit sind i,j und die P_k initialisiert.

Abbildung 5.21: Beschreibung der Stromchiffrierung (Fortsetzung)

Das Verfahren ist tatsächlich erstaunlich einfach und extrem leicht zu programmieren (es ist ausgesprochen softwarefreundlich, dagegen weniger für Hardware geeignet). Weil der Index i zyklisch alle Werte von 0 bis 255 durchläuft, wird jede Zahl P_i spätestens aller 256 Schritte mit einer anderen vertauscht. Wie sich j ändert, lässt sich anscheinend nur mit Kenntnis des Schlüssels sagen. Zur Ermittlung des Schlüsselbytes setzt RC4 die Summe zweier geheimer P_k als Index ein. Mit einer Aussage über wenige P_k würden wir daher wahrscheinlich wenig anfangen können. RC4 ist wirklich simpel und clever entworfen. Nach Aussagen der Firma RSADSI gibt es keine Angriffe mit differenzieller oder linearer Kryptanalyse. Mehr ist anscheinend nicht bekannt. Ich bin überzeugt, dass sich das ändern wird, denn ein so einfacher und so wichtiger Algorithmus wird gewiss noch gründlich untersucht.

Beachten Sie aber, dass RC4 als Stromchiffrierung empfindlich gegenüber einem Angriff durch Einfügen ist (vgl. 5.1.1, Schutz gegen aktive Angreifer). Solange ein Softwarepaket RC4 ohne einen Initialisierungsvektor verwendet (dieser könnte im einfachsten Fall dem Schlüssel vorangestellt sein), ist die Benutzung dieser Software gefährlich, so gut RC4 auch sein mag!

Andere Methoden, diesen guten Algorithmus sicherheitsunwirksam zu implementieren, können Sie auf der CD unter *txt/cryptana/wlanrc4.txt* nachlesen: Im WLAN-Standard 802.11 ist es leicht, Nachrichten zu verfälschen und auch zu dechiffrieren. Sie sehen: Der Name »RC4« allein besagt noch gar nichts.

Dank seiner Verbreitung in kommerziellen Produkten wird RC4 von vielen Anwendern genutzt (meist ohne ihr Wissen), und dank seiner Einfachheit könnte ihn eigentlich jeder Programmierer selbst einbauen, selbstverständlich unter Verwendung eines Initialisierungsvektors. Das wäre die Stromchiffrierung für jedermann, wenn – ja, wenn für kommerzielle Produkte nicht eine Lizenz an RSADSI zu zahlen wäre. Dies ist zwar rechtlich zweifelhaft, doch fallen die Lizenzgebühren wohl niedriger aus als die Kosten für einen Prozess.

5.7 Weitere interessante Verfahren

Es werden sehr viel mehr Chiffriermethoden angewendet, als Sie in diesem Buch bisher kennen gelernt haben. Im Rest dieses Kapitels über moderne Verfahren unternehme ich nicht einmal den Versuch, einen Überblick zu geben; diesen finden Sie allenfalls in SCHNEIER [SchnCr]. Ich picke mir nur einige besonders interessante bzw. praktisch bedeutsame Algorithmen heraus und werde Ihnen in 5.10 noch eine weitere, sehr originelle Kryptanalyse vorstellen.

5.7.1 Die pkzip-Chiffrierung und wie man sie knackt

Die Überschrift kündigt es schon an: Wir beschäftigen uns wieder einmal mit einem »schwachen« Verfahren. »Schwach« ist im Jargon der Kryptanalytiker ja alles, was geknackt wurde oder wo das zu befürchten ist. Im vorliegenden Fall ist die Kryptanalyse ziemlich kompliziert. Erstaunlicherweise existiert ein frei verfügbares Programm zum Brechen dieses Codes. Doch der Reihe nach.

Das vor allem im PC-Bereich weit verbreitete Werkzeug *pkzip* fasst mehrere Dateien in einer einzigen zusammen, einem Archiv. Dabei werden die Dateien mit einem geeigneten Verfahren komprimiert, und das gesamte Archiv kann auch verschlüsselt werden. Uns interessiert hier natürlich das letztgenannte Feature. Trotz seiner Kompliziertheit ist dieser Abschnitt 5.7.1 wichtig. Sie verstehen wenigstens ungefähr, wie heutige Kryptanalytiker ein wirres Knäuel von Formeln entfitzen können.

Die pkzip-Chiffrierung

Die pkzip-Verschlüsselung ist eine Stromchiffrierung. Sie erzeugt also wie RC4 eine schlüsselabhängige Bytefolge, die mit dem Geheim- bzw. Klartext per XOR verknüpft wird. Bei pkzip hängt die schlüsselabhängige Bytefolge obendrein vom bereits chiffrierten Klartext ab. Deshalb, und weil vor der Chiffrierung noch zwölf teilweise zufällige Byte gesetzt werden, die u. a. als Initialisierungsvektor dienen, ist ein Angriff durch Einfügen nicht möglich.

Das Verfahren nutzt drei geheime 32-Bit-Wörter key0, key1 sowie key2 und ein geheimes Byte K. Das Byte K wird zur Chiffrierung bzw. Dechiffrierung per XOR mit Klar- bzw. Geheimtext verknüpft. Anschließend berechnet das Verfahren in Abhängigkeit vom Klartext neue Werte für key0, key1, key2 und K. Im Detail sieht diese Aktualisierungsprozedur so aus:

```
C = P ⊕ K
key0 = crc32(key0,P)                                    (a)
key1 = (key1 + (key0 & 0xff)) * 134775813 + 1           (b)
key2 = crc32(key2, key1 >> 24)                          (c)
tmp  = key2 | 3                                         (d)
K    = (tmp * (tmp⊕1)) >> 8                             (e)
```

Dabei sind P bzw. C ein Klartext- bzw. Geheimtextbyte und tmp eine 16-Bit-Zahl. Wie in der Programmiersprache C bezeichnet »A>>n« die Rechtsverschiebung von A um n Bytes: *key1>>24* ist also das höchstwertige Byte von key1, und K ist das höchstwertige Byte von *tmp*(tmp⊕1)*. Die Operation »*key0 & 0xff*« erzeugt das niedrigstwertige Byte von key0, und der Ausdruck »*key2|3*« bedeutet nur, dass die beiden niedrigsten Bits von key2 gleich 1 gesetzt werden. Schließlich ist crc32() ein leicht berechenbares CRC-Polynom:

```
crc32(key,c) = (key >> 8) ⊕ crctab[(key&0xff)⊕c]                    (5)
```

Dabei bezeichnet crctab[] eine unkompliziert zu berechnende Tabelle, *key* ein 32-Bit-Wort und c ein Byte. Diese Funktion crc32() ist umkehrbar, d. h. für gegebene Werte von crc32(key,c) und c kann man *key* leicht bestimmen: Mit

```
Crc32 = crc32(key,c)
```

sieht die Lösung so aus:

```
key = (Crc32 << 8) ⊕ crcinvtab[Crc32 >> 24] ⊕ c                    (6)
```

(crcinvtab ist wieder eine berechenbare Tabelle).

Wie kommt ein geheimer Schlüssel hier hinein? Die Wörter key0, key1 und key2 werden zunächst initialisiert:

```
key0 = 0x12345678
key1 = 0x23456789
key2 = 0x34567890
```

Dann lässt man die oben beschriebene Aktualisierungsprozedur für alle Schlüsselbytes durchlaufen. Das entspricht einer Chiffrierung, bei der der Geheimtext weggeworfen wird. Es gibt also keine Beschränkung der Schlüssellänge. Der interne Schlüssel besteht aus den drei *key*-Variablen und ist somit 96 Bit lang (entsprechend 12 Byte), viel zu viel für Brute Force.

Über die Sicherheit »wilder« Algorithmen und wie man die pkzip-Chiffre bricht

Diese Chiffrierung wurde von Roger SCHLAFLY[1] entworfen und sieht auf den ersten Blick recht »wild« aus. Mir sind nicht alle Entwurfsprinzipien des Algorithmus bekannt. Zum Beispiel ist mir unklar, woher der Faktor 134775813 in der Aktualisierungsprozedur kommt (er ist keine Primzahl, sondern gleich dem Produkt 3*17*131*20173). Vielleicht ist er so willkürlich wie die Initialisierung der drei *key*-Variablen.

Keinesfalls will ich Roger Schlafly hier unterstellen, er hätte den Algorithmus »willkürlich« entworfen. (Schon die Verwendung eines Initialisierungsvektors und die Einbeziehung des Klartextes in die Schlüsselstromgenerierung zeugen von einiger Sachkenntnis. Auch die stufenweise Änderung der *key*-Variablen ist typisch: key0 ändert key1, key1 ändert key2, und erst aus key2 wird K berechnet.) Aber fast jedem, der auf's Geradewohl einen »wilden« Algorithmus konstruiert, »so wild, dass ihn gewiss keiner knackt«, wird es ergehen wie Schlafly: Sein Verfahren wird geknackt werden, und zwar nicht nur in der Theorie. In dieser Hinsicht ist *pkzip* recht lehrreich – ähnlich würden Kryptanalytiker wohl auch bei anderen, ungenügend abgesicherten Chiffrierungen vorgehen.

---

1. Homepage im WWW: bbs.cruzio.com/~schlafly/, vgl.auch [GarPGP], Ende von Kapitel 6

Im Jahre 1995 veröffentlichten BIHAM und KOCHER einen erfolgreichen Klartextangriff auf die pkzip-Chiffrierung [Bih.zip]. Der Artikel ist auch im Internet frei zugänglich; ich lege ihn als Postscript-Datei diesem Buch bei. Er ist nicht ganz einfach zu lesen. Daher sollten wir uns einige Kerngedanken und die Ergebnisse ansehen – sie sind interessant.

Wie immer bei einem Klartextangriff nehmen wir also an, wir kennen wenigstens ein Byte des Klartextes und das zugehörige Geheimtextbyte. Dann können wir auch das Byte K aus der Schlüsselbyte-Folge berechnen:

```
K = P ⊕ C
```

Der erste Angriffspunkt ist die obige Gleichung (e). Die Multiplikation ist eine stark mischende Operation, doch das interessiert hier gar nicht. Von der 16-Bit-Variablen *tmp* wissen wir aus (d), dass die niedrigsten zwei Bit gleich 1 sind. *tmp* lässt sich also so darstellen:

```
tmp = 256a + b + 3
```

Dabei bezeichnen a und b Bytes, und die letzten zwei Bits von b sind gleich 0. Wir können (e) daher auch wie folgt schreiben:

```
K = LSB((2b+3)a+2b) + MSB((b+2)(b+3))
```

Hierbei heißt »LSB« *least significant byte*, analog MSB *most significant byte*. Für gegebene b und K können wir daraus das niedrigere Byte von (2b+3)a eindeutig bestimmen. Nun können wir aber auch a berechnen, denn die Kongruenz

```
(2b+3)a = c mod 256
```

ist für bekannte b und c nach a auflösbar, weil 2b+3 zu 256 teilerfremd ist (vgl. 4.5.3, *Kongruenzen und der Kleine Fermat*).

Das Byte b kann nur 2^6 = 64 Werte annehmen. Bei bekanntem Schlüsselstrom-Byte K ergibt sich a aus b eindeutig. Es gibt also nur 64 mögliche Werte für tmp, und auch nur 64 Werte für die 14 Bits 2...15 von key2! Die oberen 16 Bits von key2 sind vorerst unbestimmt; es kommen bei gegebenem K insgesamt 2^{22} (etwa 4 Millionen) Werte für die 30 höchstwertigen Bits (2...31) von key2 in Betracht.

Mehr ist aus (d) und (e) nicht herauszuholen; die zwei niedrigsten Bits von key2 spielen in diesen Gleichungen keine Rolle. In die Gleichung (c) gehen bereits Werte von key2 ein, die zu aufeinander folgenden Klartextbytes gehören. Das ist auch in (a) und (b) so. Wir benötigen also mehrere aufeinander folgende Klartext-Geheimtextpaare, d. h. die Werte von K in aufeinander folgenden Schritten. Nun wird es deutlich komplizierter.

Gleichung (c) hilft uns in der angegebenen Form nicht weiter, denn aus (5) ersehen wir, dass die beiden niedrigsten Bits von key2 eine wichtige Rolle spielen. Doch die in (6) beschriebene Umkehrung von crc32() zeigt uns den weiteren Weg: Wir stellen $key2_i$ (der Wert von key2 für den i-ten Schritt) mittels (c) und (6) als Funktion von $key2_{i+1}$ dar und vergleichen die rechte und die linke Seite bitweise: Wenn $key2_{i+1}$ bekannt ist, dann sind auf der rechten Seite die Bits 10...31 gegeben, und die linke Seite kann ja in den 14 Bits 2...15 von $key2_i$ nur 64 (2^6) Werte annehmen.

Wegen der notwendigen Übereinstimmung von rechter und linker Seite in den sechs Bits 10...15 sind die 14 Bits 2...15 von $key2_i$ also »im Mittel eindeutig« vorgegeben. Unter dieser Voraussetzung können wir durch weitere Vergleiche von rechter und linker Seite nacheinander alle 30 Bit von $key2_i$ ermitteln und schließlich sogar alle Bits von $key2_{i+1}$. Es bleiben 2^{22} mögliche Werte für die gesamte Folge $key2_{i+1}$, $key2_i$, ... , $key2_1$. Ich halte das für einen raffinierten Angriff.

Doch wir sind noch nicht am Ziel, wir kennen nicht die Werte von key1 und key0. Aus den Werten für key2 lassen sich mit Hilfe der crc32-Umkehrung (6) die höchstwertigen Bytes von key1 in aufeinander folgenden Schritten berechnen. Das ergäbe 2^{24} (etwa 16 Millionen) Werte für die Bytes 0...23 von key1. Nun lässt sich Gleichung (b) leicht umkehren:

$$key1_{i-1} + LSB(key0_i) = (key1_i - 1) * 134775813^{-1} \bmod 2^{32}$$

(der Kehrwert von 134775813 wird modulo 2^{32} gebildet). Da das höchstwertige Byte von $key1_{i-1}$ vorgegeben ist und $LSB(key0_i)$ nur die untersten acht Bits der linken Seite betrifft (mit Ausnahme eventueller Überträge), sind die höchstwertigen acht Bits der linken Seite vorgegeben. Also beschränkt diese Gleichung den Wertevorrat für $key1_i$ auf etwa $2^{24}/2^8 = 2^{16}$. Für jeden dieser 2^{16} Werte von $key1_i$ können also wir $key1_{i-1}$ mit Ausnahme der niedrigsten acht Bits berechnen – diese werden durch das niedrigste Byte von $key0_i$ »gestört«. Nun schreiben wir die letzte Gleichung einmal für i-1 hin und setzen dort alle 256 (2^8) möglichen Werte von $key1_{i-1}$ – diesmal auf der rechten Seite – ein. Im Mittel wird nur jeder 2^8-te Wert von $key1_{i-1}$ das vorgegebene höchstwertige Byte von $key1_{i-2}$ ergeben. $key1_i$ ergibt sich somit wieder einmal »im Mittel eindeutig«. Damit erhalten wir das niedrigste Byte von $key0_i$. Ein schöner Schluss, meinen Sie nicht auch?

Halten wir also den Zwischenstand fest: Wir haben 2^{22} mögliche Folgen für die Werte von key2 ermittelt, und für jede dieser 2^{22} Folgen sind etwa 2^{16} Folgen der Werte key1 möglich. Insgesamt ergibt das ca. 2^{38} Möglichkeiten, immerhin eine viertel Billion.

Jetzt geht alles ganz schnell. Aus (a), (6) und den niedrigsten Bytes von key0 für vier aufeinander folgende Schritte lassen sich die Werte von key0 über die Lösung eines linearen Gleichungssystems bestimmen. Daraus können wir die Werte key0 für weitere Schritte berechnen und deren niedrigste Bytes wiederum mit den vorgegebenen Werten aus 2^{38} Listen vergleichen. Für hinreichend viele bekannte Klartext-Geheimtext-Paare bleibt nur noch eine von den 2^{38} Listen übrig. Das ist im Prinzip schon die Lösung.

Nun können wir den Geheimtext auch rückwärts ohne Kenntnis des Klartextes dechiffrieren. Dies ist viel einfacher als das obige Vorgehen. Wir erhalten die Anfangswerte für key2, key1 und key0, d. h. die interne Darstellung des Schlüssels. Damit dechiffrieren wir das gesamte Archiv.

Für den Angriff reichen 12-13 zusammenhängende Klartextbytes aus, die nicht am Anfang der Datei stehen müssen. Die Komplexität der Berechnung liegt bei 2^{38}, d. h. etwa eine viertel Billion Schlüssellisten müssen durchprobiert werden. Ist mehr Klartext bekannt, dann lässt sich die Komplexität drastisch reduzieren:

Bei der Berechnung von $key2_{i-1}$ aus $key2_i$ ergeben sich Werte doppelt. Dadurch reduziert sich die Anzahl der möglichen key2 bei jedem Berechnungsschritt. So bleiben bei 12.000 bekannten Klartextbytes typischerweise etwa 2.000 Listen statt 2^{22} (4 Millionen) übrig, und die Komplexität der gesamten Berechnung reduziert sich von 2^{38} (250 Milliarden) auf 2^{27} (etwa 100 Millionen Listen).

BIHAM und KOCHER fanden sogar noch einen Weg, an den unbekannten Schlüssel heranzukommen. Er wurde ja zuerst als »Klartext« verwendet und der erzeugte »Geheimtext« dabei weggeworfen. Bei einer Schlüssellänge von bis zu 6 Byte lässt sich der Schlüssel sogar eindeutig ermitteln; für jedes Byte darüber hinaus steigt die Komplexität der Berechnung um den Faktor 2^8. Maximal sind 2^{48} Tests zu erwarten. Das entspricht einem 12-Byte-Schlüssel, der so viele Bits (96) wie der interne Schlüssel enthält. Es soll auch Fälle geben, in denen 13-Byte-Schlüssel die kürzeste Lösung des Problems darstellen. Allerdings erinnert uns der Wert 2^{48} schon stark an DES-Cracking, und das ist bekanntlich noch ein Fall für spezielle Hardware. Doch der eingegebene Schlüssel *muss* ja nicht berechnet werden, er ist nur das Sahnehäubchen auf der Kryptanalyse.

Das Programm pkcrack

Es ist eine bemerkenswerte Leistung, diesen Algorithmus in ein Programm zu »gießen« und dann noch kostenlos zur Verfügung zu stellen. Auch in der Originalarbeit bleiben viele Detailprobleme offen, und selbst bei deren Verständnis ist die Implementierung eine Sache für sich. Ich neige zur Ansicht, dass dieses Programm *pkcrack* die schwierigste frei verfügbare kryptanalytische Software ist. Sie ist nicht einmal im Angebot von AccessData enthalten (vgl. Fußnote 1 in 1.2.2). Der Autor, dem der Ruhm gebührt, ist Peter CONRAD aus Deutschland. Sein Programm in der Version 1.2 liegt dem Buch bei und ist als »black box« zu benutzen. Es läuft unter UNIX (insbesondere auch unter Linux) und mit einem speziellen Compiler auch unter DOS. In der Startphase benötigt es 33 MByte virtuellen Hauptspeicher, doch 16 MByte physischer Speicher reichen trotzdem aus.

Ich habe *pkcrack* auf ein chiffriertes Archiv angewandt, wobei ich eine darin enthaltene Datei von 728 Byte Länge kannte. Der Rechenaufwand war beträchtlich: Eine DEC-Workstation mit einem 300 MHz-Alpha-Prozessor war knapp 6 Stunden lang mit Codebreaking beschäftigt. Danach wurde nur ein Passwort angezeigt – das richtige. Mit mehr bekanntem Klartext wäre es übrigens deutlich schneller gegangen. Die Leistung der Workstation entspricht einem sehr schnellen Pentium-Pro-PC.

Weil *pkcrack* einfach zu bedienen ist und technische Details sowie seine Installation ausreichend dokumentiert sind, will ich Ihnen Einzelheiten ersparen. Es ist nicht übermäßig lang (3000 Zeilen in C) und recht kompakt geschrieben. In den Bezeichnungen hält sich Conrad an die Originalarbeit.

Da alle Dateien in einem *pkzip*-Archiv mit dem gleichen Passwort verschlüsselt sind, reicht die Kenntnis von zusammenhängenden 12 oder 13 Byte *einer* Datei im Archiv, um *alle* Dateien zu dechiffrieren! Diese 12 oder 13 Byte Klartext brauchen nicht am Anfang der bekannten Datei zu stehen, nur ihr Offset muss bekannt sein. Allerdings hat ein Angreifer noch ein Hindernis zu überwinden: *pkzip* komprimiert üblicherweise jede Datei nach dem bestmöglichen Verfahren. Es müssen also 12 oder 13 Byte der *komprimierten* Datei bekannt sein, um an das Archiv heranzukommen. Das heißt in der Regel: Die Kenntnis wenigstens der ersten 40 Byte einer Datei ist erforderlich, sowie das geeignete Komprimierungsverfahren (zur Not lässt sich das Verfahren durch Probieren ermitteln, meistens über die Länge der komprimierten Datei). Diese Voraussetzung ist oft genug erfüllt, besonders wenn nur ein Teil der archivierten Dateien vertraulich ist. Daher ist von der *pkzip*-Chiffrierung dringend abzuraten.

Interessant und amüsant sind die »Lizenzgebühren« für die Nutzung von *pkcrack*. Shareware ernährt in Deutschland keinen Softwareentwickler. So vertreibt er es als »Cardware«: Jeder, der das Programm nutzt und dem es gefällt, soll ihm eine Ansichtskarte aus seiner Heimat schicken, mit einem Text seiner Wahl (Lob wird bevorzugt). Nicht nur Geld verschafft Anreize!

Die kommerzielle Nutzung von *pkcrack* ist »in jeglicher Form streng untersagt«. Lassen Sie sich also nicht dazu verleiten, für die Unterstützung befreundeter Unternehmen bei der Wirtschaftsspionage Geld zu nehmen – betrachten Sie das Codebreaking als unentgeltliche Hilfeleistung und kassieren Sie statt dessen ordentliche Beraterhonorare. Doch Spass beiseite: Wer mit *pkzip* Firmendaten schützt, ist selbst schuld. Ich schätze Peter CONRADS Programm außerordentlich. Es realisiert den entscheidenden Schritt von der Theorie zur Praxis und verhindert nebenbei, dass zahllose Leute halb legal märchenhafte Provisionen einstecken. (Es gibt noch genügend Gelegenheiten, mit Software anständig Geld zu verdienen.)

Fazit

Die Kryptanalyse der *pkzip*-Chiffrierung ist vielleicht die anspruchvollste Passage in diesem Buch, und dabei ist sie doch nur skizziert. Wenn Sie sich für Details interessieren, dann sollten Sie in die Originalarbeit von BIHAM und KOCHER schauen. Sie liegt als PostScript-Datei dem Programm *pkcrack* bei. Allerdings ist auch der Originaltext nicht gerade leicht verständlich. Vielleicht helfen Ihnen die obigen Erläuterung als Vorbereitung. Auch CONRADS Programm hilft beim Verständnis, selbst wenn es nicht ausführlich kommentiert ist.

Das Programm *pkcrack* ist eine Realisierung der »Drohung« aus Kapitel 1: Wenn Sie ein theoretisch unsicheres Verfahren nutzen, dann müssen Sie damit rechnen, dass jemand ohne Verständnis der Hintergründe, aber mit genügend Geld für schnelle Hardware (in diesem Fall lediglich für einen Pentium-PC mit Linux) sowie mit dem entsprechenden Programm (hier eben *pkcrack*) an Ihre Informationen herankommt. Er benötigt dazu einige Stunden auf einem PC, oder weniger.

Dabei ist die *pkzip*-Chiffrierung gar nicht so schlecht entworfen. Doch ihre einzelnen Schritte (a) bis (e) sind nicht sicher genug. Jeder Schritt kann für sich geknackt werden, ohne Kenntnis der vorhergehenden. Das ist ein wesentlicher Unterschied zu Produktalgorithmen, so wie Sie sie in diesem Buch kennen lernten. Bei *pkzip* sind die einzelnen Schritten sogar recht unterschiedlich – es hat nichts genützt.

5.7.2 Geheimsache im Äther: Die D-Netze und der A5-Algorithmus

Funktelefone sind eine feine Sache, solange Herr Mallory nicht mithören kann. Dieses Problem war offensichtlich manchem Besitzer eines C-Netz-Telefons nicht bewußt. Im C-Netz arbeiteten Telefone analog, d. h. wie Rundfunksender und -empfänger. Die Sprache wird zwar »gescrambled«, wie es im Neudeutschen heißt, doch für einigermaßen mit der Materie vertraute Bastler soll das Mithören angeblich kein Problem darstellen. Kurzum: Wenn Sie vertrauliche Gespräche im C-Netz führen, dann könnten Sie den Inhalt Ihrer Gespräche gleich auf Postkarten schreiben und diese den erstbesten Passanten zum Briefkasten bringen lassen. Das ist nicht so schnell wie ein Anruf, aber sicherer, wenn der Passant vertrauenerweckend aussieht.

Anders bei Funktelefonen, die nach dem GSM-Standard arbeiten. In Deutschland sind das die Netze D1, D2 und E Plus. In diesen Netzen wird die Sprache digitalisiert, komprimiert, verschlüsselt und in einzelnen, 114 Bit langen Datenpaketen zur nächsten Basisstation gefunkt. Bis zu acht Teilnehmer können gleichzeitig eine Frequenz im Timesharing-Verfahren nutzen – jeder von ihnen ist etwa eine halbe Millisekunde »dran«. Außerdem kann die Sendefrequenz während der Übertragung immer wieder neu festgelegt werden. Das nennt man *Frequency hopping*. Theoretisch stehen 124 Frequenzen in jeder Funkzelle zur Verfügung, in der Praxis ist die Zahl genutzter Frequenzen pro Zelle offenbar noch einstellig. Frequency hopping ermöglicht das Funken hinter groben Gittern wie Stahlbrücken und macht gleichzeitig einem Angreifer das Mithören schwer.

In der Basisstation werden die Pakete einzeln empfangen, dechiffriert und per Richtfunk oder Glasfaserkabel weitergeleitet. Nutzt der Empfänger ebenfalls gerade ein GSM-Telefon, dann chiffriert seine Basisstation wiederum die empfangenen Datenpakete, das Empfängerhandy dechiffriert sie, setzt sie zusammen und verwandelt sie in Sprache zurück. Ansonsten passiert dies beim Übergang in ein anderes Telefonnetz. Daraus ersehen Sie bereits:

Das Mithören von D-Netz-Gesprächen ist nichts für Bastler mit getunten Breitbandempfängern. Dazu braucht man sehr teure Spezialhardware. Falls die Informationen über das Frequency Hopping ebenfalls verschlüsselt werden (das entzieht sich meiner Kenntnis), vervielfacht sich der Aufwand nochmals beträchtlich.

Gespräche im D- und im E-Plus-Netz sind daher weitaus sicherer als im üblichen Festnetz. Zum Ersten kommt ein »Hacker« nicht mehr so einfach an die Leitung heran wie an Ihren Telefonverteiler im Keller, denn Basisstationen sind per Richtfunk oder mit Glasfaserkabeln verbunden. Zweitens kann er nicht so leicht Telefongespräche auf Ihre Kosten führen wie im Festnetz, denn die digitalen Netze führen eine Authentisierung jedes Nutzers durch. Wir kommen in Abschnitt 6.1.3 darauf zurück.

Allerdings kann »Vater Staat« Ihre Gespräche trotzdem mithören (sowie natürlich sämtliche Geheimdienste sämtlicher Länder). Er darf die Basisstationen anzapfen. Nach Einführung der D-Netze war das zunächst nicht möglich, doch inzwischen wurde auf Forderung des Staates die entsprechende Software mit millionenschwerem Aufwand geändert.

Eine theoretische Gefahr für die Vertraulichkeit der Gespräche im D-Netz wäre ein schwacher Chiffrieralgorithmus. Und genau das trifft zu. Wir beschäftigen uns im Folgenden mit diesem Algorithmus A5, weil er ein wichtiges Gebiet betrifft: Chiffrierung unter Einsatz von Schieberegistern.

LFSRs und der Algorithmus A5

Um den Algorithmus A5 ranken sich allerhand interessante Gerüchte. Ich beziehe mich hierbei auf Mitteilungen in der Newsgroup *sci.crypt* vom 17. Juni 1994, die Sie auf der CD nachlesen können (vgl. A.1, Verzeichnis *algor/A5*). Mitte der achtziger Jahre diskutierte man darüber, ob A5 stark oder schwach sein sollte. Deutschland stimmte für einen starken Algorithmus, denn damals gab es noch den sehr nahen Eisernen Vorhang. Andere Länder fürchteten ein Exportverbot in den Nahen Osten wegen der genutzten Kryptografie. Heraus kam eine in Frankreich entworfene Stromchiffrierung, die offenbar schwach ist. Nun scheint gerade *dieser* Umstand den Export zu hemmen.[2]

A5 wurde lange Zeit geheim gehalten, sickerte aber über mehrere Kanäle (u. a. über die Bradford-Universität in Großbritannien) in das Internet. Dr. Simon SHEPHERD von der Bradford-Universität wollte am 3. Juni 1994 eine Kryptanalyse des Algorithmus auf einem IEE-Kolloquium in London vortragen, doch sein Vortrag wurde in letzter Minute verhindert. Ansätze seiner Analyse finden Sie im beigelegten News-Artikel. Erst 1997 trug Jovan Dj. GOLIĆ auf der EUROCRYPT eine weitere Analyse vor. Allerdings blieb die Ermittlung des Sitzungsschlüssels aufwendig. Es gab also noch Lorbeeren zu holen! Die erst im April 1998 entdeckte Reduktion der Schlüssellänge auf 54 Bit (vgl. dazu 6.1.3) lässt sich nach Aussagen von GOLIĆ bei seiner Kryptanalyse nicht verwenden. Doch inzwischen interessiert das nicht mehr. Wir sehen weiter unten, wie man den Algorithmus blitzschnell knackt.

Abgesehen von diesen dubiosen Umständen und der Tatsache, dass A5 einer der meistgenutzten Verschlüsselungsalgorithmen der Welt ist, vertritt dieser Algorithmus eine Klasse von Verschlüsselungen, die wir bisher in diesem Buch noch nicht behandelten: Stromchiffrierungen mit **LFSR** oder *linear feedback shift registers*, zu deutsch **Schieberegister mit linearer Rückkopplung**. Hinter dem langen Namen verbirgt sich eine recht einfache Methode:

Ein *Schieberegister* ist nichts weiter als eine Speicherzelle mit n Bit, wobei n keine Zweierpotenz sein muss, sondern eine »krumme« Zahl sein darf: 9, 23 oder 47 zum Beispiel. Eine spezielle Hardware erlaubt, alle Bits gleichzeitig eine Position nach links zu verschieben und das niedrigste Bit mit einem vorgegebenen Wert zu füllen. In C sähe das so aus:

```
R = (R << 1) | b
```

(R ist ein Datentyp mit n Bit und b ein Wert, bei dem alle Bits mit eventueller Ausnahme des niedrigsten gleich 0 sind). Jedes Register eines Mikroprozessors lässt sich verschieben. Allerdings erledigen Mikroprozessoren noch andere Aufgaben; Schieberegister sind spezialisierte und besonders schnelle Hardware.

---

2. Das ist aber kein typisch europäisches Problem – denken Sie an die 160-Bit-Vigenère-Chiffrierung für amerikanische Mobiltelefone (Ende von Kapitel 3).

Lineare Funktionen auf einem Schieberegister sind genauso definiert wie am Anfang von 4.4.4: Einige Bits aus dem Register werden ausgewählt und per XOR verknüpft. *Rückkopplung* heißt, dass bei einer Verschiebung das niedrigste Bit des Schieberegisters Ergebnis einer linearen Funktion auf dem Register ist. Das links herauslaufende höchstwertige Bit des Registers wird weiterverwendet. Sie können sich den ganzen Prozess so wie in Abb. 5.22 vorstellen. (Ebenso gut kann die Verschiebung von links nach rechts laufen und das niedrigste Bit verwertet werden; die Bezeichungen sind willkürlich.) Die Positionen der Bits, die an dem XOR in der Rückkopplung »teilnehmen«, heißen **Tap-Sequenz** (*tap sequence*). Solch ein LFSR ist natürlich sehr leicht in Hardware zu realisieren.

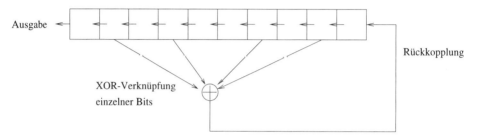

Abbildung 5.22: *Ein 10 Bit langes Schieberegister mit linearer Rückkopplung (LFSR)*

Was hat das Ganze mit Kryptologie zu tun? Wir könnten ein LFSR mit einem geheimen Inhalt füllen – dem Schlüssel – und dann die erzeugte Bitfolge für eine Stromchiffrierung verwenden. Das ist noch nicht sicher. Zum einen haben LFSRs eine Periode: Nach endlich vielen Schritten wiederholt sich ein Zustand. Ist diese Periode zu kurz und viel Geheimtext bekannt, dann können wir wie bei der Vigenère-Chiffrierung angreifen. Die Periodenlänge kann maximal 2^n-1 für ein n Bit langes LFSR betragen (das LFSR kann zwar maximal 2^n Werte annehmen, doch der Wert 0 entfällt: Wenn alle Bits erst einmal gleich 0 sind, dann bleiben sie es auch). Die Periode ist maximal, wenn die Tap-Sequenz einem so genannten *primitiven Polynom modulo 2* entspricht. Ich werde diesen Begriff hier nicht erklären und verweise auf [SchnCr] und die dort enthaltenen, sehr zahlreichen Literaturverweise.

LFSRs sind wegen ihrer besonders einfachen Realisierung in Schaltkreisen und der damit verbundenen hohen Chiffriergeschwindigkeit seit langem interessant und bildeten das Rückgrat militärischer Kryptografie. So existiert auf der einen Seite eine ausgebaute mathematische Theorie der LFSRs. Auf der anderen ist über ihre Anwendung in Geräten wenig bekannt, die meisten Entwicklungen sind geheim [SchnCr 16.4]. Interessant ist, dass fast alle Cray-Supercomputer einen merkwürdigen Maschinenbefehl verarbeiten, der die Zahl gesetzter Bits in einem Register ermittelt. Damit lässt sich ein LFSR sehr effizient auch in Software implementieren. Dieser Befehl soll in fast allen Computerverträgen mit der NSA gefordert werden. Es ist inzwischen ein offenes Geheimnis, dass Cray-Computer zunächst vorwiegend für die Kryptanalyse gebaut wurden.

Einfache LFSRs bieten keine kryptologischen Sicherheit mehr, sie werden leicht geknackt. Ein Klartextangriff mit 2n aufeinander folgenden Klartext-Geheimtext-Bitpaaren reicht für ein n-Bit-LFSR aus. So verknüpft man mehrere LFSRs auf möglichst komplizierte Weise. Wir beschränken uns in diesem Buch auf eine Skizzierung von A5.

Dieser Algorithmus nutzt drei LFSRs mit den Längen 19, 22 und 23 Bit, also zusammen 64 Bit (das ist auch die Schlüssellänge). Die Tap-Sequenzen sind (Bits gezählt von 0 an)

18, 17, 16, 13   für das 19-Bit-Register,
21, 20, 16, 12   für das 22-Bit-Register,
22, 21, 18, 17   für das 23-Bit-Register.

Von jedem Register betrachtet man das mittlere Bit (also die Positionen 9, 11 und 11). In jedem Chiffrierschritt wird ein Register genau dann weitergeschaltet, wenn entweder sein mittleres Bit gleich 1 und die mittleren Bits der beiden anderen Register gleich 0 sind oder aber umgekehrt (das betrachtete Bit ist 0, die anderen sind gleich 1). Das Rückkopplungsbit geht in den Schlüsselstrom, nicht das herausgeschobene Bit. Das ist schon alles! Eine nicht sonderlich elegant programmierte, doch leicht lesbare Implementierung von A5 in C finden Sie im beigelegten News-Artikel.

Die Kryptanalyse von A5 setzt bei den zu kurzen Registerlängen und den zu kurzen Tap-Sequenzen an. Die Registerlängen erlauben einen Klartextangriff mit durchschnittlich 2^{40} versuchsweisen Verschlüsselungen: Die ersten beiden Register werden geraten, das dritte aus dem Schlüsselstrom berechnet. Dazu braucht man wenig Klartext, denn ein einzelnes 23-Bit-LFSR lässt sich schon mit 46 Bit Klartext brechen. Die erforderliche Rechenleistung könnte nach Überlegungen von Ross ANDERSON (vgl. beiliegenden Newsgroup-Artikel) von programmierten Xilinx-Chips erledigt werden: Wenn jeder Chip zwei Schlüssel pro Mikrosekunde probiert und 50 Chips in einem Spezialrechner untergebracht sind, dann ist der Schlüssel im Mittel nach etwa 3 Stunden bekannt. Die zu kurzen Tap-Sequenzen wurden (neben anderem) offenbar von Dr. SHEPHERD ausgenutzt.

Mit all den Spekulationen um A5 machten BIRYUKOV und SHAMIR im Jahr 2000 endgültig Schluss. In ihrer Veröffentlichung [BirShamA5] zeigten sie, wie man A5 in der Praxis knackt. Man braucht dazu einen PC mit zwei 73GB-Festplatten (das ist momentan zwar noch nicht normal, aber käuflich). Diese werden im Voraus mit Daten gefüllt. Das ist gewiss sehr aufwendig, braucht jedoch nur einmal gemacht zu werden. Danach reicht es, ein Gespräch *zwei Minuten lang mitzuschneiden* und anschließend den PC *eine Sekunde lang* rechnen zu lassen – und schon liegt der Sitzungsschlüssel offen. Dies alles ist mit einem finanziellen Einsatz von einigen 10.000 Euro zu schaffen (inklusive der benötigten Abhörtechnik). Ihr Nachbar, der Sie wegen einer zu lauten Türglocke verklagt hat, wird Ihre GSM-Gespräche vermutlich nicht selbst mithören. Aber falls er sich einen hoch bezahlten Privatdetektiv leistet, sollten Sie schon damit rechnen.

Übrigens gibt es noch einen A5/2 genannten Algorithmus, der angeblich offen gelegt ist (allerdings ist für seine Spezifikation ein nicht geringer Obulus zu entrichten). Dieser Algorithmus soll jedoch eine geringere Sicherheit bieten als A5, der offenbar auch A5/1 genannt wird. Näheres zu A5/2 finden Sie im ETSI-Dokument ETR 278.

5.7.3   Liebling der Kryptanalytiker: FEAL

Sie haben nun schon viel über Kryptanalyse gelesen, doch noch nichts über den Blockalgorithmus FEAL. So wie eben jeder Kryptologe die Enigma zu kennen hat, so sollte er auch von kryptanalytischen Erfolgen bei FEAL gehört haben. Denn immer wenn eine neue kryptanalytische Methode entdeckt wird, muss FEAL anscheinend als erstes Opfer herhalten, und der Algorithmus zeigt sich auch immer wieder »erkenntlich«.

FEAL wurde 1987 von den Japanern SHIMIZU und MIYAGUCHI mit dem Ziel entworfen, DES durch einen schnelleren und mindestens ebenso sicheren Algorithmus zu ersetzen. Er ist wie DES ein Feistel-Netzwerk mit 64-Bit-Blöcken, nutzt aber einen 64-Bit-Schlüssel. Die beabsichtigte Verbesserung sollte in der sichereren Rundenfunktion bestehen. Ursprünglich waren vier Runden geplant. FEAL-4 (FEAL mit vier Runden) ist auch wirklich deutlich schneller als DES – nur nicht sicherer. Die Rundenfunktion sehen Sie in Abb. 5.23.

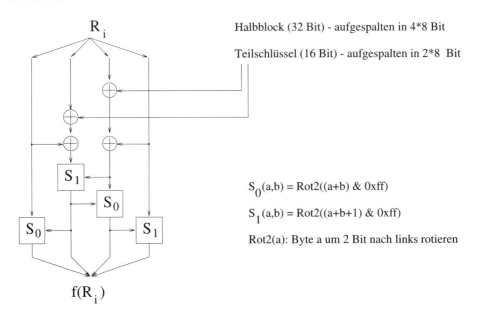

Halbblock (32 Bit) - aufgespalten in 4*8 Bit

Teilschlüssel (16 Bit) - aufgespalten in 2*8 Bit

$$S_0(a,b) = Rot2((a+b) \,\&\, 0xff)$$

$$S_1(a,b) = Rot2((a+b+1) \,\&\, 0xff)$$

Rot2(a): Byte a um 2 Bit nach links rotieren

Abbildung 5.23: Die Rundenfunktion von FEAL

Das Designziel wurde gründlich verfehlt. Der erste überhaupt veröffentlichte Angriff mittels differenzieller Kryptanalyse ist nicht etwa der berühmte von BIHAM und SHAMIR gegen DES, sondern von MURPHY 1990 [MurFEAL] gegen FEAL-4: Mit ganzen 20 gewählten Klartexten kann der Algorithmus gebrochen werden. Im Unterschied zu DES ist das *sehr* praktikabel!

Die Entwickler antworteten mit FEAL-8. Nun traten BIHAM und SHAMIR in Erscheinung und zeigten, dass differenzielle Kryptanalyse gegen FEAL *für bis zu 32 Runden* effektiver als Brute Force ist. Die Zahl gewählter Klartexte für FEAL-4 sank auf 8 (!), für FEAL-8 betrug sie 10.000, und für FEAL-16 waren noch 2^{28} gewählte bzw. $2^{37,5}$ bekannte Klartexte erforderlich (Letzteres entspricht 1,5 TByte).

Als Antwort entwarfen die Entwickler FEAL-NX, das 128-Bit-Schlüssel verwendet. BIHAM und SHAMIR zeigten, dass ihr Angriff genauso effektiv mit diesem Algorithmus funktioniert.

Der erste bekannte Angriff mit linearer Kryptanalyse von MATSUI und YAMAGISHI 1992 erlaubte, FEAL-4 mit *fünf bekannten* Klartexten zu brechen (40 Byte)! Bei FEAL-8 sind immerhin noch 2^{15} (32768) bekannte Klartexte notwendig.

Durch so genannte differenziell-lineare Kryptanalyse kann FEAL-8 mit inzwischen nur noch *zwölf gewählten* Klartexten gebrochen werden.

FEAL ist ein eindrucksvolles Beispiel dafür, welche Fortschritte die moderne Kryptanalyse in den letzten Jahren gemacht hat: So waren 1990 immerhin 10.000 gewählte Klartexte für einen Angriff gegen FEAL-8 notwendig, fünf Jahre später nur noch zwölf. Die erfolglose Nachbesserung zeigt uns außerdem, dass nur grundlegend neue Ideen einen schwachen Algorithmus in einen sicheren verwandeln können.

Implementierungen von FEAL-8 und FEAL-NX liegen dem Buch bei (vgl. A.1).

5.7.4 Weitere Algorithmen: SEAL und Blowfish

Wir beenden den Reigen bekannter Algorithmen mit der Stromchiffrierung SEAL und dem Blockalgorithmus Blowfish.

SEAL

SEAL ist wie RC5 ein sehr junger Algorithmus – er wurde erst 1994 von ROGAWAY und COPPERSMITH vorgestellt [RogCoSeal]. (Coppersmith kennen Sie schon von der DES-Entwicklung her; er gilt als exzellenter Kryptanalytiker.) SEAL ist eine Stromchiffrierung, d. h. aus einem Schlüssel wird eine geheime Schlüsselfolge berechnet und mit dem Geheimtext per XOR verknüpft. Das Verfahren hat drei hervorstechende Eigenschaften:

▷ Der Algorithmus ist eine der schnellsten Chiffrierungen in Software, die zur Zeit noch als sicher gilt: Auf einem PC-486 mit 50 MHz Taktfrequenz werden 58 MBit/s erreicht (das sind 7 MByte/s, etwa die fünffache Geschwindigkeit meiner RC5a-Implementierung auf einem Pentium mit 133 MHz!).

▷ Die Berechnung spezieller, etwa 3 KByte langer Tabellen aus dem Schlüssel ist ungleich langsamer als die Chiffrierung. Das verhindert Angriffe durch Probieren wie Wörterbuchangriffe oder Brute Force auf einer anderen Teilmenge aller Schlüssel.

▷ Die Berechnung der Schlüsselbytefolge muss nicht (wie bei anderen Algorithmen) sequenziell geschehen, sondern wir können beliebig viele Bytes überspringen. Daher ist SEAL sehr gut geeignet für die Verschlüsselung ganzer Festplatten oder auch von einzelnen, verstreuten Datenbankeinträgen. Im Unterschied zu anderen Stromchiffrierungen lassen sich SEAL-chiffrierte Nachrichten auch über Kanäle verschicken, die ab und zu Daten verschlucken – es gibt kein Synchronisierungsproblem.

Allerdings ist SEAL von IBM patentiert und wurde auch noch nicht öffentlich kryptanalysiert. Wenn jedoch COPPERSMITH einen Algorithmus entwirft, dann dürfen wir davon ausgehen, dass er gut durchdacht ist.

SEAL erzeugt aus einem geheimen 160-Bit-Schlüssel k und für eine beliebig vorgegebene Zahl L (nicht größer als 2^{16}, entsprechend 64 KByte) eine Folge k(n) pseudozufälliger Zeichenketten der Länge L. Der Index n ist dabei eine 32-Bit-Zahl. Im Detail ist der Algorithmus ziemlich komplex; eine Implementierung in C liegt dem Buch bei (vgl. A.1).

Blowfish

Der Blockalgorithmus Blowfish ist ebenfalls sehr neu: Er wurde 1994 in [SchnBlow1] und [SchnBlow2] von Bruce SCHNEIER vorgestellt, dem Autor des Buches [SchnCr], das inzwischen zu einem Standardwerk der Kryptografie geworden ist. Im Unterschied zu SEAL ist er frei verfügbar und wurde bereits kryptanalysiert. Er wird auch schon praktisch eingesetzt, nämlich in dem Produkt *FolderBolt* für MS Windows und Macintosh sowie in *Nautilus* und *PGPfone*. Dank der freien Verfügbarkeit findet er auch in vielen Public-Domain-Produkten Verwendung, so z. B. ssh (7.3) und GnuPG (7.1.4).

Blowfish ist im Wesentlichen ein Feistel-Netzwerk mit 64-Bit-Blöcken, 16 Runden und variablen Schlüssellängen (bis zu 448 Bit, d. h. 56 Byte). Die Rundenfunktion sehen Sie in Abb. 5.24.

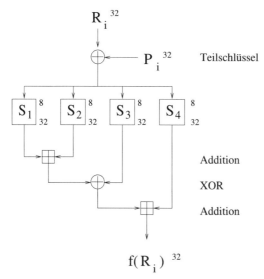

Abbildung 5.24: Rundenfunktion des Blowfish-Algorithmus.
Die S-Boxen werden schlüsselabhängig berechnet

Allerdings wird – bezogen auf Abb. 4.6 – auch R_i mit einem Teilschlüssel P_i per XOR verknüpft. Jede der vier schlüsselabhängigen S-Boxen enthält 256 Werte zu 32 Bit. Das erinnert ein wenig an DES mit schlüsselabhängigen S-Boxen (5.2.2), doch die Rundenfunktion ist deutlich komplizierter und benutzt neben XOR auch die Addition, ist also stärker nichtlinear.

Die *Kryptanalyse* von Blowfish zeigt keine Schwächen des Algorithmus. Gegen das 3-Runden-Verfahren fand man einen Angriff mit 2080 gewählten Klartexten und etwa 2^{34} Berechnungen. Blowfish nutzt jedoch 16 Runden. Nach Angaben von SCHNEIER [SchnCr] gibt es eine differenzielle Kryptanalyse von VAUDENAY, die mit 2^{8r+1} gewählten Klartexten die Teilschlüssel des Blowfish-Algorithmus mit r Runden bestimmt. Damit kennt der Angreifer aber noch nicht die S-Boxen. Schwache Schlüssel erfordern »lediglich« 2^{4r+1} gewählte Klartexte, sind also kein Anlass zur Beunruhigung.

Blowfish ist auf großen Mikroprozessoren wie Pentium oder Power-Chip sehr effektiv programmierbar (SCHNEIER gibt 26 CPU-Zyklen pro Byte an, das wären etwa 5 MByte/s auf einem Pentium-133!). Er benötigt weniger als 5 KByte Speicher und ist nicht zuletzt frei verfügbar. Das macht ihn durchaus interessant. Eine Implementierung in C liegt dem Buch bei (vgl. A.1).

5.7.5 Die NSA und Skipjack

Im April 1993 startete der Präsident der Vereinigten Staaten eine Technologie-Initiative, die unter anderem mit den Namen **Escrowed Encryption Standard (EES)**, **Clipper-Chip** und **Capstone-Chip** verbunden ist. Diese Initiative sollte eine kryptologisch sichere Daten- und Sprachübertragung ermöglichen, allerdings unter Vorbehalt: Bei Bedarf haben Behörden Zugriff zum geheimen Schlüssel. Dies geschieht durch **Schlüsselhinterlegung** (*Key Escrow*), und zwar eines gerätespezifischen Schlüssels, mit dem wiederum der Sitzungsschlüssel dechiffriert werden kann. Wir kommen darauf in Kapitel 6.4 und Abschnitt 8.2.3 zurück. Uns interessiert hier nur der zugrunde liegende symmetrische Algorithmus **Skipjack**.

Lange Jahre wußten wir praktisch nichts über seinen Aufbau. Skipjack wurde nämlich in der NSA entwickelt und unterlag der Geheimhaltung. Er durfte nur in »nicht analysierbarer« Hardware (*tamper-proof chips*) untergebracht werden, konkret im *Clipper*-Chip (für Telefon und Fax) und im *Capstone*-Chip (für den Datenverkehr, eingebaut in die *Fortezza*-Karte für Notebooks). Eine Gruppe von Kryptologen erhielt zwar Einsicht in den Algorithmus [BrickDenn], doch ihre Ergebnisse zeitigten keinerlei Angriffspunkte – weder statistisch noch über differenzielle Kryptanalyse, und schwache Schlüssel in irgendeinem Sinn gab es offenbar auch nicht. Das überzeugte wenig, da niemand sonst den Algorithmus einsehen durfte.

In [SchnCr 13.12] wird die Vermutung geäußert, dass Skipjack eine DES-ähnliche Struktur hat. Der Verdacht war begründet: Falls es jemandem doch gelingen sollte, Clipper oder Capstone zu analysieren, dann soll ihm wenigstens keine neuartige kryptografische Methode der NSA bekannt werden. ANDERSON und ROSS erwähnen jedenfalls in ihrem bemerkenswerten Artikel [AndKuhn.tamp], dass der Chip in den Sandia National Laboratories bereits ausgelesen worden sei.

Als Matthew BLAZE jedoch zeigte, wie man den im Clipper-Chip implementierten Skipjack-Algorithmus *ohne* Schlüsselhinterlegung trotzdem nutzen kann, wurde die EES-Initiative plötzlich nicht mehr mit voller Kraft vorangetrieben. Vielleicht hatte er einen wunden Punkt getroffen, ganz abgesehen von den heftigen Anfeindungen der Initiative von Seiten der Bürgerrechtler und vieler Kryptologen. Mehr zu dieser Thematik in 6.4 und 8.2.3.

Das Geheimhaltungskonzept scheitert – Skipjack wird offen gelegt

Skipjack sollte nicht bekannt werden, denn niemand hatte etwas über den Wissensstand in der NSA zu erfahren. Daraus folgte, dass die Clipper- und Capstone-Chips nur von der NSA selbst oder wenigstens unter ihrer strengen Aufsicht produziert werden durften. Und hier machte die große, allmächtige Behörde einen elementaren Fehler, wie das selbst solchen Behörden eben passiert: Sie vergaß, Alternativen zu erlauben. Hätte das Protokoll auch offen gelegte Algorithmen wie RSA und 3DES als Alternativen zugelassen, dann wäre eine Implementierung des Chips in Software möglich gewesen, einschließlich der Schlüsselhinterlegung, denn diese ist ja Bestandteil des kryptografischen Protokolls und nicht der Algorithmen. Doch geheim gehaltene Verfahren müssen in Hardware verborgen bleiben.

Also brauchte Alice einen NSA-Chip, um mit entsprechend ausgerüsteten Einrichtungen chiffriert zu kommunizieren, und den hatte sie nicht. Wir wissen nicht, ob ihr die Chips zu teuer waren oder es einfach nicht genügend Chips gab – jedenfalls schienen sich die Problemfälle zu häufen. Der einzig mögliche Ausweg war die Implementierung des Chips in Software.

Nun wußte die NSA, dass man mit dem Tag der Auslieferung solcher Software augenblicklich mit ihrer Analyse begonnen hätte, um erstmals einen von der NSA entwickelten Algorithmus in Augenschein nehmen zu können. Da blieb nur noch die Flucht nach vorn: Die NSA legte den Algorithmus Mitte 1998 offen, und mit ihm gleich das zugehörige Public-Key-Verfahren **KEA** (auf KEA gehen wir in 6.1.1 kurz ein). Es wird Ihnen (ebenso wie damals der NSA) klar sein, dass sich sofort Kryptanalytiker aus aller Welt darauf stürzten.

Skipjack ist ein Produktalgorithmus (ein Feistel-Netzwerk) mit 64-Bit-Blöcken, einem 80-Bit-Schlüssel und 32 Runden. Von den »zivilen« Algorithmen unterscheidet es sich vor allem durch die Verwendung von linear rückgekoppelten Schieberegistern (LFSR, 5.7.2), die oft bei Stromchiffrierungen zum Einsatz kommen, einem traditionell militärischen Gebiet. Das Design ist erstaunlich einfach; die genaue Beschreibung inklusive Quelltexte finden Sie auf der CD. Bruce SCHNEIER schreibt in seiner Online-Zeitschrift »Cryptogram« 7/98, dass Skipjack sehr »empfindlich« sei: Schon eine kleine Modifikation mache die Sicherheit zunichte.

Eine spektakuläre Kryptanalyse

Die dem Leser nicht unbekannten Kryptanalytiker BIHAM, BIRYUKOV und SHAMIR errichteten sich mit der Kryptanalyse des um nur eine Runde reduzierten Skipjack wohl selbst ein Denkmal. Sie erfanden eine neue Variante der differenziellen Kryptanalyse, die Methode der »impossible differentials«, geistig ein wenig verwandt mit der in 3.4.1 erklärten negativen Mustersuche: Grob gesagt betrachtet man Differenzen, die gerade *nicht* auftreten können, und schließt Schlüssel aus, die solche Differenzen erzeugen. Diese Methode ist originell und sehr stark – unter anderem gelang ihnen damit der beste bekannte Angriff auf IDEA [Skipana].

Die Autoren konnten mit dieser Methode den auf 31 Runden reduzierten Skipjack effektiver angreifen als mit Brute Force. Für die Praxis hat das keine Bedeutung. Man benötigt 2^{34} ausgewählte Klartexte (128 GByte) und 2^{78} Schritte; selbst wenn man eine Milliarde Schritte pro Sekunde ausführen könnte und das obendrein auf einer Million Prozessoren parallel, würde die Kryptanalyse immer noch 9,5 Jahre dauern.

Aber für das Selbstbewusstsein in der öffentlichen Forschung hat das Ergebnis eine große Bedeutung. Vergleichen Sie es einmal mit der Kryptanalyse der fünf AES-Endkandidaten: Keiner von ihnen lässt sich bisher schneller als mit Brute Force angreifen, wenn man ihn um nur eine Runde reduziert. Man plant üblicherweise eine ziemliche Sicherheitsreserve ein. Da das die NSA hier nicht gemacht hat, liegt der Schluss sehr nahe: Sie kannte diesen Angriff noch nicht. Also, nochmals im Klartext:

Biham, Biryukov und Shamir fanden wahrscheinlich eine kryptanalytische Methode, die die NSA noch nicht kannte.

Zusammen mit Matt Blaze' Angriff auf das Clipper-Protokoll und der zwangsweisen Offenlegung des Algorithmus lässt uns das die NSA doch nicht mehr so allmächtig erscheinen, wie sie es manchmal glauben macht.

5.8   Probabilistische und Quantenkryptografie

In diesem Abschnitt werden Sie sehen, dass kryptografische Algorithmen auch in sehr exotischer Gestalt daher kommen können. Hier geht es weniger um konkrete Algorithmen, sondern um originelle Gedanken.

Probabilistische Kryptografie

Probabilistische Algorithmen enthalten Zufall, wie schon der Name sagt: Sie können zu einem festen Klartext viele mögliche Geheimtexte generieren; welcher davon ausgegeben wird, ist zufällig. Der umgekehrte Vorgang, die Dechiffrierung, muss natürlich eindeutig bleiben.

Wozu soll das gut sein? Sinnvoll wird solch ein Algorithmus als *Verbesserung asymmetrischer Verfahren*. Wenn die Chiffrierung mit dem öffentlichen Schlüssel probabilistisch ist, dann kann niemand mehr ohne Kenntnis des privaten Schlüssels beweisen, dass ein bestimmter Geheimtext zu einem bestimmten Klartext gehört. So etwas kann in manchen Situationen sehr wünschenswert sein!

Außerdem erlauben die üblichen asymmetrischen Verfahren sogar Angriffe mit adaptiv ausgewähltem Klartext – schließlich ist der öffentliche Schlüssel bekannt. Bei probabilistischer asymmetrischer Verschlüsselung ist der Informationsgewinn durch Chiffrierung eines ausgewählten Klartextes deutlich geringer, wenn nicht gar gleich Null. Dies sind nur diffuse Befürchtungen. Gegen RSA zum Beispiel ist kein solcher Angriff bekannt.

Das erste probabilistische Verfahren wurde bereits 1982 von GOLDWASSER und MICALI erfunden, doch es war nicht praktikabel. 1984 stellten GOLDWASSER und BLUM eine einfache und anwendbare Methode vor, die ich im Folgenden skizzieren möchte [BBS].

Grundlage ist der *Zufallszahlengenerator von Blum, Blum und Shub*, manchmal auch als BBS-Generator bezeichnet. Ähnlich wie beim RSA-Verfahren bilden zwei große Primzahlen p und q den geheimen Schlüssel, ihr Produkt n = pq den öffentlichen. Allerdings wird hier verlangt, dass p und q bei Teilung durch 4 den Rest 3 lassen (solche Primzahlen heißen auch *Blumsche Zahlen*). Wer etwas chiffrieren will, wählt eine nicht durch p oder q teilbare Zufallszahl x und berechnet

$$x_0 = x^2 \bmod n$$

$$x_1 = x_0{}^2 \bmod n$$

$$x_2 = x_1{}^2 \bmod n$$

$$x_3 = x_2{}^2 \bmod n$$

...

Die Folge b_0, b_1, b_2, ... der niedrigsten Bits von x_0, x_1, x_2, ... wird als individueller Schlüssel (One-Time-Pad) eingesetzt. Den Wert x_{t+1} (wenn der Klartext aus t Bit besteht) hängt man an den Geheimtext an. Dieser Wert x_{t+1} ist für einen Angreifer nutzlos. Wer aber p und q kennt, kann daraus die Folge (x_i) und damit auch (b_i) in umgekehrter Reihenfolge konstruieren (das entspricht dem Ziehen von Wurzeln modulo n).

Weil der Wert x zufällig gewählt wurde, liefert im Allgemeinen jede Verschlüsselung einen anderen Geheimtext.

Statt des jeweils niedrigsten Bits können auch mehrere genommen werden; der Algorithmus ist trotzdem noch sicher und dann schneller als RSA (mit den oben erwähnten Vorteilen gegenüber RSA). Außerdem kann man hier *beweisen*, dass das Knacken des Verfahrens die Faktorisierung von n erfordert.

Der einzige Schwachpunkt der Methode ist ihre große Anfälligkeit gegen Angriffe mit ausgewähltem Geheimtext (vgl. 4.5.3). Für den Austausch von Sitzungsschlüsseln hat das aber keine Bedeutung.

Quantenkryptografie

Das Gebiet der Quantenkryptografie deutet an, dass die Welt der Kryptologie noch viel größer ist, als es dieses Buch bisher vermuten lässt. Hier vermischen sich kryptografische Algorithmen und Protokolle mit der modernen Physik und fordern die Kryptanalytiker zu einer neuen Runde ihres Wettlaufs mit der Kryptografie heraus.

Die entscheidende Neuerung der Quantenkryptografie ist, eventuelle Lauscher an der Datenleitung mit Sicherheit feststellen und sogar ausschalten zu können. Man nutzt dabei die Gesetze der Quantenmechanik, gegen die selbst der raffinierteste Geheimdienst nicht nur auf absehbare Zeit machtlos ist. Er muss sich einen anderen Angriffspunkt suchen. Über sichere Kanäle lassen sich in kritischen Fällen individuelle Schlüssel (One-Time-Pads) übertragen, und damit hat man (bei Verwendung entsprechender Rauschquellen) die Kryptanalytiker endgültig vom Hals – hoffentlich.

Solche Ideen wurden erstmals 1982 von BENNET, BRASSARD und anderen veröffentlicht und ausgebaut (vgl. [BBEQuant]; dort weitere Literatur). Das Prinzip ist nicht so schwer zu verstehen. Die Grundlagen dazu haben Sie bereits in der Schulphysik vermittelt bekommen.

Sie wissen sicherlich, dass Licht polarisiert werden kann. Die Polarisierung kann man sich vereinfacht als Schwingungsebene des Lichtes vorstellen: beispielsweise horizontal, vertikal oder schräg (es gibt noch anders polarisiertes Licht). Vielleicht haben Sie das schon ausgenutzt, und zwar bei einem 3D-Diavortrag. Die Gläser der dort verwendeten Brillen sind Polarisationsfilter, d. h. sie lassen nur Licht einer Polarisationsebene durch. Die Ebene des linken Glases steht senkrecht auf der vom rechten Glas, ebenso wie die Halbbilder auf der speziellen Leinwand (die die Polarisationsrichtung nicht streut). So sieht jedes Auge nur das »richtige« Halbbild.

Die Wirklichkeit ist etwas komplizierter. Wenn ein Bekannter von Ihnen einen 3D-Projektor hat, dann lassen Sie ihn einmal eines der beiden Objektive abdecken, und betrachten Sie das Halbbild durch das zugehörige Brillenglas. Nun drehen Sie das Glas langsam um 90°: Das Bild wird immer dunkler, bis es fast ganz verschwindet. Das Modell, Polarisation als Schwingungsebene zu betrachten, stimmt nämlich so nicht. Bei der Messung der Polarisation mit einem Filter messen wir die Amplitude (Intensität) des Lichts in der Richtung, die der Filter vorgibt – so wie in Abb. 5.25 dargestellt.

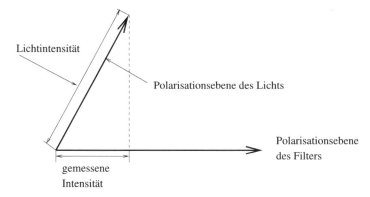

Abbildung 5.25: Messung der Polarisation von Licht

Zeigt der Filter in die Polarisationsebene, dann ist die Lichtintensität maximal; steht es senkrecht dazu, dann ist die Intensität minimal (theoretisch gleich Null). Und wenn Sie das Brillenglas um 45° verdreht zur Polarisationsebene halten und mit einem Auge auf die Leinwand schauen, dann sehen Sie folgerichtig beide Halbbilder gleich hell.

Trifft ein einzelnes, polarisiertes Photon (Lichtquant, Lichtwellenzug) auf einen solchen Filter, verliert der Begriff »Intensität« seinen Sinn. Wir müssen ihn durch »Wahrscheinlichkeit« ersetzen. Falls ein Photon vertikal polarisiert ist und auf der Empfängerseite mit einem vertikal gestellten Filter empfangen wird, passiert es diesen mit hoher Wahrscheinlickeit. Ist der Empfänger-Filter horizontal gestellt, dann kann das Photon diesen theoretisch nicht passieren. Wurde der Empfänger-Filter aber um 45° in eine Diagonale gedreht, dann passiert das Photon diesen mit der Wahrscheinlichkeit von 50%, und die ermittelte Polarisation ist zufällig (unbestimmt). Versucht nun ein Lauscher die Polarisation festzustellen, dann kann er das nach den Gesetzen der Quantenmechanik nicht tun, ohne die Polarisation des Photons zu verändern oder es sogar zu absorbieren.

Die Polarisation eines Photons kann also höchstens einmal ermittelt werden. Das ist das entscheidende physikalische Prinzip der Quantenkryptografie.

Im Einzelnen ist das Verfahren natürlich komplizierter, vor allem von der technischen Seite her. Doch die obigen Überlegungen sollten ausreichen, um das folgende kryptografische Protokoll zu verstehen:

1. Alice sendet zufällig polarisierte Photonen. Jedes Photon ist horizontal, vertikal, oder in einer der beiden Diagonalrichtungen polarisiert.

2. Bob stellt seinen Empfänger z. B. immer horizontal oder diagonal nach rechts geneigt ein, bei jedem Photon willkürlich. Er kann bei jedem ankommenden Photon ermitteln, ob es den Filter passierte. Mit dem horizontal gestellten Filter kann er entscheiden, ob das Photon horizontal oder vertikal polarisiert war; bei diagonal polarisierten Photonen wird seine Aussage zufällig sein.

3. Bob teilt Alice seine Einstellungen über einen nicht abhörsicheren Kanal mit (aber die Nachricht darf nicht manipuliert werden können). Damit verrät er einem Lauscher nichts: Der Satz »Ich habe im 5. Impuls einen horizontal gestellten Filter benutzt« lässt nicht erkennen, welche Polarisation er denn im 5. Impuls gemessen hat.

4. Alice teilt Bob die Nummern der korrekten Einstellungen mit, also zum Beispiel: »Du hast den 1., 3., 4. und 5. Impuls in der richtigen Weise gemessen«. Auch daran kann ein Lauscher nicht erkennen, *was* Bob denn nun gemessen hat. Die Messergebnisse bei diesen Impulsen sind *Informationen*, die Alice an Bob *sicher übermittelt* hat. Im Mittel müssen 50% der Einstellungen richtig sein. Jeder Lauscher in der Leitung würde zwangsläufig die Informationen verfälschen. Das können Alice und Bob beispielsweise über einen Vergleich von Hashwerten feststellen.

Aus dem letztgenannten Punkt ersehen wir auch, dass die Quantenkryptografie eben keinen sicheren Datenkanal liefert, sondern nur zweifelsfrei festzustellen erlaubt, ob jemand mitgehört hat oder nicht. Daher ist sie nur zur Übermittlung eines zufälligen Schlüssels sinnvoll (der also noch keine wichtigen Informationen enthält) und nicht direkt zur Übertragung kritischer Informationen.

Das Protokoll kann so erweitert werden, dass trotz eines (zwangsläufig aktiven) Mithörers Informationen sicher übertragbar sind. Das einzige Problem könnte in den Schritten 3 und 4 stecken: Hier darf kein *Man-in-the-middle*-Angriff möglich sein, der beiden Seiten die jeweils andere vortäuscht. Doch dieser Fall lässt sich mit asymmetrischen Verfahren sehr zuverlässig ausschließen. Ich betone dabei den Unterschied zur Anwendung asymmetrischer Verschlüsselung bei hybriden Verfahren: Bei diesen würde ein späteres Knacken nachträglich den privaten Schlüssel offen legen, folglich sämtliche Sitzungsschlüssel und damit auch alle geheimen Nachrichten. Bei der Quantenkryptografie hingegen würden nur die ohnehin nicht geheimen Filtereinstellungen bekannt. Daher reichen eigentlich schon digital signierte Mitteilungen über Filtereinstellungen aus. Mallory in der Mitte der Leitung müsste diese Mitteilung genauso schnell fälschen, wie Alice und Bob ihre Nachrichten austauschen. Dazu müsste er ihre geheimen Schlüssel wohl schon vorher kennen. Das lässt sich sicherlich ausschließen.

Vom Theoretischen her ist der Ansatz der Quantenkryptografie berauschend. Endlich gibt es einmal *beweisbare* Sicherheit und nicht nur das übliche Vermuten und Spekulieren.

Noch toller ist aber, dass die ganze Sache auch in der Praxis funktioniert. Mitarbeitern der British Telecom gelang die Übertragung von Informationen über eine 10 km lange Glasfaserstrecke. Forscher in Los Alamos erreichten 1999 sogar 48 km. Angesichts der Übertragung *einzelner* Photonen ist das wirklich eine Spitzenleistung.

Allerdings beseitigen auch solche Spitzenleistungen nicht alle Probleme. Wenn Alice und Bob 2.000 km voneinander entfernt sind, dann wird Quantenkryptografie über Glasfaser wohl selbst mit der raffiniertesten Technik nicht mehr funktionieren. Die Lösung könnte der Luftweg sein, wenigstens teilweise: Durch die Atmosphäre zu einem Satelliten und wieder zurück auf die Erde.

Geht so etwas? Die Luft ist doch verglichen mit hochreinen Glasfasern ein optisch »dreckiges« Medium? Richard HUGHES vom Quantum Information Team in Los Alamos arbeitet seit Jahren daran und erreichte Ergebnisse, die selbst den Physiker ungläubig staunen lassen. Ein Empfänger von wenigen Zentimetern Durchmesser, der in 300km Höhe mit 8 km/s die Erde umkreist, müsste von einem einzelnen Photon getroffen werden, das auf dem Weg durch die Luft weder absorbiert werden noch seine Polarisation ändern darf. Ganz so weit ist Hughes noch nicht, aber es fehlt nicht mehr viel. Er bedient sich dazu folgender Tricks:

▷ Als Wellenlänge wird 770 nm gewählt (das ist die Grenze zum Infrarot). In diesem Bereich ist die Absorption sehr gering, und Turbulenzen (die die Polarisation ändern können) machen sich wegen ihrer typischen Ausdehnung von einigen cm nicht so stark bemerkbar.

▷ Streulicht schließt man weitgehend aus, indem man nur Photonen empfängt, die möglichst genau aus der Richtung des Senders kommen. Dazu wurde in Alamos eine spezielle Empfangseinheit konstruiert.

▷ Ein scharfer Frequenzfilter lässt nur Photonen der gesendeten Wellenlänge durch.

▷ Trotzdem stören noch zu viele Photonen, obwohl sie schon genau aus der richtigen Richtung kommen und genau die richtige Frequenz haben. Daher wird jede Mikrosekunde ein Zeitfenster von nur fünf Nanosekunden Länge zum Empfang geöffnet.

▷ Nun stören wiederum die Luftturbulenzen. Sie absorbieren zwar nicht die Photonen und verändern auch nicht merklich ihre Polarisation, doch wegen der Dichteunterschiede in der Luft ändert sich die Laufzeit der Photonen. Allerdings geschieht das nicht ruckartig. Innerhalb einer Mikrosekunde bleibt die Laufzeitdifferenz moderat.

Um solche Laufzeitunterschiede auszugleichen, geht jedem »scharfen« Puls ein 100 Nanosekunden langer Messimpuls voraus. So wird die aktuelle Laufzeit bestimmt und das Empfangsfenster genau zum richtigen Zeitpunkt geöffnet.

▷ Außerdem beugen Turbulenzen den Lichtstrahl. Daher ermittelt man gleichzeitig die momentane Abweichung von der Idealen, um den Sender stets genau auf den Empfänger ausgerichtet zu halten.

Mittels solcher Tricks gelang es Hughes Team, Quantenkryptografie auf dem Luftweg über eine Strecke von 500 m vorzuführen. Das ist ja noch gar nichts, werden Sie sagen – 48 km sind bereits mit Glasfasern erreicht, da sind 500 m ja ... doch keine vorschnellen Urteile! Denn wenn erst einmal eine 2 km lange Luftstrecke überwunden ist, kommt man schon die 300 km bis in den Orbit! Der Grund ist ganz einfach, dass die Dichte der Luft nach oben rasch abnimmt, ebenso die kleinen Turbulenzen mit zunehmender Höhe. Es bleibt wieder nur einmal zu konstatieren: Nichts ist unmöglich.

5.9 Quantencomputer. Was geht noch mit Brute Force?

Wenn Ihnen das Ende des letzten Punktes schon wie Hexerei vorkam, so werden Sie das Folgende vielleicht in das Reich der Utopie verbannen. Damit stehen Sie nicht allein. Mit Ausnahme einer Gruppe theoretischer Physiker nahm für lange Zeit niemand das Thema »Quantencomputer« sonderlich ernst. Dabei könnten solche Computer unsere Vorstellungen über die Informatik von Grund auf umkrempeln. Um das zu erklären, muss ich aber erst ein wenig Anlauf nehmen.

Wie Sie vielleicht noch aus der Schule wissen, spricht man in der Quantenmechanik nicht von determistischen Zuständen wie »der Strom ist an« oder »der Strom ist aus« (entsprechend Bit 0 oder 1), sondern arbeitet mit Wahrscheinlichkeiten. Das klang bereits im letzten Punkt an. Es ist mit unserer Alltagserfahrung schwer vorstellbar, dass etwas gleichzeitig mehrere Zustände haben kann, entsprechend einer bestimmten Wahrscheinlichkeitsverteilung.

Doch es gibt noch mehr Unbegreifliches: Quanten können einander überlagern und sind dann nicht mehr unabhängig. Man spricht im Englischen von *quantum entanglement*, einem offenbar nicht mehr übersetzten Begriff (ursprünglich hat ihn Schrödinger »Verschränkung« genannt). Wenn Sie eines von mehreren solchen Quanten beeinflussen, dann beeinflussen Sie gleichzeitig auch alle anderen der Quanten – gleichzeitig, nicht mit der geringsten Verzögerung. Das ist mathematisch (obwohl kompliziert) immer noch einfacher zu beschreiben, als es sich vorzustellen.

Dies alles ist seit etwa 1920 bekannt und wird mittels der Quantenmechanik beschrieben. Doch erst um 1980 kamen BENNETT, BENIOFF und FEYNMAN auf die Idee, dass man auf dieser Grundlage einen Computer konstruieren könnte. Allerdings würde dieser Computer völlig anders aussehen und auch grundsätzlich anders arbeiten, als wir es von heutigen Rechnern gewohnt sind:

▶ Das Bit der heutigen Zeit würde in ihm durch ein **Qubit** ersetzt, das beide Zustände 0 und 1 gleichzeitig annehmen kann, mit unterschiedlichen Wahrscheinlichkeiten.

▶ Operationen verändern den Zustand aller Qubits gleichzeitig. Zwar gibt es Vorgänge, die den logischen Operationen AND, OR und NOT entsprechen, doch bei Quantencomputern werden dabei nur Wahrscheinlichkeitsverteilungen verändert.

▶ Man rechnet völlig »blind«, d. h. während der Arbeit des Computers gibt es keine Rückmeldung über den Zustand des Systems. Das ist auch gar nicht möglich, denn man kann Quanten nicht »auslesen«, ohne sie zu beeinflussen (darauf beruht ja gerade die Quantenkryptografie im vorigen Punkt!), und ein *entanglement* würde durch einen Messvorgang sofort zerstört.

▶ Die Kunst der Programmierung von Quantencomputern besteht darin, Wahrscheinlichkeitsverteilungen durch fortgesetzte Operationen so zu verändern, dass am Ende der »richtige« Zustand (also die Lösung) die Wahrscheinlichkeit 1 hat. Dann erst wird das System der Qubits ausgelesen und dabei zerstört.

Sequenziell, beispielsweise bei Iterationen, arbeiten Quantencomputer nicht schneller als herkömmliche. Dafür können sie beispielsweise die Periode einer Funktion »direkt« ermitteln, was unsere klassischen, sequenziellen Computer vor große Probleme stellt. Denken Sie an Röntgenbeugungsaufnahmen von Kristallen: Die erzeugten Fotos lassen direkt auf die periodische Kristallstruktur schließen. Das Verfahren wirkt selektiv, es filtert gewissermaßen die periodischen Anteile heraus. Vergleichen Sie solch eine Methode mit der Elektronenmikroskopie – so ungefähr müssen Sie den Unterschied zwischen klassischen und Quantencomputern sehen.

Wenn Sie sich für mehr interessieren, finden Sie auf der CD unter *txt/quant* weitere Texte zu diesem Thema.

Verlockende Aussichten

Der Quantencomputer war zunächst ein reines Denkexperiment: Es gab eine Logik, und mit dieser Logik konstruierte man einen hypothetischen Rechner, zunächst ohne Rücksicht auf die Realisierbarkeit. Solch ein Rechner wäre nicht zu vergleichen mit unseren heutigen Computern. 500 überlagerte Qubits könnten 2^{500} Zustände *gleichzeitig* annehmen. Sie wissen, dass die Zahl 2^{500} auf üblichen Computern jenseits von Gut und Böse liegt – sowohl beim Speicherplatz als auch bei der Zahl von Operationen. Die Zahl der Atome im gesamten bekannten Universum ist unvergleichlich kleiner.

Allerdings war Quantenmechanik schon seit jeher schwierig zu verstehen. Und weil diese neue, nur für Insider faszinierende Art von Quanten-Rechnern obendrein sehr hypothetisch und unanschaulich erschien, diskutierte man über diese Dinge lediglich in einem engen Kreis von Spezialisten. Vierzehn Jahre lang, bis 1994. In diesem Jahr entwickelte SHOR einen Algorithmus, mit dem sich große Zahlen faktorisieren lassen – auf Quantencomputern, in kaum vorstellbarer Geschwindigkeit.

Halt, werden Sie sagen, das wäre doch sensationell! Damit könnte man ja spielend RSA brechen und mit einem Schlag die meisten chiffrierten Nachrichten, die heutzutage versendet werden! Genau diesen Gedanken hatten offensichtlich auch Militärs, Geheimdienste, Behörden und große Konzerne wie IBM. Shor hatte mit seiner rein theoretischen Arbeit schlafende Hunde weckt. Seit 1994 wird intensiv an Quantencomputern geforscht, und plötzlich stehen dafür finanzielle Mittel bereit, von denen die Physiker vorher nie träumten.

Weil wir gerade beim Träumen sind: Auch der diskrete Logarithmus ließe sich mit Quantencomputern berechnen. Somit würden also *alle bekannten, zuverlässigen Public-Key-Verfahren unsicher.* Die Beschleunigung der Rechengeschwindigkeit gegenüber heute bekannten Algorithmen wäre exponentiell. Momentan ist das Brechen eines 512-Bit-RSA-Schlüssels mit konventionellen Computern denkbar, 768 Bit könnten mit dem in 4.5.3 vorgestellten Twinkle-Gerät möglich sein. Geknackte 1024-Bit-Schlüssel sind definitiv mit solchen Methoden und heutiger Rechentechnik Utopie. Hätten wir Quantencomputer, dann würden 1024 Bit z. B. nur noch zwei- oder viermal so lange dauern wie 512 Bit. Und das soll schnell gehen, wirklich schnell – vielleicht in Sekunden oder Minuten.

Auch für andere Aufgaben könnten Quantencomputer nützlich sein. So ist die Suche in ungeordneten Datenbeständen eine der zeitraubendsten Aufgaben für unsere heutigen Rechner. Im allgemeinen braucht man $n/2$ Schritte, um aus n Datensätzen den richtigen zu finden. GROVER erläutert in seinem Artikel auf der CD *(txt/quant/qc-grover.txt)* einen Algorithmus für Quantencomputer, der nur $\sqrt{n}$ Schritte braucht. Im Klartext: Während ein konventioneller Computer bei einer Billion Einträgen im Mittel 500 Milliarden Schritte benötigt, um einen bestimmten Eintrag zu finden, schafft es ein Quantencomputer mit Grovers Algorithmus in etwa einer Million Schritte – 500.000-mal schneller. Grover zeigt sogar, dass es auf einem Quantencomputer im Allgemeinen nicht schneller gehen kann.

Perioden von Funktionen lassen sich mit Quantencomputern viel schneller finden als mit klassischen Algorithmen. Auf dieser besonderen Fähigkeit basieren auch die Verfahren zur Faktorisierung und zur Berechnung diskreter Logarithmen. Quantencomputer arbeiten nicht sequenziell, sondern wirklich parallel.

Zurück zur Realität

Aber noch haben wir keinen einzigen Quantencomputer, jedenfalls keinen, der diesen Namen verdient. Eine der unzähligen Hürden war, dass Quantencomputer nicht deterministisch arbeiten und daher fehlerbehaftet sind. 1995 wurde dieses Problem gleichzeitig von SHOR und STEANE gelöst. Sie entwarfen Verfahren zur Fehlerkorrektur in Quantencomputern, woran vorher offenbar niemand recht glauben wollte.

Im August 2000 präsentierte ISAAC CHUANG aus dem Almaden Research Center von IBM der Presse das bisher beste Ergebnis auf dem mühsamen Weg: Ein Glasröhrchen mit speziellen Molekülen, in denen Fluoratome einen Quantencomputer aus fünf Qubit bildeten, angeregt und ausgelesen durch elektromagnetische Wellen mittels Technik aus der NMR-Spektroskopie. In der Tat kann dieser Computer einen sehr kurzen Algorithmus abarbeiten. Für Insider: Die Qubits entsprechen den Spins einzelner Atome in speziell konstruierten Molekülen, die über die Elektronenhüllen gekoppelt sind (der Algorithmus liegt also offenbar im Molekülaufbau). Die Relaxationszeiten liegen noch im Sekundenbereich. Bitte nicht lachen: Die ersten Computer arbeiteten mechanisch mit Lochkarten und waren nicht viel schneller.

Das war der aktuelle Stand im Sommer 2000. Angesichts der intensiven Forschung auf diesem Gebiet werden weitere Ergebnisse nicht lange auf sich warten lassen. Bis zur Faktorisierung von 1024-Bit-Zahlen ist es jedoch noch ein äußerst mühsamer Weg. Vielleicht ist das Problem noch schwieriger, als es ohnehin erscheint. Es wäre nicht das erste Mal. So glaubten wir vor 40 Jahren noch an Kernfusionskraftwerke in absehbarer Zukunft, heute dagegen ist es sehr ruhig um dieses Thema geworden. Es gab Forscher, die darauf wetteten, dass eher die Sonne erlöschen würde, als dass ein Quantencomputer 1024-Bit-Zahlen faktorisieren könnte.

Kryptologen sollten vorsichtiger sein, denn sie müssen schon vorher Algorithmen erfinden, die neuartigen Angriffen widerstehen. GROVER erinnert an einen Diskussionsbeitrag von 1949, in dem es sinngemäß hieß: »Während ein Rechner wie die ENIAC mit 18.000 Röhren ausgestattet ist und 30 Tonnen wiegt, könnten Computer der Zukunft vielleicht nur 1000 Röhren haben und nur eine Tonne wiegen.« Nun stellen Sie sich vor, wie Fachleute in 50 Jahren möglicherweise über unsere heutigen Überlegungen lachen werden ...

SCHNEIER meint in einem Interview, dass die »quadratische Beschleunigung« wie z. B. bei Grovers Algorithmus wohl eher typisch sei für Quantencomputer. Damit hätte Rijndael mit 256-Bit-Schlüsseln immer noch die Sicherheit eines 128-Bit-Algorithmus, wäre also immer noch unangreifbar (s. u.). Nur bei speziellen Problemen sind Quantencomputer exponentiell schneller. Leider sind darunter genau die beiden Probleme, auf denen alle heutigen asymmetrischen Verschlüsselungen basieren. Und andere, sichere Verfahren sind nach wie vor nicht in Sicht.

Hier gibt es also Handlungsbedarf. Studien behaupten, Quantencomputer könnten beispielsweise im Jahr 2020 die konventionelle Halbleitertechnik ablösen, wenn diese Dimensionen erreicht, in denen Quanteneffekte dominieren. Selbst wenn wir uns noch länger gedulden müssen: In den letzten 20 Jahren wurden nur zwei mathematische Probleme ausgemacht, die sich für Public-Key-Kryptografie eignen, nämlich die Faktorisierung und die Berechnung des diskreten Logarithmus.

Und außerdem wäre ich mir bei symmetrischen Verfahren doch nicht so sicher. Angewendet auf nacheinander ausgeführte Operationen bringen Quantencomputer keine Beschleunigung. Doch wer prüft, ob sich symmetrische Algorithmen nicht irgendwie »anders« angreifen lassen? Kryptanalytiker denken gewiss noch selten daran, solche Verfahren mittels Quantencomputer-Algorithmen anzugreifen (obendrein lässt sich das praktisch noch nicht testen). Auf der anderen Seite kennen sich die Spezialisten für Quantencomputer gewiss noch nicht in den Untiefen moderner Kryptanalyse aus.

Quantencomputer werden oft mit der Quantenkryptografie aus dem vorigen Punkt verwechselt. Dabei ist der Unterschied gewaltig: Zwar nutzen beide die Quantenmechanik, doch

▶ Quantenkryptografie dient der Übermittlung von Daten, bei der sich Abhören nachträglich zweifelsfrei feststellen lässt, während Quantencomputer Algorithmen realisieren, also tatsächlich Computer sind;

▶ Quantenkryptografie macht unsere Welt sicherer, Quantencomputer dagegen deutlich unsicherer, und last not least:

▶ Quantenkryptografie ist experimentell schon weit gediehen, während noch niemand sagen kann, ob wir je einen vernünftigen Quantencomputer werden bauen können.

Ich persönlich neige allerdings zur Ansicht, dass uns die kryptanalytische Forschung noch vor dem Bau des ersten großen Quantencomputers ein paar handfeste Überraschungen liefern wird. Mit unerwarteten Methoden wie SHAMIRS unmöglichen Differentialen (5.7.5) oder SCHNEIERS mod-3-Kryptanalyse (5.4.2).

Was geht noch mit Brute Force?

Wir bleiben ein wenig bei der Physik und den Spekulationen. Immer wieder ist die Meinung zu hören, Brute Force sei nur eine Frage des Aufwandes. Das ist ziemlicher Unsinn! Natürlich gibt es keine absolut sicheren Systeme, doch diese Frage gehört auf ein anderes Blatt. Ich möchte im folgenden Abschnitt ein paar einfache Beispielrechnungen durchführen, die Sie leicht selbst nachvollziehen können.

Nehmen wir zunächst einen *80-Bit-Schlüssel*. Im Mittel braucht man zum Knacken per Brute Force 2^{79} Versuche, entsprechend etwa $6*10^{23}$. Die schnellsten Prozessoren erreichen heutzutage etwa 1 GHz Taktfrequenz. Nehmen wir an, wir hätten einen Superprozessor zur Verfügung, der tatsächlich in dieser Frequenz dechiffrieren könnte. Das ist derzeit utopisch, doch in einigen Jahren denkbar. Und weiter nehmen wir an, 100.000 solcher Prozessoren parallel zur Verfügung zu haben. Das kostet eine Stange Geld, ist jedoch nicht unmöglich. Wir wären dann also in der Lage, pro Sekunde 10^{14} Dechiffrierungen durchzuführen. Dies kommt schon in die Größenordnungen der Frequenz des Lichts! Trotzdem ist das Ergebnis ernüchternd: Im Mittel könnte so ein Code aller reichlich 190 Jahre gebrochen werden – nicht besonders praxisrelevant. Auch eine oder gar 10 Millionen solcher Prozessoren würden die Geduld des Angreifers arg überfordern.

Gelänge es uns allerdings, durch neuartige physikalische Prinzipien in die Region von THz (Terahertz, 10^{12} Takte pro Sekunde) vorzustoßen und mit ebenso neuartiger Miniaturisierung eine Milliarde (10^{9}) Dechiffriereinheiten parallel zu betreiben, dann würde dieser Ultracomputer nur noch 10 Minuten brauchen – ein durchaus brauchbarer Wert.

So gesehen würde ich keine 20 Jahre Haltbarkeit für einen Skipjack-chiffrierten Geheimtext garantieren wollen, denn Skipjack (5.7.5) nutzt 80-Bit-Schlüssel.

Doch wenn wir schon von solch langen Zeiträumen sprechen, ist Skipjack wohl nicht der Algorithmus der Wahl, eher AES mit mindestens *128 Bit Schlüssellänge*. Wie sieht es dort mit der Sicherheit aus? Der Ultracomputer, der 80-Bit-Schlüssel innerhalb von 10 Minuten ermittelt, würde sich hieran über 5 Milliarden Jahre lang festbeißen müssen. Sie sehen, mit klassischer Physik ist diesem Problem nicht mehr beizukommen.

Erst recht sollten wir unsere heutige Vorstellungswelt verlassen, wenn wir *256-Bit-Schlüssel* mit Brachialgewalt angreifen wollen. Das entspräche $2{,}3*10^{77}$ Versuchen. Angenommen, wir könnten irgendwelche quantenmechanische Effekte ausnutzen, die ein Elektron zur Dechiffriereinheit umfunktionieren und jedes Elektron mit einer Taktfrequenz von 10^{15} Hz arbeiten ließen (das entspricht bereits der Frequenz von harten Röngtenstrahlen!). Dann müsste der so konstruierte Wunder-Computer, der diese Aufgabe binnen eines Jahres lösen sollte, eine Masse in der Größenordnung von 10^{28} g haben (denn ein Elektron wiegt etwa 10^{-27} g), also etwa so schwer wie die Erde sein. Ersetzen wir Elektronen durch Moleküle, landen wir sofort in der Größenordnung von 10^{33} g, und das entspricht einer Sternenmasse. Bei nach unseren heutigen Vorstellungen realistischeren Betrachtungen würde der Computer dagegen so schwer sein, dass er ein schwarzes Loch bilden müsste, innerhalb dessen unsere Aufgabe vielleicht gelöst würde – doch das Resultat könnte nie mehr nach außen dringen, wie das bei schwarzen Löchern so üblich ist.

Sie sehen, dass die bei AES zusätzlich geforderten 192 und 256 Bit Schlüssellänge nicht von Befürchtungen herrühren, zu kurze Schlüssel seien noch mit Brute Force angreifbar (man will vielmehr eine große Sicherheitsreserve gegenüber kryptanalytischen Methoden der Zukunft haben).

Realistischer wäre schon der Gedanke, Quantencomputer könnten eines Tages gebaut werden und auch symmetrische Algorithmen angreifen. Wenn diese Computer tatsächlich »quadratisch schneller« arbeiten, dann würden 256 Bit Sicherheit zu 128 Bit schrumpfen. Sind 256 Bit dann noch ausreichend? Rechnen wir es durch: Die Qubits werden nach unseren Vorstellungen mittels elektromagnetischer Strahlung (Radiowellen, Licht oder Ähnliches) gesteuert. Bei der in ferner Zukunft noch vorstellbaren Taktrate von 10^{15} Hz müssten immerhin noch $5*10^{15}$ Quantencomputer, also 5 Billiarden, parallel arbeiten, um die Rechnung innerhalb eines Jahres zu bewältigen. Damit das Monstrum nicht schwerer als 100 Tonnen wird, darf jeder Quantencomputer maximal 20 ng (Nanogramm, Milliardstel Gramm) wiegen – ein Siliziumwürfelchen von 20 μm Kantenlänge, inklusive Ansteuerungselektronik und aller sonstigen »benötigten Physik«.

Alle obigen Überlegungen kranken ein wenig daran, dass sie von den heutigen Erkenntnissen und Vorstellungen ausgehen. Vielleicht werden Quantencomputer eines Tages gebaut und können auch symmetrische Verfahren mit eleganteren Algorithmen angreifen, als das momentan abzusehen ist. Genauso gut kann ich mir aber vorstellen, dass mit Hilfe von Quantencomputern endlich einmal der Mindestaufwand zum Brechen eines bestimmten Chiffrierverfahrens abgeschätzt werden kann.

Doch bis auf Weiteres dürfen Sie jeden auslachen, der behauptet, das Brechen eines 128-Bit-Schlüssels wäre eine reine Fleißaufgabe. Und Sie dürfen erst recht über die Firma lachen (deren Namen ich hier lieber nicht nenne), die auf der CeBIT 2001 mit »völlig neuartigen, zum Patent angemeldeten Algorithmen« mit sage und schreibe »*bis zu 200.000 Bit Schlüssellänge*« warb. Solche Anbieter verstehen weder etwas von Kryptologie, noch etwas von Zufallsgenerierung, die für die Erzeugung solch langer (und sinnloser) Schlüssel notwendig wäre.

Allerdings sind Entwickler derartiger »Ultra-Algorithmen« nicht selten sehr überzeugt und treten sogar recht aggressiv auf. Ich las auf Webseiten und in Mails bereits
Argumente wie: »Die Fachleute behaupten, alle neuen Algorithmen seien unsicher
und wollen damit in Wirklichkeit nur ihre Pfründe sichern. Wirkliche Neuerungen
werden gar nicht erst zur Kenntnis genommen.« Ich bin überzeugt: Wenn Sie die
kryptanalytischen Teile in diesem Buch auch nur ungefähr verstanden haben, wissen
Sie bereits deutlich mehr als diese Hobby-Entwickler. Entdeckt man auf einer solchen
Webseite eine »Kryptanalyse«, offenbart sich das wahre Niveau meist ganz schnell.

5.10 Überraschungsangriff von hinten: Timing und Power Attack

Als letzten »Hit« in diesem Kapitel möchte ich Ihnen eine ganz neue, völlig andersar-
tige Herangehensweise der Kryptanalyse vorstellen. Auf den ersten Blick erscheinen
sie nicht praktikabel, doch Gleiches wurde ja vom Angriff mit verwandten Schlüsseln
anfangs auch behauptet – bis die ersten Chipkarten auftauchten. Die neuen Methoden könnten zum Beispiel zerstörungsfrei und schnell einen privaten RSA- oder sogar
IDEA-Schlüssel ermitteln, der in einer Chipkarte unlesbar versteckt ist.

Die Methode **Timing Attack** (ein deutscher Name existiert noch nicht) wurde
Ende 1995 von Paul KOCHER veröffentlicht [Koch.Tim]. Die Arbeit ist als PostScript-
Datei auf der CD enthalten. Kochers Kryptanalyse setzt voraus, dass ein Angreifer
die Zeit messen kann, die ein Programm bzw. ein Chip zur Ver- oder Entschlüsselung eines Klar- bzw. Geheimtextblocks benötigt. Wir sehen uns das am Beispiel
der Dechiffrierung beim RSA-Verfahren an (vgl. Abb. 4.16). Der Angreifer kennt
also viele Geheimtexte und kann das Programm bzw. den Chip bei der Dechiffrierung beobachten, d. h. die Ausführungszeit messen. Die RSA-Dechiffrierung erfordert die Berechnung eines Ausdrucks $R = c^d \bmod n$. Diese Potenz lässt sich beispielsweise so berechnen (alle Operationen modulo n):

▷ Setze R gleich 1 und durchlaufe die Bits von d, mit dem niedrigsten beginnend.

▷ Ist das betrachtete Bit von d gleich 1, dann multipliziere das Zwischenergebnis
   R mit c, ansonsten lasse R unverändert.

▷ Ersetze c durch sein Quadrat und gehe zum nächsten Bit von d über.

Nun haben die Multiplikationszeiten im zweiten Schritt eine bestimmte Verteilung, die von c und vom verwendeten Verfahren abhängt. Bei bitweiser Multiplikation zum Beispiel wird diese umso länger dauern, je mehr Bits in c gesetzt sind.
Angenommen, der Angreifer kennt bereits b Bit von c (am Anfang ist b = 0). Dann
kann er die Rechenzeit, die für diese b Bit verbraucht wird, selbst ermitteln und von
der Gesamtzeit abziehen. Je nachdem, ob das Bit b+1 gleich 1 oder gleich 0 ist,
kann er die für Bit b+1 benötigte Rechenzeit ebenfalls abziehen und für beide Möglichkeiten prüfen, ob die entstehende Verteilung der restlichen Rechenzeiten von
der Theorie abweicht oder nicht. So kann er Bit b+1 bestimmen und schließlich
sukzessive den gesamten Exponenten d.

Das Schöne an diesem Verfahren ist, dass es Irrtümer erlaubt. Es lässt sich wie die Baum-Suche bei meinem Programm *vigc_crk.c* (vgl. Abb. 2.1 und Abschnitt 3.6.4) implementieren: Gerät man auf einen falschen Zweig, dann ergibt sich irgendwann eine Rechenzeitverteilung, die eindeutig auf einen Fehler hinweist, und man muss auf dem gleichen Zweig zurückwandern.

Wir können diese Gedankengänge auch allgemeiner fassen: Es reicht, wenn bei b fixierten Bit eines geheimen Schlüssels sowie zufälligen Geheimtexten die Rechenzeit vom Bit b+1 abhängt. Dabei brauchen diese b Bit nicht einmal die niedrigst- oder höchstwertigen des Schlüssels zu sein.

Um wieder konkreter zu werden: Die Berechnung von c^d mit einem 256-Bit-Exponenten d und einem 512-Bit-Modul n dauert auf einem Pentium-PC mit 120 MHz unter MS-DOS zwischen 392411 und 393612 CPU-Takten, schwankt also maximal um 0,3% [Koch.Tim]. Schon bei 2.000 Geheimtexten ergeben sich sehr starke Abhängigkeiten der Rechenzeitverteilungen von den Bits im Exponenten.

Es gibt zahlreiche Ansatzpunkte, die sich für *Timing Attacks* ausnutzen lassen. Hier sind einige Beispiele:

▷ Die Rechenzeiten zur Ermittlung von (c mod p) – wobei c in der Größenordnung von p liegt – hängen davon ab, ob c größer oder kleiner als p ist.

▷ Rotationen können zeitabhängig sein. Das kann (je nach Hardware) bei der Berechnung von DES-Teilschlüsseln eine Rolle spielen und selbstverständlich auch bei RC5.

▷ Auch IDEA nutzt eine Multiplikation, in diesem Fall modulo $2^{16}+1$.

▷ Wenn zum Beispiel bei Blowfish, SEAL oder DES die internen Tabellen nicht immer in gleicher Weise angesprungen werden, können *Cache Hits* einen Schwachpunkt darstellen, d. h. wie oft ein gesuchter Tabelleneintrag bereits im Prozessorcache enthalten ist.

Sicher haben Sie sich längst die Frage gestellt: Wie kommt denn ein Angreifer an diese Zeiten heran? Als naheliegendste Möglichkeit bieten sich Chipkarten mit eingebranntem, nicht auslesbaren Schlüssel an. Hier lassen sich Taktzeiten sicherlich leicht messen. Stellen Sie sich vor, Ihre Kredit-Karte würde eines Tages eine RSA-Chiffrierung nutzen. So, wie organisierte Banden heute schon Ihre ec-Karte unbemerkt kopieren, könnten sie dann den Schlüssel Ihrer Kreditkarte ermitteln. Angenommen, eine Verschlüsselung benötigte 0,3 Sekunden, und es wären 1000 Geheimtexte erforderlich. Dann brauchten Sie Ihre Karte nur für 5 Minuten aus der Hand zu geben (vielleicht nicht ganz freiwillig), und schon wäre Ihr geheimer Schlüssel mit der Rechtskraft einer Unterschrift (!) kompromittiert.

Es sind noch mehr Möglichkeiten denkbar. Sie arbeiten unter einem sicheren Multiuser-Betriebssystem, das an andere ähnliche Rechner chiffrierte Nachrichten versendet und die Sitzungsschlüssel RSA-chiffriert austauscht. Sie können am Kabel alle Geheimtexte abhören lassen, haben aber keinen Zugriff auf die Jobs anderer Anwender. Das System hat jedoch eine Lücke, die Ihnen die Messung der Ausführungszeiten fremder Nutzer erlaubt. Oder – was noch näher liegt – es gibt einen für alle Nutzer gültigen, doch für niemanden lesbaren privaten Schlüssel im System.

Dann können Sie Geheimtexte in einzelnen, vielleicht identischen Blöcken an andere Rechner senden und die Rechenzeit messen. Das ist alles ziemlich spekulativ und hängt sehr vom Betriebssystem und den Anwendungen ab, doch wo eine Lücke ist, wird sie früher oder später auch ausgenutzt. Lauscher sitzen meist in der eigenen Firma und arbeiten nicht von außerhalb.

Wie lässt sich dieser Angriff verhindern? *Timing Attacks* richten sich genau genommen nicht gegen Algorithmen, sondern gegen deren Implementierung. Ideal wäre, wenn jede Chiffrierung/Dechiffrierung exakt die gleiche CPU-Taktzahl benötigen würde. Das kann die Performance aber senken, denn dann müssten alle Chiffrierungen so langsam ablaufen wie der *worst case*. Nach Aussagen von RIVEST soll dies bei RSA jedoch keine dramatische Verschlechterung darstellen: Die Rechenzeit wächst um höchstens 10% bis 20%. Allerdings ist es ziemlich schwer, eine entsprechende Implementierung zu erstellen. Zufällige Störungen der Rechenzeit sind übrigens wenig wirksam, weil sie sich statistisch herausfiltern lassen.

Power Attack und Differential Power Attack (DPA)

Das Neue an der *Timing Attack* war ja, nicht den Algorithmus selbst anzugreifen, sondern Seiteneffekte auszunutzen – hier eben die variierenden Ausführungszeiten der Operationen. So erscheint es naheliegend, auch noch andere Parameter als die Ausführungzeit auszunutzen. Der erste Schritt in diese Richtung war 1995 die **Power Attack**, auch **Simple Power Attack** oder **SPA** genannt: Hier wird der schwankende Stromverbrauch einer Chipkarte gemessen. So lassen sich z. B. Multiplikationen und Quadrierungen auf RSA-Karten anhand des Stromverbrauchs unterscheiden. Wieder war es KOCHER, der diese neue Methode ersann.

Die SPA ist sehr effektiv, üblicherweise können geheime Schlüssel mit ihnen im Sekundenbereich ermittelt werden. Eine ohne PIN aktivierbare Smartcard wird durch diese Methode zum Sicherheitsrisiko: Ziemlich leicht kann Ihnen jemand den Schlüssel zerstörungsfrei auslesen, ohne dass Sie später die geringste Vorstellung davon haben, wo das passiert sein könnte. Allerdings ist es nicht sonderlich schwierig, Karten gegen diesen Angriff zu schützen. Die Hersteller müssen ihn aber erst einmal kennen.

Weitaus leistungsfähiger ist dagegen die so genannte **Differential Power Analyis**, auch **DPA** genannt, die ebenfalls von KOCHER, diesmal in Zusammenarbeit mit JAFFE und JUN entwickelt wurde. Zwar dauert dieser Angriff üblicherweise einige Stunden, doch die Autoren fanden keine Smartcard auf dem Markt, die ihm widerstanden hätte! Im Unterschied zur SPA werden hier große Datenmengen statistisch ausgewertet. Das erlaubt, selbst das Umkippen eines einzelnen Bits im Datenfluss auszumachen. Die Autoren gingen sogar noch weiter und stellten in ihrer Arbeit die **High-Order DPA** vor, bei der Datenströme aus verschiedenen Messreihen gleichzeitig verarbeitet werden (z. B. wird zusätzlich die elektromagnetische Abstrahlung ermittelt). Dieser Angriff ist vorerst mehr für Entwickler interessant, weil ja die gegenwärtigen Systeme nicht einmal gegen SPA immun sind. Einzelheiten finden Sie auf der CD unter *txt/cryptana/dpa...*

Timing Attack, SPA und DPA zeigen, wie schwer es ist, sichere Systeme zu bauen, selbst wenn man nach gegenwärtigem Stand sichere Algorithmen verwendet. Solche »Seiteneffekt-Angriffe« sind ein Randgebiet der Kryptologie: Im Unterschied zur üblichen Kryptanalyse greift man den Algorithmus nicht mehr direkt an, aber vom Gebiet der Computersicherheit unterscheiden sich diese Vorgehensweisen durch ihre typisch kryptanalytischen Methoden.

5.11 Was ist ein gutes Chiffrierverfahren?

Es waren fünf Kapitel wachsender Schwierigkeit erforderlich, bevor wir uns schließlich diese Frage stellen dürfen. Erst jetzt wird klar, wie sehr eine Aussage »Der Algorithmus XYZ ist sicher« vom Zeitpunkt und vom zugänglichen Wissensstand abhängt, sprich den öffentlich publizierten Ergebnissen. Der Wettlauf zwischen Kryptografie und Kryptanalyse wird immer schneller, doch wir müssen damit leben. Obwohl Schlüssellängen ab 128 Bit auch theoretisch sicher sind, kann die weitere Entwicklung der Kryptanalyse noch manche ungeahnte Überraschung parat haben. *Dieser* Umstand zwingt uns zur Vorsicht, *nicht* die immer schneller werdende Rechentechnik.

Hinzu kommt das leidige Problem der Kryptologie, dass chiffrierte Daten gespeichert werden können. Wenn Sie heute einen Geldtransport nach dem neuesten Stand von Technik und Logistik absichern, dann kommt das Geld sehr wahrscheinlich am Ziel an, und Sie können die Angelegenheit vergessen. Wenn Sie heute kritische Daten mit RC5 oder AES verschlüsselt funken, dann kann Sie höchstwahrscheinlich kein Angreifer gefährden. Aber er kann die Daten speichern und nach vielen Jahren, wenn RC5 oder AES jemals geknackt werden sollten, unerwartete Probleme bereiten. Vielleicht hilft die Quantenkryptografie einmal, vollendete Tatsachen zu schaffen. Bisher jedenfalls kamen Kryptanalytiker immer wieder auf neue, ausgefallene Ideen. Die *Timing Attacks* (5.10) sind dafür ein typisches Beispiel.

Wir kennen (mit Ausnahme des individuellen Schlüssels) keinen einzigen Algorithmus, der mit Gewissheit auch in 10 Jahren noch sicher ist. Aber wir wissen, welche Eigenschaften er *mindestens* haben muss. Eine stärkere Aussage als diese sollten Sie in diesem Abschnitt auch nicht erwarten.

Wie also sieht der »ideale« Verschlüsselungsalgorithmus aus, wie sollte er implementiert sein?

1. Er muss *Konfusion* realisieren, d. h. die Beziehung zwischen Klartext und Geheimtext darf nicht erkennbar sein. (Diese Eigenschaft ist so selbstverständlich, dass sie nur der Vollständigkeit halber hier erscheint – sie klingt so schön wissenschaftlich.) Klar- und Geheimtext müssen statistisch unabhängig sein.

2. Er muss *Diffusion* realisieren, d. h. Strukturen im Klartext sollen so gut wie möglich verwischt werden. Bei Blockchiffrierungen sollte man z. B. im CBC-Modus arbeiten.

3. Die Schlüssellänge sollte so groß gewählt sein, dass Brute Force für den Wert der Nachricht einen zu hohen Aufwand bedeutet (beachten Sie dabei, dass die Rechner immer schneller werden!).

4. *Gleiche oder ähnliche Klartexte* dürfen *niemals gleiche oder ähnliche Geheimtexte* erzeugen. Nutzen Sie bei Blockchiffrierungen immer einen Modus mit zufälligem Initialisierungsvektor (5.1.1); bei Stromchiffren ist das sogar zwingend, weil sonst ein Angriff durch Einfügen möglich wird.

5. Ein Geheimtext darf sich *statistisch nicht von einer Folge zufälliger Zahlen unterscheiden*. Das gilt nicht nur für die Zeichenverteilung, sondern auch für Korrelationen zwischen Zeichen oder Bits, selbst wenn der Klartext eine konstante Zeichenfolge ist (beachten Sie den vorigen Punkt 4).

6. Es dürfen bei konstantem, periodischem oder anders auffällig strukturiertem Klartext *keine verwertbaren Zyklen* auftreten, d. h. der Geheimtext darf sich nicht ab einer Stelle wiederholen. Theoretisch gibt es außer beim individuellen Schlüssel zwar immer Wiederholungen, doch deren Periode muss so lang sein, dass daraus keine nutzbare Kryptanalyse abgeleitet werden kann.

7. Für Blockalgorithmen wird der *Lawineneffekt* gefordert: Die Änderung eines beliebigen Klartextbits muss bei zufälligem Schlüssel jedes Geheimtextbit mit einer Wahrscheinlichkeit von genau 50% beeinflussen, sonst ist ein Angriff mittels linearer Kryptanalyse möglich. Das ist eine Verschärfung von Punkt 1.

8. *Angriffe mit bekanntem oder gewähltem Klartext* dürfen nicht praktikabel sein.

9. Insbesondere soll der Algorithmus nicht empfindlich gegen *differenzielle oder lineare Kryptanalyse* sein.

10. Der Algorithmus darf keine gefährlichen *schwachen Schlüssel* haben, und falls doch, dann müssen diese leicht zu ermitteln sein.

11. Bei einem Produktalgorithmus darf *eine Runde nicht zu brechen sein, wenn die anderen nicht gebrochen sind*. Vergleichen Sie RC5 mit der *pkzip*-Chiffrierung: Bei letzterer (obwohl sie kein Produktalgorithmus ist) lassen sich die einzelnen Schritte nacheinander brechen, der Angriff gegen RC5-32/1/* ist nicht auf ein Verfahren mit mehreren Runden anwendbar.

12. Der Algorithmus darf nicht mit *algebraischen Methoden* angreifbar sein (z. B. dürfen die Geheimtextbits keine linearen Funktionen der Klartextbits sein). Gute Algorithmen mischen »inkompatible« Operationen wie Addition, XOR und Multiplikationen.

13. Die Implementierung muss einen hinreichend *großen Schlüsselraum* garantieren. Diese Forderung ist sehr wichtig, aber schwierig zu realisieren (5.1.4).

14. Ebenso dürfen sich *Initialisierungsvektoren nicht wiederholen*.

15. Überlegen Sie, ob *Timing oder Power Attacks* gefährlich werden könnten, und implementieren Sie entsprechend.

Ein Algorithmus, der allen vorangegangenen Punkten genügt, ist nach heutiger Auffassung ein guter Algorithmus. Der *ideale* Algorithmus muss auch *theoretisch* sicher sein, d. h. er darf weder durch neuartige Angriffsmethoden noch durch Spezialhardware gefährdet werden können.

Zum jetzigen Zeitpunkt sehe ich nur zwei Methoden der auch theoretisch sicheren Nachrichtenübermittlung: Den individuellen Schlüssel (One-Time-Pad) und die Quantenkryptografie, die aber genau genommen kein Algorithmus ist, sondern eine Art kryptografisches Protokoll.

6 Kryptografische Protokolle

Nach SCHNEIER dient ein Protokoll »der Durchführung einer bestimmten Aufgabe und besteht aus einer Folge von Aktionen, an denen zwei oder mehr Parteien beteiligt sind« [SchnCr 2.1]. Kryptografische Protokolle haben das Ziel, Geheimhaltung zu sichern oder Betrug bzw. Sabotage zu verhindern. Solche Protokolle vermitteln gewissermaßen die Anwendung kryptografischer Algorithmen in der Praxis, nachdem diese entworfen wurden und Fragen der Implementierung geklärt sind. Genau wie Algorithmen können Protokolle durch Entdeckung einer nicht berücksichtigten Betrugsmöglichkeit gebrochen werden. Ein wichtiges Beispiel dazu finden Sie in 6.4.2. Auch für kryptografische Protokolle gibt es Kryptanalysen, doch ihre Formalisierung steht noch nicht auf dem gleichen Niveau wie bei den Algorithmen.

Sie kennen bereits einige kryptografische Protokolle. Die Übermittlung eines geheimen Schlüssels über mehrere Kanäle (Abschnitt 4.5.2, Abb. 4.13) ist beispielsweise ein einfaches Protokoll, und natürlich auch die Schlüsselübermittlung mittels hybrider Verfahren (Abschnitt 4.5.2, Abb. 4.14). Das Interlock-Protokoll (Abb. 4.15) ist schon etwas anspruchsvoller. Auch die Passwort-Überprüfung unter UNIX ist ein kryptografisches Protokoll (Kapitel 3.3).

In erster Linie sollen kryptografische Protokolle Vorgänge oder damit verbundene Objekte aus unserer realen Welt in der digitalen Welt nachbilden und absichern. Beispiele dafür sind:

▷ Unterschriften

▷ verbindliche Erklärungen

▷ Ausweise

▷ Wahlen

▷ Bargeldzahlungen

Das ist nicht gerade einfach zu bewerkstelligen. In diesem Buch haben wir uns bisher nur mit dem Umfeld eines einzigen Vorgangs befasst, nämlich der Übermittlung geheimer Nachrichten. Die Absicherung dieses Vorgangs ist doch schon schwierig genug!

Es zeigt sich jedoch, dass wir unser bisheriges Wissen auch auf anderen Gebieten anwenden können als nur bei der Verschlüsselung von Nachrichten. Wenn Sie Abschnitt 4.5 gelesen haben und die Einweg-Hashfunktionen kennen (diese besprechen wir in 6.3.1), so verstehen Sie beispielsweise recht schnell, wie man digitale Unterschriften erzeugt.

Mehr noch, kryptografische Protokolle können sogar neuartige Funktionalitäten bieten. Es ist zum Beispiel nicht schwer, ein Geheimnis auf mehrere Partner derart zu verteilen, dass zwar alle zusammen das Geheimnis rekonstruieren können, aber niemand aus seinem Teil allein irgendwelche Informationen entnehmen kann. Geheimnisse lassen sich so zuverlässiger absichern als durch dicke Tresorwände.

In vielen Fällen sind kryptografische Protokolle ausgesprochen komplex. So forscht man wohl noch an digitalen Wahlen, und auch Protokolle zum elektronischen Zahlungsverkehr werden kräftig weiterentwickelt. In 6.6.7 lernen wir ein Protokoll für elektronische Schecks kennen, das wiederum mehrere andere kryptografische Protokolle nutzt.

Jedoch biete ich Ihnen hier keinen Überblick über die wichtigsten Protokolle (einen umfassenderen finden Sie inklusive einschlägiger Literaturhinweise in SCHNEIER [SchnCr]). Vielmehr beschränke ich mich auf einige wenige verständliche oder für die Praxis besonders wichtige Protokolle, um Ihnen eine Vorstellung von diesem Gebiet zu geben.

6.1 Schlüsselübermittlung

Protokolle zur sicheren Schlüsselübermittlung sind derzeit wohl die verbreitetsten. Wir haben zwar im Abschnitt 4.5.2 schon verschiedene wichtige Methoden zur Schlüsselübermittlung behandelt, doch es gibt noch mehr interessante Möglichkeiten.

6.1.1 Diffie-Hellmann, SKIP, KEA und der Breitmaulfrosch

Wir kennen bereits die Übermittlung von Schlüsseln für symmetrische Verfahren durch Aufteilen auf verschiedene Kanäle sowie die Übermittlung mittels asymmetrischer Kryptografie. Beide Methoden sind nicht immer zufriedenstellend.

Das Aufteilen auf mehrere Kanäle ist in der Praxis zwar sicher, doch schwer automatisierbar. Wenn in einer Behörde täglich wichtige Daten erfasst werden und abends automatisch auf sicherem Weg in die Zentrale gelangen sollen, ist die beschriebene Aufteilung auf mehrere Kanäle nicht akzeptabel.

Öffentliche Schlüssel dagegen bergen in sich ein schwer abschätzbares Risiko. Wie Sie schon wissen, würde z. B. beim RSA-Verfahren eine neuartige und drastisch schnellere Methode zur Faktorisierung des Produkts großer Primzahlen mit einem Schlag alle Sitzungsschlüssel offen legen.

Es gibt aber noch andere Möglichkeiten der Schlüsselübermittlung. Zwei davon lernen Sie im Folgenden kennen.

Schlüsselaustausch nach Diffie-Hellmann

Wie bereits in 4.5.3 erwähnt, war dieser Algorithmus das erste asymmetrische Verfahren. Doch es handelt sich gar nicht um eine Chiffrierung im gewöhnlichen Sinne, und streng betrachtet gibt es zwei private und zwei öffentliche Schlüssel, aus denen ein Sitzungsschlüssel generiert wird. Das klingt verwirrend. Jedoch ist das Verfahren selbst erstaunlich einfach:

1. Alice und Bob wählen gemeinsam eine große Primzahl p sowie eine bezüglich p primitive Zahl g (das heißt, dass alle Zahlen 1...p-1 als Reste der Form g^i mod p darstellbar sind). Diese Zahlen p und g sind nicht geheim.

2. Alice wählt eine große geheime Zahl x<p und sendet Bob den Rest X aus der Gleichung

   `X = g`^{x}` mod p`

3. Analog wählt Bob eine große geheime Zahl y<p und sendet Alice den Rest Y aus der Gleichung

   `Y = g`^{y}` mod p`

4. Alice berechnet den Rest s = Y^x mod p .

5. Bob berechnet den Rest s' = X^y mod p.

Die Reste s und s' sind gleich, denn es gilt

`s = s' = g`^{xy}` mod p`

Der Wert s dient Alice und Bob als Sitzungsschlüssel. Mallory kann zwar die Werte von p, g, X und Y erfahren, doch um den Schlüssel s zu erhalten, muss er den diskreten Logarithmus berechnen, d. h. er muss x aus dem Rest g^x mod p ermitteln. Das ist, wie wir schon seit 4.5.4 wissen, ein mathematisch hartes Problem und mindestens so schwer wie die Faktorisierung. Damit der Schlüsseltausch nach DIFFIE-HELLMANN sicher ist, sollte (p-1)/2 ebenfalls Primzahl sein.

Diese Methode ist mit dem asymmetrischen Chiffrierverfahren von ELGAMAL verwandt. Das Besondere an ihr ist, dass kein geheimer Schlüssel existiert, der dauerhaft vor fremdem Zugriff geschützt werden muss. Nur während der Schlüsselübergabe sind x und y geheim; haben Alice und Bob daraus s gewonnen, so können sie x und y löschen. Nach Abschluss der chiffrierten Kommunikation wird schließlich auch s vernichtet.

Das ist ein interessanter Vorteil gegenüber asymmetrischer Verschlüsselung. Ein Angreifer kann nachträglich nur versuchen, diskrete Logarithmen zu berechnen, d. h. das mathematische Problem frontal anzugehen – und das ist vorerst jenseits seiner Möglichkeiten. Der nachträgliche Diebstahl eines privaten Schlüssels ist nicht möglich.

Der Nachteil des Schlüsselaustausches nach Diffie-Hellmann in der vorgestellten Form ist, dass Sitzungsschlüssel paarweise ausgetauscht werden müssen. Bei chiffrierten Rundsprüchen an 100 Personen wird das ziemlich aufwändig! Außerdem müssen Alice und Bob beide aktiv werden, bevor sie kommunizieren. Alice kann Bob keine chiffrierte Mail hinterlassen, wenn er gerade in Urlaub ist (und dann selbst eine Reise antreten).

Der letztgenannte Nachteil lässt sich wie folgt beseitigen: Bob kann seinen Wert Y an Alice senden und danach in Urlaub fahren. Alice würde für jede Nachricht an Bob ein anderes x wählen und den öffentlichen Schlüssel X zusammen mit ihrer Nachricht versenden. Dieses Verfahren ist eleganter.

Eine kleine Modifikation macht schließlich auch eine Kommunikation zwischen vielen Partnern möglich, ohne dass vorherige Interaktionen erforderlich wären. Dazu werden die öffentlichen Schlüssel (X,Y,...) in einer allgemein verfügbaren Datenbank gespeichert. Das Protokoll sieht dann so aus:

1. Jeder Teilnehmer wählt ein zufälliges $w < p$ und hinterlegt den Rest $g^w \bmod p$ in einer öffentlichen Datenbank. Die Zahl w behält er für sich und schützt sie vor fremdem Zugriff.

2. Alice holt sich Bobs Schlüssel Y von der Datenbank.

3. Alice wählt ein zufälliges $x<p$ und berechnet daraus $X = g^x \bmod p$. (Sie könnte ihr X aus der öffentlichen Datenbank nehmen, doch unsere Variante ist sicherer.) Daraus berechnet sie den Sitzungsschlüssel $s = Y^x \bmod p$.

4. Alice chiffriert die Nachricht mit s und sendet an Bob X und die chiffrierte Nachricht.

5. Bob bildet $s = X^y \bmod p$ und kann so die Nachricht dechiffrieren.

Einen kleinen Haken hat die Sache aber doch: Nun gibt es wieder private Schlüssel, für die sich Mallory interessiert.

Dieses Verfahren sieht vielleicht etwas umständlich aus, jedoch wird es wie jedes andere kryptografische Protokoll per Soft- oder Hardware automatisiert. Es ist nicht unsicherer als RSA und hatte gegenüber diesem drei Jahre lang einen beachtlichen Vorteil: Seit Herbst 1997 ist es nicht mehr patentiert (das RSA-Patent lief erst im September 2000 aus). Dies ist gewiss auch einer der Gründe, warum das Diffie-Hellmann-Prinzip beim Internet-Protokoll **SKIP** zum Einsatz kommt, bei dem die Datenpakete chiffriert werden, ohne dass der Anwender seine Applikationen ändern müsste. SKIP ist der Konkurrent zum Protokoll IPSec, dass zwar deutlich komplizierter ist, sich jedoch mittlerweile durchgesetzt hat.

Es gibt aber einen triftigeren Grund, gerade bei SKIP auf den Schlüsselaustausch und nicht etwa auf RSA zurückzugreifen. Bei RSA müsste ein Sitzungsschlüssel generiert, chiffriert und dann übermittelt werden. Das bedeutet ein Datenpaket extra bei jeder Sitzung und jedem Schlüsselwechsel, was in diesem Kontext nicht erwünscht ist. SKIP löst das Problem einfach und elegant: Alice und Bob wählen ihre geheimen Exponenten x und y fest und hinterlegen ihre öffentlichen Schlüssel g^x und g^y zertifiziert in einer öffentlichen Datenbank. Damit sie nicht ständig das gleiche gemeinsame Geheimnis g^{xy} verwenden, werden an diese Zahl noch eine Zeitmarke und eine Folgenummer angehängt. Zeitmarke und Folgenummer sind beiden Seiten bekannt und brauchen daher nicht gesondert übermittelt zu werden. Auf dieses Konglomerat wendet man nun eine Einweg-Hashfunktion an und erzeugt so den gemeinsamen Sitzungsschlüssel. Ein Rückschluss auf das gemeinsame Geheimnis g^{xy} wird dadurch praktisch ausgeschlossen, der Sitzungsschlüssel wechselt oft genug, und es entstehen keine zusätzlichen Datenpakete.

KEA, die NSA-Variante von Diffie-Hellmann

Zusammen mit der Offenlegung ihres geheimen Algorithmus Skipjack (5.7.5) veröffentlichte die NSA auch das im Clipper-Chip eingesetzte Public-Key-Verfahren KEA (das bedeutet offenbar nichts anderes als *key exchange algorithm*). Im Unterschied zu Skipjack, der den Rahmen des Buches sprengen würde, ist KEA schnell erklärt. Schauen wir uns also einmal an, wie die NSA asymmetrische Kryptografie implementiert.

Zunächst einmal läuft alles wie bei Diffie-Hellmann ab: Beide Seiten kennen den in diesem Fall 1024 Bit langen Modul p, die ebenso lange Basis g, und jeder besitzt einen geheimen Schlüssel von 160 Bit Länge: Alice die Zahl xA, Bob die Zahl xB. Wie gehabt schickt Alice YA = g^{xA} mod p an Bob und dieser YB = g^{xB} mod p an Alice. Allerdings sind xA und xB fest, ähnlich wie im Beispiel von SKIP. Jedoch erzeugt jeder von ihnen extra für diese Sitzung 160-Bit-Zufallszahlen rA und rB und schickt RA = g^{rA} mod p bzw. RB = g^{rB} mod p an den Partner. Jetzt berechnet Alice

```
tAB = (YB)^rA mod p = g^xB rA mod p und
uAB = (RB)^xA mod p = g^rB xA mod p.
```

Analog ermittelt Bob tBA = (RA)^{xB} mod p und uBA = (YA)^{rB} mod p, also die gleichen Zahlen: tAB = tBA, uAB = uBA. Beide Seiten bilden nun

```
w = (tAB + uAB) mod p
```

w ist das gemeinsame Geheimnis. Es entsteht also, indem jede Seite ihren *zufälligen* geheimen Schlüssel xA (xB) mit dem *festen* öffentlichen Schlüssel YB (YA) der anderen Seite verknüpft sowie ihren *festen* geheimen Schlüssel mit dem *zufälligen* öffentlichen Schlüssel der Gegenseite.

Nun könnten beide die gleichen Bits aus w entnehmen und hätten ihren Sitzungsschlüssel. Das ist der NSA offenbar zu gefährlich. Sie leitet ihn unter Verwendung von Skipjack in einem relativ komplizierten Verfahren ab:

▷ Zunächst werden von den 1024 Bit aus w die 80 höchstwertigen genommen, sie bilden die Zahl v1; die nächsten 80 Bit bilden v2.

▷ v1 wird per XOR mit einer festen 80-Bit Zahl *pad* verknüpft (*pad* hat den Wert 0x72f1a87e92824198ab0b); das Ergebnis kv dient als Schlüssel für Skipjack.

▷ Die höchstwertigen 64 Bit von v2 werden mittels Skipjack unter Verwendung des Schlüssels kv zweimal chiffriert und bilden die 64 höchstwertigen Bits des Sitzungsschlüssels.

▷ Die 16 niedrigsten Bits des Sitzungsschlüssels sind gleich den 16 niedrigsten Bits von v2, per XOR verknüpft mit den 16 höchsten Bits des Ergebnisses der ersten Skipjack-Chiffrierung.

Das Ganze ist in Abb. 6.1 schematisch dargestellt.

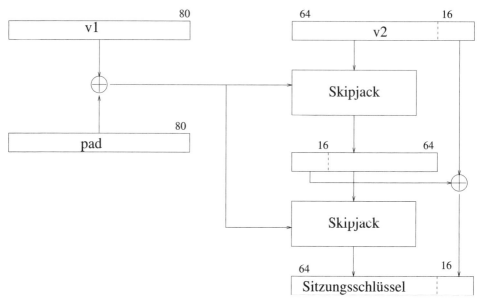

Abbildung 6.1: Generierung des Sitzungsschlüssels aus v1 und v2 bei KEA

Doch wie funktioniert das bei E-Mail, wo der Empfänger nicht direkt mit dem Absender kommunziert? In diesem Fall wird statt

$uAB = (RB)^{XA} \bmod p = g^{rB\ XA} \bmod p$

$uAB = (YB)^{XA} \bmod p = g^{XB\ XA} \bmod p$ berechnet

und die Zahl RA der Mail beigefügt.

KEA hat natürlich den Nachteil, dass es doppelt so lange rechnet wie der übliche Schlüsseltausch nach Diffie-Hellmann. Dafür erzeugt es tatsächlich zufällige Sitzungsschlüssel. Zwar geschieht das beim SKIP-Protokoll einfacher, doch braucht man dort eine gesonderte Hashfunktion, die erst in die Clipper- bzw. Capstone-Chips hätte implementiert werden müssen. Und der direkten Verwendung von Bits aus tAB+uAB scheint die NSA nicht recht zu trauen.

Die Geschichte vom Breitmaulfrosch

Es gibt auch Protokolle, bei denen die Sicherheit wesentlich von einem zentralen Rechner – einem Server – abhängt. Das hat gegenüber der verteilten Sicherheit Vor- und Nachteile. Wir sehen uns am besten ein Beispiel an und diskutieren es anschließend. Das folgende Protokoll hat den einprägsamen Namen **Breitmaulfrosch** (*Wide-Mouth Frog*). Es benutzt nur ein einziges symmetrisches Verfahren.

1. Mit einem vertrauenswürdigen Server vereinbaren Alice und Bob unabhängig voneinander geheime Schlüssel Sa bzw. Sb. Nur der Server kennt beide Schlüssel.

2. Alice generiert einen Sitzungsschlüssel Ss und erzeugt einen Zeitstempel T_A (also eine Bytefolge, die eindeutig die aktuelle Zeit bestimmt). Nun hängt sie Bobs Namen B, den Zeitstempel sowie den Schlüssel aneinander und chiffriert die so er-

zeugte Bytefolge mit dem geheimen Schlüssel Sa. Das Chiffrat sendet sie zusammen mit ihrem Namen A an den Server:

A, $E_{Sa}(T_A, B, Ss)$

($E_{Sa}()$ bezeichnet wie üblich die Verschlüsselung mit dem Schlüssel S_a).

3. Der Server dechiffriert Alices Nachricht. Das kann er, da Alices Name lesbar vorangestellt wurde und ihm Sa ebenfalls bekannt ist. Er erzeugt einen neuen Zeitstempel T_B und sendet an Bob

   $E_{Sb}(T_B, A, Ss)$

4. Bob kann diese Nachricht dechiffrieren und ersieht daraus sowohl Alices Namen als auch den Sitzungsschlüssel. Die geheime Kommunikation kann jetzt starten.

Sie werden vielleicht fragen: Wenn sowohl Alice als auch Bob geheime Schlüssel mit einem Server vereinbaren, warum einigen sie sich dann nicht gleich direkt auf einen Schlüssel? Das hat mindestens zwei Gründe. Zum einen kann solch ein Server den Nachrichtenverkehr von vielleicht 100 Nutzern absichern. Wenn jeder mit jedem einen anderen Schlüssel vereinbaren soll, ergäbe das 5050 verschiedene Schlüssel, 99 pro Anwender. Das ist nicht mehr praktikabel, folglich wird jeder Teilnehmer nur wenige Schlüssel gebrauchen. Der zweite Grund ergibt sich daraus gleich mit: Es reicht *ein* nachlässiger Nutzer, der fremde Schlüssel lesbar auf seiner Platte ablegt, und schon hat er viele andere gefährdet. Bei Einhaltung des Breitmaulfrosch-Protokolls gefährdet ein nachlässiger Anwender nur sich selbst.

Noch etwas erscheint bei diesem Protokoll überflüssig: die Zeitstempel. Gewiss, auch ohne diese arbeitet das Verfahren, doch dann könnte Mallory einen so genannten **Replay-Angriff** starten:

▷ Mallory fängt die Nachricht des Servers an Bob in Schritt 3 ab. Er kann sie zwar nicht dechiffrieren, doch er weiß aus der Beobachtung der Serveraktivitäten, dass sie von Alice veranlasst wurde.

▷ Zu einem späteren Zeitpunkt gibt sich Mallory als Server aus und sendet die abgefangene Nachricht nochmals an Bob. Mallory wartet zum Beispiel, bis Alice wieder mit Bob kommunizieren will und ersetzt in Schritt 3 die Server-Nachricht durch die alte. Genauso kann er die Nachricht unabhängig von Alices Aktivitäten senden.

▷ Bob überprüft nicht, ob der Sitzungsschlüssel Ss schon einmal verwendet wurde, denn das wäre ziemlich aufwendig. Er nimmt also an, Alice will ihm etwas mitteilen und beginnt ahnungslos mit Ss chiffrierte Nachrichten an Alice zu senden. Oder er wartet auf Alices Mitteilung.

Nun gibt es verschiedene Möglichkeiten für Mallory: Er kann Bob irgendwelchen Datenmüll senden, er kann Alice und Bob mit verschiedenen Sitzungsschlüsseln »kommunizieren« lassen (was natürlich nicht klappt), er kann eine Anfrage von Bob wegfangen und ihm vorgaukeln, Alice wäre entführt worden. Das führt bei beiden vielleicht gerade zu der Kurzschlussreaktion, die in Mallorys Interesse liegt.

Diese Form der Störung eines Kanals (ohne dass der Urheber auszumachen wäre) ist gleichzeitig ein **Denial-of-service-Angriff**. Es geht dabei nicht um ein Abfangen oder Verfälschen von Daten, sondern um die Beeinträchtigung oder Fehlfunktion eines Systems, ohne dass der Urheber auszumachen wäre.

Natürlich hat das Protokoll auch Nachteile:

▶ Wenn Alice schlechte Schlüssel erzeugt, kann sie Bob damit in Gefahr bringen.

▶ Wird der zentrale Server kompromittiert, so sind es auch alle Anwender mit einem Schlag.

▶ Die Verwendung von Zeitstempeln setzt voraus, dass die Uhren aller Rechner einigermaßen synchron laufen. Dieses Problem ist nicht trivial: Ausgerechnet Zeitdienst-Programme haben oft Sicherheitslücken. Eine Funkuhr an jedem Rechner ist meistens zu teuer; das Nachstellen der Uhr von Hand kann der Administrator vergessen oder es ist zu aufwendig.

Das Problem der Schlüsselwahl wird von anderen Protokollen besser gelöst, z. B. von *Kerberos*: Dort erzeugen und verteilen zwei vertrauenswürdige Dienste unter anderem die Sitzungsschlüssel. Kerberos ist ziemlich kompliziert und wird in diesem Rahmen nicht weiter besprochen.

6.1.2   Merkles Rätsel

Das im Folgenden genannte Verfahren zur Schlüsselübermittlung wird vermutlich in der Praxis nicht angewandt, doch es ist trotzdem aus mehreren Gründen interessant. Ralph MERKLE, bekannt u. a. durch den Rucksackalgorithmus (4.5.5), erfand es bereits 1974. Damals konnte offenbar niemand etwas mit dieser Methode anfangen – die öffentliche kryptologische Forschung steckte noch in den Anfängen (wie Sie schon im Abschnitt 4.3.1 über den Entwurf von DES gelesen haben).

MERKLES Methode ist also historisch interessant. Außerdem ist sie leicht zu verstehen und nutzt nur symmetrische Verschlüsselung:

1. Alice möchte Bob eine chiffrierte Nachricht schicken. Bob erzeugt dazu 2^{20} (etwa eine Million) Nachrichten der Form: »Der Schlüssel mit der Kennung x heißt y«. Dabei müssen die x in allen Nachrichten verschieden sein, ebenso die Werte y. Diese Nachrichten verschlüsselt er einzeln mit einem bekannten symmetrischen Verfahren und benutzt dazu 2^{20} 20-Bit-Schlüssel, für jede Nachricht einen anderen.

2. Alice kryptanalysiert eine zufällig herausgegriffene Nachricht mittels Brute Force (für 2^{20} Schlüssel dauert das in der Regel nicht sehr lange). Dadurch erhält sie ein Wertepaar (x,y).

3. Alice verschlüsselt nun ihre Nachricht mit dem Schlüssel y und sendet das Chiffrat zusammen mit x an Bob.

4. Bob kann dem gesendeten Wert x leicht das richtige y zuordnen und so Alices Nachricht dechiffrieren.

Der Lauscher, der y ermitteln will, muss im Mittel 2^{19} Nachrichten dechiffrieren, um diejenige zu finden, die das gesendete x enthält. Für jede Dechiffrierung benötigt er mit Brute Force im Mittel ebenfalls 2^{19} Dechiffrierungen, insgesamt also 2^{38}, während Alice im Mittel nur 2^{19} Dechiffrierungen durchführen muss. Ein Angreifer benötigt also eine etwa eine Million mal schnellere Rechentechnik als Alice, um den Datenverkehr mitzulesen.

Auch wenn das Verfahren in dieser Form wahrscheinlich nicht genutzt wird (es soll effektivere Varianten geben), so ist es dennoch erwähnenswert, denn seine Sicherheit beruht auf einem einzigen Chiffrieralgorithmus, und der Aufwand zum Brechen des Protokolls ist abschätzbar.

6.1.3 Schlüsselverwaltung und Authentifizierung in GSM-Netzen

Ein weiteres Beispiel für chiffrierten Nachrichtenverkehr, der mit Sitzungsschlüsseln arbeitet, jedoch keine asymmetrischen Verfahren einsetzt, liefern die schon in 5.6.2 erwähnten Funktelefonnetze nach dem GSM-Standard (in Deutschland sind das D1, D2 und E-Plus). Das Chiffrierverfahren A5 kennen Sie ja bereits – aber wie wird der Schlüssel vereinbart?

In jedes Funktelefon wird eine so genannte SIM-Karte eingesetzt, die einen Chip enthält. Dieser Chip speichert eine feste Seriennummer sowie eine geheime Zahl Ki. Angeblich ist diese Zahl nicht auslesbar – bedenken Sie allerdings das in 4.4.5 Gesagte und den bemerkenswerten Artikel von ANDERSON und ROSS [And-Kuhn.tamp] über die Sicherheit von *tamper-proof* Chips.

Außerdem implementiert der Chip zwei Algorithmen A3 und A8. Diese Algorithmen sind im GSM-Standard nicht spezifiziert. Jeder Netzbetreiber hält sie geheim und baut sie selbst in seine Chips sowie in die Computer seines Netzes ein. A3 dient der Authentifizierung, A8 der Schlüsselübergabe. Das läuft so ab:

Die geheime Zahl Ki hat auch der Netzbetreiber in seinen Computern gespeichert. Wenn ein Teilnehmer einen Anruf startet, sendet der Chip auf der SIM-Karte seine Seriennummer. Damit ist der Teilnehmer bekannt. Das Netzwerk sucht die entsprechende Geheimzahl Ki heraus und sendet ihm eine Zufallszahl RAND als Antwort. Mittels A3 berechnet der Chip auf der SIM-Karte aus RAND und Ki eine 32-Bit-Antwort SRES und sendet diese zurück an die Basisstation. Letztere kennt ebenfalls Ki, A3 und RAND und kann daher SRES selbst berechnen. Den berechneten Wert vergleicht der Rechner in der Basisstation mit dem empfangenen Wert. Stimmen beide überein, dann ist der Anruf zulässig. Das verhindert eine unbefugte Nutzung des Netzes auf fremde Kosten.

Weiterhin berechnen sowohl der SIM-Chip im Handy als auch der Rechner in der Basisstation einen 64-Bit-Sitzungsschlüssel Kc aus den Werten Ki und SRAND, wobei sie den Algorithmus A8 verwenden. Dieser Schlüssel Kc wird aber *nicht* gefunkt, sondern von beiden Seiten nur zur A5-Chiffrierung/Dechiffrierung verwendet. Dank der vorangegangenen Authentifizierung mittels SRES können sich beide Seiten sicher sein, den gleichen Schlüssel Kc zu verwenden.

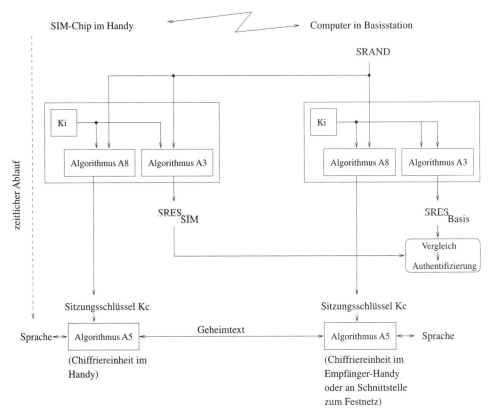

Abbildung 6.2: Authentifizierung und Erzeugung der Sitzungsschlüssel in GSM-Netzen

In einem ausländischen GSM-Netz könnten andere Algorithmen A3 und A8 verwendet werden. Trotzdem darf man sein Handy im Ausland benutzen. Das ausländische Netz erkennt nämlich, dass das Telefon nicht bei ihm angemeldet ist, und
lässt sich vom Heimatnetz des Telefons im Voraus mehrere so genannte **Tripletts**
SRAND, SRES und Kc zur Authentifizierung und Chiffrierung senden. Nun verstehen Sie auch, warum so genannte Roaming-Verträge mit ausländischen Telefon-
dienst-Anbietern geschlossen werden müssen, um deren Netze nutzen zu dürfen.
Es geht dabei nicht nur um Geld, sondern auch um Kryptologie: Wenn ein deut-
sches Handy in Italien eingeschaltet wird, dann muss das italienische Netz erkennen, dass es die drei Werte SRAND, SRES und Kc in Deutschland zu holen hat
(üblicherweise werden solche Werte nach dem ersten Anruf auf Vorrat gehalten).

Sie haben vielleicht bemerkt, dass das erste Einloggen im Ausland meist deutlich
länger dauert als die folgenden Verbindungsaufnahmen. Auch das wird nun verständlich: Beim ersten Mal muss das ausländische Netz Tripletts anfordern, in der
Folge hält es ständig welche vorrätig. Übrigens läuft bei all dem das Geheimnis Ki
niemals über ein Netz, es bleibt im Datenbankcomputer des Netzbetreibers und im
Handy.

Geclonte Handys

Die Authentifizierung, die Generierung des Sitzungsschlüssels und der Austausch chiffrierter Daten bilden also ein recht komplexes kryptografisches Protokoll. Ist es auch sicher? Bis zum 13.4.98 schien die Antwort darauf »ja« zu sein. An diesem Tag wurde ein spektakulärer, erfolgreicher Angriff auf die GSM-Authentifizierung veröffentlicht – gemeinsam von Marc BRICENO, Direktor der SDA (Smartcard Developer Association), sowie von den beiden Studenten Ian GOLDBERG und David WAGNER an der Universität in Berkeley. (Diese beiden letztgenannten Herren entdeckten übrigens auch die in Abschnitt 5.1.4 beschriebene schwache Schlüsselgenerierung von Netscape.)

Auf wie üblich nicht nachvollziehbare Weise waren die geheim gehaltenen Standardversionen der Algorithmen A3 und A8 »entwichen«. Beide Algorithmen zusammen werden auch als COMP128 bezeichnet. GOLDBERG und WAGNER entdeckten nun einen Schwachpunkt in COMP128, der einen so genannten *chosen-challenge-Angriff* erlaubt: Eine SIM-Karte wird mit vielen gewählten Werten SRAND »gefüttert« und ihre Antwort darauf untersucht. Nach einer hinreichenden Zahl von Versuchen lässt sich der geheime Wert Ki berechnen und damit zu jeder beliebigen Anfrage SRAND sowohl die Antwort SRES als auch der Sitzungsschlüssel Kc. Wenn nun ein Betrüger unbemerkt eine fremde SIM-Karte analysiert, kann er mit Hilfe eines gewöhnlichen PC (der Ki kennt und A3/A8 implementiert hat) die SIM-Karte simulieren, ohne dass dies für den Mobilfunkanbieter feststellbar ist. Im Klartext heißt das: Der Betrüger kann auf Kosten eines fremden Kunden telefonieren. Details finden Sie auf der beigelegten CD im Verzeichnis *txt/gsm* (*algor/A5/a3a8.c* enthält außerdem die COMP128-Implementierung in C).

Der beschriebene Angriff ist tatsächlich möglich. In Deutschland wurde er vom Chaos Computer Club in Hamburg (CCC) anhand einer D2-Karte vorgeführt (vgl. [SpiegClon]). Doch Panik ist fehl am Platz. Ganz so einfach ist der Angriff in der Praxis nämlich nicht. Zur Berechnung von Ki sind ungefähr 150000 SRAND-Abfragen notwendig, und da eine SIM-Karte kein Supercomputer ist, dauert dies etwa acht Stunden. So lange muss jemand Ihr Handy samt Karte besitzen, ohne dass Sie etwas davon mitbekommen – erst dann kann er auf Ihre Kosten telefonieren. Bemerken Sie den zeitweiligen Diebstahl eher und lassen Ihre Karte und/oder Handy sperren, kann Ihnen eigentlich nichts passieren.

Das ist noch nicht alles. Die SIM-Karte wird bekanntlich mit einer vier- bis achtstelligen PIN geschützt. Nach dreimaliger Fehleingabe kann man sich nur noch durch Eingabe einer achtstelligen Super-PIN Zugang zum Netz verschaffen. Nun sind zehn Versuche erlaubt. Schlagen diese auch fehl, bleibt nur noch der Weg zum Fachhändler, mit allen Dokumenten. Es hat also wirklich keinen Sinn, GSM-Handys zu stehlen!

Es ist derzeit noch möglich, mit erheblicher krimineller Energie an die Super-PIN heranzukommen, doch ich bin überzeugt, dass auch dieser Weg beim Erscheinen des Buches bereits versperrt ist. (Übrigens haben manche Handys in Mietwagen keine PIN – wie lange noch?)

Schließlich sollte ich noch erwähnen, dass nur Mannesmann als D2-Betreiber den COMP128-Algorithmus unverändert verwendete; D1 und E-Plus nutzen Varianten. Aber Sie wissen ja: Auf Dauer ist das kein Sicherheitsvorteil, denn auch diese Varianten werden eines Tages offen gelegt sein.

Viel gefährlicher wäre jedoch ein »Luftangriff« auf die SIM-Karte. Dabei würde das eingeschaltete Handy des ahnungslosen Nutzers über Funk ständig zur Authentisierung gezwungen. Diese Möglichkeit wurde von Netzbetreibern bestritten. Inzwischen ist man offenbar vorsichtiger mit solchen Aussagen.

Eine andere Methode, an das Geheimnis Ki heranzukommen, wäre die Kompromittierung des Rechners in einer Basisstation. Doch das würde wahrscheinlich nicht unbemerkt bleiben. Die Netzbetreiber haben da sicherlich vorgesorgt.

Zusammen mit den erheblichen technischen Problemen beim Abhören des GSM-Funkverkehrs ergibt alles zusammen immer noch ein in der Praxis leidlich sicheres System, jedenfalls nach derzeitigen Erkenntnissen. Trotzdem muss man konstatieren: Die Netzbetreiber haben die beschriebenen Gefahren unterschätzt und offenbar sogar ignoriert: Nur die wenigsten von ihnen haben bisher auf die entdeckten Angriffsmöglichkeiten reagiert. Näheres finden Sie auf der Webseite *www.research.att.com/~janos/3gpp.html*.

Schlussfolgerungen und eine »Nebenwirkung«

Doch kommen wir noch einmal auf den beschriebenen Angriff zurück. Er nutzte eine offensichtliche und vermutlich auch nicht beabsichtigte Schwäche des COMP128-Algorithmus aus. Bei einer öffentlichen Untersuchung des Verfahrens wäre diese Schwäche sofort entdeckt worden – GOLDBERG und WAGNER benötigten nur einen Tag dazu! Mit einem einheitlichen, allerdings sauber entworfenen und gründlich analysierten Algorithmus könnten wir heute vermutlich noch sicher telefonieren. So aber gibt es bereits 200 Millionen GSM-Nutzer weltweit, und alle sind potenziell gefährdet (wenn auch derzeit noch wenig Grund zur Beunruhigung besteht). Ein Abändern der Algorithmen wäre extrem teuer. Besser kann ich Ihnen wohl kaum demonstrieren, wie wenig Geheimniskrämerei beim Algorithmenentwurf der Sicherheit dient.

Der eigentliche Clou ging jedoch im Medienrummel ziemlich unter. Es stellte sich »nebenbei« heraus, dass der 64 Bit lange A5-Schlüssel Kc nur 54 Bit lang ist – die restlichen 10 Bit sind immer Null. Ein Brute-Force-Angriff wird dadurch etwa um den Faktor 1000 schneller. Für die Kryptanalyse von A5 (vgl. [GolićA5]) lässt sich dieser Umstand allerdings nach Aussage von GOLIĆ nicht so einfach nutzen.

Die offizielle Erklärung der GSM-Anbieter zu diesem »Kurzschlüssel« (auf der CD unter *txt/gsm/gsm_press.txt* nachzulesen) nimmt sich recht seltsam aus: Zum einen wird dort nur vom Authentisierungscode gesprochen (und nicht von der A5-Chiffrierung), zum anderen erlauben die freien Bit angeblich ein »flexibleres Reagieren auf sicherheitstechnische Bedrohungen«. Wer das ernst nimmt ...

Allgemein herrscht Einigkeit darüber, dass nur Geheimdienste Interesse an einer solchen absichtlichen Verringerung der Sicherheit haben. Marc BRICENO versicherte mir, dass man bis Ende April 1998 weltweit noch keine SIM-Karte gefunden hatte, deren A3/A8-Algorithmen *keine* 54-Bit-Schlüssel liefern. Wir können nur ahnen, welchen Einfluss Geheimdienste auf die Wirtschaft und auf unsere Sicherheit haben, allen voran sicherlich die NSA. Weitere Indizien finden Sie im Abschnitt 6.7, wenn die Rede auf die schweizer Firma Crypto AG kommt, und im Abschnitt 8.2.1.

6.1.4 UMTS: Man hat gelernt

GSM war der erste massenhafte Einsatz von Kryptografie in der Nachrichtenübermittlung. Angesichts von inzwischen einigen hundert Millionen Handybesitzern weltweit (die grassierende SMS-Manie nicht mitgerechnet) dürfte die jährliche Zahl chiffrierter Nachrichten sogar schon die Billionengrenze überschreiten. Mit dieser Zahl hat der schwache Algorithmus A5/1 dem ungleich sichereren DES den Rang abgelaufen.

Solch einen Erfolg hatten die Netzbetreiber selbst nicht erwartet, und umso dringlicher ist es, auf die Schwächen des Systems hinzuweisen:

▷ Wie wir in 6.1.3 und 5.7.2 sahen, sind die verwendeten Algorithmen A3/A8 zur Authentifizierung sowie A5 zur Chiffrierung schwach. Die Hauptursache dafür sehe ich in der Geheimhaltung der Algorithmen. Offiziell spielten das Verbot strenger Kryptografie in einigen Ländern (wie Frankreich) sowie Exportregulierungen eine wichtige Rolle.

▷ Das Konzept sieht nur einen Algorithmus zur Chiffrierung vor, nämlich A5.

▷ Die Chiffrierung endet immer bei der Basisstation. Dadurch passieren unverschlüsselte Gespräche auch abhörgefährdete Richtfunkstrecken.

▷ Bei GSM muss sich nur das Handy gegenüber der Basisstation ausweisen, nicht umgekehrt. Man hatte nicht an die Möglichkeit *aktiver* Angriffe geglaubt – die notwendige Ausrüstung sei zu teuer, hieß es. Inzwischen bewegen sich die Preise aber im Bereich von wenigen € 10.000, auch ist entsprechende Hardware nicht mehr so schwierig zu beschaffen.

Man-in-the-middle-Angriffe auf Handys sind also keine Utopie mehr, ebenso wenig das Mitschneiden und anschließende Verfälschen von Nachrichten.

▷ Der letzte Punkt spricht *Replay-Attacken* an, bei denen bereits gesendete Datenpakete nochmals an das Handy bzw. die Basisstation geschickt werden. Ein besonders übler Angriff wäre z. B. der Befehl der falschen Basisstation an das Handy, die Pakete unchiffriert zu senden. Die Existenz dieses Befehls kam übrigens ganz »nebenbei« heraus, bei Diskussionen über UMTS.

Ein GSM-Handy kann sich gegen solche aktiven Angriffe nicht wehren, da Signalisierungsnachrichten nicht genügend geschützt werden. Die Basisstation hingegen kann lediglich zu Beginn einer Kommunikation prüfen, ob das Handy legal ist, die weiteren Pakete sind nur durch die Chiffrierung geschützt. So wäre es denkbar, dass ein boshafter Angreifer das 0190-Gespräch (zum exorbitanten Minutenpreis) seines Widersachers stundenlang ausdehnt, indem er die Datenpakete der ersten Minute mitschneidet und dann mit größerer Sendestärke als das Handy immer wieder an die Basisstation schickt.

Trotzdem wurde meines Wissens am GSM-System bisher fast nichts geändert. Aber nun soll alles besser werden, denn jetzt kommt UMTS. Das Verbot guter Kryptografie ist mittlerweile kein Thema mehr, d. h. die Algorithmen werden besser und sind sogar offen gelegt. Als gelungenen Einstieg empfehle ich Ihnen die Webseite *www.research.att.com/~janos/3gpp.html*.

Das UMTS-Sicherheitskonzept ist sehr umfangreich und kompliziert, wie Sie beim Lesen des Textes *txt/gsm/UMTS_sec.pdf* auf der CD leicht selbst feststellen können. Ich werde nur einige Änderungen nennen:

▶ Der Mechanismus der Authentisierung wird wie bei GSM beibehalten, denn das Grundprinzip war gut, nur die Algorithmen waren zu schwach. Die neuen Verfahren basieren wesentlich auf **KASUMI**, einer Variante des hardwarefreundlichen Algorithmus **MISTY1**, den MATUI (Mitsubishi) 1996 entwickelte und der gegen lineare und differenzielle Kryptanalyse immun ist. KASUMI unterscheidet sich von MISTY durch einfachere Schlüsselerzeugung, angeblich »Verkomplizierung der Kryptanalyse« (dass das nicht so einfach ist, wissen Sie), »statistische Verbesserungen« und höhere Geschwindigkeit bei gleichzeitig einfacherer Hardwareimplementierung. Immerhin wurde KASUMI von Expertenteams untersucht, bei denen klangvolle Namen wie etwa KNUDSEN, PRENEEL, RIJMEN und VAUDENAY auftauchten.

▶ Die 54-Bit-Verschlüsselung von GSM weicht einer 128-Bit-Verschlüsselung. Ohne gravierende Schwächen von KASUMI – und danach sieht es nicht aus – wird es keine praktisch wirksamen Angriffe so wie den von BIRYUKOV und SHAMIR (vgl. 5.7.2) mehr geben.

▶ Statt Tripletts kommen nun Quintetts in der Basisstation an. Die drei Werte RAND, SRES und Kc bleiben (unter anderem Namen), neu sind ein *integrity key* IK und ein *authentication key* AK. Ebenso wie der Chiffrierschlüssel Kc passieren diese beiden 128-Bit-Zahlen niemals den Luftweg, sondern werden beim Betreiber sowie im Handy aus RAND und Ki berechnet.

Mittels IK werden 64 Bit lange Prüfsummen chiffriert (sog. MACs, vgl. 6.3.1), die die Funktion digitaler Signaturen haben. Mittels der MACs kann sich die Basisstation gegenüber dem Handy ausweisen (und umgekehrt), insbesondere bei wichtigen Signalisierungsnachrichten (»schalte die Verschlüsselung ab« als einprägsames Beispiel). An den berechneten MAC werden noch Folgenummern angehängt sowie u. a. ein *direction flag*, das angibt, in welcher Richtung ein Datenpaket läuft: vom Handy zur Basisstation oder umgekehrt. Beide Angaben verhindern spezielle Typen von Replay-Attacken, bei denen bereits gesendete Pakete vom aktiven Angreifer wiederverwendet werden.

Der Schlüssel AK dient zum Verbergen der Folgenummer, aus der ein Angreifer auf Identität und Funkzelle des Senders schließen könnte. AK ist gleich Null, wenn diese Vorsichtsmaßnahme überflüssig erscheint.

▶ Dank der erwähnten MACs sind »unterschriebene« (autorisierte) Signalisierungsmeldungen möglich. Das erlaubt im Unterschied zu GSM eine schnelle, lokale Authentifizierung, d. h. ohne bei jeder Verbindungsaufnahme neue Quintetts zu verbrauchen bzw. anfordern zu müssen. Bei UMTS ist dies wichtig, weil z. B. beim Surfen ständig Verbindungen auf- und abgebaut werden müssen, um nicht benötigte Frequenzen schnell freizugeben. Die Lebensdauer eines Schlüssels wird zu Beginn der Verbindung vereinbart und in einem gesonderten Feld bei der Signalisierung untergebracht.

▶ Chiffrierte Pakete werden nicht immer in der Basisstation dechiffriert, sondern i. A. in so genannten *Radio Network Controllers* (RNCs). Das erlaubt, abhörgefährdete Teilstrecken sicher zu überbrücken.

Die Chiffrierung des Funkverkehrs geschieht mit KASUMI, der im OFB-Modus betrieben wird, allerdings mit zwei kleinen Modifikationen: Während man im OFB-Modus

S_{n+1} = KASUMI(S_n)
C_n = $S_n \oplus P_n$

schreiben würde (P_n Klartext, C_n Geheimtext, vgl. 5.1.1), berechnet man hier

S_{n+1} = KASUMI($S_n \oplus S_0 \oplus n$)
C_n = $S_n \oplus P_n$,

wobei n die Blocknummer ist und S_0 durch KASUMI-Chiffrierung von verbindungsabhängigen Daten berechnet wird. Die Einbeziehung der Blocknummer soll Zyklen verhindern, die Verwendung von S_0 spezielle Angriffe mit ausgewähltem Klartext.

Offensichtlich hat man also aus den Fehlern von GSM gelernt. Zwar werden die Investitionskosten für die nächste Mobilfunkgeneration noch sehr lange unsere Geldbörsen belasten, doch wenigstens von der Sicherheit gibt es Erfreulicheres zu berichten.

6.2 Geteilte Geheimnisse

Kryptografische Protokolle dienen nicht nur der Schlüsselübertragung. Beispielsweise helfen sie uns auch, kritische Daten so zu verstreuen, dass sie sowohl vor Verlust als auch vor unbefugtem Zugriff geschützt sind. Die einfache Teilung heißt **Secret Splitting**, die universellere Methode **Secret Sharing**.

6.2.1 Secret Splitting

Das einfachste *Secret Splitting* lässt sich mit Hilfe eines individuellen Schlüssels (One-Time-Pad, vgl. 2.6) konstruieren: Sie haben eine Nachricht P und verschlüsseln sie mit dem individuellen Schlüssel S zum Geheimtext C:

$C = P \oplus S$

Nun geben Sie den Schlüssel S an Alice, den Geheimtext C dagegen an Bob. Weder Alice noch Bob können mit ihren Daten etwas anfangen. Erst wenn beide in Verbindung treten und ihre Informationen gemeinsam nutzen, können sie den Klartext rekonstruieren:

$P = C \oplus S$

Das lässt sich ohne Problem auf beliebig viele Personen verallgemeinern. Sie erzeugen n-1 individuelle Schlüssel S_1, ..., S_{n-1} und verknüpfen diese per XOR, wobei sich S_n ergeben soll. Mit S_n chiffrieren Sie den Klartext zum Geheimtext C. Ihren n Partnern händigen Sie nun S_1, ..., S_{n-1} und C aus, jedem nur eine Datei. Erst die XOR-Verknüpfung der Daten *aller* Partner ergibt den Klartext.

Sind die Daten sehr umfangreich, dann können Sie den Klartext P in n gleich lange Teile P_1, ..., P_n der Länge l aufspalten (zur Not müssen Sie Bits auffüllen). Des Weiteren erzeugen Sie n individuelle Schlüssel S_1, ..., S_n der Länge l. Jede Bitfolge P_i wird nun nacheinander mit allen S_j mit $j \neq i$ per XOR verknüpft. Jeder der n Partner erhält den so erzeugten Geheimtext C_j zusammen mit dem Schlüssel S_j, der bei der Chiffrierung von P_j gerade *nicht* verwendet wurde.

Secret Splitting ist eine ausgezeichnete Methode der Geheimhaltung, viel besser als der dickwandigste Tresor. Zerlegen Sie Ihr Geheimnis in fünf Teile und geben Sie es an fünf vertrauenswürdige Partner weiter, die es in ihren Tresoren einschließen. Selbst wenn diese Tresore noch von Franz Jäger (Berlin) stammten – Egon Olsen wäre machtlos, denn spätestens beim Knacken des dritten Tresors würde er sicherlich wieder im Gefängnis landen. Auch falls Sie sich in Ihren Partnern getäuscht haben: Es reicht, wenn *einer* ehrlich bleibt, und dafür ist die Wahrscheinlichkeit ausreichend hoch. Sie können außerdem dafür sorgen, dass Ihre Partner nichts voneinander wissen.

Allerdings hat das Verfahren einen Pferdefuß. Wenn ein einziger Tresor Ihrer Partner ausgeraubt wird oder der Inhalt vernichtet wird, dann ist die gesamte Information verloren. Die Wahrscheinlichkeit für ein einzelnes solches Ereignis mag nicht hoch sein, doch bei fünf Partnern ist sie eben etwa fünfmal so hoch. Aus diesem Grund hat man *Secret Sharing* erfunden.

6.2.2 Secret Sharing

Wenn Sie davon ausgehen, dass von den fünf Tresoren Ihrer Partner höchstens zwei ausbrennen werden, dann müssen Sie Ihre Daten mittels *Secret Sharing* aufteilen: Drei beliebige Partner zusammen können Ihre Daten noch rekonstruieren, zwei reichen jedoch nicht mehr aus. Das hat mit fehlerkorrigierenden Codes zu tun, die Sie vielleicht täglich ausgiebig nutzen: Beim Anhören einer CD läuft die Berechnung von 8 Bit Information aus 14 Bit Daten mehrere zehntausend Mal pro Sekunde ab. Die physikalische Aufzeichnungsmethode der CD ist nämlich so unzuverlässig, dass dabei jedes Byte auf 14 Bit »gestreckt« werden muss. Wenn beim Einlesen einige Bits verloren gehen, können sie aus den restlichen berechnet werden. Gehen zu viele verloren, dann lässt sich nichts mehr berechnen.

Wenigstens ein solches Secret-Sharing-Verfahren will ich Ihnen hier vorstellen. Sie wissen, dass ein quadratisches Polynom (entsprechend einer Parabel) durch seine Werte an drei verschiedenen Stellen (Punkten) festgelegt ist. Zwei Punkte reichen dazu nicht aus, denn es gibt unendlich viele Parabeln, die durch diese Punkte gehen. Analoges gilt in Restklassen. Daraus konstruieren wir ein *Polynomverfahren* [Shamshare]:

Ihre geheime Nachricht sei eine Zahl M. Sie wählen nun eine nicht geheime große Primzahl p, die größer als alle betrachteten geheimen Nachrichten und Teilnachrichten ist. Außerdem legen Sie willkürlich zwei ganzzahlige Koeffizienten a und b fest. Von dem Polynom

$$ax^2 + bx + M$$

berechnen Sie die Werte für x = 1,2,3,4,5 und verteilen deren Reste modulo p an Ihre fünf Partner, die p ebenfalls kennen müssen. Die Werte von a und b vergessen Sie für alle Zeit. Keine zwei Ihrer Partner sind auch nur theoretisch in der Lage, M aus ihren Informationen zu bestimmen, beliebige drei von ihnen brauchen dagegen nur ein lineares Gleichungssystem in der Restklasse modulo p zu lösen. Das ist nicht übermäßig schwierig.

Durch das Rechnen in Restklassen werden übrigens bei nur zwei bekannten Teilgeheimnissen alle denkbaren Nachrichten M möglich. Das Verfahren ist so sicher wie ein individueller Schlüssel!

Wenn Ihr Geheimnis mehrere MByte lang ist, können Sie es mit einem zufälligen Sitzungsschlüssel chiffrieren und dann diesen Schlüssel per Secret Sharing verteilen.

Allerdings ist das beschriebene Protokoll noch anfällig gegen *denial-of-service*-Angriffe: Falls bei der Rekonstruktion des Geheimnisses ein Teilnehmer schwindelt, wird ein falsches Geheimnis erzeugt, und vor allem ist der Schwindler nicht auszumachen. Dazu dienen so genannte **robuste Secret-Sharing-Protokolle**, die mit Zero-Knowledge-Beweisen arbeiten. Einzelheiten dazu finden Sie in [SchnCr 3.7] und [Gemmel].

Es gibt noch allgemeinere Secret-Sharing-Verfahren. Zum Beispiel können Sie fordern: Unter drei Partnern, die das Geheimnis rekonstruieren können, muss immer einer von zwei besonders vertrauenswürdigen sein. Oder zwei der beteiligten Partner sollen verfeindet sein. (Sie geben dazu eine Liste von entsprechenden Paaren an.) Es sind beliebige logische Schemata denkbar, und es wird auf diesem Gebiet seit 1979 intensiv geforscht. Ich kann Ihnen leider keine Software hierzu mitliefern. Sie finden mehr Theorie in [Shamshare], [Stins] und [Blakshar; dort weitere Lit.] sowie in [SchnCr 3.7].

6.2.3 Geteilte Geheimnisse, gespaltene Kerne

Die Entwicklung von Secret Splitting und Secret Sharing hat auch einen sehr ernsten Hintergrund: Solche Verfahren dienen der Absicherung von Atomwaffen. Nach der Kubakrise wuchs die Furcht, dass ein nuklearer Weltkrieg per Zufall ausgelöst werden könnte. Es hätte ausgereicht, wenn ein einzelner hoher Offizier die Nerven verloren und eine Atomrakete abgeschossen hätte, »weil die in Washington doch keinen blassen Schimmer davon haben, was hier los ist«.

Präsident Kennedy forderte damals, fast alle Atomwaffen[1] unter »positive Kontrolle« zu stellen. Das heißt: Die Sprengköpfe lassen sich nur mit einem geheimen Code aktivieren. Es wäre aber zu gefährlich gewesen, den gleichen Schlüssel für alle Sprengköpfe zu verwenden, wenn ihn irgendein Servicetechniker hätte ermitteln können. Also benötigte man Gruppenschlüssel für kleinere Mengen von Waffen. Gleichzeitig sollte der Einsatz von Atomwaffen nicht ohne Befehl des Präsidenten erfolgen können.

---

1. Mit Ausnahme so genannter »nuclear demolition munition«, die von zentralen Depots an ihre Einsatzorte gebracht und mit Zeitzündern verwendet wird.

Hier kam Secret Splitting zum Einsatz: Lokale Kommandeure kannten einen Teil des Gruppenschlüssels, der zusammen mit dem vom Präsidenten bekannt gegebenen Generalschlüssel den für die Waffengruppe gültigen ergab (nun ahnen Sie auch, was in Putins berühmtem Köfferchen enthalten ist).

Bei einem angenommenen sowjetischen »Enthauptungsschlag«, der die US-Armeeführung vernichtet hätte, wäre die Bekanntgabe des Generalschlüssels wahrscheinlich nicht mehr möglich gewesen. Die Lösung in diesem Fall, Sie ahnen es bereits, ist Secret Sharing. Erst eine bestimmte Personengruppe wäre in gemeinsamer Aktion in der Lage, Sprengköpfe zu aktivieren. Ganz sicher handelt es sich dabei nicht um einfache »3 aus 5«-Schemata.

Sicherlich ist Ihnen wie mir klar: Wenn überhaupt irgendwo kryptologisch sauber gearbeitet wird, dann bei dieser brisanten Thematik. Wie weit das geht, zeigt ein weiteres, faszinierendes Detail: Selbstverständlich sind alle nuklearen Sprengköpfe gegen mögliche Spionage und Sabotage bestmöglich geschützt. Jeder Versuch, unbefugt an die atomare Ladung oder die Elektronik heranzukommen, führt zu sofortiger Zerstörung des Sprengkopfes. Mit Gasflaschen wird der Plutoniumkörper deformiert und chemisch verändert, gezielte Sprengsätze zerstören Neutronenverstärker, Tritiumladungen und selbstredend auch den Geheimcode. Bei Versuchen stellte sich heraus, dass sich nach solch einer Explosion noch einzelne Chipteile von 1 mm Größe fanden. Daraufhin wurde das Design von Chip und/oder Software geändert. Nun sind Schlüssel per Secret Splitting an verschiedenen Orten auf den Chips untergebracht und diese Orte mehr als 1 mm voneinander entfernt.

All diese Sicherheitsmaßnahmen waren bis heute erfolgreich: Offenbar konnte nicht ein einziger Sprengkopf gestohlen werden, niemand hat den Generalschlüssel ausspioniert *und* eingesetzt. James-Bond-Filme wirken dank dieses Wissens noch absurder. Aber gerade das macht sie so attraktiv.

Sicherlich fragen Sie sich jetzt, wo man solche interessanten Informationen erhält. Ich habe dazu weder Militärs noch Geheimdienste befragt, sondern nur den faszinierenden Artikel [AndKuhn.tamp] gelesen, der schon den Hintergrund für 4.4.5 abgab. Er liegt auf der CD bei.

6.3 Digitale Signaturen

Das in der gegenwärtigen deutschen Politik und Rechtssprechung populärste kryptografische Protokoll ist die digitale Signatur oder auch *digitale Unterschrift*. Bei der zunehmenden Verlegung des Informationsflusses auf elektronische Medien wird es ganz einfach notwendig, ein elektronisches Äquivalent für die traditionelle Unterschrift zu entwickeln. Dies ist für Kryptologen nicht so schwierig, jedoch vom Rechtlichen und vom Risiko her ein zweischneidiges Schwert. Bevor wir aber Signaturen erzeugen und untersuchen können, müssen wir uns mit so genannten *Einweg-Hashfunktionen* beschäftigen.

6.3.1   Einweg-Hashfunktionen

Gewöhnliche Hashfunktionen sind dem Informatiker seit langem bekannt und verkörpern eine einfache wie geniale Idee. Stellen Sie sich folgende Situation vor: Sie erzeugen eine große Datenbank mit Kundennamen. Pausenlos kommen neue Namen hinzu, zum Sortieren bleibt keine Zeit (weil sonst Ihr Rechner nur noch mit dem zeitaufwendigen Sortieren beschäftigt wäre). Gleichzeitig müssen Sie zwischendurch laufend nach bereits eingegebenen Namen suchen lassen. Diese Suche geht zwar viel schneller als das Sortieren, wird aber so häufig gefordert, dass Ihr Rechner trotzdem nicht hinterherkommt.

Der Ausweg aus diesem Dilemma ist recht einfach. Bilden Sie während der Eingabe aus jedem Namen die »Quersumme«, d. h. addieren Sie einfach alle Bytes in diesem Namen. Nun erstellen Sie zusätzlich zur Datenbank eine so genannte **Hashtabelle** mit 256 Einträgen, für jede mögliche Quersumme einen Eintrag. Dieser Eintrag enthält Verweise auf alle Datenbanksätze, in denen der Kundenname gerade die vorgegebene Quersumme ergibt. Bei der Suche nach einem Namen bilden Sie also erst dessen Quersumme, dann gehen Sie in der Hashtabelle ohne Zeitverlust zum entsprechenden Eintrag und suchen nur noch die dort angegebenen Verweise ab. Weil bei vielen Namen alle Quersummen etwa gleich häufig auftreten werden, geht die Suche dank der Hashtabelle etwa 256mal schneller vor sich!

Die Bildung der Quersumme ist ein sehr einfaches Beispiel für eine **Hashfunktion**; die Quersumme selbst heißt **Hashwert** oder auch **Hashsumme**. Die wesentlichen beiden Eigenschaften einer Hashfunktion sind also:

1. Aus einer umfangreichen Information (dem Namen) wird eine komprimierte berechnet (ein Byte Quersumme).

2. Für verschiedene Namen sollen sich die Werte der Hashfunktion mit ausreichend großer Wahrscheinlichkeit unterscheiden (damit die Zeilen in der Hashtabelle ungefähr gleich lang werden).

Die in der Kryptografie genutzten **Einweg-Hashfunktionen** unterscheiden sich beträchtlich von den Hashfunktionen der Informatik. Sie erfüllen zwar auch die Forderungen 1. und 2., doch bei ihnen kommt wenigstens noch eine dritte Eigenschaft hinzu:

3. Bei gegebenem Hashwert ist es mit vernünftigem Aufwand nicht möglich, eine Bytefolge zu konstruieren, die diesen Hashwert ergibt.

Der Unterschied zwischen gewöhnlichen Hashfunktionen und Einweg-Hashfunktionen ist also ebenso groß wie der zwischen einer simplen Konvertierung von Zeichensätzen und einem kryptografischen Algorithmus.

Wenn eine Einweg-Hashfunktion z. B. nur auf lesbare Texte angewendet wird, dann müsste es eigentlich ausreichen zu fordern, dass sich zu einem vorgegebenen Hashwert kein lesbarer Text konstruieren lässt. Diese Forderung ist aber in der Praxis kaum zu überprüfen. Also geht man lieber auf Nummer sicher und fordert mehr. Die Einweg-Hashfunktionen sollen daher generell »nicht umkehrbar« sein.

Doch diese drei Eigenschaften reichen noch nicht aus. Viele kryptografische Protokolle mit Einweg-Hashfunktionen benötigen zusätzlich noch folgende Voraussetzung:

4. Bei gegebener Bytefolge ist es mit vernünftigem Aufwand nicht möglich, eine zweite Bytefolge mit gleichem Hashwert zu finden. Ein Paar von Bytefolgen mit gleichem Hashwert heißt auch **Kollision**.

Das hängt mit dem so genannten Geburtstagsangriff zusammen, der in 6.3.3 erläutert wird.

Einweg-Hashfunktionen werden manchmal auch *Kompressionsfunktion, Konzentrationsfunktion, Message-Digest, kryptografische Prüfsumme, MIC (message integrity check)* und noch anders genannt. Sie erkennen schnell aus dem Kontext, worum es sich handelt.

Einweg-Hashfunktionen verwenden keine geheimen Schlüssel. Das entspricht ihrem Verwendungszweck – sie sollen für jedermann berechenbar sein. Wir werden das im folgenden Abschnitt 6.3.2 gleich sehen. Es gibt aber auch nicht umkehrbare Hashfunktionen mit geheimem Schlüssel. Sie heißen **MACs** *(message authentication codes)* und dienen der Erzeugung von Unterschriften, die nur bei Kenntnis des geheimen Schlüssels überprüft werden können. Solche Unterschriften sind beispielsweise nützlich, um Virusbefall oder andere Manipulationen an ihrer Software mit Sicherheit nachzuweisen. Wir betrachten MACs nicht weiter; Einzelheiten finden Sie in [SchnCr 18.14.] und [MenOoVan, 9.5].

Die Forschung an Einweg-Hashfunktionen begann offenbar erst um 1990. Die Kryptanalyse konzentriert sich bei ihnen auf andere Ziele als bei Chiffrieralgorithmen. Die Umkehrung einer Hashfunktion (Eigenschaft 3) ist bisher nur einmal gelungen, nämlich für eine reduzierte Variante von MD4 (siehe unten). Man versucht stattdessen, Kollisionen zu berechnen, d. h. verschiedene Bytefolgen mit dem gleichen Hashwert zu finden (Eigenschaft 4).

Beispiele von Einweg-Hashfunktionen

Einweg-Hashfunktionen sind im Allgemeinen sehr kompliziert aufgebaut, ihr Design ist nicht so einfach zu verstehen. Das sollte uns nicht wundern: Während man sich mit kryptografischen Algorithmen und ihrer Analyse schon seit Jahrhunderten beschäftigt, werden Einweg-Hashfunktionen schließlich noch nicht einmal seit einem Jahrzehnt erforscht.

Ich verschone Sie daher mit der detaillierten Beschreibung solcher schwieriger Hashfunktionen wie MD5 und werde nur die einfachste (MD2) darstellen, die allerdings schon stark veraltet ist. Wichtig sind jedoch Aussagen zur Kryptanalyse dieser Funktionen. Im Folgenden finden Sie einige bekannte Einweg-Hashfunktionen:

▷ *Snefru:* Diese Funktion wurde von MERKLE 1990 entwickelt (vermutlich war sie der erste derartige Algorithmus). Ihr Hauptnachteil ist: Wenn Snefru überhaupt sicher sein soll, dann wird sie sehr langsam.

▷ *N-Hash:* Diese Funktion stammt aus Japan, von den Erfindern des symmetrischen Verfahrens FEAL. Sie ist genauso unsicher wie FEAL selbst (vgl. Abschnitt 5.6.3).

▷ *GOST:* Insider wissen sofort, dass es sich hierbei um den russischen Standard handeln muss (diese heißen in der Regel GOST). Nach SCHNEIER [SchnCr 18.11 und 20.3] ist die GOST-Funktion zwar etwas verwirrend beschrieben, aber wahrscheinlich sicher.

▷ *MD2:* Diese Funktion wurde von Ron RIVEST entwickelt und 1992 im RFC 1319 publiziert. Sie berechnet einen 128 Bit langen Hashwert und ist in Abb. 6.3 dargestellt. (»MD« steht für »message digest«.) Der einzige bisher bei RSA Laboratories bekannte kryptanalytische Angriff auf MD2 wurde 1995 gefunden: Bei Weglassen der an den Text angehängten Prüfsumme (Schritt 3 in Abb. 6.3) lässt sich eine Kollision konstruieren [RogChMD2]. Das reicht aber bereits, um von einer längerfristigen Verwendung abzuraten. Der Vorteil von MD2 ist die einfache Implementierung, ihr Nachteil dagegen die relativ langsame Berechnung des Hashwertes (SCHNEIER [SchnCr] gibt 23KB/sec. auf einem PC-486SX/33MHz an). Das ist nicht verwunderlich, denn sie war für 8-Bit-Rechner gedacht, während die unten genannten Funktionen MD4 und MD5 für 32-Bit-Rechner entworfen wurden. MD2 findet zusammen mit MD5 (noch) Anwendung in PEM (vgl. 7.2.1).

---

1. Berechne eine Permutation der Zahlen 0,...,255 auf der Grundlage der Dezimalstellen von π. Diese Permutation sei $S_0,...,S_{255}$.

2. Fülle den Text mit i Byte mit dem Wert i so auf, dass seine Länge ein Vielfaches von 16 wird. (Wenn der Text beispielsweise 6 Byte lang ist, dann sind 10 Byte mit dem numerischen Wert 10 anzuhängen). Die Bytes des so entstandenen Textes sollen T_i heißen.

3. Hänge eine 16 Byte lange Prüfsumme an den Text an.

4. Betrachte eine Gruppe von 48 Bytes: $X_0,...,X_{47}$. Initialisiere $X_0,...,X_{15}$ mit 0 und setze $X_{i+32} = X_{i+16} = T_i$ für i = 0,...,15.

   Setze t = 0.

5. Berechne neue X_i entsprechend folgendem symbolischen C-Programm:

   ```
   for(j=0; j < 17; ++j)
       {
       for(k=0; k < 47; ++k) {t = Xk ^ St; Xk = t;}
       t += j; t &= 0xff;
       }
   ```

6. Belege $X_{16},...,X_{31}$ mit den nächsten 16 Bytes T_i und berechne

   $X_{i+32} = X_i$ ^ X_{i+16} (i=0,...,15).

   Gehe zurück zu 5., wobei der alte Wert von t wiederverwendet wird.

7. Wenn alle T_i verbraucht sind, bilden $X_0,...,X_{15}$ den 128 Bit langen Hashwert.

Abbildung 6.3: Die Berechnung der Einweg-Hashfunktion MD2

▷ *MD4:* MD4 wurde 1990 von Ron Rivest entworfen und erzeugt einen 128 Bit langen Hashwert. Gegen die ersten und die letzten zwei Runden des Algorithmus kannte man bereits seit einiger Zeit erfolgreiche Angriffe. Inzwischen wurde von Dobbertin schon auf einem gewöhnlichen PC eine Kollision innerhalb einer Minute berechnet [DobMD4]. Ja, für ein 2-Runden-MD4 gelang ihm sogar die Berechnung einer Umkehrung: In [DobMD4inv] gibt er das Urbild des Hashwertes 0 an, d. h. er konstruiert eine Bytefolge, deren Hashwert 0 ist. Deshalb rate ich von einer weiteren Verwendung dieser Funktion dringend ab. Trotzdem diente ihr Design als Vorlage für manche andere Hashfunktion.

▷ *MD5:* Das ist eine der bekanntesten Einweg-Hashfunktionen. Sie sollte Schwächen von MD4 beseitigen und wurde ebenfalls von Ron Rivest entwickelt (1991). MD5 ist die in PGP bis Version 2.6 ausschließlich genutzte Hashfunktion und liefert wie MD4 einen 128 Bit langen Hashwert. Eine Implementierung in C liegt dem Buch bei.

Auch bei MD5 sind schon Schwachstellen gefunden geworden. Inzwischen kann man bereits Kollisionen für geänderte Startwerte berechnen. Daher gilt MD5 mittlerweile als unsicher.

Das hat Folgen für PGP. Phil Zimmermann, der Autor von PGP, hat in einer Macintosh-Version bereits SHA (siehe unten) anstelle von MD5 eingebaut. Eine andere Option wäre RIPE-MD160. Doch die europäische Funktion RIPE-MD160 steht anscheinend in den USA nicht so hoch im Kurs wie die von der NSA entwickelte SHA.

▷ *SHA:* SHA steht für »secure hash algorithm«. Diese Funktion wurde vom NIST unter Mitwirkung der NSA entwickelt und 1994 publiziert. SHA ist ein theoretisch sehr gutes Verfahren und erzeugt 160-Bit-Hashwerte, doch es bietet verdeckte Kanäle (vgl. 6.3.3). Die Entstehungsgeschichte scheint in Teilen ähnlich mystisch wie die von DES zu sein. Wer dem Hersteller einer Software nicht traut, sollte wegen der verdeckten Kanäle keine SHA-Implementierung dieses Herstellers verwenden (PGP erlaubt Einsicht in den Quelltext, daher ist die Anwendung von SHA hoffentlich unbedenklich). SHA ist Bestandteil des DSA, des *digital signature algorithm*s. Der wiederum gehört zum DSS, dem *digital signature standard*.

▷ *RIPE-MD160:* Dieser Algorithmus ist Bestandteil des europäischen Projekts RIPE und basiert ebenfalls auf MD4. RIPE-MD160 erzeugt einen 160-Bit-Hashwert. Zusammen mit SHA gilt er gegenwärtig als einer der wenigen Algorithmen, gegen die keine Angriffe bekannt sind. Er wird von Insidern als über lange Zeit sehr zuverlässig eingeschätzt. Eine Implementierung mit Beschreibung liegt auf der CD bei. RIPE-MD160 wird u. a. in GnuPG eingesetzt (7.1.4).

Vergessen Sie allerdings nicht, dass eine Hashfunktion genau genommen noch nicht kryptologisch wertlos wird, wenn für sie eine Kollision berechnet werden kann. Bei praktisch nutzbaren Kollisionen braucht man gleiche Hashwerte für verschiedene, *sinnvolle* Texte. Da der Begriff »sinnvoll« mathematisch nicht allgemein gültig zu fassen ist, verzichtet man vorsichtshalber auf solche Funktionen. Wir sehen später beim Geburtstagsangriff, dass diese Vorsichtsmaßnahme berechtigt ist. Für die Einweg-Hashfunktion MD4 zeigt DOBBERTIN [DobMD4], wie man solche Kollisionen praktisch nutzt.

Des Weiteren wurde – mit einer Ausnahme – meines Wissen noch keine Hashfunktion umgekehrt, d. h. zu einem gegebenen Hashwert ist noch kein zugehöriger Text gefunden worden. Die Ausnahme ist in [DobMD4inv] beschrieben, wo ein zum MD4-Hashwert 0 gehöriger Text konstruiert wird, allerdings für die auf zwei Runden reduzierte Hashfunkton MD4. Für die Erzeugung von Einmal-Passwörtern (6.5) ist MD5 vielleicht noch akzeptabel. Dagegen sollten Sie MD4 auch für diesen Zweck nicht mehr nutzen, selbst wenn die nicht reduzierte Funktion noch nicht invertiert wurde.

Design und Kryptanalyse von Einweg-Hashfunktionen haben sich mittlerweile zu einem eigenständigen Gebiet der Kryptologie entwickelt. Wegen der Kompliziertheit der Algorithmen und ihrer Analyse gehe ich hier nicht weiter darauf ein.

6.3.2 Erzeugung digitaler Signaturen

Digitale Unterschriften sollen Unterschriften auf Papier ersetzen. Sehen wir uns einmal an, welche Merkmale hierbei wichtig sind:

1. Die Unterschrift kann nicht gefälscht werden.
2. Die Unterschrift wurde willentlich unter das Dokument gesetzt.
3. Sie kann nicht auf ein anderes Dokument übertragen werden.
4. Nachträgliche Änderungen im Dokument sind nicht möglich (das Dokument ist z. B. gedruckt, und handschriftliche Veränderungen sind vereinbarungsgemäß gesondert zu signieren).
5. Die Unterschrift kann später nicht geleugnet werden.

Es gibt mehrere denkbare Lösungen, diese Kriterien auch für elektronische Unterschriften zu erfüllen. Wir entwickeln im Folgenden schrittweise immer bessere Lösungen.

Verwendung symmetrischer Kryptografie

Die einfachste Möglichkeit, Dokumente elektronisch zu »unterzeichnen«, bietet jedes symmetrische Chiffrierverfahren. Vereinbaren Sie mit einem Partner einen geheimen Schlüssel und chiffrieren Sie Ihre Dokumente damit. Für einfachste Zwecke reicht das schon: Er weiß, dass nur Sie das Dokument erstellt haben können. Wenn Sie einen guten Blockalgorithmus in einem sicheren Chiffriermode verwenden (CBC mit Prüfsumme etwa), dann kann auch niemand das Dokument während der Übertragung verändern.

Aber natürlich hat das mit einer Unterschrift nicht viel zu tun. Das dechiffrierte Dokument ist gegen nachträgliche Veränderungen nicht geschützt, die »Unterschrift« ist nur für Kenner des geheimen Schlüssels nachprüfbar. Ist Ihr Partner unehrlich, wird seine Kenntnis des Schlüssels für Sie zur Gefahr – er kann Ihre »Unterschrift« perfekt fälschen.

Unterschriften mit asymmetrischer Kryptografie

Das folgende Verfahren leistet wesentlich mehr.

Bei asymmetrischen Verfahren wird ein Klartext bekanntlich mit dem öffentlichen Schlüssel *chiffriert* und mit dem privaten wieder *dechiffriert*. Der neue Gedanke ist nun, den privaten Schlüssel zuerst anzuwenden. Wir definieren den Klartext einfach als »Geheimtext« und *dechiffrieren* ihn mit dem privaten Schlüssel. Was dabei herauskommt, ist natürlich nicht mehr lesbar. Aber jeder kann dieses »Produkt« mit dem zugehörigen öffentlichen Schlüssel wieder *chiffrieren*, nur dass entgegen den Gewohnheiten diesmal das Chiffrat lesbar ist.

Fälschlicherweise wird oft geschrieben, dass man bei digitalen Signaturen mit dem privaten Schlüssel *chiffriert*. Dieser Sprachgebrauch ist aber nur beim RSA-Verfahren zu tolerieren, denn dort wird bei der Ver- wie bei der Entschlüsselung die gleiche mathematische Operation durchgeführt (die Berechnung eines Exponenten modulo n, vgl. Abb. 4.16). Von der Sache her wird mit dem privaten Schlüssel *dechiffriert*, mit dem öffentlichen *chiffriert*.

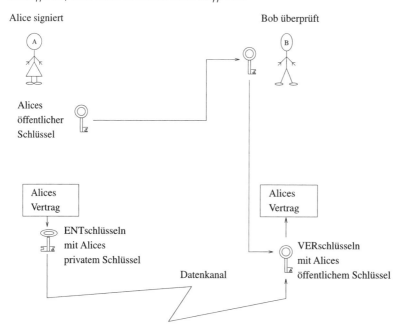

Alice signiert

Bob überprüft

Alices öffentlicher Schlüssel

Alices Vertrag

Alices Vertrag

ENTschlüsseln mit Alices privatem Schlüssel

VERschlüsseln mit Alices öffentlichem Schlüssel

Datenkanal

Abbildung 6.4: Anwendung von RSA zum Schlüsseltausch und zur Unterschrift

Wenn Chiffrierung und Dechiffrierung verschiedenen Algorithmen entsprechen, ist diese Unterscheidung wichtig. Allerdings sehen Sie auch, warum sich nicht jedes asymmetrische Verfahren für digitale Signaturen eignet: Erstens muss es einen beliebigen Text dechiffrieren können, zweitens müssen die Operationen »Chiffrierung« und »Dechiffrierung« vertauschbar sein. RSA war das erste asymmetrische Verfahren, das sich sowohl zur Schlüsselübermittlung als auch zur Erstellung digitaler Signaturen eignete.

Bei dieser Methode sind genau genommen die obigen Punkte 1 bis 5 erfüllt. Die gesamte Sicherheit der Unterschrift beruht darauf, dass der private Schlüssel nie bekannt wird. Allerdings hat diese Methode immer noch gravierende Nachteile:

▷ Asymmetrische Verfahren sind außerordentlich langsam. Umfangreiche Dokumente können damit nicht unterzeichnet werden.

▷ Das unterschriebene Dokument ist zunächst nicht lesbar, es muss erst zeitaufwendig mit dem öffentlichen Schlüssel chiffriert werden. In der Praxis wird der unterzeichnete Text daher meist als lesbarer Text kursieren, dessen Unterschrift nicht mehr überprüfbar ist. Die Gefahr nachträglicher Manipulationen ist hoch.

▷ Beim Unterzeichnen fremder Dokumente ist ein Angriff mit ausgewähltem Geheimtext auf RSA möglich (vgl.4.5.3). Zum Signieren sollte man also ein anderes Schlüsselpaar verwenden als zur Schlüsselübermittlung.

Unterschriften mit asymmetrischer Kryptografie und Einweg-Hashfunktionen

Die drei letztgenannten Nachteile lassen sich ausschalten, wenn wir die Methode nicht auf den ganzen Text beziehen, sondern eine Einweg-Hashfunktion auf diesen anwenden und anschließend nur den Hashwert mit dem privaten Schlüssel dechiffrieren. Die Erstellung einer digitalen Signatur mit dieser Methode wird nochmals in Abb. 6.5 erläutert.

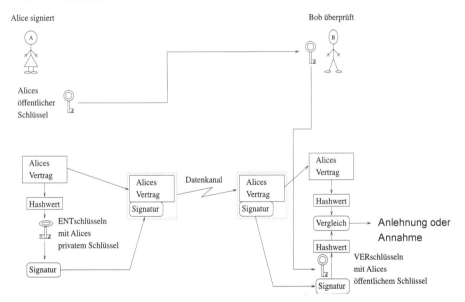

Abbildung 6.5: Unterzeichnen mit Einweg-Hashfunktion und RSA (digitale Signatur)

Sie können sich leicht überzeugen, dass die oben genannten fünf Kriterien für digitale Signaturen erfüllt sind und die genannten drei Nachteile entfallen:

▷ Hashwerte sind kurz, in der Regel etwa 20 Byte lang. Daher kostet die Anwendung von RSA auf diese »komprimierten« Texte wenig Zeit.

▷ Hashwerte von Einweg-Hashfunktionen sind nicht voraussagbar, folglich ist kein Angriff mit ausgewähltem Geheimtext möglich.

▷ Das Dokument ist für jedermann lesbar und bei Kenntnis des öffentlichen Schlüssels auch jederzeit überprüfbar.

Es werden noch zahlreiche andere Verfahren für digitale Signaturen genutzt [SchnCr Kap. 19], doch wir halten uns nicht weiter damit auf. Wichtiger erscheint mir erst einmal die Diskussion der Sicherheit solcher Unterschriften.

6.3.3   Sicherheit von Signaturen

Das Ziel jedes Angriffs von Mallory auf die Unterschrift von Alice ist, ihre gültige Unterschrift unter ein anderes oder geändertes Dokument zu setzen. Es gibt zwei Möglichkeiten, das zu tun:

1. Mallory findet ein zweites Dokument, das seinen Wünschen entgegenkommt und den gleichen Hashwert liefert. (Der Hashwert kann ja mit Hilfe der Hashfunktion aus dem Dokument von jedermann berechnet werden, d. h. er ist nicht geheim.) Das ist ein Angriff auf die Einweg-Hashfunktion.

2. Mallory findet den privaten Schlüssel von Alice heraus. Dann kann er jedes beliebige Dokument im Namen von Alice signieren.

Angriff auf das asymmetrische Verfahren – das Problem mit der fernen Zukunft

Betrachten wir zunächst die zweite Möglichkeit. Folgende Gefahren erwachsen aus der Verwendung einer asymmetrischen Chiffrierung:

1. Alices privater Schlüssel wird ausgespäht. Es gibt viele Möglichkeiten dazu, doch Alice könnte vorsichtig sein und ihren privaten Schlüssel nach Unterzeichnung aller wichtiger Dokumente vernichten. Das stört nicht, denn ihr öffentlicher bleibt bekannt und kann nach wie vor zur Prüfung der Unterschrift herangezogen werden. Ich befürchte allerdings, dass Alice in der Praxis nicht so vorsichtig sein wird und auch nicht sein kann – einen öffentlichen Schlüssel wechselt man nicht einfach wie sein Hemd.

2. Mallory könnte seinen öffentlichen Schlüssel als den von Alice ausgeben und ein Dokument selbst unterschreiben. Diese Gefahr haben wir in 4.5.2 diskutiert. Sie kann mit hinreichender Sicherheit ausgeschlossen werden.

3. Mallory bricht das asymmetrische Verfahren, in diesem Falle RSA. Gegenwärtig ist das nach allgemeiner Ansicht für hinreichend große Primfaktoren nicht möglich.

4. Schließlich könnte er den in 4.5.3 beschriebenen Angriff mit ausgewähltem Geheimtext durchführen. Dazu setzt er im einfachsten Fall einen fingierten Hashwert unter ein Dokument und lässt es von Alice unterzeichnen.

Dies ist im engeren Sinne kein Angriff auf die Unterschrift selbst, doch Mallory könnte so einen Sitzungsschlüssel von Alice erfahren. Das ist doch auch schon etwas wert.

Es bleibt allerdings zu hoffen, dass Alices Signaturprogramm den Hashwert selbst berechnet. Die Wahrscheinlichkeit, dass dieser Wert einen für Mallory günstigen Geheimtext darstellt, ist zu vernachlässigen. Wenn Alice ganz vorsichtig ist, verändert sie jedes Dokument, das ihr zur Unterzeichnung vorgelegt wird, ein wenig. Bei entsprechender Sorgfalt lässt sich die beschriebene Gefahr somit ebenfalls ausschließen.

Außerdem sollte Alice, wie bereits oben gesagt, zum Signieren einen anderen privaten Schlüssel verwenden als zum Dechiffrieren von Sitzungsschlüsseln.

Falls Alice jedoch einen günstigen Mietvertrag über 20 Jahre digital unterzeichnet, dann müssen die erwähnten Primfaktoren (also ihr privater Schlüssel) auch über diesen Zeitraum hinweg schwer berechenbar sein. Wer wagt eine Voraussage, welcher Methoden sich die Mathematik in 20 Jahren bedienen wird?

Dieses Problem ist viel kritischer als beim Schlüsseltausch. Wenn chiffrierte Informationen bereits nach einem Jahr wertlos werden, sind hybride Verfahren die Methode der Wahl. Unterschriften setzen wir dagegen viel öfter unter Dokumente, die lange Zeit gültig bleiben sollen.

Gegenwärtig kann ich mir nur eine Lösung vorstellen: Alle digital signierten, langfristig gültigen Dokumente müssen von einem vertrauenswürdigen Partner periodisch nach dem jeweils neuesten Stand der Kryptologie gegengezeichnet werden. Sie ahnen, was das für einen Aufwand bedeutet. Vielleicht gibt es schon brauchbare kryptografische Protokolle, die mit der »Alterung« digitaler Signaturen fertig werden. Vielleicht bieten die in 6.6.5 genannten Fail-Stop-Signaturen einen geeigneten Ansatz. Ich glaube, dass dieses Problem zukünftig noch eine große Rolle spielen wird.

In der Praxis jedoch bleiben öffentliche Schlüssel über lange Zeit gültig. Das »Web of Trust« von PGP (vgl. 7.1.2) zum Beispiel verhindert sogar häufige Schlüsselwechsel. Das Risiko, dass Alices privater Schlüssel eines Tages kompromittiert wird, ist daher nicht zu vernachlässigen. Theoretisch sind dann alle ihre Unterschriften mit einem Schlag wertlos. Wenn man dieses Risiko der Handhabung gewöhnlicher Unterschriften gegenüberstellt, könnte es einem schon kalt den Rücken herunterlaufen.

Doch wir brauchen digitale Signaturen schon in naher Zukunft. In Deutschland wurden bereits erste Vorschriften zu ihrer juristischen Anerkennung beschlossen (vgl. 8.2.5). Die Kryptologen *müssen* ganz einfach sichere Protokolle und Verfahren für digitale Signaturen entwickeln und anbieten; sonst setzen sich eben unsichere Methoden durch.

Angriff auf die Einweg-Hashfunkion – der Geburtstagsangriff

Die »weichere« Methode bei einer Fälschung ist, die Hashfunktion zu überlisten. Das kann so aussehen: Alice schließt mit Mallory einen Honorarvertrag. Mallory konstruiert einen zweiten Vertrag, der seinen finanziellen Vorstellungen besser entgegenkommt und der den gleichen Hashwert liefert. Dann ist Alices Unterschrift auch für diesen Vertrag gültig, und Mallory zieht scheinheilig vor Gericht. Alice kann nicht beweisen, dass Mallorys Vertrag gefälscht ist.

Wie konstruiert Mallory so einen Vertrag? Nehmen wir an, der Hashwert sei nur 20 Bit lang. Mallory interessiert sich überhaupt nicht für die komplizierte Struktur der Hashfunktion, sondern setzt zunächst einmal statt der vereinbarten € 10.000 den fünffachen Betrag ein. Danach markiert er 20 oder mehr Stellen im Vertrag, in denen geändert werden darf, ohne den Inhalt zu beeinflussen: An einer Stelle könnten elf oder aber zwölf Leerzeichen stehen, an der anderen »dies« oder »das«, an der dritten ein oder aber zwei Leerzeilen – und so weiter. Bei 20 variablen Stellen ergibt das 2^{20} Möglichkeiten, etwa eine Million. Für diese Million leicht variierter Texte berechnet er nun die Hashwerte. Mit hoher Wahrscheinlichkeit ist der gesuchte Hashwert darunter. Ansonsten muss Mallory eben ein paar mehr Stellen variabel halten.

Dagegen schützt man sich durch ausreichend lange Hashwerte. Es gibt allerdings eine Methode, um auch 40-Bit-Hashfunktionen mit etwa dem gleichen Aufwand zu brechen wie 20-Bit-Hashfunktionen. Das ist der **Geburtstagsangriff**. Dieser originelle Name rührt von folgender Aufgabe her: Wie groß muss eine Gruppe von Menschen sein, damit mit einer Wahrscheinlichkeit größer als 50% zwei Mitglieder der Gruppe am gleichen Tag Geburtstag haben? Vielleicht denken Sie jetzt 366/ 2 = 183 Personen oder so ähnlich. Das ist falsch: Es reichen 23 Personen aus. Wenn Sie jemanden suchen, der am gleichen Tag wie Sie Geburtstag hat, so wird das im Schnitt ungefähr jeder 365. sein. Aber in einer Gruppe von 23 Personen gibt es 22*23/2 = 253 Paare, und daher ist die Wahrscheinlichkeit für die besagte Duplizität viel größer. Dies macht sich Mallory bei einem Angriff auf einen 40-Bit-Hashwert zunutze: Er konstruiert 2^{20} gutartige und 2^{20} bösartige Verträge in oben genannter Weise, d. h. durch kleine Variationen. Mit großer Wahrscheinlichkeit gibt es dann ein Paar aus einem gutartigen und einem bösartigen Vertrag, die beide gleiche Hashwerte haben. Nun schiebt Mallory (der in Wirklichkeit weiblich und Alices Sekretärin ist) Alice den gutartigen Vertrag unter. Nichtsahnend unterzeichnet Alice den Vertrag, und Mallory schickt ihn vor ihren Augen per E-Mail ab – natürlich nur zum Schein. Nach Feierabend setzt Mallory Alices Signatur unter den bösartigen Vertrag und sendet diesen wirklich ab, vielleicht noch mit gefälschtem Zeitstempel.

Dieser Geburtstagsangriff funktioniert auch noch, wenn die gutartigen und die bösartigen Verträge nichts miteinander zu tun haben und Mallory von beiden Versionen jeweils 2^{20} Variationen getrennt erstellt.

Es ist scheinbar sehr leicht, sich dagegen zu schützen: Alice fügt vor Mallorys Augen an einer belanglosen Stelle ein Leerzeichen ein. Mallory hat große Mühe, dabei seinen freundlichen Gesichtsausdruck nicht zu verlieren, denn der nun entstehende Hashwert kommt mit einer Wahrscheinlichkeit von 1 zu 1.000.000 in *keinem* der bösartigen Verträge vor. Alice sollte den Vertrag auch möglichst in den ersten Zeilen modifizieren, damit eine starke Auswirkung auf die Hashfunktion gegeben ist.

In der Praxis darf man aber nicht auf solch umsichtiges Verhalten setzen, denn in der Praxis ist der Anwender »immer« nachlässig. Außerdem hat derjenige, der den Vertrag zuletzt verändert, immer die Möglichkeit zur Fälschung. Auch das kann man leicht vergessen. Deswegen erzeugen Hashfunktionen ausreichend lange Hashwerte, z. B. 160 Bit.

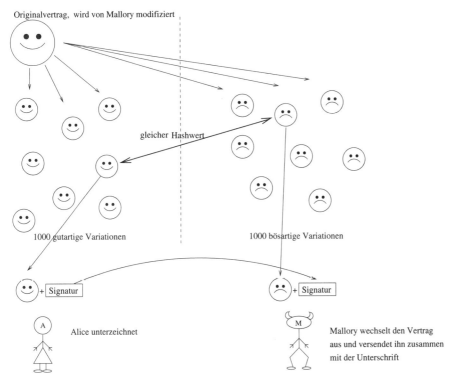

Originalvertrag, wird von Mallory modifiziert

gleicher Hashwert

1000 gutartige Variationen   1000 bösartige Variationen

+ Signatur   + Signatur

A   Alice unterzeichnet

M   Mallory wechselt den Vertrag
aus und versendet ihn zusammen
mit der Unterschrift

*Abbildung 6.6: Der Geburtstagsangriff auf eine Einweg-Hashfunktion mit 40 Bit
langen Hashwerten*

Deckt jemand eine Möglichkeit auf, Kollisionen mit vernünftigem Aufwand zu berechnen, gilt die Einweg-Hashfunktion als unsicher, auch wenn ihr Hashwert noch so lang ist. Denn die Kollision kann durchaus aus zwei lesbaren Texten bestehen, an deren Anfängen kurze, zufällige Zeichenketten stehen – »zur Absicherung gegen Betrugsmanöver«, wie Mallory scheinheilig behauptet [DobMD4]. Nun verstehen Sie die in 6.3.1 geforderte Eigenschaft 4 der Kollisionsfreiheit von Hashfunktionen.

Verdeckte Kanäle

Verdeckte Kanäle (*subliminal channels*) bei Signaturen sind »wahre Steganografie«: Zusammen mit der Unterschrift sendet Alice zusätzliche Informationen mit, deren Existenz nur bei Kenntnis eines bestimmten geheimen Schlüssels nachweisbar ist. Dieser geheime Schlüssel kann der private Schlüssel von Alice sein, doch nicht für alle Signaturverfahren.

Beachten Sie den Unterschied zur Steganografie: Diese benutzt keinen Schlüssel und versteckt Informationen ähnlich wie in einem Vexierbild. Wer den Trick kennt, kommt problemlos an die versteckten Informationen heran (es sei denn, sie sind chiffriert). Verdeckte Kanäle bei Signaturen dagegen verbergen Informationen kryptografisch gut. Eine Unterschrift mit Zusatzinformationen ist auch nach eingehendster Untersuchung noch unverfänglich. Erst bei Anwendung eines geheimen Schlüssels zeigt Sesam, dass er noch ein Innenleben hat.

Verdeckte Kanäle wurden erstmalig 1983 von SIMMONS entworfen. Es gibt sie bei mehreren Signaturverfahren. SIMMONS zeigte sogar, dass sich solche Kanäle bei jedem Signaturverfahren konstruieren lassen. Ausgerechnet der von der NSA entworfene Signaturalgorithmus DSA bietet Kanäle, die ohne Kenntnis des privaten Schlüssels ausgelesen werden können. Angeblich wollte niemand vorher davon gewusst haben. Ist das denn schlimm?, werden Sie fragen.

Ja, das ist es. Wenn Sie ein Programm für digitale Signaturen kaufen und der Signaturalgorithmus derartige verdeckte Kanäle hat, dann kann der Hersteller des Programms mit jeder Ihrer Unterschriften ein paar Bits Ihres geheimen Schlüssels in den verdeckten Kanal einspeisen. Sie können sich die Ausgabe des Programms ansehen – es ist nichts nachzuweisen. Der Programmhersteller bzw. sein Verbündeter erfasst jedoch regelmäßig Ihre Unterschriften. Nur er kennt den geheimen Zusatzschlüssel für den verdeckten Kanal. Nach hinreichend vielen Unterschriften hat er Ihren privaten Schlüssel auf seinem Schreibtisch. Nun kann er Ihre elektronische Unterschrift perfekt fälschen, alle Ihre Sitzungsschlüssel berechnen, alle ihre geheimen Nachrichten mitlesen ... rosige Aussichten sind das. Mehr über solche Betrugsmanöver finden Sie in Abschnitt 6.7.

Bei DSA lässt sich der Kanal mit einem geeigneten kryptografischen Protokoll zwischen Alice und Bob »zustopfen«. Allerdings kann dann Bob seinen eigenen Kanal einrichten, der *Kuckuckskanal* genannt wird. Auch dies lässt sich unterbinden.

Wie sollen wir uns gegen solche Spionage schützen? Wenn Sie das frei verfügbare Programm PGP nutzen, dann können Sie sicher sein, dass es von vielen Insidern auf solchen Betrug hin untersucht wurde. Nicht umsonst wird der zugehörige Quelltext digital signiert vertrieben! Allerdings ist PGP nicht überall anwendbar und bei kommerzieller Nutzung auch wegen der Verwendung von IDEA lizenzpflichtig (5.3.1). Aber es gibt ja noch GnuPG, auf das wir in 7.1.4 zu sprechen kommen.

Bekannte Kanäle lassen sich »verstopfen«. Vielleicht entdeckt jemand neue, die abermals verstopft werden. Wir sind wieder beim ewigen Wettlauf zwischen Kryptografie und Kryptanalyse. Allerdings entsteht hier zusätzlich das Problem, dass sich das Zustopfen der Kanäle in der Software schwer überprüfen lässt. Wir kommen in den Kapiteln 6.7 und 8.3 darauf zurück.

Fazit

Kehren wir kurz zu den konventionellen Unterschriften zurück. Diese können nicht vollkommen gefälscht werden. Halt, werden Sie einwenden, es gibt doch genügend »Künstler«, die das beherrschen! Ja, aber nie ganz perfekt. Wenn es wirklich darauf ankommt, dann untersucht der moderne Grafologe nicht nur die Geometrie des Namenszuges, sondern auch den Andruck der Feder und die rekonstruierbare Schreibgeschwindigkeit, analysiert die Tinte, eines Tages vielleicht auch mikroskopische Handschweißspuren – kurz, mit wachsendem Stand der Kriminaltechnik lassen sich immer mehr Charakteristika einer Unterschrift bestimmen.

Fassen wir zusammen: Wie gut auch eine konventionelle Unterschrift nachgeahmt werden mag – mit irgendeinem Detail hat der Fälscher bestimmt Schwierigkeiten. Er kann sich nie sicher sein, dass seine Fälschung eines Tages nicht doch nachgewiesen wird.

Es steht von vornherein fest, dass digitale Unterschriften solche »dynamisch erweiterbare« Sicherheit nicht bieten können. An Dateien bleiben keine Handschweißspuren kleben. Wenn jemand Ihren privaten Schlüssel berechnet, ergaunert oder erpresst, dann kann er *alle* Ihre digital signierten Verträge fälschen, und Sie können ihm das mit noch so viel Aufwand *nicht* beweisen.

Es reicht nicht, kryptologisch sichere Verfahren und Protokolle zu nutzen. Auch das Problem festzustellen, ob der vorliegende öffentliche Schlüssel wirklich zu Alice gehört, muss sicher genug gelöst werden. PEM und PGP zeigen zwei mögliche Lösungen (Kap. 7). Der private Schlüssel muss sicher genug geschützt sein. Ihre Fähigkeit, in einer bestimmten Weise zu unterschreiben, kann Ihnen niemand stehlen. Der »Diebstahl« zweier großer Primzahlen kann dagegen ein Kinderspiel sein. Es reicht nicht, diese per PIN zu schützen. In der näheren Zukunft werden sicherlich noch biometrische Verfahren hinzukommen – wir gehen in 6.6.9 gesondert darauf ein.

Und noch ein Problem kommt hinzu: Beim handschriftlichen Signieren sieht man immer das Dokument, das man unterzeichnet. Ob der Text auf dem Bildschirm auch wirklich der ist, den Sie signieren, wenn zuvor ein Hacker im System war?

Bei digitalen Signaturen haben wir es mit einer neuen Qualität von Gefahren zu tun. Die Wahrscheinlichkeit einer Kompromittierung mag um Größenordnungen kleiner sein als die, dass konventionelle Unterschriften nach heutigen Maßstäben perfekt gefälscht werden können. Der mögliche Schaden ist dafür um eine kaum abschätzbare Zahl von Größenordnungen umfangreicher. Ähnliches haben wir bereits in Abschnitt 4.5.6 diskutiert.

Das ist ein echtes Dilemma. Wie unsicher wir mit unseren ethischen Vorstellungen werden, wenn wir in einer solchen Situation entscheiden müssen, sehen wir am Beispiel des Streites um die Gefahren der Kernkraft. Im Fall der Unterschriften hingegen ist gewiss Hilfe von der Kryptologie zu erwarten, vorausgesetzt, wir ignorieren die möglichen Gefahren nicht und suchen nach Auswegen.

Zumindest sollten Sie für Unterschriften und Schlüsselübermittlung verschiedene Paare von privaten und öffentlichen Schlüsseln verwenden.

6.4 Key Escrow. Matt Blaze' Angriff auf das EES-Protokoll

Wir kommen nun auf ein ganz anderes Gebiet zu sprechen, das derzeit in den USA und zunehmend auch in Deutschland heiß diskutiert wird: Die Schlüsselhinterlegung. Konkret geht es um den bereits in 5.6.5 angesprochenen US-amerikanischen Standard EES (Escrowed Encryption Standard). Dort hatten wir nur den verwendeten symmetrischen Algorithmus Skipjack betrachtet, hier wollen wir einmal das zugrunde liegende kryptografische Protokoll untersuchen. Die rechtlichen und politischen Folgen und Hintergründe der Schlüsselhinterlegung diskutieren wir später, in Abschnitt 8.2.3.

Sie wissen bereits, dass derzeit zwei Chips EES implementieren: der Clipper-Chip für verschlüsselte Telefonate und der Capstone-Chip für den Datenverkehr. Capstone kann neben der Chiffrierung noch digital unterschreiben (mit dem in der NSA entwickelten Standard DSA), Schlüsseltausch mittels eines asymmetrischen Verfahrens durchführen, Hashfunktionen berechnen (mit der Funktion SHA, die zum DSA gehört) und anderes mehr. Clipper ist gewissermaßen eine Teilmenge von Capstone. Dennoch läuft die hitzige Diskussion in den USA über EES unter dem Stichwort »Clipper«, weil das Mithören von Telefongesprächen immer noch wesentlich mehr Leute erregt als unsichere Datenübertragung.

6.4.1 Wie Clipper und Capstone arbeiten

Wie schon erwähnt, sind die meisten Details von Skipjack und seiner Implementierung geheim und in nicht analysierbarer Hardware verborgen. Der Hauptgrund für dieses Versteckspiel ist offiziell der, dass Skipjack nur mit Schlüsselhinterlegung genutzt werden darf. Wie funktioniert so etwas?

Jeder Chip enthält:

▶ eine Seriennummer (*unit ID*),

▶ einen geheimen, chip-spezifischen Schlüssel (*unit key*)

▶ sowie einen weiteren geheimen Schlüssel, den so genannten *global family key*. Er ist für alle Chips in kommunizierenden Geräten gleich.

Alle Chips sind *tamper-proof*, d. h. ihre Geheimnisse können (angeblich) nicht ausgelesen werden. Die *unit keys* werden bei der Herstellung der Chips per Secret Sharing in zwei Teilgeheimnisse aufgespalten, so wie in 6.2 beschrieben. Die beiden Listen der Teilgeheimnisse gibt der Hersteller zusammen mit den Seriennummern an zwei vertrauenswürdige Behörden aus, in diesem Fall an das NIST und das Finanzministerium.

Bei einer Kommunikation verschlüsselt der Chip auf der Senderseite den Sitzungsschlüssel mit dem *unit key* und bringt ihn in einem 128 Bit langen Feld unter, dem so genannten **LEAF**. Das ist die Abkürzung für *Law Enforcement Access Field* – ein Wortmonster, das besser nicht übersetzt werden sollte. Dieses LEAF wird zusammen mit einem Initialisierungsvektor (IV) zu Beginn der Kommunikation erzeugt und übertragen. Ein Chip beginnt erst dann zu arbeiten, wenn er ein gültiges Paar LEAF/Initialisierungsvektor empfangen hat. Sitzungsschlüssel und IV lassen sich nur in die Chip-Register laden, nachdem sie zusammen mit dem zugehörigen LEAF angeboten wurden. Das verhindert, dass modifizierte Software dem Chip alte LEAFs anbietet und dann mit einem anderen Paar Sitzungsschlüssel/IV weiterarbeitet.

Wenn nun ein Gericht mithören will, zeichnet es zunächst ein chiffriertes Gespräch auf. Aus dem LEAF ermittelt es die *unit ID* des Sender-Chips. Unter dieser Nummer fordert es über das FBI bei den beiden Behörden die »Hälften« des *unit* *key*s an und verknüpft sie per XOR. Mit dem erhaltenen *unit key* kann es den Sitzungsschlüssel berechnen und so das Gespräch entschlüsseln. Bei weiteren Anrufen vom gleichen Chip aus kann es zunächst ohne Rückfrage bei den beiden Behörden entschlüsseln. Nach Verhaftung des Absenders wird der Schlüssel selbstredend gelöscht ...

Wie läuft nun eine geheime Kommunikation mit dem Clipper-Chip ab?

1. Alice möchte mit Bob telefonieren. Sie handelt mit ihm einen Sitzungsschlüssel aus (z. B. mittels eines asymmetrischen Verfahrens).

2. Alice lässt ihren Clipper-Chip aus dem Sitzungsschlüssel ein LEAF sowie einen IV erzeugen und den Chip gleichzeitig Schlüssel sowie IV in seine Register laden. Sie darf den IV nicht selbst erzeugen – das verhindert die Arbeitsweise des Chips.

3. Nun sendet sie das LEAF zusammen mit dem IV an Bob. Dieser speist den Sitzungsschlüssel ein, aktiviert seinen Clipper-Chip mit dem erhaltenen Wertepaar, und die Kommunikation kann beginnen.

6.4.2   Wie man das Protokoll unterläuft

Auf den ersten Blick sieht das Verfahren wasserdicht aus. Die »Unantastbarkeit« der Hardware vorausgesetzt, sind die Chips ohne die Übertragung gültiger LEAFs nicht nutzbar, und damit haben Behörden automatisch den gültigen Sitzungsschlüssel in der Hand.

Matthew BLAZE von den AT&T Bell Laboratories veröffentlichte Anfang 1994 eine Analyse, wie man das EES-Protokoll unterlaufen kann. Im Klartext heißt das: Er verwendet den Clipper- oder den Capstone-Chip zusammen mit leicht veränderter Software und nutzt so den Skipjack-Algorithmus, *ohne* dass Vater Staat mithören kann.

BLAZE hat dazu keine Software analysiert und auch keinen Chip unbefugt geöffnet, sondern sich nur die Reaktionen des Chips auf verschiedene Eingaben angesehen und bekannte Informationen herangezogen, sich also ganz legaler Methoden bedient. Der Bericht [Blazeskip] schlug ein wie eine Bombe.

Seine Überlegungen sind gar nicht so kompliziert. Wir sehen sie uns einmal näher an.

LEAF unter der Lupe

Zunächst hat BLAZE durch verschiedene Experimente mehr über den Aufbau des LEAFs herausgefunden. Sie sehen das Schema in Abb. 6.7.

Das wichtigste Detail hierbei ist die Berechnung der 16 Bit langen Prüfsumme. Sie hängt zumindest vom IV und dem 80-Bit-Sitzungsschlüssel ab, wahrscheinlich auch vom chiffrierten Sitzungsschlüssel. Zusammen mit der 32 Bit langen *unit ID*, der Seriennummer des Chips, ergibt das einen Block von 128 Bit. Dieser Block wird nun mit dem *global family key* verschlüsselt. Das Chiffrat ist das LEAF. Da der *global family key* nicht auslesbar ist, kann ein Lauscher nicht einmal die Seriennummer aus dem LEAF entnehmen. Diese Chiffrierung arbeitet obendrein in einem Modus, der offenbar alle 128 Bit »durchmischt«.

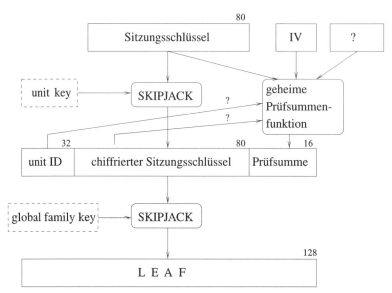

Abbildung 6.7: Erzeugung des LEAFs in einem Clipper- bzw. Capstone-Chip. Die Zahlen über den Rechtecken geben die Breite in Bit an.

Aus der Abbildung wird uns klar, wieso Alice kein falsches LEAF zu einem Sitzungsschlüssel und einem IV anbieten kann. Aus all dem konstruierte BLAZE zwei mögliche Angriffe.

Betrüger unter sich

Bei der ersten Methode, von BLAZE als *LEAF-Rückkopplung* bezeichnet, sind sich Alice und Bob beide einig, die Ermittler auszutricksen. Sie modifizieren dazu ihre Software etwas. Folgende Überlegung zeigt ihnen den Weg: Noch bevor ein LEAF bei Bob ankommt, ist seinem Chip der Sitzungsschlüssel bereits bekannt, denn dieser wurde ja mit Alice ausgehandelt. Bob kann nun aber auch selbst ein LEAF mit diesem Sitzungsschlüssel erzeugen. Dabei erhält er einen anderen IV als Alice. Bob bricht die Aktion ab und schaltet auf Empfang.

Alice sendet ihr LEAF nicht mit, und Bob bietet seinem Chip das von ihm selbst generierte LEAF an. Dieses LEAF ist ja gültig, es gehört zum Sitzungsschlüssel, und der IV passt auch – also fängt Bobs Chip an, mit dem Sitzungsschlüssel und Bobs IV zu dechiffrieren.

Doch da ist noch ein Problem: Alices und Bobs IV sind verschieden. Die Lösung hängt vom verwendeten Chiffriermodus ab, der beim Capstone-Chip eingestellt werden kann. Aus 5.1.1 kennen Sie die vier wichtigsten Chiffriermodi:

▶ Wenn Alice und Bob im ECB-Modus arbeiten, spielt der IV keine Rolle, doch dieser Modus ist zu unsicher.

▶ Benutzen beide den CBC-Modus, so wird durch einen fehlerhaften IV nur der erste 64-Bit-Block falsch dechiffriert. Alice und Bob vereinbaren also, dass der erste Block »Müll« ist und beginnen erst ab dem zweiten Block mit der eigentlichen Kommunikation.

▶ Ähnlich verhält es sich im CFB-Modus; auch dieser fängt sich nach einigen fehlerhaft chiffrierten Blöcken wieder.

▶ Nur im OFB-Modus bewirkt ein falscher IV irreparable Schäden. Falls Bob aus irgendeinem Grunde nur im OFB-Modus empfangen kann, muss Alice ihren Chip im ECB-Modus betreiben und die OFB-Chiffrierung extern per Software realisieren.

Überraschend einfach, nicht wahr? Kryptologisches Wissen ist eigentlich nur bei der Behandlung fehlerhafter IV notwendig. Trotzdem – man muss erst einmal darauf kommen!

Aber, werden Sie sagen, das alles ist doch ganz einfach zu unterbinden: Bobs Chip kann das LEAF mit dem *global family key* dechiffrieren und erkennen, dass das LEAF von ihm selbst stammt. Es sollte doch für den Chip kein Problem sein, eigene LEAFs abzulehnen. Das schlägt BLAZE auch als Abhilfe vor.

Aber selbst BLAZE täuschte sich in Bobs Durchtriebenheit. Dieser hat sich nämlich zwei Chips gekauft und bietet nun dem zweiten das vom ersten erzeugte LEAF an. Woher soll der zweite Chip wissen, dass der erste ebenfalls Bob gehört?

Vielleicht werden Sie jetzt der Meinung sein, dass Daten- oder Telefonverkehr ohne LEAF unter Strafe gestellt werden sollte. Auch das stört Alice und Bob wenig. Sie setzen einfach ein anderes, gültiges LEAF vor ihre Nachricht. Dass der mithörende Ermittler nur Rauschen statt Sprache vernimmt, erklären sie mit einem Test ihrer Geräte (oder ist da etwa einer Hinterlegungsbehörde ein Fehler unterlaufen? Das wollen wir doch nicht hoffen!).

Es bleibt dabei: Solange Clipper und Capstone keine besseren Protokolle verwenden (wenigstens mit raffinierteren Chiffriermodi), kann man Skipjack-chiffrierte Nachrichten austauschen, ohne dass der Staat den verwendeten Schlüssel erfährt.

Unbemerkter Betrug

Der zweite Angriff auf das Protokoll geht von einer anderen Situation aus: Bob arbeitet unter fremder Kontrolle und kann daher Clipper oder Capstone nicht in einer Weise verwenden, dass der erste Angriff (LEAF-Rückkopplung) möglich wird. Bob soll also Alices Nachricht mit einem LEAF empfangen, das zwar zu Sitzungsschlüssel und IV gehört, in Wirklichkeit jedoch keinen chiffrierten Sitzungsschlüssel enthält.

Hier nutzt Alice die Kürze der Prüfsumme aus. Wie die Prüfsumme berechnet wird, weiß sie nicht. Sie weiß aber, auf welche Informationen Bobs Chip bei der Überprüfung von Alices LEAF zurückgreifen kann: Er kann weder Alices Seriennummer noch ihren *unit key* kennen. Er kann eine Prüfsumme nur aus dem Sitzungsschlüssel, dem IV und dem LEAF selbst berechnen. Das LEAF wird er dann mit dem *global family key* dechiffrieren und die erhaltene Prüfsumme mit seiner berechneten vergleichen.

Alice geht nun so vor: Sie erzeugt wie schon beim ersten Angriff einen Sitzungsschlüssel sowie einen IV mit ihrem Chip und bricht danach ab. Jetzt schaltet sie ihren Chip auf Empfang und bietet ihm Sitzungsschlüssel, IV und ein *zufälliges*

LEAF an. Der Chip berechnet daraus eine Prüfsumme. Dann dechiffriert er dieses unsinnige LEAF brav und entnimmt dem Ergebnis eine Prüfsumme, die im Allgemeinen natürlich nicht mit der berechneten übereinstimmen wird.

Aber die Prüfsumme ist nur 16 Bit lang. 16 Bit entsprechen 2^{16} = 65536 Möglichkeiten. Im Mittel stimmen nach 32768 Versuchen die beiden Prüfsummen überein, d. h. das LEAF wird akzeptiert. Dieses LEAF sendet sie nun anstelle des richtigen mit. Bobs Chip wird es annehmen und Alices Nachricht mit dem bereits vereinbarten Sitzungsschlüssel dechiffrieren. (Der Chip muss den Sitzungsschlüssel direkt laden und kann ihn nicht aus dem LEAF berechnen, denn er kennt nicht Alices *unit key*.)

Nur Vater Staat vernimmt beim heimlichen Mithören das perfekte Rauschen, denn sein »Sitzungsschlüssel« ist eine Zufallszahl.

Ein Capstone-Chip benötigt etwa 38ms für die Überprüfung eines LEAFs. Das ergibt im Mittel eine Zeit von 42 Minuten, bis ein zufälliges, aber gültiges LEAF gefunden ist. So viel Zeit vergeht zwischen dem Aushandeln des Sitzungsschlüssels und dem Beginn der Kommunikation. Für ein Telefongespräch ist das zu viel. Bobs Software könnte ein Timeout von wenigen Sekunden haben, und damit würde ein Betrug von Alice gegenüber dem Staat unwahrscheinlich.

Alice kann das Problem lösen, indem sie viele Chips kauft und ihren Brute-Force-Angriff parallelisiert. Die NSA, die den Chip designte, könnte sich dagegen leicht wehren: Es reicht, wenn ein Capstone- oder Clipper-Chip nach jedem 50. falschen LEAF für eine Minute jeglichen Dienst verweigert (und außerdem eine Minute Startup-Zeit benötigt, denn sonst dreht Alice nach jedem Fehlversuch dem Chip kurz den Strom ab).

Und was unternimmt die NSA? Sie lässt den Chip nach jedem zehnten Fehlversuch sich zurücksetzen. Das verlängert die genannten 42 Minuten auf beachtliche 46 Minuten. Wenn sich dann BLAZE in seinem Artikel auch noch für die umfangreiche Hilfe von Mitarbeitern der NSA bei seinen Untersuchungen bedankt, so fällt es schon ziemlich schwer, die Welt zu verstehen.

Eine praktische Anwendung

Diese Überschrift ist nicht ganz ernst gemeint. Ich will nur andeuten, welche Folgen das Brechen des EES-Protokolls haben könnte.

Bob arbeitet als verdeckter Ermittler in der Rauschgiftszene. Er kennt sich vortrefflich mit Menschen aus, ist ein erstklassiger Schütze und Nahkämpfer und gleichzeitig sehr vorsichtig. Von Kryptologie versteht er nicht so viel, aber er weiß, dass Alice (sie ist vermutlich der große Boss) chiffrierte Nachrichten an ihn versendet und diese vom FBI mitgelesen werden. Nach seiner Meinung rechnet auch Alice damit. Sie chiffriert trotzdem, weil ihre große Konkurrentin Carol dadurch nicht mithören kann.

Alice kennt jedoch einen Kryptologen, der ihre Clipper-Software wie oben beschrieben modifiziert. Als sie Bobs Identität entdeckt, stellt sie ihm eine Falle: Bob soll zu einer bestimmten Zeit an einem geheimen Ort erscheinen.

Bob ahnt zwar nichts Gutes, doch er muss darauf vertrauen, dass Alices Nachricht mitgelesen wird. Er sagt sich: »Alice weiß schließlich, dass sie abgehört wird. Daher wird sie doch nicht so naiv sein und mich telefonisch in eine Falle locken.« Bob kann nicht feststellen, dass Alices LEAF gefälscht war (auch theoretisch kann er das nicht, denn er kennt die Seriennummer ihres Gerätes nicht). So erscheint er im Glauben, dass seine Kollegen ihm zur Seite stehen werden, am vereinbarten Ort und wird erschossen.

Beweise vor Gericht

SCHNEIER [SchnCr 24.16] führt noch andere Einwände gegen Clipper an. Dieser Chip soll nur im OFB-Modus arbeiten, also als Stromchiffrierung. Bei bekanntem Klar- und Geheimtext lässt sich daraus die Schlüsselfolge konstruieren und wiederverwenden. Eine OFB-chiffrierte Datenfolge muss also nicht vom Besitzer des geheimen Schlüssels konstruiert worden sein. Daher kann ein Clipper-Gespräch (oder eine mit Capstone chiffriert übermittelte Datei) vor Gericht nicht einfach deswegen Alice zugeordnet werden, weil es mit Alices Schlüssel chiffriert wurde (genauer, weil der mit Alices *unit key* chiffrierte Sitzungsschlüssel im LEAF enthalten ist). Alice kann zumindest behaupten, dass ein unehrlicher Ermittler die Aufnahme verfälschte.

Das LEAF darf im Zweifelsfall nicht als Authentifizierung anerkannt werden. Es sind genügend Szenarien denkbar, bei denen Betrug möglich ist. Beim *Squeeze-Angriff* lässt sich Alice von Bob anrufen und führt mit ihm ein harmloses Gespräch. In Wirklichkeit ist sie aber nur auf sein LEAF mit dem zugehörigen Paar Sitzungsschlüssel/IV aus. Mit diesen Daten und einigen Tricks ruft sie wie vereinbart Carol als Bob an (denn sie benutzt Bobs LEAF) und erzählt mit Bobs Stimme von neuesten kriminellen Aktivitäten, die samt und sonders frei erfunden sind. Einzelheiten dieses und noch weiterer Angriffe können Sie in [Frankcl] nachlesen. Auch wegen solchen möglichen Kompromittierungen darf die *unit ID* nicht als Authentifizierung anerkannt werden.

Fazit

Das EES-Protokoll hat viele Schwächen. Es geht nicht nur um die beschriebenen Betrugsmanöver, sondern das Protokoll liefert auch keine zusätzlichen Beweismittel. Dabei könnte die Kryptologie hier doch so hilfreich sein. Außerdem erfordert das Protokoll in vielen Situationen die Offenlegung der Schlüssel von unbeteiligten Personen, die zufällig einen Kriminellen anrufen – und nicht etwa die Offenlegung des Schlüssels im Mafia-Telefon.

Sie haben nun gesehen, wie problematisch eine Schlüsselhinterlegung allein in kryptologischer Hinsicht sein kann, von rechtlichen und politischen Fragen einmal abgesehen. Die schwer wiegenden Bedenken gegen den Einsatz von Clipper und Capstone sind also auch fachlicher Art, keinesfalls nur subjektiv. Sie ahnen, welche schlimmen Folgen massenhaft eingesetzte, jedoch kryptologisch schwache Hard- oder Software haben kann. Das ist auch für Europa wichtig, selbst wenn hier logischerweise geringes Interesse am Kauf der EES-Geräte besteht.

6.5   Einmal-Passwörter

In den folgenden drei Abschnitten können Sie sich wieder zurücklehnen, denn sie sind einfacher als die vorangegangenen.

Bei den hier beschriebenen Protokollen soll sich Alice eindeutig per Passwort ausweisen können, obwohl Mallory mithört. Diese Gefahr ist nicht zu unterschätzen, z. B. wenn sich Alice über Internet in einen UNIX-Rechner einloggt. Zwar ist der Passwortmechanismus in modernen UNIX-Rechnern kryptologisch sehr sicher, doch was nützt das beste Passwort, wenn es beim Einloggen im Klartext über die Datenleitung läuft?

6.5.1   Der Trick mit den Einweg-Hashfunktionen

Ein Schlüsseltausch mittels asymmetrischer Kryptografie kommt beim genannten Problem nicht in Frage, denn Alice hat vor dem Einloggen wahrscheinlich noch gar keine Rechenkapazität zur Verfügung.

Es gibt auch noch eine ähnliche, weit häufigere Situation, in der der Anwender ebenfalls keinen Rechner zur Hand hat. Das betrifft das *Homebanking* per Telefon. Dort muss sich die Kundin Alice ebenfalls per Passwort authentifizieren, doch Mallory darf später nicht in der Lage sein, sich mittels des gleichen Passwortes als Alice auszugeben. In der Formulierung steckt bereits die Lösung: Der Kunde erhält viele Passwörter, und jedes wird nur einmal verwendet.

Einweg-Hashfunktionen gestatten eine besonders simple und sichere Realisierung dieses Prinzips. Das Protokoll wurde 1981 von Leslie LAMPORT [Lamport] vorgeschlagen und sieht folgendermaßen aus:

1. Der Rechner erzeugt einen zufälligen Schlüssel S_0.

2. Mittels einer Einweg-Hashfunktion H verschlüsselt er diese Zahl immer wieder und erhält so z. B. 100 Zahlen S_i:

   $S_1 = H(S_0)$
   $S_2 = H(S_1)$
   $\ldots$
   $S_{100} = H(S_{99})$

3. Die Zahlen S_0, ..., S_{99} schickt er dem Kunden/Anwender und löscht sie anschließend. Er selbst speichert nur S_{100}.

4. Wenn sich der Kunde bei dem Rechner ausweisen will, sendet er ihm S_{99}. Der Rechner überprüft, ob $H(S_{99}) = S_{100}$ ist. Wenn ja, dann gilt der Kunde als authentifiziert, wenn nein, lehnt er ihn ab.

5. Der Rechner ersetzt nun S_{100} durch den erhaltenen Wert S_{99}, und der Kunde streicht S_{99} aus seiner Liste.

6. Alle weiteren Authentifizierungen verlaufen analog: Der Kunde sendet das noch nicht gestrichene Passwort mit dem jeweils größten Index. Der Rechner bildet den Hashwert des Kundenpasswortes und vergleicht ihn mit dem gespeicherten

Wert. Bei Annahme des Wertes ersetzt er den gespeicherten Wert durch das Kundenpasswort.

7. Nachdem alle 100 Passwörter verbraucht sind, erzeugt der Rechner eine neue Liste und sendet sie dem Kunden.

Kryptologisch ist dieses Verfahren sehr hoch zu bewerten. Wie unter UNIX wird kein Passwort im Klartext auf dem Rechner gespeichert. Jedes Passwort wird nur einmal verwendet, daher bekommt kein Angreifer unbefugten Zugang zum Rechner. Und die Kryptanalytiker haben es wirklich schwer: Sie müssen die Hashfunktion umkehren und nicht nur eine Kollision berechnen.

Einmal-Passwörter schützen auch gegen Replay-Angriffe. Bis 1994 war das eine Schwäche von Novell NetWare, bei der Passwörter zwar vercryptet übertragen wurden, doch die Chiffrierung ohne vorangestellten Initialisierungsvektor erfolgte. Dadurch konnte sich Mallory als Alice ausgeben und das mitgeschnittene Passwort von Alice wieder »abspielen«. Derartige Schwachpunkte (inklusive dem Mitschneiden unverschlüsselter Passwörter) müssen in der rauen Wirklichkeit massenhaft ausgenutzt worden sein.

Sicherheitsprobleme

In der Praxis bringen Einmal-Passwörter allerdings einige Probleme mit sich. Zum Ersten sind diese Passwörter zufällig, d. h. man kann sie sich schlecht merken. Also muss jeder Nutzer dieses Systems ständig auf seinen Spazierstock Acht geben, in dessen Knauf sich die Passwortliste befindet. Zum zweiten ist der durchschnittliche Nutzer *immer* liederlich und vergesslich (wenn man den Administratoren glaubt). Er vergisst seine Liste mitzubringen oder druckt die neue nicht aus. Der Administrator hat »nur zusätzlichen Ärger damit«. Zum Dritten braucht Mallory aus einer offen herumliegenden Liste nur S_0 zu entnehmen, und schon kann er sich theoretisch zig mal unbefugt einloggen. Doch keine Panik – diese Nachteile lassen sich in vielen Situationen weitgehend ausschließen, wenn man sich nur S_0 merkt und ein lokal genutztes Programm daraus S_{49} berechnet (so geschieht es z. B. in dem Programm OPIE, vgl. Kapitel 7.5). Allerdings: S_0 werden sich die Anwender in der Regel trotzdem aufschreiben. Ein Risiko bleibt also.

Mallory kann das theoretisch zu seiner Bereicherung ausnutzen und hat dabei sogar ein fast perfektes Alibi zur Hand: Angenommen, Alice muss eine größere Rechnung bei ihm bezahlen. Es drohen saftige Mahngebühren. Mallory hat aber Alices Schlüssel S_0 ausspioniert und weiß, dass gerade Alices 47. Passwort abgefragt wurde. Er berechnet S_{46}, loggt sich einige Male als Alice ein und immer gleich wieder aus. Alices nächste Verbindung mit dem Rechner schlägt fehl. Dass vielleicht jemand ihr Passwort kennt, kommt ihr nicht in den Sinn. Sie zeigt die Reaktion des typischen Anwenders: »Der Rechner ist kaputt.« Nun ist gerade Wochenende, neue Passwortlisten werden erst am Montag ausgegeben – und Alice darf die Mahngebühren zahlen.

Kaum jemand wird Mallory nachweisen können, dass er die Synchronisierung gestört hat. Besitzt er ein schlaues System zum Ausspionieren der Passwörter seiner Kunden, kann er solche Manöver fast beliebig oft durchführen und ständig Mahngebühren kassieren. Trotzdem wirtschaftet er nach außen hin ganz legal, im Unterschied zu illegal veranlassten Geldtransfers. Bis zu dem Tag, an dem eine Bank feststellt, dass ausgerechnet Mallorys Kunden laufend Probleme bei der Authentifizierung haben.

Solch ein Angriff ist übrigens wieder ein *Denial-of-service-Angriff* (wir lernten den Begriff beim Breitmaulfrosch-Protokoll kennen). Hier werden keine Informationen abgezweigt oder verfälscht, sondern es wird eine Aktivität gestört bzw. unterbunden. Auch das sollen gute kryptologische Protokolle verhindern oder wenigstens den Verursacher identifizieren.

6.5.2 Angriffe auf Ihr Bankkonto

In diesem kleinen Abschnitt werden wir einen Ausflug in die raue Wirklichkeit unternehmen und einen bekannt gewordenen Angriff auf das Internet-Homebanking untersuchen. Das Ergebnis war für mich überraschend und wird hoffentlich auch viele Leser nachdenklich werden lassen.

Schöne Theorie ...

Prinzipiell verhindern Einmal-Passwörter keine *Man-in-the-middle*-Angriffe. Am 28. Januar 1997 wurde in der ARD-Fernsehsendung »Plusminus« vorgeführt, dass Hacker recht einfach an über Internet-Homebanking geführte Konten herankommen. Wie so viele andere war auch dieser Bericht spektakulär aufgemacht, ohne jedoch genauere Informationen zu liefern. Ich hatte zunächst folgende Überlegungen dazu angestellt (glauben Sie bloß nicht, was Sie jetzt lesen):

Sicherlich hat kein Hacker jemals Einmal-Passwörter geknackt, denn er ist kein Kryptanalytiker im engeren Sinne (d. h. er knackt keine komplizierten Chiffrieralgorithmen). Die Freaks[2] in der Sendung hatten nach meinen Vermutungen Sicherheitslücken im Anwendungsprogramm und im Betriebssystem genutzt und ihren Rechner einem Kunden als Bankcomputer ausgegeben. Wie sähe so etwas aus? Im Normalfall läuft die Kommunikation zwischen Bank und Kunden folgendermaßen ab:

1. Der Kunde füllt ein elektronisches Überweisungsformular aus und sendet es zusammen mit dem gültigen Einmal-Passwort (hier etwas vornehmer **Transaktionsnummer (TAN)** genannt) an seine Bank.

2. Die Bank prüft das Passwort. Wenn es gültig ist, nimmt sie die Überweisung an und speichert das Kundenpasswort (Schritt 5 des Protokolls für Einmal-Passwörter, s. o.). Nach eventueller Rückmeldung an den Kunden streicht auch dieser das benutzte Passwort.

Der Hackerangriff könnte in Punkt 1 ansetzen:

1. Der Hackercomputer erscheint dem Kunden als Bankcomputer. Das ist möglich, weil sich der Bankcomputer nicht authentifiziert und Netzsoftware, Anwendungsprogramm und Betriebssystem (meist sehr unsichere Windows-Systeme) entsprechende Sicherheitslücken aufweisen.

---

2. Ich nenne sie »Freaks« und verwende nicht den vorbelasteten Begriff »Hacker«, denn sie machten öffentlich auf mögliche Gefahren aufmerksam und wollten so Schaden vermeiden, keinen anrichten.

2. Der Kunde füllt sein Formular beim Hacker aus, ohne dass er es merkt, und sendet sein Einmal-Passwort an den Hacker. Dieser kann zum Schein die Annahme des Formulars bestätigen.

3. Der Hacker ändert Kontonummer und Betrag auf für ihn günstige Werte und sendet beides an die Bank. Dabei gibt er erforderlichenfalls seinen Computer als den des Kunden aus.

4. Die Bank erkennt keine Fehler und nimmt die Überweisung an.

Normalfall:

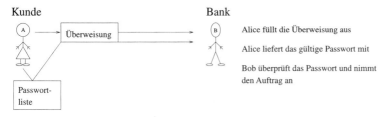

Betrugsmanöver:

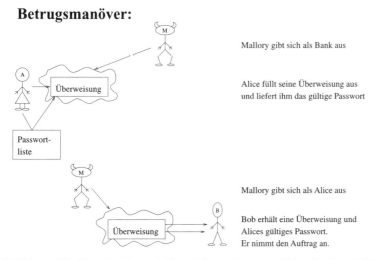

Abbildung 6.8: Homebanking mit Einmal-Passwörtern und Man-in-the-middle-Angriff

Es ist nicht allzu schwer, eine Gegenmaßnahme zu finden. Der Angriff ist nicht möglich, wenn sich der Bankcomputer mittels digitaler Signatur ausweisen muss. Das zugehörige Protokoll könnte so aussehen:

1. Der Kunde füllt ein elektronisches Überweisungsformular aus und sendet es ohne Passwort an seine Bank.

2. Die Bank unterschreibt das Formular und sendet die Unterschrift zusammen mit einer Bearbeitungsnummer zurück.

3. Der Kunde prüft die Unterschrift (den öffentlichen Schlüssel der Bank erhielt er direkt in der Filiale) und antwortet mit seinem Einmal-Passwort.

Hier hat der Hacker keine Chance mehr zu betrügen, selbst wenn er den gesamten Datenverkehr zwischen Kunden und Bank modifizieren könnte. Die Überweisung wird nur mit dem richtigen Passwort angenommen, und das rückt der Kunde erst heraus, wenn er die nicht zu fälschende Bankunterschrift unter dem *richtigen* Formular in der Hand hat.

Die einzige Möglichkeit zur Störung wäre ein *Denial-of-service*-Angriff. Dazu müsste der Hacker in Schritt 3 das Passwort stören. Natürlich lässt sich auch dieser Angriff unterbinden, wenn die Bank in einem vierten Schritt ihre Unterschrift unter das richtige, akzeptierte Passwort an den Kunden sendet. Doch in der Praxis dürfte der *Denial-of-service*-Angriff ohnehin deutlich schwieriger durchzuführen sein als die Vortäuschung eines Bankcomputers.

Es gibt aber auch ohne digitale Unterschriften wirksame Gegenmittel: Im Verdachtsfall schreiben Sie eine Überweisung auf ein nicht existierendes Konto und geben ein falsches Passwort mit. Das kann kein Hacker feststellen. Selbst wenn er Ihr Verhalten gut kennt und vorsichtshalber einen Versuch ablehnt, weiß er doch nicht, ob Sie beim nächsten Mal auch noch bluffen. Nach Rücksprache mit der Bank lässt sich ein versuchter Betrug mit ausreichend hoher Wahrscheinlichkeit feststellen.

Der Schaden lässt sich also auch im existierenden System begrenzen. Doch wieder einmal zeigt sich, auf welch erschreckend niedrigem Niveau sich die »Kryptologie« praktischer Anwendungen manchmal bewegt, ganz im Gegensatz zu dem Eindruck, den die Werbung erwecken will.

Die gesamte Problematik wirkt recht jämmerlich. Endnutzer und Bank schieben sich gegenseitig die Schuld in die Schuhe. Beide haben sogar auf ihre Weise recht:

▶ Die Bank hat sich ordnungsgemäß abgesichert. Nur der Kunde nutzt unsichere Betriebssysteme und unsichere Software, die den raffinierten Diebstahl seines Passwortes erlauben.

▶ Der Kunde kann verlangen, dass die Bank nur kryptologisch ausreichend sichere Software zulässt, um auf ihre Konten zuzugreifen. Wer mit Einmal-Passwörtern arbeitet, rechnet definitiv damit, dass er abgehört wird. Dann sollte er doch auch den kleinen Schritt bis zur *gegenseitigen* Authentifizierung gehen. Schließlich hat die Bank mehr Wissen über Sicherheit als ein unerfahrener Kunde!

Die Schuld liegt nicht am »anarchischen Internet«, sondern am unsicheren kryptografischen Protokoll und an unsicherer Software. Es wird höchste Zeit, beides auf den Stand der Technik zu bringen.

Sicher wäre kryptologisch gesehen eine Chiffrierung mittels hybrider Verfahren immer die bessere Wahl. In der Praxis wird das manchmal nicht auslesbare Chipkarten und vielleicht zusätzlich biometrische Systeme erfordern. Bis wir soweit sind, begnügen wir uns mit Einmal-Passwörtern, eventuell abgesichert mit digitalen Unterschriften.

... und grausame Praxis

So weit gingen meine Überlegungen. Sie sind auf jeden Fall für Systeme mit Einmal-Passwörtern wichtig, doch blieben sie vorerst graue Theorie. Denn dann erfuhr ich die Wahrheit über den im Fernsehen vorgeführten Angriff.

Die Kunden nutzten den Microsoft Internet Explorer, der das so genannte ActiveX-Konzept nutzt. Bei diesem Konzept reicht es aus, eine geeignete Seite im Web anzuwählen, und schon wird eine Applikation auf den lokalen Rechner geladen und gestartet. Wie unter DOS und Windows üblich, hat diese dann Zugriff auf den gesamten Rechner. Das ist ein konzeptioneller Fehler[3]. Der Kunde holt sich sozusagen seinen Virus selbst über das Netz. In [Donnhack] wird im Detail beschrieben, wie so etwas gemacht wird. Der Angreifer braucht im Web nur eine schöne bunte Seite anzubieten, die Bankkunden des Öfteren anwählen werden, und schon ist es geschehen.

Dieses Sicherheitsloch (von »Lücke« kann nicht mehr die Rede sein) ermöglicht im Prinzip schon alles, doch die im Beispiel genutzte Software »Quicken« macht es einem Angreifer noch leichter: Die Homebanking-Programme arbeiten Aufträge an die Bank meist nicht online ab, sondern speichern sie zunächst. Um Telefonkosten zu sparen, legt der Kunde die Einmal-Passwörter vielleicht gleich mit auf der Platte ab. Ein per Internet Explorer irgendwann unbemerkt eingedrungenes Programm braucht also nur einen »Zusatz-Auftrag« des Angreifers einzuschieben, oder es modifiziert einen zwischengespeicherten Auftrag nach den Vorstellungen des Angreifers. Wie Sie sich leicht denken können, ist solch ein Angriff nicht übermäßig schwierig zu programmieren. Nach dem »Sammeln« von zig Überweisungen an einem Tag verschwindet die Web-Seite des Angreifers auf mysteriöse Weise, und mit ihm sein Konto zusammen mit dem ganzen schönen Geld.

Was nützt es da, dass die Banken die Einmal-Passwörter nur ausgedruckt mitliefern, wenn der Anwender die Passwörter mit seiner Software de facto aller Welt anbietet? Nach dieser Information muss man die Banken von jeder Schuld freisprechen: Wer solche »offenen« Systeme nutzt, muss auch für entstandene Schäden verantwortlich gemacht werden. Diese Sicherheitslücke hat praktisch nichts mehr mit Kryptologie zu tun, doch können wir hier nicht Theorie betreiben und dabei die Praxis ganz außer Acht lassen.

Mancher Windows-Nutzer mag sich hier von einem UNIX-Freak angegriffen fühlen. Das ändert nichts an der Tatsache, dass die Sicherheitskonzepte der im Haushalt genutzten Rechner für solche kritischen Aufgaben wie Bankverkehr einfach nicht ausreichen. Doch die Zahl kritischer Bereiche nimmt zu, denn im Internet werden immer mehr Dienste angeboten.

Gewiss, auch UNIX-Systeme (und andere) haben Sicherheitslücken. Zahlreiche Nutzer beschäftigen sich jedoch intensiv mit ihnen[4] und sind sich der Gefahren bewusst. Es ist ein noch sehr weiter Weg bis zur akzeptablen Sicherheit der Rechen-

---

3. Im Unterschied zum Sicherheitskonzept der von Sun entwickelten Sprache Java!
4. Das DFN-CERT in Hamburg (*ftp.cert.dfn.de* und *http://www.cert.dfn.de*) veröffentlicht (wie zahlreiche andere Einrichtungen) regelmäßig bekannt gewordene Sicherheitslücken nebst Workarounds und führt auch Schulungen durch; Programme wie SATAN, Tiger und Tripwire durchforsten UNIX-Systeme automatisiert nach Sicherheitslücken

technik, denn bisher fehlt es oft sogar an elementarem Sicherheitsbewusstsein. Ich hoffe nur, es gelingt den Softwarehäusern nicht, die Gefahren auf Dauer herunterzuspielen. Falls doch, dann wären die Folgen nicht abzusehen.

6.5.3 Passwort-Automaten

Die bisher besprochenen Protokolle befriedigen nicht immer. Entweder kennt Alice ein geheimes Passwort S_0, das Mallory unbemerkt ausspähen kann, oder sie trägt eine Liste von Passwörtern mit sich herum – auch diese kann Mallory heimlich kopieren. Dabei sind Einmal-Passwörter doch gerade dann von Nutzen, wenn sich Alice in »unsicherer Umgebung« aufhält. Für den kommerziellen Einsatz wird häufig eine höhere Sicherheit gefordert.

Zu diesem Zweck bringen verschiedene Anbieter Geräte in der Größe von Schlüsselanhängern oder Taschenrechnern auf den Markt, die Einmal-Passwörter automatisch erzeugen. Ein einheitlicher Name scheint sich für diese Art von Hardware noch nicht eingebürgert zu haben. Ich werde hier als Beispiel die Produkte von RSA Security Dynamics Inc. vorstellen (das ist die Firma, zu der RSA Inc. gehört). Dort nennt man solche »Passwort-Automaten« **SecurID-Token**s oder einfach **Token**s (vgl. Abb. 6.9).

Abbildung 6.9: Ein TokenID von Security Dynamics Inc. zur hardwaremäßigen Generierung von Einmalpasswörtern

Diese Tokens sind zusätzlich durch eine PIN gesichert. Damit wird Alices Geheimnis nach dem Prinzip »Besitz und Wissen« aufgespaltet: Um sich als Alice zu authentisieren, muss Mallory nicht nur heimlich ihre PIN ausspionieren (also die Wissenskomponente), sondern auch ihr Token stehlen (die Besitzkomponente). Wenn Alice ihr Token immer bei sich trägt und niemals aus der Hand gibt, hat es Mallory schwer.

Allerdings arbeiten diese Tokens anders als in 6.5.1 beschrieben. Warum? Angenommen, das geheime Passwort S_0 sei im Token-RAM gespeichert. Auf Knopfdruck würde eine Einweg-Hashfunktion n-mal darauf angewandt und das Ergebnis angezeigt. Die Zahl n müsste einem rückwärts laufenden Zähler entnommen werden. Da ein Token vielleicht viele tausend Mal benutzt wird, müsste der Zähler mit einem sehr hohen Anfangswert initialisiert werden, z. B. 10.000. Mit anderen Worten: In der Anfangszeit würde bei jedem Knopfdruck die Hashfunktion etwa 10.000mal auf S_0 ange-wandt; die Rechenzeiten wären dann unakzeptabel lang. Außerdem wäre die Anzahl der Nutzungen von vornherein beschränkt. Das mag nicht immer wünschenswert sein. Eine Lösung beider Probleme wäre, beim Erreichen von n = 0 den Wert S_0 in definierter Weise zu ändern und den Zähler neu zu setzen. – Schließlich sollte der Knopf gegen unbeabsichtigtes Drücken gesichert sein.

Die SecurID Tokens erscheinen für den Anwender bequemer: Sie erzeugen im Minutentakt neue Passwörter (in unserem Fall sechsstellige Zahlen). Security Dyna-mics stellt zwei Arten von Tokens her: mit und ohne Tastatur. Im ersten Fall tippt man seine PIN zunächst auf der Token-Tastatur ein und gibt dann die abgelesene Zahl auf Anforderung in den Rechner ein. Im zweiten Fall setzt man seine PIN vor die abgelesene Zahl und tippt dieses Konglomerat ein. Diese Variante ist zwar billi-ger, aber natürlich unsicherer. Dazu weiter unten mehr.

Doch wie werden denn nun die Passwörter erzeugt? Eine Möglichkeit wäre, in jedem Token einen geheimen DES-Schlüssel unterzubringen und einen bekannten oder ebenfalls geheimen Anfangsblock von 64 Bit immer wieder mit diesem Schlüssel zu chiffrieren. Es muss nicht unbedingt DES sein; wer zwei 64-Bit-Blöcke fortlaufend per IDEA chiffriert und aus den jeweils erhaltenen 128 Bit Geheimtext einen Hashwert bildet, kommt kryptanalytischen Angriffen mit Sicherheit zuvor. Der Server – so nennen wir der Einfachheit halber den Rechner, auf dem sich Alice einloggt – kennt den Schlüssel natürlich auch und kann so die Korrektheit des Pass-wortes überprüfen.

Security Dynamics verwendet dagegen einen nicht offen gelegten Hashalgorith-mus (man vertraut dort auf das Können von Ron RIVEST, der das Verfahren prüfte). Aus einem tokenabhängigen, geheimen Wert, dem so genannten *Seed*, sowie der Uhrzeit wird alle 15 Sekunden ein Hashwert gebildet. Aus vier solchen Werten berechnet der Schlüsselanhänger die sich im Minutentakt ändernde Zahl. Das ist ein cleverer Gedanke. Man könnte ja auch einfach aus dem Seed und der Uhrzeit im Minutentakt einen Hashwert berechnen und anzeigen lassen. Doch wenn Mal-lory weiß, dass zwei aufeinander folgende angezeigte Werte aus Zahlen berechnet werden, die sich um 1 (oder um 60) unterscheiden, könnte er eventuell Teile des Seeds berechnen, falls die Hashfunktion gegen einen solchen Angriff empfindlich ist (ich glaube nicht, dass Einweg-Hashfunktionen gegen derartige Angriffe immun sein müssen). Die oben genannten vier Teilwerte werden sich jedoch in sehr vielen Bits unterscheiden, und das vereitelt derartige »differenzielle Kryptanalysen«.

Und die PIN? Bei Tokens mit Tastatur wird sie einfach per XOR mit dem berechne-ten Hashwert verknüpft. Das ist sicher. Durch Belauschen des Datenkanals hat Mallory keine Chance, an die PIN heranzukommen. Weit kritischer ist ohne Frage die Übertragung der PIN im Klartext, vor dem Passwort. Doch um eine solche belauschte PIN zu nutzen, muss Mallory erst einmal das Token stehlen.

Ein Problem haben wir bisher noch nicht betrachtet: Woher weiß denn nun der Server, welches Passwort auf Alices Token gerade erzeugt wird? Uhren gehen bekanntlich nach wie vor, wie der Volksmund sagt, insbesondere wenn ein Token in der prallen Sonne liegt bzw. klirrender Kälte ausgesetzt wird. Die Lösung ist rela-tiv einfach: Der Server speichert für jedes Token die aktuelle »Zeitverschiebung«

und arbeitet obendrein mit einem Zeitfenster für das Token, d. h. er akzeptiert beispielsweise auch Passwörter, die vor zwei Minuten gültig gewesen wären bzw. erst
in drei Minuten erscheinen dürften. Anhand solcher Abweichungen korrigiert er
ggf. die Zeitverschiebung. Nur wenn die Abweichung zu groß wird, fordert er noch
das nächste Passwort an und schafft so zusätzliche Sicherheit. Dieser Fall tritt erfahrungsgemäß nur sehr selten ein.

Wie sicher sind SecurID-Tokens?

Auf alle Arten von Tokens gibt es zwei Angriffe: Zum einen den bekannten *Man-in-
the-middle-Angriff* – Mallory fängt Alices Passwort ab und unterhält sich fortan
allein mit dem Server. Dieser Angriff steht hier nicht zur Diskussion, denn davor
können Einmal-Passwörter bekanntlich nicht schützen. Der andere Angriff ist
etwas subtiler: Mallory kann zwar die Verbindung zwischen Alice und dem Server
nicht unterbrechen, doch er beobachtet die ersten fünf Stellen des sechstelligen
Passwortes. Danach sendet er, schneller als Alice es kann, alle zehn möglichen letzten Ziffern auf zehn parallelen Kanälen und erhält so auf einem Kanal eine Verbindung. Das ist nur möglich, wenn Alice ein schlecht konfiguriertes *telnet*-Programm
nutzt, das jedes Zeichen einzeln sendet. Der Server kann diesen Angriff zusätzlich
erschweren, indem er beispielsweise höchstens zwei oder drei Fehlversuche erlaubt
und danach das nächste Passwort fordert (oder gar eine »Auszeit«).

Einfacher wird es für Mallory, wenn Alice ein Token ohne Tastatur benutzt, Mallory
die PIN am Netz abhört und danach das Token stiehlt. Diebstahl ist jedoch »Handarbeit« und wird in der Regel bald bemerkt. Realer erscheint mir das Szenario, dass
Alice ihr Token irgendwo liegen lässt und Mallory es findet. Deswegen werden
Tokens niemals mit einem Firmenlogo vertrieben, sondern nur mit einer anonymen Seriennummer. Ich brauche den Faden wohl nicht weiterzuspinnen: Die
Wahrscheinlichkeit eines illegalen Einloggens ist bei diesem Konzept recht gering.

Mehr Misstrauen könnten die Anwender schon gegenüber dem Hersteller selbst
haben. Schließlich speichert er die Seeds in die Token-RAMs ein. Was wäre, wenn er
die Geheimzahlen gleichzeitig an die NSA liefern würde? Dem steht entgegen, dass
erst der Anwender selbst die PIN vereinbart; sie ist dem Hersteller also unbekannt.
Gewiss kann die NSA eine PIN bei Tokens ohne Tastatur mitschneiden – doch ebenso
mühelos kann sie gleich den unchiffrierten Datenverkehr protokollieren.

Am bedrohlichsten wäre wohl, wenn es Mallory gelänge, die Seeds aus dem Server
auszulesen. Das kommt jedoch einem Meisterstück gleich. Die Lieferung vom Hersteller an den Anwender erfolgt in verschlüsselter Form. Auf der Festplatte des Servers sind die Seeds mit einem 128-Bit-Schlüssel per RC4 chiffriert, und im Speicher
muss man erst einmal an die Security-Blocks der Progress-Datenbank herankommen, was auch für den Superuser eine echte Herausforderung ist.

Denkbar wäre auch ein Brute-Force-Angriff auf den 64 Bit langen Seed. Das würde
einer Kapazität von 256 parallel arbeitenden DES-Crack-Maschinen entsprechen.
Mir scheint, dass dabei Aufwand und Nutzen nicht mehr in einem vernünftigen
Verhältnis stehen! Interessanter sind wohl Angriffe mittels DFA wie in 4.4.5
beschrieben; darüber redet kein Hersteller gern. Doch um DFA durchzuführen,
muss man das Token erst einmal besitzen und dann auch noch öffnen, ohne den
RAM zu löschen.

Fazit

Die besprochenen Tokens erscheinen mir als vernünftiger Kompromiss in Situationen, wo es vor allem auf sichere Authentisierung ankommt. Den Datenverkehr zwischen Terminal bzw. Client und Server kann man ja trotzdem noch chiffrieren. Wichtig ist, dass ein Angriff in der Regel nicht unbemerkt bleibt, denn der Verlust eines Gegenstandes lässt sich im Unterschied zum heimlichen Belauschen eines Passwortes durchaus feststellen. Gegenüber Challenge-Response-Verfahren (wo also Rückfragen vom Server gestellt werden) sind Tokens billiger sowie einfacher in der Handhabung.

6.6 Sonstige Protokolle

Das Gebiet der kryptografischen Protokolle ist zu umfangreich und zu kompliziert, um es in diesem Buch auch nur als Überblick darstellen zu können. Die Forschung auf diesem Gebiet wird sehr intensiv betrieben, so dass ständig neue praktisch relevante oder auch mehr theoretisch interessante Szenarien untersucht werden. Wer hier mehr in die Tiefe gehen möchte, sei auf die einschlägige Literatur und das Internet verwiesen.

Ähnlich wie bei den kryptografischen Algorithmen biete ich Ihnen abschließend eine wahllose Zusammenstellung origineller und praktisch interessanter Protokolle.

6.6.1 Zeitstempel

Dass das vom Betriebssystem zugeordnete Alter einer Datei hilfreich ist, jedoch nichts beweist, brauche ich sicherlich nicht zu erklären. In der Praxis sind aber öfters Zeitstempel gefragt, die Beweiswert haben. Das bedeutet:

▷ Der Zeitstempel kann nicht nachträglich unbemerkt verändert werden,

▷ das Dokument kann ebenfalls nicht nachträglich unbemerkt verändert werden,

▷ das Dokument kann nicht nachträglich mit einem anderen Zeitstempel versehen werden.

Die ersten beiden Forderungen sind kein Problem. Alice schreibt unter ihre Urkunde im Klartext »Erstellt am 29. Februar 1996, 17:30 Uhr« und setzt unter das so ergänzte Dokument ihre digitale Signatur. Wenn zweifelsfrei bekannt ist, dass dieses Dokument von Alice stammt, ihr eine falsche Zeitangabe nur schaden würde und auch ihr öffentlicher Schlüssel bekannt ist, reicht dieses Protokoll vollkommen aus. Niemand außer Alice kann einen anderen Zeitstempel darunter setzen und im Namen von Alice digital unterschreiben, solange ihre Unterschrift sicher ist.

Leider genügt das nicht immer. Erstens sind Fälle denkbar, wo Alice betrügen will. Zweitens kann eine Behörde, die in unserer goldenen elektronischen Zukunft täglich zehntausende virtuelle Schriftstücke zugesendet bekommt, nicht von jedem Nutzer den öffentlichen Schlüssel besorgen und damit die Zeitangabe überprüfen. Außerdem sollte die Echtheit der Verbindung Dokument-Zeitstempel generell überprüfbar sein, unabhängig vom Autor.

Zeitstempel vom Notar

Eine nahe liegende Lösung des Problems ist, einen vertrauenswürdigen Zeitstempeldienst einzurichten. Alice muss ihr Dokument bei einem solchen Dienst einreichen und erhält es von diesem mit Zeitstempel versehen und unterschrieben zurück. Die öffentlichen Schlüssel der Zeitstempeldienste werden in einer Tageszeitung regelmäßig veröffentlicht.

Damit die Übertragungskapazitäten im Internet noch für Audio-Mail und schöne bunte Bilder reichen, sollte Alice nur den Hashwert an den Stempeldienst senden. Der Dienst würde dann das Paar »Zeitstempel-Hashwert« signiert zurücksenden. Eine kurze, zufällige Zeichenkette, vom Stempeldienst an den Zeitstempel angehängt, räumt Bedenken wegen eines möglichen Geheimtextangriffs aus (vgl. Abschnitt 4.5.3).

Dieses Protokoll ist schon recht gut. Nachteilig könnte zwar eine kleine Verzögerung sein, und Geld kostet es wahrscheinlich auch, aber ohne solche kleinen Nachteile wird es wohl schwer gehen.

Trotzdem bleibt Alice eine Möglichkeit zum Betrug: Sie kann den Betreiber eines Stempeldienstes bestechen, ein falsches Datum unter ihr Dokument zu setzen. Eine Überprüfung des Dienstes ist im Protokoll nicht enthalten. Also benötigen wir für den massenhaften Einsatz ein besseres Protokoll.

Überprüfung der Behörde

Um eine Bestechung des Zeitstempeldienstes zu verhindern, gibt es viele Möglichkeiten. So fordert ein Protokoll beispielsweise, dass der Dienst nicht nur Zeitstempel und Hashwert unterschreibt, sondern zusätzlich eine Identifikationsnummer von Alice sowie Namen, Zeitpunkt und Signatur des letzten Kunden aneinander hängt und dann dieses Konglomerat unterschrieben an Alice zurücksendet. Außerdem teilt er ihr die Identifikationsnummer des nächsten Kunden mit, dem Alice an ihrem Rechner die Klinke in die Hand gab.

Bei diesem Protokoll lassen sich je nach Ausdauer des Prüfers beliebig viele Kunden vor und nach Alice ermitteln. Die grobe Fälschung eines Zeitstempels in solch einer Kette wäre sofort ersichtlich, denn die Zeitangaben müssen in aufsteigender Reihenfolge sortiert sein. Alice müsste, um eine Beschwerde nur einen Tag rückzudatieren, einen Dienst finden, der einen Tag lang nicht in Anspruch genommen wurde, und diesen dann auch noch korrumpieren. Ein wenig lohnendes Unterfangen.

Problematisch ist hierbei nur, dass Kunden aus dieser Kette nach Jahren verschwunden sein können. Solche Bedenken räumt man zum Beispiel mit verteilten Zeitstempeln aus dem Weg. Alice lässt dazu ihr Dokument von vielen anderen Personen mit einem Zeitstempel unterzeichnen. Welche Personen aus einer großen Menge das sind, bestimmt der Hashwert ihres Dokuments. Diese Variante ist sicher, aber sehr aufwendig und zeitraubend.

Es gibt auch Protokolle, bei denen Zeitstempeldienste in einer Baumstruktur angeordnet werden und von oben nach unten überwacht werden. In den USA sind solche Protokolle durch Surety Technologies (eine Tochter von Bellcore) patentiert.

Sie sehen, dass das Problem doch nicht so einfach zu lösen ist, wie es anfangs schien. Aber das Sicherheitsniveau, das mit guten Protokollen erreicht wird, geht weit über das unterschriebene Blatt Papier hinaus, trotz aller Bedenken hinsichtlich der Sicherheit digitaler Signaturen. Dies ist wieder ein Fall, wo die Kryptologie die Sicherheit echt verbessert und nicht nur alte Sicherheiten in der neuen Welt wiederherstellt.

6.6.2   Bit commitment

Bit commitment (*Bit-Festlegung*) ist ein wichtiges Protokoll für das tägliche Leben: Sie benötigen es zum Beispiel, wenn Sie im Internet Ihr Testament hinterlegen wollen. Doch dazu später.

Das Szenario ist folgendes: Alice möchte Bob eine Information verkaufen, diese aber erst offen legen, wenn Bob bezahlt hat. Bob muss zwar die Katze im Sack kaufen, will aber nach der Zahlung wenigstens die Garantie haben, dass er diese Information auch bekommt und dass Alice nicht nach der Zahlung die Information heimlich gegen eine belanglose austauscht, was ihn in Beweisnot brächte.

Ohne eine Lösung Kryptografie wäre nur mit versiegelten Umschlägen denkbar. Eine Lösung mit Kryptografie ist viel einfacher:

1. Bob sendet Alice eine zufällige Bitfolge R.

2. Alice hängt ihre Information I an R an und verschlüsselt sie mit einem geheimen Schlüssel S. Das Chiffrat sendet sie an Bob.

3. Bob bezahlt für die Information.

4. Alice teilt ihm ihren verwendeten Schlüssel S mit.

5. Bob dechiffriert Alices Nachricht und überprüft, ob seine Bitfolge R am Anfang steht. Danach liest er I.

Die zufällige Bitfolge R verhindert, dass Alice nach dem Schritt 2 das Chiffrat mit allen möglichen Schlüsseln dechiffriert, bis sich ein für sie günstiger Klartext ergibt. Den gefundenen unechten Schlüssel würde sie ihm dann in Schritt 4 senden. Solch ein Betrug ist ohnehin nur bei sehr kurzen Informationen realisierbar (insbesondere, wenn I nur ein Bit lang ist und etwa dem niedrigsten Bit des Klartextblockes zu entnehmen ist). Aber vielleicht kennt Alice spezielle Klartexte, für die ein zweiter, berechenbarer Klartext mit einem zweiten, berechenbaren Schlüssel das gleiche Chiffrat ergibt? Die Zufallsbitfolge R verhindert, dass sich Bob um solche Angriffspunkte beim verwendeten Algorithmus Gedanken machen muss. Es reicht, wenn der Algorithmus resistent gegen Klartextangriffe ist.

Weitere Möglichkeiten nutzen Einwegfunktionen und Zufallszahlengeneratoren. Das vorgestellte Protokoll ist aber bereits praktikabel und sicher. Falls Sie nun auf diese Weise Ihr Testament ohne Notargebühren hinterlegen wollen, gehen Sie so vor: Lassen Sie sich von jedem Ihrer potentiellen Erben eine Zufallsbitfolge R senden und führen Sie für jeden Erben den Schritt 2 aus. Jeder Erbe hinterlegt seinen Wert R und das Chiffrat bei anderen Erben. Sie dagegen benutzen für alle der Einfachheit halber den gleichen Schlüssel. Dieser wird in einem verschlossenen Umschlag an sicherer Stelle aufbewahrt und nach Ihrem Tode geöffnet. Kein Erbe kann dann behaupten, der Umschlag wäre ausgewechselt worden, oder er hätte ein gefälschtes Testament erhalten.

6.6.3 Blinde Signaturen

Blinde Signaturen sind Unterschriften, bei denen der Unterzeichnende den Inhalt des Dokuments nicht oder höchstens teilweise erfahren soll. Im ersten Fall heißen solche Unterschriften auch **vollständig blinde Signaturen**. Bei ihnen geht es nur darum, festzuhalten: Zu der und der Zeit hat dieses Dokument vorgelegen. Solche Signaturen wurden Anfang der 80er Jahre von Chaum für die Realisierung von digitalem Geld entwickelt, und in einem derartigen Protokoll (6.6.7) werden wir auch sehen, unter welchen Umständen blinde Signaturen sinnvoll sind.

Ohne Kryptologie sind vollständig blinde Signaturen leicht denkbar. Ein Notar unterzeichnet Blatt für Blatt mit »Dokument Nr.: ... vorgelegt am: ... Unterschrift: ...«, wobei jedes Blatt vom Autor des Dokuments zugehalten wird. Mit Kryptologie könnte es für´s erste ausreichen, wenn Alice nur einen langen Einweg-Hashwert ihres Dokuments an Bob sendet und er diesen dann unterzeichnet. Im einfachsten Fall dechiffriert Bob dazu den Hashwert mit seinem privaten Schlüssel. Um einen Angriff mit ausgewähltem Geheimtext zu vermeiden, sollte er besser einen Hashwert vom Hashwert bilden und erst diesen dechiffrieren.

Das Verfahren hat einen Schwachpunkt. Bob kann sich alle ihm übergebenen Hashwerte merken und so Zeitpunkt und Ort der Unterzeichnung nachträglich den Dokumenten zuordnen. Auch das mag in manchen Situationen unerwünscht sein. Außerdem könnte Bob über verdeckte Kanäle mit seiner Unterschrift unbemerkt eine Dokumentnummer in die Unterschrift einschleusen und in einer geheimen Liste diese Nummern mit Zusatzinformationen in Verbindung bringen.

Das erste Protokoll von CHAUM nutzte folgende Idee: Alice kann ihr Dokument mit einer zufälligen Zahl multiplizieren. Dadurch wird es unkenntlich, und so kann sie es Bob unbesorgt zur Unterschrift überlassen. Nachdem Bob unterschrieben hat, rechnet sie die zufällige Zahl wieder heraus. Sie verwandelt dabei Bobs Signatur in eine für das ursprüngliche Dokument gültige. Weil sich hier Multiplikation und Signatur »vertragen« müssen, liegt die Verwendung des RSA-Verfahrens nahe. Jedoch lässt sich die Multiplikation gewiss nicht aus der Hashfunktion herausrechnen. Es bietet sich folgendes Vorgehen an (zum RSA-Verfahren vgl. Abb. 4.16):

1. Alice bildet den Hashwert m ihres Dokuments.
2. Sie wählt eine zufällige, zum Modul n teilerfremde Zahl k und berechnet

   $t = mk^e \bmod n$

3. Bob erhält t zur Unterschrift. Er berechnet also

   $t^d = m^d k^{de} \bmod n$

   Nun beruhte die Dechiffrierung bei RSA-Verfahren gerade auf der Gleichung

   $M^{de} = M \bmod n$

   für alle $M < n$. Insbesondere ist $k^{de} = k \bmod n$. Bob hat somit in Wirklichkeit

$$t^d = m^d k \bmod n$$

berechnet.

4. Da k teilerfremd zu n ist, kann Alice die Gleichung

$$uk = t^d \bmod n$$

nach u auflösen und erhält so Bobs Unterschrift $u = m^d$ von m.

In Anlehnung an dieses Protokoll heißt k^e auch **Blindfaktor** und den Schritt 4 nennt man *Herausrechnen des Blindfaktors*. Bob kann später nicht mehr von t auf m schließen. Wenigstens wenn Alice nur primitive Wurzeln k von n verwendet hat (vgl. Glossar), gibt es zu jedem t und jedem m ein k mit

$$mk^e = t \bmod n$$

Das heißt: Der Hashwert m könnte zu jedem t gehören, das sich Bob gemerkt hat.

So viel zu vollständig blinden Signaturen. Blinde Signaturen schlechthin (besser wäre der Begriff »halb blinde« Signaturen) sollen Bob Einblick in das Dokument gewähren, aber nicht zu viel. So will sich Bob z. B. dagegen absichern, dass er horrende Forderungen unterzeichnet. Für diese Situation gibt es weder im täglichen Leben noch in der Kryptologie eine nahe liegende Lösung. Ein mögliches Protokoll beschreibt SCHNEIER [SchnCr 5.3]:

Alice arbeitet unter höchster Geheimhaltung und benötigt einen falschen Diplomatenpass unter einem Decknamen. Der Innenminister Bob muss ihren Pass unterzeichnen, darf jedoch den gültigen Decknamen nicht erfahren. Alice schickt ihm dazu zehn Pässe, jeder auf einen anderen Namen ausgestellt. Bob wählt zufällig neun davon aus und prüft, ob sie in Ordnung sind. Den zehnten unterzeichnet er mit einem vollständig blinden Signaturverfahren. Falls Alice einen Pass mit unzulässigen Vollmachten einreicht, steht ihre Chance 9:1, erwischt zu werden.

An blinden Signaturen wird rege geforscht, einige sind in den USA von CHAUM patentiert. Eine praxisrelevante Anwendung blinder Signaturen lernen wir in 6.6.7 kennen.

6.6.4 Zero-Knowledge-Beweise

Ähnliche Geheimniskrämerei wie bei blinden Signaturen ist bei Zero-Knowledge-Beweisen (*zero-knowledge proofs*) gefragt: Hier will Alice Bob beweisen, dass sie eine bestimmte Information besitzt, ohne ihm diese Information mitzuteilen. Das Protokoll hängt natürlich vom konkreten Problem ab. Es ist Alice sogar möglich, Angaben über ihr Geheimnis zu veröffentlichen, so dass jeder Zweifler von ihrer Kenntnis des Geheimnisses überzeugt wird – ohne dass Alice auch nur ein Bit des Geheimnisses dabei offen legt. So etwas heißt **nicht interaktiver Zero-Knowledge-Beweis**.

Das erscheint zunächst unglaubhaft. Dennoch kennen Sie bereits ein Beispiel dafür. Alice will glaubhaft machen, dass sie die beiden Primfaktoren einer 1024-Bit-Zahl kennt. Dazu konstruiert sie ein Paar aus öffentlichem und privatem Schlüssel und dechiffriert einen *nicht* von ihr ausgewählten Text mit ihrem privaten Schlüssel, so wie bei digitalen Signaturen. Den erzeugten »Klar«text publiziert sie zusammen mit dem öffentlichen Schlüssel. Jeder kann sich durch Rück-Chiffrierung davon überzeugen, dass Alice den privaten Schlüssel kennt und damit auch die beiden Primfaktoren, wie wir schon in 4.5.3 gesehen haben.

Eine praktische Anwendung lernen wir in Kapitel 7.3 im Schritt 5 des Authentisierungsprotokolls der Secure Shell SSH kennen: Alice erhält von Bob eine 256 Bit lange Zufallszahl, die dieser mit ihrem öffentlichen Schlüssel chiffriert hat. Nur Alice kann diese Zahl zurückberechnen. Sie sendet Bob zum Beweis ihrer Kenntnis einen Hashwert aus dieser Zahl (und nicht die Zahl selbst, damit Mallory keine Chance bekommt).

Üblicherweise arbeiten Zero-Knowledge-Protokolle jedoch **interaktiv**. In einem Frage-Antwort-Spiel strebt die Wahrscheinlichkeit, dass Alice ein Geheimnis wirklich kennt, mit wachsender Zahl ihrer Antworten gegen 1.

Es gibt weitaus raffiniertere Protokolle; einige finden Sie in [SchnCr 5.1]. Aber Sie haben gesehen, worum es geht.

6.6.5   Fail-Stop-Signaturen

Diese Art von Unterschriften ist gedanklich mit der probabilistischen Kryptografie (5.7) verwandt. Dort war die Chiffrierung vieldeutig, die Dechiffrierung eindeutig. Bei Fail-stop-Signaturen ist die Dechiffrierung vieldeutig, die Chiffrierung dagegen eindeutig. Genauer gesagt, zu jedem öffentlichen Schlüssel sollen viele private existieren. Im ersten Fall kann niemand Alice beschuldigen, dass sie einen bestimmten Sitzungsschlüssel erzeugt hat, im zweiten dagegen kann Alice beweisen, dass ihre Unterschrift gefälscht wurde. Denn selbst wenn Mallory das asymmetrische Verfahren geknackt hat und *einen* privaten Schlüssel rekonstruierte, so hat er doch mit extrem großer Wahrscheinlichkeit (z. B. $2^{100}{:}1$) nicht den gefunden, den Alice benutzte (diese Schlüssel sind tatsächlich gleich wahrscheinlich, es steckt keine kryptologische Annahme dahinter).

Mallorys Unterschrift wird dadurch praktisch immer eine andere sein als die von Alice. Alice kann vor Gericht demonstrieren, dass sie eine andere Unterschrift erzeugt und das anhand amtlich bestätigter, von ihr früher unterschriebener Dokumente glaubhaft machen.

Fail-Stop-Signaturen wurden erstmals 1990 von Birgit PFITZMANN und Michael WAIDNER vorgestellt. In ihrem Buch [PfitzFSS] erläutert die Autorin auch, wie es zu dem Namen kam: Im Falle eines geknackten öffentlichen Schlüssels (»*fail*«) kann Alice den Betrug beweisen und alle ihre Unterschriften mit diesem Schlüssel widerrufen (»*stop*«).

Fail-Stop-Signaturen beruhen analog zu gewöhnlichen digitalen Signaturen auf kryptologischen Annahmen wie: Die Faktorisierung extrem großer Zahlen ist hart, Einweg-Hashfunktionen sind kryptologisch nicht umkehrbar usw. Fail-Stop-Signaturen sind also auch nicht »haltbarer« als gewöhnliche. Jedoch nehmen sie uns den größten Teil der Ungewissheit: Hat nun jemand schon Unterschriften gefälscht oder nicht? Wenn sich Mallory entschließt, seinen geheimen Super-Crackalgorithmus doch anzuwenden, so kann er das wenigstens nicht unbemerkt tun.

Im Schadensfall muss Alice den Betrug natürlich erst einmal bemerken (hier sehe ich das größte Problem). Danach widerruft sie zunächst alle ihre bisherigen Unterschriften, was den Schaden sogar vergrößert. Dann verkleinert sie ihn wieder, indem sie jede ihrer noch wichtigen (und obendrein zugänglichen) alten Unterschriften prüft und durch eine neue, sicherere ersetzt. Ein irrsinniger Aufwand! Außerdem kann Mallorys Fälschung bereits unwiderruflichen Schaden angerichtet haben.

Doch vielleicht ist dieser Aufwand gar nicht nötig, weil digitale Signaturen tatsächlich so sicher sind, wie wir hoffen. Dann geben uns Fail-Stop-Signaturen wenigstens mehr Gewissheit. Vielleicht gelingt es mit Hilfe dieser neuen Technik, das »Haltbarkeitsproblem« der Signaturen zufriedenstellend zu lösen. Vorerst ist dieses Protokoll noch recht aufwendig. Nutzbare Implementierungen gibt es noch nicht, doch ich hoffe auf die nahe Zukunft.

Gegen Angriffe auf die Einweg-Hashfunktion sind Fail-Stop-Signaturen allerdings ebenfalls wirkungslos. Und wenn Alice der private Schlüssel unbemerkt gestohlen wird, ist die Katastrophe unabhängig vom verwendeten Protokoll vorprogrammiert – es sei denn, die Kryptologen finden einen Trick, auch diesen Schaden zu begrenzen.

6.6.6 Einweg-Akkumulatoren

Mit diesem Protokoll kann Alice wichtigen Personen beweisen, dass sie Angehörige einer Geheimorganisation ist, ohne deren Mitgliederliste offen legen zu müssen.

Das ist nichts Neues, werden Sie einwenden, schließlich gibt es Ausweise. In der digitalen Welt brauchte sie nur ein entsprechend signiertes Dokument vorzuzeigen.

Nun ist aber keine vertrauenswürdige Behörde zu finden, die die elektronischen Mitgliedsausweise signieren will. Oder noch nahe liegender: Die Mitglieder fürchten, dass ein Geheimdienst Mitglieder einschleusen will. Die Zentrale würde das bemerken, die gemeinen Mitglieder tragen jedoch aus Sicherheitsgründen keine Liste mit sich herum und können so nicht feststellen, ob ein Ausweis gefälscht ist (der Geheimdienst kann fälschen). Niemand aus der Organisation ist so wenig erpressbar, dass seine Unterschrift gut genug für die Mitgliedsausweise wäre.

Auch hier hilft uns die Kryptologie weiter. **Einweg-Akkumulatoren** sind Einweg-Hashfunktionen, die für Folgen von Mitgliedsnamen definiert sind und deren Resultat unabhängig von der Reihenfolge der Berechnung ist. Sie sind also ähnlich wie eine Summe kommutativ. Jedoch darf die Funktion im kryptologischen Sinne nicht umkehrbar sein: Zu gegebenem Resultat R soll es mit akzeptablem Aufwand nicht möglich sein, zwei Namen zu konstruieren, die dieses Resultat R bei Anwendung des Einweg-Akkumulators liefern. Die Bildung einer Summe ist also ein denkbar ungeeignetes Beispiel.

Besser geeignete Funktionen wurden 1994 von Benaloh und de Mare eingeführt [Benal.acc]. Die Autoren führten ein einfaches Beispiel an, das auf der Sicherheit diskreter Logarithmen beruht:

Alle Mitglieder einigen sich auf ein Produkt n zweier sehr großer Primzahlen und einen Anfangswert x_0. Der Einweg-Akkumulator aus den Werten y1,...,yn hat dann den Wert

$x^{y1+\ldots yn} \bmod n$

Jedes Mitglied erhält nun eine Identifikationsfolge, gebildet aus seinem Namen und einer zunächst vertraulichen Zeichenkette. Alice erfährt den Wert W_{Alice} des Einweg-Akkumulators, gebildet aus den Identifikationsfolgen aller Mitglieder mit Ausnahme ihrer eigenen. Dieser Wert ist nicht geheim, er kann nötigenfalls Interessenten im Voraus bekannt gegeben werden. Außerdem wird noch der Wert W_{alle} des Akkumulators, gebildet für *alle* Mitglieder, von dritter Stelle bekannt gegeben. Zweifelt jemand Alice' Mitgliedschaft an, dann lässt er sich ihre Identifikationsfolge geben und berechnet den Akkumulator daraus und aus W_{Alice}. Kommt W_{alle} heraus, dann muss Alice ein Mitglied sein, ansonsten ist sie ein Spion. Weil Identifikationsfolgen erst auf Anforderung bekannt gegeben werden, lässt sich keine Mitgliederliste durch einfaches Probieren ermitteln.

Dieses Protokoll wirkt ähnlich sicher wie die digitale Unterschrift einer zentralen Stelle und kommt doch ohne diese aus. Es ist ein schönes Beispiel dafür, dass in der Kryptologie auch heute noch einfache und nützliche Dinge entdeckt werden können.

6.6.7 Elektronisches Geld

Beim Stichwort »Elektronisches Geld« denkt mancher wahrscheinlich: Noch eine technische Neuerung, die keiner braucht! Das ist übertrieben, denn vorerst will niemand unseren täglichen Zahlungsverkehr in das Internet verlegen, auch wenn die Werbung bereits von elektronischen Kaufhäusern schwärmt.

Oft genug ist Information aber schon zur Ware geworden, und immer öfter wird sie über das Internet geliefert. Es wäre ganz natürlich, auch gleich im Internet dafür zu bezahlen. Sicher wird viel über die Vision des elektronisch zahlenden Kunden beim Teleshopping spekuliert. Ich wage keine Prognose, ob und wie schnell diese Vision sich durchsetzen kann.

Doch lange, bevor elektronisches Geld breite Anwendung findet, müssen Kryptologen die entsprechenden Algorithmen und Protokolle entwickelt haben. Sonst kann es passieren, dass schlechte Protokolle als neuester Schrei vermarktet werden und die »echten« (bösen) Hacker insgeheim aufjubeln, denn nun geht es wirklich um Bares.

Es existieren ungezählte Ansätze und Produkte, die elektronische Schecks bzw. -Münzen betreffen. Um den Rahmen nicht zu sprengen, will ich hier nur ein einziges Protokoll vorstellen und diskutieren, und zwar das von Chaum, Fiat und Naor [Chaum]. Es ist selbst wiederum eine Anwendung einiger bereits vorgestellter Protokolle und ziemlich raffiniert. Wir betrachten nur Schecks, keine Münzen, denn bei diesen besteht noch das Problem des Wechselgeldes.

Anforderungen an elektronisches Geld

Überlegen wir uns zunächst einige Forderungen, die elektronische Schecks auf jeden Fall erfüllen müssen:

▶ Schecks müssen *gedeckt* sein. Das ist für elektronische Schecks leichter zu bewerkstelligen als für solche aus Papier: Alle elektronischen Schecks werden für jedermann nachprüfbar von der Bank signiert, und diese stellt nur gedeckte Schecks aus.

▶ Schecks müssen *fälschungssicher* sein. Bei elektronischen Schecks heißt das insbesondere, dass sie nicht zweimal verwendet werden können, denn das Kopieren lässt sich nicht verhindern.

Diese Forderung ist nicht mehr so einfach zu erfüllen. Nehmen wir die Formulierung wörtlich, so bedeutet sie: Jeder Versuch, mit dem gleichen Scheck nochmals bei jemandem zu zahlen, wird für ungültig erklärt. Gleich wie das Protokoll abgewickelt wird – in jedem Fall muss der Händler während der Zahlung den Scheck von einer zentralen Stelle überprüfen lassen, in der Regel von der Bank selbst. Solche Protokolle heißen **Online-Zahlungsprotokolle**. Sie können eine sehr hohe Netzlast erzeugen. Außerdem muss jeder Händler blitzschnell eine Verbindung zu vielen oder allen Banken herstellen können, und jede Bank muss den gesamten elektronischen Zahlungsverkehr, der bei ihr eingeht, in Echtzeit verarbeiten können.

Das ist beim jetzigen Stand der Technik unrealistisch. Daher entwickelte man **Offline-Zahlungsprotokolle**. Bei ihnen sammelt der Händler wie bisher die Schecks ein und reicht sie dann »gebündelt« bei seiner Bank oder mehreren Banken ein. In diesem Fall ist das Einreichen von kopierten Schecks nicht zu verhindern, doch solch ein Betrug muss zweifelsfrei festgestellt werden können. Das Protokoll von CHAUM/FIAT/NAOR ist ein derartiges Offline-Protokoll. Es gibt aber noch eine wichtige Forderung:

▶ Der Zahlungsverkehr muss *anonym* bleiben. Das heißt: Der Händler erkennt den Kunden und die Bank. Beim Einreichen des Schecks durch den Händler darf die Bank aber nur erkennen, dass es sich um einen ihrer Schecks handelt und dieser vom Händler eingereicht wird; der Kunde darf dann nicht mehr ermittelbar sein.

Warum ist das so wichtig? Bei jedem Verrechnungsscheck sind für die Bank doch ebenfalls Aussteller und Einreicher erkennbar! Nur in der Theorie ist das so. Ein ziemlicher Teil des Zahlungsverkehrs läuft noch über anonymes Bargeld sowie Wechsel und andere handschriftliche Belege, die nicht vollständig gescant werden und somit auch nicht vollständig rückverfolgbar sind.

Bei digitalen Schecks und Münzen dagegen bereitet eine lückenlose Protokollierung keine Probleme. »Na und«, werden Sie sagen, »dann weiß die Bank eben, wo ich meine Kleider kaufe.« Das ist ein gefährlicher Irrtum. Aus dem Zahlungsverkehr lassen sich Verhaltensmuster ableiten, beispielsweise über Ihre Risikofreudigkeit, Pünktlichkeit, persönliche Vorlieben, Parteispenden, Bargeldvorräte, Arbeitsverhältnisse, Alimente und so weiter und so fort. Der gläserne Mensch wird manipulier- und erpressbar, insbesondere, wenn Daten in Mallorys Hände geraten. Orwell lässt grüßen. In 8.2.2 kommen wir darauf zurück.

Hier ist (hoffentlich) ein bisschen Zukunftsmusik dabei, und doch sollten wir schon jetzt an diese Gefahren denken: Wenn sich erst einmal ein nicht anonymes Protokoll durchgesetzt hat, ist es kaum noch zu verdrängen. Verdrängt wird nur das Gefahrenbewusstsein.

Das im Folgenden vorgestellte Protokoll ist anonym.

Das Protokoll von CHAUM/FIAT/NAOR

Wir sehen uns das Protokoll zunächst einmal an und diskutieren erst danach seine Wirkungsweise:

1. Alice will bei Bob mit einem elektronischen Scheck € 978 bezahlen. Dazu stellt sie die Information »Ich bin Alice im Wunderland, Kunde Nr. 44322 bei der Second Reality Bank«, die sie eindeutig kennzeichnet, in vereinbarter Weise als Zahl I dar. I könnte beispielsweise ein Hashwert über ihre Personenbeschreibung sein.

2. Nun möchte sie bei ihrer Bank einen Scheck über € 978 kaufen. Sie erzeugt dazu eine so lange Zufallszahl R, dass es in der Praxis niemals zwei Schecks mit gleicher Nummer R auf der Welt geben wird. R und den Betrag schreibt sie auf den Scheck.

3. Danach erzeugt Alice drei Folgen (a_i), (b_i) und (c_i) von Zufallszahlen, zum Beispiel 40 Zahlen in jeder Folge. Diese Zahlen müssen den gleichen Datentyp wie die Information I aus Schritt 1 haben. Nun berechnet sie daraus mittels einer geeigneten, allgemein bekannten Einweg-Hashfunktion h() zwei Folgen (x_i) und (y_i):

$$x_i = h(a_i, b_i)$$
$$y_i = h(a_i \oplus I, c_i)$$

Die Folgen (x_i) und (y_i) schreibt sie ebenfalls auf den Scheck.

4. Alice lässt den Scheck von ihrer Bank mittels *blinder Signatur* (siehe Abschnitt 6.6.3) unterschreiben.

Dazu fertigt sie N solcher Schecks über den gleichen Betrag an (die Zahl N gibt die Bank vor). Sie reicht zum Beispiel die unkenntlich gemachten Hashwerte dieser Schecks ein (vgl. 6.6.3). Die Bank wählt zufällig N-1 dieser Schecks aus und fordert deren völlige Offenlegung. Alice muss diese Schecks nachreichen, zusammen mit dem Blindfaktor und den zugehörigen Zahlenfolgen (a_i), (b_i) und (c_i). Die Bank prüft, ob diese Zahlen wirklich die Folgen (x_i) und (y_i) ergeben. Den Hashwert des nicht offen gelegten Schecks unterschreibt die Bank, sendet ihre Signatur an Alice zurück und zieht € 978 von ihrem Konto ab.

Ein Betrug von Alice würde dabei mit einer Wahrscheinlichkeit von (N-1)/N entdeckt.

5. Alice setzt zusammen:

▷ den Betrag,

▷ die Schecknummer R,

▷ die Hashsumme, die sie der Bank vorlegte (ohne Blindfaktor) sowie

▷ die Signatur der Bank mit herausgerechnetem Blindfaktor (vgl. 6.6.3).

Diesen Scheck sendet sie an Bob.

6. Bob lässt sich von Alice den Namen ihrer Bank mitteilen, erfragt deren öffentlichen Schlüssel (falls er ihn nicht schon kennt) und prüft zunächst die Unterschrift der Bank.

7. Ist diese in Ordnung, gibt er Alice eine zufällige 40-Bit-Zahl Z vor, bestehend aus den Bits z_i. Alice muss nun dem Händler Bob

a_i, b_i und y_i mitteilen, falls $z_i = 1$,

$a_i \oplus I$, c_i und x_i mitteilen, falls $z_i = 0$.

Im ersten Fall kann der Händler Bob aus a_i und b_i den Wert x_i berechnen, denn er kennt ebenfalls die Hashfunktion h(). Im zweiten Fall kann er y_i ermitteln. Damit kennt er x_i und y_i für jedes i und ist somit in der Lage, den im Scheck angegebenen Hashwert (den die Bank blind signiert hat) zu überprüfen.

8. Bob händigt Alice die Ware aus und übermittelt an die Bank Schecknummer, Betrag und alle Daten, die er von Alice erhielt. Die Bank speichert diese Daten und schreibt ihm € 978 gut.

Wie sicher ist dieses Protokoll?

Dieses Protokoll gewährleistet Alices Anonymität. Die Bank erhält durch Bob zwar die Schecknummer, den Betrag und die in Schritt 7 genannten Daten, aber daraus kann sie nicht Alices Identität ermitteln. Die beiden Zahlen a_i und $a_i \oplus I$ können wir als Teilgeheimnisse des Geheimnisses I auffassen. Das Protokoll arbeitet hier mit *Secret Splitting* (6.2). Die Bank erfährt von Bob immer nur ein Teilgeheimnis, kann also nichts damit anfangen. Auch die Schecknummer hilft ihr nicht weiter, denn diese hat sie bei der Unterzeichnung in Schritt 4 nicht gesehen (daher muss Alice in Schritt 1 R selbst erzeugen). Die Hashsumme schließlich war bei der Unterschrift durch den Blindfaktor unkenntlich gemacht worden.

Wenn Alice aber betrügt, d. h. den gleichen Scheck zweimal bei verschiedenen Händlern einreicht, wird ihre Identität bei der Bank offen gelegt. Das ist der Trick bei diesem Protokoll, und der wesentliche Schritt dabei ist der siebente. Die Bank prüft nämlich bei jedem eingereichten Scheck, ob dessen Nummer bereits gespeichert wurde. Wenn ja, dann sind die Zahlen Z aus Schritt 7 mit einer Wahrscheinlichkeit von 2^{-40} gleich, also etwa einem Billionstel. Das ist selten genug, und so gibt es in der Praxis wenigstens ein i, für das sich die Bits z_i bei beiden Händlern unterscheiden. Aus a_i und $a_i \oplus I$ erhält die Bank Alices Identitätszahl I durch einfaches XOR. Sollten doch einmal die Schecknummern R für verschiedene Personen übereinstimmen, dann ergeben sich für verschiedene i sehr wahrscheinlich verschiedene I, oder I ist unsinnig.

Reicht Bob einen Scheck zweimal ein, so verrät er sich sofort. Gleiche Schecks (mit gleichen Datenfolgen aus Schritt 7) treten noch seltener als einmal auf 1 Billion Schecks auf.

Schließlich kann Bob nicht selbst Schecks »erfinden«, denn die Bank ist in der Lage, ihre eigene Unterschrift auf dem Scheck zu überprüfen.

»Restprobleme«

Kryptologisch ist das Protokoll von CHAUM/FIAT/NAOR also sicher und auch anonym, solange nur Alice, die Bank und Bob beteiligt sind. Gelingt es Mallory jedoch, an der Leitung zu lauschen, kann er Schlimmeres als Diebstahl anrichten: Fängt er Alices Scheck ab und gibt ihn sofort aus, dann wird Alice als Betrügerin beschuldigt. Belauscht er den Verkehr zwischen Alice und Bob und reicht er den Scheck schneller als Bob ein, so gilt Bob als Betrüger. Beide haben Beweisnot. Daher muss jeder Datenverkehr kryptologisch sicher ablaufen, und für den Fall von Mallorys Einbruch in Alices oder Bobs Rechner muss anderweitig Vorsorge getroffen werden.

Alice bleibt bei dem Vorgang anonym, Bobs Einnahmen werden jedoch erfasst. Das ist eigentlich nichts Aufregendes. Jeder Händler, der vorwiegend Schecks annimmt, legt seine Einnahmen bei seiner Bank offen.

In der Zeit zwischen Signierung des Schecks und seiner Einreichung bei der Bank entgehen Alice Zinsen. Das dürfte das kleinste Problem sein, weil solche Transaktionen im Netz viel schneller abzuwickeln sein sollten als bei heutigen Buchungsverfahren.

Kritischer ist schon die Belastung des Netzes. Nach wie vor erfordert jeder Zahlungsvorgang einen mehrstufigen Dialog zwischen Alice und ihrer Bank, zwischen Alice und Bob sowie zwischen Bob und der Bank. Nur braucht nicht alles online abzulaufen. Die Freude kommt jedoch nicht recht auf, denn Wechselgeld ist bei diesem Protokoll nicht vorgesehen. Für jeden »krummen« Betrag muss Alice einen gesonderten Scheck erzeugen und von ihrer Bank blind signieren lassen. Störungen in der Leitung zur Bank oder in der Bank selbst wirken sich unmittelbar hemmend auf den Verkauf aus, was derzeit von ec-Karten oder Verrechnungsschecks nicht behauptet werden kann.

Ein beliebtes Thema in Zeitschriftenartikeln scheint die Katastrophe zu sein, dass Alices Festplatte »abraucht«. Ich las sogar schon die Meinung, dass Firmen, die Daten auf zerstörten Platten wiederherstellen, einen kräftigen Boom erfahren werden. So etwas ist sicherlich rechentechnischer Unfug. Elektronischer Zahlungsverkehr fängt mit kleinen Beträgen an, für die sich solch eine teure Operation nicht lohnt. Bis die Beträge größer werden, haben Anwender vermutlich gelernt, dass man doch ab und zu ein Backup seiner Datenbestände anfertigen sollte, und von Schecks über € 10.000 sogar sofort. Es dürfte auch kein Problem sein, einen Scheck mit einer bestimmten Nummer bei seiner Bank sperren zu lassen, sofern man sich diese Nummer gemerkt hat.

Fazit

Belassen wir es bei diesen Einwänden. Dieses Buch haben Sie noch nicht mit E-Cash gekauft, und beim nächsten werden Sie auch noch wie bisher zahlen. Interessanter scheint mir eher darzustellen, wie ausgeklügelt kryptografische Protokolle sein können. Das vorgestellte nutzt drei andere Protokolle: Digitale Signaturen, blinde Signaturen und Secret Splitting. Digitale Münzen sind sogar noch deutlich komplizierter aufgebaut, denn sie müssen völlig anonym bleiben und sogar teilbar sein. Das erste derartige Protokoll erforderte einen Transfer von etwa 200 MByte pro Zahlung. Die Forschung an praktikablen und sicheren Protokollen läuft noch auf vollen Touren. Auf der EUROCRYPT '98 stellten CHAN, FRANKEL und TSIOUNIS [ChanFrTsi] ein praktikables und weitgehend anonymes Verfahren vor, das mit lediglich 300 Byte pro Zahlung auskommt und nur geringe Rechenzeiten erfordert.

Immerhin gewährleistet das Protokoll von CHAUM/FIAT/NAOR die Anonymität von Alice. Das ist ein neues Feature, welches der konventionelle Scheckverkehr nicht bieten kann.

6.6.8 Die PIN auf der ec-Karte

Die im Alltag wohl am häufigsten praktizierte Kryptografie betrifft die Authentifizierung mittels PIN an Geldautomaten. Verständlicherweise beschäftigt die Frage nach der Sicherheit dieses Systems viele Kartenbesitzer, und das nicht ganz grundlos, wie Abb. 6.10 zeigt. In einer Tageszeitung war 2001 von einer 40%igen Zunahme der Computerkriminalität binnen eines Jahres zu lesen. Solche Zahlen sind natürlich mit Vorsicht zu genießen, denn erstens ist der Begriff »Computerkriminalität« sehr schwammig (möglicherweise fallen bei manchen Ermittlern sogar die Diebstähle von ec-Karten darunter), und zweitens vermögen wir die Dunkelziffer nicht abzuschätzen. Aber der Trend ist unverkennbar.

Da dies hier ein Buch über Kryptologie ist, werden wir nicht näher auf einige geläufige Methoden eingehen, an PINs heranzukommen. Das sind z. B.:

▷ Beobachtung der Tastatur des Geldautomaten über versteckt montierte Spiegel (das ist an Tankstellen vorgekommen),

▷ Ausprobieren der vierstelligen Zahl, die vom Kunden auf die ec-Karte geschrieben wurde (das ist immer die PIN),

▷ modifizierte Geldautomaten, die die eingetippte PIN an Dritte weitergeben (diese sind besonders in Italien häufig zu finden, wo sie angeblich 0,5% Verlust vom Gesamtumsatz ausmachen) und

▷ Analyse der elektromagnetischen Wellen, die ein Geldautomat aussendet,

▷ Gewalt in jeglicher Form.

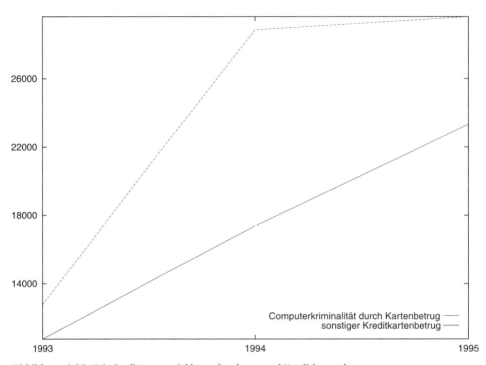

Abbildung 6.10: Kriminalitätsentwicklung durch ec- und Kreditkartenbetrug

Der Haarlack-Angriff

Kryptologisch interessanter ist schon die Methode, Tastaturen von Geldautomaten mit Puder oder Haarlack zu imprägnieren. Dadurch kann der »Sprayer« nach dem Geldabheben durch einen einzelnen Kunden feststellen, welche Ziffern der Kunde überhaupt gedrückt hatte. »Das bringt aber nicht viel,« werden Sie meinen, »denn ohne Kenntnis der Reihenfolge der Ziffern kommt der Dieb nicht weit. Schließlich wird die Karte nach dem dritten Fehlversuch einbehalten.«

Richtig, jedoch nicht ganz. Bei einer vierstelligen PIN gibt es 4! = 24 Möglichkeiten der Anordnung aller vier Ziffern. Wer acht Geldkarten gestohlen hat, hat somit 8*3 = 24 zufällige Versuche frei und im Mittel schon einmal gewonnen. Diese Abschätzung ist sogar zu pessimistisch, denn nicht alle PINs bestehen aus vier verschiedenen Ziffern. Wer für seine ec-Karte die PIN 2222 bekommt, sollte aufpassen. (Dem Betrüger empfehle ich aber, bei derartigen Unternehmungen eine Faschingsmaske über den Kopf zu ziehen, z. B. mit dem Gesicht des Finanzministers: Sie werden dabei garantiert gefilmt.)

Im Prinzip haben wir hier einen Wörterbuchangriff vorliegen, der an mehreren Systemen parallel ausgeführt wird. (Das Wörterbuch besteht bei jeder Karte aus allen vierstelligen Zahlen mit den vorgegebenen Ziffern.)

Ich bin mir solcher Angriffe sehr wohl bewusst, denn sie werden in der Tat praktiziert. Es gibt einfache Gegenmittel. Ich wische prinzipiell nach dem Eintippen der PIN über alle Zifferntasten und halte möglichst einen Gegenstand über meine

Hand beim Tippen. Das gewöhnt man sich leicht an und verbannt dadurch die beschriebenen Betrugsversuche ins Reich der wenig frommen Wünsche.

Was innerhalb des Automaten passiert, kann ich allerdings nicht sehen. Nach Möglichkeit nutze ich nur die Automaten in den Filialen meiner Bank. Aber das gehört schon nicht mehr zur Kryptologie.

Wie funktioniert die PIN?

Im Folgenden erfahren Sie erst einmal den bis 1997 gültigen technischen Stand. Auf die zum Jahreswechsel 1997/1998 erfolgte Umstellung gehe ich erst weiter unten ein, um die Unterschiede einfacher darstellen zu können.

Wie erzeugt nun die Bank eine PIN? Meistens wird ein von IBM entwickeltes System genutzt, auch als **MM-Sicherungsverfahren** bezeichnet (vgl. MEYER und MATYAS [MM]).

Die Bank nimmt

▷ die vier letzten Ziffern der Bankleitzahl,

▷ die auf 10 Stellen aufgefüllte Kontonummer des Kunden und

▷ eine einstellige Kartenfolgenummer.

Diese 15 Dezimalziffern zusammen ergeben theoretisch 10^{15} bzw. etwa 2^{50} Möglichkeiten, d. h. die Kundendaten passen bequem in einen 64-Bit-Block. Dieser wird von der Bank mit einem streng geheimen Schlüssel, dem so genannten **Institutsschlüssel** oder auch **PIN-Key**, DES-chiffriert. Aus zwei Bytes des Chiffrats bildet die Bank in deterministischer Weise die PIN; manchmal (oder immer, das entzieht sich meiner Kenntnis) zählt sie auch ein Offset hinzu. ANDERSON gibt in [Wcf] an, dieses Offset diene nur dazu, dass eine einprägsamere Nummer entsteht.

In Deutschland sind alle Geldautomaten online mit dem zugehörigen Bankcomputer verbunden. Der Institutsschlüssel verlässt also nicht den Hochsicherheitstrakt. Das Sicherheitsmodul, das diesen Schlüssel enthält, kann nur in Anwesenheit zweier Personen geöffnet werden.

Der Institutsschlüssel ist der Angriffspunkt bei diesem Verfahren. Daher wird er vermutlich per *Secret Splitting* aufgeteilt und von wenigstens zwei Mitarbeitern unabhängig voneinander in das System eingespeist.

Allerdings reicht das noch nicht ganz aus. Was passiert, wenn Sie mit einer ec-Karte der Deutschen Bank an einem italienischen Automaten Geld abheben? Denn dieser ist nicht online mit dem zugehörigen Computer verbunden.

Zu diesem Zweck generiert jede Bank drei **Poolschlüssel**. Mit diesen werden drei weitere PINs erzeugt. Die Differenz zur »Grund-PIN« ist im Magnetstreifen der Karte enthalten. Der ausländische Geldautomat kennt nun einen der dieser drei Poolschlüssel der Deutschen Bank und kann so die eingegebene PIN des Kunden trotzdem überprüfen, ohne mit der Deutschen Bank online verbunden zu sein.

Diese drei Poolschlüssel werden regelmäßig gewechselt; inzwischen ungültige Einträge löscht der Geldautomat auf der Karte.

Wie sicher ist die PIN?

Kryptologisch gesehen ist die PIN zunächst einmal eine sichere Sache. Brute Force am Geldautomaten hat keine sinnvolle Chance: Aus irgendeinem Grund durften PINs bis Ende 1997 offenbar nicht mit einer Null beginnen (vermutlich, weil man befürchtete, dass die Kunden diese Null nicht eintippen), doch es blieben immer noch 9.000 mögliche Werte. Bei einer gestohlenen ec-Karte stand die Chance also 1 zu 3.000, damit Geld zu machen. Das lohnte nicht. Wenn nur jeder 3.000. Versuch gelingt, beträgt der statistische Gewinn pro Karte nur 1/3000 des maximal erzielbaren Geldbetrages. Damit dieses Verbrecherlotto für den Mitspieler im Mittel Gewinn abwirft, sollten auch bei einmaligen Diebstahl wenigstens die € 24.- für die oben erwähnte Faschingsmaske statistisch wieder hereinkommen, d. h. pro erratener PIN müsste ein Dieb mehr als € 24*3000 = € 72.000 Einnahmen erzielen. Auch bei fünf bis zehn Karten pro Dieb könnten bei *dieser* Art von Rechnung die Maskenproduzenten wohl noch den Verlust der Banken subventionieren. (Leider gibt es effektivere Methoden, auch kryptanalytische.)

Ansonsten hat es seinen Grund, dass die PIN aus dem Chiffrat erzeugt wird. Vergleichen Sie das Verfahren einmal mit der Verifizierung von UNIX-Passwörtern (Kapitel 3.3): Dort war das Passwort Teil des Schlüssels. Hier verbietet sich das, weil die PIN auf vier Ziffern beschränkt ist und Brute Force ein Kinderspiel wäre. So aber lässt sich die PIN nach heutiger Erkenntnis nur per Brute Force errechnen. Falls Sie Gegenteiliges hören: Glauben Sie es nicht. Wer öffentlich behauptet, die PIN ohne Brute Force (also z. B. mit einem gewöhnlichen PC) berechnen zu können, müsste einen Angriffspunkt von DES nutzen, den die fähigsten Kryptologen der Welt (im öffentlich zugänglichen Bereich) in 20 Jahren noch nicht gefunden haben.

Alle Sicherheit des Systems hängt also an der Geheimhaltung der vier DES-Schlüssel. Ist der Institutsschlüssel erst einmal bekannt, kann man die PIN *berechnen*. Jede beliebige ec- oder Kreditkarte wird so zum Goldesel, und nach derzeitiger Rechtslage (die sich hoffentlich noch ändert) beschuldigen die Banken den geprellten Kunden sogar noch des Betruges.

Doch Brute Force ist nicht mehr unmöglich, wie der in 4.4.1 vorgestellte Spezialcomputer »Deep Crack« zeigt. ec-Karten wurden gerade im Ausland systematisch gestohlen (wo die Automaten mit unseren Karten offline arbeiten). Ob die Diebe jedoch eine DES-Crack-Maschine besaßen, werden wir vielleicht nie erfahren.

Um diesen Brute-Force-Angriff zu führen, ist allerdings die Kenntnis der PIN von vier oder fünf ec-Karten notwendig, denn eine PIN allein bestimmt den Institutsschlüssel noch nicht eindeutig. Auch das ist keine Hürde für organisierte Kriminelle.

Vielleicht kommt auch eine Reihe von Programmierern und Technikern der Bank an die DES-Schlüssel heran. Vielleicht lassen sich Schlüssel auch von Offline-Geldautomaten (z. B. in Italien) auslesen; eine kleine Sprengladung beseitigt anschließend zuverlässig etwaige Fingerabdrücke und Kratzspuren.

Wir könnten den Faden beliebig weiterspinnen. Es gibt einfach zu viele denkbare Möglichkeiten, an die DES-Schlüssel heranzukommen. Zwar enthält jede ec-Karte noch ein nicht änderbares »moduliert maschinenfähiges Merkmal« (meines Wissens im Infrarot lesbar), das aber derzeit nur von etwa einem Drittel aller Geldautomaten gelesen werden kann. Daher gehen diese Daten nicht in die PIN-Berechung ein, sie erfordern nur mehr Umsicht beim Umgang mit gefälschten Karten. Magnetstreifenkarten und -Leser können Sie nämlich ganz billig in jedem Computerladen erwerben ...

Jedoch gibt es keinen Grund zur Panik. Wir sollten allerdings ec- und Kreditkarten wie ein dickes Bündel Geldscheine behandeln und kennen nun auch einen triftigen Grund, die Nummern gut gefüllter Konten (soweit vorhanden) nicht jedermann mitzuteilen.

Noch schlimmer verhält es sich übrigens mit Kreditkartennummern. Ich habe eine detaillierte Anleitung im Internet gesehen, wie diese Nummern auszuwerten sind und wie man sich mit welchen Tricks auf diese Weise Geld erschleichen kann. Das war zwar noch keine »Anleitung zum Bombenbasteln«, sondern wollte vielmehr jeden zur Vorsicht mahnen. Wir ahnen jedoch, mit welch krimineller Energie manche Lauscher am Netz arbeiten. Ein triftiger Grund, Kreditkartennummern nur ordentlich chiffriert über das Netz zu versenden, um wenigstens statistisch mehr Sicherheit vor Angriffen zu haben.

Die Umstellung der PINs 1997/1998

Mit dem Beginn des Jahres 1998 wurden alle ec-Karten auf ein neues System umgestellt, ihre Besitzer erhielten eine neue PIN. Wie sich zeigte, ist nun auch die 0 als erste Ziffer zulässig. Das alles weckte Hoffnungen. Außerdem hieß es, dass nun 128-Bit-Schlüssel zum Einsatz kommen. Wird etwa gar IDEA verwendet?

Die Freude war etwas verfrüht: Man hat lediglich DES durch Triple-DES ersetzt. Immerhin wird damit ein Brute-Force-Angriff vereitelt, jedenfalls nach heutigem Erkenntnisstand. Die bei der Schlüssellängenangabe verwendete, etwas eigenartige Arithmetik »2*56 = 128« lässt sich zur Not damit begründen, dass man die Paritätsbits mitgezählt hat.

Weitere Einzelheiten sind offiziell leider nicht bekannt. Ich weiß nur so viel, dass jetzt jede Bank ihren eigenen Institutsschlüssel hat und dieser ihr Rechenzentrum nicht verlässt. Mit anderen Worten: Alle Geldautomaten müssen online mit der Bank verbunden sein; die PIN wird ausschließlich dort überprüft, niemals mehr im Geldautomaten selbst. Daher braucht man auch den Klartext, aus dem die PIN berechnet wird, nicht mehr allein aus Kartendaten zu berechnen, sondern kann (hoffentlich kundenabhängige) Geheimnisse beimischen. Das wird tatsächlich auch so gemacht, wie mir ein Mitarbeiter einer Bank versicherte. Weiterhin lassen sich unsere Karten noch an ausländischen Automaten nutzen. Ob diese alle eine online-Verbindung nach Deutschland haben?

Auswege

Das derzeitige PIN-Verfahren scheint theoretisch sicher genug, in der Praxis ist es aber zu anfällig. Wenn die Einbrüche in das System in den kommenden Jahren noch rapider als in Abb. 7.1 gezeigt zunehmen, sollten die Banken allmählich auf zuverlässigere Verfahren umschwenken. Das wird nicht billig, wir werden es indirekt und ungern bezahlen – aber notwendig ist der Wechsel allemal.

Der erste Schritt zur Verbesserung ist bereits 1998 erfolgt, nämlich die Vergröße-
rung der Schlüssellänge. Ob sie mit dem in 5.2.3 beschriebenen Whitening billiger
zu erzielen gewesen wäre, wage ich nicht zu beurteilen. Bei Zweifeln an Triple-DES
wäre eine Umstellung auf Whitening übrigens trotzdem noch möglich: Ein Bit auf
der Karte teilt dem Automaten mit, ob Whitening aktiviert werden soll oder nicht.

Neben weiteren kryptografischen Modifikationen werden unsere ec- und Kreditkarten wohl schon in naher Zukunft Chipkarten sein. Das ist wünschenswert, schon
weil sie dadurch etwas robuster werden. Magnetkarten werden an manchen Banken
nicht ohne Grund mehrfach gelesen und die Ergebnisse danach verglichen. Auch die
Sicherheit erhöht sich: Im früher erwähnten Artikel [AndKuhn.tamp] ist zwar ein-
leuchtend beschrieben, dass Chipkarten kein sicheres Versteck für Schlüssel sind,
jedoch lassen sich geschützte Chips nicht mehr zerstörungsfrei auslesen. Das hemmt
Angreifer doch erheblich, denn Bank-Chipkarten gibt es nicht im Laden um die Ecke
zu kaufen.

Einzelheiten zur PIN-Erzeugung inklusive Literaturverweisen finden Sie in den Texten *pin.txt* und *wcf.txt*, die auf der CD beiliegen.

6.6.9   Biometrische Verfahren

Wie viele Probleme PINs, Passwörter und Passphrasen bereiten, haben wir bereits
gesehen, und weitere Beispiele werden folgen. Schlechte Passwörter und auffällig
notierte PINs sind ein nicht zu unterschätzendes Sicherheitsproblem, das sogar
immer vordringlicher wird mit zunehmender Anzahl von Chip- und Magnetkarten
sowie Logins auf verschiedensten Rechnern. Und bis heute sehe ich keinerlei Verbesserung etwa seitens der Software, die z. B. schlechte Passwörter ablehnen
könnte. Wie soll das weitergehen?

Der nahe liegende Ausweg ist die Biometrie. Wie intensiv daran geforscht wird,
sieht man leicht auf der CeBIT: Die Zahl der Anbieter wächst von Jahr zu Jahr. Dem
Einfallsreichtum sind dabei keine Grenzen gesetzt, wie Sie in Abb. 6.11 sehen.

▷   **Fingerprint:** Der Fingerabdruck wird durch Auflegen eines Fingers auf einen
    Sensor erfasst. Früher konnten solche Systeme durch auf Tesaband erfasste
    Fingerabdrücke irregeführt werden. Moderne Sensoren prüfen zusätzlich
    Temperatur und manche sogar den Puls, damit – eine besonders grausame
    Vorstellung – keine angewärmten, abgeschnittenen Fingerglieder verwendet
    werden können. Allerdings betrügt man heute humaner (und trotzdem ziem-
    lich erfolgreich) mit künstlichen Nachbildungen aus Gummi und Gelatine.
    Das wiederum versuchen Sensoren zu verhindern, die die Verfärbung der
    Fingerbeere messen. Ganz sicher ist das auch nicht. Gerade Fingerprintsenso-
    ren haben Probleme festzustellen, ob der Fingerabdruck vom lebenden und
    obendrein »richtigen« Objekt stammt.

    Probleme bereiten auch verschmutzte oder verletzte Finger. Manche Systeme
    kompensieren Verletzungen, indem sie verschiedene Fingerkuppen akzeptieren.

Abbildung 6.11: Beispiele biometrischer Systeme

Fingerprint-Sensoren werden bereits in Tastaturen und Mäuse eingebaut. Die utimaco Software AG entwickelte sogar eine Krypto-Smartcard mit eingebautem Fingerprint-Sensor.

▹ **Gesichtserkennug:** Markante Punkte des Gesichtes werden erkannt und vermessen. Wählt man dafür Punkte, deren Abstände sich nicht ändern, erkennt einen das System sogar noch nach durchzechter Nacht. Probleme bereiten Brillen, Bartfrisuren, Verletzungen, Faltencremes, wachsende Kinder und Jugendliche sowie bei schwachen Systemen auch der Kamera vorgehaltene Fotos.

Die Nutzung kann sehr komfortabel sein. In einer Firma (*www.cognitec-ag.de*) wurde mir ein Bildschirmschoner vorgeführt, der den Bildschirm automatisch nach einer gewissen Zeit der Inaktivität sperrt. Das Entsperren geschieht dann wahlweise durch einfaches Hinsetzen der richtigen Person mit kurzem Blick in die Kamera oder aber per Passwort. Für die »schlampige Alltagspraxis« im Betrieb ist das durchaus ein Gewinn! Obendrein kann man dieses System nicht mit vorgehaltenen Fotos täuschen, denn es erkennt Veränderungen der Perspektive und des Schattenwurfes, die sich in der Realität immer ergeben. Beide Fehlerwerte FAR und FRR (s. u.) können hier sehr gute Werte von ungefähr 1% erreichen.

▹ **Iris-Scanner:** Das Muster der Regenbogenhaut, ebenso eindeutig wie der Fingerabdruck, wird von einer Kamera erfasst. Probleme sind die noch unbequeme Benutzung (man muss relativ lange auf einen bestimmten Punkt schauen) und der Ausfall bei Verletzungen des Auges oder auch nur des Augenlides.

▹ **Netzhaut-Scanner:** Hier wird die Netzhaut im Augenhintergrund per Infrarot gescannt. Die Probleme sind die gleichen wie beim Iris-Scanner, die Wartezeit ist nicht unbeträchtlich (ich kenne Systeme mit etwa 1 Minute Wartezeit).

▹ **Unterschrift:** Die Unterschrift wird elektronisch erkannt. Ein simples System kennen Sie vermutlich vom Paketdienst UPS, bei dem man mit einem Griffel auf einem kleinen Display quittieren muss.

Wesentlich ausgefeilter erscheint da das System **Smartpen** (*www.smartpen.net*), mit dem man mittels eines speziellen Stiftes auf einem normalen Blatt Papier auf normaler Unterlage schreiben kann. Sensoren im Stift erfassen nicht nur den Schriftzug, sondern auch die Schreibdynamik inklusive Anpresskraft, Aufsetzen und Abheben des Stiftes sowie den Neigungswinkel während des Schreibens. An den so gewonnenen Daten würde sich wohl jeder Unterschriftenfälscher die Zähne ausbeißen.

An Bankautomaten wären solche Stifte ideal – wenn sie nicht so leicht gestohlen werden könnten, was angesichts des gewiss nicht geringen Preises eine Rolle spielt. Ein weniger elegantes, aber billigeres System bietet z. B. **Softpro** (*www.softpro.de*) an, bei dem ein einfaches Grafiktablett als Unterlage dient.

Abbildung 6.11: Beispiele biometrischer Systeme (Fortsetzung)

▷ **Handgeometrie:** Das ist ein relativ altes Verfahren. Auch die Geometrie der Hände ist individuell verschieden. Fälschungsmöglichkeiten gibt es ähnliche wie bei Fingerabdrücken (wobei die Handgeometrie leichter zu »stehlen« ist), und ich kann mir vorstellen, dass geschwollene Hände Probleme bereiten.

▷ **Kombinierte Methoden:** Erstmals auf der CeBIT 1998 wurde das System **Bio-ID** vorgestellt, das Gesichtszüge, Spracherkennung und Lippendynamik gleichzeitig erfasst (*www.bioid.com*) und bemerkenswert unempfindlich gegenüber Brillen, Bärten, schweren Zungen und neuen Falten im Gesicht ist. Bei guter FAR muss man allerdings eine relativ hohe FRR in Kauf nehmen.

▷ **Methoden der Zukunft:** Neben Arbeiten an der noch recht unzuverlässigen **Stimmerkennung** (jedenfalls im zivilen Bereich) gibt es Versuche, weitere individuelle Merkmale zu erfassen. Ein besonders originelles System stellte der »New Scientist« vom 4.12.1999 vor: Auch der **Gang** ist bei jedem Menschen verschieden. Hintergrund dieser Forschungen ist der Wunsch, maskierte Bankräuber an Hand von Videoaufzeichnungen zu identifizieren. Ebenso könnten Ladendiebinnen, die Schwangerschaft vortäuschen, um gestohlenes Gut nach außen zu schmuggeln, automatisch am Gang erkannt werden (denn wirklich Schwangere laufen anders). Das sind verlockende Vorstellungen. Allerdings sehe ich hier ebenso die Möglichkeit einer allumfassenden Personenüberwachung aus beträchtlicher Entfernung und befürchte sehr, dass dies keine Utopie bleibt. Mehr dazu in Kapitel 8.

Auch die Dynamik von **Tastenanschlägen** ist individuell. Der Vorteil dieser Methode ist, dass sich während der Arbeit am Computer laufend überprüfen lässt, ob noch »der Richtige« an der Tastatur sitzt. Ob Mausbewegungen, in der heutigen tastaturfeindlichen Zeit nicht unwichtig, ebenso individuell sind, weiß ich nicht. Vermutlich.

Abbildung 6.11: Beispiele biometrischer Systeme (Fortsetzung)

Doch biometrische Authentifizierung ist nicht ohne Probleme. SCHNEIER nennt in seiner Online-Zeitschrift *Cryptogram* drei Kritikpunkte:

1. Biometrische Merkmale sind individuell, aber kein Geheimnis. Es ist relativ leicht, jemandes Fingerabdruck oder Gesichtscharakteristik unbemerkt zu ermitteln.

2. Biometrie kommt mit verschiedenen Fehlern schlecht zurecht: Wenn der Zugang zu Alices Bankkonto nur über den Fingerabdruck ihres linken Daumens möglich ist und sie sich ausgerechnet diesen Finger beim Zwiebelschneiden verletzt, ist guter Rat teuer. Wenn jemand ihren Fingerabdruck stiehlt und missbraucht, kann sie ihn nicht durch einen anderen ersetzen lassen. Hinzu kommt noch die Unsicherheit der Identifizierung, ein Grundproblem der Biometrie.

3. Es besteht die Gefahr, dass das gleiche biometrische Merkmal für verschiedenste Zwecke benutzt wird: Login, Eintrittskontrolle, Wegfahrsperre, Bankautomat – eben weil es nicht variabel ist. Da bahnen sich unangenehme Szenarios an, wenn das Merkmal gestohlen und missbraucht wird.

Ich sehe diese Punkte nicht als Argumente gegen Biometrie. Für jedes Problem gibt es Lösungen.

▷ Zum Ersten wissen zumindest die Hersteller, mit denen ich sprach, sehr wohl, dass Biometrie nicht auf Geheimnissen beruht. Das Sicherheitskonzept muss dies berücksichtigen. Um ein konkretes Beispiel zu bringen: Das System BioID (mit der gleichzeitigen Erkennung von Gesicht, Stimme und Lippendynamik) diene – wie auf der Messe vorgeführt – als Einlasskontrolle. In diesem Fall ist es kaum möglich, dem Computer gestohlene Daten unterzuschieben, denn man kommt an ihn gar nicht heran.

Biometrie kann man mit anderen Kontrollen verknüpfen, z. B. dem Besitz einer Smartcard und der Kenntnis einer PIN. In solch einem System verringert Biometrie sehr stark die Wahrscheinlichkeit, dass sich jemand mit gestohlener Smartcard/PIN einschmuggeln kann. Dann macht Biometrie die klassische Authentifizierung nur sicherer. Dient sie dagegen vorrangig diesem Zweck, dann darf sie nicht die einzige Möglichkeit bleiben. Ein Rechner, bei dem man sich ausschließlich per Fingerabdruck einloggen kann, hat das falsche Konzept. Es muss immer noch einen anderen (umständlicheren) Weg der Authentifizierung geben.

▷ Damit hat sich auch der zweite Punkt teilweise erledigt. Wenn sich Alice nämlich beim Zwiebelschneiden verletzt hat (was hoffentlich nicht zu häufig vorkommt), dann muss sie die Bank-Hotline anrufen und sich nach Beantwortung einer Geheimfrage einen Geldautomaten freischalten lassen, an dem sie sich sich wie früher per PIN authentifiziert – das wäre doch eine Möglichkeit. Auch hier ist die Handhabbarkeit in Krisenfällen durch das richtige Konzept gewährleistet.

Kritisch sind bei jedem biometrischen System dagegen zwei Parameter: Die *false acception rate* (**FAR**) und die *false rejection rate* (**FRR**). Die FAR ist der Prozentsatz der Personen, die unberechtigt die Kontrolle passieren, die FRR dagegen der Prozentsatz berechtigter Personen, die irrtümlicherweise vom Gerät abgewiesen werden.

Im Idealfall wären FAR und FRR beide Null. Leider ist die Wirklichkeit nicht so schön; schon 1% gelten für jeden der beiden Werte als vortrefflich. Diese Zahl erscheint nicht hoch, doch stellen Sie sich einen Betrieb mit 1.000 Beschäftigten vor, bei dem Tag für Tag 10 Mitarbeiter protestierend vor dem Betriebstor stehen und nach dem Sicherheitsinspektor rufen, während regelmäßig Industriespione der Konkurrenz unbemerkt Zutritt erhalten.

Biometrische Systeme (genauer gesagt, ihre Erkennungssoftware) lassen sich tunen. Man wählt je nach Zweck eine niedrige FAR oder aber eine niedrige FRR; beide Werte sehr klein zu halten, gelingt in der Regel nicht. In Hochsicherheitstrakts muss man demnach öfters mit unberechtigt abgewiesenen Mitarbeitern leben (niedrige FAR, höhere FRR), während am Haupteingang mit niedriger FRR (und höherer FAR) nur eine Vorselektion erfolgen darf. Auch hier entscheidet wieder das Gesamtkonzept.

▷ Am Erfolg versprechendsten erscheint mir jedoch das Konzept der **variablen Biometrie**. Darunter verstehe ich biometrische Merkmale, die der Nutzer selbst verändern kann. Die beiden herausragenden Beispiele in Abb. 6.11 sind wieder das System BioID, bei dem der Anwender das gesprochene Wort (oder auch einen ganzen Satz) selbst sagen kann, und die Analyse der Handschrift-Dynamik. Variabilität ist tatsächlich sehr wichtig: Stellen Sie sich vor, Bob wechselt zur Konkurrenz und loggt sich per BioID-System am Computer mit dem gleichen Wort wie früher ein. Dann ist doch die Versuchung seiner alten Firma, sich irgendwie mittels seines bekannten BioID-Datensatzes Zugang zu verschaffen, groß. Aber sicherlich ist die alte Firma nicht in der Lage, einen Datensatz für neue gesprochene Wörter aus dem alten zu berechnen.

Ebenso kann sich der Anwender beim Smartpen aussuchen, *was* er auf Papier schreibt. Mnemonisch günstig wäre etwas, das mit dem Zweck der Authentifizierung zusammenhängt: Bei jeder Bank etwa der Name, gefolgt von den letzten drei Ziffern der Kontonummer.

Für mich liegt die Zukunft der Biometrie eher bei den variablen Merkmalen oder wenigstens den kombinierten Methoden, also eben *nicht* beim Fingerabdruck, dem Gang oder der Gesichtsgeometrie allein. Solche Daten dürfen nicht ausschließlich verwendet werden, und man muss im Konzept berücksichtigen, dass eine Fingerkuppe auch zerschnitten sein kann bzw. ein Gesicht durch ein zugequollenes Auge unkenntlich wird.

Ohne Frage kann Biometrie unser Leben etwas einfacher und zugleich sicherer machen – wenn sie denn richtig angewendet wird.

6.7   Trojanische Kryptografie

In diesem Abschnitt lernen Sie eine neue Entwicklungsrichtung der Kryptografie kennen, die eigentlich eine große Gefahr für Nutzer von Verschlüsselungssystemen darstellen kann, aber – typisch für die Kryptologie – in der Praxis offenbar noch wenig beachtet wird. Ich hatte es selbst gespürt: »positive« Artikel in Zeitschriften wie [Wobsymm] riefen ein lebhaftes Echo hervor, während auf [Wobtroja] niemand reagierte.

Worum geht es, was ist trojanische Kryptografie? Sie werden diesen Begriff in der Literatur nicht finden – er ist nur eine von mir verwendete *Bezeichnung für kryptografische Soft- oder Hardware, in die bewusst und ohne Wissen des Anwenders eine Hintertür eingebaut wurde.* (Genau genommen bezeichnet trojanische Kryptografie die darin verwendeten Algorithmen und/oder Protokolle.) Die Analogie zu den von Hackern verwendeten trojanischen Pferden liegt auf der Hand: Trojanische Pferde sind scheinbar harmlose Programme, die die Sicherheit des Anwenders in betrügerischer Absicht unterhöhlen. Den gleichen Zweck verfolgt trojanische Kryptografie. Die vermutlich erste wissenschaftliche Untersuchung solcher Methoden liegt noch nicht lange zurück und stammt von Adam YOUNG und Moti YUNG, die ihre Ergebnisse auf den Konferenzen CRYPTO '96 und EUROCRYPT '97 vorstellten.

Streng betrachtet gehört auch schwache Kryptografie hierher. Beispielsweise chiffrierte ich ein Winword6-Dokument mit dem primitiven Passwort »AAA« und untersuchte es dann unter UNIX. Zu meinem Entsetzen musste ich feststellen, dass der Text nach wie vor problemlos zu erkennen war (im Hexdump zum Beispiel). Nur im Vorspann hatten sich bei der »Chiffrierung« einige Bytes geändert, die dem mausgebundenen Anwender vorgaukeln sollen, der Text wäre ohne Passwort nicht lesbar. Offenbar hatte ich einen besonders »ungünstigen« Fall erwischt, denn nach [SchwartzOLE] soll eine besonders leicht zu knackende Variante der Vigenère-Chiffrierung zum Einsatz kommen; Crackprogramme gibt es zuhauf. Ist das noch verantwortungsloses Marketing oder schon Betrug? Da gebührt der miserablen Chiffrierung unter WordPerfect mehr Ehre: Hier war offenbar nur Unwissen im Spiel.

Dubiose Features bei SESAME

Ein gewichtiges Beispiel fragwürdiger Kryptografie liefert auch die europäische Kerberos-Weiterentwicklung **SESAME**. Das Kerberos-Protokoll sichert bekanntlich ein lokales Rechnernetz ab, in dem der gesamte Datenverkehr chiffriert wird und alle Sicherheit bei einem oder zwei besonders geschützten Rechnern liegt. Das europäische Projekt SESAME (der Quelltext liegt auf der CD bei) – entstanden im Rahmen der RACE-Initiative – soll nun eine flexiblere Weiterentwicklung hiervon darstellen.

Wie jedoch aus einem Posting von Michael Roe in der Newsgroup *sci.crypt* vom 1.8.96 hervorgeht, ist SESAME ein wahrhaft »offenes« System: Wer die Interna kennt, kann fast mühelos mitlesen. Als Chiffrierung kommt nämlich statt des immer noch ziemlich sicheren DES nur ein 64-Bit-Vigenère-Verfahren zum Einsatz, das in Sekundenbruchteilen zu knacken ist. Zu allem Unglück wird das Verfahren auch noch im CBC-Modus verwendet, so dass nur jeder zweite Block überhaupt chiffriert wird. Dabei versteckt sich diese naive Chiffrierung hinter irreführenden Namen wie xor_des_loop, des_encrypt_func usw. Dies hängt vermutlich damit zusammen, dass ursprünglich der Einsatz von DES vorgesehen war, jedoch nach Protest von französischer Seite der entsprechende Code wieder geändert wurde. SCHNEIER [SchnCr, 24.7] beschreibt weitere Schwächen des Projekts.

Wer nun einfach diese XOR-Chiffrierung durch DES ersetzen will, wiegt sich in falscher Sicherheit: In dem Code bei Zeile 339 in *src/lib/csf/csf_encr.c* wird getestet, ob das verwendete Verfahren selbstinvers ist, d. h. bei wiederholter Anwendung Klartext liefert. XOR hat diese Eigenschaft, DES (und die meisten anderen Verfahren) jedoch nicht. Wird der Test nicht bestanden, so chiffriert das Programm überhaupt nicht. Der Anwender, der glaubt, nun endlich sicher zu gehen, wird besonders gemein betrogen: Wer überprüft schon, ob der Datenverkehr im LAN wirklich chiffriert ist?

Zwar lässt sich der Test umgehen, doch es ist höchstes Misstrauen angesagt. Wozu wird denn solch ein Test eingebaut, und dazu noch ohne jede Warnung? Wie viel Hintertüren sind noch in SESAME enthalten?

Angesichts der Bedeutung des Projekts ist diese Entdeckung schockierend. Es würde mich erstaunen, wenn nur mangelnde Qualifikation der Entwickler Ursache für das seltsame Verhalten der Software war.

Das Mitsenden des Passwortes und eine schockierende Geschichte

Die bisherigen Beispiele sind keine Einzelfälle und für den Kryptologen eigentlich nichts Neues. (Im US-Sprachgebrauch nennt man so etwas auch *snake oil*.) »Innovativer« wäre schon Soft- oder Hardware, die das verwendete Passwort in verborgener Weise unter den Geheimtext mischt. Der Phantasie sind dabei keine Grenzen gesetzt. Die Bits lassen sich im Header verstecken, oder man »streckt« den Geheimtext etwas. Oder man komprimiert den Geheimtext und hat so genügend Platz, das Passwort mitzusenden. Der Anbieter könnte obendrein das Passwort zusammen mit einer bekannten laufenden Nummer chiffrieren (der verwendete Schlüssel ist fest) und den erzeugten Geheimtext unter die Ausgabe mischen. Das erschwert die Erkennung des Betruges ungemein. Die flächendeckende Überwachung des chiffrierten Datenverkehrs wäre in jedem Fall eine leichte Übung.

Dieser Betrug – eine harmlosere Bezeichnung wäre hier unpassend – würde sicherlich kaum bemerkt. Fragen Sie doch einmal herum, was Anwender über die o. g. Chiffrierung von Winword6 wissen. Dabei ist deren »Qualität« wirklich kinderleicht nachzuprüfen. Um wie viel schwieriger würde es erst in vorliegendem Beispiel, wo durch die alleinige Analyse des Geheimtextes kaum noch ein Betrug nachzuweisen wäre!

Doch das Verfahren hat einen Nachteil, und zwar für den Anbieter: Sollte es einem Hacker trotzdem gelingen, hinter dieses Versteckspiel zu steigen, dann ist der Betrug nicht mehr zu leugnen. Wehe dann dem Anbieter, der nicht Marktführer ist!

Es gibt ein praktisches Beispiel für solch ein Vorgehen. Während der Vorbereitung der 2. Auflage stieß ich auf einen Text, den Sie auf der beigelegten CD unter *txt/policy/madsen.txt* finden. Nach Ansicht des Autors könnte es sich um den größten Geheimdienstskandal des Jahrhunderts handeln – doch wie so oft findet sich heute nur noch im Internet etwas darüber.

Im März 1992 verhaftete der iranische militärische Abwehrdienst Hans BÜHLER, einen verdienstvollen Mitarbeiter der schweizer Firma Crypto AG, Hersteller von Chiffriergeräten, unter dem Vorwurf der Spionage für die BRD und die USA. Bühler wurde neun Monate lang täglich fünf Stunden verhört, doch er wusste nichts von Hintertüren, die angeblich in die Geräte eingebaut sein sollten. Schließlich kaufte ihn die Crypto AG für eine Million Dollar frei. Zur allgemeinen Verwunderung entließ sie ihn darauf und forderte von ihm das Lösegeld zurück. Nun bekamen ehemalige und noch angestellte Mitarbeiter kalte Füße und erzählten Reportern, dass der Vorwurf gegen die Firma gar nicht so unberechtigt gewesen sei – schon vor 15 Jahren hätten Angehörige von NSA und BND die Maschinen entworfen und offensichtlich »bearbeitet«. Nachforschungen in der Schweiz verliefen im Sande. Als schweizer Medien die Sache dennoch aufrollten und die Crypto AG das auch mit einer Klage nicht verhindern konnte, einigte man sich wenige Tage vor Zeugenaussagen auf einen Vergleich.

Dennoch war der Ruf der Crypto AG hinreichend geschädigt. Auch Siemens wurde in die Affäre mit hineingezogen, denn es kursierten Gerüchte, die Crypto AG sei eine Tochter der Siemens AG, und das Lösegeld für Bühler stammte eigentlich von Siemens. Die Wirkung war verheerend, denn in etwa 120 Ländern wurden die genannten Chiffriermaschinen im diplomatischen Verkehr eingesetzt. Hatte die

NSA etwa alles mitgehört? Von Saddam Hussein bis hin zum Papst wurde man unruhig. Ein Sprecher des Vatikan vergaß seine Nächstenliebe und nannte die Hintermänner »Banditen«. Libyen reagierte und wechselte zu Produkten der schweizer Firma Greta Data Systems AG. Aber dort war die NSA auch schon vorstellig geworden ...

So kam die NSA (vermutlich über Israel) an Hintergrundinformationen zur Flugzeugexplosion über Lockerbie in Schottland ebenso heran wie an päpstliche Geheimnachrichten oder irische diplomatische Nachrichten während der britisch-irischen Verhandlungen 1985 (in diesem Fall über den britischen Nachrichtendienst GCHQ). Doch lesen Sie die Geschichte selbst, sie ist so spannend, wie es nur die Wirklichkeit sein kann.

Es sind wirklich keine Märchen, die ich Ihnen hier erzähle – ein Bekannter hat sogar mit einem ehemaligen Mitarbeiter der Crypto AG über die Angelegenheit gesprochen und bekam im Wesentlichen alles so bestätigt, wie es berichtet wird. Von dorther weiß ich auch, dass tatsächlich Schlüssel in Headern verborgen worden sein sollen.

Drastischer lassen sich Folgen und Verwicklungen eines unbemerkt mitgesandten chiffrierten Schlüssels kaum schildern! Sehr bedenklich erscheint mir übrigens die Tatsache, dass diese trojanische Kryptografie erst nach langer Zeit durch Mitarbeiter der Crypto AG selbst aufgedeckt wurde, nicht etwa durch Analyse der verkauften Maschinen. Wie schwierig mag da erst die Entdeckung der im Folgenden beschriebenen Methoden sein?

Eine Verfeinerung mittels asymmetrischer Verschlüsselung

Das beschriebene Verfahren hat theoretisch noch einen weiteren Nachteil, und zwar für den Geheimdienst, der vielleicht dieses nette Feature beim Hersteller einbauen ließ. Wenn der Hersteller das Anwenderpasswort chiffriert, muss der Schlüssel nämlich in der Soft-/Hardware enthalten sein und ist somit im Prinzip zugänglich. Der oben erwähnte Hacker könnte nun ebenso in einem anderen Staat sitzen und für den dortigen Geheimdienst arbeiten. Dann würde dieser ebenfalls mitlesen, und keiner bekäme es mit!

Zweckmäßigerweise wird der Hersteller ein asymmetrisches Verfahren zum Verbergen seiner bösen Absichten nutzen und das Anwenderpasswort mit seinem eigenen öffentlichen Schlüssel chiffrieren. Dann kann nur noch er selbst es lesen. Bei hybriden Verfahren bietet sich obendrein an, nicht jedes Mal den Sitzungsschlüssel mitzusenden, sondern den privaten Schlüssel des Anwenders, z. B. stückweise zusammen mit Angabe der Position im Schlüssel.

Das ist eine außerordentlich verlockende Methode! Vielleicht kommt sie noch nicht zum Einsatz. Umso wichtiger ist es jedoch, sie schon jetzt zu kennen. Sie ähnelt in mancher Hinsicht der in Kapitel 1.3 erwähnten Steganografie, sie ist sozusagen *Steganografie gegen Kryptografie*. Doch im vorliegenden Fall wird die Realisierung einfacher: Während der Steganograf komplette Geheimtexte untermischen muss, reicht hier beispielsweise ein 128 Bit langer Schlüssel.

Es gibt Gegenmaßnahmen. Der Begriff »Steganografie« legt es schon nahe: Man muss dem Hersteller die Kapazität im Datenstrom nehmen, über die er einen Schlüssel heimlich mitsenden kann. Dazu gehören sauber definierte Netzwerkprotokolle, vollständig beschriebene Header, offen gelegte Algorithmen, Zugriff auf den verwendeten Sitzungsschlüssel (falls er nicht ohnehin vorgegeben wird) durch den Anwender und nicht zuletzt ein definiertes Auffüllen bei Blockalgorithmen (vgl. Abschnitt 5.1.2).

Als Praktiker wissen Sie natürlich: So weit kommt es nie, derartige Forderungen bleiben fromme Wünsche. Die beste vorzuschlagende Gegenmaßnahme ist wohl eine externe Krypto-Schnittstelle, dank der der Anwender die gesamte Chiffrierung und Schlüsselverwaltung bei einem anderen Hersteller beziehen oder auch selbst programmieren kann. Aber sogar dieser Vorschlag wird auf Widerstand stoßen. Für Software ist das Konzept denkbar (wenn auch nicht in allen Fällen), bei Hardware – speziell bei Chipkarten – dürfte die Trennung in der Regel dagegen kaum möglich sein. Die oben erwähnte Geschichte der Crypto AG zeigt, wie traurig die Wirklichkeit noch aussieht.

Der perfekte Betrug: Kleptografie

Diesen nicht ganz ernst gemeinten Namen gaben YOUNG und YUNG [Young] einer weiteren Vervollkommnung des beschriebenen Verfahrens. Hier wird nichts mehr mit steganografischen Methoden versteckt, sondern *Kryptografie gegen Kryptografie* eingesetzt.

Kleptografische Soft- oder Hardware nutzt asymmetrische Verfahren. Durch geschickte Wahl freier Parameter – bei RSA z. B. während der Zufallserzeugung – gelingt es dem Hersteller, Teile des privaten Anwenderschlüssels in seinem öffentlichen Schlüssel zu verstecken, ohne dass dies durch Analyse des Public Key beweisbar wäre. Nach außen hin ist die Soft-/Hardware nicht von einer korrekt arbeitenden zu unterscheiden. Solche Systeme nennen die Autoren nicht sonderlich gelungen **SETUP-Systeme** (secretly embedded trapdoor with universal protection).

YOUNG und YUNG definieren drei Arten von SETUP-Systemen: *schwache, reguläre* und *starke*. Ein Beispiel für ein *schwaches SETUP-System* habe ich im letzten Beispiel angedeutet: Das System arbeitet scheinbar korrekt. Durch Analyse der Ausgaben ist der Betrug zwar festzustellen, doch für Dritte nicht nutzbar (denn sie kennen nicht den privaten Schlüssel des Herstellers). *Reguläre SETUP-Systeme* offenbaren dagegen auch nach eingehender Geheimtextanalyse nicht, ob ein Betrug eingebaut ist oder nicht.

Nun ist es vielleicht wünschenswert, dass ein SETUP-System nur manchmal von seinen heimlichen Fähigkeiten Gebrauch macht, z. B. um den Nachweis des Betrugs zu erschweren. Sind auch die »ehrliche« und die »unehrliche« Ausgabe nicht zu unterscheiden, weder in der Zukunft noch in der Vergangenheit, dann sprechen wir von einem *starken SETUP-System*.

SETUP-Systeme wurden von den Autoren für zahlreiche Algorithmen und Protokolle implementiert (RSA, ElGamal, DSA, Kerberos) und ihr praktisch möglicher Einsatz demonstriert: Rechenzeiten verlängerten sich nur unwesentlich, der Aufwand blieb im Rahmen.

Die konkrete Realisierung ist zwar ziemlich kompliziert, doch das stört nicht. Ist der Angriff erst einmal programmiert, dann arbeitet er automatisch und ermöglicht ebenso automatisch umfassende Lauscheraktivitäten.

Denkbare Auswirkungen

SETUP-Systeme erlauben besonders clevere Datenspionage. Ich hoffe sehr, dass sie noch nicht im Einsatz sind. Umso mehr müssen wir uns Gedanken über die möglichen Auswirkungen solcher Systeme wie auch über Gegenmaßnahmen machen.

Zunächst ein etwas spitzfindiger Gedanke zu den Auswirkungen: Das in Abschnitt 8.2.5 besprochene Signaturgesetz von 1997 schrieb vor, dass die für Anwender erzeugten privaten Schlüssel nicht im Trust Center gespeichert werden dürfen. Das Einbauen einer SETUP-Falle würde das Gesetz nach dem Buchstaben umgehen (natürlich ist das nicht in seinem Sinne). Gerade bei der RSA-Schlüsselerzeugung ist es nämlich möglich, die Auswahl der zwei benötigten geheimen Primzahlen p und q so zu steuern, dass sie für den Hersteller aus dem erzeugten öffentlichen Schlüssel (genauer, aus dem Produkt pq) leicht zu berechnen sind. Gewiss, Trust Center müssen besonders strengen Anforderungen genügen. Doch die Center und auch die dort verwendete Software können auf kleptografische Angriffe erst dann überprüft werden, wenn man überhaupt von der Existenz derartiger Angriffe weiß.

Auch die Möglichkeit einer unbemerkten Modifikation von Trust Center-Software sollten wir nicht von vornherein ausschließen. Bei der bloßen Erwähnung solch eines Angriffs wird sich mancher Verantwortliche empören, doch er sollte bedenken: Die heimliche Umwandlung von Behördensoftware in SETUP-Software ist überaus reizvoll beispielsweise für Geheimdienste aller Couleur. Solch eine »Verwandlung« würde mit aller krimineller Energie durchgeführt, denn der Lohn ist ungewöhnlich hoch bei relativ kleinem Aufwand und minimalem Risiko.

Wir sollten also darauf achten, dass von Trust Centern erzeugte Schlüssel höchstens zum Signieren, keinesfalls aber zum Chiffrieren verwendet werden!

Es ist noch eine Anwendung von SETUP-Systemen möglich: Sie können der eleganten Schlüsselhinterlegung dienen (mehr dazu in Abschnitt 8.2.3). In diesem Fall wären der Staat bzw. die Firma selbst offizieller Besitzer des »Generalschlüssels für alle Generalschlüssel«. So interessant das theoretisch auch sein mag – bereits die Formulierung zeigt die Gefahr: Alle, wirklich alle Sicherheit hängt an einem einzigen Generalschlüssel. Ist dieser erst einmal kompromittiert (d. h. Unbefugten bekannt geworden), nützt ein Wechsel wenig. Sämtliche bisher von Lauschern mitgeschnittene Nachrichten sämtlicher Anwender lassen sich dann dechiffrieren, und das kann niemand mehr verhindern. Darin liegt ja gerade eine der ganz großen Gefahren der Kryptografie; darin unterscheidet sie sich vom übrigen Gebiet der Systemsicherheit.

Einige Gedanken zu Gegenmaßnahmen

Wie können wir nun SETUP-Systeme verhindern oder wenigstens ihren Einsatz erschweren? So, wie die Forschungen von YOUNG und YUNG noch recht allein dastehen, gibt es auch erst wenige Gedanken zu Gegenmaßnahmen.

▷ Auf der sicheren Seite bewegt sich wohl der, der frei erhältliche *und* populäre Kryptografie-Software einsetzt. Dabei denke ich in erster Linie an PGP 2.6, das in Kapitel 7.1 detailliert besprochen wird. Sicherheitshalber sollte er bei PGP die mitgelieferte digitale Signatur überprüfen (nur sie beweist, dass es sich um das »echte PGP« handelt).

Der Quellcode beispielsweise von PGP wurde von derart vielen Programmierern im Internet untersucht, dass trojanische Kryptografie wohl längst entdeckt worden wäre. Allerdings ist freie Software nicht immer einsetzbar und daher kein Allheilmittel.

▷ Wo asymmetrische Verfahren nichts bringen, sollte man symmetrische anwenden und den Schlüssel wie in 6.2.1 beschrieben übermitteln.

▷ Kryptografische Software sollte Module verschiedener, möglichst konkurrierender Anbieter kombinieren können. Insbesondere die Zufallsgenerierung muss losgelöst vom Programm bzw. der Hardware geschehen können, denn SET-UP-Systeme verwenden immer »gestörten Zufall«. Allerdings muss der Anwender auch feststellen können, wie der Zufall verarbeitet wird. Das alles ist nur denkbar bei völliger Offenlegung sämtlicher interner Schnittstellen. Je mehr sich ein Hersteller über die Interna seines Produkts ausschweigt, desto verdächtiger macht er sich. Mir ist klar, dass diese Forderung noch recht utopisch ist.

▷ Bei kryptografischer Hardware ist die Gefahr trojanischer Kryptografie naturgemäß größer. Am besten erzeugt man private und öffentliche Schlüssel außerhalb des Gerätes mittels öffentlich überprüfter Software (dazu dürfte PGP ausreichen) und testet auf die korrekte Verarbeitung der Schlüssel im Gerät anhand der Ausgaben. Beim RSA-Verfahren wird das vielleicht genügen. Geeignete Industriestandards könnten beim Test helfen.

▷ Eine interessante und realisierbare Gegenmaßnahme ist die Kaskadierung (Hintereinanderschaltung) von Geräten verschiedener Hersteller, ähnlich der oben genannten Modularität bei Software. Nachteilig sind höhere Kosten und vielleicht auch die geringe Performance.

Wie gesagt, das sind erste Gedanken zu diesem Thema. Ich hoffe, dass in den nächsten Jahren noch mehr Lösungsansätze bekannt werden, vor allem aber, dass diese potenziell sehr ernst zu nehmende Gefahr überhaupt erst einmal wahrgenommen wird.

7 Praktische Anwendungen

Wir haben bisher eine Reihe von Algorithmen kennen gelernt und Probleme bei deren Implementierung besprochen. Im vorigen Kapitel betrachteten wir die kryptografischen Protokolle, sozusagen als theoretische Grundlage ihrer Anwendung. Nun gehen wir noch einen Schritt weiter und wenden uns der tatsächlichen Anwendung zu, in diesem Fall kryptografischen Programmen. Wie bisher geht es dabei nicht um Vollständigkeit, sondern um das Verstehen der Hintergründe. Deswegen behandeln wir in diesem Kapitel nur einige frei verfügbare Programme, deren Quelltexte sämtlich auf der CD enthalten sind.

Erwarten Sie im Folgenden keine Bedienungsanleitungen für diese Programme. Dazu gibt es Dokumentationen, im Fall von PGP sogar mehrere Bücher (ich empfehle [GarPGP]). Was in diesen Büchern und Dokumentationen eher zu kurz kommt, sind kryptologische Details der Implementierung – und mit diesen wollen wir uns hier beschäftigen.

7.1 PGP – der Star unter den Kryptografieprogrammen

Gewiss haben Sie schon vom frei verfügbaren Programm PGP gehört – »Pretty Good Privacy«. Mir ist keine andere Software bekannt, die so viel Staub aufgewirbelt hat und auch so vielen Geheimdiensten ganz offensichtlich ein Dorn im Auge war. Warum? Sie nahm ihnen das Krypto-Monopol, das sie noch zu besitzen glaubten. In den folgenden Punkten werde ich erst das »klassische« PGP besprechen und erst in 7.1.4 auf den neuen, heute verbreiteten OpenPGP-Standard eingehen.

7.1.1 Phil Zimmermann, die NSA und die US-Gesetze

Ausgangspunkt von PGP ist die Erkenntnis, dass E-Mail zwar sehr schön, aber auch sehr unsicher ist. Die meisten Anwender können und wollen sich nicht vorstellen, dass die Sicherheit von E-Mail höchstens der einer Postkarte entspricht. Ich würde sogar behaupten, sie liegt noch darunter. Denn Postkarten könnten höchstens neugierige Postangestellte lesen, doch diese sind ja alle rechtschaffen, weil im öffentlichen Dienst beschäftigt. Welche Wege eine E-Mail im Internet nimmt, vermag niemand zu sagen. Vielleicht wird gerade Ihre Mail durch Länder transportiert, in denen dubiose Systemadministratoren arbeiten, vielleicht sogar vom Geheimdienst bezahlte – wer weiß?

Sie kennen das Problem, ich brauche Sie wohl nicht zu überzeugen. Sie wissen auch, dass Information in Netzen nur auf eine Weise sicher geschützt werden kann: durch Verschlüsselung.

Davon ging auch Phil ZIMMERMANN aus, ein Softwareunternehmer aus Boulder (Colorado). Nicht alle Unternehmer sind konservativ. Phil ZIMMERMANN trat erstmalig 1982 aktiv gegen das nukleare Wettrüsten auf und wurde deshalb sogar inhaftiert. Aus derlei praktischen Erfahrungen rührt bei ihm eine gewisse Abneigung gegen einen übermächtigen Staat her. Gleichzeitig erkannte er sehr wohl die Überwachungsmöglichkeiten, die das sich schnell entwickelnde Internet bot. Als begeisterter Kryptologe fühlte er die Notwendigkeit, dem »Big Brother« etwas entgegenzusetzen.

ZIMMERMANN wollte mit einem kryptologisch sicheren Programm das Versenden chiffrierter E-Mail für *jedermann* ermöglichen. Der Name PGP = »Pretty Good Privacy« ist auch im übertragenen Sinne Programm – die Privatsphäre soll gegen den Staat geschützt werden.

PGP entsteht

Die Entwicklung von PGP bedeutete einen ungeheuren, etwa zehn Jahre dauernden Kraftakt für ZIMMERMANN und brachte ihn an den Rand des Ruins. Zusätzlich zu seiner intensiven Beschäftigung mit Kryptologie und der Entwicklung des Programms wurde er recht unerwartet mit Gesetzen konfrontiert. Und das zu einem Zeitpunkt, ab dem er mit PGP Geld verdienen wollte und musste.

Zunächst gab es patentrechtliche Schwierigkeiten – er erhielt keine freie Lizenz des RSA-Verfahrens. So konnte er PGP nicht verkaufen und auch nicht als Shareware vertreiben (in den USA lässt sich mit Shareware durchaus Geld verdienen). Zudem wurde 1991 ein Gesetz erlassen, das alle Anbieter von Kommunikationsgeräten und -diensten verpflichtete, staatlichen Behörden auf Verlangen den Klartext der Datenströme durch die betreffenden Geräte und Netze zu liefern. Das ging über die bisherigen Exportbestimmungen wesentlich hinaus, es schränkte auch innerhalb der USA mögliche gute Kryptografie drastisch ein.

ZIMMERMANN geriet in Panik. Er hatte gerade DES als verwendetes symmetrisches Verfahren (dem er nicht mehr traute) durch seinen eigenen Algorithmus Bass-O-Matic ersetzt. Obwohl dieser noch nicht gründlich untersucht worden war, stellte er schnell das PGP-Release 1.0 zusammen und gab es einem Freund. Dieser brachte es in das Usenet, und damit in das Internet. Egal, was nun noch passieren mochte – PGP war nicht mehr aufzuhalten. 1992 erschien das nächste, weltweit entwickelte Release 2.0, in dem vor allem der sichere IDEA-Algorithmus anstelle von Bass-O-Matic implementiert ist.

Nun hatte ZIMMERMANN nicht nur patentrechtliche Probleme am Hals, er hatte auch noch angeblich gegen die strengen Exportbestimmungen verstoßen und damit nicht nur RSADSI gegen sich, sondern FBI, NSA und weitere Dienste. Allerdings ist unbekannt, wer PGP wirklich in das Internet stellte.

Patentprobleme

Die Patentfrage ließ sich klären. Zum einen arbeitete ZIMMERMANN seit 1993 mit ViaCrypt zusammen, einer Firma, die eine legale RSA-Lizenz besitzt. Daher wird in den USA die kommerzielle PGP-Version von ViaCrypt vertrieben. Zum anderen erhielt er unwartet Hilfe vom MIT, wo RSA ursprünglich entwickelt wurde. Dort hatte man eine Softwarebibliothek RSAREF erstellt, deren Benutzung für nicht kommerzielle Zwecke unentgeltlich möglich war. So entstand 1994 die PGP-Version 2.5, die erstmalig legal vertrieben werden durfte. Zwar wurden angeblich die PKP-Patente immer noch verletzt (vgl. 4.5.3), doch der Konflikt endete mit einem Kompromiss: ZIMMERMANN führte eine kosmetische Änderung aus, die das neue Release 2.6 zu den bisherigen illegalen Versionen inkompatibel werden ließ. So können die Hüter des Patentes nun jeden PGP-Nutzer eines Releases bis 2.5 belangen und sehen damit ihr Recht gewahrt, während alle Welt PGP 2.6 verwendet.

Die Sicherheit der USA ist gefährdet!

Als weitaus bösartiger stellte sich die Verletzung der Exportbestimmungen heraus, denn diese dienen der »Wahrung der nationalen Sicherheit«. Dem PGP-Autor wurde ein Ermittlungsverfahren angehängt. Weltweit sammelte man Spenden für Phil, um ihm einen Prozess zu finanzieren. Der Druck auf die Behörden wuchs enorm, und die Öffentlichkeit wurde durch die Affäre erst richtig sensibilisiert. Ohne PGP wäre vermutlich auch die Diskussion um den Clipper-Chip (vgl. Kapitel 6.4) anders verlaufen. Phil ZIMMERMANN wurde im wahrsten Sinne des Wortes weltberühmt.

Nach 28 Monaten, während derer das Damoklesschwert über seinem Kopf hing, stellte die Justiz das Verfahren gegen ihn ein. Man schrieb den 11. Januar 1996. Doch die Gesetze, die den Wirbel erst auslösten, sind nach wie vor nicht ganz vom Tisch.

PGP hat die Welt verändert. Erstmalig bekam jedermann ein Werkzeug in die Hand, mit dem er seine Information wirkungsvoll vor fremdem Zugriff schützen konnte. Phil ZIMMERMANN erhielt Nachrichten von begeisterten Nutzern aus aller Welt – selbst aus Ländern wie Litauen, ja, sogar von Untergrundbewegungen. Reaktionen offizieller Stellen – nicht nur in den USA – lassen darauf schließen, dass mit PGP offenbar auch geheimdienstlichen Tätigkeiten ein Riegel vorgeschoben wird. So erklärt sich wohl am einleuchtendsten, wieso im Gegensatz zu Phil ZIMMERMANN das MIT *nicht* wegen einer Verletzung der Exportbestimmungen angeklagt wird, obwohl dort die kryptologisch hochwertige Software RSAREF auf einem weltweit zugänglichen ftp-Server liegt. Allerdings hinkt dieser von GARFINKEL in [GarPGP] geäußerte Vergleich etwas, denn RSAREF dient nicht unmittelbar der Chiffrierung von Nachrichten. Nach dem Buchstaben des Gesetzes war der Export von RSAREF aus den USA jedoch auch verboten.

Gewiss waren viele einflussreiche Leute aufgebracht, weil die weltweite Verbreitung von PGP nicht mehr zu verhindern war, gleich welche Gesetze nun noch beschlossen werden.

Wir haben hier dem Kapitel 8 ein wenig vorgegriffen. Es ist aber unmöglich, über PGP zu reden, ohne auf dessen politische Auswirkungen einzugehen. Wenn Sie sich für noch mehr Details dieser abenteuerlichen Geschichte interessieren, kann ich Ihnen die Lektüre von [GarPGP] wärmstens empfehlen.

7.1.2 Was PGP kann

Immer wieder ist die Ansicht zu lesen oder zu hören, PGP sende mit asymmetrischen Verfahren chiffrierte Mail (die symmetrischen seien damit »out«), und es sei für jedermann kostenlos nutzbar.

Das ist schlichtweg Unsinn! Zum Ersten ist PGP kein Mailprogramm. Es verarbeitet nur Dateien, die ein Mailer dann versenden kann oder die er empfangen hat. Zum Zweiten wissen Sie natürlich, dass PGP gewiss nicht »mit RSA verschlüsselt«, sondern hybride Verfahren nutzt: Es chiffriert den Sitzungsschlüssel mit RSA und die Maildatei selbst mit IDEA.

Zum Dritten, und das wird oft vergessen, ist PGP nur für den Privatgebrauch freigegeben, denn sonst greift das IDEA-Patent auch in Deutschland. Wir hatten dies in 5.3.1 schon ausführlich besprochen.

Auch wenn Ihnen dies alles nicht neu ist: Helfen Sie mit, solche irreführende Behauptungen über PGP zu widerlegen, denn sie können nur Schaden anrichten.

Was leistet PGP nun wirklich? Es bietet alle benötigten Funktionen, damit Sie Ihren E-Mail-Verkehr kryptologisch sauber absichern können:

▷ PGP erzeugt Paare privater und öffentlicher Schlüssel für das RSA-Verfahren.

▷ PGP erzeugt zufällige Sitzungsschlüssel, chiffriert mit ihnen Dateien per IDEA-Verfahren und fügt den mit dem öffentlichen Schlüssel des Empfängers chiffrierten Sitzungsschlüssel bei.

▷ Auf Wunsch erzeugt das Programm auch ASCII-Text, damit der Mailer keine Probleme bekommt, und konvertiert die Textformate unterschiedlicher Betriebssysteme (UNIX, Mac, DOS/Windows) in ein einheitliches Zwischenformat bzw. zurück.

▷ PGP macht empfangene chiffrierte Mail wieder lesbar: Es trennt den Sitzungsschlüssel ab, dechiffriert ihn mit Ihrem privaten Schlüssel und öffnet anschließend die empfangene Datei.

▷ Mit PGP können Sie eine Datei digital signieren und Unterschriften überprüfen.

▷ PGP bietet nicht zuletzt alle Funktionen, die für die Schlüsselverwaltung benötigt werden:

  – Es bewahrt die öffentlichen und die privaten Schlüssel getrennt auf, wobei die privaten selbstverständlich nur chiffriert abgelegt werden.

  – Sie können mit PGP fremde öffentliche Schlüssel unterschreiben, zu den vorhandenen hinzufügen und auch Schlüssel löschen bzw. zurückziehen.

  – Sie können die Vertrauenswürdigkeit eines öffentlichen Schlüssels mit PGP überprüfen.

▷ Schließlich kann PGP auch ganz normal Dateien mit einem eingegebenen Schlüssel chiffrieren und dechiffrieren.

Das ist ein ganzes Bündel an Funktionen. Trotzdem umfasst PGP »nur« etwa 30.000 Zeilen C-Code. Die Kompliziertheit eines Programmes muss sich nicht immer in der Länge zeigen.

Das Web of Trust

Interessant und typisch für PGP ist die Verwaltung öffentlicher Schlüssel. Falls für die Faktorisierung großer Zahlen kein Super-Algorithmus gefunden wird (oder Quantencomputer eines Tages Realität werden, vgl. 5.9), ist die Verhinderung des Man-in-the-middle-Angriffs vermutlich das einzige Sicherheitsproblem beim RSA-Verfahren (vgl. 4.5.3). Es geht also darum zu beweisen, dass der öffentliche Schlüssel von Bob tatsächlich von Bob stammt und nicht von Mallory untergeschoben wurde.

Die Verwendung einer Hierarchie beglaubigter Keyserver wie bei PEM (vgl. 7.2), von denen sich jeder Nutzer die öffentlichen Schlüssel holen kann, hätte ZIMMERMANNS Philosophie widersprochen. PGP soll ja gerade vor dem übermäßigen Zugriff des Staates schützen, also wird man doch nicht die gesamte Sicherheit des Systems in wenigen Punkten konzentrieren, die nur von Behörden überprüft werden.

ZIMMERMANN erfand vielmehr das **Web of Trust**, das »Netz des Vertrauens«: Jeder PGP-Nutzer überprüft die Schlüssel anderer Nutzer, denen er vertraut. Das Prinzip ist relativ einfach:

Alice erzeugt einen öffentlichen Schlüssel und lässt ihn von Freunden und Bekannten digital unterschreiben. Sie reicht ihn nur zusammen mit diesen »Zertifikaten« weiter. Wenn sie nun Bobs öffentlichen Schlüssel in ihre Sammlung einfügt, stellt ihr PGP folgende Frage: *Erkennen Sie eine Beglaubigung fremder öffentlicher Schlüssel durch Bobs Unterschrift an?* Alice kann nun antworten:

1. Ja, immer.
2. Manchmal.
3. Nein.
4. Das weiß ich nicht.

Empfängt Alice einen fremden öffentlichen Schlüssel, der mit einer Unterschrift der Stufe 1 oder zwei Unterschriften der Stufe 2 signiert wurde, so trägt ihn PGP automatisch als vertrauenswürdig ein. Sie kann selbstverständlich auch nicht beglaubigte Schlüssel benutzen. Dann wird sie aber von PGP gewarnt. Ebenso kann sie Teilnehmer umstufen, in beide Richtungen.

Alice kann auch einen öffentlichen Schlüssel direkt überprüfen. Dazu erzeugt sie zunächst mittels PGP einen **Fingerprint** (»Fingerabdruck«) des empfangenen öffentlichen Schlüssels. Dieser ist nichts weiter als die MD5-Hashsumme des Schlüssels, geschrieben als eine lesbare Folge von 16 Hexadezimalzahlen, z. B.

```
24 38 1A 58 46 AD CC 2D AB C9 E0 F1 C7 3C 67 EC
```

(das ist der elektronische Fingerabdruck von Phil ZIMMERMANN). Nun ruft Alice die Besitzerin des Schlüssels, Carol, an und lässt sich den von Carol berechneten Fingerprint vorlesen. Stimmt er überein, gibt es keinen Zweifel. (Selbst wenn in

Zukunft MD5-Kollisionen berechenbar werden sollten, so dürfte es doch fast ein
Ding der Unmöglichkeit sein, zwei sinnvolle öffentliche Schlüssel mit gleichen
Hashwerten zu finden.)

Es ist eine gute Idee, den Fingerprint auf Visitenkarten unterzubringen oder in
anderer gedruckter Form zu publizieren, denn das schließt Man-in-the-middle-
Angriffe praktisch aus.

So baut sich ein Beziehungsgeflecht von Partnern auf, die einander vertrauen. Früher oder später sind alle PGP-Nutzer durch wenigstens einen »Pfad des Vertrauens«
miteinander verbunden. Ein Test zeigte, dass der längste dieser Pfade lediglich 14
Schritte hatte, bei Hunderttausenden von Nutzern!

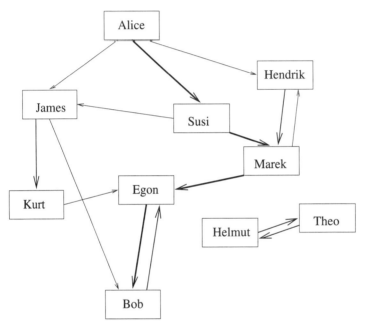

*Abbildung 7.1: Das »Web of Trust« von PGP. Dicke Pfeile zeigen volles Vertrauen an,
dünne ein Vertrauen unter Vorbehalt.*

Die Stärke dieses Konzepts entspricht ganz ZIMMERMANNs Intentionen: Es ist für
»Big Brother« praktisch nicht möglich, dieses Netz zu zerstören, ebenso wenig wie
sich das Internet total kontrollieren lässt, denn die Verknüpfungen bauen sich
lokal und dynamisch auf und wieder ab.

Gleichzeitig verursacht diese Struktur einen entscheidenden Schwachpunkt:
Schlüssel lassen sich nicht mit Sicherheit zurückziehen. Wird ein privater Schlüssel
gestohlen, dann ist das Netz in seinem Umfeld gestört, und es können sogar
fremde Nutzer kompromittiert werden. Allerdings lässt sich daraus kein flächen-
deckender Angriff gegen das »Web of Trust« konstruieren.

Mittlerweile gibt es auch zahlreiche **Keyserver**, d. h. Rechner, die sich gegenseitig
zertifizieren und auf denen man seinen öffentlichen Schlüssel ziemlich fälschungs-

sicher deponieren kann (z. B. *www.de.pgp.net/pgp*, *www.keyserver.net*). Der einzige Schwachpunkt vieler Server ist die Möglichkeit eines *Denial-of-service*-Angriffs. Gegen eine Gebühr von zum Beispiel € 20 pro Jahr kann man seinen Schlüssel aber auch auf »amtlichen« Servern hinterlegen, bei denen diese Gefahr nicht besteht.

Portierbarkeit

Einer der wichtigen und angenehmen Züge von PGP ist seine Portierbarkeit zwischen verschiedenen Betriebssystemen. Es läuft gleichermaßen unter praktisch allen UNIX-Varianten, DOS, OS/2, Windows, auf Macintosh-, Amiga-, Archimedes- und Atari-Rechnern und sogar unter VMS. Selbstverständlich sind auch chiffrierte Nachrichten zwischen diesen Systemen austauschbar. Der Lizenzinhaber von IDEA, die Ascom Systec AG, bietet sogar ein kommerzielles Mailsystem an (Ascom Mail), das das PGP-Format versteht und erzeugen kann. Diesen Ansatz finde ich bemerkenswert: Man schottet sich mit kommerziellen Produkten nicht vom Bereich der freien Software ab, sondern ermöglicht ein Leben miteinander. Das wird den Absatz von Ascom Mail sicherlich nicht verringern, denn kommerzielle Systeme bieten natürliche auch einige Vorteile.

Damit ist der Bereich der privat genutzten Rechner auf jeden Fall abgedeckt. Diese Portierbarkeit ist entscheidend, denn E-Mail verbindet in der Regel verschiedenartigste Systeme, was heute leider zu oft vergessen wird. Nur wenn PGP weltweit von den meisten Nutzern eingesetzt werden kann, bekommt es Sinn und kann zu einem Standard werden. Als Preis dafür kann PGP nicht mit der geliebten Maus bedient werden, sondern es wird über Kommandozeilen gesteuert. Das ist zwar in vielen Fällen einfacher und schneller, leider aber mega-out. Wer auf die Grafik nicht verzichten will, findet jedoch entsprechende Bedienoberflächen und Mailer, die auf PGP aufgesetzt werden können.

Wir halten uns nicht länger mit der Bedienung und Funktionalität von PGP auf. Sie können dazu in der Literatur nachlesen oder sich die Dokumentation durchlesen: PGP ist selbstredend auf der beiliegenden CD enthalten.

7.1.3   Wie PGP arbeitet

Wir betrachten in loser Folge kryptologisch interessante Details der PGP-Implementierung, wesentlich mehr als bei den anderen Programmen in diesem Kapitel. Angesichts der Verbreitung, der Qualität und des Funktionsumfangs von PGP lohnt sich das allerdings auch in jeder Hinsicht. Vollständigkeit wird nicht angestrebt und ist wohl kaum möglich. Die Angaben beziehen sich auf PGP 2.6.3.

Genutzte Algorithmen

PGP nutzt drei kryptografische Algorithmen:

▷ IDEA zur symmetrischen Verschlüsselung von Nachrichten und Dateien,

▷ MD5 zur Erzeugung von digitalen Signaturen und Initialisierungsvektoren, zur Berechnung von Passwörtern aus Passphrasen und von Fingerprints aus öffentlichen Schlüsseln sowie intern zur Zufallserzeugung,

▷ RSA zur Chiffrierung von Sitzungsschlüsseln sowie zur Erzeugung und Überprüfung digitaler Signaturen.

Passphrasen

PGP arbeitet nicht mit kurzen Passwörtern, sondern mit Passphrasen von maximal 253 Zeichen Länge. Passphrasen sind bekanntlich beliebige Wort- und Zeichenfolgen (vgl. Kapitel 5.1.4), die erheblich größere Sicherheit bieten als Passwörter und leichter zu merken sind als gute Passwörter. Aus dieser Passphrase erzeugt das Programm mittels der Einweg-Hashfunktion MD5 einen 128-Bit-Wert, der als IDEA-Schlüssel Verwendung findet.

Normalerweise wird die Passphrase beim Eintippen nicht angezeigt. Durch Einstellungen im Konfigurationsfile kann das Tastaturecho trotzdem eingeschaltet bleiben, falls sich der Anwender beim Eintippen zu unsicher fühlt. Das ist natürlich ein Sicherheitsrisiko; mein in 5.1.4 vorgeschlagenes Rollfenster wäre hier vielleicht ein geeigneter Kompromiss.

Außerdem kann die Passphrase in der Umgebungsvariablen PGPPASS untergebracht werden. Das ist sehr gefährlich. Zum Beispiel ist es unter UNIX möglich, deren Inhalt über das Kommando *ps* mit geeigneten Optionen (meist -f) auszulesen. Allerdings zeigt *ps* nur den Anfang der Kommandozeile; an mehr Informationen kommt nur der Superuser mit einigem Aufwand heran. Wer allein auf seinem Rechner arbeitet, kann bei Verwendung von PGPPASS recht komfortable Scripts schreiben.

Phil ZIMMERMANN hat diese Option erst auf ausdrücklichen Wunsch vieler Nutzer hin implementiert. Er warnt eindringlich davor, PGPPASS in einer Datei zu belegen. Der Variablen sollte nur per Tasteneingabe ein Wert zugewiesen werden.

Allgemeine Sicherheit

Die gesamte Sicherheit von PGP beruht auf einer einzigen Passphrase. Mit ihr wird der private Schlüssel chiffriert, und dieser wiederum dient der Überprüfung aller Signaturen sowie der Berechnung von Sitzungsschlüsseln ankommender chiffrierter Nachrichten. Über die Signaturen wird schließlich die Integrität der Datei mit den öffentlichen Schlüsseln abgesichert.

Weil die Benutzung von PGP in Multiusersystemen prinzipiell eine etwas unsichere Angelegenheit ist (unter UNIX kann der Superuser zumindest theoretisch immer die Daten eines laufenden Prozesses auslesen), werden alle kritischen Daten sofort nach ihrer Benutzung mittels der Funktion burn() überschrieben.

ZIMMERMANN weist in der Dokumentation eindringlich darauf hin, dass alle Systeme mit virtuellem Speicher (prinzipiell alle echten Multitaskingsysteme und auch Windows) kritische, unverschlüsselte Daten auf die Platte auslagern können. Nach Verlassen oder Abbruch des Programms ist womöglich der private Schlüssel unchiffriert im Swapbereich zu finden. Dagegen hilft nur ein besseres Sicherheitskonzept des Betriebssystems. So gibt es zahlreiche verfügbare Sicherheitskonzepte unter UNIX, bei denen der Superuser *nicht* allmächtig ist. Dies ist der einzige zuverlässige Weg, denn ein bösartiger *und* schlauer Administrator kann allemal einen so genannten Daemon laufen lassen, d. h. ein Programm, das PGP-Sitzungen der Nutzer automatisch analysiert. Bei lediglich bösartigen Superusern kann es helfen festzustellen, ob diese während der PGP-Nutzung eingeloggt sind (das ist nicht ganz einfach und gehört auch nicht hierher). 100%ige Sicherheit ist nie erreichbar, schon weil die Analyse des Swapbereiches kaum zu verhindern ist. Jedoch ist 95%ige Sicherheit allemal besser als 30%ige.

Erzeugung von Zufall

PGP steckt viel Aufwand in sichere Zufallserzeugung bei der Suche nach großen Primzahlen. Es bedient sich dazu einer recht zuverlässigen Methode: Der Anwender muss so lange wahllose Eingaben auf der Tastatur tätigen, bis ihm das Programm Halt gebietet. Die Zeitabstände zwischen den Tastendrücken werden zusammen mit der rechnerinternen Zeit und den Codes der gedrückten Tasten zur Zufallsgenerierung genutzt. Das geschieht, indem die Bytefolge per XOR mit Teilen eines »Zufallspuffers« verknüpft wird und dieser Teil anschließend mit MD5 im CFB-Modus »chiffriert« wird. Die letzte Operation führt PGP auch mit bereits genutzten Zufallszahlen durch. Ein Blick in die Funktionen *randPoolAddBytes()* und *randPoolStir()* in *randpool.c* und vor allem in den langen Kommentar am Anfang von *random.c* zeigt, wie viel Aufwand und Sorgfalt hier im Programm stecken (diese Teile wurden vermutlich von Colin PLUMB implementiert). Diese Sorgfalt ist nötig; in Version 2.6 trat bei der genannten XOR-Operation ein Fehler auf, der den Zufall schwächte.

Die oben erwähnte lange Tastatureingabe ist nur einmal nötig. Bei späteren Aufrufen greift PGP in sicherer Weise auf »alten Zufall« zurück – dazu mehr im Abschnitt über die Sitzungsschlüssel.

Generierung von Primzahlen

Diese Zufallsbits nutzt PGP zunächst zur Generierung großer Primzahlen. Dies geschieht wie üblich durch statistische Tests; die Zufallsbits bestimmen, ab welcher Stelle mit der Suche nach Primzahlen begonnen wird. Allerdings kommt nicht das sehr effektive Rabin-Miller-Verfahren (vgl. Kapitel 4.5.3) zum Einsatz, sondern der einfache Test auf den Kleinen Fermat, d. h. es wird geprüft, ob die Versuchs-Primzahl p für hinreichend viele Zahlen a die Gleichung $a^{p-1} = 1 \bmod p$ erfüllt (Funktion *slowtest()* in *genprime.c*). PGP prüft vorher auf Teilbarkeit durch alle Primzahlen kleiner als 8192 (2^{13}) (Funktion *fastsieve()* in gen*prime.c*) und führt danach erst den Fermat-Test fünfmal durch. Während dieser Tests erscheinen Ausschriften der Form

Hier bedeutet jeder Punkt einen Fehlversuch bei *fastsieve()*, jedes +-Zeichen einen bestandenen Fermat-Test *slowtest()*.

Erzeugung von RSA-Schlüsselpaaren

Aus den zwei erzeugten Primzahlen p und q wird der Modul n = pq berechnet und darauf nach einem Exponenten e für den öffentlichen Schlüssel gesucht. Dieser Exponent muss mindestens 5 Bit haben, d. h. wenigstens gleich 17 sein, kann aber auch länger gewählt werden. Der Angriff auf RSA mit kleinen Exponenten greift hier also nicht (obendrein wird RSA nur auf Zufallszahlen bzw. Hashwerte angewendet).

Generierung der Sitzungsschlüssel

Die Generierung von Sitzungsschlüssel und Initialisierungsvektor (IV) erfolgt laut Angaben in der Datei random.c nach dem ANSI X9.17-Standard (vgl. Abschnitt 5.1.4), allerdings mit einigen Modifikationen. Als »geheime Ecke« wird die Datei randseed.bin genutzt, wobei diese Daten vor und nach jeder Benutzung »gewaschen« werden (vgl. Kommentare zu »prewash« und »postwash« in *random.c*):

Aus dem »Zufallspool« *randseed.bin*, dem MD5-Hashwert der ersten 2 KByte des Klartextes, einer Zeitmarke sowie nicht initialisierter Daten wird der Sitzungsschlüssel erzeugt. Danach wird der Pool mit dem gerade verwendeten Schlüssel zuzüglich IV nochmals chiffriert, so dass keine Rückschlüsse vom Inhalt von *randseed.bin* auf Schlüssel und IV mehr möglich sind.

Die ersten zwei KByte der Nachricht sollten eigentlich im Speicher gehalten und nicht von der Platte gelesen werden. So aber kann PGP keinen Datenstrom verschlüsseln (d. h. als Filter arbeiten), wie es z. B. unter UNIX üblich ist und Ressourcen sparen hilft. Zwar arbeitet PGP bei Angabe des Schalters -f pro forma als solch ein Filter, in Wirklichkeit jedoch wird die gesamte Eingabe wie unter MS-DOS zunächst einmal auf die Platte geschrieben und dann erst von PGP gelesen. Gegenüber einem echten Filter ist das bei langen Dateien nicht nur um Größenordnungen langsamer, sondern vermutlich auch ein unnötiges Sicherheitsrisiko.

Es gibt noch einen weiteren Grund, weswegen PGP nicht als Filter arbeiten kann; dazu gleich mehr.

Komprimierung und Filtermode

Vor der Chiffrierung wird die Nachricht standardmäßig komprimiert, was höhere Sicherheit und geringere Telefonkosten bewirken soll. (Beachten Sie den Abschnitt 3.6.4 – Komprimierung bringt nicht automatisch höhere Sicherheit. Solange jedoch nicht einmal ein Angriff mit *ausgewähltem* Klartext gegen IDEA bekannt ist, brauchen wir uns keine Sorgen zu machen.)

Der Kompressionsalgorithmus muss in den Eingangsdaten hin- und herspringen können. Das ist der zweite Grund, weswegen PGP nicht als echter Filter benutzt werden kann. Auch dieser Grund ist nicht zwingend. Das hoch effiziente, populäre und frei verfügbare Kompressionsprogramm *gzip* (erhältlich für viele Betriebssysteme) kann als echter Filter arbeiten. Gewiss, PGP will feststellen, ob Kompression lohnt und diese gegebenenfalls unterlassen. Es wäre jedoch kein Problem, diesen Test auf Wunsch des Nutzers zu unterdrücken.

Wenigstens für den Fall, dass der Anwender die Kompression abgeschaltet hat, sollte PGP als echter Filter arbeiten.

IDEA-Verschlüsselung

PGP nutzt IDEA im CFB-Modus (vgl. Abschnitt 5.1.1). Damit entfällt das Auffüllen, und auch Angriffe durch Einfügen sind nicht mehr möglich (der zufällige IV und der zufällige Sitzungsschlüssel verhindern dies ohnehin). Zur Erinnerung: Im Prinzip wird dabei der letzte Geheimtextblock nochmals verschlüsselt und per XOR mit dem nächsten Klartextblock verknüpft. In der Praxis sieht das oft etwas anders aus:

Bei IDEA z. B. haben die Blöcke 8 Byte Länge. Man schiebt die Geheimtextbytes in ein 8 Byte langes Schieberegister und verknüpft jeweils ein Byte per XOR mit einem Klartextbyte. Alle 8 Schritte wird das Schieberegister neu per IDEA chiffriert.

Niemand hindert uns daran, das Schieberegister auch häufiger zu chiffrieren; es kostet nur mehr Rechenzeit. So verfährt auch PGP, nur dass die Abstände zwischen den Chiffrierungen unregelmäßig sein dürfen. Das ist eine interessante Idee von ZIMMERMANN. Einzelheiten finden Sie in dem Kommentar vor der Funktion *ideaCfbSync()* in der Datei *idea.c*.

Der IV wird wie üblich vor die chiffrierte Nachricht gesetzt. Die letzten zwei Bytes des IV stehen außerdem nochmals vor der *unchiffrierten* Nachricht, die dann zusammen mit diesen Bytes verschlüsselt wird. Das erlaubt beim Entschlüsseln eine einfache Prüfung, ob der richtige Schlüssel verwendet wird, so wie in 5.1.3 beschrieben. Die oben genannte Funktion *ideaCfbSync()* dient an dieser Stelle offenbar der besseren Sicherheit, aber auch ohne diesen Kniff hätte ein Angreifer maximal 2 Byte Klartext zum Geheimtext in der Hand, was ihm vermutlich wenig nützt.

Traffic Analysis

Geheimdienste interessieren sich oft gar nicht dafür, *was* eine Nachricht enthält, sondern *wer wann an wen* die Nachricht sandte. Regelmäßige Registrierung dieser Daten offenbart bereits viel über einen Nutzer. Wie man so etwas macht, finden Sie z. B. auf

```
ftp.cs.colorado.edu:/pub/cs/techreports/schwartz/ASCII/Email.Study.txt.Z
```

(dieser Artikel ist auch auf der CD enthalten; wir gehen zu Beginn des Abschnitts 8.2.1 darauf ein).

Eine chiffrierte PGP-Mail enthält keinerlei Angaben zu Empfänger oder Absender. Natürlich fügt der Mailer solche Angaben hinzu, doch diese lassen sich leicht verfälschen. Anonyme Remailer erlauben, wenn auch nicht immer geheimdienstsicher, Spuren zu verwischen. PEM-Mail hingegen (vgl. Kapitel 7.2) enthält ziemlich viele Angaben im Klartext im Header.

7.1.4 PGP-Versionen, OpenPGP und GnuPG

Ohne Frage ist PGP zu einem Standard geworden. Zwar lässt das Design noch Wünsche offen (s. u.), doch kryptologisch ist es sauber implementiert. So etwas ist viel schwerer als die Programmierung von Schaltknöpfen und Schiebereglern.

Das Release 2.6.3 lässt sogar 2048 Bit lange Schlüssel zu und realisiert damit asymmetrische Kryptografie auf dem derzeitigen Stand der Technik. Von IDEA kennt man offiziell immer noch keinen Schwachpunkt, ja, PGP hat IDEA sogar erst richtig bekannt gemacht.

Zahlreiche Keyserver in aller Welt deponieren öffentliche Schlüssel, die Zahl der Nutzer geht in die Hunderttausende. Mailprogramme haben Interfaces für PGP. Gesonderte Benutzeroberflächen für PGP sind ohnehin schon ausreichend viele im Angebot.

Leider nutzt PGP als Einweg-Hashfunktion MD5. Es ist nicht auszuschließen, dass MD5 einmal gebrochen wird, d. h. dass Kollisionen berechenbar werden. Dann sind mit PGP erzeugte Signaturen nicht mehr viel wert. Hier liegt eine konzeptionelle Schwäche des Programms: Die kryptografischen Module sind fest eingebaut und nicht so einfach auszuwechseln. (Es geht aber auch anders, vgl. dazu Kapitel 7.3).

Weitere PGP-Versionen und OpenPGP

Die weitere Entwicklung von PGP und dazu kompatiblen Produkten verlief für Außenstehende recht verwirrend. Kryptologisch ist PGP 2.6 sehr gut, als Programm weniger:

▷ So sind die verwendeten Algorithmen »fest eingebrannt«, eine freie Wahl ist nicht vorgesehen.

▷ Seine DOS-Herkunft ist nicht zu verleugnen; wie oben erwähnt, kann es beispielsweise unter UNIX nicht in einer Pipeline arbeiten, sondern lagert Zwischenergebnisse auf der Platte aus.

▷ Zum Chiffrieren verwendet es den gleichen Schlüssel wie zum Signieren. Das ist ein veraltetes, risikobehaftetes Konzept.

▷ Generell ist die Schlüsselverwaltung verbesserungswürdig.

Für die notwendige Weiterentwicklung sorgten wesentlich Colin PLUMB (Kryptografie) und Derek ATKINS (Schlüsselverwaltung) unter der Beteiligung von tausenden Programmierern weltweit. Das neue Release wurde komplett neu geschrieben und hieß in der Ankündigung noch PGP 3.0, bei Fertigstellung plötzlich PGP 5.0.

PGP 5 durfte wie üblich nicht aus den USA ausgeführt werden. Allerdings betraf das nicht die Papierform; die hatte der Gesetzgeber offenbar als uninteressant abgetan. So wurde schon der Quelltext von PGP 2.6.2 in einem Buch pro forma als Anhang abgedruckt, rein zufällig in einer leicht maschinenlesbaren Schriftart und mit in C-Kommentarzeichen eingefassten Seitennummern:

/* 131 */

Beim Schreiben dieses Absatzes für die erste Auflage erhielt ich auf Umwegen ungefähr folgende Nachricht: »... und wenn Sie PGP 3.0 haben wollen – der einzige Ort, von dem Sie es sich herunterladen können, ist derzeit mein Schreibtisch. Dort liegen 2000 Blatt gebundenes Papier in Form von vier Büchern, die bald in einzelne Seiten zerschnitten und in einen Scanner eingespeist werden ...«

Die »Entbindung« dauerte aber länger als erwartet. Was herauskam, überzeugte zunächst nicht recht. Für UNIXe gab es trotz Offenlegung des Quelltextes nur eine Bibliothek und keine fertige Applikation. PGP 2.6 wurde nicht mehr unterstützt. Damit war die sichere Kommunikation von PGP 5 nutzenden Windows-Anwendern und Besitzern älterer Releases abgeschnitten. Es ging das Gerücht, PGP wäre nicht mehr sicher, sondern würde »Nachschlüssel« enthalten. Ja und nein – sicher ist PGP nach wie vor, und Nachschlüssel gibt es nur »auf besonderen Wunsch«. Inzwischen hatte nämlich die Firma NAI die Weiterentwicklung von PGP übernommen; auch Phil ZIMMERMANN war dorthin gewechselt. Und kommerzielle Anwender brauchen manchmal die Schlüsselhinterlegung, z. B. um Firmenkommunikation zu überwachen oder bei Schlüsselverlust eines Anwenders noch an wichtige Daten heranzukommen.

Basierend auf der Beschreibung von PGP 5 entstand der Standard **OpenPGP**, der inzwischen Grundlage für alle PGP-Produkte ist. (Allerdings war PGP 5 selbst noch nicht ganz OpenPGP-kompatibel.) Phil Zimmermann arbeitet übrigens mittlerweile nicht mehr bei NAI, sondern unterstützt andere Firmen bei der Implementierung dieses OpenPGP-Standards.

Die Releasenummern von PGP wuchsen rasch, Anfang 2001 steht man bereits bei 7.03. Von etwas älteren Releases legt NAI den Quelltext offen. Derzeit kennen wir die Version 6.5.8. Allerdings sind UNIX-Nutzer, die ja allgemein ein höheres Sicherheitsbewußtsein haben (sollten), nach wie vor benachteiligt.

Seit der Verwirrung, die PGP 5 stiftete, nahm die Zahl chiffrierter E-Mails in meinem persönlichen Umkreis rapide ab; mittlerweile kommen praktisch alle Mails im Klartext an. Ist denn Datensicherheit im privaten Bereich kein Thema mehr?

GnuPG

Aus dieser misslichen Lage heraus begann der deutsche Programmierer Werner KOCH, eine freie Software mit dem Namen **GnuPG** (*GNU Privacy Guard*) zu erstellen, die den OpenPGP-Standard sauber implementiert. Wie es allen Entwicklern bei jedem Softwareprojekt geschieht, so wuchs auch dieses seinem geistigen Vater über den Kopf. Mittlerweile arbeiten Programmierer in aller Herren Länder an Weiterentwicklung, Test oder Übersetzung von GnuPG. Das Projekt ist so bedeutsam und populär geworden, dass es mittlerweile von der Bundesregierung finanziell gefördert wird. Wie sich die Zeiten ändern! Vor vier Jahren gab es in Deutschland noch heftige Diskussionen um ein mögliches Kryptoverbot, zumindest um Schlüsselhinterlegung.

GnuPG entstand unter Linux, läuft aber auch unteren vielen anderen UNIX-Derivaten, wenngleich die Installation dort manchmal etwas mehr Mühe bereitet. Lauffertige Software für Windows-Versionen inklusive Handbuch ist in der Vorbereitung.

Wodurch unterscheidet sich GnuPG von PGP 2.6 (und teilweise von seinen Nachfolgern)?

▷ Es ist freie Software ohne Patentansprüche, kann also von jedermann genutzt werden, auch für kommerzielle Zwecke.

▷ GnuPG implementiert mehrere Algorithmen, die Einbindung weiterer Verfahren ist unkompliziert. So wurde Rijndael gleich nach seiner »Kür« zum neuen Standard AES in GnuPG eingebunden.

Es werden die asymmetrischen Algorithmen ElGamal, RSA seit Auslaufen des Patents im September 2000 (seit GnuPG Version 1.0.3) sowie DSA (zum Signieren) eingesetzt. GnuPG kennt die Hashfunktionen MD5, SHA1 und RIPEMD-160 sowie die symmetrischen Algorithmen AES (mit Schlüssellängen von 128 bis 256 Bit), CAST5, Twofish, Blowfish und Triple-DES.

▶ GnuPG hat ein stark verbessertes Sicherheitskonzept. So wird ständig Zufall gesammelt und bei der Erzeugung von Sitzungsschlüsseln mitverwendet. Das macht Angriffe auf GnuPG wesentlich schwerer als auf PGP 2.6. Auch werden kritische Speicherbereiche, in denen sich private Schlüssel befinden, vor dem Auslagern auf die Festplatte bewahrt (vorerst unter UNIX). Das war eine wichtige Sicherheitslücke des alten PGP.

▶ Die Schlüsselverwaltung wurde wesentlich erweitert und verbessert. Zum Chiffrieren und Signieren kommen verschiedene Schlüssel zum Einsatz. Es gibt Schlüssel mit endlicher Lebensdauer, und Schlüssel können auch widerrufen werden. Man kann einen »Generalschlüssel« auf einem Notebook lokal halten und »Arbeitsschlüssel« mit endlicher Lebensdauer in weniger sichereren Umgebungen mit ihm signieren und dann getrennt nutzen. Schlüssel können von GnuPG aus direkt auf Keyserver geschickt oder von diesen geholt werden.

▶ GnuPG kann wie PGP 5.0 und Nachfolger gut in Mailer und grafische Benutzerschnittstellen eingebunden werden. Das ist entscheidend für die Akzeptanz des Programms. Ein einheitliches grafisches Interface (GPA) ist in Arbeit.

Allerdings ist die Entwicklung noch nicht abgeschlossen. Ein unbedarfter Nutzer ist mit der Installation und erstmaligen Nutzung schlicht überfordert. Es gibt ein Tutorial, FAQs, ein langes Handbuch und eine umfangreiche Manualseite unter UNIX. Doch das Tutorial erklärt erst lang und ausgiebig die Hintergründe der E-Mail-Sicherheit nebst asymmetrischer und symmetrischer Verschlüsselung, bevor es zu den ersten Befehlen kommt. Doch die kann der Anwender ja noch gar nicht nutzen, denn er muss erst einen Schlüssel erzeugen. Viele kleine Stolperstellen lassen den Anfänger vermutlich verzweifeln. Es ist kaum möglich herauszufinden, welches symmetrische Verfahren nun angewendet wurde und wie das Konfigurationsfile zu erweitern ist.

Obendrein werden alte PGP-Versionen ebenfalls nur mit ziemlicher Mühe unterstützt. Mit Nutzern von PGP 2.6 kann man kommunizieren, doch man muss erst eine spezielle Anleitung dazu lesen (sie liegt auf der CD bei). Hintergrund für die Schwierigkeiten ist das Patent auf den IDEA-Algorithmus, das sich mit der Lizenz GPL für GnuPG nicht verträgt. Das RSA-Patent ist zum Glück schon abgelaufen. Und der Aufwand für die Zertifizierung eines PGP-Schlüssels beginnt mit GnuPG von neuem.

Ganz kritisch sehe ich auch, dass undiskutabel schlechte Passwörter, die z. B. nur aus einem Buchstaben bestehen, akzeptiert werden. Verbesserung ist zugesagt.

Ein Konflikt interessierte mich besonders: Alice hat GnuPG 1.0.4 installiert, das bereits AES unterstützt, und sendet Bob eine chiffrierte E-Mail. Doch Bob hat nur GnuPG 1.0.3, kann AES also noch nicht dechiffrieren. Was nun? Bei SSH (7.3) können Server und Client den Algorithmus aushandeln, bei Mail geht das nicht! Die

Lösung ist einfach: Aus dem öffentlichen Schlüssel von Bob ersieht Alices Software, welche Verfahren es einsetzen darf. Welche das sind, erfährt man allerdings erst beim Aufruf von GnuPG mit gesetztem Schalter »-v« (das muss man erst einmal wissen), und man kann die Verfahren auch nicht nachträglich verändern, wenn der Schlüssel erst einmal generiert ist.

Noch geht das nicht. In einem halben Jahr würde meine Kritik vielleicht ganz anders ausfallen. Auf jeden Fall ist das Projekt sehr positiv zu beurteilen, vor allem auch im Zusammenhang mit dem Standard OpenPGP, der ja auch in kommerzieller Software implementiert wird. So könnte GnuPG den alten Traum von PGP, sichere Kommunikation in einer heterogenen Welt für jedermann möglich zu machen, auf höherem Sicherheitsniveau verwirklichen.

Auf der CD liegt die Version 1.0.4 bei, doch schauen Sie vorsichtshalber im Internet unter *www.gnupg.org* nach, was sich seitdem getan hat.

Alle Kritik an jetzigen oder früheren Versionen ändert aber nichts an der außerordentlichen Wirkung, die PGP weltweit hervorrief: Erstmals hat Kryptografie allgemeine Akzeptanz gefunden und kann wirklich von jedermann verwendet werden. Der erforderliche Aufwand ist auch nicht hoch – in [Wobpgp] zeige ich, wie man binnen etwa einer Stunde in die Lage versetzt wird, seine E-Mail zu chiffrieren und chiffrierte zu lesen. Sie finden einen ähnlichen Text auf der CD unter *PD/PGP/ pgp2.6.3/pgptut.txt*, analog für GnuPG unter *PD/PGP/GnuPG/microhowto*.

PGP ist geknackt!

Diese Schlagzeile geisterte Anfang 2001 durch das Web und landete auch in der New York Times. Natürlich stimmte das nicht so, denn es handelte sich um einen Angriff auf das OpenPGP-Protokoll, doch es ist schon ein wichtiger Angriff. Ich habe einen Text auf der CD zu diesem Thema beigelegt (*txt/cryptana/open-pgpattack.txt*), der als Ausgangspunkt für Interessierte dienen kann.

Der Angriff setzt voraus, dass Mallory Zugriff auf Alices Computer erhält und heimlich z. B. ihren privaten RSA-Signaturschlüssel modifiziert. Wenn Alice ihm danach eine mit dem veränderten Schlüssel signierte Nachricht sendet, kann er ihren privaten Schlüssel tatsächlich berechnen und dann in ihrem Namen unterschreiben!

Aber, werden Sie einwenden, Alices privater Signaturschlüssel ist doch chiffriert – wie soll ihn Mallory denn verändern? An dieser Stelle zeigt sich ein Schwachpunkt des OpenPGP-Protokolls (wie auch von PGP): Private Schlüssel werden nur im CFB-Modus chiffriert. Es ist also kein Problem, ein bestimmtes Bit zu verändern. Damit lässt sich der in 4.5.3 als Risiko 6 beschriebene Angriff durchführen. Wäre der Schlüssel im CBC- oder auch ECB-Modus chiffriert, dann wäre die Attacke nur dann zu verhindern, wenn die Faktoren p und q nicht in getrennten Bereichen gespeichert würden, sondern z. B. in alternierenden Folgen von Bytes. Doch der OpenPGP-Standard schreibt Chiffriermode und Format vor, damit man private Schlüssel zwischen verschiedenen Produkten austauschen kann.

Im Falle einer DSA-Signatur, die auf dem diskreten Logarithmus basiert, braucht Mallory sogar nur den öffentlichen Signaturschlüssel zu modifizieren: Er verändert die Basis des Logarithmus so, dass dieser leicht berechnet werden kann. So gewinnt er den geheimen Exponenten und ist schon am Ziel.

Natürlich lässt sich diese Sicherheitslücke schließen. Eine einfache Lösung wäre, chiffrierte Prüfsummen (MACs) in einer gesonderten Datei mitzuführen, die von »sicheren« Implementierungen ausgewertet wird. Die sicherste Methode bleibt aber die nachträgliche Überprüfung der Signatur durch den Erzeuger. Das kostet zwar zusätzliche Rechenzeit, die jedoch angesichts der langsamen Eingabe einer Passphrase nicht ins Gewicht fällt. GnuPG wird wohl diesen Weg wählen.

Allgemein wurde der Angriff als »nicht so wichtig« betrachtet, denn wenn Mallory erst einmal Zugriff zu Alices Rechner hat, könnte er genauso gut ihr PGP-Programm gegen ein »ihm genehmes« austauschen. Doch so einfach ist es nicht. Alice könnte den heimlichen Tausch bemerken. Auch das Abhören der Passphrase ist nicht voraus – Mallory müsste im Moment des Eintippens gerade mitschneiden können, oder er installiert ein Programm, das mithört und ihm später das Ergebnis zusendet. Aber auch dieses Programm kann entdeckt werden. Wenn Mallory hingegen ein Bit des privaten Schlüssels verändert, eine Signatur abfängt und dann die Änderung wieder rückgängig macht, haben wir (fast) perfekte Kriminalität. Alice wird ihm wohl nie beweisen können, dass er ihre Signatur fälschen kann. Wenn Sie das Buch in den Händen halten, werden alle PGP- und OpenPGP-Produkte bereits abgesichert sein. Übrigens sehen Sie an diesem Beispiel, wie weitsichtig es war, nie gleiche Schlüssel zum Signieren und zum Chiffrieren zu verwenden, denn sonst könnte Mallory sogar Alices Nachrichtenverkehr mitlesen.

7.1.5   Ein Tip zur Arbeit mit Keyringen

An verschiedener Stelle in diesem Buch warnte ich davor, dass der private Schlüssel eine Art Generalschlüssel ist: Wird er kompromittiert, dann lässt sich der chiffrierte Verkehr unbemerkt und fast mühelos mitlesen – auch rückwirkend. Das lohnt einen hohen Aufwand beim Angriff. Um es an einem Beispiel zu zeigen: Wenn Alice ihre Nachrichten mit DES chiffriert und Mallory Zugriff zu einer Deep Crack-Maschine hat (4.4.1), dann braucht Mallory für jede abgefangene Nachricht im Mittel 4,5 Tage, um sie zu lesen. Das lohnt sich auf Dauer nicht. Wenn Alice aber asymmetrisch chiffriert und ihren privaten Schlüssel nur mittels DES sichert, dann wird Mallory diesen stehlen und braucht anschließend Deep Crack nur einmal laufen zu lassen. Selbst wenn Alice die Bedrohung ahnt und später auf 256-Bit AES umsteigt – es ist zu spät.

Diese Gefahr lässt sich deutlich verkleinern, doch das ist mit etwas Arbeit verbunden. Alice erzeugt sich ein »gutes« Schlüsselpaar und lässt den öffentlichen Schlüssel zertifizieren. Den (chiffrierten) privaten Schlüssel speichert sie auf externen Datenträgern und auf einem sicheren Rechner, vielleicht ohne Netzzugang. Dann erzeugt sie sich einen »Arbeitsschlüssel« und unterschreibt diesen selbst mit ihrem »guten« Schlüssel. Dieser Arbeitsschlüssel wird für den täglichen Mailverkehr verwendet und zum Beispiel monatlich gewechselt. Falls Mallory doch einmal ihre »Arbeits-Passphrase« errät oder den dechiffrierten privaten Schlüssel aus dem Speicher stiehlt (wie in 4.5.3 als Risiko 7 beschrieben), dann kann er höchstens einen Monat rückwirkend mitlesen. GnuPG unterstützt diese Arbeit mit Schlüsselringen in vielfältiger Weise.

Natürlich müssen alle Mailpartner von Alice wissen, dass sie sich pünktlich zum Ersten jedes Monats einen neuen öffentlichen Schlüssel besorgen müssen. Aber für sicherheitskritische Anwendungen ist dieser Aufwand das kleinere Übel. In der Praxis kann man zwei Schlüsselpaare haben und braucht den Arbeitsschlüssel erst dann zu wechseln, wenn man wirklich glaubt, er sei kompromittiert, oder wenn man einen Algorithmus nutzen möchte, der zur Zeit der Schlüsselgenerierung noch nicht unterstützt wurde. Der Aufwand sollte aber immer ein vernünftiges Verhältnis zur nötigen Sicherheit haben.

7.2   Der PGP-Rivale PEM/RIPEM

PGP hat meines Wissens nur einen echten Rivalen gehabt, nämlich PEM. Weil dieses Konzept öfters erwähnt wird, gehen wir hier darauf ein, auch wenn PEM derzeit eine untergeordnete Rolle spielt.

7.2.1   Die Standards PEM und S/MIME kontra PGP

PGP ist ein echtes Kind des Internets, ähnlich wie Linux: Ein Programmierer hat unendlich viel Arbeit hineingesteckt, dann haben viele andere geholfen, sein Produkt zu verbessern. PGP hat sich gegen massive Behinderungen von staatlicher Seite her durchgesetzt, so wie wir es in Abschnitt 7.1.1 sahen.

Ganz im Gegensatz dazu steht **PEM**. Diese Abkürzung bedeutet *Privacy Enhanced Mail* – also dem Namen nach eine ähnliche Zielstellung wie bei PGP. PEM begann jedoch nicht mit einem Programm, sondern mit einem Standard, der von vielen Experten erarbeitet wurde. Der Standard wurde zunächst in den so genannten RFCs 1113-1115 beschrieben, eine aktuellere Version finden Sie in den RFCs 1421-1424 vom Februar 1993 (diese RFCs sind auf der CD enthalten).

Als Chiffrierverfahren schreibt PEM – wenig verwunderlich bei einem US-amerikanischen Standard – DES vor, als Einweg-Hashfunktion MD5.

Schlüsselverwaltung

Ein wichtiger Unterschied zwischen PEM und PGP liegt in der Verwaltung öffentlicher Schlüssel. Statt eines »Web of Trust« verwendet PEM eine zentrale Server-Hierarchie, die kompatibel zum X.509-Protokoll ist (vgl. Abb. 7.2).

Will Alice eine Nachricht an Bob senden, so schickt Bob zunächst sein Zertifikat an Alice. Dieses ist von Egon unterschrieben. Egons Unterschrift überprüft Alice mit dessen öffentlichem Schlüssel. Dieser ist von Kurt unterschrieben. Dessen öffentlicher Schlüssel wiederum ist nicht nur von Helmut unterschrieben, sondern auch von James. James Schlüssel hat Marek unterschrieben, und dessen Schlüssel schließlich Alice selbst. So kann Alice feststellen, dass Bobs Zertifikat echt ist.

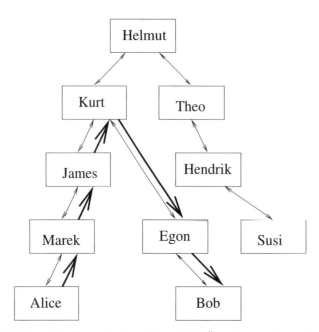

Abbildung 7.2: Hierarchie-Modell von PEM. Übereinander liegende Rechner unterschreiben gegenseitig ihre Zertifikate; die dicken Pfeile zeigen den Pfad, längs dessen Alice das Zertifikat von Bob überprüft.

Jeder Rechner unter dem Wurzelserver stellt ein allgemein lesbares **Zertifikat** zur Verfügung, das von den Rechnern in der Hierarchie über *und* unter ihm unterschrieben ist und den so beglaubigten öffentlichen Schlüssel enthält (außerdem Geltungsdauer, Algorithmen, den Namen des Ausstellers usw.).

Betrugsmöglichkeiten

Die Serverhierarchie bedingt, dass ein fremder öffentlicher Schlüssel *immer* überprüft werden kann. Das ist ein deutlicher Vorteil gegenüber dem »Web of Trust« von PGP. Diese Überprüfung ist obendrein recht bequem zu realisieren – Zertifikate können auch in gut zugänglichen Datenbanken gespeichert werden. Es ist Mallory nicht möglich, einen Man-in-the-Middle-Angriff durchzuführen, solange er keine digitalen Unterschriften fälschen oder Server kompromittieren kann.

Ein weiterer Vorteil gegenüber PGP besteht in der möglichen Schlüsselrücknahme. Allerdings ist das nicht ganz einfach: Bei jedem neu erhaltenen Zertifikat ist die Gültigkeit zu überprüfen. Dazu kann eine Datenbank befragt werden, die solche ungültigen Zertifikate speichert, oder aber eine lokale Datenbank. Diese Datenbank könnte kompromittiert sein. Doch sicherer als beim »Web of Trust« ist die Schlüsselrücknahme im PEM-Protokoll allemal.

Die Schwäche der Serverhierarchie liegt in ihrer möglichen Kompromittierung. So könnte Kurt von einem Geheimdienst angeworben worden sein und diesem seinen privaten Schlüssel verkauft haben. Der Geheimdienst fängt Bobs Zertifikat ab und sendet statt dessen ein eigenes mit einem anderen Schlüssel, unterzeichnet von

EgonII, der in Wirklichkeit nur ein Rechner im Geheimdienst ist. EgonII und Kurt zertifizieren sich scheinbar gegenseitig. Dank der Kenntnis von Kurts privatem Schlüssel kann dies der Geheimdienst selbst ohne Wissen von Kurt erledigen. Nun kann der Geheimdienst die Mails zwischen Alice und Bob abfangen, dechiffrieren und neu chiffriert weiterleiten.

Auch Helmuts Unterschrift verhindert diesen Betrug nicht, denn nach außen hin hat sich bei Kurt ja nichts geändert: Sein öffentlicher Schlüssel bleibt der alte, nur seine Unterschriften werden vom Geheimdienst »nachvollzogen«.

Ich male einmal schwarz-weiß: Bei PEM soll kein Privatmann angreifen können, bei PGP kein Staat und kein Geheimdienst. Genauer:

▷ PEM setzt voll auf die Unantastbarkeit der Serverhierarchie und schließt den üblichen Man-in-the-middle-Angriff zuverlässig aus. Andererseits ist ein Betrug durch Kompromittierung eines Servers möglich. Außerdem erfordert PEM einen ständigen Zugang zum Netz.

▷ PGP kann den Man-in-the-middle-Angriff nicht zuverlässig ausschließen, jedoch mit ziemlich hoher Wahrscheinlichkeit, denn die Kompromittierung *eines* Rechners im Netz nützt dem Angreifer oft wenig – das Netz kann sich sogar selbst reparieren.

Das Optimum liegt wohl in der Mitte. Wünschenswert wäre eine nicht kompromittierbare Hierarchie, in der wenige kompromittierte Server die Sicherheit noch nicht gefährden können. Ich stelle mir einen Ansatz ähnlich wie das Zeitstempel-Protokoll aus Abschnitt 6.6.1 vor, bei dem sich mehrere Rechner gegenseitig absichern bzw. die Absicherung durch eine Zeitreihe erfolgte.

Es würde schon helfen, wenn die PEM-Hierarchie keine Baumstruktur wäre, sondern jeder Server immer von *mehreren* über ihm liegenden zertifiziert werden müsste. Der Standard ANSI X509.3 stellt eine Weiterentwicklung in dieser Richtung dar, doch Einzelheiten würden den Rahmen des Buches sprengen.

Traffic Analysis

PEM-Header enthalten eine ganze Reihe Informationen, insbesondere Angaben zu Absender und Empfänger. Das ermöglicht, sehr leicht festzustellen, wer mit wem kommuniziert, auch bei anonymen Remailern. Vielleicht ist dieser Gesichtspunkt für die Praxis nicht so wichtig, jedoch mag er für manchen eine Rolle gespielt haben bei der Entscheidung für PGP und gegen PEM.

S/MIME kontra OpenPGP

PEM wird kaum noch genutzt, mittlerweile ist neben OpenPGP eigentlich nur noch S/MIME im Gespräch. Es fehlt hier der Platz, um ausführlicher auf diesen Standard einzugehen. Das ist kein Beinbruch, denn über dieses von RSA entwickelte, populäre Mailverschlüsselungs-Format gibt es ausreichend Literatur (z. B. [Schmeh], [KirPGP]). S/MIME setzt eine Hierarchie wie PEM voraus und unterstützt zumindest in älteren Versionen auch PEM. Die Einbindung in MIME-Mail und die Unterstützung durch große Hersteller wie RSA und Microsoft sprachen eigentlich eher für diesen Standard als für OpenPGP.

Allerdings scheint sich diese Prophezeiung nicht zu erfüllen: Derzeit (2001) werden nach [KirPGP] etwa 60%–70% aller chiffrierten Mails im OpenPGP-Format ausgetauscht. Einer der Gründe dafür ist die größere Zahl der Plattformen, die OpenPGP unterstützen – und OpenPGP hat einfach die flexiblere Struktur. So sind bei OpenPGP mehrere Unterschriften und Benutzer-IDs bei jedem Schlüssel möglich, bei S/MIME nicht. Auch gibt es für OpenPGP bereits ein funktionierendes Keyserver-Netz, über das man sich ziemlich einfach den öffentlichen Schlüssel des Empfängers besorgen kann. So ist es relativ leicht, mit einem neuen Partner OpenPGP-konforme chiffrierte Mail auszutauschen, während die strenge Zertifizierungshierarchie von S/MIME zum Problem wird, wenn nicht beide Partner in der gleichen Struktur eingebunden sind.

7.2.2 RIPEM

Insider wissen, dass in der EDV-Szene Papier ungewöhnlich geduldig ist. Insbesondere kann ein am grünen Tisch beschlossener Standard sehr lange existieren, ohne nennenswerte Auswirkungen auf die Praxis zu haben, weil geeignete Implementierungen fehlen.

PEM scheint bis jetzt zu dieser Art von Standards zu gehören. Die bekannteste Implementierung heißt **RIPEM** (*Riordan's Internet Privacy Enhanced Mail*) von Mark RIORDAN, zu dem zwei Texte auf der CD beiliegen. RIPEM ist unter sehr vielen UNIX-Varianten sowie DOS, Windows, OS/2, Macintosh und Windows NT lauffähig.

Allerdings ist RIPEM noch keine vollständige Implementierung von PEM, gerade die Schlüsselverwaltung fehlt darin. Genauer, RIPEM verarbeitet noch keine PEM-Zertifikate, mit Ausnahme der Macintosh-Version. Die Erweiterung ist allerdings geplant. Öffentliche Schlüssel holt man sich bis dahin am besten mit dem Kommando *finger* direkt vom betreffenden Rechner. Außerdem kann RIPEM wie schon PGP Fingerprints erzeugen, die eine einfache Schlüsselüberprüfung erlauben.

RIPEM dient vornehmlich der Authentifizierung von E-Mail, in zweiter Hinsicht der Verschlüsselung. Bei PGP ist es eher umgekehrt. RIPEM verarbeitet nur einfache Textdateien (also z. B. keine Winword-Dateien) und nur Zeilen bis 1023 Zeichen Länge.

Zwei Textdateien zu PEM liegen auf der CD bei. In den so genannten FAQs (*frequently asked questions*) preist RIORDAN zwei nach seiner Meinung wichtige Vorzüge von PEM gegenüber PGP: Erstens sei PEM ein offizieller Standard, PGP dagegen nur zu sich selbst kompatibel. Zweitens verletze PGP Patentrechte und illegal exportiert worden sei es ja obendrein. (Das ist doch kein Nachteil für die Anwender, meinen Sie nicht auch?)

Beide Argumente sind hinfällig. Im weltweiten Internet heißen die De-facto-Standards inzwischen OpenPGP und S/MIME. Insbesondere das Sicherheitskonzept von OpenPGP wird wohl mehr Sympathie bei Otto Normalnutzer finden. Zwar fügt sich das »Web of Trust« schlecht in Unternehmensstrukturen ein, aber OpenPGP verbietet ja keine Zertifizierungshierarchien. Für den kommerziellen, insbesondere den innerbetrieblichen Einsatz wäre das PEM-Konzept vielleicht besser, denn dort braucht es eine Privatsphäre in der E-Mail ohnehin nicht zu geben. Auch muss innerbetrieblich nicht alles geheim gehalten werden, die Authentifizierung ist jedoch sehr wichtig. Doch dort kommt wohl eher S/MIME zum Einsatz.

7.3 Komfortabel und trotzdem sicher: SSH und OpenSSH

PGP und PEM können den weltweiten Datenverkehr per E-Mail kryptografisch absichern. **SSH**, die **Secure Shell**, verschlüsselt den Verkehr im lokalen Netz. Um zu verstehen, was dieses Programm leistet, unternehmen wir wieder einen Mini-Exkurs in die UNIX-Welt.

Arbeiten im Haus-Internet

UNIX-Rechner können zwar auch einzeln genutzt werden, doch in der Regel sind sie über das Netzwerkprotokoll TCP/IP vernetzt, übrigens schon seit einem Vierteljahrhundert. In der weltweiten Form kennen Sie dieses Netzwerk bereits – es ist das Internet. Lokal hieß es bisher einfach das »hauseigene Netz« oder »TCP/IP-Netzwerk«. Dann nannte man es *Intranet* und pries es als »Revolution«, obwohl es nichts weiter als ein Internet mit »gezogenem Stöpsel zur Weltleitung« darstellt.

Eine große Zahl von Standard-Hilfsprogrammen sorgt in jedem UNIX-System dafür, dass man dieses Netzwerk möglichst transparent nutzen kann. »Transparent« heißt hier: Der Anwender soll den Service ohne Beeinträchtigungen nutzen, möglichst ohne dass er überhaupt etwas davon bemerkt. So kann er mit dem *Network File System* (**NFS**) Dateien auf entfernten Rechnern in die eigene Verzeichnishierarchie einbinden lassen und diese Dateien dann so nutzen, als befänden sie sich auf dem eigenen Rechner – nicht einmal die Anwendungsprogramme bekommen davon etwas mit. Wir gehen in Kapitel 7.4 nochmals darauf ein.

Das NFS hat gewisse Nachteile. Aber nicht immer ist dieser Netzwerk-Service erforderlich. Eine große Bedeutung für den hausinternen Gebrauch haben *rlogin* (*remote login*), *rsh* (*remote shell*) und *rcp* (*remote copy*). Diese drei Tools werden wie die gleichnamigen ohne das vorgesetzte »r« genutzt: Man kann sich über das Netz auf einem anderem Rechner einloggen (rlogin), oder dort nur ein Kommando ausführen (rsh), oder auch Dateien zwischen entfernten Rechnern kopieren (rcp). Eine spezielle Datei mit dem Namen *.rhosts* im Heimatverzeichnis des Nutzers auf dem Zielrechner sorgt für noch mehr Komfort: Wenn darin der Name des rufenden Rechners zusammen mit dem mitgeteilten Nutzernamen enthalten ist, wird ein Einloggen ohne Passwort möglich (und nur dann arbeiten übrigens auch rsh und rcp). Fehlt die .rhosts-Datei, so fragt der Zielrechner nach dem Nutzerpasswort.

Die Sicherheitsphilosophie hinter diesem Konzept heißt bei rsh und rcp also: Auf einem Rechner eingeloggt – Zugriff auf alle »befreundete« Rechner. rlogin ist nicht viel sicherer: Das Passwort läuft im Klartext über das Netzwerk, an dem im Prinzip jeder in der Organisation lauschen kann.

UNIX ist deswegen kein unsicheres System. Laufende Programme, deren Daten und das Betriebssystem sind konzeptionell sauber getrennt. Niemand darf ohne

Erlaubnis auf fremde Dateien zugreifen (daher spielen Viren im Sinne der DOS-Viren auch keine Rolle), niemand kann mit seinem Programm UNIX zum Absturz bringen. Aber wer komfortabel im Netz arbeiten will, räumt üblicherweise dem Lauscher einen Platz ein.

Wenn Sie sich von zu Hause über einen Internet-Anbieter auf einem entfernten Rechner einloggen wollen, versagt übrigens der rhost-Mechanismus, denn der Anbieter weist Ihnen in der Regel eine dynamische (also veränderliche) Internetadresse zu, unter der Sie der Zielrechner nicht kennt. Die Lösung des Problems erfahren Sie im Folgenden.

Zustopfen der Sicherheitslöcher

Für die drei Standard-Tools rlogin, rsh und rcp bringt die *Secure Shell* SSH nun Abhilfe: Sie sorgt für kryptografisch sichere Authentifizierung und verschlüsselt den Datenverkehr mit einem hybriden Verfahren. Das vereitelt zuverlässig solche verbreiteten Angriffsmethoden wie IP- oder DNS-Spoofing (bei dem sich Mallory als Alice ausgibt), das Belauschen von Passwörtern und natürlich auch von übermittelten Daten. Das Programm wurde von Tatu YLÖNEN von der Universität Helsinki entwickelt und darf im nichtkommerziellen Bereich unentgeltlich genutzt werden. Auf der CD finden Sie die Version 1.2.26; neuere finden Sie z. B. auf *ftp.funet.fi:/pub/unix/security*.

Diese SSH-Version gehört zu der Art von Programmen, von der man sich mehr wünscht. Sie ist wohl auf allen UNIX-Systemen lauffähig (und auch für OS/2; Windows-Versionen sind geplant), sehr leicht zu installieren, gut dokumentiert und mit geringem Aufwand zu nutzen. Leider gilt das alles nur für die hier genannte Version; mehr dazu weiter unten.

Wir interessieren uns hier natürlich für die Kryptografie in diesem Programmpaket.

Zur symmetrischen Chiffrierung bietet SSH derzeit fünf verschiedene Verfahren an:

▷ IDEA (im CFB-Modus),

▷ Blowfish (im CBC-Modus),

▷ DES (im CBC-Modus),

▷ Triple-DES (im CBC-Modus) und

▷ RC4 (die Stromchiffrierung aus 5.6, hier »arcfour« genannt)

Das Verfahren kann per Konfiguration oder Schalter in der Kommandozeile ausgewählt werden. Die Schnittstelle ist sehr einfach und aus dem Programmcode sofort ersichtlich. So steht es dem Anwender frei, eigene Algorithmen einzubauen und die Verschlüsselungsfunktionen anhand von Referenzimplementierungen zu überprüfen. Das wünsche ich mir von jeder kryptografischen Software.

Authentifizierung und Schlüsseltausch

Als asymmetrisches Verfahren nutzt die Secure Shell den RSA-Algorithmus. Das verwendete Protokoll ist recht interessant; es dient zur Authentifizierung von Rechner und Anwender sowie zur sicheren Übermittelung des Sitzungsschlüssels. Im Detail sieht es so aus:

1. Bei der Installation wird auf jedem beteiligten Rechner ein festes Schlüsselpaar von 1024 Bit Länge erzeugt. Der öffentliche Schlüssel heißt *Public Host Key* und steht als ASCII-Text in einer für jedermann lesbaren Datei, der private Schlüssel in einer Datei, auf die natürlich nur der Superuser zugreifen darf.

2. Beim Start des so genannten SSH-Daemons *sshd* (ein Programm, das schon beim Hochfahren des Systems gestartet werden sollte), wird zusätzlich ein Server-Schlüsselpaar von 768 Bit Länge erzeugt. Der öffentliche Teil davon heißt *Server Key*; die private Komponente wird nirgendwo abgelegt, sondern nur im Speicher gehalten.

    Dieses Schlüsselpaar wird im Stundenrhythmus gewechselt.

3. Alice, die Anwenderin, erzeugt für sich obendrein noch einen 1.024 Bit langen *User Authentication Key*. Beide Komponenten sind in Dateien abgelegt, wovon der private Schlüssel wie bei PGP mit einer Passphrase per IDEA chiffriert wird.

4. Versucht sich nun Alice auf dem Rechner von Bob einzuloggen, so schickt ihr Bob zwei öffentliche Schlüssel: den Server Key und den Public Host Key. Alice überprüft zunächst, ob der Public Host Key mit dem lokal gespeicherten übereinstimmt.

5. Wenn ja, dann erzeugt Alice einen zufälligen Sitzungsschlüssel, chiffriert diesen *nacheinander mit beiden* öffentlichen Schlüsseln von Bobs Rechner und sendet das Chiffrat an diesen. Ab sofort läuft der gesamte Nachrichtenverkehr nur noch chiffriert. Das hat interessante Konsequenzen:

    Bob benötigt *zwei* private Schlüssel, um den Sitzungsschlüssel zu dechiffrieren. Sollte es Mallory gelingen, in den Server (also Bobs Rechner) einzubrechen und beide private Schlüssel zu stehlen, so kann er rückwirkend Bobs Netzverkehr höchstens der letzten Stunde dechiffrieren, denn der Server Key wird ja stündlich gewechselt. Der Public Host Key ist trotzdem notwendig, denn nur er authentifiziert den Server.

    Diese Methode halte ich für eine entscheidende Verbesserung des üblichen hybriden Verfahrens. Jedoch kann sie nur bei direktem Netzwerkkontakt Anwendung finden. Daher kommt sie beispielsweise für PGP nicht in Betracht, denn die Endknoten von E-Mail brauchen nicht ständig verbunden zu sein. E-Mail kann »zwischengelagert« werden, bei manchen Anbietern sogar über Tage.

6. Nun weiß Alice mit großer Sicherheit, dass sie mit Bobs Rechner kommuniziert. Doch Bob will Gewissheit darüber haben, dass sich nicht Mallory als Alice ausgibt: Alice muss authentifiziert werden. Jetzt kommt der User Authentication Key ins Spiel.

Bob schickt an Alice eine 256 Bit lange Zufallszahl, die er zuvor mit Alices User Authentication Key verschlüsselte. Nur Alice kennt die zugehörige private Komponente und kann die Zufallszahl berechnen und zurückmelden. Damit hat sie sich ausgewiesen.

Auch hier hat YLÖNEN eine denkbare, durchaus reale Gefahr erkannt: Wenn Mallory in den Server eingebrochen ist, kann er einen Angriff mit gewähltem Geheimtext gegen RSA ausführen (vgl. 4.5.3). Er könnte dann zum Beispiel so vorgehen:

▷ Alice versucht, sich bei Bob einzuloggen, kommuniziert aber in Wirklichkeit mit Mallorys Rechner. Noch während Alice die Schritte 4 und 5 abarbeitet,

▷ startet Mallory auf Carols Rechner eine Sitzung. Er gibt sich als Alice aus und wartet, bis er von Carol die mit Alices öffentlichem Schlüssel chiffrierte, 256 Bit lange Zufallszahl erhält.

▷ Diese Zahl schickt er an Alice, die den Betrug nicht ahnt und

▷ den dechiffrierten Wert an Mallory zurückschickt. Den braucht er nun nur noch an Carol weiterzuleiten, um sich dort zweifelsfrei als Alice auszuweisen.

Jetzt kann Mallory Alices Sitzung auf Bobs Rechner mitlesen und gleichzeitig in Alices Verzeichnissen auf Carols Rechner herumstöbern!

Um das zu vermeiden, sendet Alice nicht die dechiffrierte Zahl, sondern nur deren Hashwert an Bob. Mit diesem kann Mallory nichts anfangen.

7. Nun haben sich beide Seiten authentifiziert, und die eigentliche Sitzung kann beginnen.

Wenn Mallory allerdings bei Bob eingebrochen und Superuser geworden ist, liest er trotzdem alles mit. Das kann wohl kein Protokoll verhindern.

SSH ist üblicherweise so konfiguriert, dass die oben erwähnten *.rhosts*-Dateien zwar auch von SSH gelesen und ausgewertet werden, aber eine zusätzliche Authentifizierung mittels RSA durchgeführt wird. Weil unsichere Tools wie *rlogin* trotzdem noch arbeiten, sollte jeder Anwender *.rhosts* in *.shosts* umbenennen: Auf SSH wirkt diese Datei wie *.rhosts*, *rlogin* dagegen sucht vergeblich. In gefährdeten Rechner-Umgebungen sollte nur die RSA-Authentifizierung zugelassen werden.

Wenn Sie das Kommando *ssh* mit dem Schalter »-v« starten, sehen Sie im Detail, wie diese Authentifizierung abläuft. Abb. 7.3 zeigt ein Beispiel. Der normale Nutzer bemerkt davon nichts.

```
txt/addis/book> ssh -v $pf
SSH Version 1.2.17 [i386-univel-sysv4.2MP], protocol version 1.5.
Standard version.  Does not use RSAREF.
Reading configuration data /home/wobst/.ssh/config
Reading configuration data /etc/ssh_config
ssh_connect: getuid 100 geteuid 0 anon 0
Connecting to ESIXV4Wo [88.0.0.1] port 22.
Allocated local port 1020.
Connection established.
Remote protocol version 1.5, remote software version 1.2.17
Waiting for server public key.
Received server public key (768 bits) and host key (1024 bits).
Host 'esixv4wo' is known and matches the host key.
Initializing random; seed file /home/wobst/.ssh/random_seed
Encryption type: idea
Sent encrypted session key.
Received encrypted confirmation.
No agent.
Trying RSA authentication with key 'wobst@SHL'
Received RSA challenge from server.
Enter passphrase for RSA key 'wobst@SHL':
Sending response to host key RSA challenge.
Remote: RSA authentication accepted.
RSA authentication accepted by server.
Requesting pty.
Requesting shell.
Entering interactive session.
Last login: Thu Feb 13 12:52:06 1997 from shl
/home/wobst> date
Donnerstag, 13.Februar 1997, 14:09:00 MET
/home/wobst> exit
/dev/pts001
times:0m0.32s 0m0.39s
0m0.26s 0m0.92s
type ENTER
Connection to ESIXV4Wo closed.
Transferred: stdin 2, stdout 136, stderr 32 bytes in 71.0 seconds
Bytes per second: stdin 0.0, stdout 1.9, stderr 0.5
Exit status 0
txt/addis/book>
```

Abbildung 7.3: Trace eines ssh-Logins auf einem entfernten Rechner. Die detaillierten Ausgaben sind durch den Schalter »-v« beim Aufruf bedingt, normalerweise erscheinen außer dem Prompt fast keine Ausschriften. Hier wurde nur das Kommando »date« ausgeführt.

Komfort wird groß geschrieben

Sicherheit ist in der Regel unbequem. Das weiß auch YLÖNEN. So versucht er die Installation und Benutzung so einfach wie möglich zu machen. Um die beigelegte Version unter UNIX zu übersetzen und zu installieren, braucht man in der Regel nur vier Kommandos auszuführen:

```
configure
make
make install
/usr/local/sbin/sshd&
```

Das Kommando *configure* testet das UNIX-System aus und wird automatisch mit allen Besonderheiten fertig. Allein das ist eine recht komplizierte und zeitaufwendige Prozedur. Dennoch dauerte alles zusammen (inklusive Kompilierung) auf einem Pentium-133 mit 32 MByte RAM etwa 6 Minuten (für 70.000 Zeilen Quellcode), auf einem PC 486-66 mit 16 MByte RAM knapp 20 Minuten. (Bedenken Sie, dass SSH auf unterschiedlichster Hardware mit unterschiedlichsten UNIX-Varianten genutzt werden kann. Diese Installation ist nicht zu vergleichen mit der von DOS- oder Windows-Programmen, die als fertig übersetzte Pakete vorliegen. Ihre Installation beschränkt sich meist auf das Kopieren von Dateien, eventuell auch das – sehr unerwünschte – automatische Ändern einiger Konfigurationsdateien.)

Der *ssh-Daemon* sshd sollte beim Systemstart automatisch ausgeführt werden, was für den Admistrator eine Routineaufgabe darstellt. Auf die Verteilung öffentlicher Schlüssel gehe ich hier nicht ein; in der Regel geschieht das beim ersten Verbindungsversuch sogar automatisch.

Der Anwender braucht normalerweise nur ein Kommando *ssh-keygen* einzutippen. Besteht auch nur die theoretische Gefahr, dass jemand auf seinem Rechner eindringen könnte, so sollte er seinen privaten Schlüssel mit einer Passphrase verschlüsseln (das wird ihm angeboten).

Allerdings muss er nun bei jeder Nutzung von SSH diese Passphrase eingeben, was die Akzeptanz des Programms nicht gerade fördert: Die gewonnene Sicherheit spürt der Anwender nicht, die Aufforderung zur Passworteingabe stört ihn dagegen sehr.

Deshalb schrieb YLÖNEN noch ein weiteres Programm *ssh-agent*, das den privaten Schlüssel im Speicher hält und unter dem die normale UNIX-Sitzung ausgeführt werden kann. Es beschleunigt den Verbindungsaufbau deutlich. (Aus Abb. 7.3 ersehen Sie, dass ich beim Mitschneiden der Ausschriften kein ssh-agent laufen hatte: Dort wird noch eine Passphrase angefordert.)

SSH lässt sich leicht so konfigurieren, dass jeder Anwender weiterarbeiten kann wie bisher – bis auf die einmalige Passworteingabe nach dem Einloggen. Im Verkehr mit Rechnern, auf denen die Secure Shell nicht läuft, fällt SSH mit einer Warnung automatisch auf die bisherigen Tools *rlogin*, *rcp* und *rsh* zurück.

Auch das X-Protokoll wird standardmäßig verschlüsselt, und für langsame Übertragungsleitungen (vor allem bei Nutzung des Netzprotokolls PPP über Modem) ist eine eingebaute, nicht dokumentierte Kompression (Schalter -C) nützlich. SSH kann auch als sicherer Übertragungskanal für andere Applikationen dienen.

Ein schmerzlicher Nachteil soll dennoch nicht verschwiegen werden: Sicherheit kostet Rechenzeit. Auf einem PC belastet das IP-Protokoll den Rechner nicht unerheblich (erst ab Pentium-100 macht sich das kaum noch bemerkbar), und Berechnungen mit 1024-Bit-Schlüsseln sind doch ziemlich zeitaufwendig. Das entfernte Ausführen des Kommandos »date« dauert in meiner Konfiguration normalerweise ungefähr 0,7 Sekunden (die IP-Verbindung muss auch für so ein kleines Kommando erst aufgebaut und dann wieder abgebrochen werden). Mit der SSH (bei Nutzung von ssh-agent) wächst diese Zeit auf 4-5 Sekunden.

Diese Verzögerung spielt eine untergeordnete Rolle, wenn Sie sich einloggen oder lange Dateien kopieren. In schlechten Shellskripten hingegen, die 500 kurze Dateien einzeln mit »rcp« transportieren, wird SSH zum Handicap. Es gibt – unabhängig vom verwendeten Kryptografieprogramm – nur zwei Auswege: Entweder Sie kaufen sich eine Multiprozessormaschine mit acht PentiumPro-Chips inside, oder Sie verbessern die Anwendung.

Beim Einloggen auf entfernten Rechnern sollten Sie SSH in jedem Fall nutzen, denn dort spielen vier Sekunden zusätzliche Wartezeit keine Rolle. Und wenn die Verschlüsselung des Verkehrs zu viel Zeit kostet, es Ihnen aber nur um eine abhörsichere Anmeldung geht, dann können Sie immer noch »ssh -c none *hostname*« eingeben: In diesem Fall wird der laufende Verkehr nicht verschlüsselt. Jedoch ist wenigstens die Blowfish-Chiffrierung (Option »blowfish«) noch schnell genug, um damit ein abhörsicheres Backup über das Netz zu ziehen.

SSH überall: Verbreitung und Lizenzen

Das Programm wird nach Angaben von YLÖNEN selbst in schätzungsweise 50 Ländern von etwa 10.000 Organisationen genutzt. Es ist ihm eine noch größere Verbreitung zu wünschen. Wäre nicht das Nadelöhr mit der Performance, so sollte ein Äquivalent eigentlich längst zum Standard unter UNIX gehören. In der Praxis jedoch ist höchste Performance manchmal viel wichtiger als die theoretische Möglichkeit des Mithörens.

Mir gefallen an SSH vor allem die einfachen Schnittstellen zu den kryptografischen Moduln und das durchdachte Sicherheitskonzept.

Der private Einsatz von SSH ist unentgeltlich. Für den kommerziellen Einsatz sind zahlreiche Lizenzbedingungen einzelner Fremdbeiträge zu berücksichtigen, die unter anderem in der Datei COPYING angeführt sind.

Eine unerfreuliche Entwicklung

Mit dem Release 2.0 hat sich das Protokoll geändert; es heißt jetzt **IETF SSH Secure Shell protocol**. Allerdings ist die neue SSH2 nur noch kommerziell erhältlich und unterstützt nicht mehr das Protokol der SSH1, die wir gerade kennen lernten. Das ist höchst unerfreulich. Wer sicher mit Servern kommunizieren will, auf denen SSH2 läuft, soll sich nach dem Willen der Lizenzgeber entsprechende Software kaufen, auch als Privatmann. Gegenüber SSH1 ist das ohne Frage ein Rückschritt: Stellen Sie sich vor, Sie müssen sich öfters von zu Hause aus über einen Internet-Provider auf einem Rechner Ihrer Arbeitsstelle einloggen. Das lief bisher reibungslos über SSH. Wie schon eingangs erwähnt, geht es auch nicht anders, denn der

Firmenrechner kann Ihre IP-Adresse nicht kennen, da Ihnen diese vom Provider zugewiesen wird. Nun muss Ihre Firma auf SSH2 umschwenken – und Sie haben ein Problem.

YLÖNEN selbst (der an der kommerziellen Entwicklung beteiligt ist) tritt in Mailinglisten dafür ein, nur noch das neue Protokoll zu nutzen, da das alte unsicher sei. Nanu? Bei näherer Betrachtung stellt sich heraus, dass dafür der BLEICHENBACHER-Angriff herhalten muss, den wir in 4.5.3 als Risiko 5 des RSA-Verfahrens kennen lernten. Dort wurden auch einfache Gegenmaßnahmen genannt. Bei SSH wird der Angriff ohnehin schwieriger, denn der stündliche Wechsel eines Schlüssels zwänge dazu, den Angriff binnen einer Stunde durchzuführen. Bei einer Million Anfragen ergäbe das eine Rate von etwa 300 Anfragen pro Sekunde, was nur mittels zusätzlicher und teurer Hardware auf Serverseite zu schaffen ist. Obendrein muss der Angreifer selbst noch viel rechnen, hat dafür aber keine Spezialhardware zur Verfügung. Auf der CD können Sie unter *PD/SSH/ssh1_insecure.txt* nachlesen, dass der Angriff nicht einmal nach Ansicht derer, die die Warnung verbreiten, realistisch ist.

Der propagierte Wechsel zum SSH2-Protokoll erscheint so in einem anderen Licht. Bleichenbachers Arbeit wird zwar zitiert, doch die dort genannten Gegenmaßnahmen bleiben unerwähnt. Vermutlich spielen hier handfeste kommerzielle Interessen eine Rolle. Das wäre nicht weiter verwerflich, würde SSH2 das alte Protokoll noch unterstützen, selbstverständlich mit den von Bleichenbacher vorgeschlagenen Gegenmaßnahmen. Dem ist leider nicht so.

In der Public-Domain-Szene reagierte man mit der Entwicklung freier Produkte, die zu SSH2 kompatibel sind. Eine **LSH** genannte Shell setzte sich nicht recht durch. Inzwischen ist das schon recht verbreitete Programm **OpenSSH** verfügbar, das unter dem freien UNIX FreeBSD entstand und auch unter diesem System weiterentwickelt wird. OpenSSH unterstützt in den neueren Versionen beide SSH-Protokolle. Portierungen auf zahlreiche UNIX-Systeme sind verfügbar. Doch glücklich werde ich damit nicht so recht. Die Versionen wechseln schneller als das Wetter auf Island, die Konfiguration ist ausgesprochen kompliziert und enthält zahllose Fallstricke. Nichts ist geblieben von der schnellen, bequemen Absicherung des Datenverkehrs, wie sie die SSH1 bietet. Schon die Installation erfordert die Nachinstallation diverser Pakete, die man sich in der Regel erst über das Internet besorgen muss.

Time is money – und so gesehen ist Sicherheit sehr teuer, jedenfalls wenn man auf die OpenSSH-Versionen im Jahr 2001 setzt. Ich hoffe natürlich, dass sich alles bessert, doch mittlerweile sind schon drei lange Jahre seit der Auslieferung von SSH2 ins Land gegangen. In dieser Zeit wurde gewiss mancher potenzielle Anwender gründlich verschreckt. Der Schaden ist schwer wieder gutzumachen. Richtig wäre gewesen, Schwachstellen zu beseitigen, das Protokoll zu erweitern und dabei die alte Version noch mit zu unterstützen. Patente hätten nur bedingt gestört, denn mit Blowfish und Triple-DES stehen zwei freie und sichere Algorithmen zur Verfügung, d. h. man hätte auf IDEA verzichten können.

7.4 Verschlüsselte Festplatten mit CFS

Die bisher besprochene Software half, den Weit- und Nahverkehr der Rechner abzusichern, doch wie wird die lokale Sicherheit gewährleistet? UNIX-Nutzer zum Beispiel setzen bei kritischen Verzeichnissen entsprechende Zugriffsrechte. Damit können andere Nutzer nicht mehr in diese Verzeichnisse wechseln und folglich die darin enthaltenen Dateien nicht lesen.

Gegen neugierige Superuser (also Administratoren) hilft so etwas nicht. Für sie gelten keine Einschränkungen von Zugriffsrechten. Sicherheitslücken in UNIX-Systemen beruhen meist darauf, dass jemand unbefugt Superuser werden kann. Und wer weiß schon, ob für sein System eine Sicherheitslücke bekannt ist und bereits genutzt wird?

Hier hilft also nur die Verschlüsselung kritischer Dateien. Das ist umständlich und unsicher. In der Regel arbeiten Applikationen nicht mit chiffrierten Dateien. Solange diese geöffnet sind, liegen sie lesbar auf der Platte; erst nach Beendigung des Programms kann verschlüsselt werden. Selbst wenn eine Textverarbeitung einmal gute Kryptografie anbieten sollte (anders als derzeit bei Winword und Word-Perfect), so kann doch niemand garantieren, dass die Daten nicht zwischendurch lesbar auf der Platte abgelegt werden.

Derartige Bedenken räumen *Krypto-Filesysteme* aus. Bei ihnen erfolgt der Zugriff auf die Dateien scheinbar wie immer, jedoch werden die Daten auf dem Weg zwischen Platte und Applikation transparent ver- bzw. entschlüsselt. Unter Multiusersystemen wie UNIX schützen zwar auch Krypto-Filesysteme nicht vor dem Zugriff eines Administrators auf Speicher und Swap-Bereich, doch ein Fortschritt sind sie allemal: Das Ausbauen und Analysieren der Festplatte nach Feierabend bringt James Bond trotz des modernen Analysators in seiner Armbanduhr nicht weiter, in der Regel jedenfalls. Wünschenswert wären allerdings Betriebssysteme, die von Zeit zu Zeit nicht benötigte Daten im Swap-Bereich zuverlässig löschen. Das kann kein Administrator erledigen, das ist eine Aufgabe des Systems.

CFS und NFS

CFS, das *Cryptografic File System*, wurde ab 1992 von Matthew BLAZE entwickelt. Wir kennen ihn bereits vom Angriff auf das Protokoll zum Clipper-Chip her (vgl. Kapitel 6.4). Auf der CD liegt Release 1.3.3 bei (beachten Sie das Exportverbot aus den USA!). Es besteht aus etwa 8.500 Zeilen Quellcode und wird auf einigen UNIX-Systemen eingesetzt, vorwiegend BSD- und SunOS-Varianten, aber auch AIX von IBM, HP/UX, Irix, Solaris und (mit Problemen) Linux. In der Qualität bleibt es hinter SSH zurück: Es ist nicht sonderlich portabel und effizient geschrieben, die Installation ist arbeitsaufwändig, die verwendeten Verschlüsselungsverfahren sind auf 64-Bit-Blockalgorithmen festgeschrieben. Ich konnte es selbst nicht testen, doch weiß ich, dass CFS die Performance wesentlich senkt. Das ist der Preis für die Sicherheit, der manchmal noch höher erscheinen wird als der für SSH.

CFS nutzt das schon in 7.3 erwähnte *Network File System* NFS von UNIX aus. Dieses bindet bekanntlich Dateibäume entfernter Rechner so ein, dass sie virtuell auf der eigenen Platte residieren. Bei CFS residieren die Dateibäume in der Regel tatsächlich auf der eigenen Platte, nur dass die Daten auf dem Wege von dem und in das Filesystem chiffriert werden. Weder für die Applikation noch für den Nutzer ändert sich dadurch etwas. Lediglich der Nutzer hat vor Beginn der Arbeit einen Dateibaum per Kommando *cattach* in die aktuelle Hierarchie »einzuhängen« und danach per *cdetach* wieder »auszuhängen«. *cattach* fordert ein Passwort an. Außenstehende können nicht einmal Dateinamen erkennen, geschweige denn Dateiinhalte. Das ist nicht alles, doch wir wollen uns ja mit Kryptologie und nicht mit UNIX beschäftigen.

Verschlüsselung mit Besonderheiten

Ganz so einfach, wie die Sache scheinen mag, ist sie allerdings nicht. Plattenverschlüsselung kann nämlich nicht wie Dateiverschlüsselung erfolgen: Es muss ein wahlfreier Zugriff möglich sein. So muss ein Programm ohne Probleme nacheinander das 34., das 666.231. und danach das 11.004. Byte einer Datei lesen können. Chiffrierung ist jedoch in der Regel sequenziell, mit Ausnahme des ECB-Modus sowie der Stromchiffrierungen. Bei Letzteren ist es aber nicht möglich, einen hinreichend langen Schlüsselstrom vorrätig zu halten. Zum einen müsste dieser mindestens so lang wie alle vertraulichen Daten zusammen sein – das gibt Kapazitätsprobleme –, zum anderen würde seine Vorausberechnung zu viel Zeit kosten. Und der simple ECB-Modus ist zu unsicher. Was tun?

Hier hatte BLAZE einen einfachen und guten Gedanken [BlazeCFS]. Er erzeugt zwar einen Schlüsselstrom, aber nur von 256 KByte Länge (und nicht 128 KByte, wie in der README-Datei angegeben). Nach XOR-Verknüpfung des gesamten Stromes mit den Daten beginnt man wieder von vorn. Theoretisch gesehen ist das eine Vernam-Chiffrierung (vgl. Abschnitt 2.4.2), jedoch mit einer Periode von 4 MBit. Das verwischt zwar interne Datenstrukturen, ist jedoch nicht resistent gegen Klartextangriffe. Deshalb chiffriert er die Ausgabe nochmals mit einem 64-Bit-Blockalgorithmus im ECB-Modus. Dadurch wird das Verfahren sicher.

Diese Kombination von Quasi-Stromchiffrierung mit der Blockchiffrierug ist wirkungsvoll und effektiv. Der wahlfreie Zugriff auf die chiffrierte Datei bereitet keine Probleme:

Um das 666.231. Byte einer Datei zu lesen, rechnen wir zunächst das Offset im Schlüsselstrom aus:

256 KByte sind 262.144 Byte, das Offset beträgt also 666231 – 2*262.144 = 141.943.

Dieses Byte ist im 64-Bit-Block enthalten, der aus den Bytes 141.936 bis 141.943 gebildet wird.

Zur Dechiffrierung verknüpfen wir demnach die acht Bytes 666.224 bis 666.231 der verschlüsselten Datei mit den acht Schlüsselbytes 141.936 bis 141.943 per XOR, dechiffrieren das Ergebnis mit dem Blockalgorithmus und greifen dort das 7. Byte heraus.

Für uns Menschen sieht dies kompliziert aus, doch für den Rechner ist es ein Kinderspiel.

CFS-Kryptografie im Detail

Im Programm sieht die Chiffrierung noch etwas anders aus als im Aritkel [BlazeCFS] beschrieben. Statt eines einzelnen Chiffrierstromes erzeugt CFS zwei, hier S1 und S2 genannt. Zu deren Erzeugung wird ein Schlüssel K2 genutzt (im Programm das Bytefeld *secondary*). Bei der Blockchiffrierung kommt ein zweiter Schlüssel K1 zur Anwendung (Bytefeld *primary* im Programm). An die Stelle des Initialisierungsvektors tritt ein acht Byte langes Feld *vect* (im Programm als *perturbation vector* beschrieben), das für jede Datei einen anderen Wert hat. Die Chiffrierung sieht symbolisch wie folgt aus:

$$C = S2 \oplus DES_{K1}(P \oplus S1 \oplus vect)$$

Standardmäßig wird DES eingesetzt, wie schon in der Formel angedeutet. Weitere mögliche Verfahren sind Triple-DES sowie SAFER-SK128, das in [SchnCr] beschrieben wird. Im Prinzip handelt es sich hier um ein verkompliziertes Whitening (vgl. dazu Abschnitt 5.2.3).

Zur Berechnung des Feldes *vect* füllt man die niedrigsten vier Byte mit der Inode-Nummer der Datei (eine Zahl, die die Datei eindeutig bestimmt) und die obersten vier Byte mit der Modifikationszeit der Datei. Das Ganze wird dann DES-chiffriert, und zwar mit dem aus der Zeichenkette »fixedkey« gebildeten 56-Bit-Schlüssel (nach Abstreifen der höchstwertigen Bits).

Dieser kleine Trick garantiert, dass keine Dateien gleichen Inhalts gleiche Chiffrate ergeben können. Ebenso wenig ist das Chiffrat einer wenig geänderten Datei dem der vorigen Version auch nur im Entferntesten ähnlich. Von der Kryptologie her ist die DES-Verschlüsselung mit »fixedkey« sogar überflüssig. Der Code wurde an dieser Stelle (Funktion *fhmkfileent()*, Datei *cfs_fh.c*) offenbar geändert, aber nicht konsistent. Übrigens würden moderne 64-Bit-UNIXe die Modifikationszeit nicht auswerten, nur die Inode-Nummer. Das wäre eine beträchtliche Sicherheitslücke (wenig geänderte Dateien sind als solche zu erkennen).

Die so wichtige XOR-Verknüpfung mit *vect* kann per Schalter »-l« beim Ruf von *cattach* unterdrückt werden. Das ist unklug, denn gegenüber der DES-Verschlüsselung ist der Ressourcenverbrauch dieser Operation minimal, der kryptologische Effekt jedoch beträchtlich.

Noch seltsamer wirkt die Berechnung der Schlüsselströme S1 und S2. Üblicher wäre die fortlaufende Chiffrierung eines Anfangswertes, so wie im OFB-Modus. CFS jedoch chiffriert die Zahlen 0 bis 32767 (2^{15}-1) in Hexadezimaldarstellung im EBC-Modus, wobei zur Berechnung von S2 die höchste Stelle gleich 1 gesetzt wird:

```
S1 = {DES("00000000")|DES("00000001")|...|DES("00007FFFF")}
S2 = {DES("10000000")|DES("10000001")|...|DES("10007FFFF")}
```

Diese zu einfache Struktur von S1 und S2 ist sicherlich eine willkommene Testbedingung für Besitzer einer DES-Crack-Maschine, auch wenn mir noch nicht klar ist, ob und wie man einen Angriff mit ihrer Hilfe durchführen kann.

Zur kryptografischen Zufallserzeugung läuft eine Endlosschleife, die mehrfach nach vorgegebener Zeit abgebrochen wird. Da auf einem Mehrnutzersystem einigermaßen unvorhersehbare Ereignisse eintreten, entstehen schwer vorhersagbare Ergebnisse (Datei *truerand.c*). Nach Aussagen des Autors ist diese Methode recht sicher, jedoch langsam, und sie muss für jeden Rechner gesondert getestet werden. Das ist gefährlich, denn durch Portierung entstandene Fehler an dieser Stelle bleiben leicht unbemerkt. In der Dokumentation zum Session Manager *esm* findet sich ein Hinweis darauf.

Ist CFS zu empfehlen?

Die angeführten Mängel beziehen sich auf Interna und mindern den Wert von CFS wohl nur unerheblich. Dagegen sollte *cattach* keinesfalls mit dem Schalter »-l« gerufen werden (vgl. dazu den vorigen Abschnitt). Die relativ schlechte Portierbarkeit ist unschön, doch erklärlich (CFS sitzt ziemlich tief im Betriebssystem) und zur Not hinzunehmen, denn CFS läuft lokal – Nutzer unter anderen UNIX-Systemen können sich nach etwas anderem umschauen. Kritischer sehe ich dagegen die Performanceeinbuße. Bei einer Textverarbeitung spielt die Schnelligkeit des Filesystems keine entscheidende Rolle. Beim Bearbeiten langer Datensätze einer Datenbank kann CFS extrem stören. Ich finde es unklug, ausgerechnet DES einzusetzen (und sogar das in Software dreimal langsamere Triple-DES), denn dieser Algorithmus ist in erster Linie für Hardware gedacht. SAFER-SK128 ist schon deutlich schneller (ungefähr fünfmal), doch nach Aussagen von SCHNEIER [SchnCr 14.4] mit Vorsicht zu genießen – nicht zuletzt deshalb, weil eventuell die NSA ihre Hand mit im Spiel hatte. Wie wäre es mit Blowfish, RC4/5/6 oder gar AES?

Prinzipiell sind kryptografische Filesysteme aber ein gutes Konzept. Dadurch wird die Kryptografie von den Anwendungen getrennt und besser überprüfbar. Nur der Swap-Bereich müsste ab und zu vom System aufgeräumt werden ...

7.5 Sicheres Einloggen mit OPIE, S/Key und Logdaemon

Die drei frei erhältlichen Softwarepakete **S/Key** (was wahrscheinlich *Secure Key* bedeutet), **OPIE** (*One-time Passwords In Everything*) und **Logdaemon** nutzen Einmal-Passwörter zur Authentifizierung (genauer, zur Anmeldung) in UNIX-Systemen. Das Paket S/Key wurde Anfang der 90er Jahre von Mitarbeitern von Bellcore entwickelt und war offenbar das erste derartige Programm. OPIE ist auf der Grundlage von S/Key in den US Naval Research Laboratories (NRL) entstanden und abwärtskompatibel zu S/Key. Die Umbenennung wurde vorgenommen, weil S/Key ein Markenname ist, OPIE dagegen der nicht geschützte Name freier Software. Logdaemon stammt von Wietse VENEMA, dem Autor des bekannten Sicherheits-Programmes SATAN, und leistet noch einiges mehr. Wir interessieren uns hier nur für die Implementierung der Einmal-Passwörter in diesem Paket.

Die bei der Manuskripterstellung aktuellen Releases waren S/Key 1.1b, OPIE 2.22 und Logdaemon 5.6. Im Folgenden wird oft von OPIE stellvertretend für die anderen beiden Programme die Rede sein.

Wie Sie OPIE nutzen

Solange Sie sich innerhalb des Internets/Intranets auf bekannten Rechnern bewegen, sollten Sie eine erforderliche Absicherung möglichst mit SSH vornehmen. Wenn Sie aber an einem fremden System sitzen und sich auf Ihrem Rechner zu Hause anmelden wollen, sind Einmal-Passwörter fast zwingend erforderlich. Denn wer weiß schon, ob der Administrator des fremden Rechners nicht einen Mitschreib-Daemon laufen hat ... Außerdem nützt Ihnen SSH auf fremden Systemen wenig.

OPIE und Logdaemon verwenden wahlweise MD4 oder MD5 als Einweg-Hashfunktion, die verbreitete Version von S/Key »nur« MD4 (eine neue Version soll inzwischen auch MD5 unterstützen). Auch wenn MD4 inzwischen in reduzierter Form invertiert wurde und MD5 in Zukunft vielleicht ein ähnliches Schicksal erleidet, so eignet es sich wenigstens immer noch für die Berechnung von Einmal-Passwörtern, denn das »Knacken« von MD5-Modifikationen bezog sich bisher nur auf Kollisionsberechnungen, also auf den Einsatz in digitalen Signaturen.

OPIE und Logdaemon ersetzen den üblichen Login-Mechanismus bei *rlogin*, *ftp* und im Unterschied zu S/Key auch bei *su*. Letzteres ist für die oben beschriebene Situation wichtig, wo Sie sich von außerhalb auf dem eigenen Rechner anmelden und zwischendurch beispielsweise einmal Superuser werden müssen.

In der praktischen Nutzung arbeitet OPIE etwas anders als in Kapitel 6.5 erläutert:

Zum einen sind die Einträge nur 64 Bit lang; die rechten 64 Bit des 128 Bit langen Hashwertes werden mit den linken per XOR verknüpft. Das hat ergonomische Gründe, die weiter unten erklärt werden. Die Sicherheit wird dadurch vermutlich nicht gefährdet.

Zum anderen startet man immer beim Ausgangs-Passwort S_0 (zu Bezeichnungen vgl. 6.5). Ein lokaler »OPIE-Kalkulator« fordert S_0 an und berechnet daraus z. B. S_{49}. Das Ergebnis ist in die Passworteingabe zu übertragen. Wenn Sie mit OPIE unter einem Fenstersystem arbeiten, können Sie bequem dessen Cut&Paste-Funktion nutzen, ansonsten muss die Eingabe per Hand erfolgen. Das Passwort S_0 berechnet sich aus einer Folgenummer, hier *seed* genannt, und einem geheimen Passwort, das Sie bei der Initialisierung der Passwortliste eingeben und sich besser merken können als erzeugte Einmal-Passwörter. Passwort und seed werden in der Funktion *keycrunch()* (in OPIE heißt sie *opiekeycrunch*) per MD4 bzw. MD5 zu S_0 »verarbeitet«. So brauchen Sie sich immer nur ein geheimes Passwort zu merken, wenn Sie ein OPIE-Kalkulatorprogramm zur Hand haben.

Weil Zahlen (auch hexadezimale) bei Handeingabe unbequem sind, übersetzt OPIE die Hashsumme in sechs lesbare Wörter. Das ist ganz einfach: In *libopie/btoe.c* finden Sie eine 2048 Einträge lange Liste höchstens vierbuchstabiger englischer Wörter. Jedes Wort steht also für 11 Bit Information (2^{11} = 2048), sechs Wörter demnach für 66 Bit. Das sind 64 Bit für das eigentliche Passwort und 2 Bit Prüfsumme. Sie brauchen dann beispielsweise nur noch folgende Passphrase einzugeben:

GILL HUED GOES CHUM LIEU VAIN

Es ist übrigens eine reine Fleißaufgabe, deutsche Wörter einzusetzen. Steht kein lokaler Rechner zur Verfügung, so können Sie sich die Passwörter natürlich ausdrucken lassen und müssen dann ständig auf die Liste achten.

Üblicherweise erzeugt man sich 100 Passwörter auf Vorrat (für lange Auslandsaufenthalte dürfen es auch mehr sein). Ein Shellskript *opieremind*, das freundliche Administratoren regelmäßig laufen lassen, erinnert alle betroffenen Nutzer per E-Mail daran, dass weniger als 15 Passwörter übrig sind: Es wird Zeit, wieder einmal *opiepasswd* laufen zu lassen zwecks Erzeugung einer neuen Passwortliste. Ansonsten erhält man von OPIE beim Einloggen eine Nachricht, wenn weniger als zehn bzw. fünf Passwörter Reserve bleiben.

Einige Bedenken

Von der Kryptologie her sind Einmal-Passwörter sehr sicher, das wissen Sie bereits. Eine neue Passwortliste sollte nur direkt am betreffenden Rechner oder bei sicherer Verbindung (z. B. mit SSH) erzeugt werden. So kann der Lauscher im Netz niemals ein noch gültiges Passwort mithören. Einige kleine Schwachstellen bleiben dennoch:

▶ Die Passwortüberprüfung beruht nur auf einer geforderten Mindestlänge. Die beträgt bei S/Key und Logdaemon 4, bei OPIE 10. Das ist keine gründliche Absicherung. So wird Wörterbuchangriffen Tür und Tor geöffnet. Dabei sollten Chiffrierfehler bei heutiger Software keine Rolle mehr spielen dürfen.

▶ Des Weiteren kann man bei OPIE und Logdaemon »vertrauenswürdige« Netzwerke angeben, von denen aus ein Login wie bisher (mit dem üblichen Passwort) möglich ist. Wer direkt an seinem Rechner arbeitet, will nicht mit Einmal-Passwörtern arbeiten. Jedoch ist es nicht möglich, OPIE nur für eine Modemverbindung zu aktivieren – es müssen Netzwerkadressen angegeben werden. Das stört in der Praxis. Der Logdaemon ist hier flexibler und OPIE sowie S/Key vorzuziehen.

▶ OPIE nutzt spezielle Datenstrukturen des UNIX-Systems und ist erwartungsgemäß nicht sonderlich portabel (das gilt nicht für den »OPIE-Kalkulator« *opiekey*, der ein reines Rechenprogramm ist). Das Programm kommt aus der BSD-Welt, und dies ist ihm anzumerken. Eine Portierung auf Nicht-BSD und Nicht-Sun-Systeme ist schwierig. Logdaemon macht in dieser Beziehung einen besseren Eindruck.

▶ Zahlreiche Inkonsistenzen (z. B. »OPIE« im Programm, »OTP« in der Dokumentation) sowie Tippfehler erwecken keinen guten Eindruck.

Wenn Sie das Login-Programm auf Ihrem System nicht ersetzen dürfen, so sehen Sie sich *skeysh* an, ein Programm, das zum Logdaemon gehört. Es wirkt wie ein S/Key-Login nach dem Einloggen und muss daher Superuser-Rechte besitzen (im Fachjargon: suid root).

Wenn Sie keines der drei Programme auf Ihrem System zum Laufen bringen oder einen sehr unfreundlichen Administrator haben, so schreiben Sie sich ein C-Programm (vielleicht existiert es schon), das Einmal-Passwörter überprüft und anstelle der Shell gerufen wird. Erst bei bestandener Prüfung ruft dieses C-Programm die richtige Shell. Vorteil: Dieses Programm könnte testen, ob es sich z. B. um das Einloggen per Modem handelt – wenn nicht, unterbleibt die Passwortprüfung. Der Administrator braucht lediglich diese neue Shell beim Nutzer einzutragen und hat sonst keine Arbeit. Leistet er Ihnen nicht einmal diesen Gefallen, so können Sie das Programm von .profile aus rufen. Achten Sie dabei auf mögliche Unterbrechungen – trap-Befehl als erstes ausführen –, und setzen Sie eine Umgebungsvariable so, dass Sie in keine Endlosschleife geraten. Für die Bourne- und Kornshell sähe das etwa so aus:

```
trap '' 1 2 3 15
[ »$MY_OPIE_WAS_CALLED« ] && exec my_opie
...
```

Das Programm *my_opie* belegt die Umgebungsvariable MY_OPIE_WAS_CALLED mit einem Wert, z. B. »yes«, und ruft nach erfolgreicher Passwortprüfung die Shell mit vorangesetztem Zeichen »-«, damit sie zur Login-Shell wird. Weitere Einzelheiten würden hier zu weit führen.

Das UNIX-Passwort verliert damit seine Bedeutung. Ein sicherer Zugriff per *ftp* wird so allerdings noch nicht möglich.

Leider müssen Sie nun bei jedem Login zwei Passwörter eingeben, erst das »richtige«, dann das Einmal-Passwort. Vor einer Reise ändern Sie Ihr »richtiges« Passwort und aktivieren das Login per Einmal-Passwort. Nach der Reise können Sie alles wieder rückgängig machen. Es bleibt eine Behelfslösung. Aber Sie sehen, dass man sich aus den vorhandenen Werkzeugen immer eine Lösung zusammenbauen kann.

7.6 Eine RC5a-Implementierung

Zum Abschluss stelle ich Ihnen das kürzeste Programm dieses Kapitels vor, nämlich meine Implementierung *rc5a* des RC5a-Algorithmus aus Abschnitt 5.4.3. Es ist ein etwa 650 Zeilen langes C-Programm und in erster Linie zum Verschlüsseln von Datenströmen gedacht, d. h. *rc5a* arbeitet als Filter. Die Benutzerschnittstelle ist spartanisch gehalten: Zum Chiffrieren reicht die Kommandozeile

```
rc5a <klartext >geheimtext,
```

beim Dechiffrieren geben Sie ein beliebiges Argument mit an:

```
rc5a a <geheimtext >klartext.
```

Das Passwort wird dabei interaktiv angefordert, kann aber auch über die Umgebungsvariable CRYPTKEY mitgeteilt werden (dies ist natürlich ein Sicherheitsrisiko).

Shellscripts zum bequemen Chiffrieren einzelner Dateien sowie zum Erzeugen chiffrierter Archive finden Sie auf der CD. Überhaupt ist *rc5a* als Hilfsprogramm gedacht, das in andere eingebaut werden kann. Die main-Funktion, die für die spartanische Schnittstelle verantwortlich zeichnet, ist nur wenige Zeilen lang. Um die Bausteine des Programms wie Passworteingabe, Schlüsselverwaltung und eigentliche (De-)Chiffrierung in andere Software einzubauen, schauen Sie am besten in die Funktion *rc5a()*.

Ich habe das Programm auf einer Vielzahl von UNIX-Plattformen getestet (UnixWare 2.0, ESIX V4.2MP, HP-UX 9.0, Sinix 5.42, SunOS 4.1, OSF/1 3.0, Ultrix 4.3, SuSE-Linux 6.4, ...), und auch die Portierung auf DOS/Windows sollte nicht schwer fallen, wenn ein 32-Bit-Compiler verwendet wird. Mit dem Datentyp *unsigned long* als Typ für das Makro WORD (s. u.) ist mir sogar eine DOS-Portierung des dechiffrierenden Teils für 16-Bit-Compiler gelungen, allerdings erfordert die Ein-/Ausgabeumleitung einige Kunstgriffe. Die Terminalsteuerung bei der Passworteingabe setzt POSIX-Kompatibilität voraus, doch die wenigen maschinenspezifischen Routinen am Ende des Programms sind ohnehin als solche gekennzeichnet und leicht zu ersetzen.

Die Geschwindigkeit von *rc5a* reicht von 240 KByte pro Sekunde auf einem PC 486-33 bis hin zu ca. 1,5 MByte pro Sekunde auf einem Pentium-PC mit 133 MHz (beide Rechner unter ESIX V4.2). Die Performance wird durch die beiden Makros ROTL und ROTR gesenkt, die die Rotation von 32-Bit-Wörtern besorgen. Wenn an Stelle dieser Makros Assemblerbefehle eingesetzt werden, erhöht sich die Geschwindigkeit noch etwas, allerding nicht dramatisch. Beachten Sie: Die gemessenen Geschwindigkeiten sind Brutto-Richtwerte, d. h. sie entsprechen Zeiten, die Sie beim Chiffrieren von Dateien auf der Festplatte *tatsächlich* benötigen. Oft wird bei solchen Benchmarks nämlich nur ein theoretischer Datendurchsatz angegeben!

Das Programm *rc5a* arbeitet standardmäßig mit 32-Bit-Wörtern, 12 Runden, einer Keyboxgröße von 16 (=2^4) und bis zu 255 Byte langen Passphrasen. Es implementiert also einen RC5a(32,12,*)-Algorithmus (der Stern '*' steht für Passphrasen praktisch unbegrenzter Länge). Die Rundenzahl lässt sich problemlos erhöhen; sie wird beim Ruf der Funktion *rc5a()* von *main()* aus übergeben. Eine Portierung auf 64-Bit-Maschinen ist sehr leicht möglich. Sie brauchen dazu nur folgende Makros im Kopf des Programms zu editieren:

```
#define WORD    unsigned long
```

(das bezieht sich auf OSF/1 auf Alpha-Maschinen; andere Systeme können andere Namen für vorzeichenlose, ganzzahlige 64-Bit-Typen haben),

```
#define WEXP    6
```

```
#define P32     0xb7e151628aed2a6b
#define Q32     0x9e3779b97f4a7c15
```

(besser wären die Namen P64 und Q64). Die letzten beiden Konstanten sind gleich $2^{64}*(e-2)$ und $2^{64}*((\sqrt{5}-1)/2)$, wobei e die Basis der natürlichen Logarithmen bezeichnet: e = 2,718281828...

Allerdings können Sie mit RC5a(64,*,*) chiffrierte Texte nicht mehr auf 32-Bit-Maschinen verwerten. Daher empfehle ich, diese Modifikation nur lokal zu verwenden. Unter OSF/1 auf einer Alpha-Maschine arbeitet der 64-Bit-Algorithmus doppelt so schnell wie der 32-Bit-Algorithmus mit gleicher Rundenzahl (empfohlen werden 16 Runden für RC5a(64,*,*), die effektive Geschwindigkeit steigt somit nur um 75%).

Byte Order

Wahrscheinlich wissen Sie, dass verschiedene Prozessoren verschiedene *Byte Orders* haben. Das heißt: Die vier Bytes der 32-Bit-Hexdezimalzahl

0x04030201

können maschinenintern diese Anordnung haben, aber auch 0x01020304 und auf PDP-11 Rechnern sogar 0x02010403. Es leuchtet ein, dass die Linksrotation dieser Zahl um z. B. 17 Bit auf jeder Maschine einen anderen Wert ergibt. Eine wichtige Besonderheit von RC5a ist, dass dieses Programm die *Byte Order* austestet und extern das Chiffrat immer in der Byte Order von Intel-Prozessoren schreibt (sog. *little endian*-Darstellung).

Die praktische Konsequenz ist, dass Sie mittels RC5a chiffrierte Texte zwischen Intel-PCs und Sun-Workstations austauschen können. Die Referenzimplementierung in [RivRC5] realisiert keine binäre Ein- und Ausgabe und löst das Problem der Byte Order folglich nicht.

Kryptografische Details: Passphrase und Chiffriermodus

Bei der Passphrasen-Eingabe prüft die Funktion *check_passphrase()* derzeit nur, ob sowohl Buchstaben als auch Ziffern darin vorkommen und die Eingabe wenigstens sechs Zeichen lang ist. Es ist sehr leicht, diese Funktion zu verändern.

Interessanter ist schon der Chiffriermodus. Wenn Sie beim Übersetzen das Makro SIMPLE_CBC setzen (Compiler-Schalter -*DSIMPLE_CBC*), so arbeitet *rc5a* im CBC-Modus. Standardmäßig wird aber nicht der Klartext mit dem letzten Geheimtextblock per XOR verknüpft, sondern es werden parallel zur Chiffrierung zwei 32-Bit-Wörter CBC_A und CBC_B mitgeführt. Dabei wird bei jedem Chiffrierschritt CBC_A um den rotierten linken Geheimtext-Halbblock vergrößert und CBC_B um den rotierten rechten Geheimtext-Halbblock verkleinert; die Rotationsbeträge werden aus den rechten bzw. linken *Klar*text-Halbblöcken bestimmt:

```
CBC_A += ROTL(A,B0)
CBC_B -= ROTR(B,A0)
```

(B0, A0 sind die Klartext-Halbblöcke). Das ist zugegebenermaßen ein eigenwilliger Chiffriermodus und sehr auf RC5 bezogen. Ich habe jedoch bisher noch keinen Angriffspunkt entdecken können. Sollten Sie einen selbst synchronisierenden Modus benötigen, können Sie »+=« und »-=« in einfache Gleichheitszeichen verwandeln und nutzen dann trotzdem noch einen neuartigen Modus.

Wenn Sie RC5 statt RC5a nutzen wollen, so setzen Sie einfach

```
#define KEYBOX_BITS 0
```

Dadurch besteht jede *Keybox* nur noch aus einem Element, und RC5a geht in RC5 über. Ein guter Compiler erzeugt dann einen ebenso kurzen Code, als hätten Sie RC5 direkt übersetzt. Messbare Performanceverluste entstehen durch Anwendung von RC5a ohnehin nicht.

Aufbau des Headers

Der CBC-Modus erfordert einen zufälligen Initialisierungsvektor, der in einem Header untergebracht werden kann. Bei RC5a nutzte ich das gleich zum Einbau einer Prüfsumme (wie in 5.1.3 beschrieben) und der Versionsnummer in diesen Header. Auch das ist etwas eigenwillig programmiert:

Der Header einer chiffrierten Datei besteht aus sechs Klartextblöcken (also 48 Byte). Die ersten vier Blöcke sind zufällig (dazu gleich mehr), der fünfte Block enthält Versions- und Releasenummer (Version im Halbblock A, Release in B), und der sechste enthält schließlich eine Prüfsumme.

Die genannten vier ersten Blöcke werden in der maschinenabhängigen Funktion *make_random()* gefüllt. Ich verwende dazu die Ausgabe des UNIX-Kommandos *ps* mit denjenigen Optionen, die die umfangreichsten Informationen über alle laufenden Prozesse im System auflisten (Startzeit, Prozessnummer, Adressen, Eigentümer, Zustand usw.). Selbst wenn man allein an einem UNIX-System arbeitet, so sind doch zig Prozesse aktiv, so dass die Ausgabe des Kommandos nicht vorhersagbar sein dürfte. Die Ausführung des Kommandos kostet zwar ein wenig Zeit, doch das hat bisher noch nicht gestört.

Die besagte Funktion *make_random()* komprimiert ein langes Feld $B_{0...n}$ auf vier Blöcke $F_{0...3}$ nach der Formel

$$F_{k\%4} = F_{k\%4} \oplus A$$
$$A = A \oplus (B_k \lll A)$$

Dabei ist k%4 der Divisionsrest bei Teilung von k durch 4, B_k ein 32-Bit-Wort aus dem Feld (der Ausgabe von *ps*), und A ein 32-Bit-Wort. Weder A noch F werden initialisiert.

Hintergrund ist eine hinreichend starke Durchmischung der Bits von B. Vorsichtige Kryptografen nutzen an dieser Stelle eine Hashfunktion, doch ich halte diesen Overhead hier für unnötig. Die Berechnung der Prüfsumme ist ähnlich einfach (vgl. dazu die Funktion *check_head()*). Auch bei ihr geht es nicht um kryptografische Sicherheit, sondern nur um einen hinreichend wahrscheinlichen Vortest für das Passwort – dieser Anforderung genügt sie allemal.

Der Header wird im ECB-Modus verschlüsselt. Beim Dechiffrieren überprüft RC5a zuerst die Prüfsumme, dann Versions- und Releasenummer. Falls sich Chiffriermodus oder Algorithmus noch einmal ändern, so sollten spätere Versionen alle vorhergehenden anhand der Versions- und Releasenummer noch dechiffrieren können. Das ermöglicht gegebenenfalls eine Erhöhung der Sicherheit durch einfaches Ent- und anschließendes Verschlüsseln mit dem gleichen Programm.

Auffüllen

RC5a füllt den letzten Block wie in Abschnitt 5.1.2 beschrieben mit einem einfachen »Zählbyte« am Ende auf. dass dabei unter Umständen bis zu 8 Byte angehängt werden, stört angesichts der 48-Byte-Header wenig.

Ein falscher Freund: Variable Rundenzahl

Beim näheren Betrachten des Programms sehen Sie, dass RC5a bereits die Versionsnummer 2.0 hat. Das liegt daran, dass ich die Version 1.0, die übrigens »nur« RC5 implementierte, nach kurzer Zeit verwarf. Hauptgrund war eine variable Rundenzahl, z. B. in Abhängigkeit vom letzten Geheimtextblock. Das hielt ich für besonders sicher, weil sich Kryptanalysen eigentlich immer auf Algorithmen mit konstanter Rundenzahl beziehen. Variable Rundenzahlen sind in Wirklichkeit ein willkommener Angriffspunkt für Kryptanalytiker.

Nehmen wir an, wir kennen einige Klartext-Geheimtextpaare, und der Einfachheit halber erfolge die Verschlüsselung im ECB-Modus. Wenn im Schritt k mit r Runden chiffriert wird und in einem späteren Schritt k' der gleiche Klartext mit r+1 Runden (das ist dem Kryptanalytiker bekannt), dann kennt er die Eingabe für die letzte Runde im Schritt k': Es ist der Geheimtext aus Schritt k. Wie man das Ein-Runden-RC5 bricht, sahen Sie in Abschnitt 5.4.2.

Im CBC-Modus ist die Chiffrierung gleicher Klartexte in aufeinander folgenden Schritten zwar außerordentlich unwahrscheinlich, doch es ist besser, wir brauchen uns über derartige Angriffsmöglichkeiten keine Gedanken zu machen. Deshalb empfehle ich eine konstante Rundenzahl. RC5a können Sie auch im ECB-Modus nutzen (das erfordert einen einfachen Eingriff in das Programm).

7.7 Fazit

Sie haben hoffentlich erkannt, dass man bei kryptografischer Software (im Unterschied zu anderen viel gepriesenen, bunten, kinderleicht bedienbaren Anwendungen) *hinter* die Kulissen schauen muss. Ich weiß, das ist dem derzeitigen Trend diametral entgegengesetzt. Doch ohne gründliche Beurteilung ist die Wahrscheinlichkeit einfach zu hoch, *Snake Oil* angedreht zu bekommen; so nennt man in den USA wirkungslose, lauthals angepriesene Produkte. Mir ist noch kein gangbarer Ausweg aus dieser Situation eingefallen. Anbieter miserabler Software gehören an den Pranger, und die Anwender müssen von Gefahren und eingetretenen Schäden aufgeschreckt werden. Aber bekommen Sie einmal einen Sicherheitsverantwortlichen dazu, ausgenutzte Schwächen in seiner Software zuzugeben.

In diesem Kapitel haben wir uns nur einen winzigen Teil der existierenden Software angesehen. Ich hege Zweifel, ob die Beurteilung der wichtigsten Programme in einem Buch überhaupt Platz finden würde. Doch Sie haben gesehen, worauf es mir ankommt.

Unter den besprochenen Programmen ist SSH von der Benutzerfreundlichkeit, Sicherheit und Funktionalität her wohl an erster Stelle zu nennen. Das bricht PGP keine Zacke aus der Krone: Es war das erste wirklich verbreitete kryptografische Programm, hat Anwendern über alle Betriebssysteme hinweg weltweit zu mehr Sicherheit verholfen und sogar Einfluss auf die Politik genommen. Auf seinem Gebiet – der Übermittlung sicherer E-Mail – ist es derzeit ohnehin konkurrenzlos.

CFS ist nützlich und wahrscheinlich auch sicher, wenngleich mit Kompromissen hinsichtlich der Performance. OPIE, S/Key und Logdaemon sind von der Funktionalität her außerordentlich wichtig und bei guter Passwortwahl auch sicher; ich wünsche mir nur ein wenig mehr Portabilität. Die Besprechung von *Snake Oil* dagegen erspare ich Ihnen – solche Programme gehören in die Kapitel 2 und 3.

8 Kryptologie, Politik, Wirtschaft

Wir kommen am Ende dieses Buches wieder auf seinen Ausgangspunkt zurück: Welche Rolle spielt die Kryptologie heute und in der Zukunft? Inzwischen wissen wir jedoch viel mehr über dieses faszinierende Gebiet, daher können wir konkreter werden und auch Lösungen für Probleme vorschlagen.

8.1 Das Ende des Krypto-Monopols

Solange der Wertbegriff noch wesentlich mit materiellen Gütern in Verbindung gebracht wurde, galt es vorrangig *diese* gegen Diebstahl und Zerstörung zu schützen. Unsere gesamte Sicherheitstechnik und auch unsere Gesetze sind immer noch darauf ausgerichtet: Schlösser, Türen, Alarmanlagen, Erbschaftsregelungen, Grundbucheintragungen und so weiter. Beim Schutz von Wissen dagegen, etwa durch Patente oder Urheberrecht, wird die Sachlage meist schon komplizierter.

Richtig »heiße« Informationen, die unter allen Umständen geheim bleiben mussten, besaßen einst vor allem Diplomaten, Geheimdienste und Militärs. Kein Wunder, dass dort auch die Kryptologie zu Hause war. Nach KAHN [KahnCode], der viele Militärs und Angehörige des Geheimdienstes konsultierte, wurden im 2.Weltkrieg durch Kryptanalyse mehr Informationen über die Gegenseite gewonnen als durch die gesamte Spionagetätigkeit. Mehr noch, Kryptanalyse war sogar kriegsentscheidend. Einige Beispiele aus dieser und der folgenden Zeit (welche Ihnen teilweise nicht neu sein dürften) zeigen das recht drastisch:

▷ Die Landung der Alliierten im 2. Weltkrieg wäre ohne das Brechen des Enigma-Codes der U-Boote mit Sicherheit stark verzögert worden. Es ist anzunehmen, dass dann Atombomben auf Europa gefallen wären.

▷ Die Schlacht vor den Midway-Inseln stoppte den Siegeszug der Japaner im Pazifik. Diese Schlacht wäre garantiert anders verlaufen, hätten die Japaner ihren neuen Geheimcode wie vorgesehen bereits Anfang Mai 1942 eingeführt und nicht erst nach mehrmaliger Verzögerung im Juni – die Schlacht fand Anfang Juni statt. So trug Kryptanalyse wesentlich zum Erfolg der Amerikaner bei.

▷ Die deutsche Wehrmacht drohte in Großbritannien zu landen. Nach einigen Desastern der britischen Marine, die eindeutig auf das Mithören durch die deutsche Funkaufklärung schließen ließen, wurde der Code endlich geändert, und plötzlich wendete sich das Blatt.

▷ Auch beim Fall eines französischen Forts in Vietnam soll Kryptanalyse entscheidend beteiligt gewesen sein.

Im genannten Buch von KAHN finden Sie unzählige weitere, historisch belegte Ereignisse.

Kryptologie war einst ein Machtfaktor und ein Monopol des Staates. Das änderte sich ganz schnell, als der Bedarf nach Geheimhaltung von Informationen zunächst bei Firmen und später bei immer mehr Privatpersonen auftrat. Die Zäsur in der öffentlichen kryptologischen Forschung dürfte durch die Bekanntgabe von DES etwa Mitte der 70er Jahre hervorgerufen worden sein. Vielleicht beruhte die ganze Sache wirklich auf einem Missverständnis zwischen NSA und NIST (vgl. 4.3.1), doch durch die Entwicklung der Rechentechnik war der Bedarf nach einem allgemein zugänglichen, sicheren Verfahren ohnehin dringend geworden. In den mir bekannten kryptologischen Forschungsarbeiten aus dieser Zeit spielt DES (neben asymmetrischen Verfahren) eine außerordentliche Rolle. Endlich war ein guter Algorithmus bekannt, denn man nun analysieren konnte.

In nächster Zukunft wird Kryptografie für jedermann alltäglich werden. Gegen den Diebstahl von Firmengeheimnissen wird Sie kaum jemand versichern. Sie können höchstens den Dieb verklagen, wenn Sie ihn denn finden. Aber dann ist es in unserer schnelllebigen Zeit meist zu spät. Abhörsichere Übertragungswege werden schon aus Kostengründen die Ausnahme bleiben. Obendrein ist Informationsdiebstahl oft nicht nachzuweisen. Es bleibt nur die Kryptografie als Schutz gegen Diebstahl. Der Weg bis zu dem Stadium, wo Informationsschutz eine Selbstverständlichkeit ist, wird wohl noch ziemlich schmerzhaft werden, aber wir müssen ihn gehen.

8.2   Die Rolle der Politik heute

Wie die nichtöffentliche kryptologische Forschung aussah und aussieht, wissen wir nicht. Allein die am Ende von Kapitel 3.1 genannten Zahlen über die NSA lassen darauf schließen, dass ein ziemlicher Teil dieser Forschung noch immer geheim ist. Wir wissen auch nicht, was die NSA unbefugt dechiffrieren kann und wie schnell das geht. Selbst über die von ihr genutzte Rechentechnik gibt es nur Spekulationen.

Ich neige jedoch zur Ansicht, dass auch die NSA nicht alles flächendeckend mitlesen kann. Eher dürfte sie flächendeckend Kommunikation erfassen *und auswerten* können. Um diese recht kühn anmutende Behauptung zu untermauern, gestatten Sie mir an dieser Stelle eine Abschweifung vom eigentlichen Thema Kryptologie: Wie real ist die anonyme Bedrohung durch Geheimdienste nun wirklich?

8.2.1   Ein Exkurs in die Welt der Geheimdienste

Die Überschrift klingt etwas reißerisch, doch das ist Absicht – ich halte diesen Abschnitt für wichtig und bin daran interessiert, dass möglichst viele Leser auf ihn aufmerksam werden. Manches stützt sich im Folgenden nur auf Spekulationen, aus bekanntem Grund: Da ich in keinem Geheimdienst arbeite, weiß ich nur Weniges mit Sicherheit; wäre ich dagegen Angehöriger eines solchen Dienstes und würde obendrein seine Methoden kennen (was keineswegs das Gleiche ist), dann würde ich an dieser Stelle gewiss nicht darüber schreiben dürfen.

Aber die wenigen sicheren Fakten, gepaart mit nahe liegenden Vermutungen und dem Wissen über technische Möglichkeiten, ergeben ein erschreckendes Bild. Allein dieser Abschnitt wäre Motivation genug, ein Buch über Kryptologie zu schreiben.

Traffic Analysis

Bekanntlich interessieren sich Geheimdienste oft gar nicht dafür, *was* eine Nachricht enthält, sondern *wer wann an wen* die Nachricht sandte. Die Auswertung derartiger Informationen nennt man *Traffic Analysis*. Sehr aufschlussreich hierzu ist der auf der CD enthaltene Artikel von SCHWARTZ und WOOD (vgl. auch Ende von Abschnitt 7.1.3). Dieser Artikel stammt von 1992, als das Internet noch »klein« war. Die Autoren sammelten durchlaufende Daten auf 15 Mailknoten über zwei Monate hinweg. Am Ende hatten sie etwa 1,2 Millionen E-Mails von etwa 50.000 Nutzern auf 17.000 Rechnern in 31 Ländern erfasst. Der signifikante Informationszuwachs geschah in den ersten Tagen, dann sank der tägliche Informationsgewinn etwa um den Faktor 10 ab. Die Autoren konnten nach ihrer Analyse recht deutlich einzelne Interessengruppen benennen, ohne vorher nach bestimmten Themen gesucht zu haben. Dabei störte es auch nicht, wenn ein E-Mail-Nutzer zu mehreren solchen Gruppen gehörte.

Das Bemerkenswerte an dieser Analyse ist eben, dass sich SCHWARTZ und WOOD überhaupt nicht für die Inhalte der E-Mails interessierten, sondern nur erfassten, wer wie oft an wen mailte.

Nun werden Sie zu Recht sagen: »Na und, da weiß eben die NSA, mit wem ich verkehre!« Doch ganz so harmlos ist die Sache leider nicht. Ein weiteres Beispiel soll das verdeutlichen.

Bekanntlich gibt es »ewige Telefonkarten«, die sich nach Gebrauch von selbst wieder aufladen. Anfang 1997 wurde in Dresden ein Fall gemeldet, bei dem drei Nutzer einer solchen Karte noch in der Telefonzelle verhaftet wurden. Natürlich verrät uns niemand, wie die Falle funktionierte, in die die drei tappten. Doch schon dieses Beispiel zeigt, dass Kartentelefone online mit einer Zentrale verbunden sein müssen. Weiter ist bekannt, dass jede Telefonkarte eine eindeutige Seriennummer trägt und diese auch einer Zentrale (zusammen mit allen Verbindungsdaten) bei jedem Gespräch gemeldet wird.

Rein technisch gesehen müssen wir also davon ausgehen, dass der Besitzer einer Telefonkarte, obwohl er zunächst anonym ist, nach vielleicht 20 oder weniger Anrufen mit dieser Karte dank seiner Anrufstruktur identifiziert werden kann, jedenfalls theoretisch. Damit ist er auch seinen früher geführten Gesprächen zuzuordnen. Falls eine derartige Informationsgewinnung tatsächlich stattfindet (wir sollten es befürchten), so wird das in den nächsten zehn Jahren gewiss nicht publik.

Damit nicht genug der Spekulationen. Mobilfunkbesitzer teilen ihrem Netz ein ziemlich gutes Bewegungsprofil mit, und die erfassten Daten werden in Abständen von etwa 10 bis 15 Minuten an die Zentrale weitergeleitet. Theoretisch wäre bei Mobiltelefonen sogar eine hochpräzise Funkortung möglich, doch diese scheint noch zu teuer zu sein, wenigstens für die Netzbetreiber. Aber auch anhand der groben Funkzellen läßt sich so oft eindeutig feststellen, wann Sie welche Bahnlinie bzw. Autobahn genutzt haben. Zusammen mit anderen Informationen über Sie ergeben sich daraus vielleicht schon Reiseziel und Reisedauer.

Zwar werden Bewegungsprofile nach Aussagen von Netzbetreibern noch nicht flächendeckend erfasst und die Verbindungsdaten durch den Betreiber nach spätestens 80 Tagen gelöscht – aber welche Kopie ist damit gemeint? Derartige Daten, einmal unbefugt gewonnen, bleiben immer verfügbar. Wenn die Angaben der Schweizer *Sonntagszeitung* stimmen, dann hat die Schweizer Polizei die Bewegungen von etwa einer Million Handybesitzer über ein halbes Jahr protokolliert. Im Rahmen der so genannten *locally based services* (**LBS**) von Mobilfunkprovidern wünscht die Wirtschaft sogar eine möglichst genaue Lokalisierung jedes Nutzers, damit er rechtzeitig auf das Sonderangebot im Geschäft gegenüber hingewiesen werden kann. Dem Vernehmen nach soll ein Gesetz in den USA ab 1.10.2001 von den Providern verlangen, jedes Handy zu 2/3 der Zeit auf 125 m genau orten zu können. Dort gibt es übrigens keinen Datenschutz in unserem Sinne: Wenn Sie einem Händler Ihre persönlichen Daten übergeben (z. B. beim Erwerb einer Kundenkarte), dann gehören die Daten dem Händler, der sie ggf. weiterverkaufen kann.

Mit den heutigen und in naher Zukunft verfügbaren technischen Mitteln kann man unglaubliche Mengen interessanter Informationen ohne weiteres »auf Vorrat« sammeln. Bei Bedarf (wenn der Betroffene aus irgendeinem Grunde interessant oder missliebig erscheint) greift »man« dann darauf zurück. Wie Recherchen über Geheimdienste zeigen, ist der erforderliche personelle Aufwand sehr gering. Er könnte bei wenigen dutzend oder hunderten Mitarbeiter pro Land liegen.

Stellen Sie sich vor: Nach Jahren erzählt Ihnen ein Ermittler, wann Sie wo gewesen sind. Und Sie wissen es selbst nicht mehr, denn Sie haben Ihren Terminkalender längst ins Altpapier geworfen. Orwell lässt grüßen.

Das ist graue Theorie, meinen Sie? Dann lesen Sie einmal den Text der in Deutschland gültigen Fernmeldeverkehr-Überwachungs-Verordnung (FÜV) vom 18.5.95; ich habe ihn auf der CD im Verzeichnis *txt* beigelegt. Dort geht es zwar vordergründig um *Traffic Analysis* für überwachte Anschlüsse (inklusive Mobilfunkzellen), doch bei der Vielfalt der bereitzustellenden Informationen liegt es nahe, dass berechtigte Behörden auch Zugriff auf Einzelverbindungsnachweise haben. Derzeit ist der Streit um die Weitergabe von Lokalisierungsinformationen an staatliche Stellen in vollem Gange.

Es gibt noch weitere Indizien für die geschilderte Auswertung des Telefonverkehrs. Eine 1997 genannte Referenzanwendung eines Supercomputers betraf die so genannte *Call Records Analysis* im Telecom-Bereich, letztendlich nichts anderes als *Traffic Analysis*. Es handelte sich um zwei Sun Ultrasparc 10000 mit jeweils 64 Prozessoren und insgesamt 8,5 TByte Plattenplatz (also 8.500 GByte) sowie 56 GByte Hauptspeicher. Dieser gigantische Hardwareeinsatz sei z. B. notwendig (so ein Vertreter von Sun), um Rabatte für bevorzugt angerufene Nummern einzuräumen. Man tut eben alles für die Zufriedenheit seiner Kunden. Möglich wird das übrigens erst dank der durchgängigen Digitalisierung des Telefonnetzes.

Vergleichbare Rechner produzieren unter anderen DEC, SGI, IBM und Hewlett-Packard. Dabei ist hier nur vom zivilen Bereich die Rede.

Die Firma NCR lieferte an Mannesmann eine sogenannte *Data-Warehouse*-Applikation, grob gesagt eine riesige Datenbank für etwa 1,2 TByte Umfang [InfWeek98]. Das umfangreichste mir bekannte Data Warehouse der NCR-Kunden ist beim Einzelhandelskonzern Wal-Mart in Betrieb, mit 24 TByte an Daten. Wie man die Daten auswertet, wird ohnehin nicht verraten, denn »mit dem Data-Warehousing ist man sehr eng am Kern der Unternehmensstrategie« [ebenda]. Erst recht werden wir nicht erfahren, ob einem Geheimdienst Zugriff gewährt werden muss.

Das Schlimme bei der *Traffic Analysis* ist: Wir können sie kaum verhindern. SCHWARTZ und WOOD empfehlen eine »ethische Nutzung« derartiger Algorithmen. Ein Kommentar erübrigt sich. Auch sogenannte Mix-Server, die Webzugriffe anonymisieren und bereits erfolgreich im Einsatz sind (vgl. *anon.inf.tu-dresden.de*), verwischen nur einen kleinen Teil unserer breiten Datenspur.

Topic Analysis

Traffic Analysis ist nach wie vor aktuell, doch es gibt inzwischen viel bessere Überwachungsmethoden. Traffic ist out, Topic ist in – man erfasst bereits Inhalte automatisch. Das heißt natürlich nicht, dass Rechner bereits Inhalte verstehen, sondern sie können sie automatisch klassifizieren. Eine entscheidende Technologie hierfür ist wohl die von der NSA entwickelte und patentierte *N-gram Analysis*. Mit Hilfe dieses Verfahrens können Computer sehr schnell große Mengen (mehrere Millionen) von Nachrichten sortieren: nach Autoren, Sprache, Inhalt, Schreibstil und so weiter. Hier sitzt kein Programmierer mehr vor dem Schreibtisch und grübelt an Sortierkriterien. Der Computer erhält beispielsweise 100 E-Mails aus dem interessierenden Themenbereich bzw. Autorenkreis und filtert im Folgenden »verdächtige« E-Mails von allein heraus. Sie sehen, wie naiv es ist zu glauben, Geheimdienstcomputer ließen sich durch Anhängen von Worten wie »Koks« und »Bombenbau« noch überfüttern. Bemerkenswert ist, wie unempfindlich gegenüber Fehlern die *N-gram Analysis* ist: Nach Aussagen der NSA-Forschungsgruppe dürfen 10-15% der Zeichen fehlerhaft sein. Sie können sich leicht vorstellen, wo das wichtig ist: bei der Schrifterkennung zur automatischen Auswertung von Faxen.

Bedenklich an dieser Technik ist obendrein, dass sie seit 1994 kommerziell verfügbar gemacht wurde. Eine Klassifizierung nach Inhalt ist in der betrieblichen Praxis hochinteressant. Ich kenne bereits ein Produkt (Xtra Secure, *www.thunderstore.com*, bei dem allerdings keine N-gram Analysis eingesetzt wird), das Sicherheit nicht allein nach Zugriffsrechten, sondern bereits nach dem Inhalt von Dateien bzw. E-Mails vergibt. Damit erhält ein Praktikant auch dann keinen unberechtigten Zugriff auf kritische Daten mehr, wenn der Administrator vergaß, ihm den Zugriff zu sperren. Oder er darf die Dateien lesen, kann sie jedoch nicht in eine E-Mail packen und versenden. Das ist ein großer Fortschritt, doch mit der gleichen Technik lässt sich auch eine neue Qualität der innerbetrieblichen Überwachung erreichen.

Ein Krake mit Namen: Echelon

Die nächste reißerische Überschrift, – und erst recht mit gutem Grund, denn hier geht es um weitgehend gesicherte Erkenntnisse über globale Abhöraktivitäten.

Die technisch interessantesten Formen des Belauschens durch große westliche Geheimdienste ordnen sich offenbar allesamt einem streng geheimen, weltweiten Spionagenetz unter, dem so genannten **Echelon-System**. Dieses System arbeitet anscheinend vor allem einem gigantischen Machtzentrum in die Hände – Sie ahnen es schon: der NSA.

Über Echelon finden sich mittlerweile zahlreiche Informationen im Internet. Ein interessanter Ausgangspunkt ist, auf der Suchmaschine Altavista eine Recherche mit den Stichworten

+NSA +UKUSA

(in dieser Schreibweise) zu starten. Es lohnt sich auf jeden Fall. Anscheinend stammen aber die meisten Informationen aus der gleichen Quelle: dem Buch *Secret Power* von NICKY HAGER, erschienen 1996 in Neuseeland. Es war für die betroffen Geheimdienste schon ein Schock, das Wort »Echelon« überhaupt gedruckt zu sehen (fragen Sie einmal in Deutschland danach, wer es kennt). Beim Erscheinen des Buches haben angeblich Geheimdienst-Krisensitzungen stattgefunden, auf denen man überlegte, ob man es nicht umgehend aus dem Verkehr ziehen sollte. Doch das hätte ihm wohl zu noch größerer Popularität verholfen (übrigens wurde es im gleichen Jahr schon nachgedruckt). Abb. 8.1 gibt einen groben Überblick über das System.

Das **Echelon-System** wird vom US-amerikanischen Geheimdienst NSA (National Security Agency) organisiert und realisiert. Es dient der weltweiten Überwachung von E-Mail, Fax, Telex, Telefon, Mobilfunk sowie anderen Funkarten, und gewiss werden auch Leitungen direkt angezapft.

Echelon beobachtet in erster Linie nichtmilitärische Ziele: Regierungen, Organisationen, Firmen und Einzelpersonen. Aus der gesamten belauschten Kommunikation (auch aus Telefongesprächen) werden interessante Nachrichten zunächst automatisch herausgefiltert und vorsortiert, danach teilweise per Hand klassifiziert und schließlich archiviert.

Echelon ist innerhalb des sog. **UKUSA-Verbundes** realisiert, einem Geheimdienstverbund, dem die USA (NSA), Kanada (CSE), Großbritannien (GCHQ), Australien (DSD) und Neuseeland (GCSB) angehören. Auch in anderen Ländern wie Deutschland, Japan, Südkorea und der Türkei befinden sich Abhörstationen. Selbst Länder wie China beherbergen UKUSA-Stationen, wobei sie aber selbst von den gewonnenen Informationen kaum profitieren. Jedes Land selektiert gleichzeitig nach den Kriterien der anderen Geheimdienste mit. Die fünf UKUSA-Organisationen sind die größten und am wenigsten bekannten Geheimdienste in ihren Ländern. Hinter allem aber steht die NSA. Offenbar hat nur sie zu sämtlichen Informationen Zugriff.

Abbildung 8.1: Einiges zum Echelon-System

Echelon umfasst zahlreiche Untersysteme, die nur teilweisee bekannt sind:

▷ Abhörstationen für internationale Kommunikationssatelliten (insbesondere für die amerikanische Intelsat-Reihe),

▷ Abhörstationen für lokale Nachrichtensatelliten,

▷ Relaisstationen für Spionagesatelliten,

▷ ein System zum Anzapfen von Richtfunkstrecken (irdisch und aus dem Orbit), wovon die meisten Telefonverbindungen betroffen sind;

▷ dutzende von Horch- und Ortungsposten belauschen den Funkverkehr kurzer und langer Reichweite (Mobilfunk, Seefunk, Mikrowellenfunk, diplomatischer Nachrichtenverkehr);

▷ offenbar werden auch Leitungen direkt angezapft, doch darüber ist sehr wenig bekannt (s. u.).

Zum Abhören der *Intelsat-Kommunikation* gibt es fünf Stationen:

▷ Bei Morwenstow in Cornwall (Großbritannien) für den Atlantik, Europa und den Indischen Ozean;

▷ eine NSA-Station bei Sugar Grove, 250 km südlich von Washington, für die Kommunikation von Atlantik-Satelliten nach Nord- und Südamerika;

▷ eine NSA-Station in Yakima im Staat Washington, 200 km südwestlich von Seattle, für den Pafizik und den Fernen Osten;

▷ Waihopai in Neuseeland (wichtig im Falkland- und im Vietnamkrieg) sowie

▷ Geraldton in Westaustralien für die restliche Pazifik-Region.

Eine Station des britischen Informations-Geheimdienstes GCHQ in Hongkong verschwand rechtzeitig vor Übergabe der Stadt an China.

Lokale Satelliten werden unter anderem abgehört in:

▷ Menwith Hill in Nordengland (die größte Station mit 22 Satellitenterminals, etwa 2 ha groß; spielte eine bedeutende Rolle im Golfkrieg),

▷ Shoal Bay bei Darwin in Nordaustralien (für indonesische Kommunikation),

▷ Leitrim südlich von Ottawa in Kanada (für Lateinamerika),

▷ Misawa in Nordjapan.

Die bekannte NSA-Station in Bad Aibling bei Rosenheim dient offenbar dem Empfang von Signalen (und der Steuerung) tief fliegender Spionagesatelliten, die wiederum den Funk- und vermutlich auch Richtfunkverkehr in Westeuropa (?) scannen. Die weißen Ballons sollen übrigens auch die Richtung der Antennen verbergen.

Insgesamt sind vermutlich ca. 120 Bodenstationen tätig. Aus einer Analyse der Antennen schließt man, dass etwa 40 Stationen den Nachrichtenverkehr in westlichen Ländern anzapfen, 50 weitere Stationen Länder der Ex-Sowjetunion abhören und die restlichen 30 Stationen der Ansteuerung eigener Spionagesatelliten dienen.

Abbildung 8.1: Einiges zum Echelon-System (Fortsetzung)

Als Beispiel für das direkte Anzapfen von Leitungen mag ein anonymes Ziegelgebäude in London (Palmer Street 8) dienen, das sämtliche Telexe mithört, die London verlassen, erreichen oder die innerhalb der Stadt gesendet werden. Die Existenz dieser Station wurde offenbar, weil ein ehemaliger GCHQ-Mitarbeiter sein Schweigen brach und dem *Observer* mitteilte: »Das hat nichts mit nationaler Sicherheit zu tun. Man darf einfach nicht jedes Telex mithören. Und sie schneiden alles mit: Die Botschaften, den Geschäftsverkehr, sogar die Geburtstagsgrüße – sie registrieren alles. Und sie filtern es mit dem Wörterbuch.«

Abbildung 8.1: Einiges zum Echelon-System (Fortsetzung)

Ob die europaweit größte Anlage in Gablingen mit 100 m hohen Antennengittern von 300m Durchmesser (angeblich arbeiten dort riesige Computeranlagen in zwölf unterirdischen Stockwerken) zu Echelon gehört, ist wohl noch nicht bekannt.

Selbst Botschaften werden für die Datenspionage genutzt. 1980(!) wurde die Existenz »außerordentlich raffinierter Technik« bekannt, die ein ganzes Botschaftszimmer füllt und mit der man jedes beliebige Telefongespräch in der jeweiligen Stadt verfolgen kann.

Jeder UKUSA-Geheimdienst filtert gleichzeitig für die anderen Dienste mit, doch auch hier gilt: Auf alle, wirklich alle Informationen kann offenbar nur die NSA zugreifen. Sie stellt auch den Löwenanteil an Hardware und Know-how zur Verfügung.

Diese Einzelheiten sind wirklich »heiß«. Selbst Politiker wurden von den Geheimdiensten an der Nase herumgeführt. So nennt es DAVID LANGE, von 1984 bis 1989 neuseeländischer Ministerpräsident, im Vorwort zu *Secret Power* einen Skandal, dass er so wenig über die im Buch enthaltenen Dinge erfuhr. Nachdem sich Neuseeland 1984 zur kernwaffenfreien Zone erklärte, wurde es offiziell von den UKUSA-Geheimdiensten abgekoppelt. In Wirklichkeit jedoch arbeiteten alle Horchposten munter weiter und lieferten der NSA strategische Informationen in die Hände. Der Geheimdienstverbund UKUSA wurde übrigens schon 1948 gegründet, und seine Existenz wird nach HAGER geleugnet.

Mittlerweile ist in regelmäßigen Abständen zu diesem Themenkreis etwas zu lesen. Es wurde sogar ein **Echelon-Ausschuss der EU** gegründet, der sich speziell mit dem heißen Thema »Wirtschaftsspionage« beschäftigt (dazu weiter unten mehr). Dort bestehen kaum Zweifel an der Existenz dieses Abhörsystems, man kennt auch einige technische Möglichkeiten und ordnet die Rolle der Kryptografie als »Abwehrmaßnahme« entsprechend ein.

Sie werden sich längst gefragt haben, wie HAGER an derartige Informationen herangekommen ist. Auch das erläutert er in seinem Buch: So verglich er zum Beispiel das interne Telefonverzeichnis des Verteidigungsministeriums mit der offiziellen Angestelltenliste. Die nicht genannten arbeiteten folglich beim Geheimdienst ... Der Autor recherchierte über 10 Jahre lang und interviewte dabei etwa 50 Ex-Mitarbeiter von Geheimdiensten. In seinem Buch stellt er die Struktur und leitende Angestellte des neuseeländischen Geheimdienstes GCSB vor (der dort noch weniger bekannt ist als die NSA in Deutschland), ja sogar die Raumaufteilung der Zentrale sowie einiger Abhörstationen finden sich im Buch. Man hat den Eindruck, hier wurde ein Geheimdienst mit geheimdienstlichen Methoden ausspioniert!

Eine erstickende Informationsflut?

Auf meine Erzählungen über Echelon höre ich am häufigsten die Entgegnung: »Das kann aber nur einen ganz kleinen Teil der Nachrichten betreffen, alles kann die NSA weder mitschneiden noch auswerten.« Angesichts des riesigen, ständig wachsenden Datenverkehrs scheint das logisch. Artikel wie der auf der CD unter *txt/policy/nsa-hersh.txt* enthaltene schlagen in die gleiche Kerbe: Hilfe, wir armen Geheimdienste sind überfordert!

Gewiss, die rosigen Zeiten sind vorbei, als sich ein großer Teil aller Nachrichten kontrollieren ließ. Es wäre aber gefährlich, die technischen Möglichkeiten der Geheimdienste zu unterschätzen. Einen hochinteressanten Einblick gibt der so genannte STOA-Report »Interception Capabilities 2000« der EU, den Sie auf der CD unter *txt/policy/ic2kreport.txt* finden. Allerdings ist er 140 KB lang und nicht einfach zu lesen. Deswegen ist er wohl auch nicht so bekannt. Viele Informationen in diesem Kapitel entstammen dem genannten Report.

Mithören umfasst zwei Stufen: Zum einen das Anzapfen der Datenleitung, zum anderen das Auswerten des Datenstromes. Wie sich zeigt, ist auf beiden Gebieten die Technik offenbar weiter, als man das gemeinhin annimmt. Beispiele für verwendete Hardware sehen Sie in Abb. 8.2.

> ▶ Die Firma AST bietet den Computer SONET OC-48 an, dessen Modul einen Datenstrom von etwa 2,5 Gigabit pro Sekunde aufzeichnen und analysieren kann. Ein Hauptspeicher von 48 GByte RAM sorgt bei wechselnden Belastungen für die nötige Pufferung. Diese Hardware speist einen so genannten *Trailmapper*, der automatisch alle üblichen US- und EU-Standards erkennt und verarbeitet (auch ATM).
>
> ▶ Der FDF-Chip (*Fast Data Finder*) von TRW hilft bei der *Topic Analysis* und kann im Online-Betrieb täglich mehrere Gigabytes an Daten nach zehntausenden Interessenprofilen filtern.
>
> ▶ Das Model 132 der Firma AST, ein *Voice Channel Demultiplexer*, kann 56.700 Telefonkanäle parallel scannen und 3.000 beliebige davon zur weiteren Auswertung zur Verfügung stellen.
>
> ▶ Von der Firma IDEAS gibt es Systeme von der Größe einer Kreditkarte, die in einen normalen Laptop passen und acht Mobilfunkkanäle parallel auswerten können (vermutlich inklusive Dechiffrierung). Inzwischen ist auch das veraltet; spezielle Laptops sollen alle aktiven Mobiltelefone der Umgebung selbsttätig auf »interessante« Nummern hin scannen können.

Abbildung 8.2: Beispiele von Hardware, die beim Anzapfen von Datenkanälen verwendet werden kann

Das ist natürlich nicht alles. Bekanntermaßen werden Richtfunkstrecken, Satelliten und Unterseekabel ebenso angezapft. Wir sollten nicht davon ausgehen, dass der Datenverkehr des gesamten Internets ein zu großer Brocken für die NSA sei: Ein Großteil der internationalen Nachrichten läuft über acht Knoten, und dort reicht die Abhörkapazität wenigstens theoretisch aus.

Über die zweite Stufe des Abhörens wissen wir bereits einiges: Topic- und Traffic-Analysis werden auf jeden Fall extensiv genutzt. Gewiss wird der Datenverkehr mehrstufig gefiltert, um der Datenflut Herr zu werden. Der ehemalige NSA-Direktor Studeman bestätigte dies und erklärte die Überwachung des schnellen Datenverkehrs so: »Ein bestimmtes System gibt zum Beispiel in einer halben Stunde eine Million Nachrichten zur Weiterverarbeitung aus. Filter lassen davon noch 6.500 übrig, davon wiederum sind 1.000 wirklich interessant; 10 dieser Nachrichten werden ausgewählt, und am Ende wird ein einziger Bericht verfasst.« Ungefähr so muss man sich die Überwachung des Internets vorstellen. In Großbritannien speichert eine Datenbank von 1 Terabyte Umfang die gesamten Usenet-Beiträge der letzten 90 Tage zur weiteren Auswertung. Auch wichtige Webseiten werden ständig auf Veränderung überprüft. So erhält die bekannte Seite *www.jya.com* jeden Morgen »Besuch« von der NSA.

Übrigens richten die deutschen Internet-Provider in Frankfurt den zentralen Knoten DE-CIX ein, über den etwa 80% des Datenverkehrs geroutet werden sollen. Und das ausgerechnet in Frankfurt, wo sich die NSA einst über der Hauptpost einmietete, um einen zentralen Vermittlungsknoten der Telefonverbindungen anzuzapfen (offiziell war der BND Mieter der Räume, vgl. [SchHad]).

Es scheint aber nicht mehr so zu sein, dass illegale Abhöraktivitäten das Rückgrat der Geheimdienste bilden. Nach Schätzungen stammen 40% der Informationen aus öffentlich zugänglichen Quellen; ich persönlich vermute inzwischen sogar einen höheren Prozentsatz. Unsere Privatsphäre schrumpft, und wir können das auch mit dem besten Datenschutz nicht mehr verhindern. Dazu weiter unten mehr. Der Informationsvorsprung der Geheimdienste und insbesondere der NSA dürfte durch ihre Fähigkeiten bedingt sein, diese Informationen besser als andere auszuwerten.

Ein uns unbekannter Prozentsatz interessierender Nachrichten geht Echelon gewiss durch die Lappen. Doch solange wir es nicht besser wissen, müssen wir davon ausgehen, dass potenziell kein Telefongespräch, kein Fax, keine Datenübertragung in einem Netz (z. B. im Internet) und erst recht keine E-Mail sicher gegen dieses System ist. Die Verschlüsselung der E-Mail verhindert zwar keine *Traffic Analysis*, doch (falls sie gut ist) wenigstens die genauere Analyse des Inhalts.

Was nicht geht

Um Ihnen keine schlaflosen Nächte zu bereiten (denn es kommt noch schlimmer!), hier einige Probleme, deren Lösung die NSA offenbar noch nicht beherrscht:

▷ Während die Auswertung von nicht chiffrierten E-Mails und von gedruckten Faxen (per OCR-Software zur Schrifterkennung) sehr leicht ist, scheint die Handschriftenerkennung noch großes Kopfzerbrechen zu bereiten. Ein Grund dafür ist auch, dass schlechte Handschrift im Kontext entziffert wird, und Computer verstehen keine Kontexte.

▷ Noch schwieriger ist die Spracherkennung. Wenn sich ein Ostfriese und ein Bayer zum ersten Mal am Telefon unterhalten, haben sie mit großer Wahrscheinlichkeit Probleme. Umso mehr gilt das für Computer, die nicht einmal wissen, in welchem Dialekt und welchem Kontext gerade gesprochen wird. Viele undeutlich artikulierte Worte ergeben sich schließlich nur aus dem Zusammenhang. Das kann der Computer nicht nachvollziehen. Es wurden schon mehrere Forschungsaufträge von der NSA zu dieser Problematik vergeben, die aber offenbar scheiterten. Daraus schließt man, dass das Mithören des gesprochenen Telefonverkehrs trotz Digitalisierung noch eine echte Knochenarbeit für die Geheimdienste darstellt – verbunden mit hohem personellen Aufwand. Beunruhigend ist allerdings der Artikel über das Computerprogramm **Oasis**, mit dem eine Transformation von Sprache nach Text doch möglich sein soll; Sie finden mehr dazu auf der CD unter *txt/policy/oasis.txt*.

▷ Eine automatische Stimmenerkennung gibt es dem Vernehmen nach bereits. Aber nach Aussagen von Anbietern biometrischer Systeme muss man dabei eine hohe Fehlerrate in Kauf nehmen. Auf jeden Fall wird auf diesem Gebiet intensiv geforscht. Ich halte es für möglich, dass in nicht so ferner Zukunft kleine Webcams in Telefonzellen zur (ebenfalls noch unzuverlässigen) Gesichtserkennung in Verbindung mit der Stimmerkennung den Anrufer einigermaßen zuverlässig identifizieren könnten.

▷ Selbstredend kann die NSA eine mittels PGP oder GnuPG chiffrierte E-Mail nicht mitlesen, wenn Sie ihren privaten Schlüssel ausreichend geschützt haben – es sei denn, die NSA besitzt schon Quantencomputer, aber das mag ich nicht glauben.

Wozu das alles?

Obwohl dieser Abschnitt fast den Rahmen des Buches sprengt, sollten wir uns doch die Frage stellen, welche Motive hinter derartigen, offenbar hochwichtigen Aktivitäten stecken.

Die bekannt gewordenen Spionageziele hatten ursprünglich wie erwartet sehr viel mit dem kalten Krieg zu tun. So wurde von Neuseeland aus der Funkverkehr sowjetischer Trawler und sowjetischer Antarktisstationen geortet und mitgeschnitten. Auch alle Informationen zu den französischen Atomversuchen im Südpazifik hat man genauestens verfolgt. Dies berührte bereits militärstrategische Angaben zu Verbündeten. Und bekanntlich beliefern Geheimdienste auch die Wirtschaft mit wichtigen Informationen. So soll der neuseeländische Dienst GCSB Anfang der 90er Jahre die Verhandlungstaktik der Japaner bei Fleischpreisen ausgespäht haben. Der finanzielle Gewinn dieser Information sei so hoch gewesen, dass er angeblich bereits die neuseeländische Tangimoana-Station amortisiert hätte. Im STOA-Report ist vom 1,2 Milliarden US-Dollar schweren Auftrag für das Überwachungssystem SIVAM für den brasilianischen Regenwald die Rede. In diesem Fall schnitt die NSA im Jahre 1994 Telefonate zwischen Thomson-CSF und Brasilien mit, worauf die US-amerikanische Firma Raytheon den Zuschlag erhielt (da sie die Angebote der Konkurrenten kannte). Rein zufällig liefert Raytheon wichtige Technik für Echelon-Bodenstationen. Ebenso soll das europäische Airbus-Konsortium einen 6 Milliarden Dollar teuren Auftrag für Saudiarabien an McDonnel Douglas verloren haben, da die NSA per angezapftem

Fernmeldesatelliten alle Telefonate und Faxe zwischen den Verhandlungspartnern speicherte.

Wie zu erwarten, gab es ebenso Missbrauch. So ließ Margret Thatcher zwei missliebige Minister mittels des kanadischen Geheimdienstes CSE beschatten (damit im Fall der Offenlegung der britische Dienst GCHQ offiziell sauber bleibt). Es wird Sie auch nicht verwundern zu hören, dass Organisationen wie *Amnesty International* von den UKUSA-Diensten überwacht werden.

Am bedeutendsten ist ohne Frage die Nutzung von Geheimdienstinformationen für die Wirtschaft. Dies kann sogar hinter einer scheinbaren Verfolgung illegalen Waffenhandels stecken (Nicky HAGER erläutert ein solches Beispiel). Doch selbst wenn derartige »Geheimdienstleistungen« wirklich von nationalem Interesse sind, weil nützlich für die eigene Wirtschaft, so hat die Sache einen Pferdefuß: Nur die großen Wirtschaftsbosse haben Zugang zu diesen Quellen, was die Monopolisierung zwangsweise fördert. In diesem Rahmen sind wohl auch die Aktivitäten des kleinen, nicht unwichtigen US-Geheimdienstes **FinCEN** zu sehen, der für unzureichende Verschlüsselung finanzieller Transaktionen verantwortlich zeichnen soll.

8.2.2 Die Privatsphäre verschwindet

Für den kleinen Mann erscheint jedoch als größte Gefahr, dass angesichts der heutigen technischen Möglichkeiten potenziell jeder ausgespäht werden kann, und das im Unterschied zu alten Spionageromanen auch im Nachhinein. Geheimdienste sammeln Daten illegal und auf Vorrat, deren Speicherung und (immer bessere) Auswertung heute kein Problem mehr darstellt. Rechnen Sie damit, dass Sie vielleicht im Jahr 2011 befragt werden, was Sie am 13.3.2008 gegen 15.00 Uhr vor der Gartenstraße 27 in Walda-Kleinthiemig gesucht haben. Dabei haben Sie längst vergessen, wo dieser bedeutende Ort überhaupt liegt. SCHNEIER [SchnLie] hält es sogar für möglich, dass wir in einigen Generationen unser gesamtes Leben aufzeichnen und jeder, der keinen »Recorder« bei sich trägt, sofort als verdächtig erscheint.

Der gläserne Mensch aus Orwells *1984* erscheint gewiss einigen Strategen als in absehbarer Zeit realisierbar. Diese Möglichkeit ist für sie viel zu verlockend, um noch irgendwelche Skrupel hochkommen zu lassen. Davon zeugen auch Absprachen zwischen der EU und dem FBI, die einem globalen »Mithörsystem« Tür und Tor öffnen sollen. Konkret wurde bereits auf einer Tagung der europäischen Justiz- und Innenminister am 29./30.11.1993 in Brüssel eine Resolution verabschiedet, die u. a. eine Expertengruppe beruft, welche einzelne Schritte beim Ausbau des Abhörsystems festlegt. Eine 1994 beschlossene und erst 1996 bekanntgewordene Erklärung fordert, dass Telekommunikationsdienste den Geheimdiensten nicht nur alle Nachrichten dechiffrieren und natürlich sämtliche Verbindungsdaten mitliefern müssen (einschließlich derer von erfolglosen Wählversuchen), sondern alle Nachrichten auch ggf. zu decodieren und zu dekomprimieren haben! Dabei hat der Netzbetreiber sicherzustellen, dass seine Kunden von diesen Aktivitäten nichts mitbekommen können. Den deutschen Leser wird dies stark an das o. g. Fernmelde-Überwachungsgesetz erinnern. Weitere Einzelheiten finden sich in der sehr lesenswerten Datei *feb97_state.txt* auf der CD. Dort wird auch erläutert, wie nicht in derartige Abkommen einbezogene Staaten unfreiwillig mit abgehört werden, so wie es bereits beim Echelon-System geschieht.

Eine veraltete Vorstellung

Die bisherigen Ausführungen bedienen allerdings mehr das Klischee der all-mächtigen Geheimdienste. Sicherlich haben diese den umfassendsten Zugriff auf Ihre Daten, doch es wissen noch viel mehr Organisationen etwas über Sie. Besitzen Sie beispielsweise eine Warenhaus-Kundenkarte? Es mag Sie wenig stören, wenn das Warenhaus weiß, dass Sie am 23.9. um 11.47 Uhr für €14,95 Babywindeln gekauft haben. Je mehr Kaufvorgänge hingegen erfasst werden, desto genauere Aussagen lassen sich über Sie gewinnen:

▷ Kaufen Sie bevorzugt Schnäppchen oder Markenware? Reagieren Sie auf Preis-senkungen? Suchen Sie gewissenhaft nach gutem Preis-/Leistungsverhältnis?

▷ Greifen Sie bevorzugt in die vorderste Regalreihe, oder entdecken Sie »Verstecktes«?

▷ Kaufen Sie regelmäßig, oder gibt es bestimmte Tage im Monat, wo Sie viel Geld ausgeben? (Aha, Sie beziehen vermutlich Gehalt und geben das Geld schnell aus, wie interessant!)

▷ Welche Bücher, Parfüms und Kleidung bevorzugen Sie?

▷ Wie hat sich Ihr Kaufverhalten im Laufe der letzten Jahre verändert?

Sie sehen, mit geeigneter Software läßt sich ein regelrechtes Persönlichkeitsbild aus »völlig harmlosen« Kaufhandlungen gewinnen. Nun verstehen Sie eher, warum man Ihnen auf die Kundenkarte Rabatt gewährt. Ich erinnere an die oben genannte Datensammlung der Kaufhauskette Wal-Mart, die mindestens 24 TB umfasst. Das ist 24-mal mehr als alle Postings des Usenets (Newsgruppen) der letzten 90 Tage zusam-mengenommen. (Nebenbei: Diese Usenet-Postings werden in Großbritannien gespeichert und vermutlich vom britischen Geheimdienst GCHQ regelmäßig ausge-wertet [Wobghm].)

Aber nicht in Deutschland, werden Sie einwenden, bei uns ist das nicht erlaubt! Abgesehen davon, dass Informationen schon heute keine Grenzen mehr kennen, möchte ich Ihnen aus einem Kassenzettel zitieren, den ich im März 2001 in einem angesehenen Bekleidungshaus erhielt. Dort bezahlte ich per ec-Karte und unter-schrieb, dass die Firma bei der Bank meinen Namen nebst Anschrift anfordern darf, falls die Lastschrift nicht eingelöst werden kann oder verweigert wird. Das geht in Ordnung. Aber dann stand da noch, natürlich klein gedruckt: »Ich bin damit ein-verstanden, dass nur im Falle der Nichteinlösung diese Tatsache in eine Sperrdatei aufgenommen wird und an andere Unternehmen übermittelt wird, die ebenfalls dieses Lastschriftverfahren anwenden.« Hier ist nicht etwa von der Schufa die Rede! Es reicht vielleicht, dass durch einen betrügerischen Zugriff auf mein Konto dieses just in dem Moment überzogen wird, wenn das Kaufhaus den Betrag abbu-chen will. Dann macht mein Name »die Runde«, ohne dass ich irgendwie schuldig wäre. Solche Informationen lassen sich nicht mehr »zurückholen«.

Die schon heute vorhandenen technischen Möglichkeiten übersteigen unser Vor-stellungsvermögen doch um einiges. So wurden bereits 1994 in Großbritannien die

Racal-Systeme zum Stückpreis von 2.000 Pfund eingeführt. Das sind Kameras, die Fahrzeugkennzeichen automatisch erfassen und weitermelden. Derartige Systeme bilden den *Ring of Steel* um London: Kein Auto kann nach London hineinfahren bzw. die Stadt verlassen, ohne sofort gemeldet zu werden. Hintergrund solcher Aktivitäten ist die Verfolgung nordirischer Terroristen. Auch die Telefonüberwachung in der EU wird mit Kriminalitätsbekämpfung begründet.

Großbritannien arbeitet offenbar an vorderster Front bei der Personenüberwachung. Man hat ermittelt, dass jeder Londoner durchschnittlich jeden Tag in 300 Kameras erfasst und gespeichert wird. Sogenannte stroboskopische Kameras (als Beispiel sei die dänische Jai-Kamera genannt) können mehrere hundert Gesichter in wenigen Sekunden erfassen. Die Gesichtserkennung ist bekanntlich noch relativ unsicher, doch sie hilft, in einem vollbesetzten Stadion verdächtige Personen viel schneller herauszufiltern, als ein Mensch das könnte. Die Firma NeuroMetric aus Florida behauptet gar, sie könne pro Sekunde 20 Gesichter gegen eine Datenbank von 50 Millionen Einträgen vergleichen.

Auch der menschliche Gang könnte zur Identifizierung verwendet werden, wie wir im Abschnitt über Biometrie lasen. Mikrofone lassen sich bereits auf Chips integrieren, Richtmikrofone können aus hunderten Metern Entfernung mithören, mit Lasermikrofonen versteht man sogar Gespräche hinter Fensterscheiben, und das noch aus Kilometerdistanzen – bleibt überhaupt etwas privat?

Nein, es bleibt fast nichts privat. Die letztgenannten Methoden zeigen allerdings nur, was mit *unrechtmäßigen* Mitteln zu erreichen ist. Diese muss man kennen, denn Datenschutz wird wahrlich nicht in allen Ländern so betont wie in Deutschland. Wenn Sie auf dem Flughafen London-Heathrow umsteigen, wird wahrscheinlich Ihr Gesichtsprofil gespeichert, und wer weiß, wo es nächstens noch landet. Da nützt der angestrebte Datenschutz in der Heimat wenig.

Aber auch mit den *rechtmäßigen* Mitteln lassen sich immer bessere Dossiers erstellen, denn die Datenspur, die wir erzeugen, wird ständig breiter. Ob Sie einen Vortrag halten, krank werden, Bücher ausleihen, im Kaufhaus per ec-Karte bezahlen, einen Leserbrief schreiben – nichts geht verloren und landet teilweise sogar im Internet.

Personenbezogene Daten werden zunehmend in privater Hand verwaltet, oft außerhalb jeder Kontrolle, denn Kundenlisten sind Firmengeheimnisse. Kein Außenstehender weiß, was mit den Daten geschieht (und ob Teile davon illegal verkauft werden). Also bleiben wir sachlich und beschränken uns auf die Diskussion technischer Möglichkeiten.

Ein Sicherheitsexperte erklärte auf einer Konferenz im Jahr 2000: »Richtig ist, dass sie alles über dich wissen. Was aber falsch ist: dass sie alle zusammenarbeiten.« Dies ist der heutige Stand (in Deutschland!), doch über morgen wissen wir sehr wenig. Lesen Sie dazu den Artikel von Prof. COCHRANE auf der CD (*txt/policy/Privacy.txt*) oder noch mehr auf seiner Homepage (*www.labs.bt.com/library/cochrane/index.htm*). Wir werden auf Dauer nicht verhindern können, dass viele Daten über unsere Privatsphäre »Beine bekommen«. Das Ausmaß des illegalen Adresshandels lässt ahnen, wie die Praxis aussieht. In anderen Ländern ist der Datenhandel legal: So gehören in den USA Ihre Daten demjenigen, der sie von Ihnen erfasst; er darf sie beliebig weiterverkaufen. Wenn Sie sich mehr für dieses Problemfeld interessieren, kann ich Ihnen das Buch *Secrets and Lies* von Bruce SCHNEIER [SchnLie] nur wärmstens empfehlen.

Anscheinend weiß niemand so recht, wie wir mit diesen Problemen umgehen sollen. Der Artikel *txt/policy/globueberwachung.txt* zeigt am Beispiel norwegischer Juden im Zweiten Weltkrieg, wie verhängnisvoll sich Datensammlungen in falschen Händen auswirken können.

Dies ist also der Hintergrund, vor dem wir den Nutzen der Kryptografie sehen müssen. Überspitzt formuliert: Für Firmen sollte Kryptografie selbstverständlich sein, und Privatleute sind eben selbst für Ihren sich Datenschutz verantwortlich. Während die Politik sich derzeit noch im Errichten von Festungen versucht (»die Weitergabe von Daten ist untersagt«), untergräbt die Praxis wohl bereits die Mauern an zahllosen Stellen.

Derartige Erkenntnisse dämpfen auch ein wenig die Freude über »revolutionäre« Veränderungen bei der Freigabe strenger Kryptografie in einigen Ländern. In Frankreich beispielsweise ist sichere Verschlüsselung nun auch für Privatpersonen erlaubt. Die lästigen Exportbestimmungen der USA (Beschränkung der Schlüssellängen auf 40 Bit bei Exportversionen, mit wenigen Ausnahmen) scheinen im Wesentlichen gefallen zu sein. Sicherlich ist das ein Verlust für eifrige Lauscher. Doch es gibt inzwischen genügend andere Möglichkeiten der Spionage und immer mehr unsichere Computersysteme, die sich teils automatisch behacken lassen. Vor allem – das darf nicht unterschätzt werden – ist der Druck der Wirtschaft, sichere Kryptografie zuzulassen, in den 90er Jahren gewaltig gewachsen. Nicht zuletzt hatten die USA mit ihrer restriktiven Exportpolitik ihren eigenen Produzenten von Kryptosoftware geschadet, denn die europäischen (auch deutschen) Hersteller sprangen derweil freudig in diese »Marktlücke«. Wir kommen in 8.2.4 darauf zurück.

8.2.3 Schlüsselhinterlegung

Wie soeben (im vorigen Punkt) erwähnt, nahmen Forderungen nach mehr Datensicherheit aus der Wirtschaft stark zu. Es musste etwas geschehen. Doch es wird Ihnen einleuchten, dass einflussreiche Kreise, die die Rolle der Kryptologie zu schätzen wissen, sich nicht freiwillig ihre Macht einschränken lassen wollten. ZIMMERMANNS PGP-Leitspruch »Verschlüsselung für die Massen« musste ihnen ein Dorn im Auge sein.

Politiker in vielen Ländern bestätigen andererseits: Geheimnisschutz ist auch für den Privatmann notwendig, weil nur damit die Informationsgesellschaft funktionieren kann. Der Spagat, der diese Interessenkluft überbrücken sollte, hieß **Schlüsselhinterlegung**: Jedermann darf chiffrieren, doch »der Staat« will bei Bedarf mitlesen können; der geheime Schlüssel soll ihm auf irgendeine Weise zugänglich sein. Als Begründung für eine solche Schlüsselhinterlegung wurde wie immer bei derartigen Anliegen die organisierte Kriminalität herangezogen. Wenn wir nicht mehr an den Nachrichtenverkehr solcher Krimineller herankommen, hieß es, dann wird sich deren Bedrohung noch mehr ausweiten.

Es enwickelte sich eine mit großer Heftigkeit geführte Diskussion, auch in Deutschland. Die auf der CD enthaltene Textdatei *cryptverbot.html* zeigt einen kleinen zeitlichen Ausschnitt aus dem Meinungsspektrum der Organisationen und Parteien. Jedoch sollten wir nicht nur auf das eigene Land schauen. Ich empfehle sehr das Studium des *Crypto Law Survey*s von Bert-Jaap KOOPS, den Sie auf der CD im Verzeichnis *txt/policy/claw1996.txt* finden. Er gibt einen Überblick über die bekannte Rechtslage in zahlreichen Ländern im Jahr 1996. Vergleichen Sie das einmal mit dem Inhalt von *claw2001.txt*!

Dabei ist und bleibt Schlüsselhinterlegung eine Utopie. Das hat schon die Diskussion um den Clipper-Chip gezeigt. Sachliche Argumente finden Sie in Abb. 8.3.

Anscheinend haben sich derartige Einsichten mittlerweile bis in die höchsten Kreise hinein verbreitet. Der Wunsch nach Schlüsselhinterlegung ist sicherlich nicht verschwunden, doch wenn der unaufgeklärte und misstrauische Bürger letztendlich deswegen noch den eCommerce boykottiert, hört der Spaß auf. Der Unbescholtene leidet unter der Schlüsselhinterlegung (und nutzt die neuen Medien ungenügend, bringt also der Zukunftsbranche keinen Gewinn), während Kriminelle keine Probleme haben, die Gesetze zu umgehen: Das ist einfach widersinnig.

Ich erachte es als sinnvoller, sich mehr mit der katastrophalen Unsicherheit der gegenwärtig vorwiegend genutzten Soft- und Hardware zu beschäftigen, vgl. z. B. den in 6.5 beschriebenen Angriff auf das Homebanking. Die Schäden, die daraus entstehen, sind derzeit kaum zu erfassen!

Schlüsselhinterlegung erscheint mir als Wunschdenken und reine Symptombekämpfung. Auch das Telefon eröffnete einst den Kriminellen völlig neue Möglichkeiten. Gegen befürchtetes Abhören sicherten sie sich durch Codewörter. Deswegen ist das Telefonieren natürlich nicht verboten worden. Der Schlüsselhinterlegung hätten übrigens eine geforderte Abgabe von Codewörterbüchern und das Verbot der Benutzung eigener Codebücher entsprochen.

Ein legales Anwendungsgebiet für Schlüsselhinterlegung gibt es jedoch: den firmeninternen Gebrauch. Wichtige, verschlüsselte Daten müssen noch dechiffriert werden können, wenn der Schlüssel durch Unachtsamkeit oder Soft-bzw. Hardwarepannen verloren gegangen ist. Außerdem gesteht wohl jeder der Firmenleitung zu, abgehende Mails auf vertrauliche Daten hin zu überprüfen. Aber das ist eher ein technisches als ein politisches Problem und gehört nicht in dieses Kapitel. Ich möchte nur Verwechslungen vermeiden.

8.2.4   Exportbestimmungen und Patente

In diesem Abschnitt gehen wir auf zwei weitere Hemmnisse bei der Entwicklung der Kryptologie ein: Exportbeschränkungen für kryptografische Soft- und Hardware sowie patentrechtliche Fragen. Beide Problemkreise wurden in diesem Buch schon oft angesprochen, ich werde mich daher kurz fassen.

Exportbeschränkungen

Exportbeschränkungen wurden meist im Zusammenhang mit der US-amerikanischen Gesetzgebung genannt. Diese entwickelte sich zu einem Hemmnis für viele Firmen in den USA. Exportiert werden durfte nur Soft- und Hardware mit einer

Realisierbarkeit

Ein Verbot sicherer Kryptografie wird erforderlich. Das ist kaum kontrollierbar und für Firmen nicht akzeptabel. Im internationalen Datenverkehr ist keine nationale Schlüsselhinterlegung möglich.

Möglichkeit der Umgehung

Kryptologisch sichere Steganografie (wie bei verdeckten Kanälen in digitalen Signaturen) wird entwickelt werden und zum Einsatz kommen. In Hardware realisierte Algorithmen lassen sich durch Whitening leicht gegen Schlüsselhinterlegung schützen. Die Verwendung sicherer Algorithmen wird auf vielfältige Weise getarnt werden.

Gefahr durch Missbrauch

Der Diebstahl eines »Nachschlüssels« (eventuell erst nach seiner Generierung wie beim Abhören des Clipper-Chips) ist für Beamte mit viel kleinerem Risiko verbunden als der Diebstahl anderer Informationen. Die Gefahr von Korruption und Bestechung ist sehr hoch.

Im Fall eines politischen Umsturzes sind Bürger und Wirtschaft dem Staat beinahe schutzlos ausgeliefert.

Verhältnismäßigkeit

Schlüsselhinterlegung ist teuer. Unmengen von Daten müssen durchsucht werden, um wenige interessante Informationen herauszufiltern, die andere, auf traditionelle Weise gewonnenen Daten nur ergänzen. Es werden vorwiegend Informationen über unbescholtene Bürger bearbeitet. Die (ohnehin nie perfekte) Absicherung dieser Daten gegen Missbrauch erfordert einen nicht zu unterschätzenden Aufwand.

Schädlichkeit

Die Informationsgesellschaft braucht eine starke Kryptologie. Schlüsselhinterlegung würde die notwendige öffentliche Forschung auf diesem Gebiet hemmen oder sogar unterbinden. Die Beschränkung auf wenige Algorithmen ist eine prinzipielle Gefahr. *Kryptografie braucht Vielfalt, sonst ist sie zu gefährlich.*

Akzeptanz

Bei entsprechender Aufklärung ist ein starker Widerstand zu erwarten, der die Kreativität bei der Suche nach Umgehungsmöglichkeiten erhöht.

Abbildung 8.3: Argumente gegen eine Schlüsselhinterlegung

effektiven Schlüssellänge bis zu 40 Bit. Beim im Netscape Navigator genutzen SSL-Protokoll wurden weitere 88 Schlüsselbit ungeschützt mitgesandt. Besser wäre sicher folgendes Konzept gewesen: Der Anwender sieht einen 128-Bit-Schlüssel, doch durch geheime Abhängigkeiten zwischen den Bits enthält der Schlüsselraum nur 2^{40} Elemente. Diese Abhängigkeiten wären nur dem Hersteller und sicherlich der NSA bekannt. Es fragt sich allerdings, wie lange sich solch eine Abhängigkeit geheim halten ließe. Man müsste sie auf kryptologisch sichere Weise variabel implementieren. Sicherlich wäre das eine reizvolle Aufgabe für die Forschung.

Wie hoch ist der Aufwand, solch einen Schlüssel per Brute Force zu brechen? Nehmen wir an, eine sehr schnelle Implementierung des Algorithmus (z. B. in Assemblersprache) auf einem Pentium-Chip schafft die Dechiffrierung von einer Million Klartexten pro Sekunde. 2^{40} Schlüssel entsprechen etwa 10^{12} Möglichkeiten, d. h., der Pentium Pro-Chip würde im Mittel etwa 500.000 Sekunden benötigen. Dies sind knapp 6 Tage. Mit Time-Memory-Tradeoff und mehreren Rechnern läßt sich der Aufwand beliebig drücken. Kurzum: Dieser Schlüsselraum ist für die heutige, bereits privat verfügbare Rechentechnik viel zu klein, von Spezialhardware ganz zu schweigen. Den einzigen Schutz könnte noch die oben genannte geheime Abhängigkeit der Bits im äußerlich längeren Schlüssel gewährleisten.

Netscape nutzt bekanntlich keine solche Abhängigkeit, und das als eine Software, bei der es um Kreditkartennummern geht. Bekannt gewordene Angriffe waren jedoch weitaus weniger raffiniert: Hacker stahlen die Kreditkartennummern direkt von den Webservern, denn dort lagen sie ziemlich ungeschützt herum. Dies zeigt doch eindrucksvoll, dass gute Kryptografie nur ein Teil der Gesamtsicherheit ist.

Offenbar gegen Ende der 90er Jahre setzte sich die Erkenntnis auch in Politik und Geheimdienstkreisen durch, dass sichere Kryptografie »nicht zu vermeiden ist«. Ich nehme an, die Wirtschaft hat bei diesem Erkenntnisgewinn kräftig nachgeholfen. Die Exportregulierungen ändern sich so rasch, dass ich Sie auf das Internet verweisen muss, wenn Sie den aktuellen Stand erfahren möchten. Mittlerweile dürfen Produkte mit 128-Bit-Schlüsseln nach entsprechenden Genehmigungsverfahren aus den USA ausgeführt werden. Man sollte sich wohl mehr für eingebaute Hintertüren als für die Algorithmen und Schlüssellängen interessieren.

Viel wurde auch über das **Wassenaar-Abkommen** spekuliert, das Exportregulierungen für 33 Staaten, unter anderem auch die EU-Staaten, enthält. Doch das letzte Zusammentreffen der Wassenaar-Staaten fand wie immer an einem geheimen Ort in der Nähe Wiens statt, und dementsprechend »viel« wissen wir über die getroffenen Vereinbarungen. Gerüchten zufolge soll Public-Domain-Software nicht davon betroffen sein.

Halten wir uns an die Tatsachen: Die Bundesregierung fördert das Projekt zur Entwicklung der Mail-Chiffriersoftware **GnuPG** (7.1.4) finanziell und unterstützt seine Verbreitung. Spricht das nicht für sich?

Patentrechtliche Bestimmungen

Etwas anders verhält es sich bei Patenten. Wer Software entwickelt, weiß um den Aufwand, der dahinter steckt. Gute kryptografische Algorithmen sind noch schwieriger zu entwickeln und zu untersuchen. Die Frage, wer diese Arbeit bezahlen soll, ist also berechtigt.

Ein Lösungsweg wäre öffentlich finanzierte Forschung. In den USA ist daher alle an den Universitäten entwickelte Software a priori frei verfügbar. Ein beachtlicher Teil – wenn nicht der Hauptteil – der freien UNIX-Software ist so entstanden und hat sich positiv auf Entwicklungen in der ganzen Welt ausgewirkt. Ich nenne nur die beiden Schlagworte »Linux« und »Open Source«.

Allerdings ist nicht alle Forschung öffentlich finanziert. Shareware wäre vielleicht ein gutes Konzept: Die Anwender zahlen freiwillig einen einmaligen Betrag bei Nutzung des Programms, die Verbreitung der Software selbst erfolgt uneingeschränkt. (In Deutschland funktioniert Shareware übrigens erfahrungsgemäß nicht.) Als Shareware kann man aber nur ein *Programm* verbreiten, keinen *Algorithmus*. Stellen Sie sich vor, Sie arbeiten bei einer Bank als Einkäufer und würden gerade einen neuartigen Geldautomaten von IBM beziehen mit dem Hinweis: »In diesem Automaten sind die kryptografischen Shareware-Algorithmen und -Protokolle SDETY, XPKKL und ACS-15 implementiert. Bitte überweisen Sie je €20 an ...«

Aus Algorithmen läßt sich derzeit wohl nur auf zwei wenig befriedigende Weisen Geld schlagen:

▷ Zum einen kann man einen Algorithmus geheim halten und Lizenzen für jeden Einsatz fordern. So geschah es sieben lange Jahre mit RC4, bis dieser Algorithmus unbefugt offen gelegt wurde (vgl. 5.5). Nun kann ihn im Prinzip jeder legal nutzen, obwohl RSADSI trotzdem erst einmal klagen wird.

Das ist der Nachteil für den Entwickler – nach Offenlegung versiegt die Geldquelle eventuell. Der Nachteil für die Nutzer ist, dass der Algorithmus nicht weltweit untersucht werden kann. Niemand weiß, ob er guten Kryptanalytikern nicht bereits bekannt gemacht wurde und diese eine Hintertür gefunden haben. Im Idealfall sollte das derartige Akzeptanzprobleme bei den Anwendern hervorrufen, dass sie diesen Algorithmus ablehnen. Die reale Welt ist weit vom Ideal entfernt. Stellen Sie sich vor, RC4 wäre einige Zeit nach der Offenlegung geknackt worden. Unzählige Programme setzen diesen Algorithmus bereits ein.

▷ Zum anderen kann man einen Algorithmus patentieren lassen. Das ist (zum Glück) in Deutschland nicht möglich, z. B. aber in den USA und in der Schweiz.

Auch dieser Schuss geht häufig nach hinten los. Das Schweizer IDEA-Patent greift bekanntlich ebenso in Deutschland. Die Nutzungsgebühren für den kommerziellen Einsatz erscheinen aber vielen zu hoch. Nach Aussagen eines Anbieters kryptografischer Produkte würden seine Kunden niemals solche Gebühren nur für einen Algorithmus zahlen. Die Folge: Man blieb bei DES, auch im kritischen Bankverkehr. Die Anbieter von IDEA haben sich mit dem zu forschen Versuch, Geld zu verdienen, offenbar selbst geschadet. Auch ein IDEA-Chip stieß auf wenig Gegenliebe in der Industrie. Bis auf die in Kapitel 5.3 genannte Banken-Software Brokat sowie den Einsatz bei der Deutschen Telekom war mir lange Zeit kein kommerzieller Einsatz von IDEA bekannt.

Der Anspruch von PKP (Public Key Partners), mit ihrem Patent alle asymmetrischen Verfahren abzudecken, hatte seit Herbst 1997 zu einer zeitweiligen Bevorzugung des Diffie-Hellmann-Verfahrens geführt, denn für diese Methode endet als erste die 17jährige Patentlaufzeit. Seit dem 20.9.2000 darf nun auch RSA uneingeschränkt genutzt werden. Diese Patente gelten nur in den USA und in Kanada.

Das Patent auf RC5 sollte dem Inhaber RSA Laboratories niedrige und vielleicht einmalige Lizenzgebühren für diesen Algorithmus im kommerziellen Einsatz bringen (die private Nutzung sollte unentgeltlich bleiben). Der Zweck des Patents – Finanzierung der weiteren Forschung von RSA Laboratories – war auf jeden Fall akzeptabel. Ob das ein sinnvolles Konzept gewesen wäre? Der verbesserte Nachfolger RC6 musste laut AES-Ausschreibung patentfrei bleiben. Angesichts dessen (und der freien Verfügbarkeit des AES-Siegers Rijndael) ist die Frage nach RC5-Lizenzen nicht mehr so interessant; zur Finanzierung der RSA-Firma reichen sie vermutlich nicht aus.

Mir scheint, Patente und kryptografische Algorithmen passen nicht zusammen.

8.2.5   Digitale Signaturen

In Deutschland wurde im August 1997 ein Gesetz zur juristischen Anerkennung digitaler Signaturen (**Signaturgesetz**) beschlossen. Diese Initiative sah man zunächst als Fortschritt (auch ich, wie sie in früheren Auflagen nachlesen können), und erhoffte sich Signalwirkung.

Wir sehen am Beispiel der Faxgeräte, wie eine ungeregelte Entwicklung verläuft: Faxe haben keine Beweiskraft, und trotzdem können Sie überall per Fax beispielsweise Waren bestellen. Der Gewinn durch Faxnutzung ist eben größer als der Verlust durch fingierte Bestellungen, und so setzt die Wirtschaft lieber auf ein unsicheres System.

Gefälschte digitale Signaturen können jedoch verhängnisvollere Auswirkungen haben als Faxe; das hängt vom Einsatzgebiet ab. Ein gesetzlicher Rahmen ist also zu begrüßen.

Leider verpuffte die Wirkung des Gesetzes. Wo blieben die Zertifizierungsstellen, wo blieben die Anwendungen, die das tägliche Leben vereinfachen? Das Gesetz hatte zwar den praktischen Einsatz reguliert, jedoch keine Freiräume zu ihrer Anwendung geschaffen. Digitale Signaturen wurden der handschriftlichen Signatur nicht gleichgestellt; eine Entscheidung darüber wäre im konkreten Fall dem Richter überlassen worden. Obendrein gab das BSI (Bundesamt für Sicherheit in der Informationstechnik, das dem BND unterstellt ist) technische Spezifikationen über zu verwendende Verfahren heraus. Das stieß teilweise auf Ablehnung in der Wirtschaft: »Wir lassen uns nicht die Technologie vorschreiben«, war zu hören. An Zertifizierungsstellen, die öffentliche Schlüssel generieren und beglaubigen dürfen, wurden sehr hohe Anforderungen gestellt. Der Effekt: Es gab praktisch kaum Zertifizierungsstellen.

Diese verfahrene Kiste brachte die EU wieder auf den richtigen Kurs. Sie forderte einheitliche und liberalere Regelungen, was in Deutschland anscheinend auf zunächst wenig Gegenliebe stieß. Doch im Februar 2001 stimmte der Bundesrat einem neuen Signaturgesetz zu. Nun sollen digitale Signaturen länderübergreifend gelten, technische Vorschriften werden nicht (oder kaum) gemacht. Dafür haften die Zertifizierungsstellen allerdings selbst für entstehende Schäden.

Es ist noch zu früh, die Wirkung des neuen Gesetzes zu beurteilen. Sicherlich werden wir einige schmerzhafte Erfahrungen mit gestohlenen PINs machen müssen (woraufhin man biometrische Verfahren integrieren wird), auf trojanische Pferde hereinfallen (und uns dabei erinnern, dass bunte Benutzeroberflächen nichts mit Sicherheit zu tun haben) und schwarze Schafe unter Zertifizierungsstellen erkennen lernen. Das ist wohl nicht zu vermeiden, doch ein Anfang ist gemacht.

8.3   Wie geht es weiter?

Nach Lektüre dieses Buches werden Sie die Behauptung aus Abschnitt 1.2.2 besser verstehen: Kryptologie ist nur ein Glied in einer langen Sicherheitskette, aber ein besonderes. Die möglichen Gefahren schlechter Kryptologie sind ungleich größer als die Risiken schlecht gesicherter materieller Gegenstände:

▶ Ein Daten-Einbrecher hinterlässt oft keinerlei Spuren, ein Daten-Diebstahl ist in der Regel nicht einmal nachzuweisen.

▶ Geknackte Algorithmen haben rückwirkende Folgen: Früher abgefangene chiffrierte Nachrichten lassen sich nun dechiffrieren und vielleicht noch verwerten.

▶ Bei allzu starker Verbreitung eines einzelnen schwachen Verschlüsselungsalgorithmus oder eines solchen Programms besteht die Gefahr der massenhaften Kompromittierung mit unabsehbaren Folgen. Angenommen, digitale Signaturen würden zu 70% mit dem Programm eines einzelnen kommerziellen Anbieters erzeugt (PGP wird also ausdrücklich ausgenommen). Als Einweg-Hashfunktion kommt SHA zum Einsatz, als asymmetrisches Verfahren RSA. Die meisten Anwender wissen nicht einmal, was SHA ist. Von verdeckten Kanälen in SHA haben nur wenige »Experten« gehört, von ihrer Nutzung durch den Hersteller ahnt nicht einmal jemand etwas. Kein Grund zur Besorgnis: Für Unterschriften wird ja ein anderer privater Schlüssel verwendet als für die Chiffrierung von Sitzungsschlüsseln (dies erledigt das Programm auch gleich mit, ähnlich wie PGP).

Keiner der Anwender vermutet jedoch, dass das Programm prinzipiell zu den Primzahlen des Unterschriften-Schlüssels 125.321.798 hinzuzählt und die nächsten ab diesen Stellen gefunden Primzahlen für den Sitzungsschlüssel-Schlüssel nimmt. Keiner der Anwender ahnt, dass der geheime Unterschriften-Schlüssel stückchenweise in einem verdeckten Kanal von SHA enthalten ist und früher oder später alle seine Sitzungsschlüssel einer großen, bekannten Behörde vorliegen, die weltweit solche Informationen sammelt und dem unehrlichen Hersteller für seine Gefälligkeit allerhand Geld zahlt.

Gegenwärtig sieht es allgemein noch recht trüb aus mit der Informationssicherheit, vor allem im privaten Bereich. Abgesehen von der völlig unzulänglichen Sicherheit der vorwiegend genutzten Windows-Systeme und vieler PC-Software: Auch bei Firmen hat Sicherheit selten einen hohen Stellenwert, denn sie kostet (noch) viel zu viel Geld und vergrößert nicht gerade den Betriebsgewinn. Das Leugnen von Angriffspunkten (ich erinnere an den öfters strapazierten Begriff der »100%ig zuverlässigen Technik«) ist eben billiger. Dazu braucht man nur die Interna von Betriebssystem und Anwendungssoftware wie auch die verwendeten Chiffrieralgorithmen möglichst geheim zu halten und zu hoffen, dass Hacker die Schwachstellen nicht allzu schnell finden. Bis zu dieser Offenlegung hat man längst das nächste oder gar übernächste Release fertig, das natürlich *viel* besser und sicherer, wenn auch nicht ganz umsonst zu haben ist.

Kein Grund zur Panik

Doch es gibt eigentlich keinen Grund, den Kopf hängen zu lassen; vielmehr gibt es viel zu tun. Gerade die Kryptologie liefert uns die Werkzeuge, die unsere neue Welt wieder sicherer machen können. Wir haben in diesem Buch einige interessante Ansätze kennen gelernt, um die eingangs dieses Abschnitts 8.3 genannten Bedenken zu zerstreuen:

▶ Der stündliche Wechsel des *Server Key*s in der Secure Shell SSH (7.3) begrenzt rückwirkende Schäden bei einem Einbruch in den Rechner.

▶ Das *Web of Trust* von PGP macht es sogar einem Geheimdienst fast unmöglich, größere Anteile der E-Mail-Verbindungen zu kompromittieren. Die entscheidende Eigenschaft dieses Netzes ist, dass auch ein cleverer Angreifer zunächst kleinere Teile des Netzes kompromittieren würde und dies nicht verborgen bliebe, ja, »unsichere Kunden« lassen sich sogar »umschiffen«. So ähnlich funktioniert wohl Machtabsicherung.

Die Zeitstempel-Zeitreihen aus 6.6.1 sind ein weiteres Beispiel für eine kaum zu durchbrechende gegenseitige Absicherung.

▶ Ein Angebot mehrerer Chiffrieralgorithmen wie bei SSH verringert die Gefahren der blinden Nutzung von Kryptografie deutlich. Saubere Schnittstellen zu den Algorithmen verbessern die Situation weiter: Misstrauische Anwender können bei entsprechender Qualifikation eigene Algorithmen einbauen oder die Ausgaben der implementierten Verfahren mit denen von Referenzimplementierungen vergleichen. Es ist auch kein Problem (höchstens eine Kostenfrage), modifizierte oder strengere Algorithmen anderer Hersteller zu verwenden oder sie mit den eingebauten Algorithmen zu kombinieren. Problematisch wird dies bei Chiffrierhardware.

Meine Wunschvorstellung ist, dass Kryptologen einen »Bausatz« von Algorithmen finden, bei dem jede Kombination seiner Teile ein ungefähr gleich sicheres Verfahren ergibt und man andererseits plausibel machen kann, dass keine einheitliche Kryptanalyse aller dieser Verfahren möglich ist.

▶ Fail-Stop-Signaturen bieten wenigstens die Möglichkeit, Betrug zu entdecken, wahrscheinlich sogar zu verhindern.

▷ Variable, kombinierte biometrische Methoden schließen gefährliche Sicherheitslücken, die durch die alleinige Verwendung schwacher Passwörter oder vieler PINs entstehen.

Wir selbst können durch Kaufentscheidungen, Verhandlungen mit Anbietern und
Produktbesprechungen dazu beitragen, dass Softwareanbieter eines Tages wie
selbstverständlich die sicherheitskritischen Details ihrer Programme nachprüfbar
offen legen. Derzeit ist das Utopie, doch vor einem Vierteljahrhundert, als IBM und
DEC den größten Teil des Marktes beherrschten, hat auch noch niemand geglaubt,
dass einmal ein ziemlich herstellerunabhängiges System wie UNIX solch eine Verbreitung finden könnte (und dass ein so unsicheres und instabiles System wie Window einmal derartig dominieren würde).

KAHN schreibt zwar zum Abschluss seines Buches [KahnCode], dass die Kryptografen dabei sind, den Wettlauf mit den Kryptanalytikern zu gewinnen. Verglichen
mit dem Stand bis zum Zweiten Weltkrieg mag das zutreffen, doch wir sollten uns
vor allzu viel Optimismus hüten – oder wissen Sie vielleicht, welchen Stand die
nicht-öffentliche kryptologische Forschung mittlerweile erreicht hat? (Wenn ja,
dann schreiben Sie mir bitte. Unbedingt!)

Die Kryptologen müssen auf jeden Fall noch viel forschen, um Kompromittierungen nachweisbar oder sogar unmöglich zu machen, und dies bei akzeptablem Aufwand. Es ist theoretisch sogar möglich, dass dank der Kryptologie die
Informationsgesellschaft einmal sicherer wird als unsere heutige, doch es führt ein
langer Weg dorthin.

Glossar

AES *advanced encryption standard,* der 2001 gewählte Nachfolger von DES. Es handelt sich um den belgischen Algorithmus **Rijndael**, der in 5.5 ausführlicher besprochen wurde.

Altavista Bekannte Suchmaschine im Internet: *www.altavista.com*. Bei Recherchen zur Kryptologie wurde ich dort fast immer fündig.

Angreifer Eine fiktive Person, die mit Hilfe eines Programms oder/und entsprechender Hardware eine Kommunikation belauscht, Kommunikationsdaten verfälscht oder eine falsche Identität vorgibt. Der konventionelle Angreifer zeichnet eine chiffrierte Nachricht auf und entschlüsselt sie anschließend. Ebenso ist ein im Hintergrund ablaufendes Programm, das im lokalen Netzverkehr automatisch alle Passwörter heraussucht und aufzeichnet, auch ein Angreifer – gleich wer die Daten dann auswertet.

anonymer Remailer Ein Rechner (genauer: Mailknoten) zur Weiterleitung von E-Mail, der die vom Mailer automatisch hinzugefügten Informationen über den Absender entfernt. Es gibt Pseudo-Remailer, bei denen die wahre Absenderadresse lokal gespeichert bleibt (und damit ggf. der Polizei ausgeliefert werden kann), und echte Remailer, bei denen sich der Pfad auch bei Erpressung des Remailer-Betreibers nicht mehr rückverfolgen lässt.

asymmetrische Verschlüsselung Chiffrierverfahren mit zwei Schlüsseln: Mit dem öffentlichen Schlüssel kann man zwar chiffrieren, aber nur mit dem privaten dechiffrieren. Asymmetrische Verfahren werden *nicht* zur Verschlüsselung schlechthin angewandt, sondern zum Austausch von Sitzungsschlüsseln für symmetrische Verfahren und zur Authentifizierung, insbesondere für digitale Signaturen (4.5, 6.3). Auch **Public-Key-Verfahren** genannt.

Authentifizierung Kryptologisch sichere Beglaubigung des Urhebers einer Nachricht; der Absender soll sich nicht als jemand anderes ausgeben können. Durch Eingabe der PIN gilt die Nachricht an den Geldautomaten: »Schiebe bitte €400 Bargeld durch den Schlitz und buche den Betrag vom Konto 12345 ab« als authentifiziert, denn nur der Kontobesitzer kennt die PIN, die Nachricht muss also von ihm selbst stammen und somit auch seinen Willen ausdrücken.

Der Empfänger einer Nachricht *identifiziert* den Absender, der Absender dagegen *authentifiziert* sich (beweist seine Identität).

Bigramm Im geläufigen Sinn ein Paar aufeinander folgender Buchstaben in einem Text, spielt eine Rolle in der klassischen Kryptografie (vgl. 2.3).

Bletchley Park Im 2. Weltkrieg streng abgeschirmtes Gebiet in Großbritannien, auf dem die massenhafte Dechiffrierung vor allem Enigma-verschlüsselter Nachrichten der deutschen Wehrmacht vorgenommen wurde. Anfang 1944 arbeiten bereits ca. 7000 Menschen dort; bis zu 90.000 Nachrichten entzifferten die Mitarbeiter monatlich. Vgl. 2.5.2.

Block, Blockalgorithmus Ein Klar- bzw. Geheimtextabschnitt, der als Ganzes ver- bzw. entschlüsselt wird. Algorithmen, die nur blockweise verschlüsseln, heißen *Blockalgorithmen* (→Stromchiffrierungen).

Blowfish Ein von Bruce SCHNEIER entwickelter Blockalgorithmus, der frei verwendet werden kann und bis heute als sicher gilt (vgl. 5.7.4).

Brechen eines Verfahrens Auffinden einer Methode, mit einem gegebenen Chiffrierverfahren verschlüsselte Nachrichten zu entziffern, ohne den geheimen Schlüssel zu kennen. Ein Verfahren gilt *nicht* als gebrochen, wenn die effektivste bekannte Angriffsmethode im Durchprobieren aller möglichen Schlüssel besteht (→Brute Force).

Brute Force Durchprobieren aller möglicher Schlüssel, um an den Klartext heranzukommen. Bei 40 Bit langen Schlüsseln (z. B. in der internationalen Version von Netscape Navigator) erfordert Brute Force mehrere Stunden Rechenzeit auf extrem schnellen Universalcomputern (je nach Algorithmus und Art des Tests auf Klartext), bei 56-Bit-Schlüsseln (DES) ist Spezialhardware wie der Computer »Deep Crack« nötig (vgl. 4.4.1). Dagegen sind 80-Bit-Schlüssel (Skipjack) in nächster Zukunft sicher. Bei 128-Bit-Schlüsseln (IDEA) ist eine Realisierung von Brute Force mit der gegenwärtigen Art von Technik prinzipiell nicht mehr abzusehen (eine Billion parallel arbeitender Rechner, von denen jeder pro Sekunde eine Billion Entschlüsselungen durchführen kann, würde immer noch zehn Millionen Jahre benötigen; vgl. auch 5.9).

BSD Wichtige UNIX-Variante, die mehr aus dem universitären Bereich stammt (bekannte Vertreter: SunOS, FreeBSD). Wurde zu großen Teilen in System V.4 integriert (→System V).

Caesar-Chiffrierung Das wohl einfachste Chiffrierverfahren, in 2.1 erklärt. Wird nicht mehr verwendet.

Capstone-Chip In den USA von Mykotronx produzierter Chip zur chiffrierten Datenübertragung mit Schlüsselhinterlegung (vgl. 6.4.1).

CBC *Cipher Block Chaining Mode*, ein Chiffriermodus bei Blockalgorithmen (vgl. 5.1.1).

CFB *Cipher Feedback Mode*, ein Chiffriermodus bei Blockalgorithmen (vgl. 5.1.1).

Chiffrat Ein durch Chiffrierung (Verschlüsselung) erzeugter Text, auch Geheimtext genannt.

Chiffrierfehler Vorgehensweisen bei der Chiffrierung, die deren Sicherheit beeinträchtigen und oft vom verwendeten Chiffrierverfahren abhängen. Typisches Beispiel: Schlechte Passwortwahl. Vgl. Abb. 3.1, Abschnitt 3.1.

Chiffriermodus Art und Weise, wie die einzelnen Klar- und Geheimtextblöcke bei →Blockalgorithmen nacheinander berechnet werden (vgl. 5.1.1). Es sind vier Modi weit verbreitet: →ECB, →CBC, →CFB und →OFB.

Clipper-Chip Variante des →Capstone-Chips für chiffrierten Telefonverkehr.

Codebreaker Jemand, der Chiffriercodes bricht (im Unterschied zum Kryptanalytiker, der die Theorie dazu entwickelt).

Codierung Eine deterministische, nicht schlüsselabhängige Umwandlung eines Textes, oft um ihn speziellen Übertragungswegen anzupassen (Beispiele: Morsecode, base64-Codierung bei MIME-Mail). Codierung wird von Laien oft mit Chiffrierung verwechselt. Doch wenn das Codierverfahren bekannt ist, lässt sich der Text mühelos lesen – im Unterschied zur Chiffrierung, bei der man erst einen geheimen Schlüssel kennen muss.

Denial-of-Service-Attack Spezielle Angriffsform auf digitale Kommunikation, bei der zielgerichtet und nicht nachvollziehbar der Nachrichtenverkehr gestört oder mit kryptologischen Mitteln unterbunden wird (also z. B. durch unbefugtes Ersetzen eines Schlüssels, was weitere Kommunikation verhindert, nicht aber durch Zerhacken eines Kabels zwischen zwei Rechnern). Ein Beispiel lernten wir in 6.5.1 kennen.

Daemon Unter UNIX ein Programm, das ständig im Hintergrund läuft, auch wenn kein Nutzer mehr am Rechner arbeitet. Daemons lauschen z. B. am Netz und bauen bei entsprechenden Anforderungen Verbindungen auf; sie können die Systemuhr nachstellen, den Mausport überwachen, Druckdienste erledigen, Nutzerzahlen für bestimmte Software beschränken – und auch Passwörter abfangen!

DES *Digital Encryption Standard*, immer noch eines der verbreitetsten Verschlüsselungsverfahren (vgl. 4.3, 4.4). Es ist ein →Produktalgorithmus mit 56-Bit-Schlüsseln und 64-Bit-Blöcken.

Diffusion Die Eigenschaft von →Blockalgorithmen, dass Information von Teilen des Klartextblocks den gesamten Geheimtextblock beeinflusst; →Konfusion. Eine besonders starke Diffusion ist der →Lawineneffekt. Vgl. 4.1.2.

Digitale Signatur Eine Zeichenfolge unter einem digitalen Dokument, die bei Kenntnis des →öffentlichen Schlüssels des Urhebers gestattet nachzuprüfen, ob dieses Dokument tatsächlich von diesem Urheber stammt und nicht verändert wurde (→Authentifizierung, →Integrität). Ohne Kenntnis des geheimen →privaten Schlüssels des Urhebers ist keine Fälschung möglich.

diskreter Logarithmus →primitive Wurzel.

DSA *Digital Signature Algorithm*, ein in der NSA entwickeltes, sehr sicheres Verfahren zur Erzeugung →digitaler Signaturen. DSA ist Bestandteil des **DSS**, des *Digital Signature Standards*, und nutzt als →Einweg-Hashfunktion **SHA**, den *Secure Hash Algorithm*.

DSS →DSA.

E-Cash *electronic cash*, digitales Geld; ein Protokoll dazu wird in 6.6.7 behandelt.

ECB *Electronic Codebook Mode*, ein Chiffriermodus bei Blockalgorithmen (vgl. 5.1.1).

Echelon Weltweites Abhörsystem der NSA, das den größten Teil des internationalen und zumindest wichtige Teile des nationalen zivilen Nachrichtenverkehrs überwacht; Einzelheiten in 8.2.1.

EES *Escrowed Encryption Standard*, US-amerikanischer Standard für Geräte mit →Schlüsselhinterlegung. Vgl. 6.4. →Clipper, →Capstone.

Einmal-Passwort In 6.5 behandeltes kryptografisches Protokoll, das eine Authentifizierung über unsichere Leitungen ermöglicht, ohne →asymmetrische Verfahren einzusetzen. Jedes Passwort wird nur einmal verwendet, so dass ein Belauschen des Passwortes nutzlos wird. Wichtig beim Homebanking oder Arbeiten am eigenen Rechner von fremden Rechnern aus.

Einweg-Hashfunktion Eine Abbildung, die Prüfsummen über Datenströme bildet, ohne dass mit vernünftigem Aufwand zu einer vorgegebenen Prüfsumme irgendwelche Daten konstruierbar wären, die diese Prüfsumme ergeben. Außerdem wird noch Kollisionsfreiheit gefordert, vgl. 6.3.1.

Enigma Berühmte deutsche Chiffriermaschine, mit deren Hilfe ein erheblicher Teil des deutschen Nachrichtenverkehrs (insbesondere der der deutschen U-Boote) im 2.Weltkrieg chiffriert wurde. Vgl. 2.5.1–2.5.3.

Exhaustionsmethode svw. →Brute Force.

Fail-Stop-Signaturen Spezielle →digitale Signaturen, bei denen zum öffentlichen Schlüssel sehr viele private gehören. Dadurch wird der erfolgreiche Versuch, das zugrunde liegende asymmetrische Verfahren zu brechen und eine digitale Unterschrift zu fälschen, nachweisbar. Vgl. 6.6.5.

FEAL Blockalgorithmus, der ursprünglich als DES-Ersatz gedacht war, sich aber als außerordentlich unsicher herausstellte. Vgl. 5.7.3.

Feistel-Netzwerk Besonders einfache Struktur eines →Produktalgorithmus, bei dem nur eine schlüsselabhängige Funktion verwendet wird, deren Umkehrung bei der Dechiffrierung nicht berechnet werden muss. Vgl. 4.2.

Fingerprint →MD5-Prüfsumme über einen →öffentlichen Schlüssel, die z. B. zur telefonischen Überprüfung der Echtheit dieses öffentlichen Schlüssels dienen kann. Bekannt vor allem durch das Software-Paket →PGP.

Firewall Rechner (oder Programm), der das hauseigene Internet in definierter Weise gegen Angriffe von außen schützt, indem er nur bestimmte Arten von Datenpaketen durchlässt, Absender überprüft usw.

flacher bzw. nichtlinearer Schlüsselraum In einem *flachen* Schlüsselraum sind alle Schlüssel gleich stark. Das Gegenteil davon ist ein *nichtlinearer* Schlüsselraum. Während die Existenz →schwacher Schlüssel eher ein unangenehmer Nebeneffekt ist, haben Algorithmen mit nichtlinearem Schlüsselraum zum Ziel, dass Unkundige praktisch mit Sicherheit nur schwache Schlüssel verwenden und dadurch ihre Chiffrate leicht zu entziffern sind. Lediglich Kenner der Interna des Algorithmus sind in der Lage, sicher zu chiffrieren. Dieses Konzept ist noch gefährlicher als die →Schlüsselhinterlegung. Daher sind Kryptologen meist bestrebt nachzuweisen, dass der Schlüsselraum flach ist.

Geheimtext Das Ergebnis einer Verschlüsselung. Auch Chiffrat genannt.

Geheimtextangriff Kryptanalyse unter ausschließlicher Verwendung des Geheimtextes.

GnuPG *GNU Privacy Guard*, im Unterschied zu →PGP-Versionen ab 5.0 ein frei erhältliches, lizenzfrei nutzbares E-Mail-Verschlüsselungsprogramm, das den Standard →OpenPGP implementiert. Vgl. 7.1.4.

Halbblock Die linke bzw. rechte Hälfte eines →Blocks, also beispielsweise bei 64-Bit-Blöcken die niedrigsten bzw. höchsten 32 Bit. Bedeutsam für →Feistel-Netzwerke.

Hashfunktion Eine Abbildung, die Prüfsummen über Datenströme so bildet, dass alle möglichen Funktionswerte in etwa gleich oft auftreten. Die Prüfsumme heißt auch **Hashsumme** oder **Hashwert**. Hashfunktionen spielen bei Suchalgorithmen eine große Rolle; spezielle Hashfunktionen sind die in der Kryptografie genutzten →Einweg-Hashfunktionen.

hybrides Verfahren Ein kryptografisches Protokoll, bei dem die Nachrichten mittels eines üblichen →symmetrischen Verfahrens chiffriert werden, der zugehörige (zufällige) →Sitzungsschlüssel jedoch mittels eines →asymmetrischen Verfahrens übertragen wird. Heute sehr verbreitet, z. B. in →PGP. Vgl. 4.5.2.

IDEA Vor allem in →PGP eingesetzter, als sehr sicher eingeschätzter →Produktalgorithmus mit 128-Bit-Schlüssel und 64-Bit-Blöcken.

Identifizierung Erkennen des Urhebers einer Nachricht. Der Empfänger *identifiziert* den Absender, der Absender dagegen *authentifiziert* sich (beweist seine Identität).

individueller Schlüssel Eine zufällige Byte- oder auch Bitfolge, die mindestens so lang wie der Klartext ist. Die Chiffrierung bzw. Dechiffrierung erfolgt durch einfache XOR-Verknüpfung mit dem Klar- bzw. Geheimtext. Individuelle Schlüssel realisieren das bisher einzige Verfahren, bei dem Sicherheit beweisbar ist (vgl. 2.6). Auch **One-Time Pad** genannt.

Initialisierungsvektor Bei vielen →Chiffriermodi erforderlicher zufälliger erster →Block. Abkürzung: IV. Durch den →IV entstehen bei der Chiffrierung gleicher oder fast gleicher Klartexte völlig verschiedene Geheimtexte; außerdem werden verschiedene kryptanalytische Angriffe verhindert (z. B. Mustererkennung).

Integrität Unverletztheit eines (digitalen) Dokuments, die oft durch →digitale Signaturen garantiert wird.

IV Abkürzung für →Initialisierungsvektor.

Kappa (Zeichenkoinzidenz) Aus zwei Geheimtexten gebildete statistische Größe, mit deren Hilfe die Periodenlänge bei der →Vigenère-Chiffrierung ermittelt werden kann (vgl. 3.6.1).

KEA Von der NSA in →Clipper-Chips verwendeter Public-Key-Algorithmus, in 6.1.1 vorgestellt.

Kerberos Protokoll zur Authentisierung und Chiffrierung in lokalen Netzen, das keine asymmetrische Verfahren nutzt, sondern auf ein bis zwei vertrauenswürdige Rechner setzt. Trotz einiger Mängel weit verbreitet; in diesem Buch nicht besprochen.

Key Escrow svw. →Schlüsselhinterlegung.

Klartext Der zu chiffrierende Text.

Klartextangriff Kryptanalyse, bei der ein in der Regel kleiner Teil des Klartextes bekannt ist.

Komplexitätstheorie Teilgebiet der Mathematik, das den erforderlichen Aufwand zur Lösung eines Problems abzuschätzen versucht. Sehr wichtig für die Kryptologie, weil nur von der Komplexitätstheorie verlässliche Aussagen über die Sicherheit heutiger Verschlüsselungsalgorithmen zu erwarten sind.

Kompromittierung Erfolgreicher kryptologischer Angriff gegen ein Chiffrierverfahren oder ein →kryptografisches Protokoll.

Konfusion Die Verwischung der Beziehung zwischen Klartext und Geheimtext in den gleichen Textpositionen, im Unterschied zur →Diffusion. Vgl. 4.2.1.

Kongruenz In der Zahlentheorie (ein Teilgebiet der Mathematik) Gleichungen mit Resten bei Teilung durch ganze Zahlen: $a \equiv b \ (mod \ n)$ (auch als »a = b mod n« geschrieben) heißt: Die ganzen Zahlen a und b lassen den gleichen Rest bei Teilung durch den ganzzahligen →Modul n. Vgl. 4.5.3.

kryptografisches Protokoll Umsetzung der Kryptografie in der Praxis, bei der mehrere Parteien eine vorgegebene Folge von Aktionen abarbeiten. Kryptografische Protokolle können wie kryptografische Algorithmen gebrochen werden; ihre Formalisierung ist schwierig. Vgl. Kap. 6.

Kryptanalyse Die Kunst, eine chiffrierte Nachricht ohne Kenntnis des geheimen Schlüssels zu entziffern oder allgemein den Schutz durch geheime Schlüssel ohne Kenntnis dieses Schlüssels zu umgehen (etwa die Verfälschung eines digital signierten Dokumentes). Counterpart der Kryptografie.

Kryptografie Lehre vom Entwurf von Verschlüsselungsalgorithmen, Counterpart der Kryptanalyse. Kryptografie ohne Kenntnis der Kryptanalyse ist nicht sinnvoll (das gilt nicht für die Umkehrung!).

Kryptologie Oberbegriff zu Kryptanalyse und Kryptografie.

Lawineneffekt Besonders starke →Diffusion eines Blockalgorithmus: Jedes geänderte Bit des Klartextblockes soll jedes Bit des Geheimtextblockes ändern. Weicht die Wahrscheinlichkeit der Änderung eines Geheimtextbits von 50% ab, so ist das ein Angriffspunkt für die differenzielle Kryptanalyse (vgl. 4.4.2).

Linearer Ausdruck In der Algebra ein Ausdruck der Form $a_1x_1 + \ldots + a_nx_n$, wobei die x_i Variable und die a_i Konstanten sind. In der Kryptologie treten an Stelle von reellen Zahlen beispielsweise 64-Bit-Zahlen, die Addition entspricht der bitweisen XOR-Verknüpfung und die Multiplikation dem bitweisen UND. Ein linearer Ausdruck wird dadurch zur XOR-Summe ausgewählter Bits von ganzzahligen Datentypen (z. B. Maschinenworten). Vgl. 4.4.4.

Linksrotation →Rotation

MAC *Message Authentication Code*, eine →Einweg-Hashfunktion, deren Hashsumme sich nur mit Kenntnis eines geheimem Schlüssels berechnen lässt. Einfachstes Beispiel: Die Verschlüsselung einer Hashsumme mittels eines →symmetrischen Verfahrens. MACs finden Anwendung bei fälschungssicheren Prüfsummen (z. B. als Schutz vor Viren), aber auch bei bestimmten Protokollen für digitales Geld (MilliCent).

MARS IBMs Vorschlag für den →AES-Wettbewerb, wie alle fünf Endkandidaten sehr sicher, effektiv und schnell.

MD2, MD4, MD5 Drei wichtige →Einweg-Hashfunktionen, die in 6.3.1 besprochen werden.

Mehrfachverschlüsselung Wiederholtes Verschlüsseln eines Textes mit dem gleichen oder mit verschiedenen Chiffrieralgorithmen. In den meisten Fällen erhöht sich dadurch vermutlich die Sicherheit, die Kryptanalyse ist jedoch auf diesem Gebiet (wenigstens in der öffentlichen Forschung) anscheinend noch nicht allzu weit. Bekanntestes Beispiel für Mehrfachverschlüsselung: Triple-DES, vgl. 5.2.1.

mod, Modul →Kongruenz

NBS *National Bureau of Standards*, früherer Name des →NIST

negative Mustersuche Bei gewissen Chiffriermethoden (z. B. Enigma, Chiffrier-zylinder) wird kein Zeichen in sich selbst überführt. Damit lassen sich gewisse Stellungen von Mustern im Klartext ausschließen, was manchmal schon die Krypt-analyse ermöglicht (vgl. 3.4.1). Spielt in der klassischen (zeichenorientierten) Kryp-tologie eine Rolle; bei heutigen Algorithmen auf Grund des →Lawineneffekts wahrscheinlich ohne Bedeutung.

N-Hash Eine kryptografisch unsichere →Einweg-Hashfunktion, vgl. 6.3.1.

NIST *National Institute of Standards and Technology*, eine Abteilung des US-Handels-ministeriums, das u. a. auch kryptografische Standards festlegt (bekannte Beispiele: →DES, →EES, →DSS). Arbeitet eng mit der →NSA zusammen.

NSA *National Security Agency*, (ehemals supergeheime) amerikanische Behörde, die sich intensiv mit Kryptologie und der weltweiten Überwachung und nachrichten-dienstlichen Gewinnung von Daten beschäftigt. Beschäftigt vermutlich 40.000 Angestellte (darunter mindestens 2000 Mathematiker), verfügt über extrem schnelle Rechentechnik (weltweit größter Einzeleinkäufer von Hardware) und stellt auch selbst Rechner her. Nach [VDI] wird ihr Haushaltsbudget auf 10 Mrd. Dollar jährlich geschätzt. Die NSA wurde zwar schon 1952 von TRUMAN gegründet, doch erst zu Anfang der 70er Jahre wurde ihre Existenz im Zusammenhang mit der Entwicklung von →DES überhaupt zugegeben.

öffentlicher Schlüssel Der öffentlich bekannte Schlüssel bei →asymmetrischen Chiffrierverfahren; mit ihm wird nur chiffriert.

OFB *Output Feedback Mode*, ein Chiffriermodus bei Blockalgorithmen (vgl. 5.1.1).

One-Time Pad →individueller Schlüssel

OpenPGP Auf der Grundlage von →PGP ab Version 5.0 entwickelter Standard für sichere E-Mail Kommunikation. Wird außer in PGP noch in →GnuPG und anderen Produkten implementiert. Vgl. 7.1.4.

Passphrase Eine lange, einprägsame Zeichenfolge anstelle eines z. B. sechs Zeichen langen Passwortes. Passphrasen können kurze Sätze (mit Interpunktions- und Leer-zeichen) oder Wortfolgen sein. Passphrasen sollten Passworte eigentlich überall ersetzen, da sie erheblich mehr Sicherheit bieten. Anwendung z. B. in →PGP.

Permutation Mathematisch jede bijektive (eineindeutige) Abbildung einer end-lichen Menge auf sich selbst, umgangssprachlich: Jede Anordnung einer endlichen Zahlen- oder Zeichenmenge. Transpositionschiffren (2.2.4) sind genau genommen Blockalgorithmen, bei denen die Klartextblöcke durch Permutation verschlüsselt werden. Bei alleiniger Anwendung extrem anfällig gegen differenzielle Krypt-analyse (4.4.2).

PGP *Pretty Good Privacy*, das bekannteste und frei erhältliche Programm zur Chif-rierung von Dateien und E-Mail. Vgl. 7.1.

Playfair-Verfahren Spezielle →Bigramm-Chiffrierung, vgl. 2.3.

polyalphabetische Substitution Spezielle →Substitutionschiffrierung, bei der die Ersetzungsvorschrift von der Position im Text abhängt. Beispiele: →Enigma, →Vigenère-Chiffrierung.

polygrafische Substitution Spezielle →Substitutionschiffrierung, bei der immer mehrere Zeichen auf einmal nach einer großen Tabelle ersetzt werden. Entspricht heutigen Blockalgorithmen mit der typischen Blocklänge von zwei oder drei Zeichen (bei zwei Zeichen heißt sie →Bigramm-Substitution, bei drei Zeichen →Trigramm-Substitution).

primitive Wurzel Eine Zahl g heißt primitive Wurzel modulo einer Primzahl p, wenn die p-1 Zahlen g^0, g^1, ... , g^{p-2} alle möglichen p-1 Reste 1, 2, ..., p-1 bei Teilung durch p ergeben. Mit anderen Worten: Die zahlentheoretische Gleichung

$$y \equiv g^x \pmod{p}$$

ist für jedes von 0 verschiedene y immer in x lösbar (x ist der →diskrete Logarithmus von y zur Basis g). Primitive Wurzeln werden bei asymmetrischen Verfahren benötigt, die auf dem diskreten Logarithmus beruhen, z. B. Diffie-Hellmann (vgl. 6.1.1) →Kongruenz.

privater Schlüssel Der geheime, nur dem Erzeuger bekannte Schlüssel bei →asymmetrischen Chiffrierverfahren, mit dem er im Unterschied zum →öffentlichen Schlüssel auch dechiffrieren kann.

probabilistische Verfahren Spezielle →asymmetrische Verfahren, bei denen zu jedem privaten Schlüssel viele öffentliche gehören. Ein bekannter Vertreter ist das Verfahren von BLUM, BLUM und SHUB (vgl. 5.8).

Produktalgorithmus Spezieller →Blockalgorithmus, bei dem die gleiche schlüsselabhängige Chiffrierfunktion mehrfach hintereinander auf einen Block angewendet wird. Die Anwendung dieser Funktion heißt →Runde. Aus dem Schlüssel werden **Rundenschlüssel** abgeleitet; in jeder Runde wird die Chiffrierfunktion abhängig vom zugehörigen Rundenschlüssel angewendet. Vgl. 4.1.4.

Public-Key-Verfahren →asymmetrische Verschlüsselung

Quantencomputer Weitgehend hypothetische Rechner, die nach den Gesetzen der Quantenmechanik arbeiten; mit ihrer Hilfe könnte man alle derzeit sicheren Public-Key-Verfahren sehr schnell knacken. Vgl. 5.9.

Quantenkryptografie Mischgebiet aus Physik und kryptografischen Protokollen, bei dem sich ein Abhörversuch sicher beweisen lässt. Quantenkryptografie erlaubt die sichere Informationsübertragung (z. B. von Sitzungsschlüsseln), ist in der Praxis jedoch außerordentlich schwierig zu realisieren und zählt zu den technischen Spitzenleistungen. Vgl. 5.8.

RC4 Ein sehr leicht programmierbares, schnelles und offenbar bis heute noch als sicher eingeschätztes Verschlüsselungsverfahren; eine →Stromchiffrierung; vgl. 5.6.

RC5 Ein sehr einfacher und schneller →Blockalgorithmus mit variablen Parametern (Blocklänge, Schlüssellänge, Rundenzahl), der vielleicht einmal DES ersetzen könnte; vgl. 5.4. Im Buch wird außerdem die vermutlich noch sicherere Variante RC5a besprochen (5.4.3).

RC6 Der Nachfolger von RC5, in 5.4.4 vorgestellt; gleichzeitig einer der fünf AES-Endkandidaten (→AES).

Rechtsrotation →Rotation

reduzierter Schlüsselraum Wenn durch schlechte Implementierung eines vielleicht guten Algorithmus nur relativ wenige der theoretisch möglichen Schlüssel zur Anwendung kommen, spricht man von einem reduzierten Schlüsselraum. Dadurch werden →Wörterbuchangriffe möglich. Beispiele: Ältere Versionen von Netscape Navigator (5.1.4), vgl. a. Crack für UNIX-Passwörter (3.3).

Replay-Angriff Spezieller kryptanalytischer Angriff, bei dem der Angreifer eine fremde Nachricht zwar nicht dechiffrieren kann, sie jedoch aufzeichnet und zu einem späteren Zeitpunkt nochmals einspielt, wodurch er sich z. B. unter falschem Namen authentifiziert und so den Datenverkehr bewußt stört, verfälscht oder auch in ein fremdes System eindringen kann. Das wurde früher bei Novell Netware ausgenutzt (chiffrierte Passwörter hatten keine Folgenummer bzw. Zeitstempel).

Restklasse Jede Menge aller ganzen Zahlen, die bezüglich eines gegebenen Moduls (→Kongruenz) den gleichen Rest lassen.

Rijndael AES; Belgischer Algorithmus, der im →AES-Wettbewerb zum DES-Nachfolger gekürt wurde; sehr schnell, sehr klein, sehr einfach. Es sind keine Schwachstellen bekannt (Beschreibung in 5.5).

RIPE Sammlung europäischer Sicherheitsstandards im Rahmen der RACE-Initiative: RIPE heißt *RACE Integrity Primitives Evaluation*, und RACE bedeutet wiederum *Research and Development in Advanced Communication Technologies*.

RIPE-MD, RIPE-MD160 →Einweg-Hashfunktionen im Rahmen des →RIPE-Programms; RIPE-MD160 wird neben SHA (→DSA) als sehr sicher eingeschätzt und ist RIPE-MD vorzuziehen.

ROT13 →Caesar-Verschlüsselung, bei der jeder Buchstabe durch seinen 13. Nachfolger ersetzt wird. Zweimalige Anwendung des Verfahrens liefert den Ausgangstext zurück. ROT13 soll keine kryptologische Sicherheit bieten, sondern das unerwünschte Herauslesen von Zeichenketten aus Programmtexten etwas erschweren (Anwendung in Newsreadern).

Rotation Operation von Rechnern, bei denen ein Wort (bestehend z. B. aus 32 Bit) um einige Bits nach links oder rechts verschoben wird und die herauslaufenden Bits in gleicher Reihenfolge auf der anderen Seite wieder hineingeschoben werden. Spielt im Buch vor allem bei →RC5 eine Rolle. Beispiel: Die Rechtsrotation der Binärzahl 00001011 um 2 Bit ergibt 11000010.

Rotor Eine drehbare Scheibe mit je 26 (oder mehr) gegenüberliegenden Schleifkontakten an den Außenseiten, die intern so verdrahtet sind, dass jeder Kontakt auf der linken Seiten mit genau einem auf der rechten Seite verbunden ist. Rotoren realisieren also eine hardwaremäßige →Substitution, die aber von der Stellung des Rotors abhängt. Fanden Verwendung in **Rotormaschinen** mit der →Enigma als bekanntester Vertreterin. Vgl. 2.5.1.

Runde, Rundenschlüssel →Produktalgorithmus.

S-Boxen Spezielle Ersetzungstabellen beim →DES-Algorithmus, die für dessen Sicherheit entscheidend verantwortlich sind.

Schlüsseltausch nach Diffie-Hellmann Ein kryptografisches Protokoll zur Übermittlung eines Sitzungsschlüssels, das auf diskreten Logarithmen beruht; vgl. 6.1.1.

Schlüsselhinterlegung Versuch einer staatlichen Regulierung der Kryptografie: Es darf weiterhin verschlüsselt werden, jedoch muss bei Erfordernis der verwendete Schlüssel dem Staat auf irgendeine Weise zugänglich gemacht werden können. Vgl. 6.4, 8.2.2.

Schlüsselstrom →Stromchiffrierung.

schwache Schlüssel Spezielle Schlüssel, bei deren Anwendung ein Chiffrierverfahren weniger Sicherheit bietet als mit nichtschwachen Schlüsseln. Ausgefallenes Beispiel: Jede Folge von Nullbytes ist ein (extrem) schwacher Schlüssel bei der →Vigenère-Chiffrierung, da sie den Klartext bei der Chiffrierung unverändert lässt.

Gibt es bei einem Chiffrierverfahren sehr viele schwache Schlüssel, so lohnt für einen Angreifer die Annahme, es sei ein schwacher Schlüssel verwendet worden. Damit würde er schneller zum Ziel kommen. Schlägt der Versuch fehl, so verwendet er ggf. noch andere Methoden. Vgl. auch 4.4.3.

Serpent Vorschlag von ANDERSON, BIHAM und KNUDSEN für den →AES-Wettbewerb; von den fünf Endkandidaten wahrscheinlich der sicherste Algorithmus, allerdings nicht der schnellste.

SESAME Europäisches Projekt, das als →Kerberos-Ersatz gedacht ist. Die Software hat gravierende kryptologische Schwächen, vgl. 6.7.

SETUP-System *secretly embedded trapdoor with universal protection*; ein von YOUNG und YUNG eingeführter Begriff für →trojanische Kryptografie, bei der Teile des privaten Schlüssels durch die Soft-/Hardware so im öffentlichen Schlüssel versteckt werden, dass sich der Betrug durch Analyse der Ausgabe nicht nachweisen lässt, vgl. 6.7.

SHA →DSA.

Sitzungsschlüssel Ein vom Rechner erzeugter, zufälliger Schlüssel für ein →symmetrisches Verfahren. Er gilt nur für die Dauer der Übertragung einer einzigen Nachricht und wird oft mittels asymmetrischer Chiffrierung übermittelt (→hybride Verfahren).

Skipjack-Algorithmus Von der →NSA entwickelter, geheimer Chiffrieralgorithmus in den Clipper- und →Capstone-Chips. Vgl. 5.7.5.

Snefru Die vermutlich erste →Einweg-Hashfunktion, vgl. 6.3.1.

Stromchiffrierung Im Gegensatz zu →Blockalgorithmen eine kontinuierliche (symmetrische) Verschlüsselung, bei der in Abhängigkeit von einem geheimen Schlüssel ein Byte- oder auch Bitstrom erzeugt und dieser per XOR mit dem Klartext bzw. Geheimtext verknüpft wird. Der Bitstrom heißt auch **Schlüsselstrom** und wird wie ein ›individueller Schlüssel (One-Time Pad) verwendet. Vgl. 4.1.3.

Substitution Chiffrierung durch systematische Ersetzung der Klartextzeichen entsprechend einer vorgegebenen festen Tabelle. Sehr anfällig für statistische Kryptanalyse. Die Substitutionschiffrierung ist für bekannte Textstrukturen auf einem Rechner innerhalb von Sekundenbruchteilen per Geheimtextangriff zu knacken.

symmetrische Verschlüsselung Übliche Chiffrierung, bei der mit einem einzigen geheimen Schlüssel sowohl ver- als auch entschlüsselt wird. Solche Verfahren sind wenigstens bei Verwendung von →Sitzungsschlüsseln sehr sicher. Das Problem besteht meist in der Schlüsselübermittlung.

System V Variante von UNIX, die mehr aus dem kommerziellen Bereich stammt (Beispiele: SCO UNIX, UnixWare, Irix). Wurde ab Release V.4 so weit wie möglich mit →BSD vereinigt.

Topic Analysis Neuartige Abhörmethode, bei der Dokumente automatisch nach ihrem Inhalt klassifiziert werden. Dadurch ist es möglich, riesige Datenfluten zielgerichtet zu durchsuchen. Große Bedeutung für Geheimdienste, kann aber auch bei Sicherheitskonzepten in Betrieben verwendet werden (geheime Informationen werden automatisch verschlüsselt, Zugriffsrechte nach dem Inhalt geregelt). Basiert u. a. auf der **N-gram-Analysis**, die von der NSA entwickelt wurde.

Traffic Analysis Man untersucht nicht den Inhalt einer Nachricht (z. B. weil er verschlüsselt ist), sondern protokolliert Absender, Empfänger, Zeit, Länge usw. dieser Nachricht. Durch Sammeln vieler solcher Daten lassen sich erstaunlich viele Informationen gewinnen. Suchen Sie auch im Index danach!

Transposition Genau genommen eine spezielle →Permutation, nämlich die Vertauschung zweier Elemente (jede Permutation kann als Folge endlich vieler Transpositionen dargestellt werden). In der Kryptologie bezeichnet man mit **Transpositionschiffren** Verschlüsselungen durch Permutation von Blöcken fester Länge.

Trigramm →polygrafische Substitution.

Triple DES Dreifachverschlüsselung mittels →DES, wobei nur zwei DES-Schlüssel verwendet werden:

$$\text{Geheimtext} = \text{DES}_{\text{Schlüssel\_1}}(\text{DES}^{-1}_{\text{Schlüssel\_2}}(\text{DES}_{\text{Schlüssel\_1}}(\text{Klartext})))$$

Dieses Verfahren soll das Problem der inzwischen zu kurzen Schlüssellänge von DES lösen, bei optimaler Hardwareverträglichkeit. Vgl. 5.1.2.

Trojanische Kryptografie In diesem Buch verwendeter Begriff für Implementierungen kryptografischer Soft- bzw. Hardware, die dem Hersteller das unbemerkte Mitlesen chiffrierter Nachrichten ermöglichen.

Twinkle Ein in 4.5.3 vorgestelltes, noch hypothetisches Gerät nach einer Idee von SHAMIR, mit dem man große Zahlen schneller faktorisieren könnte als bisher. Wichtig für die Sicherheit des RSA-Verfahrens.

Twofish Weiterentwicklung von →Blowfish, einer der fünf →AES-Endkandidaten. Ein sehr sicherer, flexibler und schneller Algorithmus.

Umkehrwalze Bei der deutschen Chiffriermaschine →Enigma ein fest stehender Rotor, der die Ausgabe permutiert und wieder rückwärts durch die →Rotoren schickt. Vgl. 2.5.1.

Unizitätslänge Theoretische Mindestlänge, die ein Geheimtext haben muss, damit eine eindeutige Dechiffrierung möglich wird. Die Unizitätslänge hängt von der Struktur des Klartextes und von der Schlüssellänge ab. Die Unizitätslänge für gewöhnlichen englischen ASCII-Text bei Verwendung von 40-Bit-Schlüsseln beträgt 5,9 Zeichen (ca. 47 Bit). Praktisch durchführbare Kryptanalyse erfordert jedoch weitaus mehr Geheimtext; die Unizitätslänge hat informationstheoretische Bedeutung.

Vernam-Chiffrierung Genau genommen die bitweise →Vigenère-Chiffrierung, d. h. die bitweise →Stromchiffrierung mit einem periodischen Schlüsselstrom. Manchmal wird damit auch der →individuelle Schlüssel bezeichnet. Vgl. 2.4.2.

Vigenère-Chiffrierung Einfachste →polyalphabetische Substitution, bei der das Schlüsselwort wiederholt über den Klartext geschrieben wird; der Geheimtext entsteht durch Addition übereinander liegender Zeichen. In diesem Buch wird meist XOR statt der Addition betrachtet (genau genommen eine →Vernam-Chiffrierung). Dieses geänderte Verfahren lässt sich aber in gleicher Weise behandeln. Vgl. 2.4.1.

wahrscheinliches Wort Eine Zeichenfolge, die wahrscheinlich im Klartext vorkommt (oft ein bestimmtes Wort). Durch Mustersuche bzw. →negative Mustersuche kann die Position des wahrscheinlichen Wortes oft bestimmt werden. Damit hat man einen →Klartextangriff gewonnen. Spielt vor allem in der klassischen Kryptanalyse eine Rolle; vgl. z. B. 3.4.1.

Wörterbuchangriff Angriff auf einen →reduzierten Schlüsselraum, dessen Struktur sich durch eine bekannte Grundmenge von Schlüsseln (ein *Wörterbuch*) und eventuelle Modifikationen dieser Schlüssel beschreiben lässt. Lehrreichstes Beispiel ist das Programm *Crack* aus 3.3.

XOR Grundoperation in allen Rechnern zwischen zwei Binärzahlen: Bits in gleicher Position werden per XOR, d. h. exklusivem OR, verknüpft:

`0 XOR 0 = 0, 1 XOR 1 = 0, 0 XOR 1 = 1, 1 XOR 0 = 1.`

Wird meist als ⊕ geschrieben: a ⊕ b.

Zeichenkoinzidenz Übereinstimmung zweier Zeichen in gleichen Positionen beim Vergleich zweier Texte; wichtig zur Berechnung des Koinzidenzindex (→Kappa).

Wer mehr wissen will

A.1 Zur beigelegten CD

Die beigelegte CD ist keine »Krypto-CD« im üblichen Sinn: Kenner werden manches vermissen oder werden bemängeln, dass inzwischen alle Welt schon das übernächste Release eines bekannten Programmes nutzt. Doch Software und Texte auf dieser CD sollen Ihnen helfen, die Anregungen dieses Buches aufzugreifen und sich weiterzubilden. So finden Sie hier zum Beispiel das verbreitete Release 2.6.3 von PGP, obwohl bei Drucklegung schon PGP 7.03 verfügbar war. Alle Software habe ich jedoch in erster Linie ausgewählt, damit Sie in den Quellcode hineinsehen und verstehen können, wie sie funktioniert.

Einige Programme (wie z. B. *book/vigenere/vig_crack.c* oder *book/trans/trans.c*) sind als Demonstrationen gedacht – Sie können damit Kryptanalyse »hautnah« erleben oder (wie bei *trans*) die Schwäche eines Algorithmus in verblüffender Weise sichtbar machen.

Gleichfalls liegen zahlreiche Texte bei, die teilweise als Quellen für das Buch dienten oder weiterführende Informationen enthalten. Viele hochinteressante Texte (z. B. *txt/chipcrack/andkuhn.html* oder *txt/enigma/hinsley.txt*) hätte ich am liebsten vollständig im Buch verarbeitet, doch würde das dessen Rahmen sprengen.

Kryptologisch wenig interessante Programme wie Wörterbuchangriffe auf Vigenère-chiffrierte Dateien oder auf pkzip, ebenso wie Programme zum Brechen der Winword-Verschlüsselung, werden Sie hier vergebens suchen. Gängige Internetadressen für kryptologische Software sind z. B.:

```
www.jya.com/crypto.htm
ftp.cert.dfn.de, Verzeichnisse /pub/docs/crypt und /pub/tools/crypt
ftp.funet.fi:/pub/crypt
ftp.ox.ak.uk:/pub/crypto
ftp.idea.sec.unimi.it:/pub/security
www.rsa.com/rsalabs
```

Alles über die AES-Algorithmen finden Sie auf

```
www.nist.gov/aes
```

Weitere lohnende Adressen sind z. B.

```
www.cs.auckland.ac.nz/~pgut001/links.html
```

(eine sehr umfangreiche Linksammlung von PETER GUTMANN)

```
www.cl.cam.ac.uk/users/rja14
```

(Homepage von ROSS ANDERSON mit vielen technisch interessanten Details)

Besonders möchte ich auch noch die Adresse

```
www.counterpane.com/crypto-gram.html
```

empfehlen, unter der Sie BRUCE SCHNEIERS Online-Zeitschrift *cryptogram* lesen und abonnieren können – eine unerschöpfliche Quelle aktueller und interessanter Informationen!

Beachten Sie bitte außerdem noch folgende Punkte:

Copyright und Haftung

Alle Dateien auf der CD sind entweder von mir geschriebene Programme – diese dürfen sämtlich unter Wahrung des Copyrights unentgeltlich weitergegeben sowie uneingeschränkt verwendet werden –, oder ich habe sie direkt aus dem Internet bezogen. Die Letzteren dürfen Sie damit zwar weitergeben, doch eventuell nicht uneingeschränkt verwenden – lesen Sie das entsprechende Copyright dazu. Beachten Sie auch die gültigen Import-/Exportbestimmungen für kryptologische Software in den einzelnen Ländern.

Wie üblich bei freier Software benutzen Sie diese auf eigene Verantwortung; niemand wird einen Support oder gar eine Garantie für das Funktionieren der Software übernehmen.

Quellenangaben

Internetadressen ändern sich leider von Zeit zu Zeit. Ich habe sie nicht immer mit angeben können. Bei der heutigen Qualität und Verfügbarkeit von Suchmaschinen (ich habe vorwiegend auf die Altavista zurückgreifen müssen) dürfte es auf der Suche nach neuesten Versionen der einfachste Weg sein, Adressen zielgerichtet mittels einer solchen Suchmaschine zu ermitteln.

Datenformate und Sprache

Texte liegen in einem oder mehreren Formaten vor: PostScript (.ps), PDF (.pdf), HTML-Dateien (.html) und einfache ASCII-Texte (.txt oder keine Endung). Fast alle Texte sind in Englisch abgefasst; damit entfällt in den meisten Fällen das leidige Problem mit den Umlauten. Der Kritik, alle Texte in einheitlichem Format zu liefern, kann ich mich nicht anschließen: Manche Texte sind nur im Postscript-Format verfügbar, eine Suche in ihnen ist nicht möglich. Gerade das kann aber wichtig bei der Recherche werden.

Programme liegen meist als C-Quellcode vor.

Betriebssysteme

Die meisten Programme und Programmpakete stammen aus der UNIX-Welt. Hinweise zur Portierbarkeit finden Sie in den entsprechenden README-Dateien. Meine eigenen Programme habe ich ausschließlich unter UNIX getestet, doch einige von ihnen laufen sicherlich unter jedem System mit jedem C-Compiler. Hinweise dazu gibt es weiter unten.

A.1.1 Gliederung der CD

Die CD enthält fünf Verzeichnisse auf der höchsten Ebene:

book   Von mir erstellte Programme, die in diesem Buch besprochen werden.

algor   Kryptografische Algorithmen

cryptana   Kryptanalytische Software

txt   Texte aus dem Internet

PD   Freie Softwarepakete wie z. B. PGP

Verzeichnis book:

▷ Verzeichnis **WP**:

newwpcrack.c:
C-Programm zum Brechen der Chiffrierung von WordPerfect 5.1. Es wurde in 3.5.2 ausführlich besprochen.

wph.c:
Kurzes Hilfsprogramm zum Ermitteln konstanter Teile in den Headern der WordPerfect-Dateien; es wird wie folgt aufgerufen:

```
wph file1 file2 ...
```

▷ Verzeichnis **vigenere**:

vigenere.c:
Dieses C-Programm führt eine Vigenère-Chiffrierung eines Datenstromes (XOR-Verknüpfung mit einem periodisch wiederholten Paßwort) durch. Der Aufruf geschieht über die Kommandozeile.

```
vigenere schlüsselwort <Klartext >Geheimtext
```

Bei wiederholter Anwendung entsteht aus dem Geheimtext wieder der Klartext. Das Programm ist nur zum Erzeugen von Geheimtexten für die Kryptanalyse gedacht.

vigcrack.c:
Kryptanalyse Vigenère-chiffrierter Dateien. Die Bedienung ist im Quellcode erläutert. Das Programm wurde in 3.6.3 detailliert besprochen.

distr.c:
Hilfsprogramm für *vigcrack.c*, s. dort.

vigc_crk.c:
Kryptanalyse Vigenère-chiffrierter komprimierter Dateien, vgl. 3.6.4; der Aufruf ist im Quellcode erklärt.

_C, _eng, _wp:
Mittels *distr* ermittelte Häufigkeitsprofile für C-Programme, englische Texte und eine deutsche WordPerfect-Datei. Sie können derartige Dateien leicht selbst erzeugen.

▶ Verzeichnis **trans**:

escher.c, trans.c:
> *trans* ist die in 4.1.5 besprochene »Pseudo-Verschlüsselung« eines Bildes, das als include-Datei *escher.c* beiliegt. (Sie können auch andere Bilder im X11-Pixmap-Format verwenden, müssen dazu aber die Maße in trans.c editieren.)
>
> Zur Ausführung dieses Programms benötigen Sie Tcl/Tk sowie ein UNIX-System, denn *trans* erfordert »echte Pipelines« (unter DOS/Windows werden diese nur emuliert). Der Aufruf ist im Programm und in 4.1.5 erklärt. Das Bild entsteht nach 72-facher Verschlüsselung scheinbar von neuem. Der Effekt ist frappierend.

▶ Verzeichnis **fcrypt**:

fcrypt.c:
> Das ist das in 3.7 besprochene Verschlüsselungsprogramm *fcrypt*. Eine Dokumentation gibt es nicht, eine Beschreibung finden Sie in [Wobfcrypt]. Nutzen Sie diese Methode nicht! Das Programm liegt nur zur Analyse bei!

Verzeichnis algor:

▶ Verzeichnis **A5**:

a5-article.txt:
> Beschreibung des A5-Algorithmus für Mobiltelefone im digitalen D-und E-Netz (vgl. 5.7.2).

a5.c:
> Implementierung des Algorithmus in C.

a3a8.c:
> Implementierung der geheim gehaltenen Algorithmen A3 und A8, so wie sie im D2-Netz verwendet werden (vgl. 6.1.3).

gsm.txt:
> Beschreibung des Sicherheitsmechanismus der Mobiltelefone (vgl. 6.1.3).

▶ Verzeichnis **AES**:

> Die AES-Implementierungen von *www.nist.gov/aes* (vgl. 5.5).

▶ Verzeichnis **DES**:

Verzeichnis **karndes**:
> DES-Implementierung von Philipp KARN; eine sehr kleine und einfache Realisierung des Algorithmus.

Verzeichnis **osthes**:
> Eine wesentlich umfangreichere DES-Implementierung von Stig OSTHOLM mit eingebauten Chiffriermodi, verschiedenen Schlüsselformaten usw.

▷ Verzeichnis **enigma**:

Eine einfache Enigma-Simulation, anhand derer Sie die Arbeitsweise dieser Maschine im Detail studieren können.

▷ Verzeichnis **FEAL**:

feal8.c, feal8.h:
8-Runden-FEAL aus 5.7.3

fealnx.c, fealnx.h:
Die verbesserte (aber nicht sichere) Version FEAL-NX (vgl. 5.7.3).

▷ Verzeichnis **MD2**:

Eine Implementierung der Einweg-Hashfunktion MD2 (6.3.1).

▷ Verzeichnis **MD5**:

Eine Implementierung der Einweg-Hashfunktion MD5 (6.3.1), zusammen mit einigen Artikeln zur Kryptanalyse von MD5.

▷ Verzeichnis **MD160**:

Eine Implementierung der Einweg-Hashfunktion RIPE-MD160 (6.3.1).

▷ Verzeichnis **RC2**:

Beschreibung und Implementierung des inzwischen offen gelegten RC2-Algorithmus.

▷ Verzeichnis **RC5a**:

Hier ist meine in 7.6 besprochene RC5a-Implementierung zusammen mit einigen Shellprozeduren sowie dem Crackprogramm für das Ein-Runden-RC5 (5.4.2) enthalten; vgl. Datei README.

Des Weiteren finden Sie dort **sirc5a.cpp**, die in 5.4.3 besprochene Portierung meiner Implementierung von S&I nach Windows NT (in C++). Der Quellcode ist mehr zur Analyse gedacht; um ihn einzusetzen, sollten Sie auf die Kryptobibliothek in *PD/S+I* zurückgreifen.

▷ Verzeichnis **RC6**:

Quelltexte und Dokumentation von RC6 (5.4.4).

▷ Verzeichnis **SEAL**:

Die Implementierung des SEAL-Algorithmus aus 5.6.4.

▷ Verzeichnis **Skipjack**:

Der in 5.7.5 besprochene Skipjack-Algorithmus von *www.nist.gov/encryption/ skipjack-kea.htm*; die Postscript- und die PDF-Datei sind in dieser mäßigen Qualität auf der Homepage zu finden.

▶ Verzeichnis **blowfish**:

Die Implementierung des Blowfish-Algorithmus aus 5.7.4, zusammen mit Testdaten.

▶ Verzeichnis **idea**:

Eine Implementierung des IDEA-Algorithmus (5.3) von DE MOLINER (Zürich).

Verzeichnis cryptana:

▶ Verzeichnis **crack**:

Der in 3.3 besprochene Wörterbuchangriff auf UNIX-Passwörter.

▶ Verzeichnis **pkcrack**:

Das in 5.7.1 detailliert erläuterte Programm von Peter CONRAD zum Brechen der pkzip-Chiffrierung. Es sind 33MB virtueller Speicher und viel Rechenleistung erforderlich!

▶ Verzeichnis **wpcrack**:

Die im Internet weit verbreiteten Crackprogramme für WordPerfect-Chiffrierung (vgl. 3.5.1), die sich von meinem *newwprcrack* erheblich unterscheiden.

Verzeichnis txt:

▶ Verzeichnis **FAQ**:

Drei im Internet oft zu findende FAQ-Listen (*frequently asked questions*) über Kryptologie, sehr zur Weiterbildung geeignet.

Außerdem findet Sie dort **memo.txt**, ein sehr wichtiges Essay von Bruce SCHNEIER, das Sie unbedingt lesen sollten, wenn Sie Ambitionen haben, selbst Algorithmen zu entwickeln.

Im File **cryptanalysis.ps** finden Sie eine Einführung von Schneier in die moderne Kryptanalyse mit »Übungsaufgaben«. Wenn Sie von der Schwierigkeit des Artikels geschockt sind, insbesondere beim Vergleich mit diesem Buch, dann liegen Sie richtig ...

▶ Verzeichnis **PEM**:

Drei RFC-Dateien zum PEM-Standard sowie zwei zu RIPEM (*RIPEM.Questions, RIPEM.Vulnerabilities*).

▶ Verzeichnis **chipcrack**:

andkuhn.html:
   Das ist der faszinierende Artikel von ANDERSON und KUHN über Hardwareanalyse, der beispielsweise in 4.4.5 erwähnt wurde. Unbedingt lesen!

crpanahard.html:
Betrachtungen zum Design und zur Sicherheit von Hardware für kryptologische Zwecke; Autoren: GOLDBERG und WAGNER, bekannt durch Entdeckung des kleinen Schlüsselraumes in einer älteren Netscape-Version (vgl. 5.1.4).

dfa10.txt:
Die Verbesserung der DFA-Methode von BIHAM aus 4.4.5 durch ANDERSON und KUHN.

rossdes.html:
Angriff auf DES mittels Parität und »eingebrannten« Speichermodulen von ANDERSON (4.4.5).

winnemr.html:
Eine Studie über Abhörmöglichkeiten durch elektromagnetische Abstrahlung.

▷ Verzeichnis **cryptana:**

biham.html, biham.ps, biham.txt:
Beschreibung der DFA-Attacke von BIHAM (4.4.5).

dpa.txt, dpafaq.txt:
Zwei Artikel von KOCHER u. a. über »differential power analysis«, die in 5.10 erwähnt wird.

netscape_broken.txt, netscape_answer.txt:
Meldung von GOLDBERG und WAGNER über den kleinen Schlüsselraum beim Netscape Navigator und die zugehörige Antwort von Netscape Communications Corporation darauf.

mod3.ps:
SCHNEIERS mod 3 – Kryptanalyse von RC5P aus 5.4.2.

openpgpattack.txt:
Eine Diskussion des Anfang 2001 von tschechischen Forschern publizierten Angriffs auf das OpenPGP-Protokoll mit weiterführenden Links (vgl. den letzten Punkt von 7.1.4).

pkcs.ps:
BLEICHENBACHERS Angriff auf das RSA-Protokoll PKCS#1, vgl. Risiko Nr. 5 in 4.5.3.

pkdfa.html:
Artikel von KOCHER zu oben beschriebenen Angriffen auf sichere Hardware: Die Probleme sind bekannt und werden berücksichtigt!

rc5_linear.ps:
Angriff von HEYS auf RC5 (vgl. [HeysRC5]).

shamirA5.ps:
Die Kryptanalyse des GSM-Algorithmus A5 von BIRUYKOV und SHAMIR (vgl. 5.7.2)

timing_attack.ps:
Beschreibung von Kochers Timing Attack (5.10).

viscrypt.ps:
Shamirs »visuelle Kryptanalyse« (4.4.1), vorgetragen auf der EUROCRYPT '98.

wlanrc4.txt:
Artikel über riesige Sicherheitslöcher bei der Implementierung von RC4 im WLAN-Standard (*wireless LAN*, die Alternative zu Bluetooth).

▷ Verzeichnis **des:**

attack-on-8-round-des.txt:
Beschreibung des Angriffs auf ein 8-Runden-DES mittels differenziell-linearer Kryptanalyse; Autoren: Hellmann und Langford (4.4.4).

des56.txt:
Bericht über die DES-Challenge II, einen erfolgreichen Brute-Force-Angriff auf DES im Januar/Februar 1998 (4.4.1).

▷ Verzeichnis **ec:**

pin.txt:
Beschreibung der PIN-Sicherung von ec-Karten (vgl. 6.6.8) (in Deutsch; eine FAQ-Liste der Newsgroup de.comp.security).

wcf.txt:
Beschreibung abenteuerlicher Fehlfunktionen der PIN-Sicherung von Geldautomaten in Großbritannien (Autor: Anderson). Unbedingt lesen!

▷ Verzeichnis **enigma:**

Neun Textdateien zur Geschichte der Enigma; besonders lesenswert: *hinsley.txt* (Mitschrift eines Seminars vom 19.10.1993 von Sir Harry Hinsley über den Einfluss der Enigma auf den Zweiten Weltkrieg. Hinsley ist der offizielle Historiker zur Arbeit des britischen Geheimdienstes im Zweiten Weltkrieg).

▷ Verzeichnis **gsm:**

gsm_secur.txt:
Eine ausführliche technische Beschreibung der Funktionsweise von GSM-Telefonen und der Authentifizierungs- und Verschlüsselungsmethoden (vgl. auch Verzeichnis *algor/A5*).

Quelle: www.l0pht.com/~drwho/cell/gsm/gsm-secur/gsm-secur.html

gsm_press.txt:

Pressemeldung der SDA (Smartcard Developers Association) vom 13.4.98 über geclonte GSM-Telefone und entdeckte Sicherheitslücken (vgl. 6.1.3).

gsm_faq.txt:

Detaillierte Angaben zum in *gsm_press.txt* beschriebenen Angriff.

gsm_offic.txt:
Versicherung der GSM-Betreiber, dass der beschriebene Angriff wirkungslos ist und der verkürzte A5-Schlüssel nur der Erhöhung der »Flexibilität« dienen soll.

UMTS_sec.pdf:
Vortrag von Mike Walker über UMTS-Sicherheit auf der EUROCRYPT 2000. Eine gute Einführung in das Gebiet, gleichzeitig werden die Schwächen von GSM genannt. Allerdings werden Sie vielleicht noch nie so viele Abkürzungen auf so kleinem Raum gesehen haben. Dieser Stil ist in der Telekommunikationsbranche offenbar üblich.

▷ Verzeichnis **policy:**

Email.Study.txt:
Der in 8.2.1 erwähnte Artikel von SCHWARTZ und WOOD über Traffic Analysis. Dieser Stoff ist immer noch hochaktuell, obwohl er vom Oktober 1992 stammt!

Privacy.txt:
Ein Statement von Prof. Cochrane (British Telecom, vgl. *www.labs.bt.com/library/cochrane/index.htm*) über die verschwindende Privatsphäre im Informationszeitalter; radikal, aber überdenkenswert (auch im Zusammenhang mit 8.2.2)

bbhitech.txt:
Eine Abhandlung darüber, wie Geheimdienste die Mittel moderner Technik zur Überwachung großer Teile der Bevölkerung ausnutzen können bzw. manche Staaten (z. B. Thailand) dies bereits praktizieren. Interessant ist insbesondere die Breite der »Datenspur«, die ein US-Bürger schon heute erzeugt.

cdt_policy.txt:
Diskussionen zum Clipper-Chip, zu Exportbeschränkungen, Schlüsselhinterlegungen usw.

claw1996.txt:
Der in 8.2.3 erwähnte *Crypto Law Survey* von Bert-Jaap KOOPS, ein Überblick über Krypto-Gesetzgebungen in vielen Ländern (Stand: Juli 1996). Die Liste ist nur ein Anhaltspunkt, weil sich die Rechtslagen derzeit laufend ändern.

claw2001.txt:
Der Stand von *claw.txt* im Jahr 2001 – es hat sich sehr viel geändert!

crptlawwirt.txt:
Stellungnahme der Wirtschaft zum Gesetzentwurf über digitale Signaturen und zur möglichen Regulierung der Anwendung von Kryptografie (Befürwortung des ersten Gesetzes, vernichtende Kritik am zweiten Vorhaben). Unbedingt lesen!

cryptverbot.html:
Stellungnahmen einzelner Parteien und Organisationen zur Kryptografie-Regulierung.

eml.txt:

Fortune-Bericht vom 3.2.1997 über Praxis und Möglichkeiten des Mitschneidens von E-Mail, Einbrüche in Computer usw. in den USA, enthält Unmassen interessanter Fakten und beschäftigt sich intensiv mit der Hackerszene.

feb97_state.txt:

Bericht über Verhandlungen zwischen dem FBI und der EU über ein globales Telefon-Abhörsystem. Ziemlich schockierend!

fuev.txt:

Text der Fernmeldeverkehr-Überwachungsverordnung vom 18.5.1995.

globuberwachung.txt:

Diskussion moderner Überwachungsmöglichkeiten durch das Schengener Abkommen und das Sirene-System. Am Beispiel des Schicksals norwegischer Juden im Zweiten Weltkrieg zeigt sich, wie »nützlich« Datenhaltung auf Vorrat in solchen Fällen werden kann.

ic2kreport.txt:

Der in 8.2.1 genannte STOA-Report der EU, der sich ausführlich mit den technischen Möglichkeiten der Geheimdienste auseinander setzt.

kahn.txt:

Befürwortung der Schlüsselhinterlegung durch David KAHN, Autor des faszinierenden Buches [KahnCode].

madsen.txt:

Ein hochinteressanter Beitrag über die offensichtliche Mitwirkung der NSA bei der Krypto AG (Schweiz); die Angelegenheit wurde 1992 nach dem Freikauf eines angeblichen schweizer Spiones aus irakischer Haft ruchbar. Das ist die einzige mir bekannte Anwendung »echter trojanischer Kryptografie« (vgl. 6.7). Der Artikel ist ein Muss für jeden nicht nur mathematisch orientieren Kryptologen!

nsa-hersh.txt:

Die in 8.2.1 erwähnte Abhandlung, wie »fatal« Kryptografie und moderne Datenübertragungsmethoden für die Geheimdienste geworden seien – gewiss nützlich, um nicht paranoid zu werden, doch man sollte insbesondere die NSA nicht unterschätzen.

nsaabout.txt:

Selbstdarstellung der NSA auf ihrer Homepage; u. a. wird dort auch erwähnt, dass die NSA Hardware herstellt und weltweit einer der größten Arbeitgeber für Mathematiker ist.

nsasec.txt, nsasec.ps:

Das auf nicht nachvollziehbare Weise »entwichene« Sicherheitshandbuch für Angestellte der NSA. Wenn Sie sich dafür interessieren, wie die Arbeit innerhalb eines großen Geheimdienstes aussieht, kann ich Ihnen diese Lektüre nur empfehlen.

oasis.txt:
Ein Artikel über das Programm *Oasis*, mit dem angeblich Audiofiles (z. B. Mitschnitte von Telefongesprächen) automatisch in Klartext umgewandelt werden können. Das kann für die Abhörtechnik größte Bedeutung haben.

▷ Verzeichnis **pgp**:

inpgp50.txt:
Interna von PGP 5.0 (vgl. 7.1.4)

▷ Verzeichnis **quant**:

quantumcon.txt:
Ein interessanter, populärer Artikel über Quantenkryptografie, wie sie in 5.8 besprochen wird – vor allem werden dort die immensen technischen Probleme anschaulich erläutert.

qc-grover.txt:
Eine sehr schöne Einführung in die Theore der Quantencomputer, definitiv auch für Nicht-Physiker.

▷ Verzeichnis **stego**:

mimic.txt:
Beschreibung der sog. *mimic functions* von Peter WAYNER (vgl. 1.3, Abb. 1.2).

Verzeichnis PD:

▷ Verzeichnis **CBW**:

Cryptbreaker's Workbench von BALDWIN zum Knacken der alten UNIX-Verschlüsselung *crypt* (vgl. 2.5.3).

▷ Verzeichnis **CFS**:

Das in 7.4 besprochene kryptografische Filesystem von BLAZE.

▷ Verzeichnis **PGP**:

Verzeichnis **pgp2.6.3**: Die PGP-Version 2.6.3 (vgl. 7.1).

▷ Verzeichnis **GnuPG**:

Die Version GnuPG 1.0.4 mit Patch in der Quellversion (als komprimierte .tar-Dateien; das ist notwendig, um die Signatur überprüfen zu können). Die Datei **microhowto** ist eine stark vereinfachte Anleitung für die ersten Schritte mit GnuPG.

▷ Verzeichnis **SESAME**:

Das europäische SESAME-Projekt, das Kerberos ersetzen soll. Diese Software ist hochgradig unsicher (vgl. 6.7), und ich habe sie nur beigelegt, damit evtl. weitere Schwachstellen gefunden werden.

▷ Verzeichnis **S+I**:

  SICryptLib11OS.zip: Die von S+I freundlicherweise frei zur Verfügung gestellte, noch rudimentäre Kryptobibliothek, die auch meinen nach Windows NT portierten Algorithmus RC5a enthält.

▷ Verzeichnis **SSH**:

  ssh.tgz: Die in 7.3 behandelte Secure Shell SSH, Version 1.2.26, als .tgz-Datei (komprimiertes .tar-Archiv)

  ssh1_insecure.txt: Die Warnung vor der »Unsicherheit« von SSH1.

▷ Verzeichnis **skey**:

  Drei Programmpakete für Einmal-Passwörter unter UNIX, vgl. 7.5.

  Unterverzeichnis **OPIE**:
    OPIE Version 2.22

  Unterverzeichnis **logdaemon**:
    Logdaemon Version 5.6

  Unterverzeichnis **skey**:
    S/Key Version 1.1

A.2 Literatur

[AndDES]
Anderson, R.,
A serious weakness of DES,Manuskript v. 2.11.96, ist auf der CD enthalten

[AndKuhn.tamp]
Anderson, R., Kuhn, M.,
Tamper Resistance – A Cautionary Note,
2nd USENIX Workshop on Electronic Commerce Proceedings, Oakland, California, 18.–21.11.1996, S.1–11, ISBN 1-880446-83-9
Der Text ist als Manuskript auf der CD enthalten oder im Internet zu finden:
www.ft.uni-erlangen.de/~mskuhn/tamper.html
Das ist einer der interessantesten Texte aus dieser Liste. Er zeigt eindrucksvoll, dass es analog zum Wettlauf zwischen Kryptografie und Kryptanalyse einen zwischen Chipdesignern und »Chipcrackern« gibt. Die bei der Analyse verwendeten Methoden sind zum Teil abenteuerlich.

[BBEQuant]
Bennet, C.H., Brassard, G., Ekert, A.K.,
Quantum Cryptography,
Scientific American Bd. 267 (1992) H.4, S. 50–57

[BBS]
Blum, M., Goldwasser, S.,
An Efficient Probabilistic Public-Key Encryption Scheme Which Hides All Partial Information,
Advances in Cryptology: Proceedings of CRYPTO 84,
Springer-Verlag 1985, S. 289-

[BauerDS]
F.L.Bauer,
Decrypted Secrets,
Methods and Maxims of Cryptology,
Springer-Verlag 1997, ISBN 3-540-60418-9
(deutsche Ausgabe: Entzifferte Geheimnisse, im gleichen Verlag,
ISBN 3-540-62632-8)

[BauerMM]
F.L.Bauer,
Kryptologie – Methoden und Maximen (2. Aufl.),
Springer-Verlag 1994
Wer sich nicht ausschließlich für moderne Kryptologie, sondern z. B. auch für die Geschichte der Enigma interessiert, sollte in eines der zwei Bücher unbedingt hineinschauen. Auch wenn manche einfachen Dinge nur streng mathematisch formuliert werden und man vieles recht mühsam suchen muss – es bleibt trotzdem ein unterhaltsames und informatives Werk. Die moderne Kryptologie wird allerdings sehr kurz und auch nicht sonderlich genau abgehandelt.

[Benal.acc]
  Benaloh, J.C., de Mare, M,
  One-Way Accumulators: A Decentralized Alternative to Digital Signatures,
  in: EUROCRYPT '93 Proceedings, S. 274-285,
  Springer-Verlag 1994

[BenDiV]
  Bennett, C.H., DiVincenzo, D.P.,
  Quantum information and computation
  Nature 404 (März 2000), S. 247–255
  Ein Überblick über Hintergründe, Möglichkeiten und bisherigen Entwicklungs-
  stand von Quantencomputern (vgl. 5.8). Auch Nicht-Physiker sind in der Lage,
  Teile des Artikels zu verstehen.

[Bih.biry]
  Biham, E, Biryukov, A.,
  How to Strengthen DES Using Existing Hardware,
  in: Advances in Cryptology - ASIACRYPT '94 Proceedings,
  Springer-Verlag 1995

[Bih.diff]
  Biham, E., Shamir,A.,
  Differential Cryptanalysis of DES-like Cryptosystems,
  in: Advances in Cryptology - CRYPTO '90 Proceedings,
  Springer-Verlag York 1991, S. 2-21

[Bih.zip]
  Biham, E., Kocher, P.C.,
  A Known Plaintext Attack on the PKZIP Stream Cipher,
  K.U. Leuven Workshop on Cryptografic Algorithms,
  Springer-Verlag 1995

[BirKush]
  Biryukov, A., Kushilevitz, E.,
  Improved Cryptanalysis of RC5,
  Advances in Cryptology – EUROCRYPT '98,
  Springer-Verlag 1998, S. 85–99

[BirShamA5]
  Biryukov, A., Shamir, A.,
  Real Time Cryptanalysis of A5/1 on a PC,
  Proceedings of the 7th Workshop on Fast Software Encryption New York 2000,
  Springer-Verlag

[Blakshar]
  Blakley, G.R., Kabatianski, G.A.,
  On General Perfect Secret Sharing Schemes,
  in: Advances in Cryptology - CRYPTO '95,
  Springer-Verlag 1995

[Blazeskip]
  Blaze, M.,
  Protocol Failure in the Escrowed Encryption Standard,
  in: [Hoff], S.131-146 (2.3)

[BlazeCFS]
  Blaze, M.,
  A Cryptografic File System for UNIX,
  Proc. 1st ACM Conference on Computer and Communications Security,
  Fairfax, VA, November 1993

[BleichRSA]
  Bleichenbacher, D.,
  Chosen Ciphertext Attacks Against Protocols Based on the RSA Encryption
  Standard PKCS#1,
  Advances in Cryptology – CRYPTO '98,
  Springer-Verlag 1998 (LNCS 1462), S.1–12

[BonRSA]
  Boneh, D., DeMillo, R.A., Lipton, R.J,
  On the Importance of Checking Cryptografic Protocols for Faults,
  Advances in Cryptology – EUROCRYPT '97,
  Springer-Verlag 1997, S. 37–51

[BonVen]
  Boneh, D., Venkatesan, R.,
  Breaking RSA May Not Be Equivalent to Factoring,
  Advances in Cryptology – EUROCRYPT '98,
  Springer-Verlag 1998, S. 59–71

[BorstIDEA]
  Borst, J., Knudsen, L.R., Rijmen, V.,
  Two Attacks on Reduced IDEA,
  Advances in Cryptology - EUROCRYPT '97,
  Springer-Verlag 1997, S. 1-13

[BrickDenn]
  Brickell, E., Denning, D. u. a.,
  SKPIJACK Review: Interim Report,
  in: [Hoff]; S.119-130 (2.2)

[ChanFrTsi]
  Chan, A., Frankel, Y., Tsiounis, Y.,
  Easy Come – Easy Go Divisible Cash,
  Advances in Cryptology – EUROCRYPT '98,
  Springer-Verlag 1998, S. 561–575

[Chaum]
  Chaum, D., Fiat, A., Naor, M.,
  Untraceable Electronic Cash,
  in: Advances in Cryptology - CRYPTO '88 Proceedings,
  Springer-Verlag 1990, S. 319-327

[CZ96]
   Heiße Chipkarten geben Code preis,
   Computer-Zeitung Nr. 44 (Jg. 27), 31.10.96, S. 1

[Crutch]
   J.P.Crutchfield, Farmer, J.D., Packard, N.H., Shaw, R.S.,
   Chaos,
   Scientific American Bd. 255(1986) H. 6, S. 38–49

[DESX]
   Kilian, J., Rogaway, P.,
   How to protect DES against exhaustive key search,
   in: Advances in Cryptology – Crypto '96,
   Springer-Verlag 1996
   Der Artikel liegt auf der CD bei.

[Daeman]
   Daeman, J.,
   Cipher and Hash Function Design
   Ph.D. Dissertation, Katholieke Universiteit Leuven, März 1995

[Denn83]
   Denning, D.E.R.,
   Cryptography and Data Security,
   Addison-Wesley Verlag Reading (Mass.), 1983
   Dieses Buch wird auch als Vorläufer des umfassenden Werkes von Schneier
   [SchnCr] bezeichnet. Es geht in mathematisch kompakter Form auf modernere
   wie auf klassische Kryptologie ein und behandelt darüber hinaus Fragen der
   Computersicherheit. Bedingt durch das Erscheinungsdatum fehlen natürlich
   viele moderne Methoden.

[Digsig]
   Unterschrift erhält digitale Konkurrenz,
   VDI-Nachrichten 14.3.97, S. 1

[Ditt]
   Dittman, J.,
   Digitale Wasserzeichen,
   Springer-Verlag 2000
   Die Autorin kennt sehr wohl die Probleme, wirklich fälschungs- und zerstö-
   rungssichere digitale Wasserzeichen (vgl. 1.3) zu erzeugen. Ihre Analyse ist
   gründlich, und ihre Schlussfolgerungen machen doch etwas Hoffnung auf die
   Zukunft.

[DobMD4]
   Dobbertin, H.,
   Cryptanalysis of MD4;
   Proceedings of the 3rd Workshop on Fast Software Encryption Cambridge,
   Springer-Verlag 1996 (LNCS 1039), S. 53-70

[DobMD4inv]
Dobbertin, H.,
The First Two Rounds of MD4 are not One-way,
erscheint in Proc. Fast Software Encryption, Springer-Verlag 1998
In dieser Arbeit wird das Urbild des Hashwertes 0 einer auf zwei (statt drei) Runden reduzierten Einweg-Hashfunktion MD4 berechnet. Das ist wohl das erste Mal, dass die Umkehrung einer Hashfunktion berechnet wurde.

[Donnhack]
Donnerhacke, L., Peter, S.,
Vorsicht, Falle! ActiveX als Füllhorn für Langfinger,
iX 3/1997, S. 90-93

[DueP.D2]
Duelli, H., Pernsteiner, P.,
Alles über Mobilfunk: Dienste - Anwendungen - Kosten - Nutzen,
Franzis-Verlag München 1992, ISBN 3-7723-4252-3

[EFF]
Electronic Frontier Foundation,
Cracking DES,#
Secrets of Encryption Research, Wiretap Politics & Chip Design
O'Reilly & Associates, Inc. 1998, ISBN 1-56592-520-3

[Feistel]
Feistel, H.,
Cryptography and Computer Privacy,
Scientific American Bd. 228 (1973) H.5, S. 15–23

[Felix]
Felixberger, S.,
Ohr des Gesetzes,
c't 11/1997, S.136–140
Eine interessante Ergänzung zum Abschnitt 8.2.1, mit zahlreichen Details und Erläuterung der rechtlichen Situation.

[Frankcl]
Frankel, Y., Yung, M.,
Escrow Encryption System Visited: Attacks, Analysis and Designs,
in: Advances in Cryptology - CRYPTO '95,
Springer-Verlag 1995, S. 222-235

[GarPGP]
Garfinkel, S.
PGP: Pretty Good Privacy,
O'Reilly & Assoc., Inc., 1995, ISBN 1-56592-098-8
Bekannt als »PGP-Bibel«, sehr unterhaltsam geschrieben, mit unzähligen interessanten Informationen über Autor und Umfeld von PGP, allerdings kryptologisch nicht sehr tief schürfend. Auch in deutscher Übersetzung beim gleichen Verlag erschienen.

[GardRSA]
Gardner, M.,
A New Kind of Cipher That Would Take Millions of Years to Break
Scientific American Bd. 237(1977) H.8, S.120–124

[Gemmel]
Gemmel, P.S.,
An Introduction to Threshold Cryptography,
CryptoBytes Nr. 3, Bd. 2 (Winter 1997), S. 7–12,
auch über *www.rsa.com/rsalabs/pubs/cryptobytes.html* erhältlich.

[GolićRC4]
Golić, J.D.,
Linear Statistical Weakness of Allged RC4 Keystream Generator,
Advances in Cryptology – EUROCRYPT '97, S. 226–238'
Springer Verlag 1997, LNCS Bd. 1233

[GolićA5]
Golić, J.D.,
Cryptanalysis of Alleged A5 Stream Cipher,
Advances in Cryptology – EUROCRYPT '97, S. 239–255
Springer Verlag 1997, LNCS Bd. 1233

[Hager]
Hager, Nicky,
Secret Power,
Craig Potton Publishing, Nelson, Neuseeland 1996
ISBN 0-908802-35-8
Die vermutlich einzige Literatur, die das in 8.2.1 erwähnte Echelon-System der
NSA detailliert beschreibt. Über keinen Nachrichtenspionagedienst der Welt
gibt es wohl ein derart umfassendes und aktuelles Werk. Trotz trockener Passa-
gen ist es vom Inhalt her einfach ein Krimi. Leider ist das Buch schwer zu
beschaffen (die erste Auflage musste bereits im Erscheinungsjahr nachgedruckt
werden).

[Harris]
Harris, R.,
Enigma,
Heyne-Verlag München, 7. Auflage 1995, ISBN 3-453-09077-2
(engl. Original: Random House, London/New York)
Ein sehr schön und spannend geschriebenes Buch, das die Atmosphäre im
Bletchley Park (wo die Enigma während des Zweiten Weltkrieges dechiffriert
wurde) eindrucksvoll schildert.

[Hastad]
Hastad, J.,
On Using RSA with Low Exponent in a Public Key Network,
in: Advances in Cryptology – CRYPTO '85 Proceedings,
Springer-Verlag 1986, S. 403-408

[HawIDEA]
Hawkes, P.,
Differential-Linear Weak Key Classes of IDEA,
Advances in Cryptology – EUROCRYPT '98,
Springer-Verlag 1998, S.112–126

[Hell.troff]
Hellmann, M.E.,
A Cryptanalytic Time-Memory Trade Off,
IEEE Transactions on Information Theory, Bd. 26, H. 4 (1980),
S.401-406

[HeysRC5]
Heys, M.H.,
Linearly Weak Keys of RC5,
IEE Electronic Letters, Bd. 33 (1997) H.10, S. 836–838
Der Artikel liegt auf der CD bei (unter *txt/cryptana/rc5_linear.ps*).

[Hinstrip]
Hinsley, F.H., Stripp, A.,
Codebreakers,
Oxford University Press 1993, ISBN 0-19-285304-X
Die Autoren berichten über Interna und kryptanalytische Methoden im Bletchley Park, in dem während des Zweiten Weltkrieges u. a. die Enigma gebrochen wurde (Kapitel 2). Eine wichtige Originalliteratur.

[Hoff]
L.J.Hoffmann,
Building in Big Brother – The Cryptographic Policy Debate,
Springer-Verlag 1995, ISBN 0-387-94441-9
Sammlung von Beiträgen zur Thematik Schlüsselhinterlegung/Clipper-Chip u. a. vom PGP-Autor Phil Zimmermann und von Matthew Blaze (vgl. 6.4) bis hin zu Beiträgen aus der *Times* und sogar vom damaligen Vizepräsidenten der USA, Albert Gore

[Humm]
Hummelt, R.,
Wirtschaftsspionage auf dem Datenhighway,
Hanser-Verlag München/Wien 1997
ISBN 3-446-19070-8
Trotz teilweise negativer Kritiken ein hochinteressantes und informatives Buch. Der Autor hat selbst bei »Wettbewerbsanalyse«-Unternehmen gearbeitet und plaudert aus der Praxis. Die Beschreibung zahlreicher konkreter Fälle macht die Lektüren über lange Strecken zur Kurzweil. Ein abschließender Teil widmet sich der praktischen Nutzung von PGP.

[IHK]
Wetjen, B.,
Know-how zum Nulltarif,
Wirtschaftsdienst, Monatsschrift der IHK Dresden Nr. 2/96, S. 15–17

[InfWeek]
»Ein Data-Warehouse muss skalierbar sein«,
Interview in Information Week 4/19, Februar 1998, S. 26.

[InfWeekDES]
Information Week 17/98, S.12

[Johnson]
Johnson, B.,
Streng geheim – Wissenschaft und Technik im Zweiten Weltkrieg,
Weltbild Verlag GmbH Augsburg, ISBN 3-89350-818-X
(engl. Originaltitel: The Secret War, erschienen bei BBC 1978)
Für technisch Interessierte eine interessante und kurzweilige Lektüre über
erstaunliche Entwicklungen während des Zweiten Weltkrieges, insbesondere
über Radartechnik, V-Waffen und Enigma. Hier erfährt man auch mehr über die
persönlichen Schicksale der Enigma-Kryptanalytiker.

[KahnCode]
Kahn, David,
The Codebreakers: The Story of Secret Writing,
1. Auflage: New York: MacMillan Publishing Co., 1967
2. Auflage: New York: Scribner, 1996, ISBN 0-684-83130-9
Vielleicht das erste Buch, das die Geschichte der Kryptologie zusammenfasst.
Der Autor hat bei Zeitzeugen, Militärs und Geheimdienstlern gründlich recher-
chiert (und wusste 1967 trotzdem noch nicht, dass die Enigma gebrochen
wurde). Trotz des abschreckenden Umfangs (ca. 1000 Seiten inklusive der Quellenangaben) sollte jeder Interessierte mit Zugriff auf dieses Werk einmal hineinschauen: Er erfährt zahllose und diesmal *authentische* James-Bond-Geschichten,
überraschende historische Zusammenhänge und nicht zuletzt klassische Chiffriermethoden. Die Zeitspanne von 1945 bis heute kommt in der zweiten Auflage naturgemäß etwas kurz, doch das entsprechende Kapitel ist trotzdem noch
interessant und enthält viel Neues.

[KahnEnig]
Kahn, David,
Seizing the Enigma,
Boston: Houghton Mifflin Co. 1991
Dieses Buch ist wohl noch eine Steigerung von [KahnCode]. Hier erfahren Sie
interessante Details über die Geschichte der Enigma, wie sie konkret in der
Wehrmacht gehandhabt wurde, wie alliierte Schiffe deutsche Wetterschiffe mit
den Codebüchern kaperten, unter welch dramatischen Umständen geheimes
Material aus deutschen U-Booten geborgen wurde und anderes mehr. Das Buch
hat nur ein einziges Manko: Es ist derzeit vergriffen.

[KalisRC5]
B.S.Kaliski, Y.L.Yin,
On Differential and Linear Cryptanalysis of the RC5 Encryption Algorithm,
in: Advances in Cryptology – CRYPTO '95,
Springer-Verlag 1995, S.171–184

[KirPGP]
   Kirsch, C.,
   S/MIME vs. OpenPGP: Eine Entscheidungshilfe,
   KES 1/2001, S. 60–65

[KnudRC5]
   Knudsen, L.R., Meier, W.,
   Improved Differential Attacks of RC5,
   in: Advances in Cryptology – CRYPTO '96,
   Springer-Verlag 1996

[Knuth2]
   Knuth, D.,
   The Art of Computer Programming, Bd. 2: Seminumerical Algorithms,
   2. Auflage, Addison-Wesley Verlag 1981

[Koch.DFA]
   Kocher, P.,
   Fault-induced crypto attacks and the RISKS of press releases,
   News-Artikel, liegt auf der CD bei.

[Koch.Tim]
   Kocher, P.C.,
   Cryptanalyis of Diffie-Hellmann, RSA, DSS, and Other Systems Using Timing
   Attacks, vorläufiges Manuskript, liegt dem Buch bei; die Endfassung erschien
   unter dem Titel »Timing Attacks on Implementations of Diffie-Hellmann, RSA,
   DSS, and Other Systems« in den Proceedings von CRYPTO 96, S. 104–113 (Sprin-
   ger-Verlag 1996)

[Kunz.ct]
   Kunze, M.,
   Netz-Razzia,
   c't 7/95, S. 22

[Kupp]
   Kuppinger, M. und Resch, J.,
   Ist sicher auch sicher genug?
   UNIX open 11/96, S. 68–72

[LMM.IDEA]
   Lai,X., Massey, J.L, Murphy, S.,
   Markov ciphers and differential cryptanalysis,
   in: Advances in Cryptology – EUROCRYPT '91,
   Springer-Verlag 1991, S. 17–38

[Lamport]
   Lamport, L.,
   Password Authentication with Insecure Communication,
   Comm. ACM 24 (1981) H.11, S. 770–772

[Lenstra]
Lenstra, A.K., Lenstra, H.W.,
The Development of the Number Field Sieve,
Lecture Notes in Mathematics 1554, Springer Verlag 1993

[LuBPGP]
Luckhardt, N., Bögeholz, H.,
Schlüsselerlebnisse, PGP-Frontends im Überblick,
c't 1/96, S.132–138

[MM]
Meyer, C., Matyas, S.,
Cryptography: A New Dimension in Computer Data Security,
John Wiley and Sons 1982

[MenOoVan]
Menezes, A.J., van Oorschot, P.C, Vanstone, S.A.,
Handbook of Applied Cryptography,
CRC Press 1997, ISBN 0-8493-8523-7
Ein sehr umfangreiches, mathematisch fundiertes Grundlagenwerk zur moder-
nen Kryptografie. Insbesondere enthält es die Inhaltsverzeichnisse aller Procee-
dings der Konferenzen ASIACRYPT/AUSCRYPT, CRYPTO, EUROCRYPT und Fast
Software Encryption sowie die Inhaltsverzeichnisse des Journals of Cryptology.
Eine Fundgrube, allerdings nur für den mathematisch vorgebildeten Leser.

[Müpf]
Müller, G., Pfitzmann, A., (Hrsg.)
Mehrseitige Sicherheit in der Informationstechnik,
Addison-Wesley Verlag 1997
Neben zahlreichen technischen Problemen werden u. a. auch rechtliche Fragen
diskutiert, insbesondere das deutsche Signaturgesetz.

[MurFEAL]
Murphy, S.,
The Cryptanalysis of FEAL-4 with 20 Chosen Plaintexts,
Journal of Cryptology Bd. 2 (1990), H. 3, S. 145–154

[PetAndMark]
Petitcolas, A.P., Anderson, R., Kuhn, M.,
Attacks on Copyright Marking Systems,
2nd international workshop on information hiding, Portland, OR, April 1998,
Springer-Verlag, LNCS

[Peters]
Peters, T.,
Das Tom Peters Seminar. Management in chaotischen Zeiten,
Campus Verlag Frankfurt/New York 1995

[Pfitzstego]
   Franz, E., Pfitzmann, A.,
   Ableitung eines neuen Stegoparadigmas mit Hilfe empirischer Untersuchungen,
   2nd international workshop on information hiding, Portland, OR, April 1998
   Springer-Verlag, LNCS

[Pfitzfinger]Pfitzmann, B.,
   Anonymous Fingerprinting,
   Advances in Cryptology – EUROCRYPT '97, S. 88–102,
   Springer Verlag 1997, LNCS Bd. 1233

[PfitzFSS]
   Pfitzmann, B.,
   Digital Signature Schemes, General Framework and Fail-Stop-Signatures
   Springer Verlag LNCS Bd. 1100, 1996

[RSA]
   Rivest, R.L., Shamir, A., Adleman, L.M.,
   A Method for Obtaining Digital Signatures and Public-Key-Systems,
   Comm. ACM Bd. 21(1978) H. 2, S. 120–126

[Rabin]
   Rabin, M.O.,
   Probabilistic Algorithm for Testing Primality,
   Journal of Number Theory Bd. 12 (1980) H.1, S. 128–138

[RivRC5]
   Rivest, R.,The RC5 encryption algorithm,
   in: Fast Software Encryption – Second International Workshop,
   Leuven, Belgium
   Springer Verlag 1995, LNCS Bd. 1008, S. 86–96

[RogChMD2]
   Rogier, N., Chauvaud, P.,
   The compression function of MD2 is not collision free,
   Vorgestellt auf der Konferenz Cryptography '95, Ottawa, Canada,
   18.-19. Mai 1995

[RogCoSeal]
   Rogaway, P., Coppersmith, D.,
   A Software-Oriented Encryption Algorithm,
   in: Fast Software Encryption,
   Cambridge Security Workshop Proceedings,
   Springer-Verlag 1994, S. 56–63

[Roß]
   Roßnagel, A.,Kritische Anmerkungen zum Entwurf eines Signaturgesetzes,
   in [Müpf], S. 453–463

[Salomaa]
  Salomaa, A.,
  Public-Key Cryptography,
  2. Auflage, Springer-Verlag 1996, ISBN 3-540-61356-0
  Der Titel sagt zu wenig aus: Es ist gleichzeitig ein angenehm lesbares, mathematisch orientiertes Lehrbuch über Kryptografie, wenn es auch nicht vollständig
  sein will.

[SchHad]
  Schulzki-Haddouti, C., Ruhmann,
  Abhör-Dschungel,
  c't 5/98, S. 82ff

[Schmeh]
  Schmeh, K.,
  Safer Net. Kryptografie im Internet und Intranet,
  dpunkt.verlag 1998, ISBN 3-932588-23-1
  Eine recht gut lesbare Einführung in die Kryptografie und ihre Anwendung in
  Netzen; der Autor geht zwar nicht so sehr in die Tiefe, behandelt jedoch eine
  bemerkenswerte Themenfülle.

[SchnBlow1]
  Schneier, B.,
  Description of a New Variable-Length Key, 64-Bit Block Cipher,
  in: Fast Software Encryption,
  Cambridge Security Workshop Proceedings,
  Springer-Verlag 1994, S.191–204

[SchnBlow2]
  Schneier, B.,
  The Blowfish Encryption Algorithm,
  Dr. Dobb's Journal Bd. 19 (1994) H. 4, S. 38–40

[SchnCr]
  Schneier, B.,
  Applied Cryptography,
  2. Auflage, John Wiley & Sons 1996, ISBN 0-471-11709-9
  deutsche Übersetzung: Addison-Wesley 1996, ISBN 3-89319-854-7
  Immer noch das »ultimative Werk« über Kryptografie, in seiner Vollständigkeit
  und Lesbarkeit einzigartig. An diesem Buch kommt kein Kryptologe vorbei (entsprechend oft wird es hier zitiert).

[SchnEmail]
  Schneier, B.,
  E-Mail Security: how to keep your electronic messages private,
  John Wiley & Sons, 1995
  Trotz der Existenz von [SchnCr] empfehlenswert: Das Werk behandelt u. a. PEM
  und PGP anschaulich und sehr gründlich.

[SchnLie]
Schneier, B.,
Secrets and Lies,
John Wiley & Sons, 2000
Neben [SchnCr] wurde dieses Buch über Computersicherheit zum Bestseller dieses Autors. Schneier zeigt darin u. a., dass Kryptografie kein Allheilmittel sein kann und zur Sicherheit noch viel mehr gehört – und man kann ahnen, wie weit wir wohl noch umdenken müssen, um uns in der Informationsgesellschaft zurechtzufinden.

[Schnmod3]
Kelsey, J., Schneier, B., Wagner, D.,
Modern Cryptanalysis, with Applications Against RC5P and M6,
Proceedings of 6th International Workshop on Fast Software Encryption 1999,
Springer-Verlag, S.139–155
Dieser Artikel ist auf der CD unter *txt/cryptana/mod3.ps* enthalten.

[SchwartzOLE]
Schwartz, Martin,
Aus dem Allerheiligsten,
iX 5/98, S.163–166
In diesem Artikel wird u. a. auf die Chiffrierung der Word-Versionen 2 bis 7 eingegangen.

[Shamshare]
Shamir, A.,
How to share a secret,
Communications of the ACM, Bd. 22 (1979) H.1, S. 612–613

[Shamvis]
Shamir, A.,
Visual Cryptanalysis,
Advances in Cryptology – EUROCRYPT '98,
Springer-Verlag 1998, S.201–210
Der Artikel liegt mit freundlicher Genehmigung des Autors auf der CD bei (unter *txt/cryptana/visualcr.ps*).

[Simmsubl]
Simmons, G.,
The Subliminal Channel and Digital Signatures,
in: EUROCRYPT '84,
Springer Verlag 1985, S. 364–378

[Singh]
Singh, S.,
Quantum confidential,
New Scientist 2.10.1999, S. 28–33
Ein sehr gut und verständlich geschriebener Artikel über den erreichten Stand in der Quantenkryptografie (vgl. 5.8), mit faszinierenden technischen Details!

[Sinkov]
  Sinkov, A.,Elementary Cryptanalysis. A Mathematical Approach,
  Random House and The L.W. Singer Company, New York 1968
  Dieses Buch behandelt wirklich elementare Algorithmen, etwa bis zum
  Abschnitt 2.4.1 in unserem Buch. Die Theorie ist sauber erklärt, Beispiele wer-
  den liebevoll kryptanalysiert, Übungen nebst Lösungen sind ebenfalls enthal-
  ten – ein nettes kleines Lehrbuch, allerdings nur bis zum Wissensstand vor dem
  1. Weltkrieg (und auch das nur teilweise).

[Skipana]
  Biham, E., Biruykov, A., Shamir, A.,
  Cryptanalysis of Skipjack Reduced to 31 Rounds Using Impossible Differentials,
  Proceedings EUROCRYPT '99 (Springer, LNCS 1592), S.12–23

[SomSham]
  Someren, N.v., Shamir, A.,
  Playing »Hide an Seek« with stored keys,
  Proceedings 3rd International Conference on Financial Cryptography '99,
  Springer-Verlag, LNCS 1648

[SpiegDat]
  Lauscher im Datenreich,
  Der Spiegel 36/96, S. 198–211

[SpiegClon]
  Aussichten eines Klons,
  Der Spiegel 18/98, S. 98–99

[SmithIP]
  Smith, R.E.,
  Internet-Kryptografie,
  Addison-Wesley Verlag 1998, ISBN 3-8273-1344-9
  Ein lesenswertes und ziemlich konkurrenzloses Buch für alle, die sich für die
  Anwendung der Kryptografie auf Internetprotokolle interessieren: VPN, SSL,
  IPSec, Link Encryption seien als Beispiel genannt. Der unterhaltsame, flüssige
  Stil sowie zahlreiche praktische Beispiele machen die Lektüre leicht.

[StallPGP]
  Stallings, W.,
  Datensicherheit mit PGP,
  Prentice Hall 1995

[Stins]
  Stinson, D.,
  Cryptography: Theory and Practice,
  CRC Press 1995, ISBN 0-8493-8521-0
  Ein bedeutsames und modernes, sehr mathematisches und trotzdem noch gut
  lesbares Werk über Kryptografie.

[TownQu]
  Townsend, P.D., Rarity, J.G., Trapster, P.R.,
  Enhanced Single Photon Fringe Visibility in a 10 km-Long Prototype Quantum
  Cryptography Channel,
  Electronic Letters Bd. 28 (1993) H.14, S.1291–1293

[Twinkle]
  Lenstra, A.K., Shamir, A.,
  Analysis and Optimization of the TWINKLE factoring Device,
  Proceedings EUROCRYPT 2000 (Springer, LNCS 1807), S. 35ff.

[Unixcrypt3]
  UNIX-Manuals, crypt(3)

[VDI]
  Pleil, Th.,
  Geheimdienste hören gezielt deutsche Unternehmen ab (S.1),
  Im Visier der Spione: Technik und Marktdaten (S. 9),
  VDI-Nachrichten vom 14.3.1997

[Wcf]
  Anderson, R.,
  ATM Security – Why Cryptosystems fail;
  Proceedings of the First ACM Conference on Computer and Communications
  Security (11/93), S. 215–227

[Welch]
  Welch, A.T.,
  A Technique for High-Performance Data Compression,
  IEEE Computer 17(6)(1984), S. 8–14

[Westf]
  Westfeld, A.,
  Steganografie am Beispiel einer Videokonferenz,
  in [Müpf], S. 507–525

[Woblock]
  Wobst, R.,
  Dringendes Bedürfnis,
  UNIX open 4/93, S. 32–34

[Wobfcrypt]
  Wobst, R.,
  Schnell & geheimnisvoll, Ein neues Verschlüsselungsverfahren,
  UNIX-Magazin 7/92, S. 86–95
  Das in 3.7 besprochene Verfahren *fcrypt*.

[Wobfd]
  Wobst, R.,
  Diskette voller Geheimnisse,
  UNIX open 9/95, S. 54–61

[Wobghm]
  Wobst, R.,
  Begrenzte Allmacht,
  UNIX open 10/99, S. 33–39
  Dieser Artikel zeigt faszinierende technische Möglichkeiten großer Geheim-
  dienste auf, vor allem anhand eines STOA-Reports der EU

[WobIHW]
  Wobst, R.,
  Versteckspiel (Bericht vom Information Hiding Workshop IHW 99),
  UNIX open 12/99, S. 10–13

[Wobpgp]
  Wobst, R.,
  Nicht abschrecken lassen (Einführung in die Anwendung von PGP),
  UNIX open 10/97, S. 38–41

[Wobrump]
  Wobst, R.,
  Plaintext Compression helps the Cryptanalyst,
  Vortrag auf der Rump Session der EUROCRYPT '97

[Wobsymm]
  Wobst, R.,
  Wissen ist Macht (Teil I), UNIX open 4/96, S. 94–100,
  Starke Abwehr (Teil II), UNIXopen 5/95, S. 118–124

[Wobtroja]
  Wobst, R.,
  Trojanische Kryptografie, UNIX open 12/97, S. 42–47

[Young]
  Young, A., Yung, M.,
  Kleptography: Using Cryptography Against Cryptography,
  Proceedings EUROCRYPT '97 (Springer, LNCS 1233), S. 62–74

[ZimmPGP]
  Zimmermann, P.,
  Pretty Good Privacy: Public Key Encryption for the Masses,
  in: [Hoff], S. 93–107 (1.9)

Stichwortverzeichnis

▶**Numerisch**
3DES 202

▶**A**
A3 279
A5 247, 249
A8 279
AccessData 23
ActiveX 313
adaptive-chosen-plaintext attack 67
Adleman 162
AES 154, 212, 230, 357
Anderson 151, 249, 428–430
Angriff durch Einfügen 189
Angriff mit adaptiv ausgewähltem
    Klartext 67, 172
Angriff mit ausgewähltem Geheimtext 67
Angriff mit ausgewähltem Klartext 66
Angriff mit bekanntem Klartext 66
Angriff mit verwandten Schlüsseln 67
anonym (Zahlungsverkehr) 325
asymmetrische Verfahren 155
Atkins 356
Atomwaffen 287
Auffüllen 192

▶**B**
Baldwin 60, 433
Bass-O-Matic 346
Benaloh 324
Benioff 260
Bennett 260
Bigramm 33
Bigramm-Substitutionen 39
Biham 110, 151, 203, 242, 254, 429
Biometrie 334
Biometrie, variable 338
biometrische Verfahren 301
Biruykov 429
Biryukov 203, 218, 249, 254
Bit commitment 319
Bit-Festlegung 319
bit-twiddling-Angriff 186
Blaze 373, 433
Bleichenbacher 172, 429
Bletchley Park 56
blinde Signaturen 320
Blindfaktor 321
Blockchiffrierungen 119
Blowfish 252, 372
Blum 255

Blumsche Zahlen 256
bomba (Enigma) 54
Bond, James 66, 190, 288, 373
Borst 212
Breitmaulfrosch 276
Briceno 281
Briefkopf 71
Brokat 212, 404
Brute Force 66, 69, 73, 264
BSAFE 205
Bühler 340
Byte Order 381

▶**C**
Call Records Analysis 388
Capstone-Chip 253, 302
Cäsar-Addition 30
Cäsar-Chiffrierung 30
CAST5 358
CBC 184, 189
CBC-Mode, verschränkter 191
CBW 60, 188
CERT 24
CFB 187, 189, 354
CFS 188, 373
Chan 329
Charakteristik 143
Chaum 320, 324
Chiffrierfehler 41, 67, 70, 117
Chiffrierzylinder 46
chosen chiphertext attack 67
chosen key attack 67
Chosen-challenge-Angriff 281
chosen-plaintext attack 66
Chuang 262
Ciphertext Stealing 192
ciphertext-ciphertext attack 67
ciphertext-only attack 66
Clipper-Chip 68, 253, 302
C-Netz 246
Cochrane 398, 431
Codebreaking 29
coincidence, index of 90
COMP128 281
compress 100
Computerkriminalität 329
Conrad 244, 428
Coppersmith 127, 251
Crack 72
CRAY 140
CRAY-3/SSS 140

Cray-Computer 248
Cray-Supercomputer 248
Crypt Breakers Workbench 60
crypt, UNIX-Kommando 59
Crypto Law Survey 400
CSE 390
Currer-Briggs, Noel 41
Cypherpunks 238

▶ **D**

Daemen 233
Data Encryption Standard (DES) 126
de Mare 324
De Moliner 428
Deep Crack 134, 141, 150, 332
Demillo 151
Denial-of-service-Angriff 278, 310, 312, 351
DES 126, 128
DES mit schlüsselabhängigen S-Boxen 203
DES, Brute-Force-Angriff 132
DESX 205
DFA 151
diagonal board 56
differential fault analysis 151
Differential Power Analyis 268
Differenz (diff. Kryptanalyse) 143
differenzielle Fehleranalyse 151
Diffie-Hellmann (Schlüsseltausch) 272
Diffie-Hellmann-Patent 177
Diffusion 118
digital signature standard 292
digitale Signatur 288
digitale Unterschrift 288
digitale Wasserzeichen 27
diskrete Logarithmen 177
diskreter Logarithmus 163
D-Netz 189, 246
Dobbertin 292
DPA 268
DRAM 153
DSA 292, 300, 302, 358
DSD 390
DSS 292

▶ **E**

ECB 183, 189
Echelon-System 390
EES 253, 301
EFF 133
Einmalblock 60
Einmal-Paßwörter 308
Ein-Runden-RC5 221
Einweg-Akkumulatoren 323
Einweg-Hashfunktionen 289
elektronisches Geld 324
ElGamal 358

ElGamal-Verfahren 177
E-Netz 189
Enigma 18, 48
Escherknoten 122
Escrowed Encryption Standard 253, 301, 412
EU 392
Eulersche Funktion 164
Exhaustionsmethode 66
Expansionspermutation 130

▶ **F**

Fail-Stop-Signaturen 297, 322
Faktorisierung 164
FAR 337
fcrypt (Wobst) 63, 110
Fehlerausbreitung 191
Felstel 127
Feistel-Netzwerk 125, 128
Feynman 260
Fiat 324
FinCEN 396
Fingerprint 349
Firewall 189
FireWire 221
FolderBolt 252
Fortezza-Karte 253
Frankel 329
FreeBSD 100
frequency hopping (D2-Netz) 246
FRR 337
Fuchs 62

▶ **G**

Gardner 162
Gartenpflege 55
GCHQ 341, 390
GCSB 390
Geburtstagsangriff 186, 212, 298
Geheimtext 29
Geheimtextangriff 66
Geheimtext-Geheimtext-Angriff 67
Geheimtext-Geheimtext-
    Kompromittierung 55
Geheimtinte 25
Generatrix 80
Givierge 81
global family key (Clipper) 302
GnuPG 357, 402
Goldberg 195, 281, 429
Goldwasser 255
Golic 282
Goodpasswd 76
GOST 291
Grundschlüssel 49
Gruppe 39, 201
Gruppeneigenschaft 201

GSM-Standard 246
gutes Paar (diff. Kryptanalyse) 143
gzip 109, 354

▶**H**

Haarlack-Angriff 330
Hager, Nicky 390
Handschuh 223
Hashfunktionen 289
Hashsumme 289
Hashwert 289
Häufigkeitsanalyse 32
Hawkes 211
Hellmann 430
Heys 219
Hinsley 58
Homebanking 308, 310
Hummelt 20
Hussein 341
hybride Verfahren 158

▶**I**

IDEA 206, 346, 351
Impossible differentials 254
index of coincidence 90
Initialisierungsblock 185
Initialisierungsvektor 185, 239
insertion attack 189
Institutsschlüssel 331
Interlock-Protokoll 160
Internet Explorer 313
Intranet 365
IPSec 274

▶**J**

Jaffe 268
Java 313
Jun 268

▶**K**

Kaliski 219
Kappa 90
Karn 426
Kasiski-Methode 92
KASUMI 284
KEA 254, 275
Kerberos 191, 278, 339
key crunching 199
key server 157
Keybox (RC5a) 225
Keyserver 350
Kiss 55
Klartext 29
Klartextangriff 29, 66
Kleiner Satz von Fermat 164
Kleptografie 342

Knapsack-Algorithmus 179
known-plaintext attack 66
Knudsen 212, 218
Kocher 242, 266, 268, 429–430
Kollision 290
Komplexitätstheorie 68, 72
Komplikation, illusorische 82
Kompressionsfunktion 290
Kompressionspermutation 130
Komprimierung 35, 100
Kompromittierung 29
Konfusion 118
Kongruenzen 163
Kongruenzrechnung 163
Konzentrationsfunktion 290
Koops 400, 431
Korn 48
Kreditkartennummern 196
Kryptanalyse 15, 29
Kryptanalyse, differentielle 110, 118, 128, 142
Kryptanalyse, differentiell-lineare 150
Kryptanalyse, lineare 147
Krypto-Filesysteme 373
Kryptografie 15, 29
kryptografische Prüfsumme 290
kryptografisches Protokoll 158
Kryptologie 15
Kuckuckskanal 300
Kuhn 151, 428–429
Kushilevitz 218

▶**L**

Lai 205
Lamport 308
Lange, David 392
Langford 430
Law Enforcement Access Field 302
Lawineneffekt 118, 130, 143
LBS 388
LEAF 302
LEAF-Rückkopplung 304
LFSR 247
Linux 100
Lipton 151
Logdaemon 376
Login, UNIX 73
LSH 372
Lucifer 127

▶**M**

M6 221
MAC 290, 415
Magdeburg (Kriegsschiff) 18
MailSafe 205
man-in-the-middle attack 159, 201

man-in-the-middle-Angriff 310
Mantra 199
Markov-Chiffrierungen 217
Massey 205
MA-Transformation (IDEA) 210
Matsui 251
MD2 291
MD4 292
MD5 292, 349–352
meet-in-the-middle attack 201
Mehrfachchiffrierung 200
Mehrfachverschlüsselung 39
Meier 218
Merkle 290
message integrity check 290
Message-Digest 290
Meyer 127
MIC 290
Micali 255
Microdots 25
MilliCent 415
MISTY 284
Miyaguchi 250
MM-Sicherungsverfahren 331
modulare Arithmetik 163
MS-Word 339
Murphy 250
Mustersuche, negative 52, 77

▶ **N**

NAI 357
Naor 324
Nautilus 252
NBS 230, 415
Netscape 195, 402
newwpcrack (Programm) 88
NFS 175, 365
N-Hash 290
NIST 230, 416
NSA 21, 59–60, 63, 68, 140, 248, 253, 275, 376, 390, 416
Number field sieve 175

▶ **O**

Oasis 395, 433
OFB 188–189
öffentlicher Schlüssel 155
Offline-Zahlungsprotokolle 325
Olsen, Egon 286
One-Time-Pad 60
Online-Zahlungsprotokolle 325
OpenPGP 357
OpenSSH 372
OPIE 376
Ostholm 426

▶ **P**

Padding 192
Papst 341
Paritätsfehler 152
pass phrase 199
Passphrase 199
Passphrasen 352
Passwort, UNIX 73
Passworteingabe 198
Passwortverschlüsselung, UNIX 74
Patente 176
P-Box 129
PCBC 191
PEM 162, 361
Periode 44
Permutation 32
PES 206
Pfitzmann 27, 322
PGP 162, 199, 300, 345
PGPfone 252
PIN 329
PIN-Key 331
pkcrack (Programm) 244
PKP 176–177
Pkzip 240
Playfair-Verfahren 41
Plumb 356
Poolschlüssel 331
Power Attack 268
Pretty Good Privacy 345
primitive Wurzel 417
Primzahl 164
private key 155
privater Schlüssel 155
probabilistische Kryptografie 255
Produktalgorithmen 121
Produktalgorithmus 149
Promis 21
public key 155
Public-Key-Verfahren 155

▶ **Q**

quadratisches Sieb 175
Quantencomputer 175, 260
Quantenkryptographie 256
Qubit 261
Quicken 313

▶ **R**

Rabin-Miller-Test 169, 353
Rabin-Miller-Verfahren 353
RACE 418
RAM 153
Raubkopien 27
RC4 237, 316

RC5 213
RC5a 224
Rc5a 379
RC6 221, 227
reduzierter Schlüsselraum 195
Reflektor 48
Rejewski 54
Replay-Angriff 277
Replay-Angriffe 309
Rijmen 212, 233
Rijndael 233, 357
Ring of Steel 398
Riordan 44, 364
RIPE 418
RIPEM 364
RIPE-MD 292
RIPE-MD160 292
RIPEMD160 358
Rivest 162, 205, 213, 315
Rogaway 251
Rosenberg 62
ROT13 31
Rotoren 48
Rotormaschinen 48
RSA 266, 352, 358
RSA Challenge 133
RSA Data Security Inc. 176
RSADSI 346
RSA-Verfahren 162
Rucksack-Algorithmus 179
Runde (Produktalgorithmus) 121
Rundenzahl, variable 383

▶ **S**
S/Key 376
S/MIME 363
S-Box 130, 143
Scherbius 48
Schieberegister mit linearer
    Rückkopplung 247
Schlafly 241
Schlüssel, halbschwache (DES) 146
Schlüssel, individueller 60, 68
Schlüssel, möglicherweise schwache
    (DES) 146
Schlüssel, schwache (DES) 146
Schlüsselhinterlegung 399
Schlüsselraum, reduzierter 53, 70
Schlüsselserver 157
Schlüsseltausch nach Diffie-
    Hellmann 178
Schneier 183, 203–204, 254, 336, 396, 410, 429
schwache Schlüssel (IDEA) 211
schwache Schlüssel (RC5) 218
Schwartz 387, 431
sci.crypt (Newsgroup) 238

SDA 281
SEAL 251
Secret Sharing 286
Secret Splitting 285
Secure Shell 365
SecurID-Token 314
Semagramm 25
SESAME 339
SETUP-Systeme 342
SHA 292, 302
SHA1 358
Shamir 110, 138, 151, 162, 174, 176, 249, 254, 421,
    429
Shepherd 247
Shimizu 250
Signalbuch der Kaiserlichen Marine 18
Signaturgesetz 404
SIM-Karte 279
Simmons 300
Simple Power Attack 268
Sitzungsschlüssel 156
SKIP 274
Skipjack 253
Skipjack-Algorithmus 68
Smartpen 335
Snake Oil 383
Snefru 290
Someren 174
SPA 268
Spruchschlüssel (Enigma) 52
Squeeze-Angriff 307
SRAM 153
SSH 173, 365
SSL 173
Steganografie 24, 341
STOA-Report IC2000 393
Stromchiffrierungen 119
Styles (WordPerfect) 85
Substitution 31
Substitutionen, homophone 34
Substitutionen, polyalphabetische 42
Superincreasing 179
symmetrische Verfahren 155

▶ **T**
tamper-proof 151, 153, 253, 279
TAN 310
Tap-Sequenz 248
teilerfremd 164
Telefonbanking 308
Teleshopping 324
Test von Rabin-Miller 169
Time-Memory Tradeoff 136
Timing Attack 173, 266
Token 314
Traffic Analysis 355, 363, 387

Transaktionsnummer 310
Transposition 36
Transpositionen 114
Triple DES 200, 202
Triple-DES 358
Tripletts (GSM) 280
Truman 416
Tsiounis 329
Tuchman 127, 202
Turing 54
Twinkle 176

▶ U

UKUSA 390
Ultra, Projekt 57
Umkehrwalze 48
unit key (Clipper) 302
UNIX-Login 73

▶ V

variable Rundenzahl 383
Vaudenay 253
Venema 197, 376
VENONA-Projekt 62
verdeckte Kanäle 299
Vernam 45
Vernam-Chiffrierschritt 45
Vernam-Chiffrierung 374
ViaCrypt 346
Viaris 80
vigc_crk (Programm) 101
Vigcrack 94
Vigenère-Chiffrierung 374
Vigenère-Verfahren 43, 71
visuelle Kryptanalyse 138
vollständig blinde Signaturen 320
Vorlagephrase 199

▶ W

Wagner 195, 281, 429
Waidner 322
Walzen (Rotormaschinen) 48

Wassenaar 402
Wayner 25, 433
Web of Trust 162, 349
Welchman 56
Westfeld 27
Wheatstone 41
Whitening 204, 334
Wide-Mouth Frog 276
Wintherbotham 58
Winword 71, 339
Wood 387, 431
Word6-Dokumente 339
Wort, wahrscheinliches 71
Worte, wahrscheinliche 78
Wörterbuchangriff 70

▶ X

X.509-Protokoll 361
XOR-Verfahren 45

▶ Y

Yamagishi 251
Yamamoto 18
Yin 219
Ylönen 366
Young 338
Yung 338

▶ Z

Zahlkörpersieb 175
Zeichenkoinzidenz 90
Zeitstempel 317
zero-knowledge proof 321
Zero-Knowlegde-Beweise 321
Zertifikat 362
Zickzack-Methode 61
Zimmermann 292, 346, 357
Ziv-Lempel-Algorithmus 100
Ziv-Lempel-Algorithmus, adaptiver 101
Zufall im Rechner 197
Zugriffsrechte 73